L'Afrique,
l'ultime réserve pétrolière du monde face à la transition énergétique

Un zoom sur les matières premières minérales énergétiques et le développement de l'Afrique

Collection « Études africaines »
dirigée par Denis Pryen et son équipe

Forte de plus de mille titres publiés à ce jour, la collection « Études africaines » fait peau neuve. Elle présentera toujours les essais généraux qui ont fait son succès, mais se déclinera désormais également par séries thématiques : droit, économie, politique, sociologie, etc.

Dernières parutions

Fabrice MODOMPTE DEG-TIGUEY, *Le contentieux des contrats miniers et pétroliers en République centrafricaine,* 2020.
Barthélemy MAHOUKOU et Nadège OKEMY ANDISSA, *Formation qualifiante et évaluation de stage au Congo Brazzaville. Constats et perspectives*, 2020.
Gaston MBEMBA-N'DOUMBA, *Femmes et petits commerces du fleuve Congo entre Brazzaville et Kinshasa*, 2020.
Ernestine Antoinette NGO MELHA, *Inclusion scolaire des élèves en situation de handicap en France et au Cameroun*, 2020.
Julien Coomlan HOUNKPÈ, *Le droit de la preuve dans l'espace OHADA*, 2020
Michael AKINPELU, *La langue française au Nigéria. La difficile intégration,* 2020.
Mohamed HARAKAT, *La nouvelle diplomatie économique en Afrique. Paradigmes et modèles*, 2020
Olo SIB PALÉ, *Au cœur d'une administration douanière africaine. Douane en action*, 2020.
Jean KOUFAN MENKÉNÉ, René BIDIAS, *La diplomatie camerounaise au service du nouvel ordre économique international. 1960-1981*, 2020.
Chrysostome CIJIKA KAYOMBO, *Histoire de la pédagogie. Lumière sur la pédagogie traditionnelle africaine*, 2020.
Olo Sib PALE, *Au cœur d'une administration douanière africaine*, 2020.
Thalès DJIMRASSEM et Reoular NDIGMBAYEL, *Pour une éducation à la paix et au développement au Tchad,* 2020.
Firmin Marius Olivaint NYAMA (coord.), *La violence au Gabon*, 2020.
Jose Do NASCIMENTO, *La pensée politique de Cheikh Anta Diop,* 2020.
Giscard Kevin DESSINGA, *Démocraties au four et au moulin, Alternance et conflits électoraux,* 2020
Roger NDONA KAYAMBA, *La production agricole dans la Province du Kwilu (RDC)*, 2020.

Abel Renaud EBA

L'Afrique, l'ultime réserve pétrolière du monde face à la transition énergétique

Un zoom sur les matières premières minérales énergétiques et le développement de l'Afrique

L'Harmattan

Du même auteur
chez le même éditeur

L'Afrique, un continent aux ressources minières exceptionnelles, 2018.

5-7, rue de l'Ecole-Polytechnique, 75005 Paris
http://www.editions-harmattan.fr
ISBN : 978-2-343-21957-8
EAN : 9782343219578

SOMMAIRE

DÉDICACE

À toutes les populations africaines pour lesquels j'écris à nouveau ces mots pour clamer haut et fort que l'Afrique n'est pas à sous-estimer et à mépriser. Votre continent est le grenier historique et actuel de la planète. Dans un futur proche, le monde ne pourra se passer de vous et de vos ressources. Restez focalisées sur l'éducation de vos enfants. Vous en aurez besoin pour maintenir et accroître le développement à venir de vos nations.

À tous ces pays africains dits pauvres, que cette appellation ne vous fasse pas baisser les bras et vous fasse croire que vous n'avez pas d'avenir et que vous êtes condamnés à occuper éternellement les derniers rangs dans l'union des nations. Non ! Aucun pays africain n'est pauvre. Tous sont riches et je peux vous le prouver encore une fois comme je l'ai montré dans mon premier livre intitulé « *L'Afrique, un continent aux ressources minières exceptionnelles* ». Bien avant d'être un indice de développement ou une réalité visible dans les rues, dans les quartiers, dans les villes ou dans un pays, la pauvreté est d'abord un état d'esprit que nous pouvons accepter ou refuser. Et le développement d'un pays dépend fortement de l'attitude que les populations et les dirigeants ont vis-à-vis de la pauvreté. Tous les pays qui n'ont pas combattu ce fléau avec toutes ses pensées pessimistes en opposition à la croissance économique, en sont également devenus des victimes avec toutes les conséquences néfastes pour les citoyens et la société en général. Si tous les pays développés sont dits riches aujourd'hui, c'est bien parce qu'ils ont d'abord refusé d'adopter la pauvreté dans leur système de pensée puis dans leurs modèles et actions de développement. Il faut combattre la pauvreté et ses œuvres. À ces pays d'Afrique, je dis donc qu'ils peuvent rattraper leur retard en matière de lutte contre la pauvreté comme l'ont fait la plupart des pays émergents d'Asie comme la Chine, Singapour ou encore la Corée du Sud. Il est encore possible de remonter assez rapidement dans le classement des pays développés, car l'Afrique a les capacités et les ressources nécessaires pour arriver à cette fin. L'Afrique doit rester optimiste.

À tous ces pays d'Afrique actuellement en souffrance économique et sociale parce qu'en faillite ou en crises postélectorales ou post-guerre civile. Il est vrai que vous avez été durement affectés par ces périodes d'instabilité, mais il y a encore de l'espoir pour retrouver vos repères d'antan et rebâtir à nouveau votre pays sur les fondations de paix, de concorde, d'union et de pardon mutuel. La force et l'énergie nécessaires pour remonter la pente et réaliser cet exploit se trouvent en vous et dans les ressources de vos riches terres. En vérité, les richesses du sous-sol africain sont disponibles et n'attendent que ses fils les exploitent pour développer leur continent, l'Afrique.

À tous ces peuples d'Afrique meurtris à jamais par des conflits guerriers et sociaux et qui en portent encore les handicaps psychologiques et physiques. Certes il est difficile d'oublier, mais il est possible de pardonner et de donner une chance aux générations futures en travaillant désormais activement au développement de votre pays puis de l'Afrique. Passez le cap de ces moments de malheur en rejetant les mauvais souvenirs du passé et donnez de l'espoir à vos descendants en leur présentant l'Afrique comme un continent d'espérance et ses ressources minières et pétrolières sous un angle plein d'optimisme pour le développement de ce continent.

À toutes ces organisations non gouvernementales et ces structures associatives d'Afrique et d'ailleurs qui luttent sans cesse pour l'émancipation des populations africaines et leur bien-être social. Que ce livre soit un leitmotiv et une motivation supplémentaire pour continuer sur cette noble voie et cet engagement sincère en faveur des plus faibles et de ceux que l'exploitation minière et pétrolière sans partage a rendus misérables et pauvres dans leur pays immensément riche. L'Afrique vous rendra tous les efforts consentis pour son épanouissement au moment venu.

À tous ces penseurs et écrivains d'Afrique et du monde qui ne reposent pas leurs plumes depuis des décennies, qui continuent à réfléchir et à produire des ouvrages pour éveiller les consciences et éduquer les peuples du monde sur les souffrances sourdes et provoquées de l'Afrique. Que cet énième ouvrage soit une contribution substantielle dans ce combat intellectuel et idéologique que vous menez depuis tant d'années pour voir les fils et les filles d'Afrique profiter enfin des richesses de leur sous-sol et procurer un avenir radieux à leurs enfants sur les terres africaines.

À tous les leaders, aux élus et aux hommes d'État africains. Votre responsabilité est grande, car vous êtes des modèles pour toute la jeunesse africaine et des porte-voix pour tous les peuples d'Afrique et vos pays respectifs. Il est temps de montrer votre amour pour l'Afrique et de mettre en avant les intérêts de votre continent en militant et participant activement à une répartition et un partage équitables des bénéfices de l'exploitation des ressources pétrolières du sous-sol africain. À l'heure du numérique, grâce au poste de responsabilité que vous occupez, c'est le moment de vous battre auprès de vos assemblées nationales et de vos gouvernements pour que ces populations des villes et des villages africains aient enfin accès au minimum énergétique c'est-à-dire à l'électricité et globalement à l'ensemble des produits énergétiques.

À toutes les organisations et institutions internationales de lutte contre la pauvreté dans le monde et particulièrement en Afrique. Il est vrai que votre ordre de mission est salutaire et que le chemin qui conduit à sa réalisation est parsemé d'embûches et de défis. Cependant, après plusieurs années d'actions sur les terres africaines, les populations restent sceptiques, car elles estiment que de façon générale, la pauvreté ne recule pas en Afrique et empire dans la plupart de ses pays. Elles se posent de nombreuses questions sur les motivations réelles et les raisons profondes de vos activités en Afrique qui demeurent parfois incompréhensibles. Que ce livre soit un appui pour un renouvellement de confiance avec les peuples africains et un support pour amplifier l'éradication de la pauvreté en Afrique à travers l'éducation des masses qui passent avant tout par l'accès à l'électricité et à l'énergie, car au-delà des vivres, ce continent en a également besoin pour son développement.

À tous les chercheurs et intellectuels d'Afrique et du monde qui ne cessent de révéler les résultats prometteurs de leurs travaux sur l'Afrique dans des articles, des communications, des livres et des conférences. Que cet ouvrage soit une adrénaline supplémentaire pour vous galvaniser sur cette belle voie qui consiste à promouvoir l'Afrique à travers ses atouts économiques et naturels, notamment, ses ressources pétrolières et énergétiques. Vos contributions ne sont pas vaines, car au fil des années, elles éclairent les intelligences et les consciences des populations africaines qui désormais, comprennent les enjeux de la richesse et des multiples potentialités de leur continent.

À toutes les entreprises des secteurs pétroliers, miniers et énergétiques qui exercent de manière directe ou indirecte en Afrique et exploitent les ressources minérales de son sous-sol. Votre responsabilité est également grande. Bien qu'étant dans le domaine de la performance économique et du profit maximal, vous avez un devoir de reconnaissance envers l'Afrique qui doit se traduire par plus d'impartialité dans les arbitrages politiques de vos pays d'exercices, de transparence dans la gestion de vos affaires, d'humanité et d'actions sociales en faveur des populations locales. Comme dans mon précédent ouvrage sur les ressources minières, mon souhait est que celui-ci soit une réserve d'informations scientifiques et économiques pour amplifier vos recherches pétrolières et énergétiques sur les terres africaines et surtout, pour qu'enfin ce continent puisse en profiter pour sa croissance et pour l'épanouissement des générations futures.

À toute la communauté internationale formée par les États les plus puissants du monde et toutes les organisations mondiales, continentales et régionales telles que l'ONU, l'Union européenne ou encore l'Union africaine. Avec l'histoire récente de la planète qui a connu les deux grandes guerres de 1914-1918 et 1939-1945 et le besoin de retrouver la paix sur la Terre, vous êtes devenus les maîtres incontestés et les gendarmes du monde grâce à la diplomatie. C'est à cause de votre statut de régulateur des relations inter-états de la planète que l'Afrique aura toujours recours à vos services pour sortir de toutes les injustices dont elle est victime au sujet de l'exploitation de ses matières premières minérales et énergétiques. Au moment où j'écris ces lignes, l'Afrique se sent lésée et se dit abandonnée, car elle estime que le pillage de ses ressources minières se fait sous le regard complice de la communauté internationale. Que ce livre soit donc un apport considérable à la communauté internationale pour redéfinir ses actions en Afrique, redorer son image sur le continent et mieux jauger les attentes des populations africaines qui croient encore en elle.

À toute la jeunesse africaine consciente, valeureuse, brave, pétrie de talents et ambitieuse. Certes, vous êtes nombreux à quitter la terre de vos ancêtres en raison du désespoir créé par le chômage prolongé des jeunes et les conflits incessants et meurtriers enregistrés sur tout le continent; cependant, l'espoir d'un lendemain meilleur en Afrique ne peut renaître sans vous. En vérité, vous êtes la force vive et humaine du continent et avez les ressources physiques et intellectuelles nécessaires pour développer l'Afrique et relever les nombreux défis à venir et pour lesquels votre continent est prisé par toutes les grandes puissances du monde.

À tous ces gouvernants africains et ces autorités intègres, honnêtes, justes et irréprochables dans les fonctions qui leur sont attribuées. Votre engagement pour le respect des principes de bonne gouvernance et une gestion équitable des retombées économiques de l'exploitation des ressources pétrolières et énergétiques de l'Afrique est salutaire pour ce continent. Car, aucun développement ne peut se faire sans une lutte acharnée contre la corruption et les détournements des deniers publics. L'Afrique doit résolument emprunter cette voie et elle compte sur votre dextérité dans ce domaine.

Enfin, à tous ces cadres et intellectuels africains de la diaspora. Votre mission est grande, car vous avez le devoir et l'obligation de transmettre vos connaissances et vos expériences aux jeunes générations d'Afrique ou de vous mettre à la disposition des États africains pour contribuer de façon significative et conséquente au développement de ce continent. Ce sera la plus belle occasion pour démontrer votre reconnaissance à l'Afrique après tout ce qu'elle vous a donné.

REMERCIEMENTS

À monsieur Augustin Kouadio KOMOE, ministre des Mines et de l'Énergie de la Côte d'Ivoire de 2010 à 2011 pour ses confidences sur sa gestion des affaires de l'État et ses sages conseils.

À madame Marie-Madeleine PORTIER, Directrice de recherches honoraire du Centre National de la Recherche Scientifique (CNRS) pour la relecture de cet ouvrage et son soutien moral et intellectuel tout au long de l'écriture de ce livre pendant plus d'une année.

À toutes les personnes proches ou lointaines, connues ou inconnues qui m'ont aidée par leurs actions à concrétiser ce projet qui est aujourd'hui palpable à travers ce livre.

Enfin, à Dieu Le Créateur, qui donne le souffle de vie à tout homme sur cette Terre et sans Lequel il n'y a pas de véritable joie et de paix profonde. Il est la Source de toutes les idées qui me sont venues à l'esprit pour construire cet ouvrage au fur et à mesure depuis l'écriture de la première page. Il est l'Initiateur de la somme de toutes les inspirations qui m'ont permis d'écrire les plus beaux paragraphes de ce livre. C'est aussi Sa présence et Ses valeurs dans ma vie qui m'ont incité à prendre conscience qu'au-delà de tout ce qu'un homme peut rechercher comme trésor sur cette Terre, l'amour pour son prochain est la valeur morale la plus importante qui doit guider ses actions. Dans ce monde actuel où les valeurs de charité disparaissent progressivement, l'amour pour son semblable est le trait de caractère indispensable que chaque être humain doit manifester incessamment et abondamment envers autrui.

PRÉAMBULE

Cet ouvrage est vraisemblablement le témoignage écrit et l'expression intellectuelle des cris assourdissants ou des voix parfois inaudibles des populations africaines conscientes de la richesse minérale et pétrolière de leur sous-sol, mais frustrées et désillusionnées parce qu'elles n'en jouissent pas suffisamment. Malheureusement, sur le plan social et économique, elles ne profitent pas à leur guise des rentes issues de l'exploitation et de la vente de leurs matières premières minérales alors que cela devrait naturellement être le cas. Hélas ! Ce même constat est fait dans la majorité des pays producteurs de ressources minières et pétrolières d'Afrique. De plus en plus, beaucoup d'Africains et d'analystes occidentaux cherchent à comprendre les réels motifs de ce paradoxe économique et social que traîne ce continent depuis des décennies. Ainsi, la jeunesse africaine est au centre de ces enquêtes dans la recherche de la vérité sur la pauvreté de l'Afrique et se positionne pour proposer des solutions susceptibles d'améliorer le quotidien des populations et d'assurer l'avenir des futures générations. Pour y arriver, elle utilise tous les moyens disponibles pour se faire entendre, partager ses craintes et espérances, exprimer son mécontentement et surtout, montrer à la face du monde que l'Afrique a changé et veut tourner la page de la colonisation, des guerres meurtrières pour aborder véritablement celle de son développement économique, social, infrastructurel et institutionnel.

En effet, l'avènement de nouveaux concepts géopolitiques et géoéconomiques tels que la mondialisation, la globalisation et le fait que le monde soit devenu un village planétaire modifient considérablement et rapidement les cultures et les habitudes des civilisations occidentales et africaines modernes et anciennes. De façon concrète, ce changement brusque a plus d'impacts dans les sociétés africaines avec l'accès libre à l'information et à la connaissance grâce aux nouvelles technologies de l'information et de la communication qui suppriment désormais les barrières intellectuelles et scientifiques et les frontières entre les États et les continents. Les conséquences immédiates de ces mutations et de ces bouleversements sont l'éducation des masses africaines dont le niveau de réflexion et de synthèse n'est plus celui des années des indépendances de 1960. Cette tendance se renforce également grâce à la formation de qualité de ses élites intellectuelles dans les plus prestigieuses universités du monde avec des parcours brillants et des expériences professionnelles singulières, atypiques et exceptionnelles.

À toutes ces raisons, s'ajoute l'utilisation des réseaux sociaux comme de puissants outils de communication pour sensibiliser les uns et les autres et faire accepter ces points de vue même si les arguments avancés ne sont pas juste. En exemple, compte tenu de la grande audience qu'un cyber-activiste, un homme politique, un blogueur ou un leader d'opinion pourrait avoir via Facebook ou Instagram sur des milliards de personnes dans le monde qui y ont un compte, une page ou un profil, il est possible de faire entendre et comprendre ses idées en une minute sur toute la planète. Grâce à leur forte influence, les réseaux sociaux détrônent progressivement et certainement les médias télévisés et radiophoniques classiques qui perdent leur audience. Les réseaux sociaux sont donc devenus les nouvelles sources d'informations de la plupart des habitants de la Terre et des jeunes générations qui feront le monde de demain. Ces faits montrent que les habitudes des populations, notamment, celles d'Afrique, ont également changé avec l'évolution du numérique. Ainsi, ces récentes données ont contribué à forger une nouvelle conscience et une nouvelle mentalité africaine qui conduisent ses peuples à mieux comprendre les raisons et les causes profondes du sous-développement prononcé et exacerbé de ses pays bien que tous soient unanimes à dire que l'Afrique est le continent le plus riche en matières premières minérales sur la planète. Et ce sont surtout les jeunes et cette frange de la population active ou en âge de travailler qui se questionnent sur les problèmes de société de l'Afrique, sur leur avenir et le futur de leurs enfants. Ils se sentent plus concernés que leurs pères qui ont passé l'âge du raisonnement sur les sujets intéressant la jeunesse. D'ailleurs, les jeunes africains ne peuvent leur demander davantage, car en leur temps, alors qu'ils avaient encore toute leur fougue juvénile et leurs capacités intellectuelles, leurs efforts ont permis d'obtenir l'indépendance territoriale de la majorité des pays africains. Parce que la jeunesse est la période de la vie où nous sommes plus aptes à nous former pour accroître nos connaissances, à nous informer pour intégrer facilement les choses que nous ne comprenons pas et à revendiquer lorsque nous ne sommes pas d'accord avec certaines pratiques alors c'est surtout la jeunesse africaine qui est la plus affectée par ces changements géopolitiques, socio-économiques et médiatiques dans le monde et particulièrement en Afrique. Sous le regard impuissant de leurs pères et de leurs aînés, c'est donc la jeunesse africaine qui monte au créneau pour comprendre pourquoi l'Afrique n'est toujours pas sur la voie de l'émergence et du développement malgré ses impressionnantes réserves pétrolières et minières. Avec ces nouvelles façons de s'informer, il est donc de plus en plus difficile de cacher la vérité aux peuples africains qui jadis, avaient pour seuls moyens d'informations, les médias internationaux et leurs médias nationaux sachant que ces derniers ne sont pas toujours imprégnés des réalités sociales difficiles et réelles des populations. Pire, que vous soyez en Occident ou en Afrique, vous constaterez que la tranche de la population qui est la plus à l'aise avec les médias sociaux, c'est la jeunesse. Ces nouveaux canaux de communication nécessitent une maîtrise des appareils connectés et des outils informatiques qui ont connu leur hégémonie ces dernières décennies. Ce sont donc des médias contemporains, c'est-à-dire des moyens de communication créés à notre époque et développés dans notre temps. Ainsi, toutes les conditions sont réunies pour que la jeunesse africaine qui maîtrise ces outils de communication soit au cœur des débats de société et des maux économiques et sociaux affectant l'Afrique.

De surcroît, le nombre de jeunes éduqués à notre époque est largement supérieur à celui des années des indépendances. Je me souviens que la plupart des dirigeants africains qui avaient conduit leur pays à l'indépendance dans les années 1960 encourageaient leurs jeunes à aller se former en Europe et en Amérique pour s'approprier le savoir-faire occidental et le mettre en œuvre dès leur retour au pays natal. Ils n'hésitaient pas à mettre des bourses d'études à leur disposition pour accéder aux plus prestigieuses écoles et formations du monde. Par exemple, c'était le mode opératoire de monsieur Félix Houphouët BOIGNY, premier président de la Côte d'Ivoire qui avait procédé de la sorte pour former de nombreux cadres ivoiriens. Cette stratégie a conduit par la suite à ce qu'on a appelé « *le miracle économique ivoirien des années 1970* » avec un développement sans précédent accompagné de la réalisation rapide d'infrastructures urbaines dans tout le pays, notamment, à Abidjan, l'actuelle capitale économique de ce pays. Il avait compris que l'éducation des jeunes africains était l'une des clés du développement de l'Afrique. Selon les statistiques de l'ONU, au début de l'année 2012, la population mondiale a franchi les sept milliards de personnes et les moins de 30 ans représentaient plus de la moitié de ce nombre soit 50,5%. D'après cette étude, 89,7% des moins de moins de 30 ans vivent dans les pays émergents et en voie de développement, à savoir, au Moyen-Orient et en Afrique. En plus, c'est justement en Afrique subsaharienne que se trouve la plus grande proportion des moins de 30 ans dans la population mondiale avec un taux de 70%. Entre 1999 et 2006, le taux net de scolarisation a progressé de 54% à 70%. En Afrique subsaharienne, neuf enfants sur dix accèdent désormais à la première année d'école primaire. Pour confirmer cette nouvelle tendance et cette volonté d'alphabétiser tous les jeunes africains et rattraper le retard accusé par l'Afrique au niveau de l'éducation, monsieur Ban KI-MOON, secrétaire général des Nations Unies tenait les propos suivants :

« Nous souhaitons que tous les enfants aillent à l'école primaire et progressent vers l'enseignement secondaire et un enseignement supérieur pertinent, ce qui les aidera à réussir dans la vie et à devenir des citoyens du monde engagé et productif. »

Selon l'UNESCO, il existe plus de 153 millions d'étudiants dans le monde dont 53% de plus qu'en 2000 et cinq fois plus qu'il y a 40 années. Ces statistiques montrent également que les écoles supérieures et les universités recevront plus de 262 millions d'étudiants en 2025 alors que ce nombre atteignait seulement 97 millions en 2000. Bien que l'Afrique soit la partie du monde qui enregistre le plus faible taux d'inscriptions dans l'enseignement supérieur, c'est sur ce continent que la plus grande croissance de l'accès à l'enseignement supérieur est connue avec un taux moyen de plus de 66%. Quel mon but en évoquant ces chiffres ?

J'ai tenu à mentionner toutes ces statistiques pour justifier du fait que l'Afrique est un continent dont les jeunes sont de plus en plus éduqués et instruits. Chaque année, ce sont des millions de jeunes africains qui sortent des universités du monde avec des diplômes en main et qui sont aptes à occuper le marché du travail. Je reviendrai sur la question de l'emploi, mais à ce stade il faut retenir que les données au niveau de l'éducation et de l'esprit de synthèse des jeunes générations africaines ne sont plus les mêmes qu'il y a 40 ou 50 années. Elles sont plus critiques et veulent davantage comprendre les mouvements géopolitiques dans le monde et discerner les raisons de la pauvreté pérenne de la majorité des pays d'Afrique alors qu'elles sont conscientes que leurs terres sont riches de matières premières minérales de toutes sortes. L'Afrique a changé, ce n'est plus celle des années des indépendances de 1960.

Pourquoi la jeunesse africaine exprime-t-elle de plus en plus son ras-le-bol et son mécontentement face aux problèmes criants et historiques de sous-développement de l'Afrique bien que ce continent ait des matières premières minérales recherchées et des ressources énergétiques et pétrolières nécessaires pour sortir de la misère avec un taux de pauvreté estimé à 47,5 % ?

Parce qu'elle est la frange de la société africaine qui est la plus affectée par le chômage et n'a aucune visibilité rassurante sur son futur alors qu'elle représente plus de 60% de la population africaine. Les taux de chômage des jeunes sont généralement plus élevés que ceux des adultes. Ce constat est le même dans toutes les régions du monde avec des différences remarquables. D'après l'UNESCO, en 2010, le taux de chômage mondial des jeunes atteignait 12,6% tandis que celui des adultes était de 4,8%. En Afrique, 60% des chômeurs sont des jeunes. Selon l'Office International du Travail (OIT), en 2017, le taux de chômage était estimé à 11,7% soit 8,7 millions de chômeurs en Afrique du Nord contre 7,2% soit 29,1 millions de chômeurs en Afrique subsaharienne. D'après l'OIT, ce taux devait atteindre les 7,3% en 2019, ce qui provoquait une croissance de ses chômeurs jusqu'à 30,2 millions en 2018 et 30,3 millions en 2019. Parlons-en maintenant comme je l'avais promis dans les paragraphes précédents.

Selon le Bureau International du Travail (BIT), le *chômage* est le statut d'une personne âgée d'au moins 15 ans, sans travail, immédiatement disponible pour occuper un emploi et qui recherche activement et incessamment un travail tandis qu'un *sous-emploi* est le statut d'une personne qui travaille involontairement en dessous de la durée normale du travail dans son activité et recherche simultanément un travail complémentaire ou est disponible pour un travail supplémentaire. En 2013, le monde enregistrait 75 millions de jeunes chômeurs dont 38 millions vivaient en Afrique. Entre 1999 et 2006, le taux net de scolarisation moyen est passé de 54% à 70% en Afrique subsaharienne et en dix années environ, le nombre de jeunes diplômés africains a triplé pour atteindre 4,9 millions. Selon le BIT, entre 2000 et 2007, la population active africaine, donc en âge de travailler, a progressé de 96 millions alors que dans le même temps, les emplois ont connu une hausse de 63 millions seulement. Chaque année, ce sont 10 à 12 millions de chômeurs qui arrivent sur le marché de l'emploi en Afrique tandis que seulement trois millions d'emplois sont créés. Ce fait malheureux provoque un bond d'environ 7 à 9 millions de chômeurs supplémentaires chaque année, en Afrique, sans que les systèmes économiques et sociaux des pays africains soient capables de répondre vigoureusement aux nombreux demandeurs d'emploi restés sur la touche. Selon l'ONU, d'ici 2050, ce sont 23 millions de jeunes nouveaux demandeurs d'emploi qui s'ajouteront à cette longue liste à défaut d'un poste de salarié. Ces statistiques sur le chômage en Afrique illustrent parfaitement les propos de monsieur Dramane HAIDARA, spécialiste des stratégies du développement à la représentation de l'OIT à Dakar, au Sénégal qui disait :

« Le monde s'enfonce dans une crise de l'emploi sans précédent. L'Afrique subsaharienne demeure la région du monde la plus touchée par cette crise. »

Les pays africains ont enregistré un taux moyen de croissance exceptionnel de 4,7% entre 2000 et 2017. Cependant, cette dynamique économique évolutive et encourageante n'a pas entraîné le social dans son sillage, car aussi bien les pays pauvres que les pays riches d'Afrique sont secoués par des niveaux de chômage élevés et effrayants pour l'avenir. Certains prédisent d'ailleurs que si rien n'est fait pour inverser la courbe du chômage en Afrique du Nord et subsaharienne, ce sont des crises sociales qui surgiront et feront l'actualité africaine dans les décennies à venir si ce n'est déjà le cas. J'y reviendrai dans les paragraphes suivants. Par exemple, l'Afrique du Sud, deuxième puissance économique africaine derrière le Nigéria, avait un taux de chômage de 27,7% en 2017 et ce pourcentage devrait augmenter dans les années à venir. En Afrique centrale, la situation est pire. Il n'y a pas de créations d'emplois et les jeunes sont dans un chômage viscéral; pourtant c'est l'une des régions les plus riches d'Afrique sur le plan minier. Elle est connue comme la région du scandale géologique compte tenu de ses impressionnantes réserves de minerais et de matières premières minérales stratégiques pour les États et les multinationales industrielles du monde. De surcroît, le taux de chômage dans cette région est l'un des plus importants en Afrique, car depuis 2015, la création nette d'emplois est négative dans le secteur formel selon l'Union Africaine (UA). Ainsi, au nombre explosif de chômeurs africains sans emploi viennent s'ajouter ceux qui occupent des emplois informels, précaires ou vulnérables et dans lesquels, les travailleurs n'ont pas de droits égaux, ne sont pas protégés et n'ont pas la stabilité de l'emploi dans la durée. De plus, ces emplois précaires ne cessent de croître puisque selon l'OIT, trois travailleurs sur quatre auraient un emploi vulnérable ou précaire. L'UA soutient que 282 millions de travailleurs africains ont un emploi vulnérable, c'est-à-dire, exercent dans le secteur informel. Et si rien n'est fait pour stopper la progression de ces emplois vulnérables, ils pourraient toujours représenter 66% des emplois disponibles en Afrique jusqu'en 2022 comme c'est le cas actuellement. Il est vrai que selon son agenda 2063, l'UA souhaitait réduire la part des emplois vulnérables en dessous de la barre des 41% sur le continent avant 2023, mais les statistiques actuelles montrent que nous sommes encore très loin de cet objectif. Sans risque de se tromper, il est clair que la place occupée par ces emplois informels en Afrique amplifie le chômage des jeunes et la pauvreté des populations. De façon précise, l'OIT estime que la part des emplois informels ou vulnérables dans les économies des pays d'Afrique subsaharienne est comprise entre 34% et 90,6% enregistrée respectivement en Afrique du Sud et au Bénin. L'exemple des récents taux de chômage en Côte d'Ivoire révélés par la Banque Africaine de Développement (BAD) confirme les évaluations du BIT même si la plupart des gouvernements africains annoncent des taux qui ne sont pas toujours justes et ne reflètent pas la réalité du terrain.

En effet, lors du lancement de l'édition 2018 de « Perspectives économiques en Afrique » à l'auditorium Babacar N'DIAYE au siège de l'institution à Abidjan en Côte d'Ivoire, monsieur Akyn OLUGBADE, directeur général adjoint de la BAD a dit :

« La part cumulée des emplois vulnérables et des chômeurs dans la population active en Côte d'Ivoire se situe dans la fourchette comprise entre70 et 90%. »

Cependant, ces pourcentages annoncés par la BAD sont loin de ceux publiés officiellement par le gouvernement ivoirien. Monsieur Sidi Tiémoko TOURE, actuel porte-parole du gouvernement ivoirien et ministre de la promotion de la Jeunesse, de l'emploi et du Service Civique de l'époque avait annoncé pendant la « semaine nationale de l'emploi jeune » et confirmé lors d'une interview accordée à la chaîne de télévision TV5 que le taux de chômage en Côte d'Ivoire était estimé à 2,8%. Compte tenu de son portefeuille ministériel, ses propos ne devraient en principe souffrir d'aucune contestation, mais cela n'a pas été le cas. Dans les semaines suivant sa déclaration, c'est monsieur Bruno Nabagné KONE, porte-parole du gouvernement d'alors et ministre des Télécommunications et des Postes qui est monté au créneau pour rétablir l'ordre en affirmant que les vrais chiffres du chômage étaient compris entre 23 et 26%. En octobre 2018, loin d'être à la fin de ces polémiques sur les taux corrects du chômage, monsieur Mamadou TOURE, nouveau ministre de la Jeunesse a réaffirmé lors d'une conférence de presse organisée par l'Union Nationale des Journalistes de Côte d'Ivoire (UNJCI) que le taux du chômage est de 2%. Devant toutes les incertitudes qui entourent l'évaluation du chômage en Afrique, vous comprenez que c'est un enjeu majeur pour ce continent et mérite beaucoup d'attention au risque d'être la source d'irréversibles crises sociales à l'échelle nationale, continentale et mondiale.

Tous ces chiffres démontrent donc que la majorité des travailleurs africains exerce dans le secteur informel. Or, personne n'ignore qu'un chômeur ou un salarié aspirera premièrement à obtenir ou conserver un emploi à durée indéterminée plutôt qu'un emploi saisonnier parce qu'il privilégiera la stabilité et les meilleures perspectives d'avenir qui en découlent. Ainsi, face à la triste réalité sur les taux du chômage en Afrique évoqués précédemment, ne soyez donc pas étonnés de la vague de migration des jeunes africains vers d'autres pays d'Afrique et surtout vers l'Occident. Si mes propos ont été bien compris, vous déduisez désormais que ces jeunes diplômés, peu instruits ou analphabètes qui fuient les capitales africaines vont à la recherche d'un emploi stable ou formel vers d'autres cieux puisque la majorité des emplois existant sur le continent africain est informelle ou vulnérable. Le nombre croissant de migrants africains est donc la conséquence du taux élevé de chômage en Afrique. Si vous consultez et analysez la pyramide des âges des migrants recensés sur les bords de la Méditerranée, vous constaterez également que la plupart des candidats à l'aventure clandestine à l'étranger sont des jeunes. C'est parce qu'ils sont les plus concernés par le chômage et l'exode qu'au début de cette partie du livre, j'ai déclaré que les jeunes étaient au cœur des revendications et des protestations pour réclamer des comptes aux dirigeants des pays africains. En principe, dans un monde équitable et des États qui fonctionnent correctement avec les énormes réserves pétrolières et énergétiques de l'Afrique et toute sa panoplie de matières premières minérales, aucun jeune africain ne devrait prendre le chemin de la migration clandestine et économique vers l'Occident et les taux du chômage ne devraient pas être si élevés. Normalement, les ressources économiques tirées de l'exploitation de ses minerais stratégiques devraient largement suffire pour prendre en charge ses populations. Hélas ! Ce n'est pas le cas, car selon un rapport de la Commission des Nations Unies sur le Commerce et le Développement (CNUCED), en 2017, ce sont environ 17 millions de jeunes migrants qui ont quitté les Terres africaines pour l'Europe. Face à toutes ces statistiques susévoquées, vous discernez qu'en plus du chômage, une autre raison qui positionne la jeunesse africaine au cœur de ces protestations contre les causes de la pauvreté en Afrique, c'est qu'elle est la cible de l'immigration clandestine et économique. Mais au-delà du chômage qui est la preuve palpable de ce phénomène, quelles sont les causes profondes de l'immigration clandestine et massive des jeunes africains hors de leur continent ? L'une des raisons majeures de ce nouveau fait de société n'est rien d'autre que l'instabilité et la déstructuration des économies des États africains engendrées par les guerres géostratégiques motivées par l'exploitation des ressources pétrolières et énergétiques et des matières premières minérales. Les exemples sont légion. En plus du Nigéria, du Soudan, de la Somalie, de l'Angola, du Congo-Brazzaville, de la République Démocratique du Congo, du Tchad et bien d'autres, l'un des exemples marquant et récent de cette tragédie géopolitique est la Libye.

En effet, la Libye était jusqu'au 13 janvier 2011, l'un des pays les plus prospères d'Afrique avec un produit intérieur brut (PIB) par habitant évalué à 13 800 dollars, un système social qui concurrençait celui des pays développés et un taux d'alphabétisation estimé à 83%. Comment ce pays a-t-il pu basculer dans la violence et huit mois de guerre civile en si peu de temps et à partir d'une simple manifestation qui s'est muée en révolution pour le départ du colonel Mouammar KHADAFI ?

Eh bien, ce que l'on a appelé le « printemps arabe » avec les mouvements de contestation en Afrique du Nord, notamment les révolutions tunisienne et égyptienne qui ont entraîné les départs respectifs des présidents Ben ALI et Hosni MOUBARAK et celle d'Algérie qui a vu la chute avortée du président Abdel Aziz BOUTEFLIKA y est pour beaucoup. Bien que bénéficiant d'allocations familiales pouvant parfois atteindre 324 dollars et étant exemptés du paiement des factures d'électricité et d'eau, les Libyens ont considéré qu'ils étaient les victimes du supposé régime dictatorial du guide libyen. Une frange de la population localisée dans la ville de Benghazi s'est estimée abandonnée et lésée comme c'est le cas dans la plupart des pays d'Afrique qui sont agités par des guerres civiles ou des conflits interethniques. Elles revendiquent plus de liberté, de démocratie, de justice et une répartition équitable des richesses du pays, car la Libye faisait partie des trois premiers producteurs de pétrole d'Afrique avec plus de 1,6 million de barils de pétrole par jour en 2011. Les manifestations sociales qui se transforment mystérieusement et rapidement en révolution libyenne à l'image de celles de la Tunisie et de l'Égypte voisines ont désormais un nouvel objectif : la chute immédiate du colonel Mouammar KHADAFI et de tout son système de gouvernance qui était basé sur des tribus. Dès le 17 février 2011 dénommée la « journée de la colère », les violences montent d'un cran avec l'attaque suicide d'un camp militaire à Benghazi. Il s'ensuit des batailles armées et une guerre civile entre l'armée régulière de la Libye et les groupes armés révolutionnaires soutenus politiquement et militairement par la communauté internationale conduite principalement par la France et l'Angleterre. Le 23 février, la France présidée par monsieur Nicolas SARKOZY soumet à l'Union européenne l'adoption rapide de sanctions économiques contre le régime libyen tandis que l'Angleterre du Premier ministre David CAMERON encourage une diplomatie anti-KADHAFI à l'ONU. Dès le 24 février, les avoirs du régime KHADAFI sont gelés dans plusieurs pays d'Europe comme l'Angleterre, la Suisse, l'Autriche, l'Espagne et les États-Unis. Le 17 mars, des sanctions militaires sont activées par le conseil de sécurité de l'ONU qui vote la résolution 1973 et autorise une zone d'exclusion aérienne sur le pays avec des mesures de protection des civils. Ainsi, ces sanctions permettent à la communauté internationale de s'impliquer dans le conflit aux côtés des révolutionnaires armés à travers le bombardement des forces du clan KHADAFI et la destruction des chars et de toute la flotte aérienne libyenne. Dès lors, la résolution de l'ONU qui avait pour but de protéger les civils se transforme assez rapidement en guerre de toute la communauté internationale via l'OTAN contre le pouvoir de KHADAFI. Ce fait marquant et surprenant de ce conflit du printemps arabe attire l'attention de nombreuses populations européennes qui ont des avis divergents sur l'intervention militaire de la communauté internationale dans une guerre civile. L'opinion publique française soutient son président tandis que celles d'autres pays voient un détournement des objectifs de la résolution de l'ONU au point que la Ligue arabe, précédemment alliée de la coalition militaire internationale, s'offusque de cette ingérence flagrante et irréversible pour la paix et la stabilité de la Libye. À leur suite, l'Union africaine, la Chine, la Russie opposées à cette résolution et d'autres pays demandent l'arrêt des combats pour trouver des solutions diplomatiques au conflit. Cependant, ces voix ne seront pas entendues et les combats continueront à faire rage dans tout le pays avec des victimes de tous les âges. Évidemment, devant un rapport de force militaire déséquilibrée, la coalition militaire internationale et les insurgés finiront par prendre le dessus sur l'armée loyaliste et le régime KHADAFI. Ce scénario invraisemblable aboutira le 11 octobre 2011 à l'assassinat du colonel Mouammar Al-KHADAFI par les rebelles alors que ce dernier tentait de fuir Syrte, sa ville natale où il s'était retranché.

J'ai tenu à mentionner le récit du conflit libyen non pour mettre un accent sur la mort du guide libyen, mais surtout, pour révéler les causes et les motivations profondes du printemps libyen et ses conséquences incontrôlables sur les pays d'Afrique et d'Europe.

Quelles étaient donc les causes majeures du conflit libyen ? Pourquoi était-il important pour la coalition internationale de procéder à un changement de régime en Libye ?

Curieusement, alors que les combats avaient atteint un niveau de violences sans précédent, des indices de réponses à ces questions ont été donnés par monsieur Gianpiero CANTONI, président de la commission du Sénat italien de l'époque. Par ses propos, il accusait indirectement la France d'être « Mue par la volonté d'obtenir des contrats pétroliers auprès des futures autorités libyennes, en cas de victoire des insurgés, et d'accroître son influence en Méditerranée. »

Clairement, cet homme politique italien, bien averti des secrets diplomatiques internationaux, révèle que les gigantesques ressources pétrolières libyennes étaient au cœur du conflit libyen. En réalité, il ne s'agissait pas du colonel KHADAFI et de son supposé régime dictatorial, mais de s'introduire sur le marché économique de ce pays ultranationaliste et de contrôler ses ressources pétrolières. Je rappelle que l'économie de la Libye était basée majoritairement sur les rentes pétrolières et ce pays produisait à cette époque plus de 1,6 million de barils de pétrole, ce qui n'est pas négligeable à l'échelle nationale et internationale. Elle faisait donc partie des cinq premiers producteurs de pétrole d'Afrique.

Quelles sont donc les conséquences majeures et irréversibles de la guerre civile en Libye ?

J'en ai cité quelques-unes dans les paragraphes précédents, mais l'une des plus importantes est la prolifération des milices et des groupes armés qui s'entredéchirent depuis 2011 pour posséder et contrôler les aéroports et les sites pétroliers du pays. Après la mort du guide libyen, ce pays est entré dans une période d'instabilité qui perdure et ne laisse apparaître aucune échéance de fin. Ce pays est devenu incontrôlable et les populations sont livrées à elles-mêmes sans que les nouvelles autorités ou la communauté internationale ne soient capables de rétablir l'ordre. L'anarchie est totale dans les rues libyennes au point que l'opinion mondiale se demande si la communauté internationale ne s'est pas trompée sur le cas libyen. Cette situation chaotique me permet de me remémorer certaines phrases que monsieur Félix Houphouët BOIGNY, premier président de la Côte d'Ivoire avait l'habitude de dire :

« Il est facile de faire la guerre, mais difficile de faire la paix. Il est facile de savoir quand a commencé une guerre, mais difficile de savoir quand elle s'achèvera. »

Ensuite, la production pétrolière a fortement chuté en dessous de la barre du million de barils, car elle est désormais hors de la portée des autorités libyennes et varie en fonction des affrontements qui se déroulent autour des sites pétroliers. Et cette situation explosive n'affecte pas que la population libyenne, mais aussi les investisseurs et les pétroliers qui ne s'attendaient pas à un tel regain de violence après la chute du colonel KHADAFI.

De surcroît, ce conflit a entraîné la chute de la devise nationale avec un manque de liquidité et la baisse des cours du dinar libyen. Officiellement fixé à 1,35 dinar pour 1 dollar, le taux de change est passé officieusement à 7 dinars pour 1 dollar sur les marchés parallèles, ce qui affaiblit considérablement l'économie de ce pays.

Enfin, il faut avouer que la Libye du régime KHADAFI constituait un véritable verrou contre Al-Qaida et les clandestins. Cet obstacle a désormais sauté d'après monsieur Yves BONNET, fondateur du Centre International de Recherche et d'Étude contre le Terrorisme (CIRET). Depuis lors, ce pays accueille sur son territoire de nombreux groupes terroristes, dont la branche libyenne de l'État islamique. De plus, le pouvoir central et gouvernemental est contesté par plusieurs leaders et anciens chefs militaires. Malgré l'élection de 2012 qui a porté le Congrès général National (CGN) au pouvoir, cela n'a pas empêché une nouvelle guerre civile en 2014. Ce énième conflit oppose le CGN qui a pour allié le Qatar, le Soudan et la Turquie au gouvernement d'Union nationale présidé par Fayez EL-SARRAJ aidé par l'ONU puis au gouvernement de la Chambre des représentants contrôlé par le général Khalifa HAFTA qui est soutenu par l'Égypte et les États-Unis. La Libye est donc devenue un véritable territoire d'enjeux économiques, diplomatiques, militaires et géopolitiques dus à ses impressionnantes ressources pétrolières qui attirent tous les puissants de ce monde. La conséquence de l'ébranlement des barrières frontalières et sécuritaires de la Libye et de la chienlit existante au sommet de cet État n'est rien d'autre que le fléau humanitaire et social abordé succinctement à au début de ce préambule. Il s'agit de l'exode clandestin et incontrôlable de nombreux jeunes migrants en provenance d'Afrique subsaharienne qui vont vers le continent européen en transitant par le Sahel et l'Afrique du Nord, notamment la Libye. En raison de ces conflits incessants, du banditisme et des injustices qui y règnent, aujourd'hui, la Libye est devenue la porte d'entrée officielle de la migration clandestine vers l'Occident via l'Italie, l'Espagne ou encore la Grèce. Autrefois, en bénéficiant du soutien financier des pays européens grâce à des accords de coopération, la Libye du régime de KHADAFI jouait bien son rôle de zone tampon contre l'émigration clandestine. Elle absorbait le flux de migrants et fournissait une activité à la plupart de ces candidats à l'aventure clandestine pour contenir leur ambition risquée de braver les flots dangereux et les vagues meurtrières des océans, car en réalité, tous ces jeunes africains tentent ce voyage incertain pour des motifs économiques et sociaux. En conséquence, avec la chute du pouvoir KHADAFI et l'instabilité qui en découle, selon des statistiques officielles parmi tant d'autres, ce sont plus de 690 000 migrants en provenance d'Afrique subsaharienne qui auraient franchi les frontières de l'Italie en passant par la Libye depuis 2013. À ce nombre s'ajoutent ceux qui ont pu accéder à l'Europe par d'autres pays de l'Afrique du Nord ou même de l'Asie. De plus, lorsque certains de ces migrants n'ont pas pu embarquer sur ces bateaux de fortune en destination des côtes européennes, ils sont livrés à eux-mêmes et sont victimes de toutes sortes de tortures corporelles et morales au point que certains sont vendus comme esclaves par des groupes terroristes libyens à d'autres citoyens libyens. Ainsi, ce nouveau fait ahurissant marque le retour de l'esclavage au XXIe siècle après son abolition au XIXe siècle, c'est-à-dire, le 27 avril 1848, soit depuis plus de 150 années.

Telles sont passées en revue, les répliques et les conséquences certainement non exhaustives sur la communauté mondiale de la recherche du pétrole, du gaz ou encore de l'énergie, à tous les prix et par tous les moyens au mépris de la paix dans les pays producteurs de ces matières premières minérales stratégiques. L'histoire récente de la Libye est un cas d'école parmi tant d'autres que nous aborderons succinctement au cours de cet ouvrage même si ce n'est pas le but de ce livre. J'ai tenu à en parler pour planter le décor et vous montrer tous les enjeux qui entourent la quête et la fourniture de l'énergie à tous les foyers et à toutes les industries du monde entier.

Si les ressources pétrolières, gazières ou énergétiques peuvent, de façon générale, motiver des guerres civiles et interétatiques, cela veut dire que ce sont des minerais stratégiques et indispensables pour la survie de ces États et des peuples du monde. Au regard des différentes utilisations et applications de ces matières premières énergétiques que j'aborderai plus tard, la société ne peut donc pas s'en priver.

Pour toutes ces raisons, les ressources pétrolières seront au centre de cet ouvrage, car, l'Afrique reste l'ultime réserve pétrolière encore accessible sans opposition géopolitique majeure et sans barrière naturelle et climatique complexe pendant que tout le monde économique, politique et scientifique annonce la fin du pétrole et la transition vers des énergies vertes ou renouvelables qui seront également un sujet important de ce livre.

PRÉFACE

Cette partie de cet ouvrage sera, à quelques mots près, la même que celle de mon précédent livre intitulé « *L'Afrique, un continent aux ressources minières exceptionnelles* ». En réalité, ce deuxième livre n'est que la continuité du premier et concerne prioritairement les richesses du sous-sol africain. Toutes les lignes de mon premier livre ont consisté à démontrer que l'Afrique pouvait se développer ne serait-ce en grande partie que grâce à ces excellents et abondants minerais cachés dans son sous-sol. J'ai balayé en revue le continent africain et constaté qu'aucun de ces pays n'était sans ressource minérale prépondérante. Même les pays africains connus comme les plus pauvres du monde étaient en réalité les pays les plus riches du monde en une matière première minérale stratégique. Quel paradoxe ! C'est le cas par exemple de la République Démocratique du Congo qui détient les plus grandes réserves de coltan dans le monde, de la Guinée qui possède les plus importantes ressources de bauxite et pour ne pas aller plus loin dans ma longue liste, du Soudan ou de la Somalie qui regorgent, dans leurs sous-sols, des plus impressionnantes réserves pétrolières exploitables de la planète. Cela veut dire qu'une des sources sûres de richesses des pays africains se trouve dans leurs sous-sols.

En vérité, de même que la graine ou la semence de chaque arbre se trouve dans le fruit de l'arbre, ainsi les capacités et les ressources des pays pauvres ou en voie de développement se trouvent dans ces mêmes pays dits abusivement ou expressément pauvres ou en voie de développement. Autrement dit, les richesses de l'Afrique ne sont nulle part ailleurs que dans les entrailles, c'est-à-dire dans le sous-sol des pays africains. Les bases de la croissance économique et de la prospérité de l'Afrique se trouvent en Afrique. Les entrailles des pays africains ne sont rien d'autre que les contenus de leurs sous-sols en termes de ressources pétrolières. Mais pourquoi l'Afrique ne décolle-t-elle pas depuis toutes ces décennies ? S'est-elle suffisamment approprié les potentialités et les atouts de son sous-sol ? A-t-elle les connaissances et les apports intellectuels, techniques et financiers nécessaires et suffisants pour exploiter ces matières premières stratégiques pour l'humanité, les transformer et en tirer l'essentiel pour son développement ?

Là se trouve résumée toute la problématique qui entoure le développement de tout le continent africain à partir de l'exploitation de ses matières premières minérales stratégiques. Si un début de réponse est donné à l'ensemble de ces questions précitées, ce sera le commencement ou l'ouverture de nouvelles voies qui conduiront assurément et inéluctablement vers un essor certain de l'Afrique et une meilleure qualité de vie pour ses populations demeurant sans lendemain heureux depuis des siècles d'exploitation de ses ressources minérales.

Un célèbre conférencier afro-américain disait un jour lors d'une de ses réunions publiques de coaching destinées aux hommes et femmes de race noire, la phrase suivante qui m'a interpellé et a ouvert mon esprit sur les blocages psychologiques et motivationnels des populations des pays africains et des noirs de façon générale, quel que soit leur lieu de résidence :

« Dans les temps anciens, il y a trois choses qui n'ont pas été enseignées aux noirs dans les écoles occidentales et qui affectent la mentalité de ces derniers jusqu'à aujourd'hui : la science des affaires, la science de la guerre et la science de la reproduction. »

Je crois fermement que ce conférencier a dit et vu juste. Premièrement, lorsqu'il évoque la science des affaires, il ne dit pas que des diplômes de Management of Business Administration (MBA) ne sont pas délivrés aux noirs dans les universités américaines ou européennes. Plutôt, il pointe du doigt le fait que malgré les grands diplômes obtenus, ces étudiants ou chômeurs noirs sont dans l'attente d'un employeur providentiel durant des années alors qu'ils ont toutes les capacités intellectuelles pour lancer leurs affaires et leurs propres entreprises. En quoi cette vérité intervient-elle dans le sujet de ce livre ?

En vérité, en dépit de toutes les matières premières minérales stratégiques contenues dans les sous-sols des pays africains, la plupart de leurs populations et dirigeants sont dans l'attente d'exploitants chevronnés et aguerris pour mettre en valeur ces ressources sur lesquelles ils marchent et dorment depuis des siècles alors qu'ils vivent au quotidien dans la pauvreté et le manque. Aucun de ces pays ne s'engage à mettre en place une véritable politique nationale pour exploiter ses ressources en comptant sur ses propres atouts humains, techniques et financiers. Pour atteindre un niveau d'influence considérable dans le monde, vous devez être capable de transformer les ressources que Dieu vous donne en opportunités d'affaires. Les Africains doivent être en mesure d'exploiter eux-mêmes et de transformer les matières premières minérales stratégiques de leurs sous-sols en produits utiles pour le monde et en opportunités d'affaires pour le développement de leur continent.

Deuxièmement, quand il aborde le sujet de l'apprentissage des sciences militaires, il n'exhorte pas les noirs à faire la guerre, mais plutôt à apprendre cette science pour protéger les affaires qu'ils auront créées. En d'autres termes, il stipule qu'il faut maîtriser l'art de la guerre pour faire face à tous les ennemis de nos entreprises, car aucune affaire ne peut prospérer dans un environnement instable.

En effet, en cas de conflit ou de désordre dans un pays, les consommateurs n'ont pas pour priorité d'acheter des produits, mais plutôt de survivre. C'est d'ailleurs pour cette raison qu'il me plaît de rappeler ici ce célèbre adage qui dit :

« Qui veut la paix, prépare la guerre. »

Cela, pour affirmer de manière plus explicite que les pays du monde qui veulent vivre en paix et travailler en toute quiétude devront maîtriser les questions de défense et de sécurité pour prévenir les invasions de l'ennemi et apporter la riposte adéquate. Pour l'appliquer à notre sujet, vous constaterez avec moi que la plupart des pays producteurs de minerais stratégiques comme le pétrole, le gaz ou encore l'uranium sont tous confrontés à des guerres intempestives. L'exemple de la Libye que nous avons vu ensemble dans les paragraphes précédents le démontre très bien. Mais diantre ! Sans tomber dans l'émotion, des questions récurrentes me taraudent l'esprit puisque visiblement la remarque est la même partout en Afrique. Ces pays ont-ils une maladie commune dénommée « guerre » ou « instabilité » ? Ces pays ont-ils des zones privilégiées où ces guerres sont plus intenses ou localisées à savoir les régions pétrolières ou minières de manière générale ?

Il est juste de répondre par l'affirmative, car la majorité de ces pays n'a pas suffisamment préparé la guerre pour conserver la paix au moment où les premiers barils de pétrole, les mètres cubes de gaz ou les tonnes d'uranium ont été découverts. Certes, ces matières premières minérales énergétiques rares sont des ressources naturelles au sens strict, mais lorsqu'elles sont transformées, elles deviennent des opportunités d'affaires et des sources de revenus incontournables pour les États producteurs et consommateurs. Dans ces circonstances, tout État qui compte en profiter pendant longtemps doit mettre en place les mécanismes de défense et de sécurité nécessaires pour protéger ses champs pétroliers, gaziers et ses gisements miniers. Et cela passe par une bonne maîtrise des sciences de la guerre et tout ce qu'elles renferment. Malheureusement, les pays concernés oublient très souvent cette dimension importante qui garantit la pérennité des affaires. Ils la délaissent et la méprisent au profit des seuls gains issus de ces ressources naturelles alors qu'ils sont pour la sécurité et la paix dans le pays. La Libye, le Soudan, l'Angola, le Nigéria, le Congo-Brazzaville, le Mali et bien d'autres pays en ont fait les frais si ce n'est encore terminé.

Troisièmement, ce conférencier mentionne la science de la reproduction qui est indispensable dans ce monde en permanente mutation et croissante évolution démographique. Il estime que les noirs méconnaissent les sciences de la reproduction en faisant cas de leurs alliances sur le plan marital, mais surtout au niveau de leurs alliances économiques, c'est-à-dire celles liées au monde des affaires. Ce fait sous-entend qu'aucune alliance ne se fait au hasard sur cette planète. Deux personnes ne peuvent s'unir sans avoir jaugé ou mesuré auparavant leurs atouts communs ou leur complémentarité pour atteindre un but commun. Parce que la plupart des noirs n'en tiennent pas compte dans leurs alliances, ils n'arrivent pas à atteindre leur but de vie et leur destinée avec leurs époux ou leurs alliés. Et cette faute de vie a très souvent des répercussions économiques négatives non seulement à l'échelle familiale, mais aussi nationale et continentale. C'est d'ailleurs l'une des raisons pour lesquelles, quel que soit le pays occidental concerné, les communautés noires sont toujours les plus vulnérables au niveau économique et social. Elles ont tendance à se renfermer sur elles-mêmes sans chercher à collaborer et à apprendre des autres communautés qui ont pris de l'avance dans des secteurs d'activité où elles ont du retard.

Cette vérité ne sera peut-être pas acceptée de tous, mais ses conséquences et son impact sur les économies africaines restent réellement perceptibles. Si l'Afrique et ses populations souhaitent occuper l'espace économique demain, il faudrait que depuis la cellule familiale, ses fils et ses filles reconsidèrent le pouvoir des alliances et se n'associent non pas pour vivre ordinairement, mais pour accomplir des objectifs de vie en comptant sur les capacités intrinsèques des personnes qui constituent cette alliance. Ainsi, l'Afrique et ses communautés seront de plus en plus influentes dans le monde et dans tous les secteurs d'activités. Le concept de reproduction ne prend pas seulement en compte le jeu des alliances, mais aussi la culture de la transmission des acquis aux nouvelles générations ou aux descendants.

En effet, la plupart des grands groupes ou des prestigieuses compagnies qui perdurent dans le temps ont d'abord été des entreprises familiales à l'origine. Elles se sont muées par la suite en entreprises nationales pour devenir des multinationales après plusieurs années de travail, de rigueur et d'investissement. C'est l'exemple des multinationales françaises telles que BOUYGUES, BOLLORÉ ou DASSAULT qui portent d'ailleurs le nom d'une famille. Au départ, le père fondateur a eu une vision ou une idée qu'il a transformée en acte en créant l'entreprise. Puis, il l'a développée dans l'objectif de la transmettre à ses enfants ou à ses descendants pour qu'ils continuent son œuvre et en fassent de même pour les prochaines générations. En clair, voilà un processus de reproduction typique qui fait défaut aux Africains tant au niveau familial que gouvernemental. En Afrique, jusqu'à aujourd'hui, il est difficile et rare de voir des passations de charge se faire entre le président sortant et le président nouvellement élu sans qu'il y ait un bain de sang ou des conflits après les joutes électorales. En temps normal, cette transition devrait se faire sans heurt, dans un calme festif et dans un environnement rempli de conseils des personnalités du gouvernement sortant à celles du gouvernement entrant pour marquer la continuité de l'État et la reproduction de certaines bonnes actions du régime précédent.

Interprété sous ces angles, ce conférencier international ne s'est certainement pas trompé lorsqu'il faisait ce constat. Si les pays africains veulent retrouver un rang honorable sur l'échiquier mondial à l'image des pays émergents comme la Chine, la Corée du Sud, Singapour, le Brésil avec lesquels, ils partageaient un niveau de développement similaire dans les années 70, ils doivent désormais hausser leur niveau de perfectionnement dans les sciences des affaires pour créer davantage d'entreprises, dans les sciences de la guerre pour protéger leurs entreprises, les développer et maintenir leur pays dans la paix et dans les sciences de la reproduction pour générer des classes sociales moyennes et fortes et multiplier leurs entreprises dans la durée et les transmettre en bon état aux futures générations.

Et pour atteindre ces objectifs, les pays africains ne sont pas démunis, car ils ont des atouts considérables et supérieurs à ceux des pays des autres continents de la planète. Il s'agit des impressionnantes et importantes ressources minières du continent africain, notamment, ses ressources pétrolières et énergétiques qui seront les sujets principaux de ce livre. Donc, l'Afrique ne part pas de rien. Elle doit s'appuyer sur cette force et cet avantage naturel pour impulser son développement. Cependant, avant de les mettre en valeur et de les utiliser comme un outil géopolitique et commercial, elle doit les connaître suffisamment sur le plan scientifique, c'est-à-dire au niveau géologique et géographique et ensuite sur le plan économique en évaluant l'ensemble des réserves pétrolières et énergétiques susceptibles d'être exploitées. Un véritable état des lieux sur ses atouts pétroliers et énergétiques s'impose avant d'aller plus loin. C'est pour aller dans ce même sens et rappeler l'importance de cette phase qu'il est bon de rappeler ce superbe passage tiré de la Sainte Bible, dans le livre de Luc au chapitre 14 du verset 28 au verset 32 qui l'explique si bien en ces mots :

« Car, lequel de vous, s'il veut bâtir une tour, ne s'assied d'abord pour calculer la dépense et voir s'il a de quoi la terminer, de peur qu'après avoir posé les fondements, il ne puisse l'achever, et que tous ceux qui le verront ne se mettent à le railler, en disant : Cet homme a commencé à bâtir, et il n'a pu l'achever ?

Ou quel roi, s'il va faire la guerre à un autre roi, ne s'assied d'abord pour examiner s'il peut, avec dix mille hommes, marcher à la rencontre de celui qui vient l'attaquer avec vingt mille ? S'il ne le peut, tandis que cet autre roi est encore loin, il lui envoie une ambassade pour demander la paix. »

Ainsi, tout comme mon précédent ouvrage « *L'Afrique, un continent aux ressources minières exceptionnelles* » qui a mis en évidence les matières premières minérales prépondérantes de la majorité des 54 pays d'Afrique, leur utilité pour la société et leur apport dans l'économie, ce livre permettra de faire un inventaire sur le plan géologique du potentiel pétrolier et énergétique de l'Afrique tout en prenant en compte sa contribution substantielle dans le développement économique des pays producteurs et du continent de façon générale.

Sur ces mots, je vous souhaite la bienvenue, mesdames et messieurs, à bord de notre énième avion pour le voyage d'exploration que nous sommes sur le point d'effectuer. Attachez vos ceintures, ouvrez grands vos yeux et vos oreilles et bon voyage à travers ce beau et prometteur continent qu'est l'Afrique.

INTRODUCTION

L'Afrique a longtemps été considérée et présentée par les médias comme le territoire le plus pauvre de la planète et le plus vulnérable du monde sur le plan sécuritaire et économique, mais en vérité, c'est le continent le plus riche de la Terre en termes de matières premières minérales. Son potentiel minier est considérable au point que certains pays comme la République Démocratique du Congo sont qualifiés de « *pays de scandale géologique* », car dans ce seul endroit de la Terre, toutes sortes de minerais stratégiques pour la vie dans le monde sont identifiés. Et ce pays n'est qu'un échantillon de la réelle richesse minière de l'Afrique, car chaque pays de ce continent possède au moins une ou plusieurs ressources minières prépondérantes de très bonne qualité et trouvées en quantité suffisante sur tout le continent africain pour en faire des gisements rentables économiquement. Si les ressources minières étaient exploitées en toute transparence et les retombées économiques redistribuées en toute équité, aucun pays africain ne devrait stagner dans le sous-développement, aucune de ses populations ne devrait vivre en dessous du seuil de pauvreté et dans la famine, aucun des fils ou des filles de l'Afrique ne devrait être tenté par l'aventure incertaine et mortifère de l'émigration clandestine, aucun jeune diplômé africain ne devrait vieillir dans le chômage, aucun pays africain ne devrait croupir sous le poids de l'endettement excessif, aucune ville africaine ne devrait être privée d'hôpitaux équipés et d'établissements scolaires et universitaires prestigieux, aucun pays africain ne devrait manquer de systèmes sociaux performants et de systèmes de défense et de sécurité efficaces. Hélas ! En dépit de toute sa richesse minière, l'Afrique et ses populations vivent le contraire de toutes ces belles choses qui, en principe, devraient faire partie de leur quotidien. Quel paradoxe ! L'Afrique, un continent riche en vérité, mais pauvre dans la réalité. Cependant, malgré ce constat peu satisfaisant, les choses sont en train de bouger sur tout le continent africain au cours cette dernière décennie.

En effet, depuis les indépendances des années 60 jusqu'à la fin des années 90, ce continent faisait l'actualité internationale par le nombre incalculable de guerres civiles et de famines qui affectaient ses pays et ses populations. Aujourd'hui, les données ont changé. Les guerres ont disparu à part quelques foyers de terrorisme comme partout ailleurs dans le monde, les coups de force sont de plus en plus rares, la famine est quasi-inexistante, le niveau d'éducation des populations a fortement progressé et ce continent est résolument tourné vers la croissance économique et le développement. D'ailleurs, de plus en plus de pays africains disent vouloir atteindre l'émergence d'ici une dizaine d'années en citant en exemple des pays asiatiques comme la Chine, la Corée du Sud ou des pays d'Amérique latine tels que le Brésil. Une nouvelle classe sociale moyenne et éduquée s'établit au fil des années dans toute l'Afrique et des opinions nationales avec des sociétés civiles fortes prennent forme dans chaque pays africain. Devant ce constat, le regard porté sur l'Afrique change de jour en jour au point que les médias internationaux et nationaux, les institutions de Breton Wood telles que la Banque Mondiale ou le Fonds Monétaire International (FMI) et même les Organisations internationales comme l'ONU sont tous unanimes pour dire que l'Afrique est le continent de demain et sera le futur grenier humain, alimentaire et énergétique du monde. Pour être plus précis et explicite, l'Afrique sera la prochaine puissance économique du monde au regard de tous ses atouts humains, naturels et miniers et ses indices économiques encourageants qui pointent à l'horizon. Tous ces faits entraînent une ruée des grandes puissances et des grands groupes industriels vers l'Afrique. Et dans cette dynamique évolutive, le secteur minier et énergétique est en avant-garde. C'est pour cette raison que la Banque mondiale en collaboration avec l'Union africaine a lancé le projet dénommé *« la carte à 1 milliard de dollars »* qui consiste à répertorier et synthétiser toutes les ressources minières de l'Afrique en réalisant une cartographie de ses minerais avec les outils les plus performants en la matière. Conçue, cette carte sera mise à la disposition des investisseurs et des entreprises qui souhaitent contribuer au développement minier et économique de l'Afrique. Si l'Afrique mobilise autant la communauté internationale au sujet de ses ressources minières, cela veut dire que ce continent a un potentiel minier certain que ses populations ou parfois ses gouvernants eux-mêmes ignorent d'où la nécessité de les connaître.

En vérité, l'Afrique est l'une des plus belles réserves de ressources pétrolières et énergétiques du monde alors que tous les peuples de la planète et les grandes nations de la Terre sont en quête permanente de ces matières premières minérales appelées sciemment *« minerais stratégiques »* pour mettre l'accent sur leur caractère régalien et sensible pour la paix dans un État. Pour preuve, vous avez certainement entendu parler du mouvement des *« gilets jaunes »* en France métropolitaine et d'Outre-mer qui s'est opposé violemment à la hausse des prix du carburant à la pompe et à l'imposition de taxe sur ces hydrocarbures, en paralysant la ville de Paris par des casses durant plusieurs samedis sur la plus belle avenue du monde à savoir, l'avenue des Champs-Élysées et toutes les autres villes de France en particulier le samedi 24 novembre 2018. Or, cette crise n'était que la conséquence de la hausse du prix du baril de pétrole et du jeu économico-géopolitique des géants pétroliers du Moyen-Orient et de l'Organisation des Pays Exportateurs de Pétrole (OPEP) que sont l'Iran et l'Arabie Saoudite. Ces derniers agissent volontairement sur les cours du baril de pétrole selon qu'ils augmentent ou diminuent leur production pour maintenir leur influence dans le monde et peser sur l'échiquier international. Ainsi, la loi de l'offre et de la demande n'épargne pas de grands pays consommateurs d'énergie comme la France ou la plupart des pays occidentaux.

Devant, cette problématique économique et sociale, il faut donc trouver des zones d'approvisionnement moins soumises aux conflits géopolitiques et qui permettent de fournir de l'énergie en permanence et à bas coût. Et il se trouve que dans cette recherche pressante d'énergie, l'Afrique est le territoire qui concentre tous ces atouts et respecte toutes les conditions nécessaires pour fournir ces ressources pétrolières et énergétiques stratégiques. Mais où trouver ces ressources pétrolières et énergétiques en Afrique ? Ses réserves exploitables sont-elles suffisantes pour alimenter le monde entier devant ce besoin croissant en énergie provoqué par la démographie galopante mondiale ? Quelle est la contribution des ressources pétrolières et énergétiques dans l'économie des pays producteurs africains ? Y a-t-il des alternatives crédibles et durables aux ressources énergétiques fossiles dans la transition énergétique impulsée par les énergies renouvelables ? Quels rôles les ressources énergétiques fossiles africaines peuvent-elles encore jouer dans le monde face à la montée en puissance des énergies renouvelables ?

Les réponses à ces questions nécessitent une approche scientifique et un minimum de notion en sciences de la Terre, en géopolitique et en économie, car ces domaines sont intrinsèquement liés. Je me servirai donc de mes connaissances dans ces secteurs pour vous éclairer sur la pertinence du sujet de cet ouvrage et l'urgence de le traiter sans langue de bois à l'orée de la transition énergétique qui s'annonce difficile pour tous les pays du monde y compris les plus développés.

Géologue de formation intéressé par les questions économiques et les récents concepts géopolitiques et géostratégiques que sont la mondialisation et la globalisation ensuite, géophysicien animé d'un profond intérêt pour la comparaison des modèles de développement des pays riches et des pays pauvres, écrivain de plusieurs livres sur les matières premières minérales et l'énergie, animé d'un esprit critique et averti des réalités géopolitiques, économiques, sociologiques et historiques du monde et d'Afrique, je crois avoir un minimum de légitimité et d'expertise dans les secteurs de l'énergie pour répondre aux défis actuels et futurs des pays du monde dans ce domaine et proposer des solutions pour une transition énergétique paisible et pas brutale.

Dans un premier temps, pour arriver à cet objectif, en quelques paragraphes, je prendrai le temps de faire une mise à niveau pour tous les lecteurs qui méconnaissent les sciences de la Terre en expliquant certaines notions de géologie et de géophysique liées aux ressources énergétiques fossiles telles que le pétrole, le gaz, l'uranium ou même le charbon. Elles seront assez brèves dans cet ouvrage, car dans mon précédent livre intitulé « *L'Afrique, un continent aux ressources minières exceptionnelles* », ces concepts géologiques et géophysiques ont été explicités avec plus de détails.

L'explication des bases de cette partie de la géologie économique sera l'occasion de révéler les innombrables potentialités pétrolières et énergétiques de la plupart de 54 pays du continent africain (Figure 1) en parcourant l'Afrique du Nord et la région désertique, le Sahel, le golfe de Guinée et l'Afrique de l'Ouest, l'Océan indien, l'Afrique de l'Est et la Corne de l'Afrique, l'Afrique Centrale et le Sud de l'Afrique. Nous parviendrons à faire cet inventaire non exhaustif des ressources pétrolières et énergétiques de l'Afrique grâce aux données géologiques, géophysiques, géographiques et économiques des compagnies minières et pétrolières, de la recherche scientifique, des États producteurs africains, des organisations internationales, des médias et d'autres organismes de géopolitique et géostratégie.

Il serait injuste de parler des ressources pétrolières et énergétiques sans mentionner leur dimension économique qui reste le point saillant de ces matières premières minérales stratégiques. Pour cette raison, je peaufinerai cette étude en prenant également en compte leurs apports effectifs et concrets dans l'amélioration des conditions de vie des populations africaines à travers les chiffres annuels ou journaliers des barils de pétrole, des mètres cubes de gaz produits, des tonnes d'uranium extraites, des kilowatts d'électricité générés via les centrales thermoélectriques et hydroélectriques et redistribués aux populations urbaines et rurales africaines. À ces statistiques, je joindrai aussi les produits intérieurs bruts (PIB), les indices de développement humain (IDH) et le produit national brut (PNB) des différents pays africains producteurs de matières premières énergétiques. Cette approche scientifique contribuera efficacement à la compréhension de mes propos par les lecteurs. Elle facilitera la synthèse analytique des événements géopolitiques, sociologiques et économiques qui affectent le continent africain depuis la période des indépendances de 1960 jusqu'à aujourd'hui, car, il n'y a pas de hasard dans les relations économiques et diplomatiques entre les États du monde. En vérité, le monde étant désormais un village planétaire et la plupart des pays étant réunis dans des organisations internationales telles que l'Union européenne (EU) ou l'Union africaine (UA) avec des échanges commerciaux inter-états, les chocs économiques et sociaux qui secouent l'un de ces pays sont fortement ressentis par les pays voisins ou même transatlantiques. C'est pour toutes ces raisons que lorsque certains pays du Moyen-Orient comme l'Arabie Saoudite, l'Iran, l'Irak, le Koweït et de l'Afrique tels que le Nigéria, l'Angola, la Libye, le Gabon ou même l'Algérie, baissent leur production, plusieurs pays occidentaux connaissent des remous sociaux suite à la hausse des prix du carburant, car ils sont énergétiquement dépendants de ces derniers. Or, étant souverains, ces pays producteurs sont normalement libres d'augmenter ou de diminuer leur niveau de production. Dans ce nouveau contexte global et planétaire, ces faits géopolitiques et économiques banals au départ pour certains et qui devraient normalement avoir des conséquences uniquement nationales, ont aussi des répercussions négatives à l'échelle internationale.

Dans un second temps, j'exposerai la complémentarité et la continuité géologique, géographique et historique qui lient l'Amérique latine et l'Afrique occidentale, car il y a de fortes similarités et d'importantes concordances tant quantitativement que qualitativement entre les ressources pétrolières et énergétiques de ces deux zones de la planète. Pour confirmer cette affirmation, je consoliderai mes argumentations et mes démonstrations par des principes géologiques et des études comparées des données scientifiques et des chiffres des réserves et des productions pétrolières des pays qui occupent les côtes occidentales de l'Afrique et septentrionales et orientales de l'Amérique latine. Vous constaterez que tout prouve que ces deux parties du monde ont une histoire commune sur le plan géologique, géopolitique, social et économique. En vérité, plusieurs pays d'Amérique latine ont bien souvent les mêmes difficultés économiques et sociales que certains pays africains alors que leurs sous-sols sont potentiellement riches de matières premières minérales comme ceux de l'Afrique.

À ce stade de mes propos, il est bien de mentionner que ce livre ne s'attardera pas sur les guerres géopolitiques, géostratégiques et à but économique qui ont affecté les pays d'Afrique pour accéder à leurs ressources minières, notamment, leurs ressources pétrolières et énergétiques. Cet ouvrage n'est pas un énième livre révolutionnaire pour dénoncer les injustices subies par l'Afrique et connues de tous au sujet de l'exploitation de ses ressources minières même si j'en parlerai par moments à titre d'information pour corroborer et soutenir mes affirmations. Votre passé ne doit pas être un frein à votre progression, mais un stimulant moral et une source de motivation supplémentaire pour réussir votre futur. Vous devez en tirer les meilleures expériences et retenir les plus belles leçons qui en découlent pour éviter les échecs précédents. Sans s'éterniser sur son passé et comme un piédestal ou une rampe de lancement, l'Afrique doit se servir de son histoire récente et de ses matières premières minérales exceptionnelles pour impulser son développement actuel et futur.

Ainsi, de toute sa palette d'objectifs, ce livre a pour but principal de faire la promotion, la publicité, la propagande et l'inventaire des matières premières minérales énergétiques fossiles (non renouvelables) de l'Afrique tout en prenant également en compte les belles perspectives qu'offre ce continent dans le développement des énergies renouvelables. Cette vulgarisation des ressources énergétiques de l'Afrique n'a pour objectif que de favoriser leur exploitation intelligente en vue de la croissance économique effective et du développement accéléré de ce continent d'où, l'intitulé du livre : *L'Afrique, l'ultime réserve pétrolière du monde face à la transition énergétique (un zoom sur les matières premières minérales énergétiques et le développement de l'Afrique).* Cet ouvrage s'intéressera donc uniquement aux gisements de pétrole, de gaz, d'uranium ou même de charbon du continent africain en intégrant les nouveaux concepts de la transition énergétique et écologique.

Ainsi, après avoir parlé exclusivement des mines dans mon précédent ouvrage, ce livre dédié essentiellement aux ressources minières énergétiques fossiles viendra parachever cette excursion que j'ai entamée dans la connaissance et l'exploration des ressources minières de l'Afrique. Toutefois, il est bien de retenir que malgré tous les inventaires et toutes les études approfondies que je ferai à ce sujet, les matières premières minérales de l'Afrique sont tellement nombreuses qu'un ou deux livres ne suffiront jamais pour les évoquer entièrement.

L'exploitation des matières premières minérales et la question de l'énergie sont des sujets sensibles et stratégiques pour des États et touchent directement la sphère politique et économique. C'est pourquoi à travers ce livre, je rappellerai les principes de la bonne gouvernance et la nécessité pour les gouvernants africains et les entreprises minières du secteur de l'énergie de poser des actions sociales et économiques en faveur des populations locales qui resteront dans la mémoire collective des pays producteurs.

Également, je pointerai du doigt certaines injustices évidentes observées dans les contrats d'exploitation minière entre certaines multinationales et des États producteurs africains. Même si généralement, les compagnies exploitantes apportent l'essentiel des capitaux, très souvent ces contrats sont tellement déséquilibrés avec moins de 10% des parts aux pays producteurs que les retombées de l'exploitation de ces matières premières minérales énergétiques ne sont pas profitables aux pays africains contrairement aux pays asiatiques et moyen-orientaux qui sont pourtant soumis au même marché. D'ailleurs, je prendrai en exemple toutes les réalisations que certains des pays du Moyen-Orient comme le Qatar ou les Émirats arabes unis ont pu réaliser grâce à l'exploitation de leurs ressources pétrolières.

Je donnerai aussi des solutions économiques pour dynamiser et booster l'exploitation des ressources minières énergétiques africaines pour qu'elle serve en retour à amplifier le développement de ce continent tout en respectant l'écologie et en encourageant la transition énergétique qui progresse à grands pas.

Également, j'ai compris que le problème de sous-développement de l'Afrique est intrinsèquement lié à la culture, à la mentalité, à la psychologie, à l'éducation, aux préjugés, à la façon de penser et à l'image négative que les Africains ont d'eux-mêmes et ont acceptée depuis des décennies. C'est pourquoi ce livre sera une aubaine pour briser cette fausse image qu'ils s'octroient et une occasion pour propager certaines notions de développement personnel et des paroles extrêmement fortes rehausser l'estime de soi de plusieurs. Au-delà des Africains, ces paroles fortes iront aussi à l'endroit de tous ceux qui se sentent faibles, méprisés ou incapables de faire. En vérité, personne n'est inutile sur la Terre. Tout homme est capable de faire des exploits, car à chacun de nous, Dieu a donné des atouts, des talents et des dons particuliers qui nous permettent de réaliser des prouesses qu'aucun homme sur la Terre ne peut faire à part nous. Nombreux sont les Africains et même les Occidentaux qui se méprisent et se sous-estiment alors qu'ils ont tout à leur portée et à leur disposition pour s'épanouir. Ils sont plusieurs à croire que rien de bon ne peut sortir d'eux alors que toutes les capacités nécessaires à leur éclosion sont en eux. De même, de nombreux Africains croient que rien de bon et de meilleur ne peut venir de l'Afrique alors qu'ils ont le continent le plus riche de la Terre, ce que je démontrerai une énième fois dans cet ouvrage. Curieusement et malheureusement, plusieurs Africains n'en sont pas encore conscients et ne réalisent toujours pas la chance qu'ils ont au point d'abandonner leurs terres si riches du jour au lendemain pour prendre le chemin incertain de l'aventure vers l'Occident au péril de leur vie contre toutes les oppositions et les avis contraires.

Que cet ouvrage ouvre une nouvelle voie d'espoir et d'espérance pour l'émancipation, l'émergence et le développement de l'Afrique grâce à l'exploitation et à la transformation de ses matières premières minérales énergétiques dans ce village planétaire très concurrentiel et connecté qu'est le Nouveau Monde.

Puisse ce livre être une énième référence pour tous les experts du secteur de l'énergie qui aiment l'Afrique et rêvent de la voir sortir de la pauvreté pour le bonheur et le bien-être de ses populations. Je souhaite que toutes les bonnes paroles qui seront écrites dans cet ouvrage en faveur de l'Afrique soient des sortes de prophéties qui s'accompliront dans les futures générations après notre passage sur la Terre. Je reste convaincu que le lendemain de l'Afrique sera meilleur au regard de ses potentialités humaines et naturelles qui ne sont pas encore essoufflées, mais en pleine de croissance. L'Afrique est le continent de l'avenir.

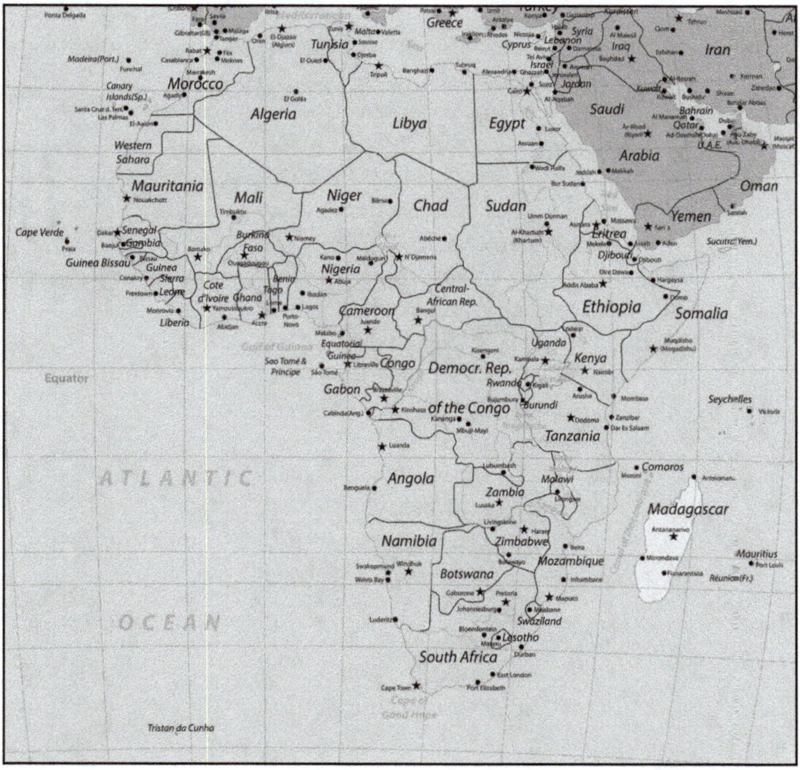

Figure 1: Carte de l'Afrique (L'Afrique, un continent aux ressources minières exceptionnelles, L'Harmattan, avril 2018)

CHAPITRE I
L'AFRIQUE,
AU CARREFOUR DE LA CROISSANCE DÉMOGRAPHIQUE, ÉCONOMIQUE ET ÉNERGÉTIQUE

I.1 - L'Afrique, un continent en forte croissance démographique

La démographie est l'ensemble des données et des études au sujet d'une population et à toutes les époques. Il est difficile de planifier le développement d'un pays ou d'un continent sans faire cas de sa démographie puisque les populations sont au cœur de tout projet de société et de toutes les politiques de développement. Ainsi, tous les pays et tous les continents du monde ont des démographies spécifiques ou particulières qui ont des répercussions immédiates sur leurs économies ou le niveau de vie de leurs populations. Alors que l'Europe et l'Amérique ont des démographies qui augmentent lentement et progressivement en encourageant les naissances, sans grands efforts, l'Afrique et l'Asie sont reconnues actuellement comme les continents aux démographies les plus dynamiques. Les taux de natalité enregistrés dans ces deux continents sont les plus élevés et ne sont pas prêts de diminuer, ce qui laisse penser que dans les trois prochaines décennies, ces deux continents auront des masses démographiques considérables à canaliser, à maîtriser, à occuper et surtout à satisfaire sur le plan énergétique pour rester dans le cadre de notre sujet tellement les enjeux liés à la démographie sont multiples. Concernant l'Afrique, les experts du domaine parlent d'ailleurs d'un continent qui est en *surchauffe démographique* compte tenu de sa démographie galopante et en forte croissance. D'autres parlent de *bombe démographique* pour signaler la dangerosité des crises sociales qui pourraient surgir sur le continent africain et dans le monde en cas de non-maîtrise de sa démographie à croissance vertigineuse. La vérité exprimée par les chiffres et les statistiques sur la démographie de l'Afrique au fil des décennies est satisfaisante dans un premier temps, car toutes les grandes puissances économiques dans le monde comme la Chine et l'Inde ont aussi une grande démographie. Cependant, elle est aussi alarmante dans un deuxième temps si le nombre de jeunes en âge de travailler augmente plus vite que les emplois disponibles ou en création sur le continent.

En effet, la population africaine estimée à 100 millions d'habitants en 1900 a atteint 275 millions entre 1950 et 1960 puis 640 millions en 1990 et est passée à 1,2 milliard en 1996. D'après les prévisions démographiques de l'ONU et de la Banque mondiale, sa population sera comprise entre deux et trois milliards en 2050 puis atteindra environ 4,4 milliards en 2100. L'Afrique a donc rattrapé son retard démographique d'il y a quelques siècles en arrière pour conduire toute seule la tête du peloton dans les années à venir.

En réalité, dans les années 1600, elle représentait 17% de la population mondiale puis a décru à 7% en 1900 pour atteindre à nouveau plus de 16% en 2016. Les statistiques montrent d'ailleurs qu'elle représentera 39% de la population mondiale en 2100. Dans tous les cas, il faudra retenir que depuis le XXe siècle, la population africaine est en constante croissance et continue à prendre des parts importantes dans la population mondiale au fil des années (Tableau 1). Cela veut dire que l'Afrique devient au fur et à mesure une population stratégique et incontournable à l'échelle planétaire sur le plan économique, social et géopolitique.

Année	**Population de l'Afrique**	**Population mondiale**	**Part de l'Afrique**
1950	228 902 000	2 525 149 000	9,1%
1960	284 887 000	3 018 344 000	9,4%
1970	365 626 000	3 682 488 000	9,9%
1980	477 965 000	4 439 632 000	10,8%
1990	631 614 000	5 309 668 000	11,9%
2000	814 063 000	6 126 622 000	13,3%
2010	1 044 107 000	6 929 725 000	15,1%
2016	1 216 130 000	7 432 663 000	16,4%
2030	1 704 000 000	8 226 821 000	20,7%
2050	3 000 000 000	8 500 000 000	40%
2100	4 400 000 000	11 000 000 000	39%

Tableau 1 : Évolution et part de la population africaine à l'échelle mondiale (Wikipédia, 2018 modifié)

De l'analyse de ce tableau, il ressort clairement que la population africaine doublera en 30 ans pour atteindre les 3 milliards d'habitants d'ici 2050 alors que sa démographie est déjà importante. Elle avait déjà doublé en un quart de siècle (25 ans environ) entre 1990 et 2016.

Dans cette période, sa population est passée de 631 614 000 à 1 216 130 000, mais personne n'y a pris garde. Ces deux événements successifs sont juste la confirmation de la dynamique démographique évolutive dans laquelle se trouve l'Afrique depuis ces trois dernières décennies et celles à venir. Plus que de simples chiffres, ce sont des signaux d'alarme sur l'urgence de poser des actes concrets dès aujourd'hui pour prévenir la crise démographique aux conséquences économiques et sociales à venir.

De surcroît, l'Afrique a un peuple très jeune, car 41% de sa population a moins de 15 ans et en 2012, l'âge moyen enregistré sur le continent était de 20 ans. Par exemple, le Niger et l'Ouganda sont les pays les plus jeunes du monde, car 49% de leurs populations ont moins de 15 ans. En 2016, le taux de fécondité en Afrique était de 4,7 enfants par femme contre 2,3 en moyenne à l'échelle mondiale. L'espérance de vie est de 57 ans alors que la moyenne mondiale est de 69 ans, c'est-à-dire, que l'homme vit plus longtemps ailleurs qu'en Afrique, mais malgré ce fait, la démographie africaine est de plus en plus dynamique. Actuellement, la pyramide des âges a une base épaisse, car 60% des Africains ont moins de 25 ans. Si la population africaine est l'une des plus jeunes du monde, cela signifie que c'est l'Afrique qui a ou aura le plus grand nombre de personnes actives sur le plan professionnel, économique, familial ou social. Il faut donc trouver de l'énergie pour alimenter et combler les besoins de cette masse démographique. Ainsi, face à cette problématique sensible et cette nécessité absolue de ravitaillement permanent en énergie pour tous les peuples du monde, l'Afrique se trouve en avant-garde des civilisations qui en auront le plus besoin d'ici 2050 au regard des perspectives d'évolution de sa démographie. Et cela, le président français, monsieur Emmanuel MACRON l'a très bien exprimé en marge du sommet du G20 qui s'est tenu en juillet 2017 à Hambourg en Allemagne, en répondant à la question d'un journaliste ivoirien. Il a estimé que le taux élevé de fécondité en Afrique est un obstacle au développement durable de ses pays à travers cette réponse :

« Quels sont les problèmes ? Les États faillis ou les transitions démocratiques complexes, la transition démographique, qui est l'un des défis essentiels de l'Afrique. »

Il a renchéri en disant :

« Dans un pays qui compte encore sept à huit enfants par femme, vous pouvez décider d'y dépenser des milliards d'euros, vous ne stabiliserez rien. »

Visiblement, monsieur Emmanuel MACRON a certainement généralisé à toute l'Afrique, le seul taux de fécondité du Niger qui était de 7,6 enfants par femme en 2012 et le plus élevé du monde. Pour rappel, le taux moyen de fécondité en Afrique est de 4,7 enfants par femme. Il est vrai que de façon générale, les Africains avaient l'habitude de faire beaucoup d'enfants et que des pays comme le Mali et la Somalie avaient respectivement 6,3 et 6,6 enfants par femme pour la même période, mais cette tendance est en train de disparaître avec la promotion du planning familial dans tous ces pays. Pour preuve, il y a 20 ans, ce taux était de 5,5 en Afrique, ce qui signifie que des progrès ont été faits. Cependant, bien que le taux de fécondité des femmes africaines soit plus élevé que celui des femmes européennes (1,6), asiatiques (2,2) et d'Amérique latine (2,0) et du Nord (2,1), une forte démographie est un atout dont l'Afrique ne peut se priver.

En vérité, nombreux sont les pays européens qui incitent leurs femmes à faire plus d'enfants pour freiner le vieillissement accéléré de leurs populations puisque leurs taux de natalité sont inférieurs à leurs taux de mortalité. C'est l'exemple de l'Allemagne qui est la première puissance économique de l'Europe.

De plus, c'est ce besoin d'augmenter ou de maintenir sa population active dans la durée qui a poussé la chancelière allemande Angela Dorothéa MERKEL à accepter sur son sol le 5 septembre 2015, plusieurs milliers de migrants en provenance d'Autriche, bloqués en Hongrie et fuyant les guerres en Syrie et dans d'autres pays d'Afrique et du Moyen-Orient. Son action lui a valu de lourdes critiques qui n'ont pas entaché sa détermination puisqu'elle pensait à l'avenir de l'Allemagne et savait qu'aucun pays ne peut conserver et accroître son niveau de développement sans une population forte.

Même si je ne suis pas d'accord sur l'interprétation que monsieur Emmanuel MACRON fait du taux de fécondité en Afrique, force est de reconnaître que l'une des questions centrales et l'un des paramètres incontournables du développement de l'Afrique sont sa démographie. D'ailleurs, je me suis largement exprimé sur les raisons de mon désaccord avec le président français sur cette question dans mon précédent livre sur l'Afrique. En tout état de cause, l'Afrique doit traiter les problèmes liés à sa démographie, car tôt ou tard, ils influenceront positivement ou négativement son développement. En fonction de la réponse donnée pour maîtriser sa démographie, d'ici quelques années, on parlera soit de *bombe démographique* ou de *dividende démographique* pour qualifier les conséquences de la population galopante de l'Afrique. Je souhaite que la forte population de l'Afrique ait l'effet d'un dividende démographique et non celle d'une bombe démographique. L'avenir de l'Afrique se cache dans la définition de ces deux concepts.

En effet, un *dividende démographique* est une brutale accélération de la croissance économique lorsque le nombre d'actifs (personnes comprises entre 20 ans et 65 ans) ou de travailleurs est supérieur à celui des personnes dites dépendantes (enfants de moins de 20 ans et personnes âgées de plus de 65 ans).

Dans l'autre sens, la *bombe démographique* est l'apparition brutale d'une crise économique lorsque le nombre d'actifs est inférieur à celui des personnes dépendantes. Le plus souvent les bombes démographiques s'accompagnent aussi de crises écologiques majeures entraînées par le surplus de population et la création de banlieues insalubres.

Les experts et tous ceux qui aiment l'Afrique s'attendent donc à un dividende démographique dans ce continent si le nombre d'emplois créés suit l'accroissement de population. Il est bien de rappeler que chaque année, ce sont environ 20 à 30 millions de jeunes qui arrivent sur le marché du travail. Pour avoir un dividende démographique, les gouvernants africains doivent donc innover et presser leurs pas en créant simultanément 30 millions d'emplois chaque année dans le secteur formel d'ici 2035 puisque les jeunes actifs de demain sont déjà nés. Même si des institutions internationales comme la Banque Africaine de Développement (BAD) ou l'Institut Allemand de Développement (DIE) estiment que la création de 20 millions d'emplois suffirait, il faut viser un nombre plus élevé en restant prudent et en soutenant qu'il n'y a plus de temps à perdre à ce niveau si l'Afrique veut bénéficier d'un dividende démographique dès aujourd'hui. Dans tous les cas, ces statistiques démontrent bien que l'Afrique est un continent jeune, ce qui vient confirmer cette fameuse citation qui dit :

« L'avenir appartient à la jeunesse. »

Donc, je crois fortement à l'avenir radieux de l'Afrique, car je suis certain qu'elle connaîtra un dividende démographique tôt ou tard, car pendant que la plupart des pays développés luttent contre le vieillissement de leur population active, celle de l'Afrique est en train de naître avec toute la vigueur qui est la sienne. La nouvelle génération qui arrive ne connaîtra et ne travaillera qu'avec les outils informatiques et les nouvelles technologies de l'information et de la communication qui font notre monde d'aujourd'hui. Elle ne sera donc ni dépaysée ni déconnectée de nos nouvelles réalités professionnelles contrairement aux anciennes générations. D'ailleurs, le Nigéria qui est le pays le plus peuplé d'Afrique et la première puissance économique de ce continent a déjà, mais aura aussi le plus grand nombre de jeunes de moins de 25 ans dans le monde ainsi que la République Démocratique du Congo, le Zimbabwe et la Tanzanie. Le Nigéria représentera à lui seul 10% des naissances. Cela pour dire que la tendance actuelle n'est pas prête de s'estomper. De plus, comme si tous les signaux étaient favorables à la croissance démographique de l'Afrique, selon les données du rapport de l'ONU, World prospect 2015, l'espérance de vie d'un africain augmentera de 40 ans de 1950 à 2050. C'est un nouveau paramètre de croissance qui n'est pas négligeable et me conforte dans l'idée que l'Afrique est le continent de demain et du futur.

Si l'Afrique parvient à maîtriser sa politique de natalité alors ce continent se hissera au sommet du monde sinon ce sera l'avènement irréversible de la *soupape migratoire* évoquée par certains experts pour désigner le déplacement excessif et clandestin à but économique des jeunes d'Afrique vers les pays développés. C'est pourquoi l'Europe qui est directement visée par ces migrations doit aider l'Afrique à maîtriser sa politique démographique. Selon un sondage Gallup datant de 2016 et relayé dans le journal français *Le Monde,* dans la chronique du 8 février 2018 de monsieur Alain FRACHON, dénommée *Une partie essentielle du destin de l'Europe se joue avec l'Afrique que nous le voulions ou non*, 42% des Africains avec un âge compris entre 15 et 24 ans dont 32% de jeunes diplômés du supérieur veulent émigrer en Europe. De plus, selon l'Américain Stephen SMITH, professeur en Études Africaines de l'université de Duke aux États-Unis, chaque africain aura dans deux générations, un neveu ou nièce d'Europe, comme chaque famille européenne avait naguère un oncle d'Amérique. Il va plus loin en disant qu'aucun dispositif ou garde-côte ne pourra empêcher les migrations vers l'Europe. Même si la plupart des dirigeants européens et occidentaux ne disent pas ouvertement leur opposition aux migrations de masse vers leurs pays, à part le président américain Donald TRUMP, il faut avouer qu'ils le pensent et le veulent intérieurement, car ils constatent de plus en plus que leurs pays ont des difficultés économiques et sociales internes. Ils ont davantage de mal à satisfaire les revendications de leurs populations qui sombrent sous le poids des taxes et des impôts pendant que l'État croupit aussi sous celui des dettes publiques intérieures et extérieures. Le meilleur moyen de prévenir ces crises migratoires actuelles et futures serait donc d'aider l'Afrique à contrôler sa démographie.

Pendant que plusieurs soutiennent que la réduction de la population africaine est la seule issue de développement de ses pays sous-développés, d'autres vont à contre-courant en réaffirmant que leur forte démographie peut être leur force économique. Ce sont ces idées qui ont été traduites dans un article en 2011 par Jean Pierre GUENGANT et le démographe de la Banque mondiale John MAY dont un extrait est le suivant :

« Depuis la fin de la Seconde Guerre mondiale, les néo-malthusiens et les développementalistes se sont violemment opposés, surtout dans les années 1960 et 1970. Les premiers présentaient le contrôle des naissances comme une condition indispensable au développement des pays qualifiés alors de *sous-développés*. Pour les seconds, seules des politiques vigoureuses en faveur du développement pouvaient permettre aux pays du Sud de sortir de leur situation, le développement socio-économique entraînant la réduction de leur fécondité, d'où le slogan *le développement est le meilleur contraceptif.* »

À bien interpréter ces deux courants de pensée, notamment le second, il ressort clairement que la notion de dividende démographique a tout son sens et est encore d'actualité. Je fais partie de ceux qui pensent que tôt ou tard la forte démographie africaine à venir aura des conséquences économiques positives pour l'Afrique. Selon le Fond des Nations Unies pour la Population (UNFPA), l'Afrique subsaharienne aura un dividende démographique de 500 milliards de dollars par année sur environ 30 années à condition que les gouvernements africains investissent dans la santé, dans l'éducation, créent des infrastructures de première nécessité (routes…), encouragent la naissance des entreprises et vulgarisent l'agriculture. Si l'UNFPA en parle avec certitude, c'est parce que de nombreux pays asiatiques dont la Chine et l'Inde ont connu également un dividende démographique qui a représenté environs 40% de leur croissance économique entre 1965 et 1995. Aujourd'hui, ces pays sont comptés parmi les 5 grandes puissances économiques du monde. De même, je reste convaincu que l'Afrique connaîtra un bond économique dans le futur grâce à sa forte démographie.

I.2 - L'Afrique, un continent en croissance économique

Il est vrai que la démographie est un élément considérable pour la croissance économique d'un pays ou d'un continent, mais elle n'est pas le seul levier du développement. À cet atout, il faut très souvent ajouter les richesses intrinsèques des pays ou des continents telles que les ressources naturelles, les produits d'exportations, les recettes fiscales et bien d'autres rentes en mesure de renflouer les caisses des États. Et à ce sujet l'Afrique est l'un des continents privilégiés et en vogue compte tenu de ses importantes richesses minières et pétrolières qui font son dynamisme économique, ces dernières années, alors que l'économie mondiale est en berne et en baisse.

I.2.1 - L'Afrique subsaharienne, le miroir de la croissance économique africaine

À l'instar de l'Afrique du Sud et de l'Afrique du Nord, l'Afrique subsaharienne a longtemps été considérée comme la partie la plus pauvre de l'Afrique et le miroir qui révélait le dynamisme et la santé économique de l'Afrique. Pour résumer ma pensée en une phrase, je dirai ceci :

« Si l'Afrique subsaharienne se porte bien alors c'est toute l'Afrique qui se sent bien. »

Aujourd'hui, la bonne santé de l'économie de l'Afrique subsaharienne est aussi la preuve et la confirmation des prévisions économiques prometteuses annoncées par toutes les institutions financières internationales au sujet de l'Afrique.

En effet, d'après les perspectives économiques pour 2019, publiées par la Banque mondiale le 8 janvier 2019, l'institution prévoit un bond de la croissance économique en Afrique subsaharienne qui passerait de 2,6% en 2017 à 2,7% en 2018 puis à 3,4% en 2019 soit une brutale accélération d'environ 0,7% entre 2018 et 2019, ce qui est remarquable dans ces temps de conjonctures économiques mondiales. Tandis que la croissance économique mondiale baisse progressivement de 3,1% en 2017 à 3% en 2018 puis à 2,9% en 2019, celle de l'Afrique subsaharienne augmentera à 3,4% en 2019 pour égaler la croissance économique globale de l'Afrique qui reste supérieure à celle du monde depuis 2017 au moins (Tableau 2).

Année	Croissance de l'Afrique	Croissance de l'Afrique subsaharienne	Croissance mondiale
2017	3,6%	2,6%	3,1%
2018	3,5%	2,7%	3,0%
2019	3,4%	3,4%	2,9%

Tableau 2 : Prévision de croissance économique
de l'Afrique et du monde de 2017 à 2019
(Perspectives économiques mondiales de la Banque Mondiale, 2019 ;
Perspectives économiques 2019
de la Banque Africaine de Développement)

Ces chiffres donnent l'impression que l'Afrique est un continent exempt des crises économiques ou pas touché par les grandes fluctuations économiques or elle est bien au centre du monde et de tous les échanges commerciaux. L'Afrique est bien une plateforme économique, mais au détriment des autres continents, elle doit, en partie, sa croissance économique accélérée et à contre-courant à l'exploitation de ses abondantes matières premières minérales et à ses immenses ressources pétrolières et énergétiques. L'Afrique subsaharienne tire son progrès économique sans précédent du réveil en 2018 de ses trois premières puissances économiques qui sont aussi trois grands producteurs pétroliers et miniers. Il s'agit du Nigéria, de l'Afrique du Sud et de l'Angola dont les prévisions de croissance économique sont estimées respectivement à 2,4%, 1,3% et 2,6% en 2019 compte tenu des excellentes recettes réalisées grâce à la vente du pétrole et à ses cours revenus à la hausse. À ces trois pays s'ajoutent les dix autres pays africains qui ont connu les plus fortes croissances économiques en 2018. C'est vrai qu'ils sont qualifiés abusivement ou maladroitement par certains médias de pays pauvres en ressources naturelles, mais comme je l'ai démontré dans mon précédent ouvrage « *L'Afrique, un continent aux ressources minières exceptionnelles* », aucun pays africain n'est dépourvu de matières premières minérales. Pour preuve, parmi ces 10 pays, plusieurs sont exportateurs de pétrole, d'uranium ou encore d'or. Il s'agit de l'Éthiopie (8,8% de prévision de croissance en 2019), du Rwanda (7,8%), de la Côte d'Ivoire (7,3%), du Ghana (7,3%), de la Tanzanie (6,8%), du Sénégal (6,6%), du Niger (6,5%), du Bénin (6,2%), du Burkina Faso (6%) et de l'Ouganda (6%) (Tableau 3).

Classement (Top 10)	**Pays africains**	**Prévisions de croissance en 2019**
1	Éthiopie	8,8%
2	Rwanda	7,8%
3	Côte d'Ivoire	7,3%
4	Ghana	7,3%
5	Tanzanie	6,8%
6	Sénégal	6,6%
7	Niger	6,5%
8	Benin	6,2%
9	Burkina Faso	6,0%
10	Ouganda	6,0%

Tableau 3 : Top 10 des pays africains aux plus fortes prévisions de croissance économique en 2019
(Perspectives économiques mondiales de la Banque Mondiale, 2019)

Vous constatez que les prévisions de croissance économique de ces pays sont largement au-dessus de la moyenne mondiale (2,9%) et africaine (3,4%). Ces données montrent que l'Afrique est en train de prendre son envol au fil des années et malgré toutes les oppositions en déjouant toutes les statistiques et les prédictions des plus prestigieuses organisations financières internationales.

D'après la Banque Africaine de Développement (BAD), en prenant en compte le produit intérieur brut (PIB), les cinq pays d'Afrique les plus riches en 2017 viennent également d'Afrique subsaharienne (Figure 2). Dans l'ordre décroissant sont cités le Nigéria, l'Afrique du Sud, le Soudan, l'Angola et l'Éthiopie. Sans risque de me tromper, j'attire votre attention sur le fait qu'à part l'Éthiopie, la plupart de ces pays sont des producteurs de pétrole et d'autres matières premières minérales stratégiques.

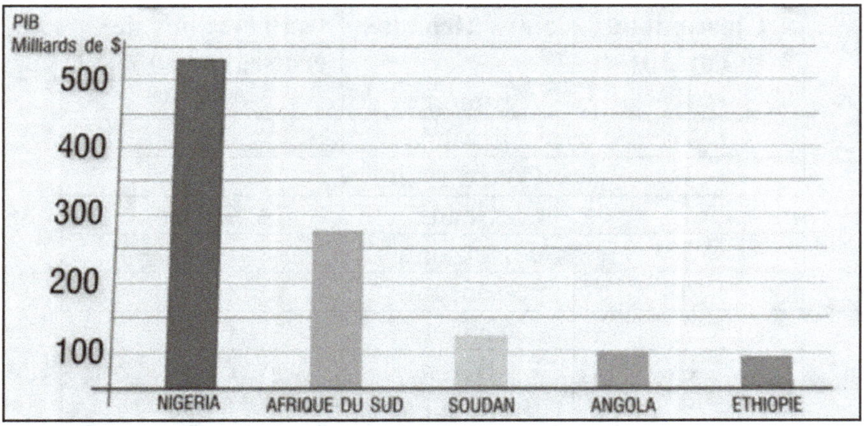

Figure 2: Les cinq pays les plus riches d'Afrique en 2017 selon le produit intérieur brut (Banque Africaine de Développement et document Canal+ Afrique, juillet 2018)

Avant de découvrir ces statistiques de la Banque Africaine de Développement (BAD), je n'aurais jamais parié que le Soudan se trouverait à ce troisième rang des pays les plus riches d'Afrique en 2017 du fait des crises successives, des attentats et des guerres civiles qui continuent d'affecter ce pays au point de l'avoir séparé en Sud-Soudan et en Nord-Soudan. Malgré ses épreuves et ses déstabilisations, ce pays connaît un essor économique. Ces données m'amènent donc à me poser les questions pertinentes suivantes :

Que serait le niveau actuel de développement du Soudan (Nord-Soudan et Sud-Soudan) si ce pays n'était pas déstabilisé en permanence par des crises liées à ses abondantes ressources pétrolières depuis des décennies ? Que serait le niveau de développement et d'émergence de l'Afrique en 2019, en 2020 si ce continent et ses pays n'étaient pas retardés depuis les périodes coloniales et l'époque des indépendances des années 1960 par des crises géopolitiques et géostratégiques induites par la convoitise de ses matières premières minérales ?

En réponse à ces questions, je dirai avec beaucoup de conviction et d'assurance que certains pays d'Afrique auraient aujourd'hui, le même niveau de développement et de croissance économique que la Chine, la Corée du Sud, le Japon ou encore l'Inde qui est actuellement la sixième puissance économique du monde après avoir détrôné son ancienne colonisatrice, la Grande-Bretagne.

En effet, l'Inde peut être mentionnée en exemple de développement pour plusieurs pays africains. Grâce à sa stabilité, à un fort leadership incarné par son Premier ministre réformateur Narendra MODI, à sa grande démographie, à ses progrès fulgurants dans les industries du numérique et son économie concurrentielle, l'Inde, qui avait un niveau de développement inférieur ou semblable à de nombreux pays d'Afrique dans les années 70, est aujourd'hui au sommet du monde. Selon les statistiques, l'Inde devait avoir une croissance de 7,6% en 2017 et son économie devait supplanter pour la première fois celle de la Grande-Bretagne (1,8% en 2016 et 1,1% en 2017) après plus de 100 ans. Ce bond économique la positionnerait au sixième rang des pays les plus riches du monde selon le PIB à la suite des États-Unis, de la Chine, du Japon, de l'Allemagne et de la France d'après un article du journaliste Robbie GRAMER du magazine américain *Foreign Policy* en date du 20 décembre 2016. De surcroît, en février 2016, l'Inde a surclassé la Chine, car elle était le pays qui avait la croissance économique la plus rapide. Si l'Inde a pu réaliser cet exploit en si peu de temps, cela signifie que l'Afrique peut le faire et rien n'est désormais impossible.

Si l'Afrique était épargnée ne serait-ce que pendant 10, 20, 30 ou 50 années de ces crises provoquées, c'est ce niveau de développement ou de croissance économique qui ferait partie de son lot quotidien. Mais hélas ! Nous sommes encore loin du compte. Cependant, des efforts considérables sont enregistrés de plus en plus, et les consciences des peuples africains sont en train de s'élever et de s'éveiller pour dire « non » à tous ces conflits non productifs qui ne grandissent pas son continent et la détruisent. Désormais, ils disent « oui » à la stabilité, à la paix et à toutes les actions de développement dans leurs pays respectifs. C'est d'ailleurs grâce à cette prise de conscience et à ce changement de mentalité que certains pays africains sont en train d'émerger ces dernières décennies en entraînant à leur suite, ceux qui étaient encore en retard ou avaient du mal à prendre leur envol.

Mon espoir ferme en faveur d'un lendemain meilleur pour l'Afrique ne s'estompe pas parce que ces statistiques économiques satisfaisantes et positives ne sont pas ponctuelles ou fortuites, mais se confirment et se renforcent dans la durée en analysant les données économiques de l'année 2018 et 2019.

Comme je l'avais évoqué au début de ce paragraphe, je reste convaincu que la croissance économique véritable de l'Afrique viendra de celle de l'Afrique subsaharienne puisque grâce à l'influence occidentale et à leur proximité des côtes européennes, les pays de l'Afrique du Nord ou méditerranéens sont plus ou moins mieux lotis financièrement que ceux du sud de l'Afrique. Pour preuve, la majorité des pays d'Afrique du Nord faisaient partie des cinq premières puissances économiques de l'Afrique en 2018 en prenant en compte les PIB nationaux et par habitant (Tableau 4) provenant des études de la Banque mondiale publiées par l'Agence de Presse Régionale à la date du 25 mai 2018.

Classement (Top 15)	**Pays africains**	**PIB national en milliards de dollars US $**	**PIB par habitant en dollars US $**
1	Nigéria	404,65	2176
2	Égypte	332,79	3478
3	Afrique du Sud	295,46	5285
4	Algérie	159,05	3917
5	Maroc	103,61	2832
6	Soudan	95,58	2415
7	Angola	95,34	3309
8	Éthiopie	72,37	707
9	Kenya	70,53	1455
10	Tanzanie	47,34	879
11	Ghana	42,69	1513
12	Tunisie	42,06	3689
13	Côte d'Ivoire	36,37	1535
14	Libye	34,70	5518
15	Cameroun	32,22	1375

Tableau 4: Les 15 pays les plus riches d'Afrique en 2018
selon le produit intérieur brut
(Banque Mondiale et Agence de Presse Régionale, 25 mai 2018)

Si l'Afrique subsaharienne connaît un essor économique, elle hissera donc toute l'Afrique avec elle. Cela veut dire que pour impulser le développement de l'Afrique, il faut accorder une attention particulière au développement des pays de l'Afrique subsaharienne. D'ailleurs, l'Afrique subsaharienne doit être la zone de développement prioritaire de l'Afrique pour stopper la pauvreté et freiner ainsi l'immigration massive de ces jeunes vers l'Europe et l'Occident.

En amont des prévisions de 2019 (Tableau 3), les pays qui ont obtenu les plus fortes croissances économiques en 2018 appartiennent tous à l'Afrique subsaharienne (Figure 3).

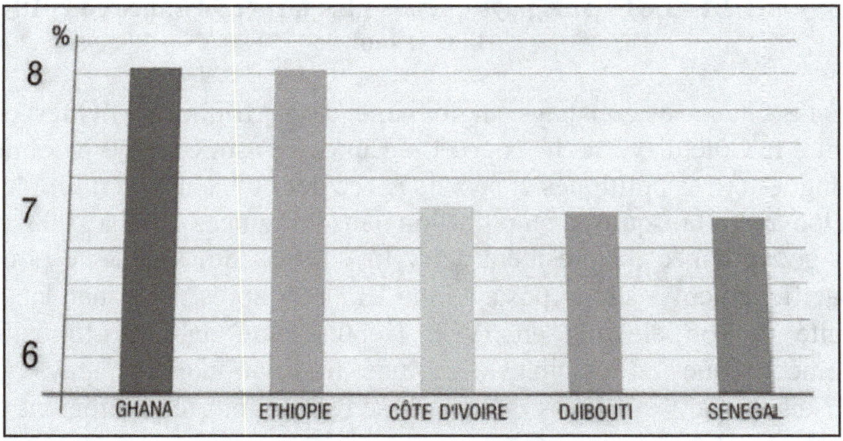

Figure 3: Les cinq pays d'Afrique aux plus fortes croissances économiques en 2018 selon le produit intérieur brut (Banque Africaine de Développement et document Canal+ Afrique, juillet 2018)

C'est une énième preuve que l'Afrique subsaharienne sort progressivement de la pauvreté et du sous-développement. À la tête de ces pays se trouve le Ghana qui est le pays qui a eu la plus forte croissance économique du monde en 2018 non seulement en Afrique, mais aussi dans le monde. Il doit sa croissance économique fulgurante à sa production pétrolière qui a fait un bond ces dernières années. J'en parlerai largement dans les paragraphes suivants. Sur ce point, je veux attirer l'attention sur le fait que l'exploit économique de l'année 2018 vient d'un pays de l'Afrique subsaharienne selon les données des institutions financières internationales, ce qui est un signal fort donné à tous les investisseurs et les opérateurs économiques du monde qui se tournent désormais vers l'Afrique. De bonnes choses peuvent-elles donc venir de cette partie du monde ?

Je peux répondre par l'affirmative. L'Éthiopie avec ses zones touristiques flamboyantes, la Côte d'Ivoire qui représente 40% du produit intérieur brut de la zone ouest-africaine francophone, Djibouti avec ses importantes bases militaires étrangères sur la route du pétrole et le Sénégal avec ses récentes découvertes de gisements de pétrole et de gaz, ne diront pas le contraire de l'essor visible de l'Afrique subsaharienne.

I.2.1 - Le Ghana, pays qui a la plus forte croissance en 2018 dans le monde

Le Ghana est un pays anglophone de l'Afrique de l'Ouest situé entre la Côte d'Ivoire, le Togo et le Burkina Faso. Ce pays a connu de longues crises politiques et sociales avec des coups d'État multiples de 1966 à 1980 jusqu'à sa stabilisation dans les années 1990 à 2000 après la gouvernance du président Jerry RAWLINGS qui a cédé le pouvoir pacifiquement à son opposant John KUFUOR après deux mandats à la suite de son élection en 1992. Depuis cette date, les transitions démocratiques et paisibles sont une tradition dans ce pays à tel enseigne que les anciens présidents se rencontrent régulièrement pour échanger leurs expériences sur les sujets sensibles de leur nation. Cette initiative est exceptionnelle et à saluer car elle est très rare en Afrique. Malheureusement, les anciens présidents africains ont l'habitude de se livrer des batailles acharnées et judiciaires lorsqu'ils sont au pouvoir ou déchus, ce qui est tout le contraire des hommes politiques occidentaux qui placent l'intérêt de leur pays avant leurs profits personnels. Heureusement, le Ghana a compris qu'aucun développement ne peut se faire sans paix et stabilité. Ce pays est donc devenu un modèle politique et économique pour toute l'Afrique et la sous-région ouest-africaine.

En effet, ses performances économiques ont désormais dépassé les frontières de l'Afrique, car en 2018, le Ghana a été reconnu par toutes les organisations financières internationales comme le pays qui a connu la plus forte croissance économique dans le monde devant les géants du monde que sont États-Unis, la France, la Chine, l'Inde, le Canada, l'Allemagne ou encore l'Angleterre.

Ces progrès économiques sont visibles dans tous les domaines y compris dans le secteur de l'automobile puisque ce pays fait désormais partie des constructeurs de véhicules. Aujourd'hui, grâce au jeune Kwadwo Safo KANTANKA, le Ghana commercialise des véhicules de la marque KANTANKA conçus localement au point d'en équiper sa police en véhicules d'intervention rapide pour soutenir cette belle initiative.

En complément, même si la production de cacao du Ghana est deux fois inférieure à celle de la Côte d'Ivoire qui est la première productrice de cacao dans le monde, il reste l'un des producteurs incontournables de cette denrée à l'échelle planétaire. Le Ghana et la Côte d'Ivoire représentent 60% de la production mondiale de cacao. Ses exportations de cacao contribuent énormément à renflouer les caisses de l'État depuis des décennies et à accroître son économie. D'ailleurs, le cacao a été pendant longtemps le premier produit d'exportation du Ghana. De surcroît, récemment, ce pays s'est lancé dans la transformation locale du cacao pour concevoir le chocolat qui est un produit alimentaire prisé par les habitants et les enfants des plus grandes métropoles européennes, américaines et du monde. Kimberlay, l'une des patronnes de ces entreprises qui se sont engagées sur la voie de la transformation des fèves de cacao, se confiait aux journalistes de la chaîne française TV5 en décembre 2018 en ces mots :

« C'était surprenant pour nous de constater que le Ghana produisait du cacao, l'ingrédient principal du chocolat et n'était pourtant pas un producteur de chocolat. Donc, nous avons voulu rentrer au pays et changer cela. Au lieu d'exporter une matière première pour ensuite réimporter le produit fini, il est impératif pour notre économie de transformer nos propres ressources. »

Ainsi, le Ghana a donc intégré comme la plupart des pays occidentaux que la richesse d'un État n'émane pas exclusivement de la détention ou de la possession de matières premières minérales ou agricoles, mais plutôt de leur transformation en produits finis pour solutionner les problèmes de la société et répondre aux besoins des populations. C'est pour cette raison que plusieurs pays africains sont riches de matières premières minérales et agricoles, mais demeurent toujours pauvres et vivent toujours aux dépens des aides financières octroyées par les institutions financières internationales telles que le FMI ou la Banque mondiale. C'est donc au seul prix de la transformation de la matière première que sa valeur issue de sa vente s'ajoute à l'économie pour impulser le développement d'un pays.

Dès lors, le Ghana a compris qu'au-delà des grands discours et des célèbres concepts théoriques d'émergence économique qui sont l'apanage de plusieurs pays africains, l'émancipation et le développement de l'Afrique passent obligatoirement par la recherche, l'innovation technologique et la transformation des matières premières qui sont les bases de toutes les croissances et révolutions industrielles.

En réalité, bien que son économie soit basée sur l'agriculture avec la culture du cacao dont il est le deuxième producteur mondial après la Côte d'Ivoire, ces dernières années, le Ghana tire aussi son essor économique de l'exploitation grandissante de ses matières premières minérales stratégiques que sont l'or et le pétrole.

I.2.1.a - Le Ghana, un essor économique lié à la production d'or

Ce n'est pas un hasard si le Ghana se faisait anciennement appeler « la Côte d'Or » pendant que son voisin garde toujours son nom « Côte d'Ivoire ». Le potentiel aurifère du Ghana est tout aussi important que celui de la Côte d'Ivoire, du Mali et du Burkina Faso, car ces pays concentrent sur leur territoire, une formation géologique dénommée le « Birimien » qui est le socle de la richesse en or d'une grande partie de l'Afrique de l'Ouest (Tableau 5).

Classement (Top 6)	**Pays Ouest-africains**	**Pourcentage de ceinture birimienne**	**Gisements en Moz (Millions d'onces)**
1	Ghana	19	110
2	Mali	10	33
3	Burkina Faso	22	12
4	Guinée	11	12
5	Côte d'Ivoire	35	8
6	Sénégal	3	3

Tableau 5: Tableau comparatif des gisements
et du pourcentage du Birimien par pays
(ministère des Mines et de la Géologie de Côte d'Ivoire)

Cependant, le Ghana a intensifié l'exploration du Birimien au point d'être le pays qui a mis en évidence le plus grand nombre de gisements en exploitation représentant un potentiel de 110 millions d'onces (Moz) (Figure 4) contrairement aux autres pays concernés bien qu'il ne soit pas celui qui ait le plus fort pourcentage de Birimien sur son territoire. Il faut savoir qu'une once est une unité de masse comprise entre 24 et 33 grammes.

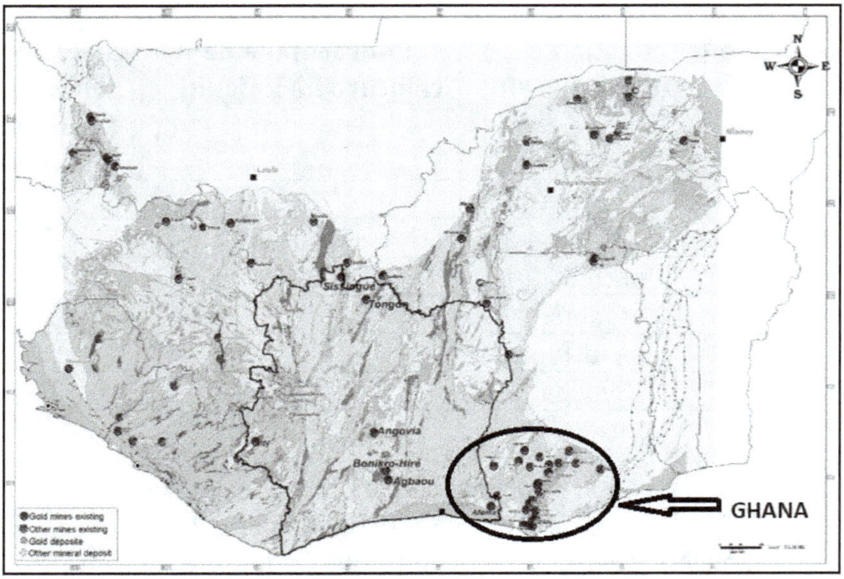

Figure 4: Gisements mis en évidence dans le Birimien
en Côte d'Ivoire, au Ghana et en Afrique de l'Ouest
(ministère des Mines et de la Géologie de Côte d'Ivoire)

Ainsi, c'est l'exploitation des filons aurifères du Birimien dans chacun de ces pays qui dynamise la production d'or de l'Afrique de l'Ouest, notamment, celle du Ghana. Ce pays est donc au centre de la production aurifère croissante de l'Afrique de l'Ouest.

En moins de quinze ans, la production aurifère a cru de 81% en Afrique de l'Ouest. Grâce à ces statistiques, l'Afrique de l'Ouest est devenue la quatrième région productrice d'or du monde avec huit millions d'onces produites en 2016 selon les données du Conseil mondial de l'or. Même si sa production est deux fois inférieure à celle de la Chine qui a produit 15 millions d'onces et pratiquement similaire aux neuf millions d'onces produites par la Russie et par l'Australie qui sont connus comme des pays de grande tradition minière, l'Afrique de l'Ouest est la région de la Terre où le plus grand nombre de gisements d'or a été découvert entre 2006 et 2016 avec des réserves estimées à 79 millions d'onces devançant la Colombie avec 50 millions d'onces, le Chili totalisant 40 millions d'onces, le Canada, les États-Unis et la Russie. Et la plupart de ces découvertes sont réparties entre le Ghana, la Côte d'Ivoire, le Mali et le Burkina Faso qui en possède un tiers. D'ailleurs, monsieur Patrick BOUISSET, vice-président chargé de l'exploration de la compagnie minière Endeavour a confirmé l'attractivité minière de l'Afrique de l'Ouest dans ses propos relayés en décembre 2018 dans le journal français *Le Monde* :

« Les codes miniers ouest-africains fixent dans l'ensemble des niveaux d'impositions et de royalties à reverser aux États à peu près équivalents à ceux de l'Australie, du Canada ou des États-Unis… Cependant, les investisseurs nord-américains hésitent à y miser des capitaux par méconnaissance de l'Afrique, car ils ont tendance à assimiler tout le continent à un pays et à prendre peur dès qu'une crise éclate quelque part. »

Monsieur Marc-Antoine AUDET, président directeur général de la compagnie canadienne SAMA Resources a confirmé également le potentiel minier prometteur de l'Afrique de l'Ouest en confiant sa pensée à l'Agence Française de Presse :

« Dans l'Ouest de la Côte d'Ivoire (Afrique de l'Ouest), par exemple, l'environnement géologique est très prometteur… On trouve la même séquence géologique que dans le Bushveld… Pour le cuivre, le cobalt, le palladium, le nickel, le secteur minier n'est pas à son plein potentiel. Pour encourager les compagnies à venir explorer, il faut doubler la durée des permis d'exploration dans les codes miniers jusqu'à 15 ans, car il faut plus de temps pour les métaux de base souvent enfouis plus en profondeur que pour les métaux précieux plus en surface. »

Si vous l'ignorez, il faut désormais savoir que le Bushveld est l'une des régions les plus riches en minéraux de la Terre, partagée entre l'Afrique du Sud, le Botswana et le Zimbabwe qui sont de grands producteurs de minerais. En analysant ses propos, monsieur AUDET vient simplement de dire qu'il y a de fortes chances que le potentiel minier de cette partie de l'Afrique de l'Ouest soit comparable à celui des pays à cheval sur le Bushveld.

C'est face à ce potentiel aurifère énorme de l'Afrique de l'Ouest, toujours en cours d'exploration, que le Ghana sort son épingle du jeu en étant depuis plus d'une décennie, le deuxième producteur d'or d'Afrique derrière l'Afrique du Sud. En 2016, la production aurifère du Ghana a augmenté de 46% par rapport à 2015 pour aboutir à 4,4 millions d'onces, un niveau de production qui n'avait pas été atteint depuis les années 70. Cette production a généré 15 milliards de dollars en 2016 soit une croissance de plus de 55% par rapport à l'année 2015, ce qui a fortement contribué à la croissance économique actuelle du Ghana. La production annuelle d'or est estimée à 100 tonnes d'or, ses réserves prouvées sont évaluées à 1400 tonnes et ses réserves officielles sont de 8,7 tonnes soit 10% de ses réserves bancaires. Plus d'une dizaine de mines sont en exploitation au Ghana. Parmi ces dernières sont identifiées la mine de Tarkwa, d'Obuasi, de Bibiani et de Damang dont les productions augmentent chaque année.

En 2018, c'est environ 158 tonnes d'or qui ont été extraites des terres ghanéennes soit une hausse de 15% par comparaison avec sa production aurifère de 2017. Grâce à cet exploit, le Ghana est désormais le premier producteur d'or d'Afrique devant l'Afrique du Sud même si curieusement ce sont des entreprises sud-africaines, américaines et canadiennes qui sont les plus engagées dans l'exploitation des mines d'or du Ghana. Au moment où la production aurifère du Ghana est en plein essor, celle de l'Afrique du Sud est en baisse à tel point que certains experts prévoient que d'ici 10 à 15 années l'Afrique du Sud ne produira plus d'or, car ses filons s'épuisent et ses gisements sont de plus en plus profonds et ne seront plus rentables économiquement. Cela veut dire que le Ghana restera certainement pendant longtemps le leader africain de la production d'or étant donné tout son potentiel aurifère.

Ainsi, les rentes financières, générées par le paiement de toutes les royalties et les redevances imposées contractuellement aux sociétés minières qui exploitent l'or via le code minier ghanéen, occupent une place considérable dans l'essor économique actuel de ce pays qui acquiert progressivement et sûrement son indépendance économique ces dernières années et sans artifice.

I.2.1.b - Le Ghana, un essor économique lié aux ressources pétrolières

À la différence de nombreux pays d'Afrique ou du monde qui ont une économie dépendante d'une seule matière première agricole ou minérale ou d'un seul produit d'exportation, en plus du cacao et de l'or, le Ghana doit aussi son essor économique à la vente du pétrole et du gaz.

En effet, suite à la découverte d'un énorme gisement pétrolier appelé « Jubilee » en 2007, le Ghana a pris son envol dans la production pétrolière. Depuis 2010 avec le début de l'exploitation de Jubilee, au-delà du cacao, son second pilier économique en matière d'exportation après l'or est désormais le pétrole avec une production journalière comprise entre 167 000 et 200 000 barils de pétrole. De surcroît, cette production journalière pourrait augmenter dans les années à venir tandis que la Côte d'Ivoire voisine qui a pratiquement le même système pétrolier stagne dans ce secteur et ne produit que 36 000 barils par jour selon les chiffres annoncés par le gouvernement ivoirien en 2018. Grâce à sa production actuelle, le Ghana est le cinquième producteur de pétrole du golfe de Guinée après le Nigéria, l'Angola, la Guinée équatoriale et le Gabon sachant qu'il n'est pas loin d'occuper la troisième place de ce classement. Il faut retenir que le Nigéria et l'Angola produisent plus de 1,5 million de barils par jour. Selon le FMI, en 2015, les revenus pétroliers ont représenté 2,9% du PIB du Ghana et rapporté 2,7 milliards de dollars à ce pays entre 2010 et 2014. Depuis plus de cinq ans, chaque année, c'est environ 3,5 milliards de dollars issus du pétrole qui renforcent les caisses de l'État ghanéen, nouvelle icône économique de l'Afrique de l'Ouest aux côtés du Nigéria et de la Côte d'Ivoire.

En somme, les réserves du bassin de Tano sont évaluées entre trois et quatre milliards de barils de pétrole et les données combinées des compagnies pétrolières estiment les réserves totales du Ghana entre cinq et sept milliards de barils de pétrole, ce qui signifie que ce pays n'est qu'au début de son éclosion pétrolière. De surcroît, des études récentes estiment le pic pétrolier du Ghana en 2024 à 500 000 barils après la découverte de 7 nouveaux gisements.

Jubilee est un gisement pétrolier d'environ 1,2 milliard de barils de pétrole situé dans le bassin du Tano, à 60 kilomètres des côtes ghanéennes et à une profondeur moyenne de 1.5 km, à la frontière avec la Côte d'Ivoire avec laquelle le Ghana partage le même système pétrolier dans cette zone maritime. Jubilee est opéré par la compagnie britannique Tullow Ghana Limited qui détient 35,5% des parts, les Américains Kosmos Energy (24,1%) et Anardarko (24,1%), Ghana National Petroleum Corporation (13,6%) et le Sud-africain PetroSA (2,7%). Jubilee est composé de plusieurs champs avec des réserves abondantes et avérées.

De plus, à l'Ouest de Jubilee, sur le bloc Deep Water Tano, à 80 kilomètres des côtes ghanéennes, plus près de la frontière avec la Côte d'Ivoire sont identifiés les « champs de TEN », c'est-à-dire Tweneboa, Enyenra et Ntomme dont le potentiel est évalué à environ 245 millions de barils de pétrole et 2,4 millions de mètres cubes de gaz par jour. Si le prix du baril de pétrole est de 55 dollars, la vente de la production de cette matière première stratégique devrait permettre au Ghana d'engranger plus de 165 milliards de dollars environ sachant que ses réserves pétrolières annoncées ne sont que des estimations.

L'exploitation de Jubilee a commencé assez rapidement en 2010 après sa découverte en 2007. Ce délai d'opération est très court dans le développement des champs pétroliers. C'est la preuve que le Ghana souhaitait progresser rapidement dans ce secteur pour profiter des retombées financières et économiques de Jubilee. Cependant, en 2014, l'exploration et le développement de Jubilee ont été interrompus par la Côte d'Ivoire, car elle considérait que le Ghana effectuait des forages dans ses eaux territoriales en violation de sa souveraineté. L'importance des réserves de Jubilee a certainement attiré la convoitise des autorités ivoiriennes qui ont considéré que ce gisement se trouvait à cheval entre le Ghana et la Côte d'Ivoire parce qu'il est localisé à la frontière maritime de ces deux pays (Figure 5). Comme c'est le cas au sujet de l'exploitation d'un gisement de pétrole et de gaz en mer entre le Sénégal et la Mauritanie, la Côte d'Ivoire souhaitait un partage des bénéfices de Jubilee tandis que le Ghana soutenait qu'il était le détenteur exclusif des ressources et des rentes de ce gisement. Dès lors, pour trancher cette affaire qui envenimait les très bonnes relations diplomatiques existantes entre ces pays, il fallait s'engager soit sur la voie de la négociation et du dialogue pour un partage équitable de la production de Jubilee, soit sur la voie judiciaire pour redéfinir ou confirmer les frontières maritimes entre ces deux pays.

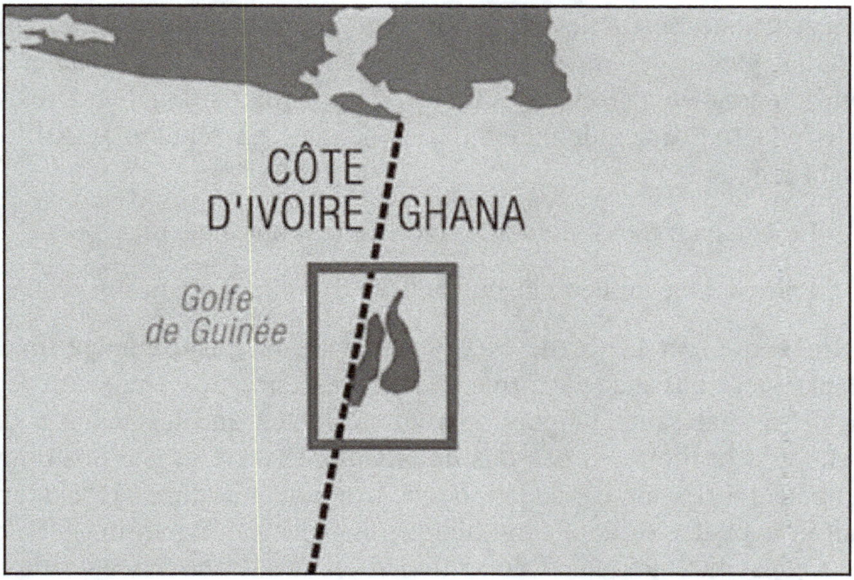

Figure 5: Frontière maritime entre la Côte d'Ivoire et le Ghana avec la localisation du champ Jubilee au profit du Ghana

Monsieur Augustin Kouadio KOMOE, ministre des Mines et de l'Énergie de la Côte d'Ivoire de 2009 à 2010 a éclairé ma lanterne sur ce sujet lors d'un échange que nous avons eu en janvier 2019. Il m'a signifié que pendant qu'il était aux affaires et traitait cette affaire sensible pour la Côte d'Ivoire et le Ghana, sa stratégie était celle de la négociation et du dialogue. La voie judiciaire avait été exclue puisque selon lui, il n'était pas opportun d'entrer en conflit avec le Ghana, un pays voisin avec lequel nous avons beaucoup de liens culturels et d'échanges économiques. D'ailleurs, à l'échelle gouvernementale, c'était aussi la ligne adoptée par la Côte d'Ivoire jusqu'au changement du régime politique de l'époque en avril 2011 avec la chute du président Laurent GBAGBO dont il était l'un des ministres. Avec l'avènement du nouveau pouvoir, dirigé par le président Alassane OUATTARA, la Côte d'Ivoire a changé de stratégie en optant plutôt pour la voie judiciaire qui n'était pas la bonne et comportait beaucoup de risques en cas de perte du procès. Car en vérité, par la voie de la négociation, il était certain que la Côte d'Ivoire s'en sortirait avec une petite part de la production pétrolière des immenses réserves de Jubilee et Cape Three Point au lieu de ne rien obtenir en contrepartie en cas de désaveu et d'échec au procès. Même si les négociations étaient tendues, difficiles et ne laissaient aucune solution à l'horizon, il fallait garder ce cap et rester sur le chemin de la diplomatie. Ce conflit a donc été présenté devant le Tribunal International du Droit de la Mer (TIDM) qui a donné sa décision finale en septembre 2017 en disant ceci :

« Le Ghana n'a pas violé la souveraineté ivoirienne. »

Le pire a donc eu lieu puisque la Côte d'Ivoire a perdu son procès.

En vérité, cet échec de la Côte d'Ivoire en justice au profit du Ghana vient aussi de la forme des limites terrestres entre ces deux pays. En analysant la figure 5, vous constatez que le Ghana a une portion de territoire en dessous de la Côte d'Ivoire ce qui positionne également le point de départ de la frontière maritime à ce même endroit avec une prolongation oblique dans les eaux maritimes. Selon les règles internationales de délimitation des frontières maritimes, lorsque les frontières terrestres sont parallèles, la continuité de la frontière en domaine maritime est également parallèle tandis que lorsque les frontières terrestres sont obliques, les frontières maritimes ont aussi une direction oblique.

Pendant que tous les experts prédisent la fin du pétrole, le Ghana semble être au début de ses exploits dans le secteur énergétique avec la découverte d'un nouveau gisement de pétrole tout aussi important en termes de réserves que Jubilee. Grâce à cette nouvelle découverte dont l'exploitation a débuté en 2019, le Ghana pourrait devenir le quatrième producteur de pétrole de l'Afrique subsaharienne d'ici 2020.

En effet, la société pétrolière Aker Energy a annoncé en 2018 que ses derniers forages d'exploration ont mis en évidence environ 450 à 500 millions de barils de pétrole dans le champ Pécan localisé à 166 km au large de Takoradi, une ville côtière du Ghana. Aker Energy détient 50% des parts du champ Pécan tandis que l'État ghanéen et la société russe Lukoïl partagent le reste.

Aux champs pétroliers Jubilee et Pécan, il faudra ajouter le bloc RTE qui est constitué de trois champs avec des réserves estimées à 240 millions de barils de pétrole. Les gisements RTE et Jubilee sont exploités par la société britannique Tullow Oil qui a déclaré avoir extrait de ses deux champs pétroliers environ 145 600 barils de pétrole par jour soit plus de 70% de la production journalière du Ghana.

En plus du champ Pécan, le Ghana fonde également beaucoup d'espoir sur le gisement Cape Three Points. Ce bloc pétrolier est constitué de trois champs dont les réserves comprennent environ 500 millions de barils de pétrole et 40 milliards de mètres cubes de gaz naturel.

Il est vrai que la plupart des experts mentionnent le pétrole comme la principale source de revenus des pays producteurs, mais le gaz accompagne très souvent les gisements de pétrole découverts : il est d'ailleurs aussi la principale matière première de production d'énergie domestique et d'électricité pour plusieurs centrales thermiques. C'est pourquoi en supplément à ses réserves pétrolières, les réserves de gaz du Ghana sont également énormes et à prendre en compte.

En 2017, les quantités de gaz extraites des champs Sankofa et Gya Nyame sur le bloc Cape Three Point exploité par l'Italien ENI, Vitol, l'Américain Anardarko, le Sud-africain PetroSA et Ghana National Petroleum Corporation étaient capables de produire 700 Mégawatts d'électricité et d'ici 2036, elles pourront faire fonctionner toutes les centrales thermiques du pays. Par exemple, c'est le gaz extrait de Jubilee qui alimente l'unité de production gazière d'Atuabo dont la capacité de production quotidienne à plein régime est évaluée entre 3 et 4 milliards de mètres cubes alors que ce pays dépendait autrefois du Nigéria pour son ravitaillement en gaz d'utilité domestique. Les perspectives positives pleines d'espoir pour l'avenir, engendrées par le gaz extrait des champs de TEN et Sankofa, soit respectivement 2 milliards de mètres cubes en 2017 et 3 milliards de mètres cubes en 2018, devraient donner au Ghana son indépendance en production de gaz et d'électricité d'ici une décennie selon monsieur Emmanuel KOFIH-BUAH, ministre des Hydrocarbures du Ghana.

C'est la somme de tout ce potentiel pétrolier de plusieurs milliards de barils de pétrole et de mètres cubes de gaz qui propulse l'économie du Ghana de sorte que ce pays épure ses dettes au fil des années et se détache progressivement des aides internationales. Il ne serait donc pas étonnant que d'ici peu ce pays devienne un des leaders de la production pétrolière issue de l'Afrique. Même si le FMI estime que le Ghana est toujours un pays à revenu intermédiaire parce que son PIB par habitant était de 1610 dollars en 2018 contre 4960 dollars pour les pays émergents, il est néanmoins important de reconnaître que ce pays est sur la bonne voie et n'est pas près de s'arrêter en si bon chemin. Au regard de toutes ces statistiques, ce n'est pas un hasard si le Ghana est reconnu comme le pays qui a eu la plus forte croissance économique en 2018.

I.2.1.c - Le Ghana adopte un budget 2019 sans l'aide du FMI

Grâce à son dynamisme économique lié aux revenus générés par ses nouveaux produits d'exportation que sont le pétrole et le gaz en plus du cacao et de l'or, le Ghana n'est pas à la fin de ses exploits et continue d'être sous le feu des projecteurs de la communauté africaine et internationale.

En effet, alors que le Ghana était soumis à un programme d'aide financière du FMI depuis avril 2015, traduit par des accords de prêts d'un montant de 918 millions de dollars soit environ 450 milliards et s'achevant en avril 2019, le président Nana AKUFO-ADDO dans sa vision politique, a décidé de s'affranchir de l'institution de Breton Woods. Monsieur Ken OFORI-ATTA, ministre de l'Économie du Ghana a présenté les grands axes de son projet de loi de finance 2019 sans associer de nouvelles aides financières du FMI, car le pays estime avoir désormais les moyens et les procédés nécessaires pour continuer sa croissance économique évaluée à 7,6% en 2019. Monsieur Kojo Oppong NKRUMAH, ministre de la Communication a emboîté le pas à son collègue en faisant la déclaration suivante :

« Nous ne prétendons pas avoir résolu tous les problèmes au Ghana, mais notre travail au cours des deux premières années est une bonne base, ce qui devrait nous permettre de faire plus dans les années à venir pour améliorer la vie des Ghanéens. »

Dans ce cadre, lors d'une visite récente au Ghana de madame Christine LAGARDE, directrice générale du FMI les 17 et 18 décembre 2018, elle n'a pas tari d'éloges en faveur de ce pays en le félicitant pour la bonne tenue et l'excellente gestion de son économie sur ses deux dernières années au point de dire ceci :

« Nous sommes vraiment impressionnés par le travail qui a été accompli, car vous êtes effectivement arrivés dans une situation qui était fragile d'un point de vue microéconomique. Tous les indicateurs étaient dans le rouge et, grâce à un travail massif, des efforts, des sacrifices également, ces indicateurs tournent dans la bonne direction. »

Elle a renchéri sur la nécessité du programme d'aide financière de son institution au Ghana en rajoutant ces phrases :

« Je ne doute pas que le programme en valait la peine quand je regarde les chiffres, mais la bonne question est de savoir si le Ghana aurait fait de même sans notre soutien. Je pense que les investisseurs voudraient savoir si le Ghana, sous la direction actuelle, peut réellement garder le cap et assurer sa stabilité politique pour laquelle il est bien connu, mais aussi une responsabilité fiscale en évitant les emprunts excessifs. »

Sans avouer ouvertement que son institution désirait toujours travailler avec le Ghana, très bon élève à l'échelle mondiale et sur le continent africain, madame Christine LAGARDE a fini par dire la phrase que tous les experts du domaine attendaient lors d'un forum tenu à Accra le 18 décembre 2018 :

« Je pense que le pays a tout ce qu'il faut pour se passer d'un programme du FMI, compte tenu des assurances que j'ai reçues de la part du président, du vice-président, du ministère des Finances et du gouverneur, se disant résolus à maintenir le cap et la discipline budgétaire. »

La mise en place de ce budget sans l'aide du FMI est une véritable bouffée d'air citoyenne et sociale pour le Ghana parce que ce pays était assujetti aux exigences du FMI qui stipulaient une réduction des effectifs de la fonction publique. Le Ghana a travaillé pour se défaire des aides financières internationales, car très souvent beaucoup de pays africains sont envahis, étouffés et retardés dans leur développement parce qu'ils doivent obligatoirement rembourser leurs dettes intérieures aux fournisseurs de l'État et leurs dettes extérieures aux institutions de Breton Wood. Et très souvent, ce sont de nouveaux prêts octroyés par le FMI ou la Banque mondiale qui servent à rembourser les prêts précédents, ce qui conduit la plupart de ces pays dans une spirale et un perpétuel recommencement alors qu'ils possèdent tous les leviers économiques nécessaires pour s'affranchir des aides financières internationales grâce à l'exploitation de leurs matières premières minérales comme le Ghana a pu le faire. Cette tendance est tellement habituelle que certains pays africains clament avoir une croissance économique à deux chiffres alors qu'elle repose sur un endettement excessif.

D'ailleurs, lors d'une récente rencontre avec monsieur Emmanuel MACRON, le président de la France, monsieur Nana AKUFO-ADDO, le président du Ghana, sur un ton apaisé, n'a pas hésité à dire à son homologue les phrases suivantes pour critiquer cette dépendance des pays africains aux aides financières internationales :

« Nous devons abandonner notre mentalité de dépendance qui compte sur l'aide et la charité, dissocier l'Afrique de l'image de mendiante qui lui ait associée. »

Pour entamer cette marche vers l'indépendance économique, le président ghanéen estime que l'Afrique doit d'abord arrêter le surendettement permanent en se séparant des nobles bailleurs de fonds internationaux puis apprendre à vivre avec ses propres ressources et ses recettes financières. Et sur ce point, je peux vous confirmer que l'Afrique est le continent de la Terre qui est le mieux loti pour vivre sans l'aide financière internationale puisque, contrairement aux autres continents de la planète, elle a beaucoup de matières premières agricoles et minérales pas suffisamment exploitées et qui peuvent générer beaucoup de revenus pour renflouer les caisses des États africains producteurs et augmenter le PIB des pays africains concernés.

Malheureusement, plusieurs pays africains sont surendettés et ne savent plus où donner de la tête au point que toutes les fins de mois plusieurs chefs d'États africains sont inquiets et angoissés. Ils se demandent régulièrement où trouver les fonds nécessaires pour payer les fonctionnaires d'État et s'acquitter de leurs contrats financiers vis-à-vis des fournisseurs et des créanciers de l'État comme le FMI ou la Banque mondiale.

Cette triste situation me donne deux images très simples qui révèlent tout le paradoxe entourant les pays africains se considérant comme des États pauvres alors qu'ils sont si riches.

La première image est l'histoire d'un homme qui a toutes ses facultés physiques et intellectuelles nécessaires pour effectuer un travail générant quotidiennement des revenus, mais qui décide de ne pas travailler et d'opter pour la voie de la facilité en s'adonnant à la mendicité aux carrefours de sa ville ou de son quartier. Un matin, alors qu'il se trouve à son lieu habituel de mendicité, il n'hésite pas à demander l'aumône à son bienfaiteur du jour, qui, lui, est malade, impotent, handicapé et se déplace dans un fauteuil roulant. Pourtant, dans la logique, c'est plutôt l'homme impotent qui devrait recevoir des dons de l'homme mendiant pour subvenir à ses besoins puisque ce dernier est encore en possession de toutes ses capacités pour travailler et se prendre en charge alors que l'autre a besoin de l'aide permanente d'autrui ne serait-ce que pour son simple déplacement.

La deuxième image est celle d'un restaurateur qui s'occupe quotidiennement de cuisiner les trois repas de la journée de plus d'un millier de personnes par jour. Pourtant, chaque jour, alors que ses convives sont à table et que ce restaurateur détient encore tous les stocks de nourriture dans l'arrière-cuisine, il n'hésite pas à clamer haut et fort qu'il meurt de faim. En vérité, cet homme est le maître de la restauration et peut disposer quand il le souhaite d'un menu de qualité. Cependant, il restera un éternel assisté attendant la providence pendant qu'il crève de faim devant ceux qu'il nourrit.

Ces deux images reflètent parfaitement la vie des pays africains qui nourrissent le monde grâce à leurs matières premières minérales agricoles alors qu'ils vivent eux-mêmes dans la pauvreté, dans la faim et sous le poids du remboursement des dettes contractées souvent depuis plus de 50 années. Parfois, plusieurs pays africains ont pu bénéficier du point d'achèvement de l'initiative PPTE (Pays Pauvres Très Endettés ou HIPC Heavily Indebted Poor Countries en anglais).

L'initiative PPTE est un processus qui consiste à assister les pays les plus pauvres du monde de façon à rendre leurs dettes internationales soutenables. Elle se traduit par l'effacement total ou partiel de la dette des pays admis et par la reconversion d'une partie de cette dette en investissements dans des domaines prioritaires de développement tels que la santé, l'éducation et la réduction de la pauvreté.

Pour être éligible à l'initiative PPTE, le pays aspirant doit respecter quatre conditions. Premièrement, il doit être uniquement éligible à une assistance concessionnelle du FMI et de la Banque mondiale. Deuxièmement, il doit être soumis à un niveau d'endettement insoutenable. Troisièmement, il doit avoir exécuté des réformes et des politiques économiques saines dans le cadre de programmes supervisés par le FMI et la Banque Mondiale et quatrièmement, il doit avoir conçu un Document de Stratégie pour la Réduction de la Pauvreté (DSRP).

En septembre 2006, 42 pays africains étaient concernés par ce programme et trois quarts d'entre eux soit 40 pays venaient de l'Afrique subsaharienne. En 2014, plusieurs pays d'Afrique subsaharienne avaient dépassé le point d'achèvement de l'initiative PPTE, un pays était en phase intérimaire et d'autres n'avaient pas encore atteint le point de décision (Tableau 6).

Pays ayant dépassé le point d'achèvement de l'initiative PPTE en 2014
Bénin - Burkina Faso - Burundi - Cameroun - République centrafricaine - République du Congo - République Démocratique du Congo - Comores - Côte d'Ivoire - Éthiopie - Gambie - Ghana - Guinée-Bissau - Guyana - Liberia - Madagascar - Malawi - Mali - Mauritanie - Mauritanie - Mozambique - Niger - Ouganda - Rwanda -Sao Tomé-Et-Principe - Sénégal - Sierra Leone - Tanzanie - Togo - Zambie
Pays en phase intérimaire c'est-à-dire entre le point de décision et le point d'achèvement de l'initiative PPTE en 2014
Tchad
Pays n'ayant pas atteint le point de décision de l'initiative PPTE en 2014
Érythrée - Somalie - Soudan

Tableau 6: Pays bénéficiant de l'initiative Pays Pauvre Très Endetté (PPTE) en 2014 (Wikipedia, 16 août 2018)

Cependant, en l'espace d'une ou deux années ou d'un ou deux mandats présidentiels, la plupart de ces pays qui ont atteint le point d'achèvement de l'initiative PPTE dilapident les avantages de la réduction ou de l'effacement total de leurs dettes pour s'endetter à nouveau alors qu'ils ont tous les atouts nécessaires pour vivre et se développer sans dette. C'est l'exemple de la Côte d'Ivoire.

En 2009, lors d'un discours à propos de la dette de son pays suite à des revendications salariales de grévistes de la fonction publique, monsieur Laurent GBAGBO, président de la Côte d'Ivoire de 2000 à 2011, a martelé qu'il n'augmentera pas les salaires des fonctionnaires compte tenu des obligations de son pays vis-à-vis des bailleurs de fonds internationaux. Il disait ceci :

« Je n'augmenterai rien. Et je voudrais le dire très solennellement, ici. Je n'augmenterai rien. Pourquoi ? Parce que j'ai trouvé un endettement excessif; 6400 milliards de dettes pour la Côte d'Ivoire, c'est trop. Nous étions amenés à payer la dette à hauteur de 700 milliards par an. Nous travaillons aujourd'hui avec le gouvernement pour que cette dette soit réduite. Nous avons fini la première partie qui a consisté à serrer la ceinture, pour payer un peu à la Banque Mondiale et un peu à la BAD : 108 milliards à la Banque mondiale, 100 milliards à la BAD.

Nous avons fait des efforts. Ils ont été très durs. Mais, nous avons passé le cap. Nous avons discuté. Nous avons atteint le point de décision, mais cela ne veut pas dire qu'on a annulé la dette. Cela veut dire que maintenant, nous avons des efforts à faire pour qu'on annule les dettes; et qu'on nous regarde; qu'on nous surveille. Notre masse salariale a doublé depuis que je suis au pouvoir. Tous les corps des administrations ont vu leur pouvoir d'achat augmenter. Il n'y en a pas un seul qui n'ait pas vu son pouvoir d'achat augmenter. J'ai été juste. J'ai été généreux. Mais, j'ai été généreux parce que j'avais de quoi être généreux. Maintenant, pour que je sois encore plus généreux, il faut qu'on me réduise totalement la dette. C'est-à-dire qu'il faut qu'on attende le point d'achèvement. Je suis donc en partenariat avec le FMI, la Banque Mondiale, la BAD, l'Union Européenne, les États-Unis et tout le monde pour que nous leur montrions notre volonté à maîtriser notre masse salariale, pour que le point d'achèvement arrive. Avant que le point d'achèvement n'arrive, je n'augmenterai pas un sou sur les salaires de quiconque. »

C'est un discours rempli de sens qui montre toute la difficulté des pays africains à changer les conditions de vie de leurs populations à cause du paiement de leurs dettes. En vérité, les fonds alloués au remboursement de la dette peuvent non seulement contribuer à augmenter les salaires des fonctionnaires donc le pouvoir d'achat des populations, mais aussi servir à leur fournir de l'électricité et de l'eau potable et à construire des écoles, des hôpitaux, des routes ou des infrastructures à caractère social et économique.

De surcroît, dans un autre discours tenu le 29 novembre 2009, le président Laurent GBAGBO a signalé qu'il était possible de développer son pays sans forcément avoir recours à un endettement massif et incontrôlé en utilisant ses ressources internes et ses matières premières minérales stratégiques qui sont des avantages et des atouts significatifs pour les pays africains. Il disait ceci :

« Ils ont endetté le pays plus que la sagesse économique ne le commande. 6400 milliards de FCFA de dettes que le premier gouvernement de monsieur Affi N'GUESSAN a trouvées en place. Je ne sais pas si vous vous rendez compte. 6400 milliards, est-ce que vous voyez ?... Nous poursuivons notre politique de désendettement de la Côte d'Ivoire. On peut travailler sans s'endetter. Moi, je construis Yamoussoukro (capitale politique) sans m'endetter. Dès qu'on vend le pétrole, j'investis cet argent dans ces chantiers. Si vous voyez les bâtiments qu'il y a là-bas, ils sont costauds; mais nous n'avons pas de dettes. On peut faire des choses pour son pays sans l'emmener au bord du gouffre. On peut travailler du point de vue de l'économie sans surendetter la Côte d'Ivoire. C'est ce que je suis en train de leur expliquer. C'est ce que je suis venu leur montrer. On peut faire de grands travaux sans forcément s'endetter plus de raison. »

Avec un endettement de plus de 6396 milliards de FCFA en 2000, la Côte d'Ivoire a enfin bénéficié d'une annulation d'une partie de sa dette extérieure soit près de 4090 milliards de FCFA après l'obtention du point d'achèvement de l'initiative PPTE en 2009 sous la gouvernance du président Laurent GBAGBO, un processus qui avait pourtant débuté en 1998 sous la gouvernance du président Aimé Henri Konan BEDIE. Pour les années suivantes, l'État ivoirien ne devait plus que 2306 milliards de FCFA.

La Côte d'Ivoire pouvait désormais bénéficier des 700 milliards de FCFA destinés au remboursement de la dette pour réaliser des projets de développement, car cette somme correspondait à peu près à un tiers du budget du pays à l'époque. En 2009, 2010, 2018 et 2019, le budget de la Côte d'Ivoire était respectivement estimé à environ 2464, 2627, 6756 et 7334 milliards de FCFA.

Cependant, après la crise postélectorale de 2010 qui a vu l'accession au pouvoir de monsieur Alassane OUATTARA, le président de la Côte d'Ivoire depuis 2010, le pays a sombré à nouveau dans l'endettement comme s'il n'avait jamais eu la réduction de sa dette en 2009, c'est-à-dire, il y a moins de 10 années.

En effet, selon le document intitulé « Rapport de la dette publique à fin juin 2018 » publié le 5 juillet 2018 par la Direction de la Dette publique et des Dons du Trésor Public de la Côte d'Ivoire, le produit intérieur brut (PIB) de la Côte d'Ivoire au 30 juin 2018 était évalué à 25 694,03 milliards de FCFA et le stock de la dette s'élevait à 10 931,23 milliards de FCFA soit 6980,74 milliards de FCFA de dette extérieure (63,86% du stock) et 3 950,49 milliards de FCFA de dette intérieure (36,14% du stock). Le stock de la dette correspondait à 42,5% du PIB. Bien que ce taux soit inférieur à la norme réglementaire communautaire maximale de 70% exigée par l'UEMOA relativement au critère de convergence multilatérale sur l'endettement, il faut noter que l'endettement de la Côte d'Ivoire reste très élevé et a augmenté trop vite en 10 années surtout que sur un budget de 6 756 milliards de FCFA en 2018, environ 302,40 milliards de FCFA étaient destinés au remboursement de la dette publique.

En raison de l'endettement permanent de ces pays africains et de leur soumission aux exigences du FMI et de la Banque Mondiale, ils n'ont pas toutes les rênes de leur économie et peinent à s'industrialiser grâce à leurs matières premières minérales et agricoles pour amorcer leur développement.

Je signale que l'industrialisation est la transformation de la matière première en produit fini pour créer de la richesse, c'est-à-dire de la valeur ajoutée. La plupart de ces pays africains ont des matières premières minérales et agricoles en quantité suffisante ainsi que des ressources humaines de qualité pour se développer, mais sont étouffés à l'origine par un système d'endettement bien peaufiné qui les empêche de s'industrialiser.

Mes propos se confirment en analysant le tableau des pays éligibles à l'initiative PPTE (Tableau 6). Vous constaterez que le Tchad, le Soudan, la Somalie et l'Érythrée sont tous des pays pauvres et très endettés qui souhaitent atteindre le point d'achèvement de l'initiative PPTE. Pourtant, ce sont tous de grands pays producteurs de pétrole et de gaz et ils détiennent d'importantes réserves pétrolières. De plus, ces quatre pays se trouvent géographiquement dans une zone pétrolière stratégique. Ils sont localisés dans la corne de l'Afrique en face de la mer Rouge qui est dénommée « la route du pétrole ». Par exemple, pour conserver leur influence, garder leurs intérêts pétroliers et économiques dans cette zone et surtout rapprocher ces pays africains autrefois en conflit, les Emirats Arabes Unis ont décidé de construire un oléoduc long de 500 kilomètres qui devrait relier le port d'Assad en Érythrée sur la mer Rouge et Addis-Abeba, la capitale de l'Éthiopie.

Pourtant, malgré tout leur potentiel pétrolier et énergétique, le Tchad, le Soudan, la Somalie et l'Érythrée sont tous reconnus mondialement comme des pays pauvres et très instables en raison des multiples conflits enregistrés sur ces territoires et de leurs dettes insupportables. En 2018, les dettes publiques du Tchad, du Soudan, de la Somalie et de l'Érythrée correspondaient respectivement à 49%, 65%, 167% et 129% de leur PIB. D'ailleurs en 2017, le Soudan, l'Érythrée faisaient partie des pays africains les plus endettés en compagnie du Cap-Vert (114% du PIB) et du Mozambique (100% du PIB).

C'est la preuve que la disponibilité d'une matière première minérale n'est pas forcément synonyme de richesse ou de valeur ajoutée pour un pays. La matière première minérale ou agricole devient une rente et un revenu consistant pour le pays qui la transforme. Les pays qui profitent le plus des matières premières ne sont pas forcément les pays africains qui les détiennent, mais surtout les pays occidentaux qui les transforment. Tant que les pays africains ne dépasseront pas le cap de la transformation sur place de leurs matières premières minérales et agricoles en produits finis à travers l'industrialisation progressive de leur économie, ils resteront pauvres.

Total n'est pas devenu l'un des plus grands groupes pétroliers du monde parce qu'il a seulement acheté le pétrole brut dans des pays africains, mais parce qu'il l'a transformé en carburant pour les voitures, en kérosène pour les avions et en gaz domestique pour les revendre aux populations pour satisfaire leurs besoins.

Apple n'est pas devenu l'une des entreprises les plus riches du monde parce qu'elle a uniquement acheté le coltan, le lithium ou le cobalt en République Démocratique du Congo ou en Afrique, mais parce qu'elle a transformé ces minerais en batteries pour le fonctionnement durable des téléphones et l'augmentation de leur mémoire pour ensuite nous les revendre comme des outils quotidiens de communication avec des applications diverses.

La transformation de la matière première doit donc être au centre de toutes les politiques économiques et énergétiques de l'Afrique si ce continent veut un jour prendre son envol, car il en a les capacités. Plusieurs pays africains et occidentaux l'ont compris et peuvent servir d'exemples aux autres qui désirent faire comme eux.

Ainsi, contrairement à la Côte d'Ivoire et à bien d'autres pays africains qui n'ont pas su bien gérer les acquis de la réduction de leurs dettes à l'issue de l'atteinte du point d'achèvement de l'initiative PPTE, le Ghana a bien bénéficié de cet avantage au point de servir d'exemple à toute l'Afrique et au monde au niveau de son dynamisme et de sa croissance économique en 2018.

I.3 - L'Afrique a besoin d'énergie pour soutenir sa croissance démographique et économique

Dans les paragraphes précédents, je n'ai pas manqué d'expliquer que l'Afrique est le continent qui aura la croissance démographique la plus importante des prochaines décennies. Sa population devrait doubler d'ici 2050 pour atteindre les 2,4 milliards d'habitants dont plus de la moitié auront moins de 25 ans et seront donc des jeunes actifs, des étudiants ou des écoliers.

Cette donnée interpelle les investisseurs du monde et excite les industriels qui fabriquent les produits de consommation ou de première nécessité, car lorsqu'il y a un accroissement de la population, ces opérateurs économiques ont de nouvelles opportunités et des possibilités réelles d'écouler leurs marchandises. C'est pour ces raisons que ces dernières années, le marché africain est devenu la cible des rentiers et des hommes d'affaires.

En complément à sa croissance démographique, ce continent connaît aussi de véritables avancées avec une éclosion d'une classe moyenne, une hausse du pouvoir d'achat des populations et un recul de la pauvreté engendrés par la croissance économique des pays de l'Afrique subsaharienne que j'ai évoqué en amont de mes propos. Cependant, la population africaine grandit plus vite que sa croissance économique et énergétique, ce qui entraîne des problèmes de ravitaillement quotidien et permanent en énergie, car ce produit de première nécessité est au cœur de toutes les activités des hommes sur la Terre.

Sans énergie, vous ne pouvez pas conduire votre véhicule pour aller au travail et transporter votre marchandise commerciale. Sans énergie, vous ne pouvez pas bénéficier de l'électricité et de l'éclairage pour vos travaux domestiques et faire fonctionner vos téléphones après le chargement de vos batteries. Sans énergie, il est impossible d'exploiter de façon rentable et productive les usines et les industries qui transforment les matières premières minérales et agricoles. Sans énergie, vous ne pouvez pas concocter les plats et les menus que vous aimez déguster à table et en famille.

Sans énergie, il n'y a pas de croissance économique. Pour que la révolution industrielle qui a impulsé la croissance économique mondiale ait un impact considérable et palpable depuis le 18e siècle jusqu'à aujourd'hui, il a fallu d'abord trouver des ressources énergétiques comme le charbon et le pétrole.

En effet, il y a eu deux grandes périodes durant la révolution industrielle. La première révolution industrielle, qui a débuté entre 1750 et 1800 en Angleterre pour s'étendre en Belgique puis en France, a été conditionnée par l'invention de la machine à vapeur et l'exploitation du charbon comme ressource énergétique. Ensuite, à la fin du 19e siècle, la seconde révolution industrielle qui s'est propagée dans toute l'Europe, au Japon, en Russie et aux États-Unis, a connu ses heures de gloire grâce à la découverte du pétrole et à son utilisation comme un combustible, ce qui a favorisé l'invention du moteur à combustion, le développement de l'automobile et de la chimie avec la mise en circulation des premières voitures. D'ailleurs, c'est en 1957 que l'américain Edwin DRAKE a extrait pour la première fois du pétrole via un forage de 20 mètres de profondeur à Titusville, en Pennsylvanie, aux États-Unis. Ainsi, l'énergie conditionne le développement et l'industrialisation.

Sans énergie, vous ne pouvez pas transformer la matière première minérale ou agricole en produit fini pour créer une valeur ajoutée. Sans énergie, vous ne pouvez pas transformer l'or brut en or pur ou en lingot d'or comme c'est le cas pour la plupart des métaux stratégiques et technologiques. Sans énergie, vous ne pouvez pas transformer le pétrole brut en carburant ou en kérosène.

La liste est longue et ne peut s'achever maintenant si je continue à évoquer toutes les applications des ressources énergétiques dans notre quotidien. Cela pour dire que l'énergie est au centre de notre vie. En conséquence, plus une population grandit, plus son besoin en énergie s'accroît. De même, pour que l'Afrique se développe efficacement pour atteindre l'émergence, il lui faut assez d'énergie pour combler ses besoins et faire fonctionner ses différents secteurs d'activité et ses industries comme c'est le cas pour tous les pays développés.

En revanche, il est important de savoir que pour son alimentation en énergie, le monde est toujours habitué à utiliser et à transformer des matières premières minérales énergétiques dites « *non renouvelables* », c'est-à-dire, périssables ou épuisables dans le temps et au fil des années. Ce fait entraîne donc un problème majeur, croissant et très évolutif sur la disponibilité de cette énergie au fur et à mesure que la population mondiale augmente, notamment, celle de l'Afrique. Par conséquent, il y a un besoin impératif et urgent de trouver de l'énergie à foison, en permanence, rapidement et à bas coût pour soutenir la démographie vertigineuse de l'Afrique au risque de créer une nouvelle crise énergétique et humanitaire sans précédent dans les décennies à venir. Ainsi, à défaut d'avoir un *dividende démographique* au détriment d'une *bombe démographique* prédite pour tous les experts du monde, l'Afrique n'est pas loin de connaître également dans le même temps, une nouvelle crise énergétique que je dénomme « *la nébuleuse énergétique* » si les efforts des gouvernants, des entreprises et des chercheurs ne sont pas mutualisés pour trouver de nouvelles zones d'approvisionnement en énergie, de nouvelles sources d'énergie et de nouveaux moyens de produire de l'énergie en abondance pour accompagner la croissance démographique de l'Afrique qui reste un atout économique considérable pour ce continent.

En octobre 2017, lors du forum du Think Tank Dialogue of Civilizations Research Institute à Rhodes en Grèce, l'ancien président nigérian monsieur Jonathan GUDLUCK disait ces phrases relayées dans le journal français *Les Echos* :

« Si nous ne réduisons pas la taille de nos familles, notre pays continuera à souffrir de la pauvreté parce que les ressources disponibles ne pourront plus couvrir nos besoins. »

Le président GUDLUK ne parle pas de façon fortuite, car son pays, le Nigéria, a la plus importante démographie d'Afrique. Avec une population actuelle de 190 millions d'habitants, les statistiques prévoient qu'elle doublera en 2050 pour atteindre les 410 millions d'habitants. Ainsi, le Nigéria deviendra la troisième démographie du monde après l'Inde et la Chine. Elle supplantera le Mexique qui occupait cette position. Quand un ancien président de l'actuelle première puissance économique de l'Afrique et du premier exportateur de pétrole de l'Afrique subsaharienne fait cette déclaration, cela veut dire que les voyants d'alertes sont allumés et méritent d'être traités avec beaucoup d'attention.

Pour rester cohérent dans l'attente de mettre activement de l'énergie à la disposition des peuples africains, il faut au moins que leur niveau de fourniture en énergie soit similaire à leur production de matières premières minérales énergétiques. C'est l'exemple du Niger, le pays africain qui a la population la plus jeune et dont le taux de fécondité est de 7,6 enfants par femme, mais qui est aujourd'hui, en manque d'énergie, d'électricité et est incapable de couvrir ses besoins énergétiques. Pourtant, en Afrique et dans le monde, ce pays est le premier producteur et exportateur d'uranium qui est un minerai stratégique dans la production d'énergie et d'électricité pour les pays développés et le fonctionnement des centrales nucléaires.

Les sources de production d'énergie sont multiples et variées. De plus, la façon de produire de l'énergie à partir de ces sources et ressources est bien connue. Partant de ce constat, en principe et raisonnablement, tous les êtres humains devraient pouvoir bénéficier et profiter de l'énergie à profusion même si le problème majeur de ce secteur d'activité régalien et stratégique pour les États du monde est la question du stockage de l'énergie. Le monde sait produire de l'énergie, mais ne sait pas suffisamment la stocker. C'est pourquoi le stockage de l'énergie est un sujet central et crucial pour tous les services et les cellules de recherche et de développement de tous les grands groupes du secteur de l'énergie.

Le monde sait tellement produire de l'énergie que de plus en plus, les États parlent d'un nouveau concept de production d'énergie appelé le « mix énergétique ou bouquet énergétique » qui consiste à répartir, à combiner et à pondérer de différentes sources d'énergies primaires indispensables pour répondre aux besoins d'un pays ou d'une entreprise. C'est un mode de production d'énergie qui évite de dépendre d'un seul type d'énergie primaire et de basculer progressivement vers des énergies moins polluantes. Ainsi, le mix énergétique intègre les énergies fossiles ou non renouvelables, les énergies renouvelables et l'énergie nucléaire que nous aborderons plus loin dans l'ouvrage.

Mondialement, le mix (ou mixt) énergétique est dominé à 80% par les énergies non renouvelables et ce pourcentage diffère d'une région à une autre en fonction des énergies disponibles, des besoins énergétiques et des politiques énergétiques adoptées par les gouvernements. Le mix énergétique est donc la première avancée significative vers la transition énergétique qui prend de l'ampleur et des proportions importantes dans plusieurs pays et entreprises. Par exemple, de nombreuses entreprises françaises sont contraintes par des clients comme la Ville de Paris à avoir un pack automobile contenant un grand pourcentage de voitures électriques peu polluantes à côté des voitures avec des moteurs à combustion qui fonctionnent au diesel ou à l'essence. En France, d'après la loi de transition énergétique de 2015, le gouvernement s'est donné pour mission de réduire par deux la consommation totale d'énergie du pays d'ici 2050 et de diminuer la production d'électricité issue du nucléaire de 75 à 50% en 2025 et d'augmenter à 32% la part des énergies renouvelables à savoir les énergies éolienne, photovoltaïque et hydraulique, la biomasse, le biogaz ou la géothermie. En somme, cette loi vise à diminuer de 30% les recours systématiques aux énergies fossiles en 2030.

Aussi, l'Afrique n'est pas en marge du mix énergétique puisque plusieurs pays font progressivement leurs premiers pas vers cette nouvelle tendance. Par exemple, pour montrer sa volonté d'aller vers cette nouvelle ère énergétique, la Côte d'Ivoire a ajouté le portefeuille des Énergies renouvelables aux fonctions du ministère de l'Énergie et du Pétrole tout en détachant celui des Mines pour en faire un ministère à part entière.

Si vous l'ignorez jusqu'à maintenant, vous devez désormais savoir que la Côte d'Ivoire n'est pas un pays banal sur le plan énergétique en Afrique de l'Ouest, car elle fournit de l'électricité à plusieurs pays voisins (Ghana, le Mali, le Burkina Faso) et à certains pays de la sous-région ouest-africaine (le Togo et le Bénin). Aussi, elle ambitionne de relier d'autres pays demandeurs d'énergie tels que la Sierra Leone, la Guinée et le Libéria, ce qui projette la création d'une ligne à haute tension d'environ 1400 kilomètres pour un coût estimé à 211,87 milliards de FCFA. Pour garder son statut de plateforme énergétique majeure de la sous-région et pour réaliser tous ses projets, la Côte d'Ivoire compte hausser la production énergétique de 2000 Mégawatts en 2017 à 4400 Mégawatts en 2020 puis à 6600 Mégawatts en 2030.

À l'occasion du sommet fondateur de l'Alliance Solaire Internationale tenu le 11 mars 2018 à Abidjan en Côte d'Ivoire, monsieur Kablan DUNCAN, vice-président de la Côte d'Ivoire, représentant monsieur Alassane OUATTARA, président de la République de la Côte d'Ivoire, a réaffirmé, dans son discours, l'ambition de son pays de prendre toute sa part dans la transition énergétique en adoptant une politique concrète et prospective tournée vers le mix énergétique. Il disait ceci :

« À l'occasion de la COP 21, notre pays s'est en effet engagé à réduire de 28% ses émissions de gaz à effet de serre à l'horizon 2030. Cet engagement se traduit, au niveau du secteur de l'électricité, par un net accroissement de la part des énergies renouvelables y compris l'hydroélectricité dans le mix énergétique. La part des énergies renouvelables qui représentait 20% contre 80% d'énergie thermique en 2017 devrait ainsi passer à 34% contre 66% d'énergie thermique en

2020. L'objectif final est de parvenir, en 2030, à un mix énergétique avec 42% d'énergie renouvelable pour 58% d'énergie thermique. »

Par ces propos du vice-président, vous constatez bien que la Côte d'Ivoire a un système de production énergétique viscéralement attaché aux énergies thermiques qui sont des énergies non renouvelables.

D'après Électricité De France (EDF), l'énergie thermique à flamme dépend des combustibles fossiles (charbon, gaz ou pétrole) issus du sous-sol de la Terre. Elle permet de fabriquer de l'électricité dans les centrales thermiques à flamme dénommées aussi centrales thermiques classiques grâce à la chaleur dégagée par ces éléments.

Ainsi, comme c'est le cas dans plusieurs pays du monde, la Côte d'Ivoire a tout intérêt à réduire sa dépendance à l'énergie thermique. Elle doit y parvenir non seulement pour lutter contre le réchauffement climatique, pour avoir un accès permanent à l'énergie grâce aux énergies renouvelables, mais surtout, parce que ses réserves de pétrole et de gaz ne seront pas éternelles, car d'après les experts et les géologues, ses gisements de gaz qui servent au fonctionnement de ses centrales thermiques seront à sec d'ici 2025. Il faut donc trouver sans délai des alternatives pour combler les besoins énergétiques à venir. D'ailleurs, c'est un problème connu par tous les pays du monde et qui nécessite également une réponse concertée et commune à l'échelle planétaire d'où la ruée actuelle de tous les pays développés soumis au froid hivernal vers les énergies renouvelables dites « énergies propres ».

Pour réussir ce pari, la Côte d'Ivoire a engagé plusieurs projets pour renforcer ses capacités énergétiques à travers des partenariats publics-privés dans lesquels l'État s'engage à acheter l'électricité qui sera produite.

Dans ce plan national de production énergétique, le barrage hydroélectrique de Soubré a été construit en quatre années par des opérateurs chinois pour un coût de 331 milliards de FCFA soit 504 millions d'euros et mis en fonction en mars 2017 avec une capacité de production de 275 Mégawatts. Ensuite, il faut mentionner la centrale à biomasse de palmiers de la région d'Aboisso au Sud-Est de la Côte d'Ivoire, près du Ghana, avec une production de 66 Mégawatts dont la livraison est prévue en 2019.

Dans le domaine solaire, l'État projette de construire deux centrales dans l'une à Korhogo et l'autre dans la région du Poro avec des capacités respectives de 20 et de 50 Mégawatts. À Boundiali, toujours dans le nord, l'État ambitionne la construction d'une centrale de production d'électricité à partir des résidus de coton avec une capacité de 25 Mégawatts pour un coût de 21 milliards de FCFA.

Une autre centrale à biomasse avec le cacao comme combustible sera mise en fonction après 2020, dans le Centre-Ouest, c'est-à-dire dans la région du cacao, avec une capacité de 20 Mégawatts.

Bien que les réserves de gaz de la Côte d'Ivoire soient en décroissance, dans l'objectif d'augmenter les capacités de production énergétique de ses centrales thermiques à gaz, l'État a signé le mercredi 19 décembre 2018, une convention de concession avec le groupe français Eranove via sa filiale, la Compagnie Ivoirienne de Production d'Électricité (CIPREL), pour la construction d'une centrale électrique fonctionnant au gaz à Jacqueville. Avec une capacité de 390 Mégawatts, cette centrale appelée Ciprel 5 ou Atinkou d'un coût de 248 milliards de FCFA, utilisera la technologie du « cycle combiné gaz-vapeur » avec l'emploi des premières turbines à gaz de classe F en Afrique subsaharienne. Dotée de cette nouvelle technologie qui accroît l'efficience énergétique, Ciprel 5 permettra d'augmenter la capacité de production de la Côte d'Ivoire estimée à 1975 Mégawatts en 2017, de produire de l'électricité sans consommation supplémentaire de gaz et surtout, de préserver l'environnement et le climat en diminuant considérablement les rejets de gaz carbonique (CO_2).

C'est une action futuriste et salutaire pour la Côte d'Ivoire, les investisseurs et la sous-région que monsieur Abdourahmane CISSE, ministre du Pétrole, de l'Énergie et des Énergies renouvelables, n'a pas hésité à soutenir et à réaffirmer par ce discours :

« Cette centrale s'intègre dans la volonté de l'État de renforcer les moyens de production d'électricité sur le territoire par le biais de nouvelles unités confiées à des partenaires privés expérimentés pour permettre à la Côte d'Ivoire de doubler sa capacité énergétique en atteignant 4000 Mégawatts à l'horizon 2020 et de conforter sa position de hub énergétique dans la région. »

Avant la construction du barrage de Soubré (275 Mégawatts), la fourniture d'électricité en Côte d'Ivoire était assurée majoritairement par ses deux centrales thermiques à gaz gérées par la Ciprel à Abidjan dans la zone industrielle de Vridi et dans le village d'Azito avec des capacités respectives de 556 et 430 Mégawatts sans oublier six autres centrales hydrauliques à savoir, les barrages d'Ayamé 1 (30 Mégawatts) et 2 (20 Mégawatts), de Taabo (210 Mégawatts), de Kossou (174 Mégawatts), de Buyo (165 Mégawatts) et Fayé ou Grah (5 Mégawatts) qui généraient au total 604 Mégawatts d'hydroélectricité.

Ainsi, même si la Côte d'Ivoire aura besoin de gaz pour combler ses besoins énergétiques et prévenir l'épuisement de ses réserves de gaz en 2025, la centrale électrique de Jacqueville sera d'un apport incommensurable, car le pays pourra se ravitailler en gaz auprès d'autres pays africains producteurs en attendant de découvrir de nouveaux gisements de gaz. Je traiterai largement ces sujets énergétiques majeurs dans les prochains chapitres, car ils sont au cœur de ce livre.

Si les gouvernements ont tendance à courir vers le mix énergétique, ce n'est pas exclusivement pour répondre à des questions environnementales, mais aussi et surtout, pour satisfaire la demande d'énergie qui est et sera de plus en plus forte tant que la population mondiale augmente et que les grandes villes et leurs banlieues s'agrandissent alors que l'offre est de moins en moins importante. Il faut bien alimenter en énergie toutes ces nouvelles villes avec leurs populations et leurs activités pour ne pas risquer de créer des revendications sociales. C'est d'ailleurs l'une des charges et des responsabilités régaliennes des États vis-à-vis de leurs administrés.

Depuis l'aube des temps, la recherche et le besoin d'énergie ont toujours guidé les pas des hommes au point de se déplacer d'un continent à l'autre pour trouver ce produit indispensable à la vie sur la Terre. Autant l'industrie du numérique a besoin de minerais et de métaux technologiques pour soutenir sa croissance et ses innovations, autant la population mondiale, notamment celle de l'Afrique grandissante, a plus que jamais besoin d'énergie pour continuer son développement et rester compétitive.

I.3.1 - Un besoin d'énergie comparable à celui des minerais et métaux technologiques

L'énergie a toujours été au centre des besoins vitaux des hommes. Leur utilité dans notre vie quotidienne est aussi importante que la place occupée par les téléphones mobiles dans nos échanges amicaux et professionnels journaliers et nos recherches d'informations sur internet. Toutes les grandes nations du monde doivent également leur développement à la disponibilité d'énergie dans leurs circuits économiques et industriels. D'ailleurs, comme je l'évoquais tantôt, sans énergie, il n'y a pas de développement. C'est pourquoi, des pays comme les États-Unis, la France ou l'Angleterre veillent quotidiennement à ce que leurs réserves souveraines d'énergie ne s'épuisent pas.

Dans mon précédent ouvrage intitulé « *L'Afrique, un continent aux ressources minières exceptionnelles* », j'ai démontré l'importance des minerais et des métaux technologiques dans le quotidien des hommes à travers leurs différentes applications dans tous les secteurs d'activités. Il en découle que la vie des hommes sur la Terre ne serait pas si reluisante si les minerais et les métaux technologiques n'y avaient pas une grande place. Par exemple, c'est grâce au lithium et au cobalt que l'homme fabrique les accumulateurs ou batteries sans lesquels ne peuvent fonctionner nos Smartphones, nos ordinateurs portables, nos voitures électriques ou tout autre appareil non autonome du point de vue énergétique. C'est grâce au coltan que nos téléphones sont davantage miniaturisés et ont des mémoires plus importantes. C'est grâce au fer et à l'aluminium que les professionnels de l'automobile sont capables de produire chaque année de nouveaux modèles de véhicules accessibles à tous avec des carrosseries résistantes à toutes sortes de contraintes. C'est grâce au calcaire, à la l'argile et à la chaux qu'il est possible de fabriquer du ciment qui sert à la construction des maisons dans lesquels nous résidons. De même, plusieurs produits pharmaceutiques que nous ingurgitons sont composés de minéraux comme le sodium, le chlore, l'aluminium, le zinc ou même le magnésium.

En somme, peu importe le secteur d'activité que vous choisirez, vous constaterez qu'il y a toujours un minerai prépondérant dont l'utilité est au centre du dispositif et du dynamisme économique de l'entreprise du secteur concerné.

I.3.1.a - Un besoin incessant d'énergie pour soutenir les innovations dans les technologies de l'information et de la communication

Tous les experts ne cessent de le dire et nous leur emboîtons le pas. Ce siècle est incontestablement celui des innovations technologiques, car depuis l'année 2000, nous assistons à des progrès technologiques sans précédent dans le secteur de l'information et de la communication. Ce constat se concrétise par la création des Smartphones, des Iphones, des tablettes et de toutes sortes d'appareils connectés avec de nouvelles séries de production qui s'enchaînent et remplacent les précédentes au fil des années pour montrer les performances de l'industrie du numérique. Cependant, il ne suffit pas de créer ces appareils pour multiplier leurs ventes à la seule présentation de leur éclat ou de leur nouveauté, mais il faut d'abord convaincre les clients potentiels sur la nécessité du produit et surtout sur leur autonomie.

En effet, depuis de longues années, le défi majeur du secteur des télécommunications était de trouver des astuces et des outils pour augmenter l'autonomie des appareils téléphoniques ou de tout autre appareil connecté ou électronique. C'est pourquoi pendant longtemps, les téléphones étaient fixés à un secteur électrique pour assurer leur fonctionnement grâce à leur alimentation continue en électricité. Quand les téléphones mobiles ont fait leur apparition, certes, l'innovation était remarquable pour l'époque, mais très vite, le problème de l'autonomie très courte des accumulateurs ou des batteries a fait surface. D'ailleurs, ce problème s'est amplifié avec l'apparition des téléphones mobiles Smartphones et des Iphones, car les particularités de ces outils électroniques sont leurs multifonctions qui sont très énergivores.

J'emploie le terme « multifonction » pour dire qu'ils ne servent pas uniquement à téléphoner, mais à faire plusieurs autres tâches via les nombreuses applications qu'ils contiennent, ce qui nécessite beaucoup d'énergie et des accumulateurs à haute capacité énergétique. Pour ces raisons, la vente ou non d'un Smartphone est conditionnée aujourd'hui par son autonomie, car rares sont ceux qui ont une autonomie de plus d'une journée.

Ce constat est aussi le même dans le milieu informatique, car un ordinateur portable se vendra bien ou pas sur le marché en fonction de son autonomie. Bien que nous parlons du secteur des télécommunications, ce défi est aussi le même dans l'industrie automobile, car les voitures électriques seront bien vendues sur le marché si leur autonomie dépasse la barre des 1000 km ou plus en une seule charge de 30 minutes ou d'une heure maximum, ce qui n'est pas le cas pour l'instant. Mon souhait est que ce soit le cas, car un autre défi est le problème du stockage de l'énergie. Je l'ai déjà dit. L'homme sait produire suffisamment d'énergie, mais ne sait pas le stocker au même titre pour cause de lieu de stockage. C'est pourquoi le stockage de l'énergie et l'autonomie des appareils connectés sont profondément liés au bon fonctionnement et à la capacité maximale de stockage énergétique des accumulateurs qui dépendent aussi de la disponibilité du lithium et du cobalt, des matériaux très rares et géopolitiquement difficiles à trouver. Suivez mon regard. J'en parle suffisamment dans mon premier livre.

Ainsi, pour que ces innovations perdurent dans le temps et profitent aux hommes en facilitant leur quotidien, il faut de l'énergie à profusion, car tous les produits finis qui sortent de ces exploits technologiques ont plus ou moins besoin d'énergie pour fonctionner et atteindre leur paroxysme d'utilisation et de vente. Dès lors, de même qu'un accumulateur ou une batterie de téléphone mobile, d'ordinateur ou d'un véhicule électrique a besoin de se recharger quotidiennement pour faire fonctionner ces joyaux technologiques, autant il faut trouver quotidiennement de l'énergie pour soutenir toutes ses innovations présentes et futures dans le secteur des technologies de l'information et de la télécommunication.

Ces besoins d'énergie et de lieux de stockage énergétique sont capitaux et continueront de s'accroître avec la mise en place progressive de la 5G après la 3G et la 4G dans plusieurs États américains et pays européens comme la Suisse puisque ce gap digital présage l'usage accru d'internet à haut débit (la 5G est 100 fois plus rapide que la 4G en utilisation actuellement) et des appareils connectés. C'est ce qu'a confirmé monsieur Jacques BONIFAY, président de Transatel par ses propos relayés dans un article de Radio France International (RFI) :

« Les constructeurs d'automobiles veulent vendre de la technologie avec de nouvelles normes, même si elle n'est pas prête. Les gouvernements suivent parce que c'est l'occasion de vendre de nouvelles licences. Et puis politiquement, tout le monde veut que son pays soit le plus en avance sur la dernière génération technologique. Tout le monde va vers la 5G. »

Par définition, la 5G est un condensé de standards et de technologies qui permettent de hausser le très haut débit mobile des Smartphones. Le réseau 5G est conçu pour gérer efficacement la communication entre les appareils connectés et les serveurs, pour assurer des vidéos via un téléphone mobile et utiliser aisément des applications destinées au secteur de la santé, de l'industrie, des transports, notamment le contrôle des véhicules autonomes. Les prochaines générations de téléphones mobiles porteront la technologie 5G. Malgré le fait qu'elle utilisera des ondes électromagnétiques de plus grande fréquence et donc amplifiera notre exposition aux ondes électromagnétiques, ce qui augmente forcément le scepticisme de certains sur son effet sur notre santé, c'est indéniablement une technologie dont le monde ne pourra se priver d'ici 2025.

Ainsi, comme une véritable révolution technologique et un stimulateur énergétique, la 5G va transformer notre quotidien en matière de communication, de transport et surtout augmenter notre consommation d'énergie d'où l'urgence encore une fois de trouver constamment et suffisamment d'énergie pour soutenir toutes ces innovations technologiques actuelles et futures.

I.3.1.b - Le gaz, or pour l'énergie

Pendant de longues années, le gaz a été considéré comme un produit secondaire sans grande utilité dans l'exploitation du pétrole compte tenu des difficultés à le stocker. Le gaz était un produit gênant pour les pétroliers puisque leur cible prioritaire de recherche dans le sous-sol était le pétrole.

En effet, il faut savoir que le gaz est une matière première minérale et énergétique fossile toujours associée au pétrole dans le sous-sol.

Comme le pétrole, le gaz est issu de l'accumulation, de la maturation et de la transformation de la matière organique en hydrocarbure dans des lieux confinés (fond océanique, bassins sédimentaires) à plus ou moins grande profondeur sous l'effet de la température et de la pression après plusieurs millions d'années. Ainsi, en fonction de la profondeur d'enfouissement et de la température, les gisements d'hydrocarbures formés seront composés de pétrole et de gaz ou exclusivement de gaz (Figure 6).

Autour de 1000 mètres de profondeur se forme le kérogène qui est considéré comme un hydrocarbure immature.

À 2000 mètres de profondeur, le kérogène se transforme partiellement en huile communément appelée « pétrole » et en gaz.

Entre 2000 et 3000 mètres, la production d'huile s'arrête avec une augmentation de la génération de gaz à 2500 mètres de profondeur. Alors que la production d'huile s'interrompt définitivement à 3500 mètres, celle du gaz continue d'augmenter.

Passé la barre des 4000 mètres de profondeur, le pétrole et le gaz se décomposent et sont détruits compte tenu de la forte température liée au gradient géothermique qui théorise que la température augmente avec la profondeur doit 1°C tous les 30 mètres.

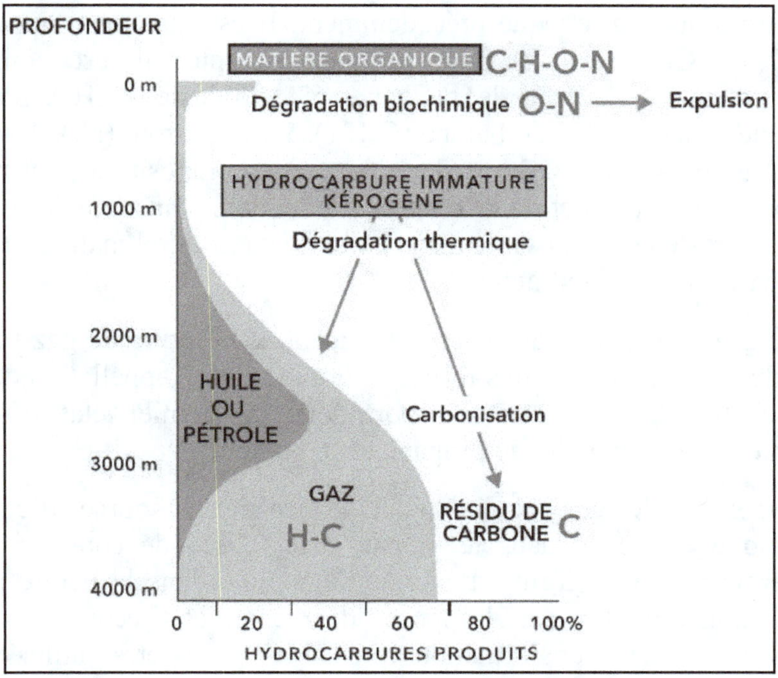

Figure 6: Formation du pétrole et du gaz en fonction de la profondeur d'enfouissement et du gradient géothermique (L'Afrique, un continent aux ressources minières exceptionnelles, L'Harmattan, avril 2017)

Pour plus de détails sur le processus de formation du gaz et du pétrole, vous pouvez lire mon précédent ouvrage « *L'Afrique, un continent aux ressources minières exceptionnelles* », dans lequel vous aurez des informations supplémentaires et suffisantes à ce sujet.

Ainsi, pour se débarrasser du gaz produit, les pétroliers avaient tendance à le brûler jusqu'à ce qu'ils constatent que lorsque ce dernier était brûlé, il générait de l'énergie et de l'électricité aptes à la consommation et susceptibles d'être rentables commercialement. Depuis ce constat, de ces gisements de gaz seront extraits le gaz naturel ou méthane (CH_4), le propane (C_3H_8) et le butane (C_4H_{10}) ou gaz domestique qui sont tous destinés à produire de l'énergie.

Conformément à son nom, le gaz naturel se trouve dans la nature, précisément, dans le sous-sol et a le même processus de formation que le pétrole que j'ai évoqué précédemment. Il est également appelé le méthane (CH_4), car en Europe par exemple, il est composé principalement de 90% de méthane, 5% d'éthane (C_2H_5), 1% de propane (C_3H_8), 0,2% de butane (C_4H_{10}), 2,2% d'azote (N_2), 1,4% de dioxyde de carbone (CO_2) sachant que cette composition peut varier en fonction du pays et de la zone de production. Dans tous les cas, le méthane reste la composante majoritaire du gaz naturel malgré sa zone de localisation et d'extraction.

Le gaz naturel se transporte idéalement sous forme de gaz via les gazoducs et par défaut sous forme de liquide sous l'appellation de gaz naturel liquéfié, car son transport sous ce dernier état est très complexe contrairement au propane et au butane.

En 2016, le gaz naturel était la troisième source d'énergie thermique employée dans le monde avec 22,1% de consommation d'énergie primaire (forme d'énergie disponible dans la nature avant toute transformation à l'opposé des énergies secondaires qui nécessitent une transformation préalable pour être utilisée ou transportée) juste après le pétrole (31,9%) et le charbon (27,1%). La part du gaz naturel augmente assez vite dans le mix énergétique et les centrales à gaz remplacent progressivement les centrales à charbon en Europe et dans le monde. Ainsi, avec la hausse de la consommation mondiale du gaz naturel depuis 2015, le gaz de ville qui était autrefois produit par la distillation de la houille ou du charbon et alimentait les réseaux urbains pour le chauffage des particuliers, est remplacé dans plusieurs pays comme la France par le gaz naturel ou méthane (CH_4). De plus, le gaz de ville issu du charbon était très toxique à cause du monoxyde de carbone. De surcroît, en comparant les taux d'émissions de CO_2 liés à l'énergie, ceux du gaz naturel (20,4%) sont moins importants que ceux du pétrole (34,8%) et du charbon (44,1%).

Selon British Petroleum (BP), les réserves mondiales prouvées ou connues de gaz naturel sont en évolution de 51% en 2017 par comparaison à 1997 et devraient représenter 52,6 années de production.

En 2016, même si les leaders de la production mondiale de gaz naturel étaient respectivement les États-Unis (21,1%) avec l'exploitation du gaz de schiste non conventionnel, la Russie (16,3), l'Iran, le Canada et le Qatar, la part des autres continents de la planète n'était pas négligeable. En vérité, au-delà de l'Asie (16,3%) et du Moyen-Orient (18%), celle de l'Afrique et d'autres territoires du monde était estimée à 28% soit plus du quart de la production mondiale.

Aussi, en 2017, même si les États-Unis (20,1%), la Russie (11,6%), la Chine (6,6%) et l'Iran (5,8%) étaient connus comme les premiers consommateurs de gaz naturel dans le monde, il est surtout important de retenir que ces pays ont tous connu une hausse de leur consommation entre 2007 et 2017, notamment, la Chine avec une augmentation de +238% impulsée certainement par sa population qui est la plus importante du monde. Cela veut dire qu'il y a un lien arithmétique et mathématique entre la hausse ou la grandeur de la population d'un pays ou d'un continent et sa consommation d'énergie. Plus une population sera importante, plus sa consommation d'énergie augmentera au cours des années.

Ce sont ces motifs qui me poussent à dire que la population africaine qui a la plus grande croissance de ces dernières années et des décennies à venir sera tacitement et obligatoirement la plus grande consommatrice d'énergie et de gaz naturel à l'horizon 2025, 2050 et 2100 au regard des perspectives économiques et démographiques de la banque mondiale à son sujet.

En 2017, les premiers pays consommateurs utilisaient 44,1% de la consommation mondiale. Il en restait encore 55,9% et je suis certain que l'Afrique s'accaparait déjà une partie non négligeable de la production de gaz naturel pour son approvisionnement en énergie. Et croyez-moi, la consommation de gaz naturel de l'Afrique augmentera davantage étant donné que beaucoup de ses territoires sont en cours de développement actif et, chaque jour, ses villages et ses campagnes sont électrifiés ou raccordés au réseau électrique national de ses pays respectifs.

Cette hausse de consommation généralisée et mondiale montre clairement que la production et la consommation de gaz naturel augmentent de façon vertigineuse au fil des années et des décennies, mais aussi et surtout, que le gaz naturel occupe désormais une place de choix et de premier rang dans la production d'énergie et d'électricité grâce au mix énergétique supporté par la mise en place des centrales à gaz au détriment des centrales à charbon.

De plus, si le gaz naturel n'est pas produit suffisamment, il serait injuste de parler d'une hausse de la consommation des énergies qui en proviennent. Ainsi, en 44 années, soit de 1973 à 2017, la production mondiale de gaz naturel a augmenté de +208% et le gaz de schiste y a contribué de +25,1% entre 2007 et 2017.

Ainsi, grâce à ce bond spectaculaire de croissance en consommation et en production ces dernières années, le gaz naturel est devenu l'une des matières premières minérales stratégiques les plus recherchées dans le secteur de la production énergétique. Et son importance est d'autant plus grandissante que ce minerai peut servir encore pendant une cinquantaine d'années à la production d'énergie selon les prévisions de BP à un moment où le pétrole et le charbon sont indexés comme trop polluants et de plus en plus rares par certains écologistes, des miniers et des pétroliers. En conséquence, le gaz naturel concentre tous les espoirs des experts mondiaux du secteur de l'énergie pour fournir de l'énergie et de l'électricité à tous les peuples du monde.

Même si le gaz naturel ou méthane appelé aussi gaz de champ pétrolier est le plus utilisé et prisé des gaz, il n'est pas le seul utile dans la production d'énergie, car les autres gaz qui lui sont associés dans sa production sont également l'objet de convoitise pour la génération d'énergie. C'est le cas du propane, mais aussi du gaz butane.

Le propane est un GPL (C_3H_8), c'est-à-dire, un Gaz de Pétrole Liquéfié. Il n'est pas toxique et est facile à transporter. C'est un hydrocarbure léger comme le butane et l'éthane (C_2H_6). Il est produit à partir des gisements de pétrole pendant l'extraction du gaz naturel qui en contient moins de 5% et d'autres gaz associés. Généralement, les GPL proviennent à 40% du raffinage du pétrole et à 60% du traitement du gaz naturel et sont stockés et transportés à l'état liquide. Le propane est déconseillé pour le chauffage en intérieur (gazinière, chauffe-eau, chauffage d'appoint...), mais recommandé pour le chauffage extérieur (barbecue...), car pour des raisons de sécurité il est interdit à l'intérieur des logements. En vérité, le gaz propane supporte des températures faibles jusqu'à -44°C ce qui facilite son stockage à l'extérieur. Cela veut dire qu'il peut être utilisé pendant qu'il gèle. En 2017, la tonne de gaz propane prêt à la consommation était évaluée à 1299 euros. Le GPL est aussi le carburant le moins polluant, car il ne propage pas de particules et libère moins de gaz à effet de serre contrairement aux carburants de pétrole habituels. En 2017, il coûtait environ 0,60 euro le litre.

À la différence du gaz naturel (CH_4) et du propane (C_3H_8), le gaz butane (C_4H_{10}) est issu de la distillation du pétrole brut même s'il est produit également lors de l'extraction du gaz naturel qui en contient moins de 5% selon le pays ou la zone de production. Le gaz butane est le plus recommandé pour la cuisson à la gazinière à l'intérieur de la maison, mais aussi à l'extérieur (barbecue…) sous un seuil de température. Généralement, le butane s'évapore dès 2°C alors que la température d'ébullition propane avoisine -42°C. Ainsi, en dessous de 0°C, le gaz butane contenu dans la bouteille ne sort plus.

En France et dans plusieurs pays du monde, la bouteille de gaz de propane est de couleur grise et la bouteille de gaz de butane est bleue.

En Afrique, avec la préservation de la flore et des forêts par les gouvernements et l'incitation des populations à abandonner le charbon de bois au profit du gaz butane pour la cuisson, compte tenu des nombreux foyers et de la population grandissante, il est courant de voir des pénuries de bouteilles de gaz butane. Si ce constat fait parfois la joie de certains commerçants qui augmentent le prix de la bouteille de gaz butane au regard de l'offre qui est inférieur à la demande, sous un autre angle cela montre que même en Afrique où il y a plusieurs pays producteurs, le gaz est devenu une denrée rare recherchée comme l'or. C'est dans le même temps une sonnette d'alarme qui interpelle sur la nécessité de trouver suffisamment de gaz pour alimenter les populations africaines qui augmenteront de façon vertigineuse dans les 5, 10, 20 prochaines années.

D'entre tous ces gaz, c'est le gaz naturel qui est le plus utilisé même si le propane reste le plus coûteux dans certains pays comme la France (Figure 7). Lorsque le gaz est employé pour produire de l'énergie en chauffage individuel des particuliers ou des foyers, vous constatez que le prix du propane est bien au-dessus de celui du gaz naturel; c'est pourquoi ce dernier est privilégié comme le gaz de ville non seulement pour sa disponibilité, mais aussi pour son bas coût. Le chauffage à l'électricité plus coûteux sera recherché par les riverains en cas de pénurie de gaz. À quoi ressemblerait donc la vie des populations dans les grandes villes et petites campagnes occidentales en hiver sans système de chauffage des foyers et des habitations par défaut de gaz ?

Ce serait une crise humanitaire suivie de nombreuses morts parce que les populations n'auraient pas supporté la grande période de froid d'où, l'importance du gaz naturel et des gaz associés. C'est pourquoi j'affirme haut et fort que de même que le pétrole est appelé grossièrement « or noir » par certains, au regard de toutes ses applications et ses utilisations de nos jours, le gaz est l'or de l'énergie.

Figure 7: Prix des énergies en chauffage individuel (ministère de la Transition Ecologique et Solidaire, octobre 2018)

Même si l'électricité peut être une alternative au gaz dans certains cas, il faut toujours se rappeler qu'avec le mix énergétique, le gaz sert de plus en plus à produire de l'électricité, ce qui fait de lui un élément central dans le secteur de l'énergie.

I.3.1.c - Le gaz, l'énergie de la transition grâce au mix énergétique

De façon inexorable et incontestable, le gaz est devenu l'une des rares énergies fossiles restées dans l'ombre du pétrole pendant de nombreuses décennies et qui servira de transition vers les énergies renouvelables à l'heure des mutations énergétiques. Certains disent d'ailleurs que le XXIe siècle est l'âge d'or du gaz et tolèrent encore cette matière première minérale énergétique parce qu'ils la considèrent comme la moins nocive des énergies fossiles contrairement au pétrole, au charbon et au nucléaire. De ce fait, en attendant le développement, la régularité et l'intégration effective des énergies renouvelables dans nos habitudes énergétiques, le gaz ne fait que gravir les échelons comme la meilleure et la dernière alternative transitoire des énergies fossiles ou non renouvelables qui vient en complément des énergies renouvelables comme l'éolien ou l'hydroélectricité. Cette tendance est davantage intensifiée grâce au récent développement des centrales thermiques fonctionnant au gaz qui remplacent de plus en plus celles utilisant le charbon, à la fermeture annoncée et future de plusieurs centrales nucléaires dans le monde, à la rareté des gisements de pétrole moins profonds donc moins coûteux et plus rentables et surtout, à cause de l'exploitation et de la commercialisation récente des gaz non conventionnels, notamment, les gaz de schistes.

En effet, il existe différents types de sources géologiques de gaz naturel ou de formes de gaz naturel en fonction de leur origine, de leur composition et du réservoir qui les contient. Ainsi, sur la base de ces critères sont distingués les gaz naturels conventionnels associés, les gaz naturels conventionnels non associés et les gaz biogéniques, les gaz naturels non conventionnels tels que le gaz de couche (ou gaz de charbon ou gaz de houille), les hydrates de gaz, le gaz de réservoir ultracompact et le gaz de schiste (Figure 8).

Un gaz naturel est dit conventionnel lorsqu'après sa formation dans la roche-mère, il migre vers des roches poreuses ou perméables (dénommées roches-réservoirs) où il s'accumule pour former un gisement dont l'exploitation se fait par simple forage. Généralement, les gaz naturels conventionnels ont des roches-mères dont la porosité est supérieure à 10%.

Un gaz naturel est dit non conventionnel lorsque les moyens techniques donnant accès à ses ressources sont spéciaux et ne peuvent se faire par simple forage compte tenu de la faible porosité et de la faible perméabilité des roches-réservoirs qui les contiennent. Généralement, elles recourent à la « fracturation hydraulique » comme technique d'extraction ou à d'autres méthodes d'exploitation qui sont parfois considérées comme nocives pour l'environnement et pour le climat ou mortelles pour les exploitants (mineurs) du fait des grandes profondeurs de leurs gisements (haute pression et haute température) ou parfois des besoins excessifs en énergie ou en eau nécessaires pour leur exploitation.

Contrairement aux gaz naturels conventionnels, les gaz naturels non conventionnels restent piégés dans la roche-mère (schiste bitumineux, pétrole de schiste, sable bitumineux, pétrole lourd) très visqueuse ou parfois solide; ils ne sont donc pas exploitables par des méthodes simples de forage. Le caractère « non conventionnel » des gaz naturels est également fixé par les valeurs limites de perméabilité et de porosité des roches qui les contiennent et par les progrès de la technologie. Dans la plupart des cas, les gaz naturels non conventionnels ont des roches-mères dont la porosité est inférieure à 1%. Cela sous-entend qu'un hydrocarbure non conventionnel aujourd'hui peut devenir un hydrocarbure conventionnel demain si les techniques et les moyens de production permettent de résoudre la question de la faible perméabilité ou de la faible porosité des roches-réservoirs.

Les gaz naturels conventionnels associés sont des gaz naturels contenus sous forme de solution dans le pétrole et qui en sont séparés pendant l'extraction (figure 8 A). Comme je le mentionnais dans les précédents paragraphes, ce gaz naturel associé au pétrole a été gaspillé pendant de longues années parce qu'il était considéré comme un déchet et brûlé à la torchère pour s'en débarrasser alors qu'il constituait une véritable source d'énergie et de production d'électricité et une alternative au pétrole, mais aussi, indirectement une source de pollution lorsqu'il était brûlé. En vérité, le gaz naturel ou méthane réchauffe 25 fois plus le climat que le gaz carbonique (CO_2); c'est pourquoi de nos jours, il est soit réinjecté dans les gisements géologiques de pétrole pour y conserver la pression et amplifier l'extraction du pétrole ou est employé à des fins énergétiques dans les centrales thermiques à gaz et comme gaz de ville. Même si en 2016, plus de 150 km^3 de gaz étaient encore consumés à la torchère, force est de remarquer que cette tendance évolue de façon décroissante; les gaz associés sont de plus en plus recherchés pour des utilisations énergétiques, car leur exploitation a augmenté de 20% ces 20 dernières années.

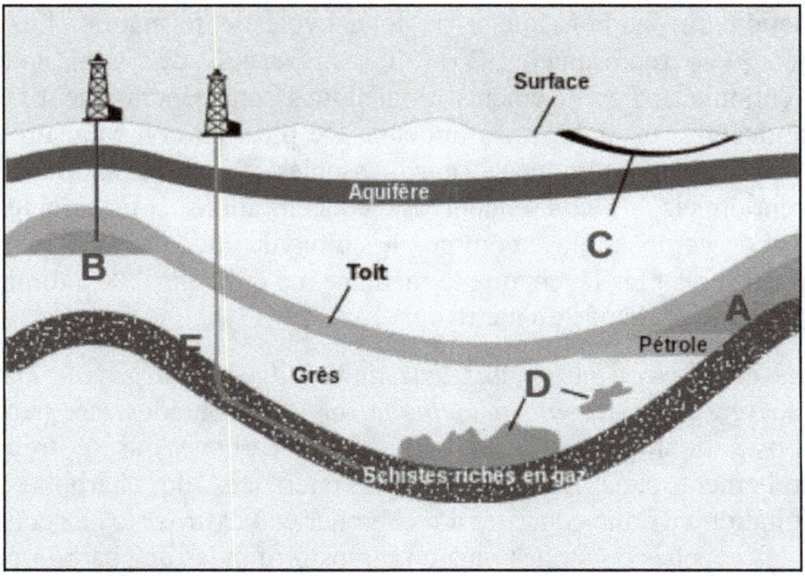

Figure 8: Différents types de sources géologiques de gaz naturel (A : Gaz naturel conventionnel associé à un réservoir de pétrole ; B : Gaz naturel conventionnel non associé ; C : Gaz de couche ou gaz de houille ; D : Gaz de réservoir ultra compact ; E : Gaz naturel non conventionnel : Gaz de Schiste ; Wikipédia, avril 2019)

Comme leur nom l'indique, *les gaz naturels conventionnels non associés* sont des gaz dont les étapes de formation sont comparables à celles du pétrole, mais ne sont pas associées au pétrole (figure 8 B). Cette forme de gaz naturel est la plus exploitée. C'est l'exemple des gaz thermogéniques primaires issus de la pyrolyse (décomposition chimique d'un composé organique par une augmentation importante de la température pour générer des produits secondaires) du kérogène et des gaz thermogéniques secondaires qui eux proviennent de la pyrolyse du pétrole. Ces gaz thermogéniques contiennent principalement du méthane (CH_4) et d'autres séries d'hydrocarbures plus lourds jusqu'à l'heptane (C_7H_{16}) en plus de petites portions de gaz carbonique (CO_2), de sulfure d'hydrogène (H_2S), de diazote (N_2), d'hélium (He), de mercure (Hg) et d'Argon (Ar).

Les gaz biogéniques sont des gaz naturels conventionnels provenant de la fermentation des dépôts organiques par des bactéries. C'est un gaz fossile combustible qui possède un processus de formation rapide contrairement à la tourbe (produit intermédiaire de la formation du charbon) qui a un long cycle de formation. Les gaz biogéniques représentent 20% des réserves de gaz naturels conventionnels. Les gisements biogéniques sont généralement petits, éparpillés et à de faibles profondeurs. De plus, en comparaison avec les gaz thermogéniques (gaz associés) et les autres gaz conventionnels, ils contiennent des concentrations considérables de gaz non combustibles comme le dioxyde de carbone et des hydrocarbures plus légers que le méthane, ce qui contribue à diminuer leur valeur marchande au mètre cube.

Les gaz de couche ou gaz de charbon ou encore gaz de houille appelés en anglais *coalbed methane ou CBM* sont des gaz naturels composés de méthane et de dioxyde de carbone qui se trouvent naturellement dans les pores et les interstices du charbon. Leur exploitation va donc consister à rechercher et à extirper le gaz contenu dans les couches ou strates plus ou moins profondes de charbon ou de houille (figure 8 C). Celui-ci a toujours été un gaz naturel non conventionnel et longtemps sous-exploité compte tenu de sa dangerosité en termes de sécurité pour les mineurs, car dans les mines profondes de charbon, ces derniers rencontraient très souvent un gaz mortel appelé « grisou ». Cependant, ces dernières années, le gaz de couche est de plus en plus exploité aux États-Unis et en Chine où les couches de charbon sont riches en gaz contrairement à celles de l'Europe.

Les gaz de réservoir compact ou tight gas en anglais sont des gaz naturels non conventionnels générés à partir de roches-réservoirs tellement peu perméables et peu poreuses qu'il est nécessaire de les fracturer par des procédés spéciaux tels que la « fracturation hydraulique » ou le « forage horizontal ou le multifracking » pour en extraire le gaz (figure 8 D et figure 9). Au fil des temps géologiques, les roches du sous-sol ont tendance à se compacter sous l'effet du poids des nouveaux dépôts sédimentaires sus-jacents et avec l'enfouissement ce qui a pour conséquence non seulement de produire des roches compactes, mais, surtout de réduire leurs pores et la circulation interne des fluides. Ainsi, l'une des particularités des gisements de gaz de réservoirs compacts est qu'ils ont des perméabilités en dessous de 1 millidarcy et une porosité en dessous de 1%.

Pour rappel, la *porosité* est l'ensemble des vides ou pores ou encore interstices d'un matériau solide ou d'une roche qui sont susceptibles d'être remplis ou comblés par des fluides, c'est-à-dire des liquides ou des gaz. Quantitativement la porosité représente le rapport entre le volume des vides contenus dans la roche et le volume total de cette roche. La porosité d'une roche diminue avec l'enfouissement, c'est-à-dire plus elle est profonde, plus sa porosité est faible à cause du poids des roches nouvellement déposées en surface.

Quant à la *perméabilité*, c'est la capacité d'un milieu ou matériau poreux à se laisser traverser par un fluide sous l'effet d'un gradient de pression et d'un champ de gravité. Autrement définie, elle quantifie la résistance d'un milieu ou d'une roche à la circulation d'un hydrocarbure. Puisque la compaction d'une roche est suivie par sa recristallisation qui réduit indirectement ses pores, elle diminue aussi sa perméabilité. Ainsi, comme la porosité, la perméabilité d'une roche diminue avec l'enfouissement. À la différence des gaz de schiste que j'aborderai dans les paragraphes suivants, les gaz de réservoirs compacts migrent hors de la roche-mère. Les roches qui constituent les réservoirs compacts sont généralement des grès et quelquefois des calcaires.

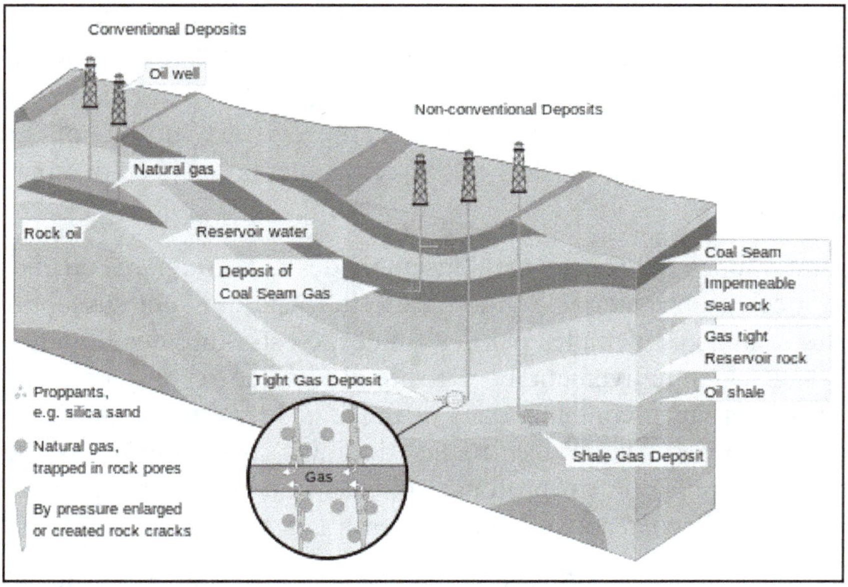

Figure 9 : Schéma comparatif entre les gaz de réservoir compact et les autres types de gaz et exposant les différences entre les gaz naturels conventionnels et les gaz naturels non conventionnels selon les types de sources géologiques de gaz naturel

(Natural Gas : Gaz naturel; Reservoir water : Réservoir d'eau; Rock oil : Huile de roche; Coal seam : Couche de charbon; Oil shale : Pétrole de schiste; Tight Gas Deposit : Gaz de réservoir compact; Gas tight reservoir rock : Roche-réservoir de gaz de réservoir compact; Shale Gas Deposit : Dépôt de gaz de schiste; Impermeable Seal Roch : Roche imperméable; Deposit of Coal Seam Gas : Dépôt de gaz de charbon; Oil well : Puits de pétrole; Natural gas trapped in rock pores : Gaz naturel piégé dans les pores de la roche ; Natural gas by pressure enlarged or created rock cracks : Gaz naturel des fissures des roches créées et élargies par la pression; Wikipedia, novembre 2016)

Les hydrates de méthanes ou natural gas hydrates en anglais sont des structures solides localisées sur le plancher océanique ou dans le pergisol dans lesquelles les gaz naturels ou méthanes sont piégés et emprisonnés. Ils proviennent de la dégradation biogénique de la matière organique contenue dans les dépôts de glaces. Ils font partie des gaz naturels non conventionnels. Les réserves de méthane emprisonnées dans les hydrates sont 70 à 130 fois supérieures aux réserves prouvées de gaz naturels conventionnels. Leurs réserves sont évaluées entre 13 000 et 24 000 milliards de m^3. Leur caractère non conventionnel est conforté par le fait qu'à ce jour, il n'existe pas de technique d'exploitation par simple forage qui permette une exploitation économiquement rentable de ce type de gaz.

Les gaz de schiste ou gaz de roches-mères appelés en anglais *shale gas* sont des gaz non conventionnels contenus dans des roches-mères sédimentaires argileuses ou marneuses désignées maladroitement « schistes » (figure 8 E). En vérité, les schistes sont d'origine sédimentaire ou métamorphique. Cependant, seuls les schistes d'origine sédimentaire dénommés « shale » par les géologues sont utiles dans l'industrie pétrolière, car les roches métamorphiques étant issues de la transformation d'une roche préexistante sous l'effet de fortes pressions et de fortes températures ne peuvent contenir des hydrocarbures dans ces conditions extrêmes. Aussi, les schistes ont la caractéristique d'avoir un aspect feuilleté qui se traduit par la présence d'une schistosité dans leur structure d'où, leur nom « schiste ». Cette particularité leur confère une faible porosité et une faible perméabilité (inférieure à 1 microdarcy) ce qui nécessite l'emploi de la « fracturation hydraulique » ou hydraulic fracturing ou fracking en anglais et du « forage horizontal » (Figure 9) pour en extraire les fameux « gaz ou pétrole de schiste » qui sont des sujets à polémiques dans les milieux énergétiques et environnementaux et dans plusieurs États occidentaux.

I.3.1.d - L'extraction du gaz de schiste par fracturation hydraulique et forage horizontal : les enjeux économiques et environnementaux

Des pays comme les États-Unis sont favorables à l'exploitation du gaz et du pétrole de schiste tandis que d'autres pays, comme la France, s'opposent à son extraction, car ces formes d'hydrocarbures sont encore considérées comme non conventionnelles pour notre époque et ils estiment que la fracturation hydraulique et le forage horizontal sont des procédés d'exploitation qui sont nocifs pour l'environnement, énergivores et qui ont des enjeux économiques et géopolitiques non négligeables. Comment le gaz de schiste est-il donc extrait ?

En effet, dès que le gisement de gaz de schiste est trouvé, ce dernier est extrait par fracturation hydraulique et forage horizontal. Cela consiste à injecter un fluide sous haute pression dans la roche-réservoir pour la fracturer ou la fissurer. Ensuite, la pression dans le puits et la roche-réservoir est revue à la baisse pour permettre la sortie et l'écoulement des hydrocarbures vers le puits sous l'effet du différentiel de pression. Compte tenu de la faible perméabilité et de la faible porosité de la roche-réservoir, des additifs chimiques sont couramment utilisés pour augmenter le flux de remontée des hydrocarbures et pour amoindrir les coûts onéreux d'exploitation de ces types de gisements.

Sur le plan environnemental, à cause de la multi-fracturation ou « multifracking » des roches-mères réservoirs en profondeur, il y a de forts risques de contamination des nappes phréatiques par des fuites d'hydrocarbures remontant le puits de forage ou empruntant les fissures dans les roches et par des produits chimiques contenus dans les boues de forage en cas de défauts d'étanchéité des puits de forage horizontaux et verticaux (Figure 10). En surface, une forte pollution de l'atmosphère par les gaz à effet de serre est également mise en évidence en cas d'échappement du méthane (CH_4) dans l'atmosphère, d'aération ou « venting », de torchage ou « flaring » des gisements pendant la préparation et la réalisation du puits et de rejet du CO_2 par les camions et les engins de service. Aussi, ces méthodes d'exploitation demandent beaucoup de ressources en eau et en sable pour concevoir les boues de forage et effectuer le lavage des déblais ou des carottes de forage sachant que ces eaux sont usées après leur emploi et polluent l'environnement quand elles sont rejetées dans la nature. De surcroît, plusieurs experts des sciences environnementales protestent contre la fracturation hydraulique et les forages horizontaux, car ils soutiennent qu'ils sont à la base de microséismes enregistrés simultanément et curieusement dans les régions d'exploitation de pétrole et de gaz par ces méthodes. Toutes ces raisons constituent l'essentiel des enjeux environnementaux qui entourent l'exploitation du gaz de schiste et des hydrocarbures non conventionnels par la fracturation hydraulique et le forage horizontal.

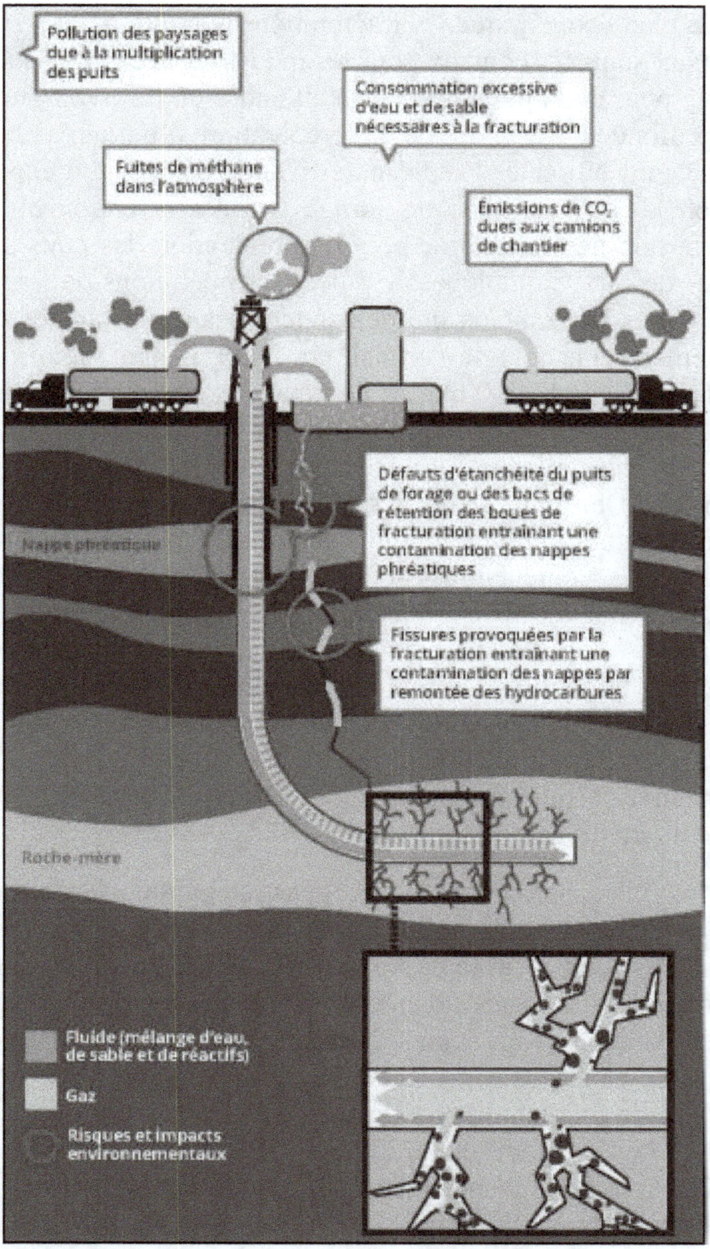

Figure 10: Risques et impact de la fracturation hydraulique (S. LANDEL pour CRNS Le Journal, Yaroslav PIGENET 2014)

Sur le plan économique, la fracturation hydraulique et les forages horizontaux sont très coûteux pour les industriels du gaz et du pétrole. En vérité, pour deux puits destinés à atteindre un réservoir situé à une même profondeur, le coût de la préparation d'un puits de forage vertical « conventionnel » représente 15% du coût total d'exploitation contre 60% pour un puits de forage « non conventionnel ». Cette différence non négligeable de coût de préparation des puits selon les méthodes de forage employées est liée aux opérations de fracturation et aux forages horizontaux qui demandent beaucoup plus de tubages. Concrètement, un forage vertical de 2000 mètres de profondeur nécessite également 2000 mètres de tubage et pas plus. Cependant, si un forage horizontal est nécessaire, il va falloir rajouter 1000 à 3000 mètres de tubage pour la faisabilité de la partie horizontale uniquement. De plus, selon l'Agence Internationale de l'Énergie (AIE), une facturation hydraulique accompagnée de forage horizontal aux États-Unis coûte entre 1 et 4 millions de dollars alors qu'en Europe, son coût est 30% à 50% plus élevé compte tenu des progrès considérables des États-Unis sur les différentes techniques de fracturation hydraulique après expérimentation. Aujourd'hui, avec l'autorisation et l'exploitation du gaz et du pétrole de schiste aux États-Unis, ce pays a plus de la moitié des plateformes de forage sur son territoire, ce qui révolutionne le marché du pétrole et du gaz à l'échelle internationale.

Sur les plans géopolitiques et géostratégiques, le fait que les États-Unis deviennent un producteur de pétrole et de gaz prépondérant ces dernières années avec l'exploitation de ces hydrocarbures non conventionnels a considérablement changé les rapports de force et diminué le monopole qu'avaient l'Arabie Saoudite, l'Iran, les Emirats Arabes Unis et les pays de l'Organisation des Pays Producteurs de Pétrole dans la fixation du prix du baril du pétrole. Ajoutée à celle des pays du Moyen-Orient, la production des États-Unis a augmenté l'offre face à la demande ce qui a pour conséquence la baisse des prix de ces hydrocarbures. Tant que les pays du Moyen-Orient étaient les seuls maîtres du jeu dans la fourniture du pétrole et du gaz, ils pouvaient s'en servir comme un outil géopolitique ou géostratégique de pression pour renforcer leur influence sur le plan international, obtenir des contrats commerciaux dans d'autres domaines et faire des progrès dans la recherche militaire liée au nucléaire sans qu'aucun des pays puissants de la communauté internationale n'ait un droit de contrôle. Si ce n'est déjà fait, c'est l'exemple de l'Iran qui, malgré les interdictions et les sanctions brandies par les États-Unis contre lui, poursuit clandestinement son enrichissement en uranium pour détenir l'arme nucléaire comme d'autres pays puissants du monde. En tout état de cause, il faut reconnaître que les données ont changé avec l'arrivée en force des États-Unis sur la scène de l'énergie, car le pétrole et le gaz, qu'ils soient conventionnels ou pas à l'origine, restent le produit avec les mêmes effets espérés pour le consommateur. Plus que la diminution des coûts des hydrocarbures, l'exploitation du gaz et du pétrole de schiste a visiblement réduit, dans cette dernière décennie, les guerres géopolitiques indirectement liées à la recherche du pétrole et du gaz comme ce fut le cas en Irak, en Afghanistan, au Koweït et même en Libye et au Soudan. D'ailleurs, les États-Unis ont dû rappeler certaines de leurs troupes de l'Irak et de l'Afghanistan pour marquer leur intention de mettre fin à la guerre dans ces deux pays.

Cependant, d'autres pressions diplomatiques sont exercées par la communauté internationale sur deux grands pays producteurs de pétrole et de gaz du monde à savoir l'Iran et le Venezuela. Les pressions politiques sont tellement fortes que les États-Unis n'hésitent pas à mentionner la voie militaire comme le moyen ultime pour régler les crises qui les opposent à ces deux géants pétroliers du Moyen-Orient (Iran) et de l'Amérique latine (Venezuela). J'en veux pour preuve, le récent article publié le 14 mai 2019 par la journaliste Isabelle CHOQUET de la chaine radio française RTL qui révèle selon le journal *New York Times* que le ministre de la Défense américaine vient de présenter à la Maison-Blanche, un plan d'attaque de l'Iran prévoyant l'envoi de 120 000 hommes au Moyen-Orient si Téhéran poursuit son programme nucléaire. De même, suite à un contentieux électoral, les États-Unis envisageraient également d'envoyer des troupes au Venezuela si monsieur Nicolas MADURO qui a succédé à monsieur Hugo CHAVEZ à ce poste depuis 2013, refuse de céder le pouvoir à son opposant, monsieur Juan GUAIDO, ancien président de l'Assemblée nationale et de le considérer comme le président par intérim du Venezuela reconnu par la communauté internationale et une cinquantaine de pays dont les États-Unis et la France. Curieusement, le Venezuela est soutenu par l'Iran et la Russie.

En vérité, derrière toutes ces montées de tension qui donnent l'apparence d'être des crises politiques, les causes réelles sont des crises économiques et énergétiques qu'il faut anticiper en acquérant de nouveaux gisements de pétrole et de gaz à bon marché. Ainsi, les pays qui s'y prêtent bien et font l'affaire sont les grands producteurs de pétrole et de gaz comme ce fut le cas pour l'Irak, la Libye, l'Afghanistan, le Koweït et maintenant l'Iran et le Venezuela.

Aujourd'hui, le gaz extrait qu'il soit conventionnel ou non conventionnel reste dans tous les cas le gaz naturel qui est la dernière énergie fossile activement recherchée et utilisée pour faire face sans brutalité aux grands changements annoncés par la transition énergétique qui avance à grands pas. C'est ce qu'a réitéré monsieur Alain DOLLET, directeur adjoint scientifique de l'Institut des Sciences de l'Ingénieur et des Systèmes, chargé de la cellule Énergie du CNRS en disant :

« Le gaz n'est ni la panacée ni le cauchemar de la transition énergétique, mais il jouera un rôle important dans la diversification des sources d'énergie. »

Son importance est d'autant plus remarquable quand on observe sa place primordiale dans le mix énergétique à travers les centrales thermiques à flamme. En réalité, une centrale thermique à flamme est composée de trois parties : la première est la chaudière dans laquelle est brûlé le combustible qui est le gaz; la seconde est la salle des machines où est produite l'électricité; la troisième, ce sont les lignes électriques qui servent au transport de l'électricité produite.

Le gaz est donc le premier maillon et la matière première minérale indispensable à cette chaîne de production d'électricité. C'est aussi l'ultime énergie fossile non renouvelable et moins polluante qui nous conduira progressivement vers les nouveaux procédés de production d'électricité impulsés par les énergies renouvelables tels que l'hydraulique, l'éolien, le solaire ou la biomasse.

Dès lors, pour prévenir toutes les crises énergétiques qui pourraient arriver compte tenu de la population africaine et mondiale grandissante et des progrès dans les secteurs des nouvelles technologies de l'information et de communication qui utilisent également beaucoup d'énergie, les États doivent encourager l'exploration de leurs eaux maritimes et de leurs terres pour faciliter la découverte de nouveaux gisements de gaz et de pétrole en attendant la mise en place progressive et effective des énergies renouvelables dans nos habitudes énergétiques.

I.3.2 - De nouvelles découvertes de gisements de gaz et de pétrole en attendant les prémices de la transition énergétique

Bien que les gouvernements parlent et cherchent de plus en plus des alternatives au pétrole et au gaz depuis cette dernière décennie à la suite des récentes crises pétrolières de 2008 et 2014 qui se sont traduites par la hausse des prix du baril de pétrole, il est tout de même important de remarquer que le pétrole et le gaz restent toujours les matières premières énergétiques les plus utilisées dans le monde. Malgré leur pouvoir polluant décrié par toutes les organisations internationales et tous les États qui luttent contre le réchauffement climatique, le constat est que la demande de pétrole et de gaz est plus forte. Pour preuve, alors que la plupart des grands consommateurs de pétrole et de gaz tels que la France, la Chine, le Canada et le Royaume-Uni et la majorité des pays du monde se sont engagés à ratifier le traité de la COP 21 tenu en France en 2018, qui exige une baisse de la pollution induite par les hydrocarbures et l'augmentation des énergies non renouvelables moins polluantes, les États-Unis, premiers consommateurs de pétrole et de gaz du monde, ont refusé de le signer.

Ces derniers ont dédaigné ratifier cet accord mondial sur l'énergie et la pollution parce qu'ils ne sont pas encore prêts à amorcer la transition énergétique vers les énergies renouvelables dont la production, malgré les progrès de la recherche dans ce domaine, est à ce jour toujours insuffisante pour couvrir les besoins énergétiques de ce pays et du monde. De surcroît, face aux difficultés géopolitiques à trouver du pétrole et du gaz bon marché et à la localisation des plus importants gisements de pétrole et de gaz dans des zones instables et sensibles sur le plan sécuritaire, les États-Unis ont choisi récemment comme alternative temporaire devant l'urgence énergétique d'exploiter, via la fracturation hydraulique, leurs gisements de pétrole et le gaz de schiste malgré les interdictions et les effets négatifs sur l'environnement.

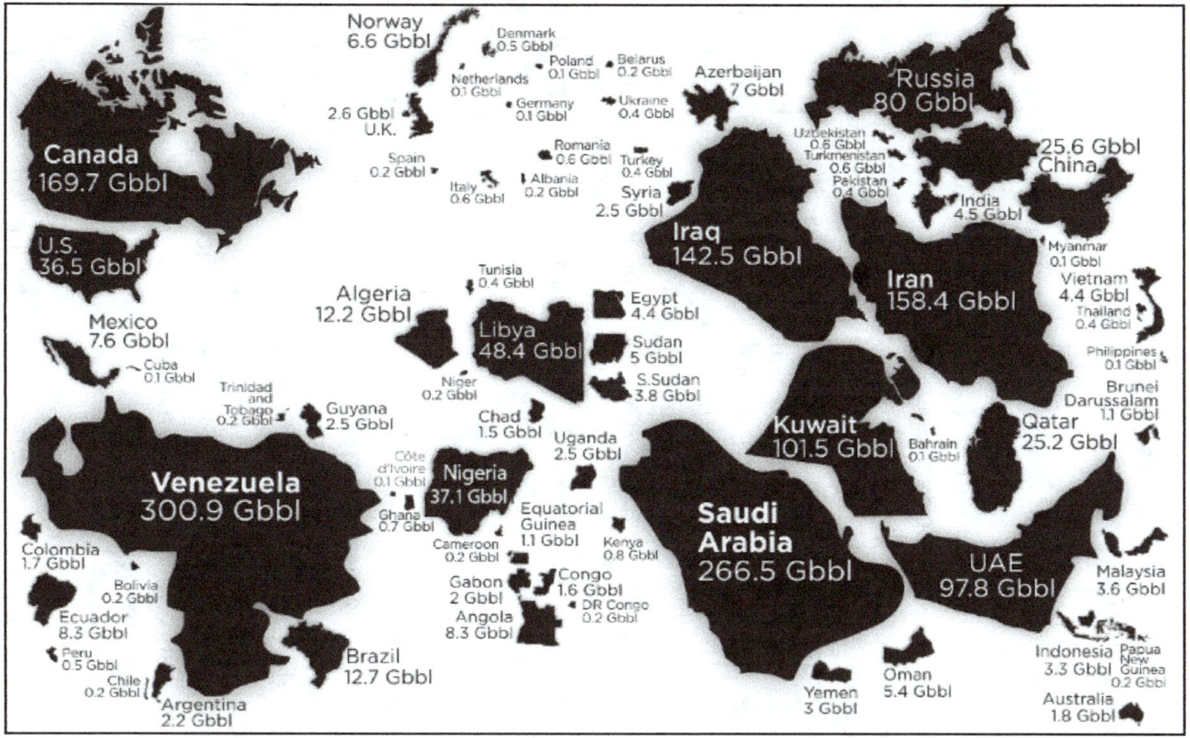

Figure 11: Réserves de pétrole brut par pays en milliards de barils
(Central Intelligency Agency, Jeff DESJARDINS, Mars 2019)

Ainsi, grâce à l'exploitation de ses hydrocarbures non conventionnels, les États-Unis sont devenus des producteurs et des exportateurs de pétrole et de gaz qui n'ont pas intérêt pour l'instant à ce que la part des énergies non renouvelables fossiles diminue à l'échelle planétaire. Je suis certain que mes propos au sujet des États-Unis surprennent plus d'une personne. Cependant, si vous vous m'avez bien lu, vous comprenez maintenant que les États-Unis font partie en ce moment des grands producteurs de pétrole et de gaz et, d'ailleurs, possèdent potentiellement dans leur sous-sol environ 36,5 milliards de barils de pétrole (Figure 11).

Cette carte pertinente de la CIA montre la répartition des réserves de pétrole brut en milliards de barils qui sont variables d'un pays ou d'un continent à un autre. L'intervalle des réserves pétrolières varie de 100 millions de barils pour des pays comme la Côte d'Ivoire, la Pologne, l'Allemagne, les Philippines, Cuba, à 300,9 milliards de barils pour le Venezuela qui a la plus grande réserve de pétrole brut à côté de l'Arabie Saoudite (266,5 milliards), du Canada (169,7 milliards), de l'Iran (158,4 milliards), de l'Iraq (142.5 milliards), du Koweït (101,5 milliards) et des Emirats Arabes Unis (97,8 milliards).

Comme vous le constatez sur cette carte, la plupart des pays qui ont les plus grandes réserves de pétrole sont dans des zones géopolitiques stratégiques, car ces territoires sont parfois redoutés et instables sur le plan sécuritaire. Ils sont parfois sous l'influence de plusieurs groupes terroristes, en proie à des guerres civiles ou sur le coup d'embargos ou de sanctions internationales alors que le monde a besoin de leurs ressources pour soutenir sa croissance économique. Voilà ainsi résumé, tout le paradoxe et tous les enjeux qui entourent les grands pays producteurs du monde. Qu'ils viennent de l'Afrique, de l'Europe, du Moyen-Orient, de l'Asie, de l'Amérique du Nord ou du Sud, la problématique est la même. Certains parlent même du fameux sort et concept de la « malédiction du pétrole » pour expliquer le destin commun rempli de guerres et de conflits géopolitiques dont sont généralement victimes les pays producteurs de pétrole. C'est le cas actuellement du Venezuela en Amérique du Sud et de la Libye en Afrique du Nord. Et l'Iran pourrait y passer également dans les années à venir comme ce fut le cas pour l'Iraq, le Koweït, le Nigéria et j'en passe. La liste est longue.

Face à la difficulté qu'ont les pays occidentaux pour accéder aux ressources pétrolières et gazières des pays du Moyen-Orient et de l'Amérique du Sud qui sont très nationalistes et conservateurs, aujourd'hui *l'Afrique est l'ultime réserve pétrolière du monde face à la transition énergétique* future d'autant plus que ses eaux et ses terres n'ont pas été suffisamment explorées et exploitées. Cela veut dire que son potentiel en hydrocarbures pourrait être réellement plus important que les statistiques actuelles. D'ailleurs, alors que la plupart des réserves pétrolières s'épuisent ou sont de plus en plus rares dans le monde, en 2018 plusieurs gisements ont été mis en évidence en Afrique grâce à l'exploration, notamment, au Niger, au Gabon, en Égypte et au Maroc.

En effet, le 23 avril 2018, la société indépendante britannique Savannah Petroleum a annoncé, à travers un communiqué, la découverte d'un nouveau gisement de pétrole et de gaz dans le Sud-Est du Niger grâce au puits Bushiya-1 localisé dans l'onshore du bassin d'Agadem, précisément dans la zone R3 du contrat de partage de production R3/R4 (Figure 12). Démarré le 31 mars 2018, ce puits profond de 2200 mètres a rencontré un réservoir de grès d'environ 10 mètres contenant une huile légère et de bonne qualité sur deux intervalles de 3 mètres et de 7 mètres. Selon Steve JENKINS, l'un des dirigeants de Savannah, ce gisement a un grand potentiel et aura un bon rendement, car il a une géologie semblable à celle des gisements découverts dans la région voisine d'Agadem, opérés par la multinationale CNPC qui en extrait 20 000 barils par jour. Il a d'ailleurs montré son optimisme sur la richesse en hydrocarbures de cette zone désertique de l'Afrique en disant ceci :

« La découverte du pétrole léger de Bushiya-1est une étape importante pour Savannah et notre projet au Niger… En tant que géologue, je suis très encouragé par le fait que le puits apporte une validation supplémentaire à notre thèse origine selon laquelle cette zone regorge d'un fort potentiel, étant donné que des portions importantes de la superficie de Savannah ont une géologie similaire à celle de la région avoisinante d'Agadem où la joint-venture dirigée par la China National Petroleum Corporation (CNPC) a rencontré du succès. »

Cette nouvelle a été aussi bien accueillie par les autorités nigériennes qui n'ont pas manqué de le faire savoir à travers une déclaration faite par monsieur Foumakoye GADO, ministre nigérien de l'Énergie et du Pétrole :

« Nous sommes donc ravis que le puits Bushiya-1 ait fait l'objet de découverte de pétrole… Nous sommes donc impatients de travailler en étroite collaboration avec Savannah et d'autres parties prenantes pour aider à la commercialisation du pétrole de Bushiya et de tout autre découverte supplémentaire faite par les sociétés au cours des prochaines années. Nous espérons et nous nous attendons à ce que Bushiya-1 soit le premier de nombreux succès de forage pour Savannah au Niger. »

Comme si c'était la saison du Niger pour révéler tout le potentiel pétrolier après ses importantes réserves d'uranium, la société britannique a également mis en évidence un autre gisement de pétrole dans le bassin d'Agadem grâce à son deuxième puits dénommé Amdigh-1 dans le contrat de partage R3/R4. Démarré le 6 mai 2018, ce puits a atteint une profondeur de 2469 mètres en 24 jours et rencontré un réservoir de grès contenant des hydrocarbures sur environ 22 mètres dans l'Eocène. C'est également une huile légère et de bonne qualité. Cette énième découverte montre que le Niger n'est pas un pays banal bien qu'étant dans le désert. C'est un pays riche en matière première minérale. C'est la raison majeure pour laquelle, le Niger est convoité par les multinationales pétrolières et minières, les pays développés qui ont besoin de minerais pour amplifier leur développement, mais aussi les groupes terroristes qui sont à la recherche permanente de bases arrières et de zones de non droit pour continuer leurs trafics illégaux et préparer leurs conquêtes de territoire en toute discrétion dans ces vastes étendues désertiques parfois incontrôlables du Niger. Évidemment, cette deuxième découverte a été également saluée par monsieur Andrew SNOTT, président directeur général de Savannah Petroleum à travers les propos suivants :

« Les deux dernières découvertes de nos deux premiers puits d'exploration sont clairement encourageantes pour l'avenir de nos projets au Niger… Je profite de l'occasion pour remercier une fois de plus nos partenaires communautaires et gouvernementaux ainsi que nos équipes d'exploitation et de sous-surface et nos partenaires du secteur pétrolier pour le travail et le soutien que la société a reçu pour atteindre ce stade. »

Ensuite, une troisième découverte a été faite dans le puits Kunama-1. À cette dernière a succédé, une quatrième découverte via le puits Eridal-1 toujours sur le contrat de partage de production R3/R4. Ce puits a atteint 2542 mètres et mis en évidence un réservoir pétrolier sur une colonne d'environ 13,6 mètres dans du grès de l'Eocène. Sans trop de temps de latence, en octobre 2018, Savannah a fait sa cinquième découverte dans ce même bloc pétrolier à travers le puits Zomo-1 qui a rencontré une colonne de grès imprégnée d'hydrocarbures sur environ 5,4 mètres.

Toutes ces découvertes sont la preuve que le Niger est en passe de devenir un pays pétrolier qui aura son mot à dire sur l'échiquier africain et international si l'exploration de son sous-sol continue et s'intensifie, car c'est un pays riche en matières premières minérales et énergétiques.

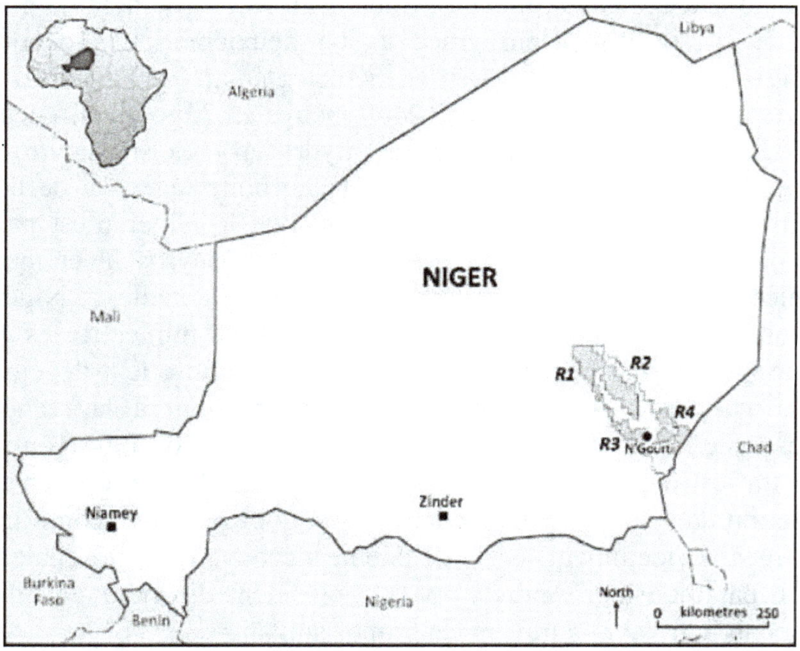

Figure 12: Gisement de pétrole découvert dans le bloc R3 du contrat de partage de production R3/R4 du bassin d'Agadem au Sud-Est du Niger par le puits Bushiya-1 de la société Savannah (Agence Ecofin, 23 avril 2018)

À l'instar du Niger, le Gabon fait partie des pays qui ont connu la joie de découvrir de nouveaux réservoirs de pétrole en 2018. À travers un communiqué de presse publié le 9 avril 2018, la compagnie BW Offshore a annoncé la découverte d'une longue colonne saturée de pétrole grâce à son puits de production horizontal dénommé DTM-2. C'est la première découverte de pétrole dans le champ Tortue. En vérité, le champ Tortue est l'un des quatre gisements de pétrole découverts dans la zone d'exploitation exclusive de Dussafu à savoir, les champs Ruche, Moubenga et Walt Whitmat (Figure 13). BW Energy Gabon, une filiale du BW Offshore possède 91,67% des parts du contrat de partage de production du permis Dussafu tandis que son associé, Panoro Energy détient 8,33% des parts restantes. À la suite de DTM-2, le puits DTM-3 a également rencontré une colonne d'huile, ce qui constitue une source d'information supplémentaire pour évaluer le potentiel des réservoirs de Gamba et de Dentale localisés dans la zone Nord-Ouest de Tortue. Aujourd'hui, grâce aux puits horizontaux DTM-2H et DTM-3H, la phase 1 de développement du champ Tortue permet de produire environ 12 500 barils de pétrole par jour.

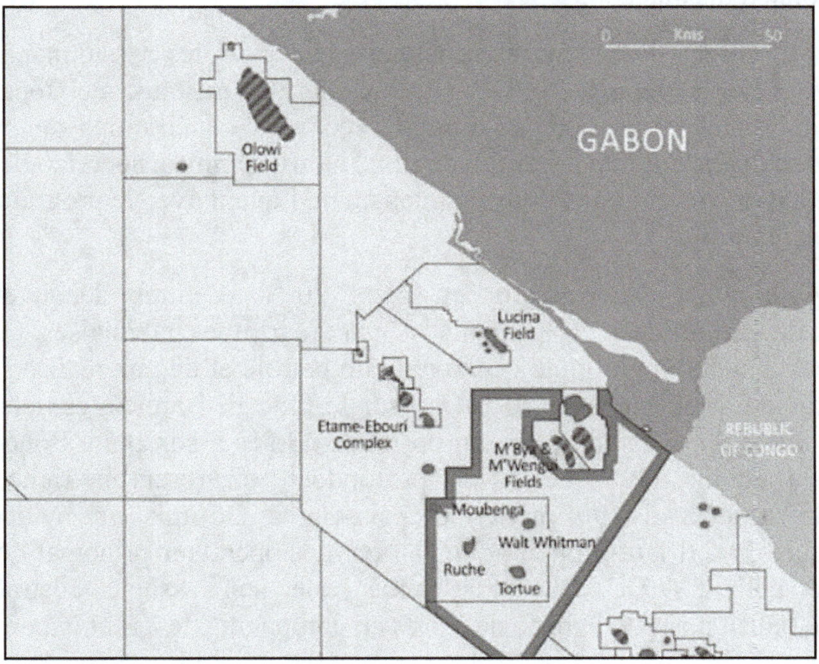

Figure 13: Gisements de pétrole et de gaz du permis Dussafu au Gabon comportant les champs Ruche, Tortue, Moubenga et Walt Whitman (Agence Ecofin, 23 avril 2018)

Avec ses quatre champs pétroliers, tous les experts disaient unanimement que le permis Dussafu avait un grand potentiel pétrolier et concentrait tous les espoirs de la relance de la production pétrolière du Gabon qui était l'une des premières d'Afrique il y a quelques décennies. Cependant, il fallait vérifier et confirmer ces affirmations qui restaient des suppositions tant que des forages d'évaluation et de production n'étaient pas effectués pour quantifier les gisements et les réserves de ce permis. C'est dans ce cadre que le 31 août 2018, le puits Ruche Nord-Est (DRNEM-1) (Figure 13) va rencontrer deux réservoirs de pétrole de bonne qualité sur le contrat de partage Dussafu, ce qui permettra justement d'attester l'énorme potentiel pétrolier des couches géologiques pré-salifères de Gamba et de Dentale. Le premier réservoir a été identifié sur environ 15 mètres dans la formation géologique de Gamba tandis que le deuxième a été localisé sur environ 25 mètres dans la formation géologique de Dentale. Cette énième découverte a réjoui monsieur John HAMILTON, président directeur général de PANORO qui n'a pas manqué d'exprimer sa joie en disant ceci :

« Il s'agit d'une autre découverte de pétrole passionnante à Dussafu, où depuis 2011, nous avons eu un taux de réussite exceptionnel en matière de forage avec neuf pénétrations de puits consécutives pour trouver du pétrole. Nous sommes heureux de ce résultat positif et nous allons maintenant de l'avant avec le programme d'évaluation. »

À la suite de Dussafu, en mars 2018, d'autres découvertes d'hydrocarbures ont eu lieu dans les eaux maritimes gabonaises. C'est le cas de cette importante découverte de pétrole et de gaz réalisée par la société Malaisienne PETRONAS, sur le bloc F14 appelé également « Likualé » qui est situé en eau profonde. Grâce à son puits Boudji-1 qui a atteint 2800 mètres de profondeur, un réservoir riche en hydrocarbures de 90 mètres d'épaisseur a été mis en évidence (Figure 14). Il faut rappeler que PETRONAS, opérateur principal de ce bloc détient 70% des parts tandis que son associé australien WOODSIDE possède le reste des parts en compagnie de l'État gabonais.

En somme, en 2018, c'est un potentiel de plus de 200 millions de barils de pétrole qui a été découvert au large du Gabon au point que ce pays a été classé le 17 septembre 2018 par le cabinet norvégien Rystad

Energy comme le neuvième des 10 premiers pays du monde qui ont fait les plus importantes découvertes de pétrole en 2018. Voici, une preuve supplémentaire qui montre qu'en dépit de la rareté des découvertes de nouveaux gisements de pétrole et de gaz dans le monde, l'Afrique est l'ultime réserve pétrolière du monde face à la montée en puissance des énergies renouvelables. Là où plusieurs pariaient la déchéance certaine de la production pétrolière du Gabon, comme c'est le cas pour plusieurs pays producteurs africains, de nouvelles découvertes de gisements d'hydrocarbures refont surface pour dire que le potentiel pétrolier de ce continent est loin de tarir et réserve d'autres surprises si l'exploration de ses eaux maritimes et de ses terres continue.

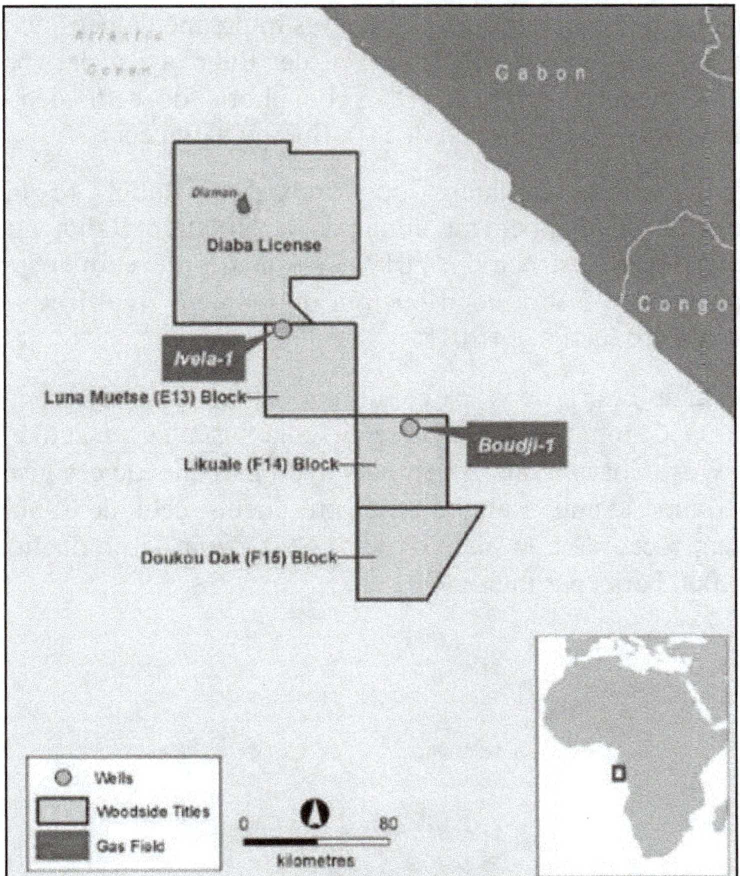

Figure 14: Gisements de pétrole et de gaz du bloc Likuale ou F14 mis en évidence par le puits Boudji-1 au Gabon (Agence Ecofin, 23 avril 2018)

Heureusement, l'Afrique subsaharienne n'est pas la seule à avoir connu la joie et les grandes perspectives de développement que procure la découverte d'un gisement de pétrole et de gaz.

En 2018, l'Afrique du Nord a également enregistré de nouvelles découvertes alors que cette partie de l'Afrique est déjà réputée comme une grande région pétrolière avec ses grands bassins sédimentaires désertiques et sa grande zone maritime méditerranéenne. Cet exploit vient de la compagnie pétrolière britannique SDX Énergie qui a découvert un gisement de pétrole et de gaz léger sur le permis onshore West Gharib en Égypte, dans le golfe de Suez, grâce à son puits Rabul 4 qui a atteint 1732,5 mètres (Figure 15). Ce dernier a servi à mettre en évidence un réservoir de 14,19 mètres imprégné de pétrole dans les formations géologiques de Yusr et de Bakr avec des porosités moyennes évaluées à 16%. Dans l'euphorie de cette découverte, monsieur Paul WELCH, patron de SDX Energy a dit ceci :

« Nous sommes satisfaits du résultat de Rabul 4 qui vient compléter le développement initial de la structure Rabul que nous avons découverte en octobre 2017. Les quatre puits forés à ce jour dans la structure Rabul contribueront de manière significative à nos volumes de production en 2018. »

Il a tenu ces propos parce qu'une usine de traitement et de production dénommée MESEDA était déjà installée et active sur le permis West Gharib pour extraire les hydrocarbures de ces gisements. Ainsi, comme le puits Rabul 5 et ses précédents, celui de Rabul 4 sera également raccordé à la plateforme MESEDA dont la production avait atteint 2000 barils par jour en 2018.

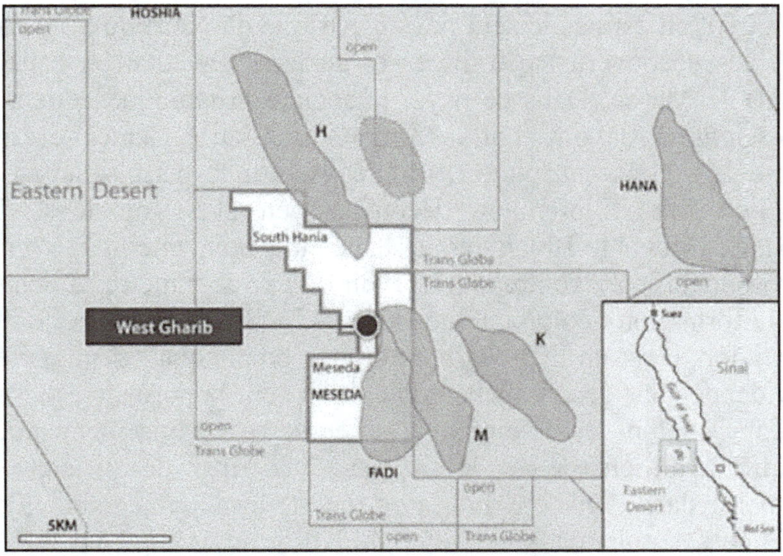

Figure 15: Gisement de gaz du permis onshore West Gharib découvert par le puits Rabul 4 dans le golfe de Suez en Égypte (Agence Ecofin, 23 avril 2018)

Il est bien de rappeler que SDX Energy détient 50% des parts du permis West Gharib et est à ce titre, l'opérateur exclusif de cette concession.

Toujours en Égypte, en l'espace de quelques semaines, SDX Energy a aussi fait la découverte d'un deuxième gisement gazier sur le permis South Disouq via son puits Yunus-1X qui a débuté le 26 mars 2018. Ce puits qui a atteint une profondeur de 2992,44 mètres a croisé un réservoir d'hydrocarbures de 33,26 mètres d'épaisseur dans la formation géologique d'Abu Madi avec une porosité moyenne de 28,5%. Les résultats de cette campagne de forage ont dépassé les attentes des administrateurs de la compagnie, c'est pourquoi monsieur Paul WELCH a fait la déclaration suivante :

« Nous sommes extrêmement encouragés par la découverte d'aujourd'hui, notre deuxième découverte consécutive à South Disouq. Ce résultat de forage très positif démontre davantage l'important potentiel gazier que détient le permis. Ensemble, ces deux puits réussis confirment notre point de vue sur la géologie du sous-sol et démontrent que nous sommes sur la bonne voie pour réaliser le plein potentiel de la licence. »

L'Égypte n'est pas le seul pays d'Afrique du Nord où SDX Energy a fait des découvertes pétrolières et gazières en 2018. À cette liste s'ajoute le Maroc. Dans ce pays, la société britannique détient trois concessions à savoir, Lalla Mimouma, Gharb Center et Sebou (Figure 16). Grâce au puits ONZ-7 réalisé sur le permis Sebou, SDX Energy a fait sa première découverte en 2018 sur le territoire marocain. Débuté le 18 janvier 2018, ce puits qui a atteint 1167 mètres de profondeur, a rencontré un réservoir de gaz de 5 mètres d'épaisseur dans la formation géologique de Hoot. Selon les données de forage et de pression, c'est un hydrocarbure de très bonne qualité qui a été mis en évidence dans cette couche géologique dont la porosité est estimée à 35,5%. Selon les évaluations effectuées, ce gisement pourrait produire 3 millions de m^3 de gaz par jour. Ainsi, devant cette belle découverte dans l'onshore du Maroc et cette formidable dynamique de succès de ses puits dans l'Afrique du Nord, monsieur Paul WELCH a encore fait les éloges de la compétence et des performances de son entreprise en affirmant ceci :

« Nous sommes heureux de pouvoir annoncer une autre découverte, la quatrième sur les cinq puits forés à ce jour dans notre campagne de neuf puits au Maroc. Pour ce puits, nous avons utilisé nos propres données sismiques 3D à haute résolution comme nous l'avons fait pour les autres puits à succès et comme nous le ferons pour le reste de la campagne. »

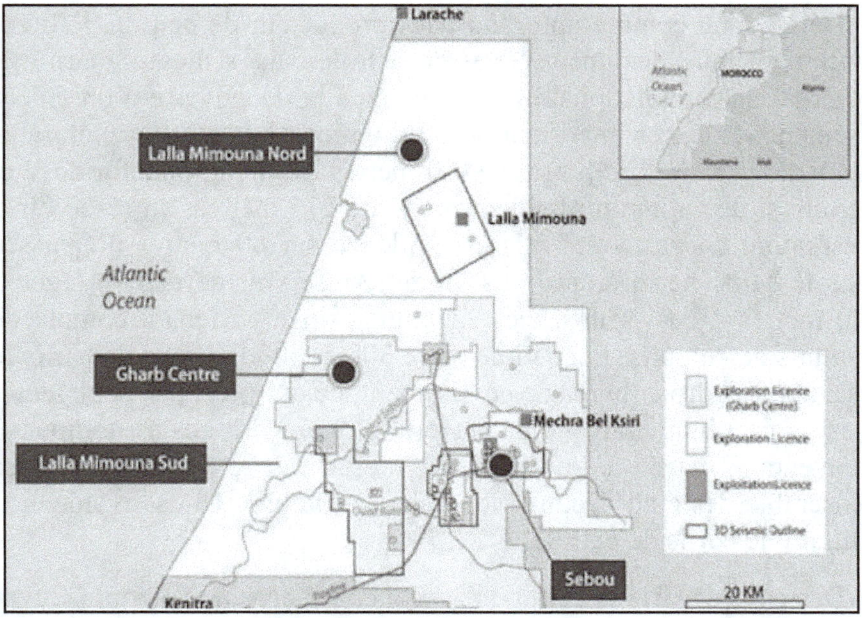

Figure 16: Gisements de gaz des permis onshore Lalla Minouma, Sebou et Gharb Centre découverts respectivement par les puits LNB-1 et ONZ-1 au Maroc (Agence Ecofin, 23 avril 2018)

Sur le permis de Lalla Minouma, le puits LBN-1 entamé en avril 2018 et qui a atteint 1861 mètres de profondeur, a rencontré deux réservoirs d'hydrocarbures respectivement dans les séquences géologiques de Lafkerena et de l'Upper Dlalha. Premièrement, ce puits a rencontré une colonne de 300 mètres d'épaisseur imprégnée de gaz dans la séquence géologique de Lafkerena avec des porosités alternant entre 20 et 50% selon les sections de couches géologiques traversées. Le gaz mis en évidence a des propriétés exceptionnelles, car il est constitué de composants hydrocarbonés plus lourds que ceux trouvés dans les gaz découverts par SDX Energy sur ses autres permis depuis le début de sa campagne. Cette différence de composition permet à SDX Energy de conclure que ce puits a conduit à la découverte d'un nouveau système pétrolier dans cette partie de l'Afrique de Nord. Selon les estimations de SDX Energy, le volume de gaz présent pourrait atteindre jusqu'à 55 000 barils à condensats. Deuxièmement, le puits LBN-1 a traversé un réservoir sableux de 2,6 mètres d'épaisseur dans la séquence de l'Upper Dlalha avec une porosité de 33%.

Déjà connu comme un grand pays producteur de pétrole, l'Angola continue à faire des découvertes de pétrole dans ses eaux maritimes. En 2019, la multinationale Eni a annoncé la découverte d'un énième gisement sur le très important bloc 15. Grâce à son puits d'exploration Agidigbo-1 NFW foré jusqu'à 3800 mètres depuis la plateforme West Gemini située à une profondeur d'eau de 275 mètres, un réservoir de grès saturé de gaz a été mis en évidence sur 60 mètres d'épaisseur dans le Miocène inférieur puis un autre réservoir de pétrole léger de 100 mètres d'épaisseur a été rencontré. Ainsi, en tenant compte des résultats de ce puits, Eni estime entre 300 et 400 millions de barils les réserves d'hydrocarbures de ce gisement, ce qui n'est pas négligeable. Il est vrai qu'une nouvelle découverte d'hydrocarbures est toujours la bienvenue, mais cette dernière n'est pas exceptionnelle, car l'ensemble des cinq découvertes faites sur le bloc 15 est évalué à 1,8 milliard de barils de pétrole.

Des pays d'Afrique comme l'Angola, le Maroc, le Gabon, l'Égypte et le Niger qui ont fait des découvertes de gisements de pétrole et de gaz en 2018 et 2019 sont nombreux au point que je ne peux tous les citer dans cet ouvrage sans vous lasser. Cependant, j'ai tenu à en parler brièvement pour vous donner un aperçu du surprenant potentiel pétrolier et gazier de l'Afrique qui est loin de nous avoir montré et révélé tous ses secrets.

Bien que l'Afrique soit déjà connue comme un continent riche en matières premières minérales énergétiques depuis plusieurs décennies, les multinationales continuent à faire des découvertes pétrolières chaque mois sur ses territoires; cela veut dire que le potentiel en hydrocarbures de ce continent est beaucoup plus important que les estimations faites par les compagnies d'exploration. De surcroît, comme je l'avais déjà mentionné et démontré dans mon précédent livre, contrairement aux autres continents de la Terre, l'Afrique est le territoire qui a été le moins exploré au niveau de ses ressources minières et pétrolières.

Dès lors, si je peux m'exprimer ainsi, grossièrement, l'Afrique est un continent encore vierge, car ses zones potentiellement riches en matières premières minérales, qui n'ont pas été explorées ou foulées par les géophysiciens et les géologues, sont plus nombreuses que celles déjà découvertes qui constituent l'essentiel des productions pétrolières et minières des pays africains. Ce continent a donc besoin de plus de campagnes d'exploration pour la découverte de matières premières minérales dans ses pays et ses territoires pour soutenir sa croissance économique et démographique à venir en sachant que malheureusement toutes les découvertes de ressources minières et pétrolières attirent très souvent des conflits dans les pays sous-développés où elles sont effectuées.

I.3.3 - L'Afrique a besoin de plus d'énergie que de conflits et de guerres pour soutenir sa forte croissance économique et démographique

Comme je le mentionnais à la fin du chapitre précédent, ce n'est désormais un secret pour personne, la découverte de ressources minières stratégiques sur un territoire attire très souvent et curieusement des conflits, voire même des guerres dans les pays, dans les régions et dans les zones où les gisements de ces matières premières minérales ont été trouvés. Les exemples sont multiples, car beaucoup de pays africains, du Moyen-Orient ou encore de l'Amérique latine, potentiellement riches en pétrole ont vécu ou sont encore dans le feu de ces conflits et de ces guerres qui sont en vérité motivés et attisés par le contrôle de cette ressource minérale énergétique. C'est ce que certains appellent la *malédiction du pétrole*. En considérant, la carte des pays du monde qui ont les plus importantes réserves de pétrole brut (Figure 11) que je vous ai présentée dans les paragraphes précédents, vous remarquerez que la plupart des pays d'Afrique (Nigéria, Libye, Soudan, Kenya, Congo-Brazzaville, République Démocratique du Congo, Soudan, Angola, Niger, Tchad, Côte d'Ivoire, Ouganda, Algérie, Tunisie, Égypte, Niger, Somalie, République centrafricaine…), de l'Amérique latine (Venezuela, Mexique, Cuba…) et du Moyen-Orient (Irak, Iran, Koweït, Afghanistan, Syrie…) concernés connaissent actuellement ou ont aussi connu des périodes de troubles et de guerres. Et quand même certains de ces pays n'ont pas encore été frappés par cette malédiction, ils sont sur la liste des prochaines victimes du fait de leur richesse minière comme si en posséder suffisamment était un mal nécessaire dont on ne peut échapper. En 2017, les zones du monde qui ont enregistré le plus grand nombre de conflits et de guerres avec inévitablement le plus important nombre de morts, plus de 33 000, sont également des zones, des régions ou des pays riches en matières premières minérales stratégiques, notamment, en pétrole, en gaz, en or, en diamant, en métaux technologiques (coltan, cobalt, lithium…) (Figure 17).

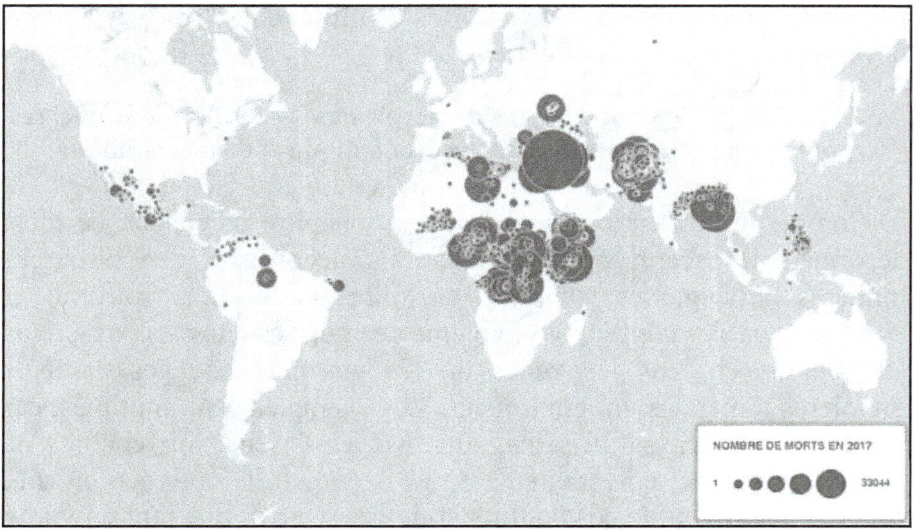

Figure 17: Nombre de morts dans des affrontements en 2017 (Radio-Canada, Uppsala Conflict Data Program, 3 juillet 2018)

Cette affirmation se confirme en analysant cette carte publiée par Radio-Canada. Sur cette dernière, vous constatez que l'Afrique, le Moyen-Orient, l'Amérique latine et l'Asie du Sud sont les parties du monde qui ont subi le plus grand nombre de morts en 2017. Depuis plusieurs décennies l'Afrique et le Moyen-Orient sont les régions les plus touchées par des affrontements armés. Cela veut dire que ces conflits sont récurrents et très meurtriers et qu'aucun pays au monde ou aucun dirigeant de la planète ne peut souhaiter que son peuple vive au rythme des guerres qui ne sont pas des projets de société aboutissant au développement et au bien-être des populations. Ces guerres qu'ils subissent ne sont donc pas leurs choix, mais leurs supplices. C'est une énième preuve qui montre que ces conflits ne sont dus au hasard. Aussi, si ce sont toujours les mêmes régions (Afrique et Moyen-Orient) qui sont l'objet de crises avec des milliers de morts en conséquence, cela veut dire que ces parties du monde possèdent des ressources convoitées par le reste du monde ou conservent et protègent jalousement des richesses minières soupçonnées qui attirent malheureusement des conflits sociaux, des guerres civiles, des guerres froides ou des incidents diplomatiques ou internationaux comme les montrent les figures 11 et 17. D'ailleurs, depuis 1989, l'Afrique et le Moyen-Orient ont enregistré respectivement 738 770 et 502 342 morts dans des conflits opposant des groupes armés (Figure 18).

Figure 18: Nombre de morts et régions affectées par les conflits depuis 1989 à l'exclusion du génocide rwandais (Radio-Canada, Uppsala Conflict Data Program, 3 juillet 2018)

Dans ces statistiques, le génocide rwandais du 7 avril au 17 juillet 2014 encore appelé génocide des Tutsis, avec près d'un million de morts selon les autorités rwandaises ou 800 000 morts selon l'ONU, survenu en seulement trois mois et la récente guerre très meurtrière en Syrie ne sont pas comptabilisés compte tenu de la difficulté à obtenir des informations précises sur les guerres syrienne et rwandaise.

Cependant, les deux pics observés sur la figure 19 sont dus à des guerres qui ont eu lieu en Afrique et au Moyen-Orient respectivement lors du génocide rwandais en 2014 et depuis le début du conflit syrien en 2012 auquel s'ajoutent ceux d'Irak et de l'Afghanistan qui ont atteint un niveau de violence sans précédent depuis 2014 jusqu'en 2017.

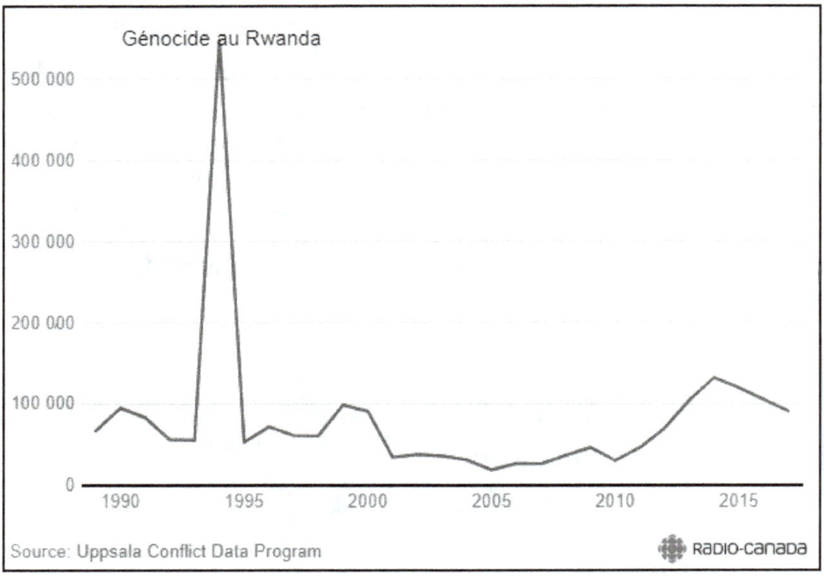

Figure 19: Nombre de morts dans des conflits de 1989 à 2017 avec un pic majeur lors du génocide rwandais de 1994 (Radio-Canada, Uppsala Conflict Data Program, 3 juillet 2018)

Les guerres en Syrie, en Irak et en Afghanistan sont à la base de plus de deux tiers des morts liés aux conflits en 2017 (Figure 20). Je rappelle encore une fois que les raisons réelles qui ont motivé ces guerres dans ces pays du Moyen-Orient sont indirectement le contrôle de leurs gigantesques réserves pétrolières (Figure 11) qui font partie des plus importantes du monde. Après ceux du Moyen-Orient, les guerres les plus meurtrières avec au moins 1000 morts en 2017 ont eu lieu en Afrique, mais pas dans des pays quelconques de ce continent. Les pays africains qui ont subi ces atrocités sont la République démocratique du Congo, le Nigéria, la Somalie et la République centrafricaine. De même, je tiens à rappeler que ces pays africains cités sont également riches en matières premières minérales. Tout comme la République Démocratique du Congo qui est qualifiée de pays de scandale géologique, la République centrafricaine est un pays immensément riche en ressources minières. Dans mon livre précédent, j'ai publié une carte des gîtes miniers de ce pays qui atteste mes propos. Également, le Nigéria et la Somalie sont de grands producteurs de pétrole. En faisant une recherche sur les zones de conflits dans ces pays africains, le constat est le même. En vérité, tous ces conflits sont concentrés dans leurs régions minières et pétrolières, c'est-à-dire dans les zones de production des matières premières minérales stratégiques pour les États du monde d'où l'enlisement permanent et régulier de ces régions d'Afrique dans la violence et des conflits d'intérêts. Malheureusement, ce sont les populations africaines innocentes à la base et ignorantes qui en pâtissent et en sont les plus grandes victimes.

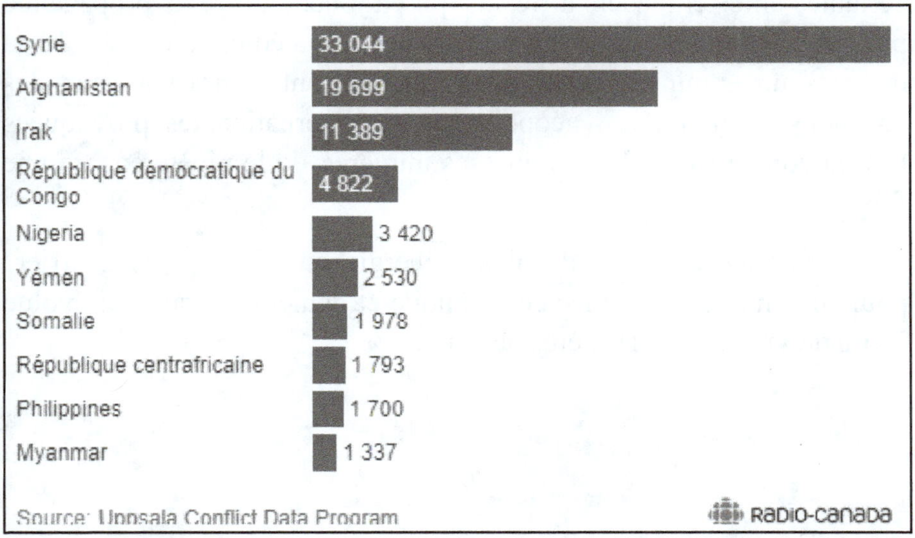

Figure 20 : Les conflits les plus meurtriers en 2017
(Radio-Canada, Uppsala Conflict Data Program, 3 juillet 2018)

Plutôt que d'avoir à gérer constamment des règlements de conflits qui sont budgétivores, l'Afrique a besoin d'utiliser les revenus issus de l'exploitation de ses ressources minières pour augmenter ses capacités de production d'énergie. En clair, l'Afrique a plus besoin d'énergie pour soutenir sa croissance économique et énergétique que de conflits qui retardent son développement et accroissent le poids de ses dettes intérieures et extérieures en cherchant à repartir de zéro après chaque guerre ou conflit dévastateur. Cela n'est pas assez dit par les économistes, mais il faut savoir que la plupart des pays qui sortent des guerres, compte tenu d'un système économique démantelé de ce fait, ont toujours recours à un endettement excessif pour renaître des cendres, ce qui biaise parfois leur relance économique sur le long terme et handicape à la racine l'avenir et l'épanouissement des futures générations de la plupart de ces pays qui sortent d'une crise. Et quand le même phénomène se produit plusieurs fois en une décennie, il est très difficile pour ces pays de revenir dans la course. C'est le cas malheureusement de beaucoup de pays africains qui sont constamment dans des conflits inutiles par l'ignorance de leurs populations liée parfois à l'analphabétisme du plus grand nombre, l'irresponsabilité de certaines élites et leaders africains qui en jouent à titre de propagande politique et surtout, par le fait de la fameuse malédiction du pétrole ou des ressources minières en général dont ils sont victimes à cause des pressions économiques, géopolitiques et internationales provoquées par la convoitise de leurs richesses minières. Je le répète encore une fois :

« L'Afrique a besoin de plus d'énergie que de conflits guerriers pour soutenir sa croissance économique et démographique qui évolue à grande vitesse ces dernières décennies. »

CHAPITRE II
L'ÉNERGIE, UNE RESSOURCE INDISPENSABLE ET VITALE POUR LA VIE SUR TERRE

Les matières premières prennent de la valeur pour les économies des États et attirent la convoitise des investisseurs pour leur utilité dans la société après avoir subi une transformation de leur état brut à un produit fini. Ainsi, une fève de cacao qui n'a pas été transformée en chocolat n'atteindra pas sa valeur de vente la plus élevée sur le marché. Un minerai de coltan qui n'a pas été métamorphosé en composant électronique d'un smartphone n'aura pas atteint l'objectif pour lequel il est fortement recherché. Tant que l'or brut extrait de la boue ne sera pas passé par le feu et transformé en lingot d'or pour servir de réserve dans les coffres-forts des banques, il n'aura pas tant de prestige. De même, si le diamant brut n'est pas taillé délicatement et soigneusement pour embellir et donner de l'éclat aux bijoux et aux colliers de collection, il ne sera pas tant prisé. De même, si la bauxite n'est pas transformée en aluminium, nous ne serions pas les passagers des belles berlines et des voitures de Mercedes ou d'Audi que ce métal a contribué à fabriquer. Il en est de même pour le pétrole, le gaz, l'uranium ou le charbon qui, s'ils ne sont pas convertis en énergie, ne pourront servir de carburants pour le déplacement des voitures ou de combustibles pour produire de l'électricité. C'est parce que l'énergie a été de tout temps au centre des préoccupations des hommes et un élément incontournable et indispensable aux activités et à la vie des hommes sur la Terre qu'il est au cœur de ce livre et sera l'objet principal de ce chapitre.

II.1 - Qu'est-ce que l'énergie ?

Par définition, l'énergie est une grandeur physique utile à la réalisation d'un travail ou d'une tâche (mécanique, chimique…). L'énergie désigne également la capacité à agir pour mettre en mouvement, pour chauffer, pour comprimer, pour éclairer, pour sonoriser, pour transmettre une information, etc. À considérer tous ces effets, l'énergie est donc au centre de toutes les actions des hommes sur la Terre.

Dans le système international, c'est-à-dire, dans le milieu scientifique à l'échelle universelle, notamment, en science thermodynamique, l'unité de mesure de l'énergie est le *joule*.

Cependant, l'unité de mesure de l'énergie utilisée au quotidien par la plupart des personnes est le kilowattheure (kWh) qui équivaut à 1000 Watts/heure, c'est-à-dire, la consommation d'énergie d'un appareil électrique de 1000 watts fonctionnant pendant 1 heure ou d'un autre de 100 watts employé pendant 10 heures.

C'est le lieu de faire la différence entre l'*énergie totale* et l'*énergie libre* pour intégrer les notions de « *consommation ou de consommateur d'énergie* » sans lesquelles ce livre n'aurait pas de raison d'être écrit.

En effet, dans le monde scientifique et surtout, dans la thermodynamique qui est la science de la chaleur et des machines thermiques ou des grands systèmes en équilibre, son principe premier, qui a fait l'objet de démonstration, dit :

« Au cours d'une transformation quelconque d'un système fermé, la variation de son énergie est égale à la quantité d'énergie échangée avec le milieu extérieur, par transfert thermique (chaleur) et transfert mécanique (travail).»

En d'autres termes plus compréhensibles pour tous, cela veut dire que dans un système isolé comme notre univers, l'énergie totale est toujours conservée sans qu'il y ait une consommation ou une perte d'énergie. C'est donc de ce principe purement scientifique que vient la notion d'énergie totale qui exclut toute forme de perte ou de consommation d'énergie.

J'ai tenu à en parler à ce stade du livre pour éviter de semer des confusions dans votre esprit quand je parlerai d'énergie et de consommation d'énergie. Chaque fois que j'emploierai ces termes, je ferai évidemment référence à l'*énergie libre* ou encore l'*énergie utilisable par l'homme* qui est une partie de l'énergie totale qui peut être consommée.

Au fur et à mesure que l'homme traversait les siècles et les années, il a découvert les différentes sources et formes d'énergie qu'il a plus ou moins utilisées selon son niveau de connaissance et en fonction de ses besoins d'énergie d'hier qui n'étaient pas aussi importants que ceux d'aujourd'hui. Dans l'antiquité ou dans les époques préhistoriques, il n'y avait pas de voiture, d'avion, d'appareil électroménager, de téléphone, d'usine et autant d'habitants sur la Terre comme c'est le cas aujourd'hui où les besoins d'énergie ont explosé à cause de la croissance des activités humaines et industrielles.

Le chemin de l'homme avec l'énergie au cours du temps s'est fait par étape. Il y a 500 000 années, l'homme n'utilisait que sa propre énergie comme énergie libre de référence puisqu'il n'avait pas encore découvert les autres sources et formes d'énergie. Ensuite, l'homme a découvert le feu, une énergie qu'il utilisait pour cuire, chauffer, éclairer, fondre et travailler les métaux pour confectionner des armes de chasse. La maîtrise du feu était le premier véritable pas de l'homme vers l'exploration des différentes sources et formes d'énergie. Après cela, l'homme a dompté les animaux en utilisant leur énergie mécanique pour l'agriculture, pour se déplacer grâce aux chameaux, aux chevaux. Il s'agit de l'énergie de l'animal domestiqué. Finalement, dans notre époque, l'homme a découvert les autres sources et formes d'énergie.

L'énergie est au centre de tous les domaines d'activité et possède une diversité d'unités de mesure adaptées à chacun d'eux selon qu'il s'agit du secteur économique, militaire, industriel, scientifique, de la médecine diététique, etc. Au-delà du joule qui est l'unité de mesure de référence de l'énergie dans le système international (SI), selon le domaine d'activité, cette grandeur physique se mesure également en électronvolt (eV), en erg (erg), en calorie (cal), en Calorie (Kcal), en British Thermal Unit (BTU), en Kilowattheure (kWh), en tonne d'équivalent pétrole (tep), en tonne d'équivalent carbone (tec), etc.

L'électronvolt (eV) est l'énergie cinétique acquise par un électron accéléré par une différence de potentiel d'un volt. En d'autres termes, cette unité de mesure correspond à l'ordre de grandeur de l'énergie d'un électron dans un atome. C'est l'unité de mesure des physiciens, notamment, en mécanique quantique ou en atomistique. Par correspondance, 1 eV = $1{,}602.10^{-19}$ J.

L'erg (erg) est l'unité de mesure de l'énergie dans le système CSG (avec le centimètre, la seconde et le gramme comme unités de base) contrairement au joule qui est l'unité de mesure dans le système international (SI) sachant que 1 erg = 10^{-7} J.

La calorie (cal) est l'unité de mesure de l'énergie traduisant la quantité de chaleur nécessaire pour augmenter d'un degré Celsius la température d'un kilogramme d'eau. De façon précise, c'est la quantité de chaleur nécessaire pour faire passer un gramme d'eau dégazée de 20°C à 21°C sous un bar de pression atmosphérique. Par équivalence 1 cal = 4,1855 J. Cette unité est utilisée dans l'industrie calorifique.

La kilocalorie (Kcal ou Cal) est l'unité de mesure de l'énergie correspondant à la quantité de chaleur dégagée par la combustion d'un aliment. Cette unité de mesure est utilisée en diététique sachant que 1 Kcal = 1 Cal = 1000 calories = 4,185.5 J.

Le British Thermal Unit (BTU) est une unité d'énergie anglo-saxonne définie par la quantité d'énergie nécessaire pour augmenter d'un degré Fahrenheit une livre anglaise d'eau dans une atmosphère constante d'un bar. Par correspondance 1 BTU = 1055 J.

Comme je l'avais précédemment défini, le Kilowattheure (kWh) est l'énergie consommée par un appareil de 1000 watts pendant une heure. C'est l'unité de référence dans l'industrie électrique. Cependant, il est bien de faire la différence entre le kilowattheure et le watt, car il y a très souvent beaucoup de confusions sur les définitions de ces deux unités de mesure. D'abord, il faut retenir que la puissance d'une machine est définie par l'énergie qu'elle fournit pendant un temps donné. Ainsi, un watt (W) est la puissance d'une machine qui produit un joule toutes les secondes alors qu'un wattheure (Wh) est l'énergie produite en une heure par une machine d'un watt. Par équivalence 1 kWh = $3.6.10^6$ J.

La tonne de TNT est l'énergie libérée au cours de l'explosion d'une tonne d'explosif appelée TNT. Selon les conditions de l'explosion, sa valeur peut varier. Cette unité de mesure d'énergie est utilisée uniquement dans le domaine militaire. Par correspondance 1 tonne de TNT = $4{,}184.10^9$ J.

La tonne d'équivalent pétrole (tep) est l'énergie calorifique d'une tonne de pétrole moyen. Cette unité est couramment employée par les économistes de l'énergie tout en sachant que 1 tep = $4{,}186.10^{10}$ J. Les énergies peuvent être comparées de façon conventionnelle avec une unité commune qui est la tonne d'équivalent pétrole. Ainsi, 1 tonne de charbon = 0,619 tep ; 1000 litres de fioul lourd = 0.952 tep ; 1170 litres de fuel domestique = 1 tep ; 1 MWh de Gaz naturel = 0,077 tep ; 1 MWh d'électricité = 0.222 tep.

De même que la tonne d'équivalent pétrole, il existe une unité d'énergie équivalente à un baril de pétrole dont la valeur est fixée de façon conventionnelle de sorte que 1 tep = 7,33 barils de pétrole.

Cependant, bien avant d'utiliser le pétrole comme référence d'unité énergétique sur le plan économique et industriel, l'unité employée était la tonne d'équivalent charbon (tec) de sorte que 1 tec = $2{,}930.10^{10}$ J.

Bien qu'il soit vrai que l'énergie est la capacité à agir, il est important de savoir qu'elle a plusieurs sources ou origines et s'exprime sous différentes formes que j'aborderai dans les paragraphes suivants.

II.2 - Quelles sont les sources d'énergies ?

Par définition, une source d'énergie est un phénomène physique ou chimique dont il est possible de tirer de l'énergie utilisable à des fins industrielles ou biophysiques.

Ainsi, une source d'énergie est dite « *primaire* » ou « *secondaire* » selon son niveau de transformation ou est désignée « *renouvelable* » ou « *non renouvelable* » selon le niveau d'épuisement de ses réserves en fonction du temps ou est appelée « *énergie propre* » selon son niveau de pollution suite à sa production de CO_2 dans l'atmosphère.

II.2.1 - Les sources d'énergies primaires

Par définition, les sources d'énergie primaire sont issues de phénomènes naturels et n'ont pas subi de transformation.

En vérité, les hommes exploitent plusieurs phénomènes naturels pour produire de l'énergie tout en sachant que la majorité des formes d'énergie disponibles sur la Terre sont des dérivés directs ou indirects de l'énergie nucléaire (Soleil, étoiles et noyau terrestre). Sur cette base, deux sources d'énergie primaire sont identifiées : les sources d'énergies primaires renouvelables et les sources d'énergies primaires non renouvelables.

II.2.1.a - Les sources d'énergies primaires non renouvelables

Les sources d'énergies primaires non renouvelables sont généralement des combustibles issus de matières premières minérales dont la formation se fait en plusieurs centaines de millions d'années et donc qui sont considérés comme « non renouvelables » à l'échelle humaine. Les sources d'énergies primaires non renouvelables sont des combustibles fossiles (le pétrole, le gaz naturel et le charbon) et des matières premières nucléaires (l'uranium, le deutérium et le tritium).

II.2.1.a.1 - Le pétrole, le gaz naturel et le charbon

Connus sous l'appellation de combustibles fossiles, le charbon, le pétrole et le gaz naturel sont les principales sources d'énergies primaires non renouvelables depuis plusieurs siècles. Premièrement, le charbon était la première source d'énergie primaire utilisée lorsque l'homme a maîtrisé le feu dans les temps préhistoriques. Ensuite, récemment, le pétrole et le gaz naturel lui ont progressivement succédé pour générer de la chaleur, de l'électricité ou pour faire fonctionner un moteur thermique. Le caractère « non renouvelable » de ces combustibles fossiles vient du fait qu'ils sont formés de la décomposition de matières organiques, c'est-à-dire de la biomasse, qui nécessite plusieurs centaines de millions d'années, ce qui dépasse largement l'échelle de la vie humaine.

II.2.1.a.2 - L'uranium, le deutérium, le tritium

L'uranium, le deutérium et le tritium sont des matières premières minérales utilisées comme des combustibles dans les centrales nucléaires pour produire de l'électricité grâce à deux procédés : la fission nucléaire et la fusion nucléaire.

Par définition, la *fission nucléaire* est le phénomène par lequel un noyau atomique lourd (uranium, plutonium) est divisé en deux ou en plusieurs nucléides plus lourds, avec l'émission de deux ou trois neutrons en général et un dégagement d'énergie très important (environ 200 mégaélectronvolts par atome fissionné alors que les énergies libérées par les réactions chimiques sont de l'ordre d'un électronvolt par atome ou molécule réagissant).

Contrairement à la fission nucléaire, la *fusion nucléaire* ou *fusion thermonucléaire* est le processus dans lequel deux noyaux atomiques sont assemblés pour former un noyau plus lourd, avec un dégagement d'importantes quantités d'énergie liées à l'attraction entre nucléons (deutérium, tritium), comme c'est le cas à l'état naturel dans le Soleil et la majorité des étoiles de l'univers. Une autre particularité de ce procédé nucléaire est que la masse de l'atome lourd produit par fusion est inférieure à la somme des masses d'atomes plus légers, ce qui veut dire qu'une partie de cette masse est transformée en chaleur selon la célèbre théorie de la relativité d'Albert EINSTEIN : $E = mc^2$ (E étant l'énergie de masse, m la masse d'une particule isolée dans un référentiel et c la vitesse de la lumière). C'est cette énergie qui est utilisée pour produire de l'électricité.

Dans la fission nucléaire, l'uranium qui est un minerai épuisable dans le temps, est employé comme combustible dans la centrale nucléaire.

Dans la fusion nucléaire, le deutérium et le tritium sont les principaux combustibles des centrales nucléaires. Le deutérium est extrait de l'eau de mer tandis que le tritium, même s'il est présent en infime quantité à l'état naturel, est aussi produit dans le combustible des centrales nucléaires lors des réactions de fission.

Cependant, la fusion nucléaire a un avantage sur la fission nucléaire dans la production d'électricité compte tenu de la disponibilité des combustibles dans la première citée (deutérium, tritium) contrairement à ceux de la deuxième (uranium). Par exemple, en plus du deutérium qui est accessible dans l'océan, le tritium peut être produit par bombardement neutronique du lithium 6 alors que selon les statistiques, les réserves mondiales de minerai de lithium seraient suffisantes pour assurer plus d'un million d'années de fonctionnement.

Le sujet de l'énergie nucléaire est un véritable domaine de recherche ouvert par le physicien Albert EINSTEIN, car on déduit de sa formule que si l'homme était capable d'utiliser toute l'énergie potentielle quelle qu'elle soit selon $E = mc^2$, la consommation de 5 tonnes de matières suffirait à alimenter l'ensemble de la population de la Terre en énergie pendant une année, dans les conditions de consommation actuelle.

II.2.1.b - Les sources d'énergies primaires renouvelables

Les sources d'énergies primaires renouvelables sont des sources d'énergies dont le renouvellement naturel est assez rapide de sorte qu'elles sont considérées comme inépuisables ou en renouvellement permanent à l'échelle humaine. Leur caractère « renouvelable » vient de la rapidité avec laquelle elles sont consommées et de leur renouvellement rapide et permanent. En vérité, la plupart des sources d'énergies primaires renouvelables tirent leur origine de phénomènes naturels cycliques ou constants générés par les corps célestes ou les astres tels que le Soleil, la Lune et la Terre. Le Soleil produit de la chaleur et de la lumière, la Lune est à la base des marées du fait de son pouvoir d'attraction sur la Terre et la Terre elle-même génère de la chaleur qui remonte de ses profondeurs. Néanmoins, il ne faut pas exclure l'énergie humaine, qui reste l'une des plus anciennes sources d'énergies primaires renouvelables, induites par des métabolismes biochimiques.

Les énergies renouvelables représentaient 18,2% de la consommation mondiale d'énergie en 2016. La part de la biomasse traditionnelle constituée par le bois et les déchets agricoles était de 7,8% et celle des énergies renouvelables modernes de 10,4% dont 4,1% de chaleur produite par les énergies renouvelables thermiques (biomasse, géothermie, solaire), 3,7% d'hydroélectricité, 1,7% d'autres énergies renouvelables électriques (éolienne, solaire, géothermique, biomasse, biogaz) et 0,9% de biocarburants.

De surcroît, chaque année, la part des énergies renouvelables augmente. Cela s'est vérifié en 2017 où elles représentaient plus du quart de la production mondiale d'électricité soit 26,5% dont 16,4% d'hydroélectricité, 5,6% d'éolien, 2,2% de biomasse, 1,9% de photovoltaïque et 0,4% d'énergies renouvelables variées (géothermique, énergie marine, solaire thermodynamique).

Ainsi, il existe quatre grands groupes de sources d'énergies primaires non renouvelables issus du Soleil, de la Lune, de la Terre et de la biomasse à savoir : l'énergie biochimique, la bioénergie, l'énergie solaire et l'énergie mécanique.

II.2.1.b.1 - L'énergie biochimique

Par définition, la biochimie est l'étude des réactions chimiques qui se produisent dans les organismes des êtres vivants, notamment, dans leurs cellules. La complexité des processus biologiques est régie par des communications cellulaires et des transferts d'énergie au cours du métabolisme (ensemble des réactions chimiques permettant aux êtres de se développer, de se maintenir en vie, de se multiplier, de se nourrir, de réagir face à leur environnement). Ainsi, l'énergie biochimique des organismes vivants (plantes, animaux, hommes) constituée par les graisses, les sucres et les amidons qui sont ingurgités au quotidien par l'homme, leur est nécessaire pour se mouvoir, entretenir son organisme, se réchauffer et avoir la force énergétique nécessaire pour effectuer des travaux mécaniques de tous les jours, d'où l'importance et le classement de l'énergie biochimique comme une source d'énergie primaire renouvelable.

II.2.1.b.2 - La bioénergie

La bioénergie représente l'énergie accumulée par la biomasse (bois, carburant…) et qui est extraite par sa combustion directe (bois énergie) ou indirecte induite par sa méthanisation (biogaz, biométhane) ou d'autres transformations chimiques (pyrolyse, carbonisation hydrothermale et les autres techniques de production de biocarburants). C'est l'exemple des cultures énergétiques à l'échelle industrielle, des résidus agricoles et forestiers, des déchets organiques susceptibles d'être utilisés pour produire de la chaleur, du froid, de l'électricité ou des biocarburants.

La bioénergie a plusieurs atouts qui sont à la base du grand intérêt des acteurs du secteur de l'énergie pour cette source d'énergie primaire renouvelable contrairement aux énergies fossiles non renouvelables.

Premièrement, l'utilisation de cette source d'énergie permet de réduire considérablement les émissions de CO_2, de méthane et de gaz à effet de serre.

Deuxièmement, elle est une source d'énergie renouvelable alternative aux énergies fossiles non renouvelables.

Troisièmement, elle est disponible sur toute la surface de la Terre ce qui lui enlève tout caractère stratégique et géopolitique contrairement aux énergies fossiles.

Quatrièmement, elle offre de belles perspectives dans la recherche de nouvelles énergies, notamment en biotechnologie avec la production d'éthanol comme carburant à partir de bactéries génétiquement modifiées.

II.2.1.b.2a - La biomasse et les déchets

Dans le secteur de l'énergie, la biomasse désigne la matière organique d'origine végétale, animale, bactérienne ou fongique (champignons) utilisable comme une source d'énergie. Le caractère renouvelable de cette source d'énergie vient du fait que la flore est en perpétuelle croissance et renouvellement et est même disponible sur toute l'étendue du territoire. Ainsi, par l'entremise de la biomasse, l'homme sait produire du biocarburant, du biogaz et du bois-énergie qui sont les bioénergies majeures.

Aujourd'hui, en plus des plantes qui poussent naturellement, d'autres comme le colza sont cultivées de façon industrielle sur de grandes superficies de terres arables pour produire du biocarburant grâce aux hydrocarbures extraits des plantes. D'ailleurs, en 2014, selon l'Agence Internationale de l'Énergie (AIE), la biomasse était en capacité de produire 90,2 Gigawatts d'énergie soit environ 10% des énergies primaires consommées dans le monde, 4% des carburants routiers et 370 Térawatts d'électricité en 2012 soit 1,5% de l'électricité produite à l'échelle planétaire.

II.2.1.b.3 - L'énergie solaire

L'énergie solaire est la portion de l'énergie électromagnétique qui vient du Soleil et traverse l'atmosphère qui en retient une partie, et qui finalement atteint la surface de la Terre. Le Soleil est la mère des énergies. Il est à la base de la majorité des énergies sur la Terre à l'exception de l'énergie nucléaire et de la géothermie qui tirent leur origine des profondeurs de la Terre.

II.2.1.b.3a - Le Soleil ou le rayonnement solaire

Naturellement, le Soleil émet un rayonnement électromagnétique qui contient des rayons gamma (longueur d'onde < 1 picomètre), des rayons X (0,001 < longueur d'onde< 10 nanomètres), la lumière visible, l'infrarouge, les micro-ondes et les ondes radios selon la fréquence d'émission. Et l'ensemble de ces rayonnements solaires transporte de l'énergie qui se répand à la surface de la Terre. Ainsi, en fonction de la longueur d'onde du rayonnement solaire, il existe deux grandes familles d'utilisation de l'énergie solaire à cycle court : l'énergie solaire thermique et l'énergie photovoltaïque.

L'énergie solaire thermique est basée sur l'utilisation de la chaleur transmise par le rayonnement alors que *l'énergie photovoltaïque* est centrée sur l'utilisation du rayonnement lui-même pour la production d'électricité.

Comme je l'ai évoqué dans les paragraphes précédents, le Soleil est la base et la source de toutes les énergies, notamment des énergies mécaniques que j'aborderai par la suite.

En vérité, c'est l'énergie contenue dans le rayonnement solaire qui est à l'origine du cycle de l'eau qui produit l'hydroélectricité. C'est l'énergie solaire qui est à la base de la création du vent engendré par le réchauffement et l'évaporation des eaux douces et des mers à la surface de la Terre en association avec la rotation de celle-ci et l'effet Coriolis pour produire l'énergie éolienne qui exploite la vitesse du vent. C'est aussi grâce à la température des rayons du Soleil que sont créés les courants marins (énergie hydrolienne). C'est l'énergie solaire qui est le moteur de la photosynthèse effectuée par les végétaux pour leur croissance et qui sont à leur tour consommés par les animaux à travers la chaîne alimentaire. C'est l'énergie solaire qui provoque la différence de température entre les eaux superficielles et les eaux profondes des océans, ce qui crée l'énergie thermique des mers. C'est aussi l'énergie solaire qui est à la base de la diffusion ionique initiée par l'arrivée d'eau douce dans l'eau de mer pour produire l'énergie osmotique. À défaut de l'énergie nucléaire et de la géothermie qui proviennent des profondeurs de la Terre (fission nucléaire dans le noyau terrestre), c'est encore l'énergie solaire qui confère une énergie cinétique à l'eau qui formera l'énergie hydraulique utilisée dans les barrages hydroélectriques. Même la matière organique qui est à l'origine de la formation des énergies fossiles telles que le pétrole, le gaz naturel et le charbon tire son origine de l'énergie solaire qui est à la base de la photosynthèse des plantes. Il en est de même pour l'énergie biochimique. Je le répète encore une fois :

« Le Soleil est la mère des énergies. »

II.2.1.b.3b - Le Soleil, la mère des énergies et une force pour l'Afrique

L'énergie solaire tire son origine de la fusion nucléaire qui a lieu au centre du Soleil. Cette énergie se propage dans le système solaire (système planétaire), auquel appartient la Terre, constitué d'une étoile qui est le Soleil et des neuf planètes avec leurs satellites et dans l'univers (l'ensemble de tout ce qui existe, contrôlé par des lois naturelles); elle prend la forme de rayonnement électromagnétique dont la lumière est la partie visible par l'homme. Toutes les régions de la Terre reçoivent les rayons solaires et cela dépend de plusieurs paramètres.

Premièrement, l'énergie solaire reçue en un point donné de la surface de la Terre est fonction de l'énergie électromagnétique (lumière visible, infrarouge, ultra-violet...) propagée par le Soleil et atteignant la Terre avec des variations saisonnières, décennales et ponctuelles.

Deuxièmement, l'énergie solaire répandue à la surface de la Terre est conditionnée par la nébulosité (nuages, brouillards...) qui est plus ou moins importante selon les régions de la Terre. Ainsi, la nébulosité sera plus forte dans les régions océaniques tempérées et subpolaires et dans les régions tropicales. Par conséquent, le rayonnement solaire atteignant la surface sera moins intense dans ces régions. Par contre, la nébulosité sera faible dans les régions arides subtropicales comme le désert africain du Sahara, dans les régions polaires et pendant les anticyclones. Cela veut dire que le rayonnement solaire dans ces régions sera plus intense.

Troisièmement, elle dépend de la latitude (coordonnée géographique représentée par une valeur angulaire donnant la position d'un point sur la Terre au Nord ou au Sud de l'équateur qui est le plan de référence), de la saison (période de l'année pendant laquelle le climat et la température sont relativement constants) et de l'heure (unité de mesure secondaire du temps) qui ont un effet sur la hauteur du Soleil et par conséquent, sur l'énergie reçue à la surface du sol. Indirectement, elles influencent également la nébulosité selon le climat local et donc l'énergie solaire atteignant la surface.

Sans grande surprise, la partie de la Terre qui reçoit la plus grande quantité de rayonnement solaire et donc d'énergie solaire est le Sahara, c'est-à-dire l'Afrique. En plus du fait que l'Afrique soit l'ultime réserve pétrolière face à la transition énergétique mondiale, ce continent se positionne également comme un pion central des énergies renouvelables dès aujourd'hui et dans l'avenir.

En effet, les tropiques secs et arides qui sont représentés par les déserts chauds aux conditions météorologiques et géographiques extrêmes telles que les basses latitudes, les vastes étendues, l'ensoleillement continu, le ciel éclairci avec l'absence de nébulosité, un air sec, sont les réceptacles appropriés pour accueillir les importants flux d'énergie solaire. Par exemple, le Sahara est le désert le plus chaud du monde et par conséquent, le territoire de la Terre qui reçoit sans contrainte la chaleur et la lumière du Soleil. Grâce à son privilège naturel et géostratégique, le Sahara a la durée d'insolation ou d'ensoleillement moyenne la plus élevée de la Terre allant jusqu'à 4300 heures par année soit entre 97 et 98% de la journée et l'irradiation moyenne la plus élevée de la planète avec plus de 280 watts par mètre carré en moyenne sur l'année et même pendant les nuits.

C'est ce fort atout énergétique qui me fait dire que l'Afrique l'est déjà aujourd'hui, mais surtout, sera inévitablement le réservoir de la production de l'énergie solaire de demain alors que la transition énergétique à l'échelle mondiale se met en place au fil des années. Et s'il est vrai que le Soleil est la mère des énergies, il est donc normal que l'Afrique soit le continent majeur de la production énergétique et soit au cœur des débats sur l'énergie.

Ce passage me permet justement d'apporter des éléments de réponse à la question que m'a posée un journaliste de la Radio Française Internationale (RFI), monsieur Pierre DELDIQUE, en 2018, alors qu'il m'interviewait dans son émission *Une semaine d'actualité* au sujet de mon livre précédent *L'Afrique, un continent aux ressources minières exceptionnelles* : « Pourquoi l'Afrique a toutes ces richesses minières et pétrolières que les autres continents de la planète n'ont pas ? ».

Aujourd'hui, je peux encore lui dire que c'est bien parce que l'Afrique accueille sur ses terres les plus importants flux de rayonnement solaire qui influencent profondément par des processus physiques, chimiques et biochimiques les autres sources d'énergies primaires et contrôlent indirectement la formation, la croissance et la maturation de la flore et des minéraux et leur transformation en minerais dans le sous-sol africain.

D'ailleurs, c'est en raison de ce fort potentiel solaire que le faramineux projet « Desertec » (Figure 21) a été mis en œuvre en Afrique et au Moyen-Orient, une preuve supplémentaire qui vient confirmer mes propos.

En effet, Desertec est un projet éco-énergétique ambitieux pensé à l'origine par la Coopération Transméditerranéenne pour l'Énergie Renouvelable (TREC) qui vise à exploiter le potentiel énergétique des déserts d'Afrique du Nord et du Moyen-Orient dans le but de fournir en permanence de l'électricité sans pollution aux régions voisines telles que l'Europe. En 2003, la Fondation Desertec voit le jour sous l'impulsion du Club de Rome et du Centre National de Recherche sur l'Énergie de la Jordanie (NERC). À travers ses organes industriels, cette fondation promeut l'implantation du concept Desertec en Afrique du Nord, au Moyen-Orient et en Europe et ses structures économiques recueillent des fonds auprès des multinationales, des États et des personnes de bonne volonté pour la réalisation de ce projet de grande envergure. Même si Desertec ambitionne de couvrir 20% de la demande d'électricité en Europe, il a d'abord pour mission de satisfaire premièrement les besoins énergétiques des pays producteurs d'Afrique du Nord et du Moyen-Orient qui sont plus demandeurs.

En vérité, le projet Desertec vient d'un constat pertinent. Il est vérifié que chaque km^2 de désert reçoit par année une énergie solaire correspondant à 1,5 million de barils de pétrole. De ce constat, on déduit que la totalité de la surface des déserts de la planète produirait plusieurs centaines de fois l'énergie utilisée dans le monde. Ainsi, si l'on avait couvert de centrales solaires thermiques seulement 0,3% de la surface totale des déserts de la Terre qui est évaluée à 40 000 km^2, cela aurait permis de satisfaire les besoins en électricité du globe terrestre en 2009. De surcroît, selon le physicien allemand Gerard KNIES, les déserts reçoivent plus d'énergie du Soleil en six heures que la consommation d'un homme en une année. C'est une preuve supplémentaire qui montre clairement que si le potentiel énergétique des déserts africains et moyen-orientaux est bien exploité à travers le projet Desertec, le monde devra une partie de son indépendance en énergie renouvelable à l'Afrique puisqu'elle détient la plus grande surface désertique. Même si les défis et les limites économiques et technologiques de Desertec sont énormes, ce projet verra le jour tôt ou tard.

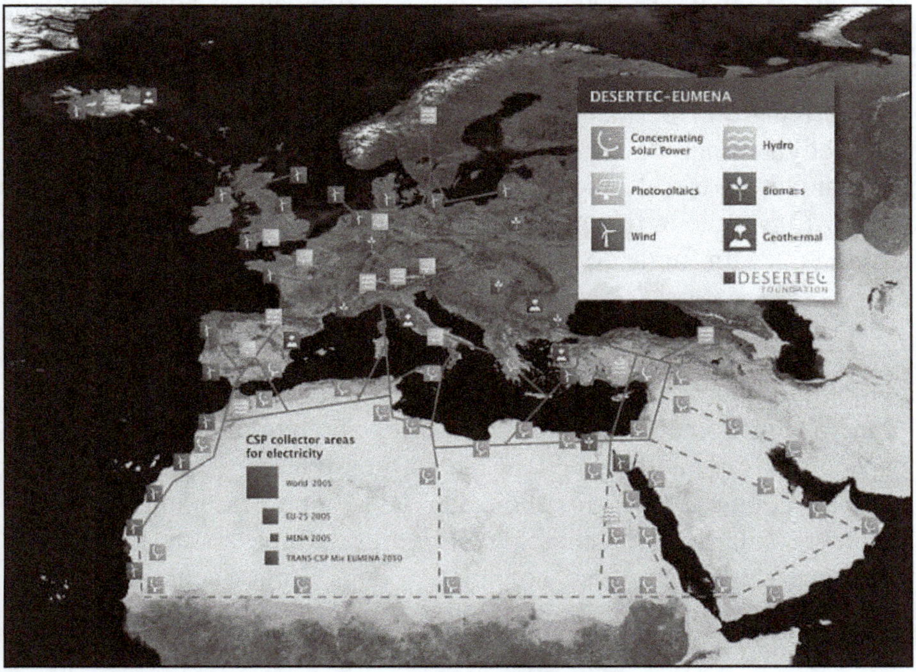

Figure 21 : Cartographie de la structure et des nœuds du réseau électrique du projet Desertec (www.desertec.org, 7 février 2011)

Cependant, pour mieux exploiter le potentiel énergétique du Soleil, il faut savoir transformer ses rayonnements en énergie. Il existe plusieurs techniques pour utiliser directement l'énergie solaire à savoir : le solaire passif, le solaire thermique et le solaire photovoltaïque.

L'énergie solaire passive est une énergie abondante et non polluante utilisant directement le rayonnement solaire de sorte qu'un bâtiment puisse en profiter pour son éclairage, son chauffage et sa climatisation en adaptant sa conception architecturale et ses matériaux de construction (façades doubles, surfaces vitrées orientées vers le Sud, isolation thermique…). C'est la plus ancienne et la plus importante des techniques de production d'énergie solaire.

L'énergie solaire thermique consiste à utiliser la chaleur provenant du rayonnement solaire. La chaleur de cette énergie peut être utilisée de deux façons différentes dont l'une est directe et l'autre indirecte. Dans son usage direct, la chaleur solaire peut servir de chauffe-eau, de four solaire, de cuisinière et même de sécheuse solaire alors que dans son usage indirect, elle sert au fonctionnement des centrales thermodynamiques solaires (centrales qui concentrent les rayons du Soleil grâce à des miroirs ou des héliostats afin de chauffer un fluide caloporteur qui permet de produire de l'électricité). Le solaire thermodynamique peut servir également à fournir un travail mécanique en transformant un liquide en gaz ou en chauffant une partie d'un moteur tel qu'un moteur sterling (moteur à combustion externe avec un fluide de travail en cycle fermé).

L'énergie solaire photovoltaïque est l'électricité produite par la transformation d'une portion du rayonnement solaire par une cellule photovoltaïque (composant électronique qui produit de l'électricité grâce au phénomène physique de l'effet photovoltaïque lorsqu'il est exposé aux rayons du Soleil). Cela est possible en utilisant plusieurs cellules connectées entre elles dans des modules photovoltaïques (capteurs solaires) qui sont à leur tour regroupés pour former des panneaux solaires mis en place dans une centrale solaire photovoltaïque ou chez un particulier. Ainsi, l'électricité produite est transformée en courant alternatif via un onduleur pour répondre à la demande locale si elle peut être stockée ou est intégrée au réseau de distribution électrique.

Par définition, l'*effet photovoltaïque* est le résultat du choc des photons de la lumière sur un matériau semi-conducteur (silicium, germanium, arséniure de gallium, carbure de silicium…) qui transmet leur énergie aux électrons qui à leur tour produisent une tension électrique. Ce phénomène physique a été découvert par Edmond

BECQUEREL qui est le père d'Henri BECQUEREL, découvreur de la radioactivité.

Ainsi, grâce à ces différentes technologies solaires, plusieurs pays africains augmentent progressivement leur part d'énergie renouvelable dans leur politique de production énergétique nationale en profitant des importants rayonnements solaires que reçoit ce continent quotidiennement. D'ailleurs, plusieurs experts de la génétique et de la médecine soutiennent que les populations de l'Afrique subsaharienne tiendraient leur peau noire de l'effet des rayons du Soleil sur celle-ci. Cette affirmation, qui reste à démontrer, pourrait conforter encore une fois la thèse selon laquelle l'Afrique est le continent qui reçoit les plus importants flux de rayonnements solaires de la planète. Dès lors, l'on pourrait dire qu'en plus du pétrole et du gaz comme source d'énergie, l'Afrique a le Soleil. L'Afrique gagnerait donc à capitaliser cet atout énergétique en édifiant davantage de centrales solaires. C'est ce que fait le Ghana à travers le développement de plusieurs centrales solaires ces dernières années.

En effet, le 16 septembre 2018, monsieur Nana AKUFO-ADDO, le président ghanéen, a inauguré la centrale solaire du district de Gomoa Onyaadze d'une capacité de 20 mégawatts et constituée de 40 480 panneaux de silicium polycristallin et 64 400 panneaux solaires. À cette occasion, le président ghanéen n'a pas manqué de dire ceci :

« Le Ghana est proche de l'équateur et plusieurs endroits du pays jouissent d'un excellent ensoleillement. Il est malheureux de constater qu'en dépit de l'abondance de ses ressources solaires, le pays dépend d'un bouquet énergétique composé seulement de 1% de solaire, contre 59% de fossile et 40% d'hydroélectrique. »

À cela s'ajoute le projet Blue Power Energy, d'une capacité de 100 mégawatts qui verra également le jour en 2019 au Ghana. De plus, le projet Nzema dont l'inauguration était initialement prévue en 2015 sera l'une des plus grandes centrales solaires d'Afrique d'une capacité de 155 mégawatts, construite sur environ 183 hectares dans le village d'Aiwiaso à l'ouest du pays; elle utilisera plus de 630 000 panneaux photovoltaïques.

Cependant, au moment où j'écris cet ouvrage, la plus grande centrale solaire d'Afrique se trouve en Afrique du Nord, au Maroc, précisément à 20 km de Ouarzazate. Mise en fonction en février 2016 avec une capacité de 100 mégawatts, la centrale solaire Noor I était la 7e plus grande centrale du monde après les cinq centrales solaires américaines et la centrale Solaben en Espagne. Plus grand parc solaire bâti sur un champ d'environ 480 hectares (équivalent de 600 terrains de football) avec plus de 500 000 miroirs courbes cylindro-paraboliques qui suivent en permanence le mouvement du Soleil, pour un coût estimé à 3 milliards d'euros, la centrale solaire Noor I continue de s'étendre pour porter sa capacité à 580 mégawatts en 2020 et devenir ainsi une des plus grandes centrales thermo-solaires du monde avec Solar Star en Californie aux États-Unis. Le site a été utilisé pour son ensoleillement maximal soit 320 jours par année et utilise la technologie thermodynamique qui consiste à chauffer un liquide par le rayonnement solaire; ce dernier est ensuite transformé en vapeur qui produira de l'électricité grâce à une turbine. À la différence du photovoltaïque, cette technique permet de conserver la chaleur même pendant la nuit. Noor I alimente 600 000 personnes par jour soit l'équivalent du double de la population d'une ville française comme Nice. Puisque le Maroc compte passer sa part d'énergie renouvelable à 42% en 2020, il ambitionne la construction des centrales Noor II et Noor III pour accélérer son indépendance énergétique et alimenter deux millions de personnes pour un investissement de 9 milliards.

Voilà, de bons exemples et des cas d'école dont doivent s'inspirer les autres pays du continent africain qui aspirent à atteindre leur indépendance énergétique, car, si vous ne le savez pas, les batailles interétatiques, économiques et diplomatiques d'aujourd'hui et de demain sont et seront celles de l'énergie.

II.2.1.b.4 - L'énergie mécanique

L'énergie mécanique est l'énergie produite par un corps ou un fluide en mouvement grâce à sa vitesse (énergie cinétique) et à son poids ou sa masse (énergie potentielle). Cette énergie peut être exploitée pour produire de l'électricité. Il existe plusieurs énergies mécaniques à savoir l'énergie marémotrice, l'énergie hydraulique, l'énergie hydrolienne, l'énergie éolienne, l'énergie géothermique et l'énergie mécanique animale ou humaine.

II.2.1.b.4a - La Lune, les marées, l'eau, la force hydraulique et hydrolienne

L'énergie marémotrice est l'énergie mécanique qui vient des mouvements de l'eau engendrés par les marées (variation du niveau de la mer) et provoqués par l'effet conjugué des forces de gravitation du Soleil et de la Lune sur la Terre. Elle est employée sous forme d'énergie potentielle via l'élévation du niveau de la mer et sous forme d'énergie cinétique via les courants des marées pour produire de l'électricité dans les usines marémotrices.

L'énergie hydraulique est l'énergie mécanique du mouvement de l'eau sous toutes ses formes (les chutes d'eau, les courants marins, les rivières, les marées, les vagues), exploitée par les moulins à eau (moteur hydraulique) et ensuite par les centrales hydroélectriques pour produire de l'électricité.

L'énergie hydrolienne est l'énergie mécanique issue des courants marins provoqués par les marées, les vents et la force de Coriolis (force inertielle proportionnelle à la direction d'un corps en mouvement dans un milieu en rotation). C'est le cas de la Terre qui tourne autour du Soleil et est en rotation sur elle-même. On parle de l'effet Coriolis exploité par des hydroliennes (turbines hydrauliques qui utilisent l'énergie cinétique des courants marins et fluviaux) pour produire de l'électricité.

II.2.1.b.4b - La Terre ou la géothermie

L'énergie géothermique est l'énergie provenant des eaux circulant naturellement ou injectées dans les profondeurs de la Terre et chauffées par les phénomènes thermiques internes de la Terre (volcans, gradient géothermique) pour produire de la chaleur ou de l'électricité quand la température est suffisante. Concrètement, pour réceptionner l'énergie géothermique en surface, on utilise l'eau d'une nappe d'eau chaude captive naturelle ou on injecte de l'eau dans le sous-sol sous une forte pression pour fracturer les roches chaudes et imperméables. Ainsi, dans les deux cas, le fluide chauffe et remonte en surface chargé d'énergie thermique ou de calories. Cette eau chaude recueillie en surface est utilisée directement pour produire de la chaleur ou du froid pour les ménages grâce à une pompe à chaleur ou une thermofrigopompe ou transformée en électricité lorsque sa température est assez élevée. Les bassins méditerranéens d'Afrique du Nord qui sont fortement soumis aux fortes températures et les régions volcaniques d'Afrique sont plus aptes à développer l'utilisation de l'énergie géothermique.

II.2.1.b.4c - Le vent et la force éolienne

L'énergie éolienne est l'énergie mécanique engendrée par le vent. L'énergie cinétique du vent est utilisée pour mettre en mouvement des voiliers ou est transformée grâce à des aérogénérateurs comme les éoliennes ou des moulins à vent pour produire de l'électricité.

Par définition, une éolienne est un dispositif qui transforme l'énergie cinétique du vent en énergie mécanique qui est transformée à son tour en énergie électrique dénommée énergie éolienne. C'est l'une des énergies renouvelables les plus en vogue et dont la production augmente de plus en plus compte tenu de son caractère non polluant. Par exemple, en 2016, l'énergie éolienne représentait 3,8% de la production mondiale d'électricité puis 4,7% en 2018.

II.2.1.b.4d - L'énergie mécanique humaine et animale

La plus ancienne énergie mécanique est celle qui provient de la traction humaine ou animale sur des objets ou des outils afin d'effectuer une tâche, de les déplacer ou de les mettre en mouvement. C'est ainsi qu'avant la modernisation et la mécanisation de l'agriculture dans certaines régions du monde, les animaux domestiques étaient mis à contribution pour tracter les appareils agricoles ou bien les hommes le faisaient eux-mêmes grâce à leur force physique induite par leur énergie biochimique et leur métabolisme interne. Aujourd'hui, bien que plusieurs tâches autrefois réalisées par l'homme soient désormais numérisées, il en reste encore qui continuent à être effectuées par l'homme et le resteront toujours dans certains pays développés ou en voie de développement moins industrialisés.

II.2.2 - Les sources d'énergies secondaires

Les sources d'énergies secondaires sont le produit de la transformation des sources d'énergies primaires. C'est l'exemple de l'électricité d'origine thermique, c'est-à-dire issue de la combustion de gaz, du pétrole brut transformé en carburant ou en fioul, de l'incinération des déchets avec génération de chaleur et d'électricité ou encore de la transformation de combustibles minéraux solides (charbon, lignite...) en coke (combustible obtenu par pyrolyse de la houille dans un four à l'abri de l'air) ou en aggloméré (produit obtenu par la combustion du charbon préalablement mélangé avec du minerai de fer et des oxydes). Ainsi, dans le secteur de production électrique, les sources d'énergies secondaires sont les centrales nucléaires, les centrales thermiques à flamme, les centrales thermiques à concentration, les centrales géothermiques, l'énergie éolienne, l'énergie solaire photovoltaïque, l'énergie hydroélectrique et la cogénération.

II.2.2.a - Les centrales nucléaires

Les centrales nucléaires sont des zones industrielles consacrées à la production d'électricité grâce à des chaudières composées de plusieurs réacteurs nucléaires qui ont pour source d'énergie des combustibles nucléaires tels que l'uranium (^{235}U) et le plutonium (^{239}Pu). L'uranium est un minerai qui contient une matière fissile. La fission de ses atomes lourds libère beaucoup de chaleur qui sert à vaporiser l'eau puis cette vapeur d'eau engendrée provoque la rotation d'une turbine associée à un alternateur qui produit de l'électricité. Plus grand est le nombre des réacteurs nucléaires d'une centrale nucléaire, plus grande sera sa production électrique, car un réacteur produit en moyenne 860 mégawatts.

En 2013, le monde comptait 250 centrales nucléaires qui produisaient 10,8% de l'électricité de la planète. En mai 2019, le nombre des réacteurs des centrales nucléaires continuait à augmenter pour atteindre 450 (dont 31 réacteurs nucléaires japonais fermés) sachant que 54 autres réacteurs étaient en cours de construction. Ces progrès énergétiques se font au moment où plusieurs États comme la France veulent réduire leur dépendance aux énergies fossiles et subissent des pressions des militants écologistes pour fermer leurs centrales nucléaires contre la volonté des autorités qui reconnaissent que le nucléaire a toujours un rôle à jouer dans le mix et leur autosuffisance énergétique. D'ailleurs, en fermant leurs centrales nucléaires, ces pays deviendront indépendants des nombreuses incertitudes géopolitiques, car l'uranium est un minerai stratégique qu'ils ne possèdent pas en abondance sur leur territoire et dont les plus grandes réserves et les plus importants gisements se trouvent en Afrique, notamment, au Niger. Ainsi, par la transformation de l'uranium en électricité, les centrales nucléaires sont des exemples typiques de sources d'énergies secondaires.

II.2.2.b - Les centrales thermiques à flamme

Par définition, une centrale thermique est également un site industriel dédié à la production d'électricité via une source de chaleur d'après le principe des machines thermiques qui consiste à soumettre un fluide à des transformations cycliques pendant lesquelles il échange de l'énergie avec l'extérieur sous forme de chaleur et de travail. Ce fluide est transformé directement par la détente des gaz de combustion ou indirectement par un cycle eau-vapeur.

Ainsi, dans une centrale thermique à flamme, cette transformation du fluide se fait généralement grâce à un combustible fossile (le charbon, le gaz naturel, le fioul et les huiles minérales…) ou à d'autres types de combustibles (les déchets industriels, agricoles, ménagers…).

II.2.2.c - Les centrales solaires thermiques à concentration

En revanche, les centrales solaires thermiques à concentration ou héliothermodynamiques sont des centrales qui concentrent les rayons du Soleil grâce à des miroirs dans l'objectif de chauffer un fluide caloporteur qui produira de l'électricité à son tour. Encore une fois, l'énergie solaire n'est pas utilisée directement pour produire de l'électricité en dehors du cursus d'une centrale, mais sert à chauffer préalablement un fluide qui assumera cette fonction d'où la classification des centrales solaires thermiques à concentration dans la catégorie des sources d'énergies secondaires.

II.2.2.d - Les centrales géothermiques

Les centrales géothermiques sont des centrales qui produisent de l'électricité en utilisant comme source primaire, l'énergie thermique interne du globe terrestre. Elles ont pour avantage de dégager moins de gaz à effet de serre que les centrales thermiques à flamme, soit environ 122 kg de CO_2 par mégawatheure (MWh) d'électricité, ce qui est attractif et encourageant pour les défenseurs de l'environnement et les États qui veulent se défaire des énergies polluantes. Avec un potentiel de production d'électricité estimé entre 35 et 2000 gigawatts, cette source d'énergie secondaire est employée dans 27 pays dont les principaux producteurs en 2015 étaient les États-Unis, les Philippines et l'Indonésie.

Cependant, même si l'énergie géothermique est accessoirement utilisée comme un chauffage géothermique dans plus de 70 pays du monde, il est bien de ne pas confondre les *centrales géothermiques* qui produisent de l'électricité et les *chaufferies* qui sont des installations comportant plusieurs chaudières et générant de l'énergie sous forme de chaleur par cogénération et employée principalement pour chauffer les bâtiments.

II.2.2.e - La cogénération

La chaleur utilisée dans les chaufferies pour chauffer les bâtiments est obtenue grâce à des installations à cogénération, c'est-à-dire des dispositifs qui produisent simultanément de l'électricité et de la chaleur résiduelle (ou chaleur de récupération) destinée à alimenter les réseaux de chaleur. C'est cette chaleur qui transite dans les chaufferies et dans les réseaux qui servira à chauffer les bâtiments des villes. Ainsi, les installations à cogénération sont très souvent mises en place dans les centrales électriques à flamme ce qui veut dire que ce sont également les combustibles fossiles tels que le gaz naturel, le charbon, le fuel et parfois les déchets industriels, ménagers, agricoles qui sont les sources primaires de cette forme d'énergie secondaire. D'ailleurs, le gaz naturel qui sert de combustible est parfois appelé « gaz de ville ».

II.2.2.f - L'énergie éolienne

L'énergie éolienne est l'énergie du vent. À l'état primaire, la force motrice du vent sert à déplacer des voiliers comme je l'ai expliqué précédemment, mais cette énergie peut être utilisée autrement. Elle est davantage utilisée comme une énergie secondaire, car elle est transformée en électricité grâce à des aérogénérateurs tels que les éoliennes et les moulins à vent qui sont de plus en plus visibles en (31%) et dans des pays occidentaux comme les États-Unis (23%), l'Allemagne (9%), la Hollande, la France et même dans des pays africains en voie de développement comme le Sénégal.

D'ailleurs, le Sénégal est sur le point d'accueillir le plus grand parc éolien d'Afrique de l'Ouest qui aura une capacité de 158,7 mégawatts produits par 46 éoliennes d'une hauteur d'environ 180 mètres à Taiba Ndiaye à 90 km au Nord de Dakar. Pour un coût de 332 millions d'euros, il haussera de 15% la production électrique du pays et sera livré à la SENELEC en trois phases : 50 mégawatts en décembre 2019, 50 mégawatts en avril 2020 et enfin 58,7 mégawatts en juillet 2020.

L'Afrique se positionne donc comme un candidat sérieux dans le développement de l'éolien dans le monde d'autant plus qu'elle possède tous les atouts nécessaires à la génération de grandes quantités de vents, c'est-à-dire de larges étendues d'eau comme les océans, les fleuves et de fortes températures induites par le Soleil, dont la combinaison génère la vapeur puis le vent.

Pour montrer l'essor progressif de l'énergie éolienne comme une énergie secondaire, sa part dans la production mondiale d'électricité atteignait 3,8% en 2016 puis 4,7% en 2018.

II.2.2.g - L'énergie solaire photovoltaïque

Dans les paragraphes précédents, j'avais mentionné que le Soleil pouvait être utilisé de deux façons.

Dans un premier temps, il peut avoir un usage direct qui ne nécessite pas sa transformation. Dans ce cas, le Soleil est utilisé comme une source d'énergie primaire et est employé comme un séchoir solaire, un four solaire ou un chauffe-eau.

Dans un deuxième temps, il peut avoir un usage indirect et dans ce cas, les rayons solaires reçus vont subir des transformations à travers des cellules photovoltaïques pour produire de l'électricité. Ainsi, l'énergie solaire photovoltaïque est mise en évidence comme une source d'énergie secondaire.

Comme l'énergie éolienne, la plupart des panneaux solaires photovoltaïques sont installés en Chine (35%), au Japon (11%) et dans des pays occidentaux comme les États-Unis (12%) et l'Allemagne (9%) sachant que l'Afrique qui reçoit la plus grande partie des rayons solaires rattrape progressivement son retard dans le transfert et l'acquisition de cette technologie énergétique grâce à de nombreux projets.

II.2.2.h - L'énergie hydroélectrique

L'énergie hydroélectrique ou hydroélectricité est une source d'énergie secondaire provenant de la transformation de l'énergie hydraulique issue des mouvements de l'eau en électricité. L'énergie cinétique des cours d'eau est convertie en énergie mécanique par une turbine hydraulique puis en électricité par une génératrice électrique (dispositif qui produit de l'électricité à partir d'une autre forme d'énergie).

Même s'ils ne sont pas sans impacts sur l'environnement (changements des écosystèmes terrestres et aquatiques, inondation des terres cultivables) et la société (délocalisation des populations rurales), les plus grands moyens de production d'énergie hydroélectrique sont inévitablement les barrages hydroélectriques qui sont bien répandus dans le monde. Particulièrement en Afrique, une grande partie des fleuves sont interceptés par des barrages existants ou projetés, car c'est l'une des rares sources d'énergies secondaires accessibles et connues depuis de longues décennies contrairement aux autres énergies secondaires qui sont récentes et plus coûteuses.

Selon les statistiques, en 2018, l'énergie hydroélectrique constituait 15,8% de la production d'électricité mondiale. Encore une fois, la Chine (29,4%) fait partie des premiers producteurs d'électricité issue de l'énergie hydroélectrique accompagnée du Brésil (9,95%), du Canada (9,1%) et des États-Unis (6,95%).

De toutes les sources d'énergies secondaires, l'énergie hydroélectrique est celle qui a la plus grande part dans la production mondiale d'électricité.

II.2.3 - Les sources d'énergies propres ou énergies vertes

Les énergies propres ou énergies vertes sont des sources d'énergies primaires qui génèrent de faibles quantités de polluants lors de leur transformation définitive en énergie et leur utilisation. En vérité, toutes les sources d'énergies produisent plus ou moins des déchets au cours de leur cycle de vie, c'est pourquoi les concepts d'énergies propres ou vertes sont relatives selon le degré de pollution et de déchets. Mais qu'est-ce que la pollution ?

La *pollution* est la détérioration d'un écosystème par l'homme qui y introduit consciemment ou inconsciemment des substances ou des radiations qui détruisent plus ou moins le fonctionnement de cet écosystème.

Sur ces bases et en considérant mes explications dans les paragraphes précédents, les sources d'énergies primaires suivantes peuvent être comptées comme des énergies propres ou vertes : l'énergie géothermique, l'énergie éolienne, l'énergie solaire, l'énergie marémotrice, l'énergie hydrolienne, la traction animale et humaine et accessoirement la biomasse, l'hydroélectricité, etc.

Cependant, il est bien de ne pas confondre une *énergie propre ou verte* et une *énergie renouvelable*. En vérité, une énergie propre n'est pas forcément une énergie renouvelable, car par définition, une énergie est dite renouvelable si elle se régénère ou se reforme séparément ou indépendamment de la pollution ou des déchets qu'elle produit.

Pour ceux qui ne le savent pas, le sujet des énergies propres ou vertes est la colonne principale des revendications des défenseurs de l'environnement, de l'écologie et de la planète. À un moment où les changements climatiques perceptibles chaque année dans tous les pays du monde sont de plus en plus courants, la majorité des gouvernements de la planète et des écologistes sont unanimes pour soutenir que le recours aux énergies propres avec transition progressive vers ces dernières est plus que jamais nécessaire. De surcroît, comme si ces appels d'urgence ne suffisaient pas, l'Amazonie, la plus grande forêt du monde, est partie partiellement en fumée en août 2019, à telle enseigne que monsieur Emmanuel MACRON, le président de la France a fait la déclaration suivante sur Tweeter à quelques jours de la réunion du G7 pour interpeller la communauté internationale sur le besoin d'intervenir pour mettre fin aux ravages des départs de feux incontrôlés :

« Notre maison brûle. Littéralement. L'Amazonie, le poumon de notre planète qui produit 20% de notre oxygène, est en feu. C'est une crise internationale. Membres du G7, rendez-vous dans deux jours pour parler de cette urgence. »

Pour vous donner une idée de l'ampleur des dégâts dans l'Amazonie dénommée le poumon de la Terre, au 23 août 2019, l'équivalent de la superficie de l'Espagne en termes de végétation et de terre arable était complètement consumé sans oublier les nombreuses destructions d'écosystèmes, les multiples exodes d'animaux quand ces derniers n'ont pas été rattrapés, tués ou décimés par ces flammes irrésistibles depuis plusieurs semaines.

En plus, produire davantage d'énergies vertes ou propres était l'exigence des résolutions de la COP 21, une conférence sur l'environnement tenue à Paris du 30 novembre au 12 décembre 2015 et qui avait réuni toutes les nations du monde. C'est pourquoi les énergies propres ou vertes sont également au cœur de cet ouvrage qui parle de la transition énergétique et écologique.

II.3 - Quelles sont les formes d'énergies ?

En plus des sources d'énergies que j'ai abordées dans les paragraphes précédents, il existe plusieurs formes d'énergies, mais elles ne sont pas toutes utilisées. Il s'agit de l'énergie de gravitation, de l'énergie cinétique, de l'énergie thermique ou calorifique, de l'énergie radiative, de l'énergie chimique, de l'énergie électrique et de l'énergie nucléaire. Toutes les sources d'énergies que nous connaissons sont caractérisées par des formes d'énergies particulières. Ainsi, une source d'énergie peut contenir ou être transformée en une ou plusieurs formes d'énergies.

II.3.1 - L'énergie de gravitation

L'énergie de gravitation provient de l'attraction entre deux corps massifs. C'est grâce à cette énergie que des corps sont en mouvement vers le sol et que la notion de « chute libre » est connue.

II.3.1.a - L'énergie hydraulique

L'énergie hydraulique est une forme d'énergie de gravitation mise en évidence dans les barrages hydrauliques dans lesquels l'eau qui s'écoule suite à une chute libre (énergie potentielle) vers le sol et dans les canalisations permet de mettre des turbines en mouvement (énergie mécanique) qui à leur tour, produiront de l'électricité grâce à des alternateurs.

II.3.2 - L'énergie cinétique

L'énergie cinétique provient du mouvement d'un corps massif. Grâce à la vitesse du vent d'où est tiré le terme « cinétique » plusieurs corps sont déplacés ou mis en mouvement.

II.3.2.a - L'énergie éolienne

L'énergie éolienne est une forme d'énergie cinétique mise en évidence grâce à la vitesse du vent et la force qui en découle. De façon concrète, l'énergie cinétique du vent permet de mettre en mouvement les pales des éoliennes et cette énergie mécanique générée par leur mouvement est transformée par la suite en électricité. De nos jours, en plus des éoliennes terrestres dites « onshores », il existe aussi des éoliennes marines dites « offshores ».

Le vent est un paramètre indispensable dans l'efficacité énergétique d'une éolienne, car l'énergie électrique qu'elle produit dépend premièrement de la vitesse du vent, deuxièmement de la forme et de la longueur de la pale de l'éolienne et enfin, de la température ambiante qui a un effet sur la densité de l'air.

Ainsi, la puissance maximum récupérable (P) représentant l'énergie électrique ou mécanique produite par une éolienne est définie par la loi de Betz et est proportionnelle à la surface balayée par son rotor et au cube de la vitesse du vent soit :

$$P = 0{,}37SxV3$$

Dans cette formule, 0,37 est la constante de l'air sous la pression atmosphérique standard (1013 hPa), S la surface balayée et V la vitesse du vent.

En analysant cette formule, il est simple de conclure que plus la vitesse du vent ou les dimensions de la pale de l'éolienne sont élevées, plus la quantité d'électricité produite sera grande. Généralement, une éolienne produira quatre fois plus d'énergie si la pale est deux fois plus grande et elle donnera huit fois plus d'énergie si la vitesse du vent double. Ainsi, plus la température sera basse, plus le vent généré sera important et plus la puissance maximum récupérable sera importante. De ce principe, une éolienne produira 3% de plus d'électricité si pour une même vitesse de vent, l'air est plus froid de 10°C. Sur la base de ces caractéristiques, le vent sera plus fort et constant en mer tandis qu'il sera moins fort et intermittent sur le continent, c'est pourquoi les éoliennes offshores sont plus productives. Il faut retenir qu'une éolienne démarre quand la vitesse du vent atteint environ 3 m/s et s'arrête quand elle atteint 25 m/s.

II.3.3 - L'énergie thermique ou calorifique

L'énergie thermique ou calorifique est une forme d'énergie qui vient de la température d'un corps et qui est capable de diffuser de la chaleur pour cuire, accélérer des réactions chimiques ou pour mettre un autre corps de température plus froide en mouvement. C'est d'ailleurs grâce à l'énergie thermique que la révolution industrielle est restée dans l'histoire de l'humanité avec les hauts fourneaux qui servaient à la fonte du fer et à la production de l'acier et avec les trains qui allaient de lieu en lieu via les locomotives à vapeur. Aujourd'hui, la géothermie vient renforcer les atouts de cette forme d'énergie.

II.3.3.a - La géothermie

L'énergie géothermique est une forme d'énergie thermique ou calorifique qui provient de la chaleur interne de la Terre.

En effet, 90% de la chaleur interne de la Terre tirent leur origine de la désintégration radioactive des atomes fissiles (uranium, thorium, potassium) contenus dans les roches qui la constituent, les autres 10%

étant les restes de la chaleur générée lors de sa genèse il y a environ 4,5 milliards d'années.

Dans sa constitution, le globe terrestre, dont le rayon est de 6371 km, a des niveaux de température qui varient et augmentent avec la profondeur sachant que le sol a une température généralement constante à 15°C. Cette vérité est mise en évidence avec le gradient géothermique qui stipule que la température augmente de 3° à 4°C tous les 100 mètres de profondeur dans la croûte continentale (30 à 70 km) et la croûte océanique (5 à 10 km). Néanmoins, dans les régions volcaniques, la température moyenne dépasse 10°C. L'écorce terrestre rigide qui est composée des croûtes continentales et océaniques, flotte sur le manteau supérieur fluide dont la température est comprise entre 1000 et 1200°C sans oublier le noyau terrestre solide composé de fer et de Nickel encore plus chaud jusqu'à 5100°C. La Terre est donc un corps chaud à l'origine. Pour plus de détails sur la composition du globe terrestre, je vous invite à lire mon précédent ouvrage « *L'Afrique, un continent aux ressources minières exceptionnelles* ».

Ainsi, la géothermie est une forme d'énergie thermique qui va utiliser les différences de température de l'écorce terrestre (0 à 70 km) pour répondre à certains besoins énergétiques des hommes. En fonction de ses applications, il existe trois types de géothermie : la géothermie profonde à haute énergie, la géothermie à basse énergie et la géothermie à très basse énergie.

Premièrement, *la géothermie profonde à haute énergie* utilise les sources d'eau chaude de températures comprises entre 150 et 250°C situées à 2500 mètres de profondeur pour produire de l'électricité grâce à la vapeur transformée dans les turbines.

Deuxièmement, *la géothermie profonde à basse énergie* emploie les sources d'eau chaude de températures comprises entre 30 et 150°C dans les aquifères pour le chauffage urbain collectif des bâtiments d'habitation via les réseaux de chaleur.

Troisièmement, *la géothermie à très basse énergie* se sert des sources d'eau chaude de températures inférieures à 30°C, localisées dans le sol à de faibles profondeurs comprises entre 0 et 100 mètres. Dans ce cas, ces eaux tiennent leur température de la chaleur terrestre, mais aussi de la chaleur solaire et sont extraites par l'entremise de pompes à chaleur.

II.3.4 - L'énergie radiative

L'énergie radiative vient des rayonnements reçus en sachant qu'ils diffèrent en fonction de leur longueur d'onde (ondes radio, lumière visible, rayons ultra-violets, rayon X...). Cependant, ils ont comme particularité commune de se déplacer dans le vide et même à la vitesse de la lumière. L'énergie radiative est en permanence dans notre quotidien, car c'est grâce à elle qu'une ampoule électrique éclaire, qu'un four à micro-ondes cuit des aliments et qu'un radar mesure une vitesse. L'énergie radiative la plus connue est l'énergie solaire.

II.3.4.a - L'énergie solaire

L'énergie solaire est une forme d'énergie radiative. Le Soleil est une source de radiation qui émet des rayonnements reçus sur la Terre. Également, les rayonnements émis par le Soleil sont de différentes longueurs d'onde. Atteignant la surface de la Terre, ils seront directement utilisés dans les centrales photovoltaïques pour produire de l'électricité, ou indirectement la chaleur générée par les rayonnements sera transformée en électricité via les centrales thermodynamiques.

II.3.5 - L'énergie chimique

L'énergie chimique vient des forces de liaison des atomes qui composent une molécule. Généralement lors des réactions chimiques, les molécules ont tendance à se recomposer et à évoluer vers des molécules plus stables chimiquement et cela se fait avec un dégagement important d'énergie sous forme de chaleur. C'est ce principe qui est mis en évidence dans les piles électriques et les batteries ou accumulateurs. Dans leur cas, l'énergie libérée sous forme d'électricité est le résultat des mouvements des électrons. L'énergie chimique provient aussi de la combustion d'un fagot de bois, peut être issue de la biomasse, mais surtout, ses formes les plus répandues sont les énergies fossiles telles que le pétrole, le gaz et le charbon.

II.3.5.a - Les énergies fossiles (pétrole, gaz, charbon)

Les énergies fossiles (pétrole, gaz, charbon) sont des formes d'énergies chimiques, car elles sont constituées par un mélange de divers hydrocarbures qui sont des molécules composées d'hydrogène et de carbone (méthane (CH_4), propane (C_3H_8), butane (C_4H_{10}), éthane (C_2H_6), pentane (C_5H_{12}) ...).

Comme je l'ai démontré dans les paragraphes précédents, elles sont formées par la dégradation biochimique de matières organiques enfouies dans les profondeurs du sous-sol sous l'effet de la température et de la pression. Elles sont le résultat de la transformation de la biomasse. Elles sont donc issues du même processus de formation. Le pétrole, le gaz ou le charbon seront donc produits plus ou moins abondamment selon que la profondeur et la température d'enfouissement seront plus ou moins élevées. Par comparaison avec pétrole, le gaz se forme à des profondeurs et à des températures plus élevées tout en sachant que la température augmente avec la profondeur d'après le gradient géothermique. Quant au charbon, il se formera à des profondeurs et des températures plus importantes, mais pourra émerger en surface suite à l'érosion ou à des mouvements tectoniques. Mais qu'est-ce qui différencie chimiquement le charbon du pétrole et du gaz ?

Contrairement à ces derniers qui sont constitués uniquement d'hydrogène et de carbone, le charbon est composé d'hydrogène, de soufre, d'oxygène et surtout de carbone. Ainsi, en fonction de la teneur en carbone, de la profondeur d'enfouissement et de la température du gisement, il existe deux grandes catégories de charbon : les charbons de rang inférieur (le lignite, le sous-bitumineux) et les charbons de haut rang (la houille, les bitumineux, l'anthracite).

Par définition, les *charbons de rang inférieur* ont des teneurs en carbone en dessous de 70%. Il s'agit de la tourbe comprenant 50% de carbone, du lignite qui est composée de 50% à 60% de carbone et des sous-bitumineux qui sont constitués de 60% à 70% de carbone. Ce type de charbon se forme à de plus faibles profondeurs. La tourbe se trouvera dans les tourbières et le lignite dans les zones boisées.

Quant aux *charbons de rang supérieur*, ils sont composés à plus de 70% de carbone. Ils sont généralement connus sous le nom de « houille ». Sous cette appellation se regroupent les bitumineux constitués de 70% à 90% de carbone et l'anthracite qui est constituée de plus de 90% de carbone. Ce sont les bitumineux qui sont utilisés comme « charbon à vapeur » pour produire de la vapeur et de l'énergie pour les trains à vapeur d'autrefois ou comme « charbon à coke » pour produire du coke après avoir été carbonisés dans un four à plus de 1000°C sans oxygène. Pour obtenir un tel niveau de pourcentage de carbone, il est bien évident que ce type de charbon se forme à des profondeurs plus importantes que les charbons de rang inférieur. Avec l'enfouissement, les dépôts carbonés (la tourbe, la lignite) vont subir une transformation progressive en houille pour atteindre jusqu'à 10 km de profondeur dans certaines régions du monde.

Les énergies fossiles sont bien des formes d'énergie chimique. C'est d'ailleurs à cause de son caractère chimique que le pétrole nécessite d'être raffiné pour en extraire toutes sortes d'hydrocarbures et de carburants que nous utilisons au quotidien. Aussi, c'est en tenant compte de leur pouvoir chimique et calorifique élevé que le gaz et le charbon font partie des combustibles les plus brûlés pour produire de l'électricité, cuisiner ou chauffer des bâtiments. D'ailleurs, c'est également du fait de son grand pourcentage en atomes de carbone que le nom *carbonifère* a été donné à une ère géologique datant de 300 millions d'années dans laquelle d'importants gisements de charbon ont été découverts dans le monde. Même si des gisements de charbon plus récents ont été aussi identifiés dans l'ère tertiaire (la lignite) et dans l'ère quaternaire (la tourbe), le carbonifère reste l'ère majeure du charbon compte tenu des immenses dépôts de biomasse, c'est-à-dire, de matière organique qui y ont eu lieu.

II.3.5.b - La biomasse

Si la biomasse est à la base de la formation du pétrole, du gaz et du charbon comme je l'ai expliqué précédemment, vous déduisez clairement que c'est également une forme d'énergie chimique.

Par définition, la biomasse représente l'ensemble des matières organiques végétales (bois, feuilles, restes alimentaires) et animales (êtres vivant dans le sol, cadavres d'animaux) susceptibles de se transformer en énergie. Ainsi, il existe trois formes de biomasse produisant de l'énergie en se basant sur leur état physique : la biomasse solide, la biomasse liquide et la biomasse gazeuse.

Les biomasses solides telles que les pailles, les copeaux et les bûches vont servir à produire de l'énergie à travers leur mise en feu destinée à la cuisson des aliments ou au chauffage des habitations.

Les biomasses liquides représentées par les huiles végétales et les bio-alcools (colza, blé, maïs...) serviront d'énergie pour des véhicules. C'est l'exemple du bioéthanol, de l'huile de colza ou de l'huile végétale pure (HVP) ou brute (HVB) qui sont employées comme carburants par des moteurs diesel.

Les biomasses gazeuses sont bien connues via les biogaz qui sont le produit de la fermentation de la matière organique en l'absence d'oxygène. Les biogaz sont donc des gaz combustibles constitués essentiellement de méthane et de dioxyde de carbone. Ainsi, comme le gaz naturel, les biogaz seront également utilisés comme une source d'énergie pour produire de la chaleur et de l'électricité. De plus, lorsque le biogaz est purifié en biométhane, il peut être employé comme gaz naturel pour les véhicules ou intégré dans le réseau de distribution de gaz naturel.

II.3.6 - L'énergie nucléaire

L'énergie nucléaire vient de l'utilisation des forces de liaison des protons et des neutrons formant les noyaux des atomes. Comme je l'ai expliqué dans les paragraphes précédents, c'est la forte énergie dégagée sous forme de chaleur lors du processus de transformation par fission ou par fusion des atomes lourds constitués par exemple par l'uranium 235 (U^{235}) et le plutonium (Pu^{239}) en atomes légers, qui forme l'énergie nucléaire employée pour produire l'électricité.

L'énergie nucléaire est donc une forme d'énergie à part entière, car elle ne dépend ni du Soleil, ni de la biomasse ou encore moins de la chaleur interne de la Terre, mais uniquement de l'exploitation de matières premières minérales stratégiques énergétiques et rares telles que l'uranium et le plutonium qui sont radioactives et aussi de l'application par l'homme des méthodes physiques expérimentales de fission et de fusion sur ces dernières. C'est d'ailleurs le caractère radioactif et donc dangereux pour les profanes qui fait la spécificité de cette forme d'énergie et constitue les motifs pour lesquels elle est combattue par les défenseurs de l'environnement. Même si plusieurs militent pour son abolition en Europe, elle a encore de beaux restes en Asie, notamment, en Chine et au Japon et beaucoup d'années d'exploitation en Occident, car elle demeure l'une des formes d'énergies fossiles sûres pour basculer progressivement dans la transition vers les énergies moins polluantes.

II.3.7 - L'énergie électrique

L'énergie électrique est la conséquence du déplacement des électrons dans un corps conducteur (cuivre, fer, aluminium, acier…). Au moment où j'écris ce livre, l'énergie électrique est incontestablement la forme d'énergie la plus utilisée. En vérité, toutes les formes d'énergie convergent vers l'énergie électrique. En clair, les différentes formes d'énergie comme l'énergie radiative, l'énergie de gravitation, l'énergie cinétique, l'énergie chimique et l'énergie nucléaire ont pour vocation d'être transformées en énergie électrique. L'énergie électrique est au centre de nos activités. Elle est au cœur de l'efficacité de nos moyens de déplacement (voiture, train, avion, bateau, métro…), à l'origine du fonctionnement de nos outils d'alimentation (micro-ondes, four, cuisinière…), à la base du fonctionnement de nos appareils de communication (téléphone, smartphone, ordinateur…) et en avant-garde de la performance de nos infrastructures énergétiques (éclairage, électricité haute tension et basse tension…). Par exemple, aujourd'hui, plus de 800 millions de téléphones portables sont utilisés en Afrique et nécessitent un rechargement électrique quotidien de leurs batteries. C'est pourquoi l'énergie électrique est un pilier essentiel pour le développement d'un pays et l'évolution de notre société actuelle.

Un pays sans énergie électrique suffisante ne peut connaître le plein essor ni émerger, car toutes les industries et les usines qui doivent y contribuer sont fortement dépendantes de cette forme d'énergie pour leur croissance et pour l'augmentation de leurs chiffres d'affaires. Dans l'exercice de mes fonctions professionnelles, il m'est arrivé à plusieurs reprises d'obtenir des habilitations électriques en haute tension et basse tension. Cela m'a permis de comprendre que l'énergie électrique est la source de l'émergence de la plupart des pays développés. Si un pays veut continuer à exister dans le monde tout en maintenant son influence, il doit posséder au moins des stocks d'énergie électrique pour alimenter ses populations et ses différents secteurs d'activité. C'est pourquoi de nombreux pays autosuffisants en énergie électrique vendent l'électricité à leurs voisins, notamment, en Afrique de l'Ouest où des pays comme la Côte d'Ivoire sont des hubs électriques pour la sous-région.

L'énergie électrique est tellement importante que certains leaders d'opinion du monde n'hésitent pas à dire que l'électricité et par suite l'accès à l'Internet sont indispensables au développement de l'Afrique. Je complète leur propos en disant :

« Sans énergie et sans électricité, il n'y a pas de transformation de matières premières minérales et agricoles et donc pas d'industrie et de développement économique. »

D'ailleurs, plusieurs organisations non gouvernementales, des entreprises et des fondations africaines et occidentales militent pour plus d'énergie, c'est-à-dire, davantage d'électricité et d'éclairage (électrification) en Afrique pour que ce continent amorce sans obstacle, incessamment et irréversiblement son développement infrastructurel, industriel et économique. C'est ce qu'ont compris l'ancien ministre français, monsieur Jean Louis BORLOO à travers sa fondation créée en 2014 et dénommée « Énergies pour l'Afrique » et la mégastar sénégalo-américaine de la chanson AKON via sa société appelée « Akon Lighting Africa » créée en février 2014.

Par l'entremise d'Énergie pour l'Afrique, monsieur BORLOO vise à contribuer à l'électrification de l'Afrique en 10 années en s'appuyant sur les dons des particuliers et des multinationales et en encourageant la création d'un fonds panafricain de soutien à l'électrification de l'Afrique. À mon humble avis, ce serait une façon raisonnable de rendre la monnaie à ce beau continent, car plusieurs fortunes dans le monde et de nombreuses multinationales doivent parfois leur rapide expansion à l'Afrique et à ses ressources naturelles, notamment, celles des secteurs miniers, pétroliers, des travaux publics et du numérique.

Grâce à Akon Lighting Africa, le chanteur et homme d'affaires AKON, associé au politicien sénégalo-américain Thione NIANG et à l'entrepreneur malien Samba BATHILY, envisagent de développer l'électrification de l'Afrique à partir de l'énergie solaire en vendant des lampadaires, des microcentrales solaires et des systèmes solaires domestiques.

Effectivement, l'électricité est encore un maillon faible et parfois manquant de la chaîne de développement de plusieurs pays africains alors qu'ils ont tous les atouts et toutes les richesses naturelles nécessaires pour être autosuffisants en énergie électrique.

Dès lors, ce livre est une alarme et un appel à l'aide en faveur de l'électrification rapide de l'Afrique face à l'accroissement rapide de sa population, ce que je ne cesse de clamer depuis mon premier ouvrage sur ce continent. À ce stade de l'ouvrage, un autre rappel ne serait pas de trop.

Selon la fondation « Énergie pour l'Afrique », chaque année, ce sont 10 millions d'Africains de plus qui n'ont pas accès à l'énergie. Ce nombre n'est pas négligeable, car il peut constituer la population d'un pays. Cela sous-entend que chaque année, c'est en moyenne la population d'un pays d'Afrique ou du monde qui n'a pas accès à l'électricité qui est une énergie vitale pour la vie quotidienne sur la Terre. De façon cumulée, aujourd'hui, c'est plus de 650 millions de personnes qui vivent sans électricité en Afrique sachant que sa population doublera d'ici 2050, c'est-à-dire, dans 30 années avec environ 1 milliard de nouvelles naissances. Cela veut dire qu'en 2050, plus de 2 milliards de personnes vivront sur les terres africaines. Dans toute l'histoire de l'humanité, aucune région du monde n'a connu une croissance démographique comme celle que l'Afrique s'apprête à vivre. Qu'on le veuille ou pas, c'est un fait marquant et un tournant décisif à étudier pour comprendre, anticiper et prévenir ce que deviendra la vie sur la Terre dans les décennies à venir. Il faut donc trouver des solutions immédiates aujourd'hui pour régler dans un premier temps le défi énergétique actuel connu sur ce continent, mais aussi dans un deuxième temps, anticiper ce même défi énergétique dans la continuité, pour prévenir les dangers énergétiques et démographiques imminents qui se présenteront à nous dans 30 années si rien n'est fait maintenant. Pour appuyer mes propos sur ce point important, j'aimerais dire ceci :

« Aider l'Afrique sur le plan énergétique, c'est aider le monde sur le plan économique. »

D'ailleurs cette déclaration se confirme par cette statistique pertinente d'Énergie pour l'Afrique qui soutient que si la croissance des pays africains passe de 5% à 15% par année, cela augmentera celle de l'Europe de 2% parce que l'Afrique est un partenaire incontournable et privilégié de l'Europe. C'est pour toutes ces raisons que l'objectif majeur d'Énergie pour l'Afrique est de connecter 600 millions d'Africains d'ici 2025. Il est vrai que ce n'est pas un objectif facile à atteindre, mais c'est un défi qui est surmontable si tout le monde y met les moyens pour aider l'Afrique dont l'avenir est aussi celui du monde.

En vérité, militer et promouvoir l'électrification de l'Afrique est une action salutaire au même titre que les œuvres humanitaires et les actions de charité, car en analysant la carte satellitaire des éclairages urbains du monde, il est facile de discerner les disparités qui existent entre les continents (Figure 22). On en déduit que pendant que l'Europe et l'Amérique du Nord sont éclairées, l'Afrique reste dans le noir. On peut même dire que l'Europe et l'Amérique du Nord sont illuminées au point d'identifier distinctement leurs villes depuis l'espace tandis qu'à l'opposé, de l'autre côté de l'océan Atlantique et de la Méditerranée, les villes africaines sont invisibles. Curieusement, l'Afrique qui est le continent de la race noire en majorité vit également dans le noir comme si ce continent était abonné viscéralement à l'obscurité et aux ténèbres. Évidemment, c'est une métaphore et une figure de style que j'emploie pour signaler que de tous les continents de la planète, l'Afrique est le moins éclairé, c'est-à-dire le moins électrifié. En clair, le survol nocturne d'un pays permet de situer son niveau de vie, d'électrification et de développement. En termes de chiffres, l'Afrique subsaharienne est électrifiée à moins de 30%. C'est une raison supplémentaire qui prouve qu'il faut une union internationale et une vraie volonté supracontinentale pour accélérer l'électrification de ce continent qui est un vieux débat qui resurgit avec sa démographie galopante, car même le Moyen-Orient, l'Amérique du Sud, l'Asie sont désormais mieux éclairés que l'Afrique.

Figure 22 : Carte satellitaire mondiale des éclairages urbains montrant les disparités entre les continents (www.lefigaro.fr, Marielle COURT, 21 Avril 2011)

Même si l'électricité est une forme d'énergie formidable, il faut retenir que le problème majeur de son exploitation est son stockage. Tous les axes de recherches actuels sont orientés vers les techniques de stockage de l'électricité, car contrairement aux énergies chimiques (pétrole, gaz, charbon) palpables, visibles et donc faciles à stocker, l'énergie électrique immatérielle, invisible n'est pas stockable pour le moment et est difficilement canalisée. Ainsi, la structure de recherche qui arrivera à trouver des méthodes de stockage efficaces de l'énergie électrique aura réussi l'une des révolutions et des avancées technologiques les plus marquantes de la transition énergétique et de notre siècle.

De nos jours, toutes les sources d'énergie et toutes les formes d'énergie sont de plus en plus réduites en différents types d'énergie compte tenu du fait que les exigences en matière d'environnement et d'écologie sont désormais incontournables et mises en avant dans les débats qui entourent l'exploitation des énergies.

II.4 - Quels sont les types d'énergies ?

Dans la gestion de l'énergie, la prise en compte du développement durable qui intègre la protection de l'environnement et de l'écologie dans la croissance économique permet de scinder les énergies en trois types ou catégories majeures : les énergies non renouvelables, les énergies renouvelables et l'énergie nucléaire.

II.4.1 - Les énergies non renouvelables (les énergies fossiles et l'énergie nucléaire)

Dans les précédents paragraphes, j'avais défini les énergies non renouvelables. Cependant, il est toujours bien de clarifier le terme « renouvelable » qui n'est pas à prendre au sens propre. Il serait plutôt juste de les appeler « énergies non renouvelables à l'échelle humaine », car plusieurs sources d'énergies dites non renouvelables sont en vérité renouvelables et se régénèrent sur une période qui dépasse la durée de vie humaine. Ainsi, l'homme durant sa vie sur la Terre ne peut percevoir le cycle naturel et le caractère renouvelable de ces énergies. Ainsi, dans la catégorie des énergies non renouvelables sont identifiées les énergies fossiles (pétrole, gaz, charbon) et l'énergie nucléaire (uranium, plutonium). Le renouvellement de toutes ces matières premières minérales énergétiques qui a lieu dans les profondeurs de la Terre se fait sur des milliards d'années ce qui dépasse largement la durée de vie humaine d'où leur caractère non renouvelable.

II.4.2 - Les énergies renouvelables

Par définition, les énergies renouvelables sont des énergies qui se régénèrent à l'échelle de la vie humaine. C'est le cas des énergies solaires (énergies radiatives), éoliennes (énergies cinétiques), de la biomasse (énergies chimiques) et des énergies hydrauliques (énergies cinétiques). Généralement, le Soleil est connu comme le moteur des énergies renouvelables parce qu'il paraît chaque jour au zénith en émettant ses rayons solaires, mais en réalité, sa durée de vie est limitée dans le temps et sa fin ne sera pas visible à l'échelle humaine. On pourrait donc le considérer comme une énergie non renouvelable, mais sa longue durée de vie de l'ordre du milliard d'années lui donne un caractère renouvelable à l'échelle humaine. Dans l'autre sens, j'avais démontré aussi que les énergies fossiles non renouvelables (pétrole, gaz, charbon) pouvaient être considérées comme des énergies renouvelables, car elles se régénèrent en vérité pendant des périodes plus longues que la vie humaine. J'ai fait ressortir cette nuance pour dire que les notions d'énergies renouvelables ou non renouvelables sont discutables et relatives si on considère des périodes plus longues que la vie humaine.

II.5 - Les énergies non renouvelables face aux énergies renouvelables

De plus en plus, les énergies renouvelables sont opposées aux énergies non renouvelables par les défenseurs de l'environnement et de l'écologie qui souhaitent voir le remplacement des dernières cités par les premiers. La pression est tellement forte que les États se lancent également dans cette mission donnant irréversiblement la place à une transition énergétique qui arrive plus ou moins vite d'un pays à l'autre selon les objectifs qu'ils se sont donnés sur le plan énergétique et selon les avancées de la recherche dans ce secteur.

II.5.1 - Les énergies non renouvelables

Quoique les uns et les autres disent, au moment où j'écris ce livre en 2019, les énergies non renouvelables (pétrole, gaz, charbon, uranium...) sont toujours celles qui fournissent l'essentiel de l'énergie et de l'électricité dont ont besoin les hommes pour vivre sur la Terre et pour alimenter leurs industries.

II.5.1.a - Les énergies non renouvelables : de plus en plus rares, mais toujours indispensables

Il est bien de rappeler que la plupart des énergies non renouvelables (pétrole, gaz, charbon, uranium) sont d'abord des minerais ou des matières premières minérales énergétiques qui forment des gisements enfouis dans le sous-sol. Il faut donc les soupçonner, les localiser et aller les chercher en utilisant premièrement, des méthodes géophysiques non intrusives (sans trou) et deuxièmement, des techniques intrusives (forages, excavations) parfois très onéreuses.

Cela veut dire que les énergies non renouvelables sont avant tout des ressources naturelles très rares.

En effet, il y a plusieurs décennies, il était aisé de les trouver. Par exemple, des découvertes de nouveaux gisements de pétrole ou de gaz s'enchaînaient et étaient annoncées chaque semaine par des multinationales pétrolières. L'homme a beaucoup profité de cet état de grâce parce que ces ressources rares étaient devenues exceptionnellement accessibles au point de les gaspiller sans penser au lendemain et à l'avenir énergétique des futures générations. Cependant, depuis ces dernières décennies, les gisements de pétrole, de gaz et de charbon sont de plus en plus rares et même quand ils sont découverts, ils sont très profonds et nécessitent des techniques d'exploitation pas encore maîtrisées et très onéreuses qui ne sont pas rentables pour les entreprises exploitantes. En conséquence, ces gisements sont très souvent abandonnés, ce qui réduit considérablement l'accessibilité aux énergies non renouvelables. Parce qu'elles sont toujours indispensables, leur absence sur le marché ne manque pas de susciter des remous sociaux et des grèves au sein des populations qui réclament immédiatement la baisse du prix de l'essence à la pompe en cas d'augmentation lorsque l'offre est faible face à la forte demande. Parmi plusieurs preuves, celle-ci montre que les énergies non renouvelables sont toujours incontournables à l'échelle mondiale.

II.5.1.b - Les énergies non renouvelables : une exploitation critiquée, mais une utilité vitale pour la société

L'exploitation des énergies non renouvelables (pétrole, gaz, charbon) est combattue depuis l'optimisation des méthodes de production d'électricité à partir des énergies renouvelables et la part grandissante de ces dernières dans la fourniture d'électricité dans le monde.

En effet, depuis ces deux dernières décennies, tous les observateurs de la nature sont unanimes pour dire que le monde connaît un bouleversement dans son environnement qui se traduit par des changements météorologiques sans précédent. Nous assistons à une véritable transition climatique qui déjoue toutes les prévisions et tous les pronostics des météorologues et des experts environnementalistes et écologistes. D'ailleurs, ces derniers soutiennent que l'actuelle transition climatique n'est que la conséquence de la surexploitation des énergies non renouvelables dont la consommation est accompagnée généralement d'émission de gaz à effet de serre (CO_2) dans l'atmosphère. Ils estiment que pour stopper cette transition climatique avec ses hémorragies environnementales, il faut sans attendre effectuer cette nécessaire transition énergétique que tous, gouvernements et populations, souhaitent vivement. Est-il vrai et juste qu'il faut une transition énergétique pour arrêter la transition climatique ? Pour répondre à cette question, il est primordial de connaître les éléments visibles ou les signes palpables qui définissent et annoncent la transition climatique. Quels sont ces signes ?

Le réchauffement de la surface terrestre et de l'air ambiant provoqué par les rayons solaires transperçant la couche d'ozone qui a de plus en plus de mal à les retenir, les dérèglements des saisons avec la présence de fortes températures solaires en hiver ou les tombées de neige en grande quantité ou de grêlons aux tailles diverses en plein été dans plusieurs régions du monde, les orages violents accompagnés d'inondations dans des pays désertiques ou sahéliens habituellement chauds et secs, la multiplication et la récurrence des cyclones et des tempêtes dans les îles et en Amérique, les grandes sécheresses qui occasionnent l'embrasement des forêts sont quelques-uns des éléments qui identifient l'actuelle transition climatique que subit le monde.

En vérité, toutes les transitions ne sont pas mauvaises. D'ailleurs, certaines d'entre elles comme la transition énergétique que j'aborderai plus tard sont souhaitées. Et quand même des transitions ne sont pas souhaitées ou acceptées, elles s'imposent à nous et la seule solution restante est de nous y adapter pour anticiper et minimiser leurs conséquences néfastes sur l'humanité en changeant notre manière de vivre, de consommer ou notre mode de fonctionnement au risque de disparaître ou de mourir. Ainsi, contrairement aux autres transitions, la transition climatique n'est pas souhaitée, car elle a des effets néfastes sur l'homme. Par exemple, le réchauffement climatique a beaucoup de conséquences sanitaires (cancers de la peau) et agricoles (sécheresse, famine) et donc économiques.

Heureusement, l'une des causes principales de cette transition climatique est bien connue selon les études météorologiques et les recherches sur l'environnement. Il s'agit des énergies non renouvelables (pétrole, gaz, charbon…). La cause étant identifiée si elle est muselée ou réduite, la conséquence qui est la transition climatique ne pourra que s'estomper ou même s'arrêter avec un réarrangement à la normale des paramètres climatiques qui régissent le monde depuis l'origine. Pour éteindre la transition climatique, il faut donc réduire notre dépendance aux énergies non renouvelables et favoriser l'exploitation des énergies renouvelables dont la consommation ne produit pas de gaz à effet de serre conséquent pour détruire la couche d'ozone et dérégler la météorologie mondiale. Cela s'appelle la transition énergétique. Cette démonstration me permet de répondre à la question posée en amont. Oui, la transition énergétique peut freiner et arrêter la transition climatique. C'est la raison pour laquelle les énergies non renouvelables sont combattues par les défenseurs de l'environnement et de l'écologie. Cependant, pour le moment, le monde peut-il se passer des énergies non renouvelables avec toutes les oppositions à leur exploitation ?

Pour contraindre les populations et des industries à s'en détourner au profit des énergies renouvelables, des États comme la France ont même mis en place des amendes contre la production de gaz à effet de serre dénommées « la taxe carbone », mais cette dernière n'a jamais suscité l'engouement jusqu'à sa suppression après plusieurs journées de grèves, de contestations et de manifestations.

Ainsi, alors que tous militent pour moins d'énergie non renouvelable (pétrole, gaz, charbon), les États-Unis, qui font partie des plus importants consommateurs de ce type d'énergie, ne cessent d'augmenter leur production de pétrole et de gaz en exploitant le pétrole et le gaz de schiste jugés également anti-écologiques et anti-environnementaux au point de se hisser dans le carré des grands producteurs de pétrole et de gaz de la planète (Figure 11).

Avec de tels agissements qui vont à contre-courant de la volonté internationale commune de réduire les pollutions et les gaz à effet de serre et suite à la non-signature par les États-Unis de l'accord mondial sur l'environnement à la COP 21 en 2015, il est évident que le monde a pour le moment du mal à se défaire des énergies non renouvelables qui restent toujours indispensables, nécessaires et même incontournables dans nos habitudes énergétiques. Ainsi, le chemin qui mène aux énergies renouvelables est sûr, mais il reste encore très long.

II.5.2 - Les énergies renouvelables

II.5.2.a - Les énergies renouvelables : la relève

Contrairement aux énergies non renouvelables qui sont rares et nécessitent toujours des campagnes d'exploration du sous-sol assez coûteuses, les énergies renouvelables sont plus disponibles et facilement accessibles. Par exemple, c'est le cas du Soleil qui ne demande pas beaucoup d'efforts à l'homme pour recueillir et concentrer les rayons solaires. Les cours d'eau sont également disponibles partout dans le monde pour produire l'énergie hydraulique et l'énergie hydroélectrique. D'ailleurs, les 2/3 de la surface planétaire sont occupés par les océans qui sont aussi de véritables générateurs de vents d'où provient l'énergie éolienne. Ainsi, au moment où tous repensent la politique énergétique du monde pour stopper la transition climatique et rendre agréable la vie sur la Terre aux niveaux météorologique et environnemental, les énergies renouvelables sont un choix primordial pour leur disponibilité, leur faible coût de production, mais surtout leur caractère non polluant. Il ne faut pas oublier que leur atout majeur comparé aux énergies non renouvelables est qu'elles ne produisent pas autant de dioxyde de carbone (CO_2) destructeur de la couche d'ozone que ces dernières.

II.5.2.b - Les énergies renouvelables : le nouvel objet de recherche des États et des multinationales du secteur de l'énergie

Il est vrai que si le monde veut arrêter de s'autodétruire en préservant et en régulant son climat, les énergies renouvelables sont la relève sûre pour remplacer les énergies non renouvelables à cause de leur disponibilité, leur faible coût de production et leur faible dégagement de CO_2. Cependant, le maillon faible de ce bon choix qui peut barrer la route à la transition énergétique est la faible production d'électricité des énergies renouvelables.

En effet, la principale énergie produite par les énergies renouvelables reste l'électricité, mais depuis plusieurs années, la part des énergies renouvelables dans la production mondiale d'électricité reste encore faible avec des pourcentages généralement en dessous de 20%. Dès lors, si les énergies renouvelables veulent assumer la relève et être à la hauteur des attentes, il faut trouver des moyens pour optimiser et augmenter la production d'électricité qui en découle. Ainsi, conscients de ce défi qu'il faut absolument surmonter pour réussir la transition énergétique, tous les États et toutes les multinationales du secteur de l'énergie créent exclusivement en leur sein des pôles de recherche et de développement dont le seul but est de produire suffisamment d'électricité à partir des énergies renouvelables.

Je disais dans les paragraphes précédents que, lorsqu'une transition survient, vous devez immédiatement la stopper si elle est mauvaise ou vous adapter si elle est bonne pour éviter de périr, de mourir ou bien de la subir. C'est ce que font aussi les multinationales pétrolières qui ont compris le besoin pour elles d'aller également dans le sens de la transition énergétique même si la promotion de cette dernière est en vérité contre leur activité. En vérité, encourager la production d'énergie renouvelable, c'est tuer les énergies non renouvelables, c'est-à-dire détruire les entreprises et les multinationales pétrolières et même l'industrie pétrolière, ce qui n'est pas sans conséquences sociales, économiques et professionnelles avec les pertes d'emploi dans le secteur. Cependant, c'est un mal nécessaire, car les compagnies pétrolières n'ont pas d'autre choix que de se lancer également dans cet axe de recherche de peur de disparaître ou d'être combattues. C'est pourquoi des multinationales pétrolières comme Total ne lésinent pas sur les moyens pour amplifier la recherche dans l'objectif de devancer leurs concurrents en matière d'innovations et de développements des techniques qui encadrent la production maximale d'électricité. Je peux vous certifier que Total fait des progrès énormes dans ce sens, car déjà en 2012, lors de mon passage dans cette entreprise, j'ai pu le constater. En plus d'elle, une multinationale comme ENGIE connue autrefois sous le nom de GDF-SUEZ qui produit de l'énergie à partir du gaz, énergie non renouvelable, ne passe pas un jour sans créer des postes professionnels destinés au développement des énergies renouvelables.

Quant aux États, pour encourager la recherche autour des énergies renouvelables, ils investissent davantage dans le mix énergétique en augmentant la part des énergies renouvelables dans leur production d'électricité et d'énergie en général.

En constatant ces efforts divers des acteurs du secteur de l'énergie, il y a donc une véritable convergence mondiale et des points d'accords communs à l'échelle planétaire sur la nécessité d'orienter la recherche vers le développement des énergies renouvelables pour stopper ou au moins réduire les effets du réchauffement climatique

II.5.3 - Les énergies non renouvelables loin devant les énergies renouvelables

Bien qu'elles soient appelées de tous les vœux et malgré tous les apports financiers actuels pour leur développement rapide, les énergies renouvelables sont loin derrière les énergies non renouvelables dans les habitudes de consommation énergétique des hommes sur la Terre. Cette remarque est visible tant au niveau domestique qu'industriel.

Au niveau domestique, la plupart des particuliers des grandes villes continuent à chauffer leurs habitations et à cuisiner avec le gaz naturel fourni dans les réseaux par les concessionnaires. La plupart des véhicules qu'ils utilisent ont encore des moteurs à combustion qui fonctionnent à l'essence ou au diesel (des produits dérivés du pétrole), car les véhicules électriques sont encore très onéreux malgré l'incitation des gouvernements auprès des populations pour les acquérir.

Quelqu'un a dit que les besoins primaires de l'homme sont : manger (en cuisinant), se vêtir (pour se réchauffer) et se loger (pour se réchauffer également). Sur ces trois besoins primaires, l'homme est encore largement dépendant des énergies non renouvelables (pétrole, gaz, charbon, uranium) en plus de son besoin de se déplacer avec une voiture, un avion ou un train, ce qui reste non négligeable sur le plan énergétique. D'ailleurs, l'une des principales poches de consommation d'énergie des hommes est celle liée à leurs déplacements. Ainsi, la cause majeure de production des gaz à effet de serre, qui détruisent la couche d'ozone et provoquent le réchauffement climatique, est le dioxyde de carbone issu des pots d'échappement des véhicules fonctionnant au diesel, à l'essence et au gaz.

Au niveau industriel, beaucoup d'usines et d'industries sont encore abonnées à l'utilisation des énergies non renouvelables (pétrole, gaz, charbon, uranium) à cause de leur trop grande consommation journalière d'énergie que ne peuvent supporter les énergies renouvelables. Généralement, ces édifices d'activités produisent 24 heures sur 24 heures et ont besoin de fonctionner sans s'arrêter alors que la part des énergies renouvelables, dans la production d'électricité que ces usines utilisent, est encore trop faible dans la majorité des pays développés qui sont d'abord des pays industrialisés.

Jusqu'à aujourd'hui, plusieurs de ces pays occidentaux qui ont connu la 1re révolution industrielle au XVIIIe siècle débutant en 1760, ont gardé la même habitude : l'utilisation du charbon comme source d'énergie principale pour alimenter leurs usines. Des pays émergents comme la Chine les ont rejoints. Ainsi, la 2e révolution industrielle qui a commencé au XIXe siècle, précisément en 1880, a connu son essor grâce au pétrole et à l'électricité. Encore une fois, le pétrole et l'électricité continuent à être les énergies les plus utilisées même dans les pays en voie de développement. D'ailleurs, les historiens soutiennent que la révolution industrielle a eu lieu grâce à l'énergie.

D'autres disent que c'est le couple charbon-vapeur, avec la découverte de la machine à vapeur en 1767 par James WATT, qui a donné le coup d'envoi à la révolution industrielle. À ces deux premières révolutions industrielles qui ont atteint leur apogée grâce à ces énergies non renouvelables, se sont ajoutées la révolution des transports et la révolution de la communication.

La révolution des transports qui s'est faite également avec le pétrole, le charbon et l'électricité et grâce au percement du canal de Suez en 1869 et du canal du Panama en 1914 a entraîné l'essor du rail, de la navigation maritime, de l'automobile et la naissance de l'aviation. Elle continue à employer principalement les énergies non renouvelables. En observant uniquement le nombre d'avions commerciaux volant au kérosène (dérivé du pétrole) par jour, vous comprenez aussi que les énergies non renouvelables sont toujours bien loin devant les énergies renouvelables.

La révolution de la communication, qui doit aussi son développement au pétrole, à l'électricité et à la découverte du télégraphe en 1840 par Samuel MORSE et à celle du téléphone en 1876 par Graham BELL, fait partie de ces industries qui continuent à utiliser les énergies non renouvelables. De surcroît, notre siècle est connu comme celui de la révolution numérique.

Ainsi, en l'absence de substitut énergétique à la hauteur, la révolution industrielle, la révolution des transports et la révolution de la communication se poursuivent jusqu'à nos jours, car les pays du monde et leurs industries continuent à utiliser ces énergies non renouvelables.

Pour toutes ces raisons, les énergies non renouvelables seront encore pendant longtemps très loin devant les énergies renouvelables, car les habitudes de consommation énergétique de la société et les activités humaines y sont toujours viscéralement attachées.

CHAPITRE III
LES ENJEUX DE LA TRANSITION ÉNERGÉTIQUE ET ÉCOLOGIQUE

Les différentes définitions et les diverses facettes d'énergie que j'ai abordées dans le chapitre précédent ont montré qu'en fonction de leur source d'origine, les nombreuses formes et les multiples types d'énergie peuvent engendrer plus ou moins de pollutions destructrices de l'environnement. La conséquence majeure de ces pollutions n'est rien d'autre que le réchauffement climatique et d'autres phénomènes inhabituels observés partout à la surface de la Terre au cours de cette dernière décennie. C'est la preuve que notre monde actuel est en mutation et subit une véritable transition climatique et un sévère dérèglement météorologique qui ne peuvent être stoppés que par l'application de réelles politiques de transition énergétique pensées à l'échelle mondiale. Cependant, la transition climatique et la transition énergétique sont elles-mêmes liées et influencées par les transitions démocratiques, démographiques et technologiques qui secouent actuellement le monde et le mode de vie des habitants.

III.1 - La complexité des transitions

Toutes les transitions sont complexes et parfois difficiles à accepter lorsque nous sommes installés dans notre zone de confort depuis plusieurs années pour les hommes ou plusieurs siècles ou millénaires pour notre planète, la Terre. Naturellement, aucun homme n'a envie que son mode de vie et ses habitudes soient perturbés ou modifiés surtout quand il se sent bien dans son environnement. Ainsi, tous les changements brutaux qui surviennent dans ses habitudes et son environnement vont entraîner des réactions humaines adéquates et conséquentes pour s'adapter à ces variations ou les stopper. Et ces réactions de l'homme face aux modifications de son mode de vie sont contraignantes pour lui et difficiles à accepter d'autant plus que ces transitions ne sont pas toujours compréhensibles dans leur déroulement et sont parfois très complexes.

Les réactions de l'homme étant également celles du monde, il est bien pour ces derniers de comprendre le fonctionnement, la complexité et les subtilités de ces transitions pour mieux répondre aux grands bouleversements qui les accompagnent et affectent notre civilisation.

Comme je l'ai indiqué précédemment, qu'elles soient démocratiques, démographiques, technologiques, climatiques, écologiques ou énergétiques, toutes ces transitions sont liées et certaines d'entre elles sont les conséquences des autres. Ainsi, le fait de connaître les relations qui existent entre ces différentes transitions sera d'un apport significatif pour une bonne réplique à leurs conséquences négatives ou positives.

III.1.1 - Les transitions démocratiques

Les transitions démocratiques dans un pays sont les périodes ou les processus pendant lesquels le gouvernement sortant cède le pouvoir au gouvernant entrant. Certains disent parfois que le pouvoir ne se donne pas ou ne cède pas, mais s'arrache. C'est cette deuxième option qui est observée généralement dans les pays en voie de développement d'Afrique et dans certains pays du Moyen-Orient et d'Amérique latine qui sont aussi paradoxalement et curieusement de grands producteurs de pétrole et de gaz donc d'énergie.

En effet, lors des joutes électorales qui sont la voie légale et autorisée des transitions démocratiques, la majorité de ces pays connaissent des troubles compte tenu des enjeux financiers liés à l'exploitation de leurs réserves de pétrole et de gaz. Pour ceux qui régissent et contrôlent les marchés de l'énergie, il est important et primordial que le futur président du pays producteur de pétrole et de gaz soit modéré et favorable à leur exploitation et surtout leur garantisse un accès facile à ces ressources énergétiques. Il doit être un président qui met en confiance la communauté internationale dont les membres sont pour la plupart les plus grands consommateurs d'énergie. Cependant, ces prévisions ne se passent pas toujours ainsi, car très souvent, les hommes choisis par la communauté internationale ne sont pas forcément les choix des populations des pays concernés, ce qui entraîne des heurts, des troubles, des conflits et parfois, des guerres meurtrières en cas d'imposition ou de passage en force du candidat de la communauté internationale lors de la proclamation des résultats définitifs des élections. C'est l'une des raisons fondamentales pour lesquelles les transitions démocratiques sont assez complexes.

Parfois ces transitions démocratiques ne se font même pas au cours d'élections, mais à la suite de révoltes des communautés locales, ethniques ou religieuses supposées défavorisées dans les pays producteurs et qui prennent de l'ampleur avec des soutiens pour se transformer plus tard en rébellion ou en groupe de pression armé dont le seul but est de voir le départ du président sortant par tous les moyens y compris la force. Parmi les pays qui ont subi ces transitions démocratiques complexes, on connaît la Libye, le Soudan, l'Angola, le Nigéria, l'Irak, le Koweït, le Venezuela, etc.

Comme je l'ai expliqué dans les chapitres précédents, le cas de la Libye est l'exemple typique de la transition démocratique complexe qui est faite sans élection et liée directement aux ressources énergétiques (pétrole, gaz) et aux questions qui entourent les transitions monétaires et bancaires qui affectent certaines régions du monde. Cette vérité a été révélée lors de l'intervention d'un analyste sur la chaîne française France 24 qui répondait à la question suivante posée par un journaliste de ladite chaîne :

« Quelles sont les raisons de l'intervention de l'OTAN en Libye ? »

À l'analyste de répondre ceci :

« C'est pour cela que la véritable histoire de l'intervention de l'OTAN en Libye reste à écrire. Je vais vous dire pourquoi. Je pense que KADHAFI a signé son arrêt de mort lorsqu'il a décidé de créer une monnaie commune à l'Union africaine, car je vous rappelle que la Libye fait partie de l'Union africaine. Le siège de cette banque qui devait émettre cette monnaie avait déjà été fixé au Cameroun. Je vous rappelle que dans le cadre du financement de cette banque, l'État libyen apportait 90% du capital requis. Ce qui permettait ainsi à l'Union africaine et aux pays membres de l'Union africaine de sortir des griffes des bailleurs de fonds internationaux dont l'aide repose sur le dollar. Ce fut pour lui une erreur cardinale, car à partir du moment où il a pris cette décision en 2008 ou 2009, il a heurté de front les intérêts des États-Unis et du dollar américain. Et vous avez un deuxième élément. Du temps du régime de KADHAFI, les compagnies pétrolières étaient strictement encadrées. Elles avaient des zones qui étaient exploitées certes, mais elles avaient un quota de production qu'elles ne pouvaient pas dépasser. Il y avait des conditions financières extrêmement sévères. Prenez l'exemple de TOTAL qui devait reverser à l'État libyen plus de 85% du résultat de l'exploitation des zones pétrolières. À partir du moment où le régime tombait, alors chaque compagnie a fait ce qu'elle a bien voulu faire. »

L'analyse de cette courte déclaration vient confirmer mes propos et montre effectivement que la complexité des transitions démocratiques dans certains pays du monde a toujours des implications économiques et énergétiques. C'est aussi la preuve que le pouvoir politique a une forte influence sur la gestion de la transition énergétique et sa mise en œuvre plus ou moins rapide depuis plus d'une décennie de projection.

En effet, pendant que plusieurs défenseurs de l'environnement militent pour moins de consommation d'énergies fossiles en veillant sur les actions des politiciens qui gouvernent, d'un autre côté, ces derniers subissent également des pressions de toutes sortes de la part des industriels de l'énergie, généralement des multinationales, pour qu'ils jouent de leur influence auprès de leurs homologues étrangers. Cette aide de l'exécutif consisterait à leur permettre d'obtenir de nouveaux contrats juteux et bien négociés pour l'exploitation du pétrole ou du gaz par exemple et surtout, à les soutenir dans la quête de privilèges économiques et fiscaux auprès des pays producteurs où ils sont installés. Ainsi, en estimant tous les enjeux, vous comprenez bien que les transitions démocratiques dans certains pays producteurs de matières premières minérales énergétiques ne peuvent être que très complexes.

Une transition étant toujours complexe, il est déjà difficile de la contenir et de la gérer même quand elle est seule. Malheureusement, les transitions démocratiques complexes ne sont pas les seules qui touchent notre monde actuel. D'ailleurs, elles sont généralement à la base des transitions démographiques également complexes observées aujourd'hui sur notre planète. En somme, une transition mal canalisée et mal contrôlée produit une autre transition de plus en plus complexe.

III.1.2-Les transitions démographiques

Par définition, une transition démographique est le phénomène démographique du passage d'une population ayant des taux de natalité et de mortalité élevés à une population ayant des taux de natalité et de mortalité faibles. Cette forme d'évolution de la population est surtout visible en Europe et dans les pays occidentaux de façon générale.

Cependant, depuis ces dernières décennies, nous assistons au phénomène inverse en Afrique avec des taux de natalité plus élevés que les taux de mortalité comme ce fut le cas en Chine et en Inde il y a quelques décennies au point que ces derniers avaient limité les naissances.

En effet, la transition démographique inverse est tellement rapide en Afrique que d'ici 2050, sa population doublera pour atteindre environ 2,5 milliards selon les statistiques des organisations internationales. S'il ne s'agissait que du nombre des populations africaines et d'un phénomène qui soit sans conséquence, je n'aurais pas fait mention de cela, car contrairement à l'Afrique qui représente un ensemble de 54 pays et dont la population totale est estimée à 1,3 milliard en 2019, la Chine et l'Inde ne sont pas des continents, mais des pays avec des populations plus importantes soit respectivement 1,4 milliard et 1,3 milliard en 2019. Chacun de ces pays concentre donc sur son territoire au moins l'équivalent de l'ensemble de la population africaine. Cependant, leur importante population n'a jamais été un problème économique et social handicapant pour eux et pour le monde puisqu'ils ont su rendre utile cette masse de population en la formant et la mettant au travail pour leur croissance économique. Aujourd'hui, ces deux pays font partie des nations du monde qui ont les plus fortes croissances économiques chaque année. Aussi, le monde ne s'est jamais plaint de leur forte démographie jusqu'à crier au scandale, jusqu'à sonner l'alarme d'alerte sur leur croissance démographique comme c'est le cas aujourd'hui pour celle de l'Afrique qui est galopante. Quel est mon point de vue ?

La démographie galopante africaine en termes de quantité n'est pas le souci majeur; le problème fondamental est sa qualité.

En vérité, contrairement aux pays les plus peuplés du monde, la majorité de la population africaine n'est pas suffisamment occupée par un travail ou une activité à cause du fort taux de chômage sur son continent ou n'est pas suffisamment éduquée ou formée pour innover et s'autodéterminer en raison du faible taux d'alphabétisation observé encore en 2020 en Afrique. Ainsi, l'Afrique, étant le pourvoyeur exclusif et sans concurrent de populations et de personnes qui alimentent l'actuelle transition démographique depuis 2010 jusqu'à au moins 2100 selon les prévisions, pourrait fournir des ressources humaines non qualifiées et qui ne sont pas à la hauteur des défis et des attentes futures du monde. C'est l'un des motifs majeurs de complexité de la transition démographique actuelle que connaît le monde.

De surcroît, comme deuxième motif, les transitions démocratiques mal faites viennent amplifier la complexité de cette transition démographique, car tous les conflits postélectoraux ou non en Afrique, qui donnent lieu à un changement de pouvoir avec des troubles, entraînent l'exode massif des populations africaines vers l'Occident, notamment l'Europe, en traversant la Méditerranée au péril de leur vie comme si elles n'avaient plus d'autres choix. Ainsi, plusieurs pays d'Europe qui ont un accès à la Méditerranée se trouvent confrontés à recevoir contre leur volonté de nombreux immigrants, ce qui augmente irréversiblement leur démographie dont le contrôle leur échappe. Dès lors, ils subissent également une véritable transition démographique complexe non maîtrisée encore, car les arrivées d'Africains, mais aussi d'Asiatiques et d'Arabes fuyant les guerres sont quotidiennes et parfois inaperçues.

D'ailleurs, la forte démographie à venir de l'Afrique attire également l'attention des plus hauts dirigeants du monde, notamment, celle de monsieur Nicolas SARKOZY, président de la France de 2007 à 2012, qui répondait ceci à une question qui lui avait été posée sur le changement climatique et la surpopulation du monde lors de la Rencontre des Entrepreneurs Français en 2019 :

« Je suis né en 1955. J'ai 64 ans. Quand je suis né, il n'y a pas si longtemps quand même, il y avait 2,5 milliards d'habitants. Sur moins de la moitié de la vie d'un homme, la population mondiale a été multipliée par trois. C'est incroyable. Dans 30 ans, nous serons 9 milliards. À la fin du siècle, nous serons 11 milliards et c'est fait. Quoi que nous décidions, c'est déjà fait. Donc le choc n'est pas un choc climatique. Il y a un dérèglement climatique évident auquel il faut apporter une réponse, mais le plus grand choc mondial est le choc démographique. Des dérèglements climatiques, le monde en a connu, qui ont conduit pour certains à la disparition de 80% des espèces vivantes. Ce n'est pas pour cela qu'il ne faut rien faire. Au contraire, il faut faire des choses. Mais un choc démographique comme celui que nous sommes en train de vivre, le monde ne l'a jamais connu. Dans 30 ans, le Nigéria aura plus d'habitants que les États-Unis d'Amérique. Au plus court de la Méditerranée sur 780 km au moins de large, on va passer de 1,2 milliard d'Africains à 2,5 milliards. Donc je dis que la crise migratoire n'a pas commencé. Elle n'a pas commencé. Elle est à venir. Alors, on peut refuser ce message si on veut. C'est d'ailleurs la première source de pollution entre parenthèses parce que vouloir promouvoir le développement durable sans poser la question de l'explosion de la démographie mondiale n'a aucun sens. Je ne sais pas si vous avez été déjà à Lagos qui n'est même pas la capitale du Nigéria avec 22 millions d'habitants. Donc si vous pensez qu'avec le tri sélectif on va régler le problème de Lagos, c'est que vous n'avez pas encore été à Lagos. 22 millions de personnes qui consomment bien, ça fait plus de dégâts qu'un million de personnes qui consomment mal. J'ajoute ceci. On me dit que l'avenir est à la voiture électrique. C'est formidable. Il faut faire attention à ce qu'on dit maintenant parce qu'on ne peut plus rien dire. Mais je me pose quand même une question, la voiture électrique ne consomme-t-elle pas d'électricité ?

L'électricité, il faut la produire. Donc l'Allemagne a fait ouvrir toutes ses mines de charbon pour produire de l'électricité. D'ailleurs, un ministre de l'écologie, dont j'ai oublié le nom, a dit aussi dans la même journée avec autorité que dans 10 années, il n'y aura que des voitures électriques. C'est très bien et tout le monde applaudit. Et dans 10 ans, on aura fermé la moitié des centrales nucléaires. Il faut réfléchir… Parce que naturellement les voitures électriques n'ont-elles pas besoin d'électricité ?

Le sujet démographique est un sujet monumental et tectonique. Et savez-vous qu'il n'y a pas un organisme international qui suit l'organisation de la population mondiale ?

Il y a en matière d'agriculture une dizaine d'organisations internationales.

Est-ce que vous ne pensez pas qu'il conviendrait de toute urgence de poser des bases d'une organisation mondiale qui suivrait l'évolution de la démographie mondiale ?

Alors, je ne suis pas du tout pour dire qu'il faut un contrôle des naissances, mais au moins, il faut prendre conscience du problème et essayer de le traiter. Déjà, il faut qu'on ait des éléments statistiques. Déjà, les Chinois n'ont plus les moyens de payer leurs retraites et on ne peut pas leur donner tort. Ils viennent de décider qu'ils ne mettraient plus en place la politique du « un enfant ». En Afrique subsaharienne, la moyenne d'enfants par femme est de l'ordre de 5. Donc si on n'agit pas très rapidement, on va devant une catastrophe extravagante. La question est combien d'êtres humains peuvent vivre en même temps sur cette planète ?

C'est un sujet. J'entends bien les difficultés, le désir d'avoir des enfants, ce que cela peut représenter, mais est-ce qu'on ne voit pas que toutes les espèces du vivant, un jour, ont vocation à disparaître par surpopulation ou par appauvrissement des ressources ? Est-ce qu'on pense que pour nous, les humains, ce problème ne se posera pas ?

Et je suis assez fasciné de voir, à juste titre, la discussion sur le climat et la gêne quand on discute de l'évolution de la démographie mondiale… La question de cet organisme qui suivrait l'évolution de la démographie mondiale est la réflexion que nous, les Occidentaux, devrons avoir avant les autres parce que l'écart entre nous et l'Asie non seulement ne s'arrête pas, mais s'accroît encore puisque c'est 4,8 milliards aujourd'hui, mais demain ça sera bien plus. Et dans la foulée, je pense que l'Europe doit de toute urgence se réunir avec l'Afrique pour décider d'un plan d'infrastructures monumentales en Afrique pour essayer d'augmenter le niveau de vie de l'Afrique parce qu'il semble qu'il y ait une corrélation entre le niveau de développement et l'explosion de la démographie. En tout cas c'est ce qu'un certain nombre de gens disent. Ce sont vraiment les sujets passionnants de demain, extrêmement difficiles, je n'ai pas les solutions naturellement, mais ces sujets-là sont tectoniques. »

À lire ce discours de l'ancien président français, vous comprenez que la démographie africaine préoccupe sur le plan international et sera l'attraction mondiale et le sujet brûlant des prochaines décennies qu'il faudra absolument traiter. Les Africains doivent en être conscients et prendre leurs dispositions politiques, sécuritaires, sanitaires, économiques, démographiques et scientifiques dès maintenant pour ne pas être surpris.

À cause de cette forte immigration, certains leaders d'opinions politiques nationalistes européens n'hésitent pas à parler de plus en plus dans les débats publics de la fameuse « théorie du remplacement » qui consisterait à substituer les actuelles populations autochtones européennes par les populations d'origine étrangère issues de l'immigration. Ce courant de pensée qui s'élève dans les espaces publics n'est pas juste de mon point de vue, car j'estime que le développement d'un pays ne peut se faire sans l'apport des personnes étrangères et des capitaux étrangers. Je soutiens que rejeter les étrangers, c'est renoncer également aux fonds, aux crédits, aux aides et aux capitaux étrangers nécessaires à l'investissement et au développement dans son pays. D'ailleurs, des pays comme les États-Unis et le Canada qui font partie du G7 et sont parmi les plus riches de la planète l'ont compris en incitant à l'immigration dans leur pays. De plus, la plupart des riches de ces pays sont d'origine étrangère si l'on fait des recherches sur plusieurs générations en arrière. Ce qui fait la richesse d'un pays, c'est sa diversité et sa pluralité d'individus, de pensées, de cultures et d'intelligence. L'étranger et l'immigration ne sont donc pas mauvais, mais c'est la qualité et la valeur ajoutée en termes de ressources humaines qu'ils apportent dans le pays d'accueil qui peuvent poser un problème. Malheureusement, ce sont des phénomènes avec des conséquences positives et négatives qui sont observés partout dans le monde ce qui vient renforcer l'idée selon laquelle notre monde actuel est en pleine transition démographique complexe et non maîtrisée.

Même en Afrique se pose la question de la complexité de la transition démographique, car il va falloir trouver très vite et dès demain des moyens d'occupation et de formation pour tous ces enfants qui naissent aujourd'hui, car qu'on le veuille ou pas l'Occident ne peut pas accueillir tout ce flux migratoire à défaut d'imploser. Tôt ou tard, les portes de l'Europe seront fermées alors que l'Afrique continuera sa croissance pour passer de 1,3 milliard en 2019 à environ 2,5 milliards en 2050, c'est-à-dire dans seulement 31 années. Donc, que fera l'Afrique pour retenir et maîtriser cette masse démographique s'il n'y a pas suffisamment d'emplois et d'écoles pour ses adultes et ses jeunes ?

Ainsi, vous comprenez que la question complexe de transition démographique concerne tout le monde et mérite d'être traitée de façon concertée et internationale.

En plus, la transition démographique est liée étroitement à deux autres transitions : la transition technologique et la transition énergétique.

En vérité, la transition technologique est le troisième motif de la complexité de la transition démographique, car avec les avancées de la médecine, les populations sont de mieux en mieux soignées et vivent de plus en plus longtemps ce qui baisse le taux de mortalité pendant que le taux de natalité augmente. Cela veut dire que la population mondiale continuera à augmenter pendant longtemps et la gestion des démographies dans le monde sera de plus en plus complexe.

Quatrièmement, plus la démographie est importante, plus il faudra d'énergie. Si la démographie mondiale ne peut être maîtrisée assez rapidement compte tenu de sa complexité, la question de la gestion et de la consommation de l'énergie nous échappera aussi, car il faut de l'énergie pour tout le monde. Cela veut dire qu'à court ou à long terme, la nouvelle démographie galopante, à laquelle le monde n'était pas habitué, va créer un problème d'énergie.

De surcroît, plus la population mondiale est importante, plus la consommation d'énergie fossile sera élevée et davantage de gaz à effet de serre sera dégagé dans l'atmosphère pour polluer notre environnement d'où la nécessité de maîtriser dès maintenant l'actuelle transition démographique pour une meilleure transition énergétique.

III.1.3-Les transitions technologiques

Plusieurs observateurs n'hésitent pas à dire que notre siècle est celui des nouvelles technologies de l'information et de la communication. En clair, c'est le siècle du développement de l'industrie du numérique. Toutes les tâches qui nécessitaient une aide ou une activité humaine ou manuelle autrefois se font désormais facilement et de façon automatique et parfois répétitive grâce à des systèmes informatiques.

Les transitions technologiques regroupent l'ensemble des transformations numériques et digitales que connaissent notre société et notre civilisation.

Par définition, la transformation ou transition numérique, appelée également transformation digitale, désigne le processus qui consiste à organiser en intégrant pleinement les technologies digitales ou numériques dans l'ensemble de ses activités. Par exemple, la transition numérique des entreprises est leur transformation vers le digital par la réorganisation de leurs processus de travail pour devenir plus concurrentielles. Mais quelle différence y a-t-il entre le numérique et le digital ?

En vérité, il n'y a aucune différence entre les deux notions, car l'équivalent anglais du mot « numérique » est le terme « digital » avec la racine « digit » qui signifie « doigt » ou « chiffre » et toute action utilisant des nombres en informatique. Cela veut dire que la transition numérique ou digitale annonce l'entrée fracassante de l'informatique dans nos habitudes, dans nos outils de travail et dans nos sociétés de façon générale.

Encore une fois, je rappelle que la notion de « transition » fait appel au concept de « transformation ». Ainsi, toutes les civilisations et toutes les communautés qui ne sont pas prêtes à subir des transformations ne sont pas aussi qualifiées pour résister ou accepter une transition. Le remède aux transitions est l'adaptation par des changements, des modifications ou des réformes alors que plusieurs pays dans le monde ont encore des populations qui sont très réticentes face aux réformes liées à la transition numérique et aux traitements de données personnelles supposées confidentielles.

Ainsi, contrairement aux autres transitions, les transitions technologiques sont les plus remarquables dans notre quotidien et les plus avancées en considérant les changements qu'elles produisent dans notre environnement. Il ne se passe pas une journée sans une invention ou une innovation technologique pour faciliter la vie de l'homme sur la Terre. Chaque jour, de nouvelles applications et des logiciels spécialisés sont créés au point qu'en les utilisant depuis son téléphone ou son Smartphone, il n'est plus besoin de faire des courriers par la poste comme autrefois et de gaspiller du papier et donc de détruire des forêts et l'environnement. C'est un exemple palpable et concret de l'apport et des conséquences de la transition technologique et numérique dans notre quotidien.

La transition technologique a des liens directs avec la transition démocratique, la transition démographique, la transition énergétique et toutes les autres transitions qui affectent notre existence. Ce n'est donc pas un hasard si les experts insistent pour dire que notre monde est celui de la révolution du numérique. C'est bien parce que la transition technologique est désormais au centre du fonctionnement de notre société. Toutes les dernières poches de résistance à la transition technologique ne résisteront pas longtemps, car elle s'impose à tous et à tous les domaines. Les plus récalcitrants étaient les anciennes générations qui n'ont pas connu le développement de l'informatique, mais aujourd'hui, elles sont obligées de s'y mettre si elles veulent pouvoir faire de tâches administratives publiques ou privées qui ont toutes été dématérialisées et se font en ligne ou même pouvoir exercer une fonction professionnelle, car désormais, elles nécessitent presque toutes des connaissances informatiques. Devant cette transition technologique, plusieurs prédisent d'ailleurs la mort certaine de la poste, car les courriers recommandés ou pas en format papier avec des accusés de réception disparaissent pour laisser place aux courriers recommandés en ligne, c'est-à-dire via internet en détenant uniquement une adresse électronique à la place d'habituelles boîtes aux lettres ou postales. Aujourd'hui, la personne qui est considérée comme une analphabète n'est pas seulement celle qui ne sait ni lire ni écrire, mais aussi celle qui ne sait pas utiliser les outils informatiques tels que l'ordinateur et l'internet. Cela pour vous dire comment notre planète est en profonde transformation et mutation grâce à la transition technologique. Toutes les personnes ou toutes les entreprises qui ne s'adapteront pas en suivant ces évolutions transitionnelles sont destinées à l'échec et à la perdition. C'est pour ces raisons qu'il ne faut pas rater le train de la transition technologique.

Parmi ces grandes transitions technologiques qui régissent notre monde actuel sont identifiées la transition médiatique et communicationnelle, la transition monétaire et bancaire, la transition sociale et professionnelle, la transition industrielle et la transition administrative.

III.1.3.a - Les transitions médiatiques et communicationnelles

Les médias font partie des secteurs d'activité qui subissent une véritable transition depuis la révolution du numérique et l'essor des nouvelles technologies de l'information et de la communication. Après les pouvoirs exécutifs, législatifs et judiciaires, la presse et les médias sont définis comme le quatrième pouvoir compte tenu de leur importance et de leur influence sur les populations. Les médias sont la principale source d'information dans le monde. La production et la publication d'un seul élément médiatique (vidéo, musique, article, journal…) sont susceptibles de toucher dans un laps de temps plus d'un milliard de personnes voire même toute la planète avec ses sept milliards d'habitants. Cela pour montrer la puissance des médias et pour dire qu'ils sont de véritables outils de conception d'opinion dans la société. Si vous souhaitez changer les opinions dans une population puis y intégrer un autre courant de pensée, utilisez les médias, car en divulguant la même information en très peu de temps avec un contenu adapté au message que vous voulez véhiculer, vous constaterez que les mentalités des personnes qui la composent changeront progressivement. Les médias sont donc un outil de communication puissant et incontournable et un véritable vecteur de connaissances indéniables à l'échelle nationale et internationale.

Un média mal utilisé peut être une source de malheur tandis qu'un média bien utilisé est une source de richesse. Cela me rappelle quelques citations bibliques qui soutiennent bien cette déclaration.

D'abord, le verset 4 du chapitre 6 du livre d'Osée qui dit :

« Mon peuple périt faute de connaissance. »

Ensuite, le verset 21 du chapitre 18 du livre des Proverbes va également dans le même sens en disant ceci :

« La mort et la vie sont au pouvoir de la langue. »

Enfin, cet adage qui dit :

« L'information est la source de la richesse. »

Toutes ces citations montrent que les médias et les informations qu'ils donnent quotidiennement ont directement ou indirectement des effets plus ou moins positifs ou négatifs sur les hommes, notre mode de vie et notre monde.

Cependant, depuis ces dix dernières années, les médias habituels et les chaînes de télévisions et de radios classiques perdent progressivement et rapidement leur audience au profit de médias sociaux ou de chaînes en ligne détenus par des particuliers, des leaders d'opinion, des stars, des politiciens, des coachs ou même des inconnus. Plusieurs ne croient plus dans les médias classiques qu'ils soupçonnent de corruption morale et de mensonge. Ils estiment que ces derniers ne disent pas toute la vérité sur les événements qui se déroulent dans le monde. Ils pensent aussi que certains de ces médias sont des moyens de communication aux ordres des gouvernants de ce monde et incitent parfois à la violence, à la discrimination et à la haine de l'autre. Des chaînes de télévision et de radio nationales sont désormais détenues par des entreprises privées qui imposent leur vision avec leurs propres intérêts économiques et dictent la ligne éditoriale à suivre, ce qui biaise l'impartialité des journalistes et dilue la qualité des informations divulguées. Ainsi, ces médias sont abandonnés par tous, notamment par la jeune génération qui est abonnée désormais aux réseaux sociaux tels que Facebook, Instagram, Youtube ou Snatchap, LinkedIn… Ce constat permet de comprendre que nous sommes au cœur d'une véritable transition médiatique. Autrefois, les médias classiques captivaient et gardaient les populations pendant de longues heures devant leur téléviseur ou leur transistor, mais aujourd'hui, ce n'est plus le cas. Ce sont plutôt les réseaux sociaux et les chaînes de télévision en ligne qui maintiennent aussi longtemps les populations au point qu'une personne qui ne détient pas un Smartphone ou un téléphone de dernière génération avec des applications pour suivre les informations sur les réseaux sociaux est considérée comme une personne désinformée ou déconnectée des réalités et de l'actualité de notre monde actuel. D'ailleurs, parce qu'ils ont compris que les populations n'ont plus le temps de s'asseoir devant leur téléviseur pendant de longues heures dans la journée, les médias classiques ont intégré silencieusement les médias en ligne pour retrouver leur audience à travers la création d'applications disponibles sur Internet qui permettent de suivre tous leurs programmes en ligne et en direct (en temps réel) sur Smartphone. C'est le cas par exemple de certaines chaînes de télévision françaises comme TF1, CANAL+, BFM ou encore BeIn et de nombreuses autres chaînes de télévision et de radio dans le monde. C'est encore l'une des preuves qui démontrent que nous sommes au cœur d'une grande transition médiatique et communicationnelle.

Malgré tous ses efforts, les médias classiques peinent à retrouver leur audience qui s'éparpille sur les réseaux sociaux et sur internet avec l'avancée vertigineuse des nouvelles technologies de l'information et de la communication. En vérité, les populations n'attendent plus les médias classiques pour s'informer ou pour augmenter leurs connaissances, car des moteurs de recherches comme Google et Youtube contiennent de nombreuses banques de données où l'on peut tout trouver à partir d'un mot clé en lien avec notre recherche. Plus la connectivité à internet augmentera dans le monde, plus la transition médiatique et communicationnelle sera rapide et plus les médias classiques perdront leur audience et leurs gains provenant de la publicité.

En effet, une autre preuve qui atteste de la transition médiatique et communicationnelle que subit la planète actuellement est la perte progressive du marché de la publicité que maîtrisaient et détenaient exclusivement les médias classiques il y a 10 ans. Quoique les médias classiques soient toujours indispensables pour faire connaître leurs produits dans le monde à travers des émissions télévisées, aujourd'hui, il n'est plus indispensable voire même obligé d'y passer pour assurer la vente de ses produits car avec le développement d'Internet, il est possible d'avoir sa propre chaîne de télévision en ligne sur les réseaux sociaux tels que Facebook, Youtube, Instagram et bien d'autres et même faire des émissions en direct pour faire la publicité et la promotion de vos produits. Vous n'êtes ni limité dans le temps ni limité par les moyens, car pour l'instant ce sont des services encore gratuits jusqu'à un éventuel changement. Vous pouvez donc faire autant de fois que vous voulez la promotion de vos produits dans la journée et les vendre. C'est ainsi que des coachs, des Youtubeurs ou des cyberactivistes visibles en ligne, qui ont développé leur audience à travers la production quotidienne de contenus photographiques et vidéographiques, sont suivis par des millions de personnes au détriment des médias classiques et sont capables de faire la publicité d'un produit et de le vendre à cette masse de populations en une fraction de seconde sans avoir recours aux chaînes de télévisions et de radios classiques comme autrefois. Voilà un exemple concret de la transition médiatique et communicationnelle.

Grâce à internet, aux applications mobiles et aux réseaux sociaux, la communication et les médias ne sont donc plus réservés exclusivement à des experts, mais ils sont aussi désormais à la portée de tous ceux qui veulent avoir de l'influence dans le monde. Car aujourd'hui, ces leaders d'internet que certains appellent également « des influenceurs » publient des contenus vidéo (tutoriels…) et publicitaires (ventes de produits) qui sont vus par plus de personnes dans le monde que les contenus vidéos et publicitaires des médias classiques.

De nos jours, le nombre de vues fait toute la différence. Plus votre article est vu, plus il est exposé, plus il est susceptible d'attirer l'attention d'un éventuel acheteur et plus il sera vendu. Or, en termes de vues, la télévision ne peut plus avoir le même impact que les téléphones de dernière génération comme auparavant avec le développement d'internet et des nouvelles technologies de l'information et de la communication. Un foyer détient en moyenne une télévision sachant que tous les individus du foyer ne regardent pas la télévision en même temps et ne l'ont pas en permanence dans leurs déplacements alors que chaque individu du foyer possède généralement un téléphone qu'il porte en permanence et grâce auquel il regarde en temps réel et continuellement tous les contenus médiatiques publiés sur internet et les réseaux sociaux. Dans de telles conditions, les médias classiques ne peuvent plus maintenir le niveau d'influence et d'impact au sein de la population. Il est donc évident qu'aujourd'hui, nous assistons à cette transition médiatique et communicationnelle, car c'est tout le modèle de communication habituel qui se complexifie, qui est en mutation et qui subit de grands changements et d'énormes bouleversements.

L'actuelle transition médiatique et communicationnelle est une réalité complexe et difficile à accepter par les professionnels des médias, mais aussi, par la plupart des entreprises et des personnalités publiques, car nous sommes désormais dans un monde très visuel où votre réputation, votre carnet de commandes, vos statistiques de ventes ou votre chiffre de vente peuvent changer rapidement positivement ou négativement d'un moment à l'autre en fonction de vos actes sur les réseaux sociaux qui sont scrutés toutes les secondes d'un endroit à un autre de la planète.

C'est pour toutes ces raisons que la transition médiatique et communicationnelle que vit notre monde aujourd'hui influence plus ou moins les autres transitions qui s'abattent sur notre planète. Parce qu'elle n'est pas encore maîtrisée et qu'elle permet à tout le monde de s'improviser comme un expert de la communication ou un communicant, ses conséquences sur notre société sont énormes et dépassent parfois celles des médias classiques qui ont perdu leur influence à cause du mauvais traitement de l'information.

En effet, les transitions démocratiques et démographiques sont très souvent des conséquences directes et indirectes de la présente transition médiatique et communicationnelle. C'est parfois le mauvais traitement de l'information par les médias classiques pendant les périodes préélectorales, électorales et postélectorales avec très souvent un parti-pris pour l'un des candidats aux élections qui provoque de graves conflits avec des transitions démographiques complexes notamment, en Afrique. En vérité, lorsque l'information n'est pas traitée selon la réalité des faits, les médias classiques n'étant plus les seules sources d'informations comme autrefois, avec l'impact d'Internet et des réseaux sociaux, à l'opposé, des communicants proches des autres candidats font également des offensives médiatiques qui excitent leurs partisans et poussent les deux camps à l'affrontement physique avec des pertes en vies humaines et en matériels. En conséquence, ces conflits postélectoraux entraînent l'exode et la fuite des populations vers des régions et des zones plus paisibles et parfois même, leur départ hors de leur pays d'origine vers la direction privilégiée de l'Europe ou d'autres pays occidentaux. C'est aussi cela qui occasionne et alimente les transitions démographiques visibles dans le monde. Voici comment la transition médiatique et communicationnelle à travers le traitement de l'information et la multiplication des sources d'informations peut engendrer des transitions démocratiques et démographiques très complexes.

La transition médiatique et communicationnelle joue également un rôle important dans la transition énergétique compte tenu de son influence sur la population. Le jour où la promotion des énergies renouvelables supplantera celles des énergies non renouvelables dans les médias classiques et que les nouveaux communicants des médias sociaux et en ligne issus de la transition médiatique encourageront l'utilisation des énergies renouvelables, la transition énergétique connaîtra une véritable accélération.

Après les transitions démocratiques, démographiques et médiatiques complexes que connaît notre monde aujourd'hui, l'une des plus brutales qu'il subit ces dernières décennies est incontestablement la transition monétaire et bancaire.

III.1.3.b - Les transitions monétaires et bancaires

En plus de la transition médiatique, les transitions monétaires et bancaires font partie de ces grands changements et de ces remarquables évolutions numériques qui touchent notre planète dans ses fondements et dans son fonctionnement habituel. Ce sont des sujets centraux pour la vie de l'homme sur la Terre, car ils sont au cœur de nos habitudes et de nos moyens de consommation. Encore aujourd'hui, sans l'usage d'une monnaie (billet de banque ou pièce d'argent) ou d'une carte bancaire, il est quasiment impossible de payer, acheter, consommer, vendre, se déplacer ou effectuer une quelconque activité. Mais est-ce que ces moyens d'échanges, de consommation et de paiement seront toujours indispensables demain ou dans les décennies à venir avec tous les bouleversements qui ont lieu dans les secteurs monétaires et bancaires ? Telle est la question à laquelle tous cherchent à répondre face à la transition numérique sans précédent observée à notre époque.

Les transitions monétaires et bancaires poussent à l'achat rapide et à la dépense systématique avec l'emploi généralisé de la carte bancaire ou le recours aux paiements électroniques sans usage de la carte bancaire, mais uniquement à l'aide de son téléphone portable. Ces nouveaux modes de transactions, de paiements et d'échanges économiques montrent que le monde est également au cœur de grandes transitions monétaires et bancaires.

Sur le plan monétaire, plusieurs pays d'Europe utilisent aujourd'hui une monnaie commune qui est l'Euro alors qu'il y a une vingtaine d'années, chacun de ces pays avait sa propre monnaie. De surcroît, chaque année, ce sont plusieurs autres pays européens qui désirent intégrer la zone Euro, c'est-à-dire, le groupe des pays européens qui utilisent l'Euro.

Ce phénomène est également visible en Afrique, notamment, en Afrique de l'Ouest et Centrale et principalement dans les anciennes colonies françaises. Ces pays africains ne désirent plus utiliser le FCFA (Franc des Colonies Françaises d'Afrique) comme leur monnaie officielle et nationale. Pour mémoire, 1 euro équivaut à 656 FCFA.

En effet, ces pays africains estiment qu'ils ne sont plus des colonies françaises, car ils sont indépendants pour la plupart depuis 1960. De surcroît, ils considèrent que cette monnaie est très faible, ce qui empêche leur développement et minimise leurs profits dans les échanges économiques internationaux malgré leur fort potentiel en produits d'exportation tels que les matières premières minérales et agricoles qui sont capables de leur apporter beaucoup de ressources financières. Cette monnaie n'étant convertible que par l'aide du Trésor français qui assure sa parité et la garantit en gardant dans ses coffres forts près de 50% des recettes à l'exportation de ces pays, la jeunesse africaine d'aujourd'hui estime qu'elle n'est pas une bonne devise pour leurs pays et souhaite qu'elle disparaisse pour laisser place à une autre monnaie.

La question du changement du FCFA suscite tellement de passions et de remous sociaux au sein de la jeunesse et de la classe politique africaine que plusieurs pays de la CEDEAO (Communauté Économique Des États de l'Afrique de l'Ouest) qui englobe des pays anglophones non colonisés par la France et d'autres pays francophones colonisés par cette dernière, envisagent de créer une monnaie nouvelle unique dénommée « L'Eco » et affranchie de toutes les influences internationales. Cela sous-entend par exemple que le Nigéria qui est la première puissance économique africaine en 2020 abandonnera sa monnaie « Le Naïra » (1 euro = 397,35 Naira) et le Ghana délaissera « le Cedi » (1 euro = 5,98 cédi) pour adopter « L'Eco ». C'est une autre preuve qui montre que le monde va vers une transition monétaire certaine. Cependant, cette monnaie aura du mal à se mettre en place en 2020 compte tenu des divergences existant au sein des dirigeants des pays qui doivent l'adopter comme leur monnaie. Alors que la majorité des pays veulent obtenir leur véritable indépendance économique, certains dirigeants souhaitent que, comme le FCFA, l'Eco soit toujours rattaché au Trésor français et garde sa parité, ce qui est handicapant pour les autres pays de la CEDEAO qui possèdent déjà leur propre monnaie. C'est cette divergence de vision et d'idée qui est ressortie d'un discours de monsieur Alassane OUATTARA, président de la Côte d'Ivoire à l'issue d'une rencontre avec monsieur Emmanuel MACRON, président de la France, à l'Élysée :

« Je voulais vous dire une chose. J'ai entendu beaucoup de déclarations sur le FCFA. Je tiens à faire cette déclaration qui est importante. Je ne veux pas faire preuve de manque d'humilité, mais moi j'ai été directeur des Etudes de la Banque Centrale de l'Afrique de l'Ouest pour le FCFA, j'ai été vice-gouverneur, gouverneur de la BCEAO, directeur général adjoint du FMI. Je crois qu'il faut que ce débat cesse, car on parle sans savoir de quoi on parle. Le FCFA est notre monnaie. C'est la monnaie des pays qui l'ont librement consenti et qui l'ont mis en place de manière souveraine et ce depuis les indépendances de 1960. Le FCFA est plus ancien que l'Euro. Alors personne ne parle de l'Euro et ceci ne pose pas de problème. Mais je ne comprends pas ce faux débat sur le FCFA. Je tenais à le préciser. Le FCFA est une monnaie solide. C'est une monnaie qui est gérée par la BCEAO dont je suis gouverneur honoraire et uniquement par les Africains. C'est une monnaie qui est en circulation dans toute l'Afrique de l'Ouest. Si cette monnaie était autant décriée comment comprenez-vous que des pays non membres (Ghana, Mauritanie, Gambie, Ghana, Nigéria…) et leurs populations aillent chercher le FCFA ? Pourtant nous n'avons pas les monnaies de ces pays. C'est parce que cette monnaie est solide et bien gérée…C'est une monnaie pour laquelle nous allons faire des réformes en temps opportun, mais cela est notre affaire. Et je souhaite vraiment que ces faux débats puissent cesser. Je suis très heureux d'avoir cette monnaie. »

Au sujet de l'Eco, il a renchéri en disant ceci dans un autre discours cinq mois plus tard :

« …Le FCFA se porte bien. Les chefs d'État de la CEDEAO ont décidé qu'ensemble à 15, nous allons mettre en place une nouvelle monnaie qui s'appelle L'Eco. À terme, le FCFA s'appellera L'Eco. Nous allons continuer de travailler et on espère que ça pourra se faire le plus tôt possible. C'est cela le vœu des populations. En ce qui concerne les critères de convergence pour 2020, la Côte d'Ivoire les respecte, mais cela dépend aussi des autres États, car de nombreux pays ne les respectent pas. Si les pays de la zone UEMOA (Union Économique et Monétaire Ouest-Africaine) sont prêts en 2020, il appartiendra aux chefs d'État de cette zone de prendre une décision. Mais ce n'est pas à moi de la prendre. »

Monsieur Alassane OUATTARA annonce qu'à terme le FCFA s'appellera l'Eco sans grand changement fondamental des raisons pour lesquelles cette monnaie est rejetée par les communautés africaines qui l'utilisent. Dans ces conditions, je ne pense pas que les autres pays de l'Afrique de l'Ouest qui possèdent leur propre monnaie accepteront de perdre leurs acquis monétaires pour adopter une nouvelle monnaie dans le nom (l'Eco) et dans la forme, mais une ancienne monnaie (FCFA) dans le fond.

La vérité est que la plupart des pays africains qui ont proclamé leur indépendance en 1960, ont effectivement obtenu leur indépendance politique, mais pas leur indépendance économique de sorte qu'ils dépendent jusqu'à aujourd'hui du pays colonisateur sur le plan économique. Leur économie est dominée par des entreprises et des capitaux provenant du pays colonisateur ce qui les maintient dans une dépendance économique. À quoi sert donc l'indépendance politique sans une véritable indépendance économique tout en sachant que l'argent a toujours été le nerf de la guerre ?

C'est le cas par exemple de l'ensemble des pays africains colonisés par la France. Cette actuelle transition monétaire va donc contribuer à donner une véritable indépendance économique à ces pays africains qui la réclament de plus en plus, car les mentalités ont fortement progressé avec l'émergence d'une nouvelle génération qui n'a pas connu la période des indépendances et qui trouve injustifiée et incompréhensible l'utilisation du FCFA encore 60 années après la fin de la colonisation.

Le FCFA est la seule monnaie issue de la colonisation qui existe encore aujourd'hui. C'est un sujet qui a un grand enjeu et regroupe un marché économique gigantesque, car cette monnaie est utilisée par la zone UEMOA (Côte d'Ivoire, Sénégal, Benin, Mali, Niger, Togo, Guinée-Bissau, Burkina Faso) avec plus de 120 millions d'habitants en 2017, mais aussi par la zone CEMAC (Communauté Économique et

Monétaire de l'Afrique Centrale) composée du Cameroun, de la République Centrafricaine, de la République du Congo, du Gabon, de la Guinée équatoriale et du Tchad avec plus de 52 millions d'habitants en 2017. Ainsi, face à la pression sociale et aux revendications de plus en plus acerbes des nouvelles générations africaines, une transition monétaire se produira certainement dans les zones UEMOA et CEMAC avec le remplacement du FCFA comme ce fut le cas dans la zone européenne avec l'adoption de l'Euro. Et cela, monsieur Bruno LEMAIRE, ministre de l'Économie de la France l'a reconnu dans une déclaration faite le 11 octobre 2019 à l'issue d'une réunion à Paris qui a regroupé les ministres de l'Économie et les Responsables des Institutions économiques et financières des 14 pays africains qui utilisent le FCFA :

« La France est ouverte à une réforme ambitieuse du FCFA…La zone Franc apporte des avantages et des garanties, la stabilité et la prospérité économique. Il y a des attentes, elles sont manifestes et nous les entendons. L'initiative doit venir des États membres de la zone Franc. »

Je rappelle que les populations africaines se plaignent, car elles estiment que cette monnaie ne leur est pas profitable, car elle est non seulement arrimée à l'Euro (convertible et échangeable uniquement à l'Euro avec une parité fixe), mais les 14 pays africains qui l'utilisent doivent déposer 50% de leurs réserves de change à la Banque de France. Il faut savoir que les réserves de change sont des avoirs en devises étrangères et en or détenues par une banque centrale. Elles prennent généralement la forme de bons et d'obligations de Trésors d'États étrangers, ce qui permet à ces réserves de rapporter des intérêts. Les 50% de réserves de change sont donc des sources de revenus énormes dont sont privés ces 14 pays africains alors qu'elles peuvent servir à construire des écoles, des infrastructures routières, des logements sociaux, des centres de santé et à poser beaucoup d'actions sociales en faveur des populations. Comme je le disais précédemment, ces réserves ont une importance capitale pour ces pays africains, car la plupart d'entre eux ont beaucoup de produits d'exportation à cause de leur fort potentiel en matières premières minérales et agricoles.

De plus, l'arrimage du FCFA à l'Euro signifie que cette monnaie n'est convertible qu'en Euro avec une parité fixe. Cela veut dire que tout échange économique que ces pays africains doivent faire avec une monnaie ou une devise autre que l'Euro, c'est-à-dire en dollars US, en dollars canadiens, en Yen ou autres doit obligatoirement passer par le Trésor français pour la conversion de cette devise étrangère en Euro puis en FCFA. Tout cela ne garantit donc pas la liberté et l'indépendance financière et économique de ces 14 pays africains. Ce sont toutes ces incompréhensions qui provoquent tous ces mécontentements et les manifestations contre le FCFA ces dernières années dans l'opinion publique africaine.

Sans être un économiste, ces deux faits (arrimage et rétention des 50% des réserves de change) évoqués suffisent largement pour comprendre la détestation par les Africains de cette monnaie qui a été créée en 1945 par l'État français sous le nom du « Franc des Colonies Françaises d'Afrique », appelée en 1958 le « Franc de la Communauté Française d'Afrique » et enfin en 1960 pendant les indépendances, le « Franc de la Communauté Financière d'Afrique ». De plus, les populations africaines souhaitent que tout changement qui surviendra dans cette monnaie ne soit pas uniquement une modification comme cela a été le cas depuis la période des indépendances jusqu'à aujourd'hui, mais que ce changement soit fondamental et touche l'arrimage, le taux de change (1 euro = 656,957 FCFA) et libère les 50% des réserves de change de ces 14 pays africains. D'ailleurs, je pense que ces trois points feront forcément partie des conditions minima pour la mise en route effective et sans contestation de l'Eco en juin 2020 et pour l'adoption de cette monnaie par les autres pays anglophones et francophones de la CEDEAO qui n'utilisent pas le FCFA.

Contre toutes les attentes et suite aux sentiments anti-français qui se développent progressivement et rapidement dans les pays francophones de l'Afrique à cause du terrorisme et du FCFA, monsieur Emmanuel MACRON, président de la France, lors de sa visite du 20 au 22 décembre aux forces armées françaises positionnées au 43e BIMA à Port-Bouët à Abidjan en Côte d'Ivoire, a fait ce long discours historique en présence du président ivoirien monsieur Alassane OUATARRA, que je vous transcris intégralement pour les archives :

« C'est aussi en entendant votre jeunesse, monsieur le président de la Côte d'Ivoire, Alassane OUATTARA, que j'ai souhaité à vos côtés, engager la France dans une réforme historique et ambitieuse de la coopération monétaire entre l'union économique et monétaire ouest-africaine et notre pays. Oui, la question du FCFA cristallise de nombreux débats et de nombreuses critiques sur le rôle supposé de la France en Afrique. Et c'est la jeunesse africaine qui la pose. J'ai entendu à l'université, à Ouagadougou au Burkina Faso, les critiques qui étaient faites à la France. Je vois les réseaux sociaux et je lis la presse et je vois votre jeunesse qui nous reproche en quelque sorte de continuer une relation économique et monétaire qu'elle juge et je les cite comme « post-coloniale ». Alors, moi, je n'appartiens pas à une génération qui a connu le colonialisme. Beaucoup des jeunes qui nous le reprochent ne l'ont pas connu davantage. Et parfois ils prêtent à cette époque les difficultés d'aujourd'hui. Donc rompons les amarres, ayons le courage d'avancer, de regarder et de bâtir ensemble en effet un partenariat décomplexé. La France n'a rien à cacher, n'a aucun privilège à avoir. Elle n'a qu'à aider ses frères, ses sœurs à réussir et cette jeunesse africaine à conquérir son avenir. C'est pourquoi j'ai souhaité pouvoir mettre à plat l'ensemble des sujets pour écrire une page nouvelle. Une page nouvelle de notre histoire commune qui mette fin aux oripeaux du passé, aux malentendus, parfois à des dispositifs qui n'avaient plus beaucoup de sens et qui permette aussi de bâtir une plus grande intégration régionale, car l'avenir de cette jeunesse de vos pays est dans une plus grande intégration régionale qui permettra davantage de circulation et une plus grande stabilité des économies entre elles. Et je sais, ô combien monsieur le président, que c'est votre ambition et votre souhait et presque l'ouvrage de toute une vie professionnelle. C'est aussi pour cela que j'ai souhaité accompagner la réflexion engagée par les chefs d'État de l'UEMOA et le président OUATTARA en particulier pour réformer le FCFA. Et je suis très heureux aujourd'hui d'être à ses côtés pour annoncer ensemble cette réforme historique majeure. Cette réforme vise à franchir ensemble une nouvelle étape. Vous en avez rappelé les piliers à l'instant cher Alassane. Le président OUATTARA et les chefs d'État de l'UEMOA ont fait le choix de préserver ce qui fait la force et la stabilité macroéconomique de l'UEMOA à savoir, la parité fixe de la monnaie commune avec l'Euro d'une part et la garantie de la France d'autre part. C'est leur choix, c'est leur demande explicitement énoncée par le président OUATTARA. La France le soutient, nous l'acceptons et nous serons au rendez-vous. Dans le même temps, il y avait de fortes attentes pour réformer en profondeur le partenariat entre la France et l'UEMOA, l'inscrire en cohérence avec la dynamique du projet de monnaie unique à l'échelle de la CEDEAO, l'Eco. Cette monnaie verra le jour en 2020. Je m'en félicite. Elle sera l'outil de cette intégration. Le président OUATTARA a évoqué la question du nom. Je vais pour ma part ici vous confirmer les deux changements majeurs qui accompagneront cette évolution et que la France a décidé d'embrasser à vos côtés. D'abord, nous avons décidé ensemble de mettre fin à la centralisation obligatoire des réserves de change en France qui représentaient 50%, en actant la suppression du mécanisme du compte d'opération. J'avais entendu, ô combien, à la fois que le compte d'opération et ces réserves obligatoires sur le compte spécial du Trésor étaient un souci et un sujet de crispation. Nous y mettons fin. Ensuite, nous engagerons un dialogue sur de nouvelles bases. La France ne siégera plus dans aucune des instances techniques de gouvernance de l'union. Plus spécifiquement, elle ne nommera plus de représentants au conseil d'administration, au comité de politique monétaire de la banque centrale ni à la commission bancaire de l'union. Je souhaite que les meilleurs experts africains puissent être nommés, que les meilleurs académiques, que vos représentants, et que vos administrations puissent ainsi faire avancer ce sujet. Aujourd'hui, la France ajuste donc son positionnement pour devenir le garant financier de l'union, conformément aux choix faits par les États. Il y aura bien sûr de nouvelles occasions pour la France et l'UEMOA de continuer d'échanger avec les différents États membres de l'Union, mais celles-ci seront plus informelles, moins institutionnalisées, reposant sur une dynamique nouvelle, libre, choisie, assumée. Je fais confiance aux équipes de l'ensemble de nos pays à la fois du côté des États, mais aussi des banques centrales pour continuer d'entretenir un dialogue riche et fluide sous le sceau de la sincérité et de la confiance. Nous revisitons ainsi des accords vieux de 46 ans. Et cette garantie que nous allons apporter, nous le faisons à votre demande, mais ces changements profonds, nous les assumons ensemble. Enfin avec le président OUATTARA et l'ensemble des chefs d'État de l'UEMOA, nous avons tenu à ce que ces évolutions soient rapidement transcrites dans les textes. C'est le sens de l'accord qui va être signé dans quelques instants par le ministre des Finances du Benin, monsieur OUADAGNI, président en exercice du conseil des ministres des Finances de l'UEMOA qui vient remplacer l'accord existant depuis plus de 46 ans et qui sera signé avec notre ministre de l'Économie et des Finances, monsieur Bruno LEMAIRE. C'est donc bien une étape historique qui est franchie ici. J'espère que cette étape sera le début d'une nouvelle dynamique régionale. J'espère que des pays comme la Guinée, le Ghana, la Sierra Leone, le Libéria, la Gambie suivront ce mouvement et avec cette monnaie nouvelle, cette gouvernance nouvelle, œuvreront, cher président, à vos côtés. Mais je veux ici, solennellement et amicalement, saluer le rôle que vous avez joué dans ce travail historique et cette avancée que nous avons pu faire ensemble et que vous allez continuer, je le sais, dans les prochains mois à jouer, car l'année 2020 sera absolument critique pour franchir ces nouvelles étapes. Je veux vous en remercier très sincèrement cher président. Voilà, mesdames et messieurs ce que je voulais dire ce soir. J'ai beaucoup de fierté et en même temps que de l'amitié dans ce moment, car je pense que nous franchissons ensemble une étape importante. C'était là aussi un engagement. C'est maintenant une réalisation. Merci en tout cas monsieur le président, cher Alassane pour votre accueil, pour ces avancées communes, pour votre amitié. Merci beaucoup. »

À peine cette déclaration historique faite par le président français, des voix s'élèvent de tous les pays francophones et anglophones de la CEDEAO qui devraient désormais adopter l'Eco en 2020 pour demander que la France ne soit pas le garant de la monnaie et que la parité fixe de l'Euro à l'Eco ne soit pas maintenue sinon le FCFA existerait toujours en ayant seulement changé son nom en Eco. Le débat autour de la véritable indépendance financière des anciennes colonies de la France est donc toujours d'actualité dans les capitales africaines malgré le discours courageux, franc et historique du président Emmanuel MACRON. Il faut donc une réforme complète du FCFA pour satisfaire les Africains qui l'utilisent au risque de toujours créer des tensions et des sentiments anti-français dans ces pays d'Afrique.

Sur le plan bancaire, le monde connaît également une véritable transition numérique. Au fil des années, sans nous en rendre compte, nous avons délaissé progressivement l'usage systématique des billets de banque et des pièces de monnaie pour privilégier les paiements électroniques grâce à des boîtiers ou les paiements en ligne sur les sites internet. Ce phénomène a pris de l'ampleur à cause du développement de la connectivité à Internet et de l'essor de l'industrie du numérique et des nouvelles technologies de l'information et de la communication qui ont donné naissance à une nouvelle forme d'activité dénommée le « e-commerce ou commerce électronique ».

Aujourd'hui, toutes les enseignes, boutiques et magasins connus pour leurs adresses physiques, où il fallait obligatoirement se rendre pour acheter ou payer des articles, ont aussi développé des sites internet en ligne avec des options d'achats d'articles de peur de perdre leur chiffre d'affaires et des parts de marchés, car de plus en plus, les consommateurs achètent sans se déplacer. Nous assistons donc à une véritable transition dans le secteur bancaire qui change radicalement notre mode de consommation. Parce qu'il n'est plus nécessaire d'aller faire un retrait de billets au guichet bancaire pour acheter, les populations dépensent facilement et rapidement en utilisant leur carte bancaire pour le paiement des articles en ligne sous l'influence médiatique et le marketing qui entourent la vente de ces articles et de ces produits en ligne. Là se trouve le lien qui existe entre la transition bancaire et la transition médiatique et communicationnelle.

Cette facilité à consommer et à dépenser pousse également les hommes à gaspiller les énergies non renouvelables (pétrole, gaz, charbon…) en utilisant davantage leur voiture comme leur premier moyen de déplacement alors que des moyens de transport en commun fonctionnant aux énergies renouvelables sont disponibles et préconisés aux populations. D'ailleurs, comme je le dis dans les chapitres précédents, toutes les révolutions qui ont eu lieu dans le monde, ont également nécessité la découverte de nouvelles sources d'énergie. Dès lors, étant donné que la révolution et la transition numériques avancent plus vite que la découverte de nouvelles énergies, ce sont les énergies non renouvelables déjà disponibles, bien connues et correspondant à nos habitudes de consommation qui soutiennent cette transformation digitale mondiale alors que nous souhaitons vivement une transition énergétique vers les énergies renouvelables. Ainsi, certes, la transition monétaire et numérique facilite les habitudes de consommation de l'homme, mais elle ne contribue pas significativement à l'avancée de la transition énergétique.

La transition bancaire et monétaire a aussi un lien direct avec la transition démocratique et la transition démographique.

En effet, la banque et la monnaie font allusion à l'argent qui détermine la richesse ou la pauvreté. Or, la plupart des guerres issues des transitions démocratiques complexes auxquelles nous assistons aujourd'hui dans le monde ont un lien direct avec l'argent et les intérêts économiques des uns ou des autres et même des États. D'ailleurs, c'est ce que rappelle ce fameux adage qui dit :

« L'argent est le nerf de la guerre. »

C'est ainsi que plusieurs pays ont connu ou connaissent actuellement des guerres et des conflits à cause des gains ou de l'argent qu'empocheront les personnes ou les coalitions qui triompheront. C'est aussi pour l'argent qui provient de la vente des matières premières minérales et du contrôle des territoires qui les contiennent que plusieurs pays s'entredéchirent pendant les joutes électorales et les transitions démocratiques difficiles. Vous percevez donc clairement que l'argent avec la transition monétaire et bancaire qui l'accompagne est au cœur des transitions démocratiques complexes.

En ce qui concerne la transition démographique, il ne faut pas oublier que la majorité des personnes qui migrent vers l'Occident, donnant lieu à la présente transition démographique le font en vérité pour des raisons économiques et à cause de la pauvreté, c'est-à-dire par manque d'argent. En se déplaçant d'un continent ou d'un pays à l'autre, ces personnes aspirent à des conditions de vie meilleures et espèrent avoir suffisamment d'argent pour subvenir à leurs besoins. Vous comprenez donc aisément que la transition monétaire et bancaire est aussi une conséquence de la transition démographique.

Nous sommes tous concernés par cette transition bancaire qui a lieu sous nos yeux sans que nous nous en apercevions. D'ailleurs, il m'arrive très souvent de passer un mois sans toucher un billet de banque ou une pièce de monnaie et de faire uniquement l'achat et le paiement de mes produits de première nécessité à l'aide de ma carte bancaire. C'est la preuve que d'ici peu d'années, nous assisterons progressivement à la disparition de la monnaie physique (billets de banque, pièces de monnaie) et à la prolifération des monnaies électroniques. C'est d'ailleurs le cas du « Bitcoin », une cryptomonnaie virtuelle créée le 3 janvier 2009 par Satochi NAKAMOTO et dont le cours atteignait 9 427,19 euros le jeudi 12 septembre 2019. De plus en 2019, c'est Facebook et son fondateur Mark ZUCKERBERG qui a lancé « Libra », son projet de cryptomonnaie dans lequel il a été rejoint par un consortium de 28 grandes entreprises et organisations non gouvernementales. Cette monnaie sera administrée par une fondation sans but lucratif, localisée à Genève en Suisse, et Facebook ne sera qu'une des organisations cofondatrices.

Nous sommes donc au cœur d'une véritable révolution bancaire et monétaire. Tous ces changements me rappellent ce fameux passage de la Bible situé dans l'Apocalypse, un livre qui parle de ce qui arrivera dans l'avenir et dans le futur. Dans les versets 16, 17 et 18 du chapitre 13 du livre de l'Apocalypse, il est dit ceci :

« Et elle fit que tous, petits et grands, riches et pauvres, libres et esclaves, reçussent une marque sur leur main droite ou sur leur front, et que personne ne pût acheter ni vendre, sans avoir la marque, le nom de la bête ou le nombre de son nom. C'est ici la sagesse. Que celui qui a de l'intelligence calcule le nombre de la bête. Car c'est un nombre d'hommes, et son nombre est six cent soixante-six. »

Ces passages des Saintes Écritures viennent confirmer simplement que l'actuelle transition bancaire continuera dans le futur de sorte à passer le cap des cartes bancaires pour intégrer plus tard le corps humain. Sans rentrer dans les polémiques théologiques qui entourent ces lignes des Écritures, vous devez retenir que dans le futur, si vous n'avez pas ce nouveau mode de paiement ancré dans la peau de l'homme, vous ne pourrez ni acheter ni vendre.

Encore une fois, toutes ces raisons et ces preuves me confortent dans l'idée que le monde court vers des transitions monétaires et bancaires complexes dont certaines ne sont pas prêtes de s'arrêter.

Ces transitions monétaires et bancaires ne sont pas uniquement caractérisées par la facilité, mais elles sont également très complexes pour les particuliers et certains États.

Pour les particuliers, elles sont souvent une source de problèmes, car l'ancienne génération qui n'a pas connu les beaux jours du développement de l'informatique peine à se retrouver devant les achats en ligne puisqu'elle n'est pas habituée à l'outil informatique et aux données électroniques, ce qui l'embarrasse. Ainsi, des contrées du monde telles que l'Afrique, l'Amérique du Sud et certaines régions de l'Asie qui n'ont pas un système bancaire développé, c'est-à-dire qui possèdent très peu de bancarisation et de personnes détenant des comptes bancaires, se trouvent lésées, car ils ne peuvent pas faire des achats en ligne à leur guise. Pour ces personnes et ces régions pauvres du monde, la transition monétaire et bancaire est complexe alors qu'elle est salutaire dans les pays développés.

Pour les États, notamment les pays africains qui font des emprunts en devises étrangères, notamment en dollars ou en euro, la transition monétaire et bancaire peut être une source de difficultés. En vérité, puisque le FCFA est arrimé à l'Euro, toutes les fluctuations de parité entre l'Euro et les autres devises étrangères (dollars US, dollars canadiens, Yen…) dans lesquelles ces pays ont contracté des emprunts peuvent entraîner indirectement des augmentations considérables des intérêts liés à ces emprunts, ce qui les conduirait dans un engrenage de paiements de dettes qui ne sont jamais soldés. C'est cela qu'a tenté d'expliquer monsieur Stanislas ZEZE, président directeur général de Bloomfield Investment Corporation dans les colonnes du magazine *Emergence Economique* du mois de mai 2019 au sujet du risque-pays et de la dette de la Côte d'Ivoire :

« Le stock de la dette est une bonne chose, mais l'important est la capacité à servir la dette. Le service de la dette représente 26% du budget : c'est quand même énorme ! Aujourd'hui si vous avez 26% du budget consacré à servir la dette, cela veut dire qu'il y a des choses importantes qu'il faut sacrifier, car cela représente 45% des recettes, presque la moitié des ressources propres. Est-ce que nous sommes capables de soutenir cela à long terme ? Il est important de réfléchir à cette question, car la Côte d'Ivoire risque de se trouver dans une situation où elle empruntera pour rembourser. Le capital principal reste élevé et c'est un risque.

Parmi d'autres risques, c'est l'exposition de la dette en devises étrangères. Cela engloutit la moitié du total de la dette. Forcément, cela a un risque et la dette peut augmenter. Il est important d'avoir sa dette dans sa propre monnaie. Nous sommes dans une logique d'investissement massif. C'est un effort important qui est fait, mais cela pourrait être plus rentable si la Côte d'Ivoire développe des marchés régionaux. »

En somme, vous constatez maintenant qu'il est vrai que la transition monétaire et bancaire facilite le quotidien de l'homme en tant que consommateur, mais tout comme les autres transitions, c'est une transformation numérique qui est complexe et difficile pour certains particuliers, mais aussi pour des États et pour le monde en général qui la subit de plein fouet.

III.1.3.c - Les transitions sociétales ou professionnelles (la robotisation et l'automatisation des systèmes de production) et administratives (dématérialisation, données personnelles et big data)

Sans doute, la transition sociétale ou professionnelle et la transition administrative font partie des plus grandes transformations numériques observées dans le monde aujourd'hui. Notre planète est en mutation et cela se voit dans tous les secteurs d'activité, tant au niveau de notre façon de travailler ou de produire que sur le plan administratif. De nos jours, il n'est plus nécessaire d'être forcément présent sur une machine dans une usine ou dans un bureau pour travailler ou produire. Il est désormais possible de travailler depuis chez soi ou devant un ordinateur situé loin de son lieu de travail parce que la législation qui entoure le travail a profondément évolué et changé. Quelqu'un a dit ceci :

« Uber est la plus grande entreprise de transport qui ne possède pas de taxi. Airbnb est la plus grande entreprise d'hôtellerie qui ne possède pas d'immeuble ou d'hôtel. Facebook est le plus grand média qui ne possède pas de chaîne ou de plateau de télévision. »

Comment de tels exploits sont-ils possibles ?

Ils sont possibles aujourd'hui grâce au développement de l'industrie du numérique et à la transition sociétale ou professionnelle et administrative.

La transition sociétale que j'appelle abusivement la transition professionnelle n'est pas à confondre avec la Responsabilité Sociétale des Entreprises (Prise en compte volontaire par les entreprises des enjeux sociaux, économiques, environnementaux et éthiques dans l'exercice de leurs activités) ou au fait qu'un salarié souhaite changer de domaine d'activité en allant se former dans un autre domaine d'activité pour obtenir de nouvelles compétences et revenir sur le marché de l'emploi (transition professionnelle au sens strict selon les organisations du travail).

Pour clarifier mes propos et faciliter la compréhension de tous, la transition sociétale ou professionnelle que j'évoque dans cette partie de mon livre est la transformation du travail dans notre société avec l'apparition de tâches robotisées ou automatisées qui remplacent progressivement les postes et les fonctions occupés par les hommes. Cela a pour conséquence la perte de plusieurs millions d'emplois dans le monde. Cette transition est d'autant plus dangereuse qu'elle ne cesse de s'accroître et de prendre de l'ampleur dans le monde en mettant des millions de personnes au chômage, car toutes les grandes entreprises ont tendance à changer leur mode de production en embauchant moins de personnes au profit des systèmes de production automatisés, ce qui leur permettrait de payer moins de charges tout en gardant leur niveau de production ou en l'augmentant.

Certes, la transition sociétale et professionnelle est avantageuse pour les chefs d'entreprises et est un pain béni pour les capitalistes, mais elle est dévastatrice pour les salariés de notre société et est une source de destruction de professions qui sont en train de disparaître sous nos yeux. Cela veut dire que bientôt, il ne sera plus important ou nécessaire d'aller à l'école pour apprendre une profession, occuper une fonction spécialisée ou espérer avoir un travail qui nous passionne puisque ces derniers seront mieux réalisés par des robots ou par des ordinateurs avec des tâches programmées ou automatisées. Cependant, je profite de cette lucarne que m'offre ce livre pour dire qu'il est vrai que les robots et les systèmes automatisés de production peuvent être plus productifs que l'homme en termes de quantité de travail effectué dans un laps de temps, mais ils peuvent être défaillants sur plusieurs plans dans leur activité par un manque de maintenance alors que l'homme, bien qu'étant moins productif que ces machines, est un être réfléchi qui peut prendre de bonnes décisions de façon instantanée pour garantir la sécurité de production dont la qualité est vitale pour l'être humain.

La transition sociétale et professionnelle entraîne la robotisation, l'automatisation de nos systèmes de production et l'informatisation officielle de notre société, de nos professions et la perte de la qualité de salarié, ce qui augmente chaque jour le nombre de chômeurs et de personnes pauvres dans le monde.

Aujourd'hui, avec la promotion et l'évolution de l'intelligence artificielle qui repose sur l'informatique et la robotisation, des professions, des fonctions et des postes sont en train de disparaître. Selon les estimations de l'OCDE (Organisation de Coopération et de Développement Économique) parues en avril 2019, la robotisation devrait faire disparaître 14% des emplois d'ici 20 années, c'est-à-dire, d'ici 2040. La France serait un peu plus exposée que la moyenne avec 16,4% de postes menacés et 32,8% de postes transformés par l'automatisation. À la suite de l'OCDE, c'est le cabinet Oxford Economics qui indiquait en juin 2019 que la robotisation de l'industrie pourrait menacer et supprimer 20 millions d'emplois d'ici 2030, ce qui correspondrait à environ à 8,5% des emplois industriels. Aussi, les rédacteurs du dernier rapport « How Robot Change The World » n'ont pas hésité à tenir ces propos relayés dans le journal français *Les Echos* 27 juin 2019 :

« Nous estimons qu'une augmentation de 1% du stock de robots par travailleur dans le monde de l'industrie entraîne une hausse de 0,1% de la production par travailleur. »

Ces statistiques veulent simplement dire que bientôt, nous ne parlerons plus de caissières dans les supermarchés, de conseillers dans les banques, de chirurgiens, d'ouvriers dans les usines, de chauffeurs de transport en commun, car toutes ces fonctions seront occupées par des ordinateurs, des robots, des machines ou se feront automatiquement parce que ces fonctions auront été transformées, programmées ou contrôlées par des serveurs informatiques à distance. C'est une partie des conséquences négatives de la transition sociétale et professionnelle.

Même si elle a des avantages en matière de productivité, cette transition est complexe et crée beaucoup de polémiques, car elle sonne la transformation et la perte des valeurs fondamentales d'humanité de notre société, c'est-à-dire faire des gains à tout prix, obtenir de l'argent à profusion et arracher des bénéfices considérables quels qu'en soient les moyens même si cela doit détruire des emplois et conduire des millions de personnes au chômage et dans le gouffre de la pauvreté. Cela sous-entend que c'est une transition qui amplifie les inégalités entre les riches et les pauvres.

En vérité, d'un côté, cette transition contribuera à rendre les riches de plus en plus en riches parce qu'ils utiliseront davantage de machines (robots et systèmes automatisés et informatiques) pour augmenter leurs productions et donc augmenter leurs bénéfices et de l'autre côté, elle rendra les pauvres de plus en plus pauvres, car ils n'auront plus de travail et donc plus d'argent parce qu'ils seront remplacés par des machines. C'est à ce niveau que l'on constate le lien qui existe entre la transition sociétale et professionnelle et la transition monétaire et bancaire : ces transitions peuvent accroître la pauvreté, car plusieurs populations seront privées d'argents et de billets de banque parce qu'elles n'ont pas de travail. Inévitablement, cet état créera des révoltes des populations sans emploi à l'encontre de leurs gouvernements ou de leurs dirigeants, ce qui laissera la place à des crises politiques très complexes, d'où l'apparition certaine de périodes de transition démocratique tout aussi complexes que les autres transitions. Encore une fois, vous constatez qu'une transition appelle toujours une autre transition. Cette démonstration confirme qu'elles sont effectivement toutes liées et complexes.

Comme une transition appelle une autre transition, la transition administrative est la suite logique de la transition sociétale et professionnelle. Elle est plus proche de la responsabilité sociétale des entreprises, car elle a un lien avec la préservation de l'environnement; cependant, elle n'est pas innocente dans la pollution de ce dernier, car pour se développer, elle a besoin des matières premières minérales dont l'exploitation entraîne des pollutions diverses.

Par définition, la transition administrative est le remplacement des tâches manuscrites, dactylographiques, postales qui nécessitent l'usage de papier pour des tâches numériques, informatiques ou dématérialisées. C'est la disparition des tâches manuelles et écrites au profit des tâches numériques ou informatisées. C'est le remplacement des messages postaux qui nécessitent d'avoir une boîte postale, par des messages électroniques (mails...) qui demandent un ordinateur et une adresse électronique (e-mail). En 2019, il m'est arrivé maintes fois d'accuser réception de documents importants par voie électronique ou par mail ou même de signer des actes notariés ou des documents bancaires par retour de mail ou électroniquement, ce qui était impossible en 2018 ou les années précédentes. C'est une preuve que le monde est également en train de connaître une transition administrative sans précédent.

La France et plusieurs pays développés comme les États-Unis, le Canada et même beaucoup de pays africains passent d'ailleurs à la dématérialisation de leurs services publics. Aujourd'hui, ces gouvernements incitent les populations à faire leurs opérations administratives destinées au service public en ligne via des applications. Par exemple, en France, il est désormais possible de déclarer ses revenus en ligne et de payer ses impôts en ligne alors que les faire en version papier et les poster ou se déplacer jusqu'au service des impôts se faisait encore récemment. Aujourd'hui, la plupart des passeports sont désormais biométriques avec des données numériques au point où par exemple, dans les aéroports de France, le fait d'avoir un passeport français vous ouvre les portes et vous donne accès à la salle d'attente de votre vol par une simple reconnaissance faciale alors qu'autrefois un agent de la police aéroportuaire devait vous retenir pour des formalités administratives et parfois manuscrites. D'ailleurs, ce système de détection de l'identité des personnes par reconnaissance faciale est en train de se généraliser dans le monde entier comme c'est déjà le cas en Angleterre pour les services de police et pour d'autres applications. C'est encore une autre preuve de la digitalisation des tâches administratives qui montre que cette transition numérique avance certainement et irréversiblement.

Toutes les administrations qui étaient en retard sur le plan numérique ont pris conscience de la nécessité d'informatiser leur système de fonctionnement si elles ne veulent pas disparaître. À la suite des services publics des États, les établissements bancaires encouragent également les populations à renoncer à l'envoi de la version en papier de leur relevé de compte bancaire mensuel ou hebdomadaire et à privilégier l'envoi de leur relevé bancaire en ligne : il est alors téléchargeable et consultable à tout moment et partout où ils se trouvent dans le monde. De même, aujourd'hui, les entreprises demandent à leurs salariés d'éviter l'usage systématique ou abusif du papier issu de l'impression de leurs échanges avec les clients ou leurs collègues pour promouvoir indirectement la communication numérique et électronique, c'est-à-dire la transition administrative.

La transition administrative annule la distance et les déplacements qui étaient indispensables autrefois pour communiquer et passer un message à un autre service de l'administration, à une autre entreprise ou à un autre destinataire. C'est à ce niveau que la transition administrative est intrinsèquement liée à la transition énergétique, car en minimisant ou en réduisant les déplacements, elle évite le gaspillage des énergies non renouvelables (pétrole, gaz…) utilisées comme carburant pour le fonctionnement des véhicules et des moyens de transport. Certes, la transition administrative est complexe pour les anciens fonctionnaires et salariés qui n'ont pas connu les outils informatiques et électroniques, mais elle est inévitablement un passage obligé vers la transition énergétique.

De plus, le fait d'utiliser de moins en moins de papier dans nos tâches administratives au profit de supports électroniques permet de protéger les forêts et donc de protéger le climat et l'écologie, car il ne faut pas oublier que le papier est un produit de la transformation du bois. Cela signifie que la détention de grandes quantités de papier dans nos administrations et dans nos entreprises a pour résultat la destruction d'importantes superficies de forêts et donc d'écosystèmes qui contribuent à l'équilibre climatique pour une vie sereine des êtres vivants sur la Terre. La transition administrative est donc aussi impliquée dans la transition climatique et écologique. Ainsi, vous comprenez encore une fois pourquoi je soutiens que les différentes transitions que nous observons sur notre planète sont liées et qu'une transition en appelle une autre.

De surcroît, de nos jours, les archives qui contenaient les documents en papier et qui étaient l'un des maillons essentiels de l'administration sont en train de disparaître. Il ne leur reste plus beaucoup d'années de présence et de consultation de leur contenu en version papier s'ils existent encore et n'ont pas été détruits par les moisissures ou l'humidité après toutes ces décennies de conservation, car la transition administrative les emporte dans sa course.

En effet, dans notre époque, vous entendez davantage parler « big data », « base de données » et de « manager ou de gestionnaire de base de données » parce que toutes les archives de papiers sont en train d'être remplacées par des archives électroniques ou en ligne appelées des « serveurs ou des disques durs informatiques » qui contiennent tous ces papiers en données numérisées par scanner et en grande quantité. À elles, s'ajoutent toutes les données numériques qui sont produites quotidiennement par tous les ordinateurs du monde et qui nécessitent d'être stockées, l'usage du papier n'étant plus préconisé pour leur conservation.

Certes, notre planète est dans l'ère du numérique et des nouvelles technologies de l'information et de la communication depuis le début de ce 21e siècle, mais aussi, depuis 2012, elle est rentrée dans la décennie du « big data » et de la gestion des bases de données informatiques ou des archives électroniques. Les big data sont des données numériques de grande ampleur. « big data » signifie simplement « grandes ou importantes données » en anglais et une base de données comporte plusieurs big data. La notion de « big data » n'est pas uniquement un concept informatique qui s'est répandu en 2012 pour montrer que les entreprises faisaient face à la gestion et au stockage de gros volumes de données (data), mais c'est aussi, un concept qui a d'importants enjeux commerciaux et de marketing.

En vérité, les big data sont en train de révolutionner le commerce et la vente en ligne, car toutes nos adresses électroniques personnelles, nos contacts téléphoniques, nos noms, nos mots de passe sont enregistrés et archivés sous forme de données dans tous les serveurs des entreprises où nous avons l'habitude d'acheter nos produits. Et toutes nos données constituent des big data précieuses, secrètes et à haute valeur marchande et de marketing pour toutes ces entreprises dont nous sommes des clients potentiels. Détenant nos contacts directs (boîte mail, numéro de téléphone, adresse physique…), ils peuvent à tout moment, nous proposer leurs produits. Ainsi, suite aux publicités répétitives, quotidiennes ou hebdomadaires de leurs articles que nous recevons de façon personnalisée avec la mention souvent de nos noms ou prénoms, nous finissons par succomber à la pression médiatique et à acheter le produit proposé.

Dès lors, vous comprenez que le big data et les bases de données ne sont pas que de simples archives électroniques, mais ce sont de véritables armes commerciales. C'est pourquoi, des pirates électroniques appelés hackers n'hésitent pas à passer des heures devant leurs ordinateurs pour trouver les failles des systèmes de sécurité numérique des entreprises et des États pour s'introduire frauduleusement dans leurs bases de données et en extraire certaines données qu'ils vendront illégalement à d'autres entreprises. Comme les archives en version papier, les bases de données et les big datas sont la chasse gardée des entreprises et des États, car elles sont onéreuses, très souvent confidentielles et contiennent des secrets insoupçonnables.

Ces nouvelles archives ou serveurs électroniques sont donc sacrés et stratégiques parce qu'elles constituent des bases de données numériques qui centralisent tous nos échanges les plus confidentiels, toutes nos identités, tous nos secrets personnels ou nos secrets d'État. De surcroît, certains de ces serveurs et archives électroniques sont parfois interconnectés ou gérés par le même fournisseur informatique ce qui ne garantit pas toujours la sécurité et la protection de ces bases de données de dimension mondiale au cas où leur système de sécurité électronique ne soit pas mis à jour de façon permanente, car l'industrie numérique est dynamique et évolutive. Dans l'industrie numérique, un système de sécurité informatique ou un logiciel peut être caduc après une journée, car les nouvelles découvertes sont quotidiennes et évoluent aussi vite que le jour. Le numérique est un secteur d'activité qui est très concurrentiel et compétitif où l'innovation et la créativité sont les objectifs principaux. Pour preuve, ces dernières années, notamment en 2018 et en 2019, Facebook, le plus grand média numérique, a été à maintes reprises la victime de vols et de fuites de données personnelles de 540 millions de ses deux milliards d'utilisateurs (en 2018) en raison du piratage de son système informatique et de ses serveurs hébergés par des entreprises tierces, externes telles que Amazon Web Services (AWS).

Certes, la protection des données personnelles reste un point faible de la transition administrative, mais il faut tout de même reconnaître que la prolifération du big data, des bases de données et des métiers connexes sont la preuve que le monde connaît une transition numérique sans précédent.

De plus, parce que les États et leurs administrations ont ces bases de données numériques et que toutes les entreprises et les particuliers en ont également, les documents en papier sont de plus en plus rares dans nos établissements, nos habitations et nos coffres. Ces signes montrent aussi qu'il y a une forte tendance à la dématérialisation de tous nos documents administratifs et de toutes nos archives publiques et personnelles. C'est une autre pièce à conviction qui prouve que notre monde vit au rythme de la transition numérique et se métamorphose rapidement et irréversiblement à travers la transformation digitale de nos tâches, de nos fonctions, de nos postes administratifs et de notre société.

III.2 - La transition écologique : sa définition, ses défis et ses branches?

En plus des grandes transitions complexes affectant notre civilisation que j'ai abordées dans les paragraphes précédents, la transition écologique est sans doute aussi l'une des plus importantes que nous vivons dans ce 21e siècle. Elle est la conséquence de plusieurs actions néfastes de l'homme et des activités sur l'environnement, le climat, l'écologie et les écosystèmes naturels du règne animal.

Par définition, la transition écologique est un concept créé par Rob HOPKINS qui comprend un ensemble de principes, de règles et de pratiques pris en compte dans le but d'évoluer vers un renouvellement de notre modèle économique, social et environnemental. Ces principes de transition écologique affectent nos façons de consommer, de travailler, de produire ou encore de cohabiter afin de freiner la progression de tous ces changements néfastes auxquels nous sommes confrontés aux plans environnemental, climatique et météorologique. Cependant, la transition écologique peine à s'imposer dans les habitudes des hommes et de certaines entreprises et multinationales dont les activités polluent gravement et dégradent rapidement notre environnement et accélèrent les changements observés dans notre climat et les saisons ces dernières décennies. Cette transition rencontre des oppositions féroces parce que les enjeux économiques et géopolitiques sont plus importants que les enjeux climatiques, environnementaux et sociaux pour ses farouches opposants, ce qui la complexifie comme les autres transitions en vogue à notre époque.

Les défis à relever par la transition écologique sont nombreux : le changement ou la transition climatique, la réduction de la biodiversité, la diminution des ressources naturelles, l'augmentation des risques environnementaux. Cela pour dire que la transition écologique et les questions environnementales sont devenues des préoccupations majeures dans nos sociétés. Elle est devenue un sujet d'État dans tous les pays du monde. Par exemple, en France, la publication en novembre 2013 d'un « livre blanc sur le financement de la transition écologique » et la création d'un Conseil National de la Transition Ecologique (CNTE) présentent la transition écologique comme une priorité d'État. De façon concrète, ce livre renferme 63 mesures qui, si elles sont appliquées, sont susceptibles de transformer les normes de production, de consommation et d'investissement vers un mode de développement économique décarboné, en mesure de bien gérer, conserver et renouveler les ressources.

De manière générale, la transition écologique comprend plusieurs branches dont certaines sont principales. Il s'agit de la transition agroalimentaire, de la transition industrielle, de la préservation de la biodiversité et de la transition énergétique. D'ailleurs, la transition énergétique fait partie des branches majeures de la transition écologique. C'est aussi pour cette raison qu'elle est au cœur de ce livre dont le titre est « L'Afrique, l'ultime réserve pétrolière du monde face à la transition énergétique. »

III.2.1 - Les défis principaux de la transition écologique

La réussite de la transition écologique souhaitée dans tous les pays du monde dépendra des nombreux défis qu'elle réussira à surmonter. Ces défis sont des phénomènes naturels ou des conséquences des actions de l'homme sur l'environnement et les ressources naturelles qui menacent la vie des êtres vivants (hommes, flore, faune) sur la Terre. Ces défis sont déjà visibles dans la société et certains d'entre eux méritent d'être combattus à savoir le changement climatique, la réduction de la biodiversité, la réduction des ressources naturelles, l'augmentation des risques environnementaux et sanitaires tandis que d'autres méritent d'être encouragés ou soutenus. C'est le cas de la transition énergétique qui est le défi majeur de transition écologique.

III.2.1.a - Le défi de la transition ou du changement climatique

Sans doute les phénomènes naturels qui ont attiré l'attention des gouvernements du monde sur la nécessité d'effectuer et d'appuyer la transition écologique sont ceux liés aux changements climatiques. Ces modifications du climat sont perceptibles par des variations météorologiques brutales et de profonds dérèglements de l'ordre des saisons. Ces changements sont tellement incertains de nos jours que même les services de météorologie ont des prédictions de moins en moins justes ou parfaites, car il est désormais difficile de prévoir avec précision les intensités des phénomènes naturels (pluie, neige…) annoncés.

Aussi, ces changements climatiques sont caractérisés par la forte intensité des phénomènes naturels à l'échelle planétaire. La pluviométrie est de plus en plus forte dans les pays tropicaux et tempérés avec pour conséquence des inondations récurrentes. Dans l'autre sens, les pays chauds sont de plus en plus chauds avec des températures extrêmes et inhabituelles liées au réchauffement climatique, ce qui a pour conséquence la destruction des cultures agricoles et la rareté des ressources en eau d'où l'augmentation de la famine et de la sécheresse dans certaines régions du monde, notamment en Afrique et dans certains pays désertiques de l'Asie et du Moyen-Orient. Le changement climatique amplifie donc l'extrémisme des phénomènes naturels.

De surcroît, ces changements climatiques perturbent fortement l'ordre naturel des saisons. Aujourd'hui, il est désormais courant de voir des journées chaudes avec de fortes températures au cours de l'hiver et des journées froides avec de basses températures pendant l'été alors que de telles variations étaient impossibles et impensables il y a encore quelques décennies. De plus, les saisons sont davantage décalées et ne suivent pas leur calendrier d'apparition qui était autrefois fixe, précis et bien connu.

C'est tout le système climatique et météorologique qui se modifie et change au fil des années. Tous ces faits sont donc la preuve que notre climat est en transition. Ainsi, tout comme les autres transitions, nous vivons également une transition climatique complexe.

Ce changement climatique est donc un problème et un défi planétaire à combattre de façon concertée et universelle, car tous les habitants de la Terre en sont les victimes et tous ont contribué à l'apparition de ce phénomène dont la cause principale est le réchauffement climatique. Or, ce réchauffement climatique n'est que la conséquence néfaste sur la couche d'ozone des gaz à effet de serre produits quotidiennement par l'homme et ses entreprises. C'est aussi ce réchauffement climatique qui entraîne la fonte accélérée des glaciers et des banquises de l'Arctique et l'Antarctique avec la destruction des écosystèmes des faunes du pôle nord et du pôle sud sans oublier la montée des eaux des océans qui engloutissent des territoires côtiers habités par l'homme ou érodent les côtes.

Ainsi, pour relever le défi de la transition et du changement climatique, il faut lui opposer celui de la transition énergétique, car en utilisant les énergies renouvelables, cela diminuera considérablement les gaz à effet de serre, réduira le réchauffement climatique et l'équilibre météorologique naturel se remettra en place même si certaines conséquences du changement climatique sont irréversibles.

III.2.1.b - Le défi de la réduction de la biodiversité

Un autre défi de la transition écologique est celui de la réduction de la biodiversité. Par définition, la biodiversité représente l'ensemble de toutes les espèces vivantes (micro-organisme, végétaux, animaux) sur la Terre et leurs échanges entre elles. Elle prend également en compte les différents types de gènes, d'écosystèmes et d'espèces. C'est aussi la diversité des êtres vivants présents dans un lieu. La biodiversité a une importance stratégique, car toutes les espèces vivantes, qu'elles soient du règne animal ou végétal, ont un rôle qui participe à l'équilibre environnemental et climatique de la planète et même à la vie quotidienne de l'homme sur la Terre. C'est ainsi que les destructions des végétaux et de grandes superficies de forêt vont favoriser la sécheresse et réduire considérablement la pluviométrie et la production agricole.

De plus, ces mauvaises actions et pratiques des hommes vont également détruire les habitats et l'espace de vie des animaux, c'est-à-dire leurs écosystèmes. Il est important de savoir qu'un écosystème est un milieu de vie donné avec un ensemble dynamique et pluriel d'organismes vivants (végétaux, animaux, microorganismes) qui interagissent entre eux et avec le milieu (sol, air, eau). Or si les écosystèmes sont détruits, la chaîne alimentaire est rompue parce que les animaux s'enfuient ou sont tués, la photosynthèse est handicapée parce que la quantité de végétaux impliquée dans ce processus aura diminué et les métabolismes des microorganismes sont raréfiés parce que les Terres seront asséchées et les végétaux ou les animaux qui leur servent de support ne seront plus disponibles. Ainsi, quand vous savez l'importance de la chaîne alimentaire et de la photosynthèse pour le climat et l'environnement, vous comprenez que c'est notre milieu de vie qui est déséquilibré et impacté négativement quand ces deux principes biologiques sont mis à mal.

Chaque animal, végétal ou microorganisme, peu importe sa taille, sa durée de vie, ou son milieu de vie, a un rôle irremplaçable à jouer pour l'équilibre écologique. C'est pourquoi la lutte contre la réduction de la biodiversité est l'un des grands défis et des grands combats pour réussir la nécessaire et impérieuse transition écologique. Il faut veiller sur la pérennisation des espèces animales et végétales dans le temps en s'opposant par exemple aux mauvaises actions des braconniers et des industries agricoles à grande échelle, car de leur fait, plusieurs espèces animales n'existent plus aujourd'hui et des espèces végétales rares ont disparu. Par tous les moyens, il faut donc protéger la biodiversité, car en le faisant, nous nous protégeons nous-mêmes et nous préservons la planète toute entière.

III.2.1.c - Le défi de la réduction des ressources naturelles

Par définition et de façon générale, une ressource naturelle désigne une substance, un organisme, un milieu ou un objet présent dans la nature et dont l'utilisation permet de satisfaire les besoins vitaux des hommes, des animaux ou des végétaux. Cela veut dire que sans les ressources naturelles, la vie disparaîtra ou sera en berne, car tous les êtres vivants de la planète en ont besoin. D'ailleurs, les différents types de ressources naturelles sont la preuve de leur dimension stratégique pour la vie sur la Terre, car elles sont diversifiées et utiles dans tous les secteurs d'activité. Les ressources naturelles sont nombreuses et multiples : les matières premières minérales (les minerais, l'eau douce...), les produits d'origine sauvage (le bois, le poisson, le gibier...), les milieux naturels (l'eau, l'air, la forêt...), les matières organiques fossiles (pétrole, gaz naturel, charbon...), les sources d'énergie (énergie solaire, énergie éolienne, énergie hydraulique...).

Cependant, l'exploitation abusive ou la préservation des ressources naturelles a toujours été au cœur des débats liés à l'environnement, au climat et au développement de nos pays et de nos sociétés. Certains sont des adeptes de l'utilisation sans modération et sans limites de ces ressources naturelles parce qu'elles constituent des matières premières de leurs industries tandis que d'autres sont farouchement opposés à cette pratique, car ils estiment que ces ressources naturelles sont les régulateurs de notre environnement et celles qui maintiennent notre climat en équilibre. C'est aussi pour ce dernier courant de pensée, qui est justifié par la disparition de certaines ressources naturelles dans le monde, que la lutte contre la réduction des ressources naturelles fait également partie des défis majeurs de la transition écologique.

Aujourd'hui, compte tenu de l'usage excessif de certaines ressources naturelles telles que le pétrole, le poisson, le bois et les forêts, des régions entières en sont privées sur plusieurs générations. Aussi, du fait de la pollution industrielle grandissante, des villes entières ont un air irrespirable au point d'être des foyers de cancers ou d'autres maladies pulmonaires. Dès lors, si nous ne faisons rien dès maintenant pour stopper ces gaspillages, les futures générations ne disposeront d'aucune ressource naturelle, mais uniquement de ressources artificielles qu'elles auront l'obligation de créer si elles ne veulent pas périr ou subir les conséquences négatives de cette mauvaise action humaine. Il est vrai que des minerais peuvent être créés de façon synthétique, des poissons ou des volailles peuvent être élevés à grande échelle en un temps record ou même des produits agricoles ou alimentaires peuvent être cultivés de façon performante grâce à l'usage renforcé des pesticides et des engrais, mais toutes ces ressources produites artificiellement en quantité ne peuvent jamais égaler en qualité les ressources naturelles d'origine. Cela transcrit bien ce fameux adage qui dit :

« La photocopie n'égale jamais l'original. »

D'ailleurs parce que ces ressources artificielles et de remplacement ne sont pas produites dans des conditions naturelles et visent parfois uniquement la quantité, plusieurs d'entre elles sont à la base de plusieurs cancers et de nombreuses maladies rares observées dans les pays occidentaux et de plus en plus en Afrique et dans des pays en voie de développement.

De plus, l'homme aura maintes fois reproduit les ressources naturelles de la planète, mais ne pourra reconstituer l'air et les sols qu'il aura détruit par pollution ou par infiltration avec ses conséquences sur la santé de l'homme. De même, il ne pourra reconstituer en une année une forêt détruite avec toutes ses espèces qui ont été conçues sur des millions d'années.

Pour toutes ces raisons, nous devons changer nos habitudes et tous lutter pour réduire au maximum l'utilisation incontrôlée de nos ressources naturelles, car notre vie actuelle et celle de nos enfants en dépendent fortement.

III.2.1.d - Le défi de l'augmentation des risques environnementaux et sanitaires

Les actions de l'homme ne sont pas sans conséquences sur la nature et notre environnement. Dans tous les cas, elles impactent négativement ou positivement notre milieu de vie. Compte tenu de la démographie mondiale grandissante qui augmente indirectement la demande de produits dans tous les secteurs d'activité et accroît le nombre de consommateurs, l'homme a tendance à augmenter la production de ses industries pour satisfaire la demande et apporter suffisamment d'offres en utilisant davantage d'énergies non renouvelables (pétrole, gaz, charbon) qui polluent excessivement l'air. De même, l'utilisation croissante des véhicules avec des moteurs à combustion, qui fonctionnent au carburant, par les populations de la planète pollue également gravement notre air à cause de leurs dégagements importants de dioxyde de carbone (CO_2). Ces phénomènes sont tellement récurrents et prononcés que des villes comme Paris interdisent parfois la circulation de certains véhicules en fonction de leur immatriculation. La mairie de Paris envisage même de fermer la voie périphérique dans les années à venir pour privilégier les transports en commun comme le métro ou le tram qui ne polluent pas l'air. Par exemple, à Amsterdam, pour éviter des niveaux élevés de pollution de l'air, vous ne verrez quasiment aucun véhicule dans le centre-ville excepté des vélos. D'ailleurs, cette ville est qualifiée de « ville écologique » comme c'est le cas de plus en plus pour plusieurs autres villes occidentales qui privilégient les énergies renouvelables, vertes ou encore propres, c'est-à-dire, les énergies sans dégagement de dioxyde de carbone et donc sans pollution.

En vérité, toutes ces pollutions engendrent des risques environnementaux et sanitaires qui constituent des défis à relever grâce à la nécessaire transition écologique en changeant nos pratiques et nos habitudes de consommation et de production.

Par définition, un risque environnemental signifie la possibilité de survenance d'incidents ou d'accidents engendrés par les activités des entreprises susceptibles d'avoir des conséquences nuisibles, nocives et significatives sur l'environnement. Parce que les limites de la préservation de l'environnement sont de plus en plus franchies par nos pollutions, les risques environnementaux se multiplient et de nombreux accidents et incidents sont observés et enregistrés toutes les années : des pics de pollution en milieu urbain, des explosions de centrales nucléaires ou d'usines de production de produits chimiques, des explosions de plateformes pétrolières avec des marées noires, la prolifération en milieu aquatique et urbain des déchets plastiques qui mettent plus de 200 années pour se désintégrer, la contamination des nappes phréatiques par les produits phytosanitaires, les pesticides et les engrais chimiques utilisés pour l'agriculture, la multiplication des organismes (animaux : volaille, bœuf, porc… végétaux : légume, fruit…) génétiquement modifiés (OGM) pour des buts commerciaux et productifs dans nos industries agroalimentaires, qui a parfois des conséquences médicales non maîtrisées et des effets secondaires néfastes pour la santé de l'homme sur le long terme, etc.

Évidemment, il faut également prendre en compte le fait que tous ces accidents et ces incidents environnementaux ont toujours des conséquences sanitaires d'où l'importance de les combattre. Par exemple, l'augmentation des cancers de la peau et du poumon n'est pas le fait du hasard. Ils sont très souvent des conséquences sanitaires et médicales des accidents environnementaux tels que la pollution de l'air qui permet l'infiltration de particules cancérigènes dans nos poumons par inspiration et l'arrivée sur la Terre et sur nos peaux de forts rayons solaires suite à la destruction progressive de la couche d'ozone par les gaz à effet de serre alors qu'ils nous servent contre les rayons ultraviolets du Soleil.

Tous ces faits montrent que la réussite de la transition écologique à l'échelle planétaire passe également par la réduction des risques environnementaux et sanitaires dans le monde.

III.2.1.e - Le défi de la transition énergétique

Le défi majeur de la transition écologique qui supplante tous ces autres défis est sans doute celui de la transition énergétique, car il concentre tous les espoirs du retour à la normale du climat, du rééquilibrage des conditions météorologiques, de la préservation de la biodiversité, de la conservation des ressources naturelles et de la réduction des risques environnementaux et sanitaires. Cela est possible parce qu'en agissant positivement sur l'énergie et ses leviers, ce sont tous les autres défis qui seront également affectés positivement puisque la principale source de tous ces dérèglements écologiques et environnementaux observés à la surface de la Terre est l'énergie, plus précisément notre mode de production et de consommation d'énergie. Ainsi, améliorer nos habitudes énergétiques en produisant sainement, en délaissant les énergies polluantes et en consommant davantage des énergies renouvelables non polluantes, c'est également améliorer la qualité de notre air, éviter la destruction de la couche d'ozone et le réchauffement climatique parce qu'il y aura moins de dégagement de dioxyde de carbone (CO_2) et préserver nos ressources naturelles (pétrole, gaz, charbon, eau, mer…).

Pour comprendre aisément l'importance du défi de la transition énergétique, il faut d'abord savoir ce qu'elle représente et connaître toutes les notions et les mots clés qui la composent.

Par définition, la *transition énergétique* est un concept ayant fait son apparition dans les années 80 qui désigne la période d'adaptation conduisant à l'adoption d'un mix énergétique avec des sources d'énergies diversifiées et renouvelables contrairement à un mix énergétique basé uniquement ou principalement sur des énergies non renouvelables, c'est-à-dire des énergies d'origine fossile comme le pétrole, le gaz ou le charbon. En clair, la transition énergétique appelle à un changement et à un abandon progressif de nos actuelles sources d'énergies non renouvelables (pétrole, gaz, charbon) pour l'utilisation définitive et effective de nouvelles sources d'énergies renouvelables (solaire, éolien, hydraulique…).

Comme vous avez pu le constater, la transition énergétique s'identifie à une période et aux énergies renouvelables qui en sont les mots clés. Si nous voulons sauver notre climat et notre environnement, il faut agir rapidement sur l'énergie, car cette période transitoire qui est la transition énergétique n'est pas éternelle, mais elle est définie dans le temps. Plus nous tarderons à adopter les énergies renouvelables dans nos nouvelles habitudes de consommation énergétique, plus nous retarderons la réussite de la transition écologique et nous autodétruirons notre planète. Il faut agir vite et sérieusement sur les questions énergétiques, car tous les autres défis sociaux, économiques, environnementaux et même politiques qui se présentent à nous en dépendent.

III.2.2 - Les branches principales de la transition écologique

La transition écologique n'est pas seulement un slogan, mais c'est un concept qui existe et évolue grâce aux actions menées dans tous les domaines d'activité pour relever tous les défis auxquelles elle est confrontée et atteindre les objectifs fixés pour réguler le climat et amoindrir les risques et les phénomènes environnementaux. Pour mener ces actions coordonnées dont les effets doivent être visibles et perceptibles sur le plan national et mondial, la transition écologique possède plusieurs branches à savoir, la transition agroalimentaire, la transition industrielle, la préservation de la biodiversité et la transition énergétique.

III.2.2.a - La transition agroalimentaire

Depuis quelques années, notre mode de production agricole a changé à cause de la pression exercée par la transition écologique dans l'agriculture. Nous revenons progressivement aux vieilles techniques de production agricole qui privilégiaient des cultures naturelles sans organismes génétiquement modifiés et sans ajout de produits et d'engrais chimiques ou même de pesticides, très souvent à la base de maladies agroalimentaires et de risques environnementaux. Le secteur agricole est donc en pleine transition au cours de ces dernières décennies. Par définition, la transition agroalimentaire est le passage d'une agriculture à production industrielle à une agriculture plus biologique et paysanne.

En combattant l'utilisation abusive des produits chimiques pour augmenter la production agricole, la transition agroalimentaire permet la réduction des contaminations des nappes phréatiques comme c'est le cas dans la région de la Bretagne en France où les eaux ont été longtemps infectées par les pesticides.

En luttant contre la prolifération des organismes génétiquement modifiés, dont le but est de créer de nouvelles espèces végétales ou animales à reproduction rapide par croisement génétique, la transition agroalimentaire réduit les risques médicaux en cas d'effets secondaires liés à la consommation de ces nouveaux produits ou aliments. En le disant ainsi, je veux attirer votre attention sur le fait que beaucoup de cancers et de maladies observés aujourd'hui dans le monde sont liés aux aliments que nous consommons. Plus vous mangez des aliments sains et naturels, plus vous serez en bonne santé. Plus vous mangez des aliments génétiquement modifiés ou traités et produits chimiquement, plus vous serez exposés à des maladies diverses, car l'homme aura essayé de changer l'ordre naturel préexistant. N'avez-vous pas remarqué que la nature a toujours tendance à revenir à l'équilibre lorsqu'elle est modifiée sauf quand des limites sont dépassées excessivement ? C'est ce qui explique ce fameux adage qui dit :

« La nature a horreur du vide. »

En encourageant, des productions agricoles naturelles qui privilégient la qualité des produits au détriment des productions agricoles industrielles, la transition agroalimentaire remplit bien son rôle écologique parce qu'elle évite la destruction de plusieurs hectares de forêts, car, puisque la quantité est l'objectif de la production agricole industrielle, les industriels de l'agroalimentaire n'hésitent pas à raser d'immenses superficies de forêts pour leurs cultures, ce qui est contre écologique et contre le climat.

Par ces faits et pour ces raisons susévoquées, vous comprenez que la transition agroalimentaire est l'une des branches principales de la transition écologique parce qu'elle touche directement à l'alimentation de l'homme et donc à sa santé.

III.2.2.b - La transition industrielle

Il est important de savoir que la *transition écologique* se définit également comme le passage du mode actuel de production et de consommation à un mode plus écologique. C'est cette définition qui donne tout son sens à la transition industrielle qui est l'une de ses branches majeures et qui désigne le passage à une production locale de biens plus durables, c'est-à-dire recyclables contrairement à l'obsolescence programmée, et facilement réparables dans la perspective d'une économie circulaire.

En effet, pendant de longues années, notre société a confectionné de nombreux produits non durables, ce qui a fortement contribué à détruire et gaspiller nos ressources naturelles telles que le bois pour la confection du papier, des maisons et des meubles, le pétrole dont les polystyrènes et le plastique sont des produits dérivés. Nous avons également encouragé la production d'articles qui n'étaient pas recyclables, ce qui a augmenté considérablement les déchets industriels, agroalimentaires et électroniques à la surface de la Terre et engendre aujourd'hui des problèmes environnementaux et sanitaires dans plusieurs régions du monde parce que nous ne savons toujours pas comment nous en débarrasser sans générer d'autres pollutions. C'est le cas par exemple des sacs en plastique qui mettent plus de 200 années pour se désintégrer et qui polluent tous nos océans et détruisent les écosystèmes aquatiques. C'est aussi le cas des déchets électroniques qui sont très dangereux pour la santé compte tenu des Terres rares qu'ils contiennent et qui sont susceptibles de polluer la nappe phréatique. Aux précédents, s'ajoutent les déchets industriels nucléaires qui sont tellement dangereux que l'option du stockage dans le sous-sol est employée pour s'en débarrasser. Il ne faut pas non plus oublier les déchets liés au pétrole et à l'agroalimentaire qui sont également de grandes sources de pollution.

C'est pour éviter toutes ces poches de pollution que la transition industrielle est insérée désormais dans le mode et les procédés de production de toutes les entreprises, quel que soit le secteur d'activité. De façon concrète par exemple, il est conseillé de remplacer les verres ou les bouteilles en plastique par des verres ou des bouteilles en verre ou matériaux qui se recyclent facilement. Il est préconisé d'utiliser de moins en moins de papier. Il est demandé aux industries de produire des articles dont la durée de vie est longue, ce qui évite d'utiliser davantage d'énergie pour les reproduire plusieurs fois. Parmi tant d'autres exemples, ce sont ces raisons précitées qui expliquent l'importance de la transition industrielle pour le bien-être actuel et futur de notre monde et de nos civilisations.

III.2.2.c - La préservation de la biodiversité

Devant la disparition des espèces animales et végétales et des ressources naturelles suite au braconnage, à la pêche industrielle, à la déforestation liée à l'agriculture et aux incendies, au réchauffement climatique, à la prolifération abusive et à l'introduction d'espèces nocives et envahissantes et aux diverses pollutions des mers et des océans, la préservation de la biodiversité qui est une autre branche de la transition écologique est une nécessité.

En vérité, la plupart des personnes ne s'en rendent pas compte, mais les êtres vivants qu'ils soient du règne animal ou végétal participent tous à l'équilibre de la planète. Lorsqu'une espèce est en voie de disparation ou est éteinte, il y a un déséquilibre non seulement dans la chaîne alimentaire, mais surtout, dans l'équilibre des écosystèmes naturels. C'est d'ailleurs ce déséquilibre naturel qui est à la base de plusieurs phénomènes météorologiques, climatiques et naturels observés à la surface de la Terre. C'est pourquoi la préservation de la biodiversité est désormais une priorité pour les États du monde, car de même que les monuments historiques sont des patrimoines générant des revenus pour les pays sur le plan touristique, de même, la biodiversité est une richesse et un patrimoine naturel, économique et environnemental qui peuvent générer des revenus pour les États à travers les parcs zoologiques et botaniques en plus de leurs avantages météorologiques et climatiques.

III.2.2.d - La transition énergétique et le mix énergétique

Sans doute la transition énergétique est la branche phare et principale de la transition écologique, car toutes les activités de l'homme sur la Terre sont liées à l'énergie. Cela veut dire que si le système énergétique est maîtrisé et contrôlé, la plupart des défis de la transition écologique seront également relevés et les objectifs fixés au départ seront atteints. Dans le paragraphe concernant les défis de la transition écologique, j'avais assimilé la transition énergétique à une période d'adaptation qui servirait d'intervalle de passage vers des énergies moins polluantes et renouvelables. Comme ce processus ne peut se faire de façon brutale, chaque fois que le choix se présentera à nous en termes de consommation d'énergie, il faudra faire un mélange d'énergie non renouvelable et d'énergie renouvelable pour finalement adopter pleinement les énergies renouvelables (éolienne, solaire, hydraulique, géothermique…) dans les décennies suivantes, dès aujourd'hui si possible et abandonner définitivement les énergies non renouvelables (pétrole, gaz, charbon…) : c'est le mix ou mixte énergétique.

Ainsi résumé, c'est l'objectif fondamental de cette branche de la transition écologique. Elle milite pour moins en moins de pétrole, de gaz, de charbon, d'uranium comme sources principales d'énergie et encourage de plus en plus l'utilisation de l'éolien, du solaire, de l'hydraulique, de la géothermie, car elle estime que l'avenir environnemental, climatique, météorologique et sanitaire de la planète en dépend sous peine de se laisser engloutir par la transition climatique féroce avec l'augmentation de la température terrestre et des pollutions de toutes sortes.

III.3 - Quels sont les enjeux de la transition écologique et énergétique ?

En vérité, tous mes propos dans les paragraphes concernant les défis et les branches de la transition écologique ont passé en revue la plupart des enjeux de la transition écologique, mais il est bien de les résumer dans cette partie du livre. Cela permettra de comprendre que certes, la transition écologique est souhaitée par une grande partie des populations et des États du monde, mais des industriels et certaines populations de la planète ne désirent pas la voir progresser et arriver à ses fins, car elle mettra fin à leur source de revenu principal. Je serai donc très bref sur ces enjeux pour éviter de me répéter en adoptant une posture synthétique. Cependant, il est bien de comprendre la différence entre un enjeu et un défi pour ne pas faire des amalgames dans la compréhension des paragraphes suivants.

Au sens littéral du terme, un enjeu veut simplement dire que quelque chose est mis en jeu. Ainsi, un enjeu définit l'ensemble des choses qu'on pourrait gagner ou perdre en faisant une action alors qu'un défi est un challenge à affronter, une situation difficile à surmonter ou encore une tâche compliquée à réaliser. Ainsi, en plus de ses défis, la transition écologique a des enjeux climatiques et environnementaux, économiques et financiers, sociaux et géopolitiques.

III.3.1 - Les enjeux climatiques, environnementaux et sanitaires

Sur le plan climatique, la réalisation de la transition écologique permettra de sauver le climat en réduisant considérablement le réchauffement de la surface de la Terre parce que les gaz à effet de serre diminueront et la couche d'ozone sera protégée même si cela nécessite d'abandonner l'industrie pétrolière.

Sur le plan environnemental, le fait de réduire les gaz à effet de serre va diminuer considérablement les pollutions dans les centres-villes où les véhicules et les usines qui dégagent du dioxyde de carbone sont très actifs. De même, en préservant la biodiversité et en protégeant les écosystèmes et les forêts contre les incendies et les cultures industrielles à grande échelle qui nécessitent des déforestations, les végétaux et les animaux pourront jouer leur rôle de régulateurs du climat et de la météo. Par exemple, la photosynthèse avec l'inspiration et la transpiration des végétaux est un élément fondamental dans l'équilibre climatique et météorologique.

Sur le plan sanitaire, évidemment la diminution du réchauffement climatique évitera le développement du cancer de la peau chez les populations et la baisse du taux des gaz à effet de serre tels que le dioxyde de carbone réduira la prolifération des maladies pulmonaires liées à l'inspiration de ces gaz toxiques. Ainsi, la baisse des accidents et des catastrophes environnementales tels que les marées noires dans les océans et l'écoulement des déchets miniers dans les eaux douces et sur les sols permettra non seulement d'éviter la destruction de plusieurs espèces animales et végétales et leurs écosystèmes, mais aussi d'avoir moins d'infiltrations de produits chimiques toxiques dans les nappes phréatiques, ce qui préservera beaucoup de populations de diverses infections.

Certes, ils ne sont pas exhaustifs, mais voilà évoqués quelques-uns des enjeux climatiques, environnementaux et sanitaires liés à l'application d'actions écologiques.

III.3.2 - Les enjeux économiques et financiers

La transition écologique a de forts enjeux économiques dans la mesure où tous les leviers principaux et les actions humaines, sur lesquelles elle est sensée agir et qu'elle doit combattre, ont d'énormes intérêts économiques et financiers.

Sur le plan économique, par exemple, elle doit s'opposer au développement de l'industrie pétrolière qui est aujourd'hui la cause principale des dégagements des gaz à effet de serre (CO_2) alors que ce secteur d'activité produit encore plus de 80% des sources d'énergie que nous utilisons quotidiennement et emploie des millions de personnes dans les centrales de productions énergétiques. Ces industries font partie des plus puissantes entreprises de la planète et ont parfois des chiffres d'affaires et des budgets qui dépassent ceux des États. De plus, plusieurs d'entre elles prêtent parfois aux États.

Devant ces faits, il est difficile pour les États qui dépendent économiquement de ces multinationales pétrolières de soutenir ouvertement les actions de la transition écologique destinée à combattre ce secteur d'activité si elles ne veulent pas se voir couper les vivres ou tomber en faillite sous les pressions de leurs prêteurs.

Sur le plan financier, il ne faut pas oublier que toutes les actions écologiques que tous souhaitent vivement ont un coût. Il faut les financer. Si l'on veut abandonner les énergies non renouvelables au profit des énergies renouvelables, il faut financer la recherche pour optimiser la production de ces dernières qui est encore faible et pour remplacer les premières et cela a un coût. Si l'on veut protéger les forêts et les écosystèmes, il faut les faire surveiller en permanence par des hommes, des satellites ou même des drones et cela a également un coût.

Et qui est censé financer toutes ces initiatives et ces actions écologiques ?

C'est bien entendu les États. Or, ces derniers dépendent encore énergétiquement des énergies non renouvelables et des multinationales pétrolières sur le plan économique et dans la plupart des cas ils n'ont déjà pas suffisamment d'argent pour boucler leur budget et pour en injecter en plus dans la transition écologique. D'un autre côté, ne demandez pas à une multinationale pétrolière de financer la transition écologique, car en le faisant, elle combattra son propre secteur d'activité, ce qui veut dire simplement qu'elle ne le fera pas. Cela me rappelle ce fameux passage de la Bible précisément dans le livre de Marc au chapitre 3 et au verset 24 qui dit ceci :

« Si un royaume est divisé contre lui-même, ce royaume ne peut subsister. »

Vous comprenez donc que l'industrie pétrolière ne peut commander et soutenir financièrement sa propre chute et sa disparition au profit des industries qui prônent les énergies renouvelables, car il ne faut pas oublier également que le monde de l'entrepreneuriat est d'abord un terrain de jeux économiques et de guerres financières sans pitié et sans compassion, quelles que soient les conséquences positives ou négatives.

Ainsi, certes la transition écologique est salutaire, mais nos États n'ont pas encore pris énormément à cœur ce projet pour trouver les moyens suffisants et nécessaires pour financer tous ces projets écologiques qui devraient sauver le climat et notre environnement d'aujourd'hui et de demain.

III.3.3 - Les enjeux sociaux

La transition écologique n'a pas uniquement des enjeux climatiques, environnementaux, financiers et économiques, mais aussi des enjeux sociaux avec les différents changements et les nombreuses modifications qui surviennent dans les milieux professionnels et la façon de produire.

En effet, l'apparition des ordinateurs comme un outil de travail avec la dématérialisation des tâches administratives, l'utilisation accrue des robots et des systèmes automatisés comme des agents de production ont fortement réduit les postes et les fonctions, autrefois occupés par les hommes au profit de ces machines, ce qui provoque une crise sociale et professionnelle. Nous sommes au cœur d'une véritable transition sociale et professionnelle qui n'est pas sans conséquences pour les travailleurs. Certes, la transition écologique est souhaitée et demandée par tous, mais elle détruira assurément beaucoup d'emplois, car les machines remplaceront progressivement les hommes pour les besoins de réduction des ressources énergétiques, de production, de préservation de la biodiversité d'où l'enjeu social.

Sans prendre en compte les effets de la transition écologique sur le travail, le sujet de l'emploi était déjà une problématique presque insurmontable pour les États du monde qui peinent à réduire le nombre de demandeurs d'emploi. C'est d'ailleurs un paramètre et un critère de gouvernance qui est suivi au quotidien par les politologues, les sociologues et les analystes pour juger de la réussite ou pas des quinquennats ou des septennats de la plupart des gouvernants du monde sur leur capacité à inverser positivement la courbe du chômage. Ainsi, pendant que les emplois sont rares, une réduction supplémentaire de ces derniers à cause de la transition sociétale, professionnelle, administrative va obligatoirement ajouter une autre crise sociale à celles qui existent déjà.

Ces faits montrent que la transition écologique n'a pas uniquement des conséquences et des enjeux positifs sur notre société, mais elle peut également être une source de crises sociales ou empirer ces dernières d'où la nécessité de trouver un équilibre pour minimiser au maximum ses effets négatifs sur notre civilisation.

III.3.4 - Les enjeux géopolitiques

Du fait que la transition écologique est un concept dont la mise en œuvre touche le mode de production, l'exploitation et l'utilisation des matières premières minérales énergétiques telles que le pétrole, le charbon, le gaz, l'uranium ou d'autres minerais, elle devient un enjeu d'une grande importance géopolitique.

En effet, depuis de nombreuses décennies, plusieurs États dans le monde par l'entremise de leurs multinationales pétrolières sont engagés dans des combats incessants et sans pitié pour contrôler les dernières réserves et les rares gisements pétroliers connus à la surface de Terre et qui résistent encore à l'appétit vorace des géants du pétrole. Puisque ces ressources énergétiques sont rares et inégalement réparties dans le monde, les pays développés qui n'en possèdent pas suffisamment n'hésitent pas à se ravitailler et à s'en procurer, très souvent à de vils prix et parfois à la suite de guerres ou de conflits provoqués dans les pays en voie de développement, qui en possèdent suffisamment compte tenu de leurs avantages naturels et géologiques. Pour toutes ces raisons et de tous les temps, les énergies non renouvelables, dont nous dépendons encore à plus de 80% pour notre consommation énergétique, sont des sujets très sensibles pour les États et des besoins hautement stratégiques pour les gouvernements de la planète d'où leur caractère géopolitique.

Si vous avez bien compris et saisi les défis et les objectifs recherchés par la transition écologique que j'ai largement définie et traitée dans ce chapitre, vous devinerez que les cibles principales de ce concept sont les énergies non renouvelables. Sa mission fondamentale est donc de réduire au maximum l'utilisation du pétrole, du gaz, du charbon ou même de l'uranium comme des sources d'énergie de premier choix tout en promouvant les énergies renouvelables. Cela veut dire qu'indirectement la transition écologique combat par exemple l'industrie pétrolière qui est aujourd'hui le premier secteur d'activité du monde en termes de chiffres d'affaires. Vu toutes les transactions financières qui ont cours dans l'industrie pétrolière, le nombre de personnes qu'elle emploie et le nombre de familles qui en dépendent, pensez-vous que la transition écologique parviendra à réduire de sitôt l'utilisation des hydrocarbures comme source d'énergie principale et donc à détruire ce secteur d'activité dont les entreprises influencent les gouvernements et les pays du monde ?

À cette question, je répondrai par l'affirmative, mais aussi par la négative dans le sens où les objectifs de la transition écologique seront plus ou moins atteints à court ou à long terme d'un endroit à un autre de la planète, ce qui fait ressortir encore une fois ses enjeux géopolitiques qui sont liés aux territoires.

Dans un premier temps, la réponse affirmative se verra dans les pays développés compte tenu du fait que la majorité des réserves pétrolières ne s'y trouve pas et qu'il faudra trouver d'autres alternatives à cette énergie non renouvelable, ce qui est actuellement en cours avec le développement et l'optimisation des méthodes de production d'énergie renouvelable. Dans les décennies à venir, ces pays n'auront pas d'autre choix que de se tourner vers des énergies propres d'autant plus que l'opinion publique est très forte et tient à la stricte application des résolutions prises de façon concertée sur le plan national et international pour avancer dans la transition écologique.

Dans un deuxième temps, la réponse à cette question sera négative dans les pays pauvres ou les pays en voie de développement qui concentrent à ce jour l'essentiel des réserves pétrolières prouvées ou soupçonnées. En vérité, l'industrie pétrolière n'a aucune envie de s'arrêter maintenant et compte poursuivre ses activités pendant plusieurs autres décennies. Pour cela, elle continuera à rechercher du pétrole et de gaz dans les régions à fort potentiel pétrolier et prendra toutes les dispositions possibles pour barrer la route à l'avancée de la transition écologique dans les pays producteurs pauvres ou les pays en voie de développement qui ont également besoin de vendre leurs matières premières minérales énergétiques pour soutenir leur économie.

Le paragraphe précédent est d'ailleurs une très bonne passerelle à partir de laquelle je vous démontrerai dans le chapitre suivant que l'Afrique fait partie de ces continents de la Terre composés de populations pauvres en quête de justice sociale et de pays en voie de développement qui possèdent les ultimes gisements d'hydrocarbures et les dernières réserves pétrolières du monde face à la montée en puissance de la transition énergétique.

CHAPITRE IV
POURQUOI L'AFRIQUE EST L'ULTIME RÉSERVE PÉTROLIÈRE ET ÉNERGÉTIQUE DU MONDE ?

IV.1 - L'Afrique a toujours été une réserve depuis les temps historiques jusqu'à nos jours

L'Afrique est un territoire atypique et différent des autres continents de la planète tant par la richesse de ses ressources naturelles que par la richesse de ses ressources humaines. Pour ces raisons et compte tenu de ses atouts et de son énorme potentiel, l'Afrique a toujours été une réserve humaine, culturelle et artistique, animale et végétale, intellectuelle et énergétique pour le reste du monde depuis des siècles et jusqu'à aujourd'hui.

IV.1.1 - Une réserve humaine

Sur le plan humain, l'Afrique est une réserve pour le monde depuis l'année 1441, date à laquelle l'esclavage des Noirs et la traite négrière auraient commencé lorsque les navigateurs portugais et d'autres puissances occidentales enlevèrent des Africains à partir des côtes africaines pour en faire des esclaves dans leurs pays et dans leurs colonies d'Amérique et de l'océan Indien. Cependant, il est bien de ne pas confondre l'esclavage et la traite négrière. Par définition, réduire en esclavage est le fait de retirer toutes ses libertés à un individu pour en faire une simple force de travail tandis que la traite négrière représente le commerce des esclaves africains. De ce fait, les Africains n'ont pas toujours été les seules victimes du commerce des esclaves, car cela a existé depuis l'Antiquité (de l'an -3500 à l'an 600) et c'était le châtiment réservé aux prisonniers de guerre. Même si la traite négrière a été abolie par le Royaume-Uni en 1807, aux États-Unis en 1808 et par décret en France le 29 mars 1815 confirmé par l'ordonnance royale de Napoléon le 8 janvier 1817 et même si l'esclavage a été aboli le 27 avril 1848 par le gouvernement provisoire de la Deuxième République en France suite au décret rédigé par Victor Schœlcher, ce sont des phénomènes déplorables, regrettables, des crimes contre l'humanité et en moyenne 400 années de souffrances et de tortures qui sont restées dans les archives et dans la mémoire collective des Africains et de leurs descendants jusqu'à aujourd'hui. D'ailleurs, ces phénomènes continuent jusqu'à nos jours sous d'autres formes notamment en Afrique du Nord où de Noirs candidats à l'immigration clandestine vers l'Europe sont capturés comme des animaux et sont vendus par des milices et hommes armés libyens qui règnent en maîtres dans ce pays depuis sa déstabilisation et la mort du colonel KADHAFI. Cela rappelle également les jours sombres de la traite négrière et de l'esclavage et les premiers jours de l'islam pendant lesquels les peuples arabes capturaient et castraient de nombreux esclaves au Soudan (qui veut dire « pays des noirs » selon une expression arabe) pour les revendre au Moyen-Orient et en Afrique du Nord. À cela s'ajoute aussi le commerce triangulaire dénommé également la traite atlantique ou occidentale qui est une traite négrière conduite au moyen d'échanges et de transactions entre l'Europe, l'Afrique et l'Amérique pour assurer la distribution d'esclaves noirs aux colonies du Nouveau Monde (Amérique) et pour ravitailler l'Europe en produits de ces colonies et approvisionner en retour l'Afrique en produits européens et américains.

IV.1.1 - Une réserve intellectuelle

Sur le plan intellectuel, l'Afrique a également toujours été une réserve pour le monde, car nombreux sont les Africains qui sont disséminés sur tous les continents de la planète et contribuent au développement économique, social et scientifique des pays développés. Très souvent ces jeunes africains ont atterri sur les terres européennes et américaines à l'issue d'une sélection rude pour poursuivre leurs études puis après avoir obtenu leurs diplômes avec brio et parfois des mentions honorables, ils ont été recrutés par de grandes entreprises et des multinationales où ils occupent des fonctions stratégiques et des postes de responsabilité. C'est ce que certains appellent l'immigration économique qui est officielle et ne cesse de prendre de l'ampleur au fil des années au même titre que l'immigration clandestine. D'ailleurs comme plusieurs autres, je fais partie de ces jeunes intellectuels africains qui ont été adoptés par la France et qui s'impliquent aujourd'hui dans le développement de ce pays par leurs compétences.

Chaque année, ce sont des milliers d'étudiants africains qui rejoignent la France, l'Europe ou l'Amérique pour leurs études et qui ne retournent jamais ou vont très peu en Afrique après l'obtention de leur diplôme. Il faut toujours avoir à l'esprit que si des pays comme les États-Unis, le Canada ou France arrivent à garder leur niveau de développement économique et démographique c'est parce qu'ils ont compris que la diversité des intelligences qu'elle soit nationale ou étrangère est la clé de la croissance et de l'innovation.

IV.1.3 - Une réserve culturelle et artistique

L'Afrique a toujours été une réserve culturelle depuis des siècles. S'il y a un continent qui brille jusqu'à aujourd'hui par la richesse de sa culture et qui a réussi à conserver une grande partie de ses traditions culturelles face à la mondialisation, c'est bien l'Afrique. Quand vous allez dans les villages africains, vous verrez diverses sortes de masques, de danses, d'instruments de musiques traditionnelles et même de menus culinaires typiques à chaque ethnie ou à des régions particulières dans chaque pays d'Afrique. Par exemple, pour un pays comme la Côte d'Ivoire qui comporte plus de 62 ethnies de langues et de dialectes différents, c'est aussi autant et même plus d'activités, de monuments, de traditions et de secrets culturels qui sont connus et recensés. Et c'est le cas dans tous les pays d'Afrique. Un autre exemple palpable est celui de l'Égypte qui était autrefois l'une des plus grandes puissances du monde. En plus de ses sarcophages et de ses corps royaux momifiés, les plus grandes richesses culturelles de ce pays sont ses pyramides dont la construction reste un mystère jusqu'à ce jour même pour les plus grands scientifiques et architectes de ce monde. Pour le faible niveau de technologie qui existait par rapport à celui de notre époque, tous se demandent jusqu'à aujourd'hui comment les anciens Égyptiens ont pu construire ces pyramides ? Aussi, comment l'Égypte a pu inventer l'Ecriture vers -3500 ?

Par exemple, grâce à l'écriture et aux hiéroglyphes, l'Égypte a pu laisser des traces précises de sa grande histoire qui contient toujours des mystères jusqu'à nos jours.

Tous ces faits culturels sont connus en Afrique qui est aussi le berceau de l'humanité, c'est-à-dire, le continent sur lequel Lucy, le squelette humain le plus ancien et vieux de 3,2 millions d'années, a été découvert en 1974 en Éthiopie dans la vallée du Grand Rift. Cela démontre que l'Afrique est bel et bien une réserve culturelle surtout que chaque année, ce sont de nouvelles découvertes qui sont faites par les archéologues dans les sous-sols égyptiens et partout en Afrique.

La diversité et la réserve culturelle africaine sont tellement grandes que les pays occidentaux n'hésitent pas à acheter certains masques africains et à s'approprier certains de ses vestiges pour donner de la valeur à leurs musées qui sont remplis par les touristes venus du monde spécialement pour voir ces monuments africains qui n'existent nulle part ailleurs. De plus, bien que l'Afrique se soit vue parfois dérober plusieurs de ses attributs et joyaux culturels, elle reste toujours une réserve culturelle, car elle en possède bien plus que ce qu'elle a perdu. Ayant vécu pendant mes 25 premières années en Afrique, je peux vous attester que la profondeur culturelle africaine est insondable et inimaginable tellement elle est immense et diversifiée.

L'Afrique est également une réserve artistique à cause de la pléthore d'artistes et de musiciens confirmés ou en herbe dans ses pays. Peu importe le pays africain que vous choisissez, vous trouverez au moins une star, une icône ou un artiste prépondérant qui émerge sur le plan national et international et dont les productions artistiques permettent d'identifier son pays à l'étranger. Mon point est que ses artistes et leurs productions sont aimés et appréciés tant par les nationaux que par les étrangers, ce qui leur vaut des prestations et des concerts sur tous les continents de la planète. Dans notre époque, c'est le cas de plusieurs artistes africains tels qu'Alpha Blondy, Magic System, Salif Keita, Yousouf Ndour, Ismaël Lo, Tiken Jah Fakoly et bien d'autres. Et d'ailleurs très souvent, ces artistes africains ont plus de fans dans les pays occidentaux que dans leur pays respectif. Cela montre encore une fois que l'Afrique est une véritable réserve artistique. La réserve artistique de ce continent est tellement importante qu'aux artistes musiciens africains s'ajoutent aussi, leurs artistes humoristiques qui se produisent de plus en plus sur les plateformes européennes et américaines alors qu'ils étaient autrefois concentrés uniquement en Afrique. De même, l'art cinématographique africain s'exporte davantage vers l'Occident au point que des séries et des feuilletons africains font la une de certaines chaînes françaises comme TV5 Monde, Canal+ Horizon et bien d'autres. Par exemple, depuis 2019, grâce à Nollywood, sa plateforme de production cinématographique, le Nigéria, pays africain, est la deuxième puissance cinématographique au monde après les États-Unis et sa plateforme Hollywood, compte tenu du nombre de films qu'il produit par année. De plus, chaque année, des films africains sont nominés et parfois primés dans les plus grands festivals cinématographiques du monde comme ceux de Cannes, de Deauville, etc.

À la suite de tous ces faits évoqués, il est indéniable que l'Afrique est bien une réserve culturelle et artistique pour l'ensemble du monde.

IV.1.4 - Une réserve naturelle

L'Afrique a toujours été l'une des plus grandes réserves naturelles du monde compte tenu de la diversité et de la pluralité de ses espèces fauniques, floristiques et de ses importantes ressources énergétiques.

IV.1.4.a - Une réserve végétale et animale

De tous les continents de la Terre, l'Afrique est l'un des territoires qui possède le plus grand nombre d'espèces animales et végétales après l'Amazonie en Amérique du Sud. Pour preuve, lorsque des Européens ou des Américains veulent s'engager dans des expéditions touristiques pour découvrir les merveilles de la nature, la première destination qu'ils choisissent est celle de l'Afrique, car, la plupart des pays africains possèdent des parcs zoologiques et botaniques nationaux avec les derniers rares animaux et plantes sauvages que vous ne verrez nulle part ailleurs dans le monde. L'Afrique est une réserve animale et végétale, car elle a des prédispositions climatiques et météorologiques qui jouent en sa faveur et permettent le développement des forêts où vivent et se multiplient les animaux sauvages les plus insoupçonnés. Dans mes voyages en Europe, j'ai visité beaucoup de zoos et j'ai pu constater que la plupart des animaux, notamment les lions, les éléphants, les girafes et bien d'autres venaient généralement d'Afrique. D'ailleurs, des pays africains tiennent en partie leur nom de certains animaux. C'est le cas de la Côte d'Ivoire qui autrefois, possédait de nombreux éléphants sur son territoire dont l'ivoire était recherché par les braconniers. Son emblème est également marqué par la tête d'un éléphant, car c'était l'espèce animale la plus courante du pays et par deux palmiers en or qui montrent également sa richesse en espèces végétales et en matières premières minérales. De même, les emblèmes de la plupart des pays africains sont composés d'au moins une espèce animale ou végétale prépondérante sur leur territoire ou d'une ressource minière mise en évidence dans leur sous-sol. Tous ces faits prouvent donc que l'Afrique est bien une réserve naturelle animale et végétale.

IV.1.4.b - Une réserve minérale énergétique

L'Afrique est aussi une réserve minérale énergétique. D'ailleurs, c'est cette vérité que je démontre depuis le début de ce livre et c'est l'objet du prochain chapitre qui en parlera longuement. S'il y a un continent qui est sollicité et convoité pour ses ressources minérales énergétiques, c'est bien l'Afrique. Elle a une longue tradition d'exploitation de ses ressources pétrolières et gazières. Depuis plus de 40 années, l'Afrique à travers le Niger est le fournisseur principal d'uranium pour la production d'électricité dans les centrales nucléaires françaises et européennes. La plupart des pays de l'Afrique en possèdent et plusieurs zones et régions non encore explorées sont fortement soupçonnées de regorger d'importantes réserves pétrolières et gazières.

Par exemple, le Sahel africain qui a été longtemps sous-estimé et délaissé compte tenu de ses températures extrêmes et de ses conditions de vie difficiles concentre aujourd'hui, toutes les convoitises et les intérêts des multinationales pétrolières et minières, car il est potentiellement riche en matières premières minérales énergétiques. C'est pourquoi des pays comme le Mali, le Burkina Faso, le Niger et même l'Algérie, sont très souvent la cible des terroristes et contiennent des zones de non-droit parce que ces derniers s'y sont installés et règnent en maîtres avec des crimes et des trafics de tous genres avec pour ambition de contrôler tout le Sahel et toutes ses richesses minières. Face à cette menace, les pays développés avec la France en première ligne, qui connaissent le potentiel minier et énergétique de cette zone et qui ont compris son importance géopolitique, se déploient également militairement dans cette région pour combattre le terrorisme, mais surtout pour contrôler et protéger ses matières premières minérales qu'elles considèrent comme des réserves énergétiques futures pour elle et le monde. Aussi, la vérité est que le Sahel est la porte terrestre de l'Afrique de l'Ouest dont les pays ont été majoritairement colonisés par la France alors qu'elle a signé des accords de défense avec ces derniers qui exigent une protection et un soutien militaire réciproque en cas d'attaques. Ainsi, la France et ses alliés se trouvent dans l'obligation de venir en aide à ces pays sahéliens qui n'ont pas l'expertise militaire nécessaire et les moyens financiers et techniques suffisants pour gagner cette longue et violente guerre contre le terrorisme. Les enjeux dans le Sahel sont donc importants pour le monde. Je vous ai déjà dit que l'Afrique est un continent central entre l'Amérique et l'Europe où ont lieu beaucoup d'échanges économiques. Dès lors, il n'est pas concevable de laisser se former puis grandir des foyers et des groupes terroristes dans le cœur de l'Afrique qui iront par la suite envahir les pays de l'Afrique de l'Ouest et ceux du monde.

Par ces faits dont nous sommes contemporains, vous devez donc comprendre que de nos jours, une zone ou une région comme le Sahel ne peut mobiliser autant de moyens financiers, militaires, humains et médiatiques dans le monde et pendant plusieurs années, si elle n'est pas un territoire avec de forts intérêts économiques, géopolitiques et énergétiques. C'est donc une réserve minière énergétique.

En plus du Sahel que j'ai évoqué brièvement, le golfe de Guinée, la Corne de l'Afrique, la région des Grands Lacs et la région méditerranéenne sont d'autres réserves minières énergétiques que j'aborderai dans les paragraphes à venir.

IV.2 - L'Europe toujours dépendante du gaz russe de Gazprom malgré les conflits géopolitiques qui les opposent

L'Europe fait partie de ces territoires du monde dont le besoin énergétique est le plus important compte tenu de son nombre impressionnant de voitures et de moyens de transport utilisant encore le pétrole, de ses saisons hivernales nécessitant le chauffage collectif des appartements et des bâtiments publics au gaz et de ses diverses industries qui ont besoin de beaucoup d'énergie pour fonctionner de façon permanente toute la journée et toute la semaine sans jamais s'arrêter.

Seulement, pour atteindre des niveaux de consommation d'énergie aussi élevés, l'Europe et notamment la France avec d'autres pays occidentaux se ravitaillent en Afrique, mais aussi, en Russie qui détient l'une des plus grandes réserves de gaz de la planète. Et c'est la puissante compagnie pétrolière russe Gazprom qui est en charge de fournir du gaz à ces pays d'Europe occidentale, orientale et centrale. En 2007, Gazprom était la première entreprise russe et la troisième au monde par sa capitalisation boursière après les pétroliers Exxon Mobil et PetroChina. En 2005, elle contribuait à hauteur de 20% aux recettes budgétaires de l'État russe et à 8% à de son PIB. En 2009, Gazprom avait un chiffre d'affaires de 117,2 milliards de dollars et un bénéfice de 31,9 milliards de dollars. En 2004, elle produisait à peu près 93% du gaz naturel russe et avait le monopole de 16% des réserves mondiales de gaz naturel, c'est-à-dire, environ 28 000 km^3. Parmi les gisements qu'elle possède, on peut citer ceux de l'Ourengoï et de Chtokman. En plus de cela, Gazprom détient le plus grand réseau de gazoducs au monde avec plus de 160 000 km.

J'ai tenu à parler de toutes ces statistiques pour vous montrer que la Russie et Gazprom sont des géants d'Europe dont ne peuvent se passer énergétiquement, pour le moment, certains pays occidentaux comme la France alors qu'ils sont farouchement opposés sur le plan géopolitique. Au contraire, ces pays alimentés en sources d'énergie rendent les pays producteurs encore plus puissants en leur achetant leur énergie. Par exemple, en 2018, Gazprom a fourni plus de 500 millions de m^3 de gaz naturel à la France.

Ainsi, vous comprenez que si ces pays occidentaux dont la politique est opposée à celle de la Russie avaient le choix de leur fournisseur de gaz naturel, elles ne choisiraient certainement pas la Russie, car de façon indirecte, ce pays contrôle aussi la politique énergétique des pays européens qu'elle fournit. Dès lors, ces pays européens qui dépendent énergétiquement de la Russie ont besoin de trouver d'autres alternatives s'ils veulent exister sur le plan géopolitique, protéger leurs intérêts et rivaliser avec la Russie et ses alliés sur le plan économique à l'échelle internationale.

IV.3 - Le monopole pétrolier de l'Arabie Saoudite et du Moyen-Orient instable (Irak, Koweït, Yémen, Iran…) gêne la communauté internationale

Si vous avez encore en mémoire la carte des réserves pétrolières du monde, produite par la CIA et qui correspond à la figure 11, vous vous souviendrez que l'Arabie Saoudite possède la deuxième plus grande réserve pétrolière du monde ; elle est à ce titre également membre de l'OPEP. Elle est actuellement le deuxième producteur mondial de pétrole devant la Russie et derrière les États-Unis. Ainsi, grâce à son statut de leader de production mondiale de pétrole, elle a le pouvoir, en concertation avec les autres membres de l'OPEP, d'influencer l'offre de pétrole sur les marchés internationaux, ce qui a parfois des conséquences économiques et géopolitiques énormes dans le reste du monde et surtout, dans les pays développés dont la consommation énergétique est la plus considérable. Dès lors, du fait de ses énormes réserves pétrolières, la voix de l'Arabie Saoudite compte aujourd'hui sur le plan international et règne en maître dans le Moyen-Orient.

Entre 1973 et 2002, c'est-à-dire en 30 années, l'Arabie Saoudite a encaissé plus de 2000 milliards de revenus pétroliers et cela continue jusqu'à aujourd'hui alors que ces premiers gisements ont été découverts en 1930. De façon concrète, lorsque l'Arabie Saoudite baisse sa production, le prix du baril de pétrole augmente parce que la demande est forte et l'offre est faible. Et quand elle augmente sa production, le prix du baril de pétrole baisse automatiquement parce que l'offre submerge la demande. C'est ainsi que se traduit l'influence économique et géopolitique de l'Arabie Saoudite. Il est vrai que je fais un zoom sur l'Arabie Saoudite dans ce paragraphe, mais cette vérité est valable également pour l'Iran, le Koweït, l'Irak, le Qatar et bien d'autres pays du Moyen-Orient qui, toujours en référence à la figure 11, détiennent aussi les plus grandes réserves pétrolières du monde et sont également des producteurs de pétrole influents dont l'opinion compte.

Dès lors, un tel monopole de ces pays du Moyen-Orient sur les échanges économiques et sur le plan géopolitique est très gênant pour les pays occidentaux et développés qui ne maîtrisent pas dans ce cas les marchés des matières premières minérales dont celui du pétrole et perdent de ce fait, au fur et à mesure, leur influence dans le monde. Face à ce constat, deux choix s'offrent aux pays développés pour reprendre le contrôle et imposer leur influence. Soit ils prennent le contrôle des réserves pétrolières des pays du Moyen-Orient à travers leurs multinationales pétrolières par la signature de contrats juteux pour eux principalement, soit ils en prennent le contrôle de force en leur imposant une guerre virtuelle qui est en vérité, une guerre géopolitique et commerciale. C'est le deuxième choix qui a été utilisé pour les guerres en Irak, au Koweït, en Afghanistan, en Syrie et peut-être bientôt en Iran même si je ne le souhaite pas. Hélas ! Que vous le vouliez ou pas, c'est ainsi que sont régies les relations internationales, économiques et géopolitiques depuis belle lurette dans le monde. Même si nous souhaitons que de telles méthodes changent, nous ne sommes pas les seuls à décider dans ce monde.

C'est un exemple concret de ce qui se passe depuis plus d'une décennie à présent entre les États-Unis et l'Iran au sujet de l'enrichissement en uranium de ce dernier que le premier pays cité veut absolument empêcher par tous les moyens même s'il faut utiliser l'usage de la force. Et cela, monsieur Donald TRUMP, président des États-Unis l'a déclaré dans son discours du 8 janvier 2020 à la Maison Blanche suite à la réponse militaire de l'Iran contre des bases militaires américaines après l'attaque par l'armée américaine en Irak du convoi du général Qassem SOLEIMANI, numéro 2 iranien, qui a provoqué la mort de ce dernier et entraîné des risques de guerres imminentes entre ces deux pays :

« Tant que je serai président des États-Unis, on ne permettra jamais à l'Iran d'obtenir l'arme nucléaire. »

Il a renchéri en disant ceci :

« Depuis 1979, les États ont toléré le comportement destructeur de l'Iran. Cette période est révolue. L'Iran a été le principal parrain du terrorisme dans la région. Nous ne permettrons jamais à l'Iran de représenter une menace…Sous ma direction, les forces armées ont éliminé le pire terroriste du monde, Qassem SOLEIMANI. En le neutralisant, nous avons envoyé un message fort. »

En vérité, l'enrichissement en uranium de l'Iran est juste un prétexte militaire, car après l'Irak et l'Afghanistan qui ont subi des guerres géopolitiques pétrolières, les États-Unis ont besoin du pétrole de l'Iran (158,4 milliards de barils de pétrole) qui est la quatrième plus grande réserve pétrolière du monde après le Venezuela (300,9 milliards de barils de pétrole), l'Arabie Saoudite (266,5 milliards de barils de pétrole) et la Canada (169,7 milliards de barils de pétrole), l'Irak (142,5 milliards de barils de pétrole) étant la cinquième réserve pétrolière du monde (Figure 11).

De plus, récemment, le dimanche 10 novembre 2019, monsieur Hassan ROHANI, le président iranien, a déclaré ceci, à Yazd, une ville du centre du pays, dans un discours retransmis à la télévision d'État :

« Nous avons trouvé un gisement de pétrole avec des réserves estimées à 53 milliards de barils de pétrole. Le gisement s'étend de Bostan à Omidiyeh, deux villes de la province du Khouzestan, dans le sud-ouest de l'Iran. Sa surface est de 2400 km^2 et sa profondeur est de 80 mètres… C'est un petit cadeau du gouvernement au peuple iranien. »

Si l'on rajoute ces 53 milliards de barils de pétrole aux 158,4 milliards déjà existants, l'Iran (201,4 milliards de barils de pétrole) est donc sur le point de devenir la troisième réserve pétrolière du monde après le Venezuela et l'Arabie Saoudite en supplantant le Canada. En conséquence, vous comprenez que l'Iran deviendra systématiquement une puissance économique avec ses réserves pétrolières abondantes, mais aussi, une puissance militaire si elle arrive à finaliser son enrichissement en uranium et à posséder l'arme nucléaire.

Ainsi, les enjeux autour du pétrole iranien sont au cœur de tractations entre des pays du Moyen-Orient qui sont pour ou contre la politique de l'Iran qui reste l'une des puissances militaires et économiques de la région. L'Iran est donc entouré d'amis, mais aussi d'ennemis qui sont prêts à se battre contre lui d'autant plus qu'ils ont le soutien des États-Unis. C'est le cas d'Israël, de l'Arabie Saoudite, du Soudan et d'Abu Dhabi qui sont des ennemis de l'Iran alors que la Syrie est son allié (Figure 24).

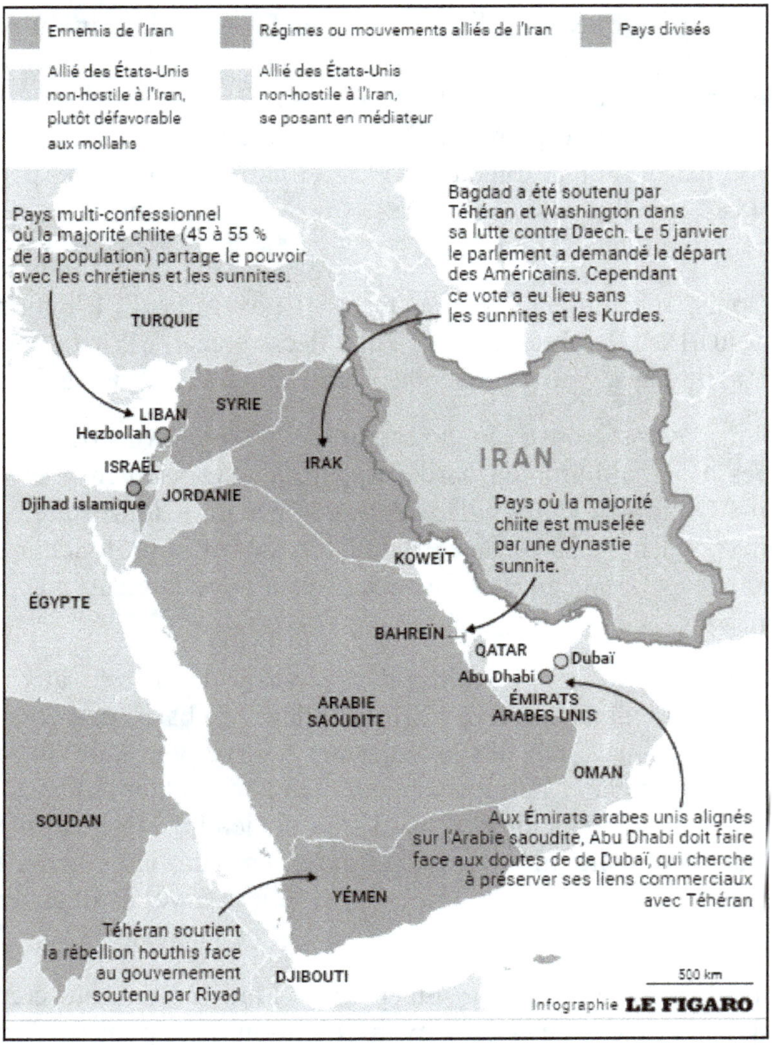

Figure 24 : Amis et ennemis du régime iranien
(Julien LICOURT, Le Figaro, 4 janvier 2019)

Les deux principaux courants religieux sont les sunnites et les chiites. En effet, 85% des pratiquants de l'Islam que l'on retrouve en Syrie, en Arabie Saoudite, au Yémen, au Koweït, en Afghanistan, en Turquie, au Qatar, au Pakistan et dans la plupart des pays musulmans du monde sont sunnites contre 15% de chiites (pratiquants de l'Islam que l'on retrouve en Iran, en Irak, au Barheïn et à Azerbaïdjan). Il ne faut pas oublier les kurdes (peuple de langue indo-européenne majoritairement de religion musulmane sunnite avec 30 à 40 millions de personnes vivant surtout en Turquie, en Iran, en Irak et en Syrie) et les chrétiens. Même si la religion semble être la raison des désaccords entre ces pays frères du Moyen-Orient, cependant, le sujet fondamental de leurs conflits est principalement d'origine géopolitique et économique, c'est-à-dire l'enjeu d'être le pays qui aura la plus grande influence militaire, politique et économique dans la région. Or, la seule matière première minérale prépondérante dans cette région, qui peut permettre une telle influence et un tel pouvoir économique, est le pétrole. C'est pourquoi le pays du Moyen-Orient qui aura le contrôle des plus grandes réserves pétrolières sera inévitablement la plus grande puissance de cette région du monde.

Je disais précédemment que très souvent le deuxième choix qui est celui de la force est fait par les grandes puissances du monde pour contrôler les réserves pétrolières du Moyen-Orient. L'Iran est donc désormais dans le collimateur.

Ainsi, puisque la plupart des pays du Moyen-Orient sont très nationalistes, lorsque le choix de la guerre est fait pour prendre le contrôle des réserves pétrolières, les pays développés sont parfois entraînés dans de longues guerres sans fin. Dès lors, au fil des années, un sentiment anti-occidental se développe au Moyen-Orient auquel viennent s'ajouter des croyances religieuses qui ne facilitent pas l'hégémonie des pays développés dans cette région du monde. C'est de là que part le terrorisme avec les attentats à la voiture piégée ou d'autres méthodes qui s'exportent maintenant en Europe, en Amérique, en Afrique et partout dans le monde, car ces pays du Moyen-Orient considèrent que tout le monde est uni contre eux. Partant de ce fait, les grands consommateurs d'énergie que sont les pays développés n'ont pas d'autre choix que de trouver d'autres alternatives en plus du Moyen-Orient.

IV.4 - Les États-Unis exploitent le pétrole et le gaz de schiste malgré les interdictions

Comme je l'ai souligné dans le paragraphe précédent, les États-Unis sont aujourd'hui les premiers producteurs de pétrole dans le monde. Ils doivent cette place à l'exploitation, ces dernières années, du pétrole et du gaz de schiste qui sont des hydrocarbures non conventionnels au regard des méthodes d'exploitation (fracturation hydraulique générant des microséismes, forte utilisation d'eau et d'énergie, contamination des nappes phréatiques) employées pour son exploitation (Figure 10). D'ailleurs, l'exploitation de ce type d'hydrocarbures est interdite et fait l'objet de polémiques dans plusieurs pays occidentaux notamment, la France, compte tenu des problèmes environnementaux qu'elle génère.

Il y a quelques décennies, cette option d'exploiter ces hydrocarbures non conventionnels n'était pas envisagée par les États-Unis, mais à la suite de la difficulté de s'approvisionner au Moyen-Orient du fait de son hostilité et de son instabilité et de ses antagonismes avec la Russie et le Venezuela, ils n'avaient pas d'autre choix dans l'immédiat que de commencer cette production, malgré les voix qui s'élèvent contre cette pratique, afin de ne pas manquer d'hydrocarbures. C'est aussi l'une des raisons pour laquelle les États-Unis ont refusé de signer et ratifier l'accord mondial sur le climat en 2015 lors de la COP 21, car ce secteur d'activité occupe une place majeure ces dernières années dans la croissance de leur économie.

En attendant d'acquérir ou de découvrir de nouvelles réserves pétrolières conventionnelles aux États-Unis ou ailleurs dans le monde, ils continuent d'exploiter le pétrole et le gaz de schiste, mais si l'opportunité se présente, les États-Unis préféreront conserver et garder leurs réserves pétrolières nationales pour les décennies à venir. C'est aussi le sens des combats géopolitiques sans pause qu'ils engagent à l'extérieur pour conquérir de nouvelles régions pétrolières dans le monde. Devant tous ces faits, l'Afrique est sûrement dans le collimateur des États-Unis et une alternative pétrolière avec ces changements géopolitiques et ces difficultés d'approvisionnement en hydrocarbures qui sont de plus en plus récurrents en Occident et partout dans le monde. Pour cela, l'Afrique est devenue un terrain de jeu géopolitique où se concentrent tous les intérêts économiques des pays développés et des grandes puissances.

IV.5 - Le Venezuela, première réserve pétrolière du monde, mais trop nationaliste et protectionniste

Le Venezuela possède la plus grande réserve pétrolière du monde et un pétrole lourd rare et de qualité à majorité onshore (Figure 11).

En principe, grâce à ses importantes réserves pétrolières, ce pays à lui tout seul peut fournir du pétrole et du gaz aux États-Unis et à toute l'Europe, mais il a une politique nationaliste, socialiste et protectionniste qui est diamétralement opposée à la politique capitaliste des États-Unis et de la plupart des pays développés. D'ailleurs, ces derniers le considèrent comme une dictature et un régime autoritaire en faisant référence à la « révolution bolivarienne » initiée par son défunt président Hugo CHAVEZ et poursuivie par l'actuel président Nicolas MADURO.

Si vous ne le savez pas, la révolution bolivarienne est le nom donné par Hugo CHAVEZ, dès son accession au pouvoir, à un mouvement de masse avec des millions de partisans pour mettre en place une démocratie populaire et participative, une indépendance économique du Venezuela, une redistribution de la rente pétrolière et en finir avec la corruption dans le pays. Dans la liste des objectifs à atteindre, vous voyez bien que le pétrole occupe une place de choix parce qu'il est la ressource naturelle économique principale du Venezuela. Pour cela, ce pays veille sur cette matière première précieuse par une nationalisation de toutes les compagnies pétrolières exerçant dans son pays, ce qui empêche les multinationales étrangères d'avoir accès à son pétrole. La conséquence est que les États-Unis et les pays développés ont du mal à disposer du pétrole vénézuélien à un prix qui leur convient et quand ils le désirent, tant que le régime en place poursuit la révolution bolivarienne.

Face à cette gestion protectionniste et nationaliste des ressources pétrolières vénézuéliennes, les États-Unis et les pays développés qui convoitent son pétrole n'ont pas d'autre choix que de trouver d'autres alternatives, à défaut de souhaiter un changement radical du régime politique de ce pays et la mise en place d'une nouvelle politique économique. En attendant la réalisation de ce vœu, l'Afrique est la meilleure alternative puisque lorsque les continents étaient unis autrefois, le Venezuela et la côte ouest de l'Afrique formaient un seul bloc. Ainsi, grâce au principe géologique de la répartition géographique, il est fort probable que le potentiel pétrolier du Venezuela soit similaire à celui des pays africains auxquels il était lié. L'Afrique est donc une alternative pétrolière historique et naturelle par ses atouts géologiques.

IV.6 - Le Canada, pays grand producteur pétrolier, mais à grande consommation d'énergie

Le Canada a la troisième plus grande réserve pétrolière du monde (Figure 11) après le Venezuela et l'Arabie Saoudite. Non seulement il est bien connu pour ses fameux sables bitumineux dans la province de Calgary, que certains considèrent comme des hydrocarbures non conventionnels, mais aussi pour son Grand Nord qui est immensément riche en matières premières minérales notamment en pétrole.

Certes, le Canada a suffisamment de pétrole et de gaz à distribuer au monde, mais son statut de pays développé et ses conditions climatiques extrêmes en hiver ne lui permettent pas d'en distribuer énormément. En vérité, compte tenu de sa position géographique, il a un plus grand besoin de consommation de ses hydrocarbures, contrairement aux autres pays développés du monde, pour réchauffer les appartements des canadiens, mais aussi, pour rendre praticables toutes ses infrastructures publiques qui sont en permanence gelées pendant l'hiver, ce qui empêche la circulation des poids lourds et des travailleurs et donc ralentit les activités économiques de ce pays. Devant ces faits, le pétrole canadien n'est pas une option pétrolière crédible. Encore une fois, l'Afrique pourrait être l'alternative pétrolière la plus crédible et la plus accessible géographiquement et géopolitiquement pour fournir du pétrole et du gaz au reste du monde.

IV.7 - L'Afrique, l'ultime recours pétrolier du monde

Face à toutes les difficultés des pays développés et des multinationales à s'approvisionner en pétrole et en gaz, l'Afrique devient l'ultime eldorado pétrolier. Si l'Afrique attire autant d'investisseurs et de pays occidentaux, c'est qu'à la différence des autres continents de la planète, elle a des atouts qui la favorisent sur plusieurs plans. Non seulement l'Afrique est un grand marché économique, compte tenu de sa forte et galopante démographie comme je l'ai démontré dans les chapitres précédents, mais elle a une bonne position géographique et des atouts géologiques naturels connus nulle part ailleurs dans le monde.

IV.7.1 - L'Afrique a des réserves pétrolières facilement accessibles géographiquement pour les pays développés et les multinationales

L'Afrique est l'unique continent de la planète qui est à la croisée des chemins entre l'Amérique, l'Europe et l'Asie. La plupart des vols en avion ou des voyages en bateau de l'Afrique vers l'Europe et l'Amérique, qui sont les continents les plus dynamiques sur le plan économique, sont directs et sans escale donc faciles et rapides. Autrefois, les vols de l'Afrique vers l'Amérique ne pouvaient se faire de façon directe sans passer par l'Europe. Mais aujourd'hui, plusieurs aéroports africains ont obtenu l'agrément d'effectuer de tels vols parce que l'Afrique est devenue un partenaire économique de choix pour tout le monde d'autant plus que ses potentialités se bonifient et se révèlent au fil des années.

L'Afrique est un continent central tant sur le plan terrestre que marin. Même si la Terre est ronde et que ce constat peut être valable pour tous les autres continents, il faut reconnaître qu'il y a davantage de mouvements et d'échanges économiques vers l'Afrique, parfois territoire d'escale, lorsque des transporteurs de marchandises veulent se rendre en Amérique, en Europe ou en Asie. C'est le continent qui est baigné par le plus d'océans et de mers à savoir, l'océan Atlantique à l'Ouest, l'océan Indien à l'Est, la mer Rouge (entre l'Égypte, le Soudan et l'Arabie Saoudite) et la mer Méditerranée sans oublier le canal de Suez (entre l'Égypte et le Sinaï égyptien et israélien), le détroit de Gibraltar (entre l'Espagne et le Maroc) et le golfe d'Aden (entre l'Éthiopie et le Yémen) qui sont tous reconnus comme des zones pétrolières.

Grâce à ses voies maritimes, terrestres et aériennes non encombrées et modérées juridiquement et militairement contrairement aux autres continents, l'Afrique est facilement accessible pour les multinationales pétrolières et les pays développés, ce qui est une condition fondamentale pour la réussite des échanges économiques entre les peuples et les territoires.

IV.8 - L'Afrique, nouvelle conquête géopolitique et néocoloniale des pays développés et des multinationales pour le pétrole ?

Depuis cette dernière décennie, plusieurs leaders d'opinion soupçonnent la renaissance du colonialisme en Afrique sous une autre forme qu'ils dénomment « néocolonialisme ». Ils pensent et argumentent souvent que l'installation des bases militaires dans le Sahel et la Corne de l'Afrique pour combattre les terroristes sur terre et les pirates en mer sont en vérité des prétextes pour s'imposer à nouveau dans ces pays africains dont la plupart sont indépendants depuis 1960. Ils disent que ces grandes puissances, qui se déploient militairement dans ces zones sensibles sur le plan sécuritaire, y sont également pour explorer et exploiter les matières premières minérales abondantes qui s'y trouvent. Et pour cela, elles n'ont pas intérêt à ce que les conflits dans le Sahel finissent. D'ailleurs, de plus en plus, des voix s'élèvent d'un peu partout dans le monde pour dire que les groupes terroristes sont armés par les grandes puissances. Est-ce vrai ou faux ?

Dans tous les cas, il est sûr que ces groupes terroristes ne fabriquent pas des armes de guerre et sont bien fournis depuis les pays occidentaux puisque jusqu'à maintenant ce sont les grandes puissances qui confectionnent les armes de guerre. De plus, les groupes terroristes n'ont pas de moyens satellitaires aussi sophistiqués que ceux des armées des grandes puissances engagées dans le Sahel et la Corne de l'Afrique. Cela veut dire qu'il est facile pour ces armées occidentales d'intercepter leurs communications et de les localiser aisément, ce qui permettrait de les exterminer et de mettre fin à leur progression dans les autres parties de l'Afrique. Mais hélas ! Le conflit dans le Sahel par exemple dure depuis bientôt une décennie. Et le plus inquiétant est que les terroristes arrivent désormais à agir en ville et dans les capitales alors que les armées occidentales sont présentes avec toutes leurs puissances militaires et leurs gigantesques moyens d'espionnage et de communication. En clair, elles ont du mal à en finir avec le terrorisme dans ces régions. Tous ces faits créent des suspicions dans les populations africaines concernées au point que certaines se demandent si l'on n'assiste pas à un néocolonialisme de l'Afrique, c'est-à-dire favoriser et encourager l'enlisement et les conflits pour justifier la présence militaire dans ces régions de l'Afrique.

De surcroît, il ne faut pas ignorer qu'une guerre coûte beaucoup d'argent. Or, cela fait près d'une décennie que les armées occidentales combattent dans le Sahel contre le terrorisme. Qui va donc payer les frais et les factures de cette guerre sachant que les pays africains, que les armées occidentales viennent protéger, sont pauvres et ne sont même pas capables de se défendre eux-mêmes ?

Généralement et officieusement, de telles guerres sont payées et financées grâce à des échanges commerciaux liés aux matières premières minérales. Or le Sahel et la Corne de l'Afrique sont des régions riches en pétrole et en matières premières minérales comme je le démontrerai les chapitres suivants. Ainsi, quoi qu'on dise, les guerres dans le monde, notamment dans le Sahel et la Corne de l'Afrique, sont donc davantage des moyens de néocolonialisme économique que politique pour être plus juste.

IV.8.1 - L'Afrique, un continent à sécuriser pour ses multiples réserves pétrolières

Précédemment, je vous ai montré qu'au-delà de tous les autres territoires et continents, l'Afrique est l'ultime réserve pétrolière du monde. Pourtant, il ne faut pas oublier que tout ce qui est rare et n'est pas facile à trouver, comme les matières premières minières, attire la convoitise compte tenu de leur utilité et de leur importance pour la société. Pour cela, il est donc nécessaire de sécuriser l'Afrique et ses réserves pétrolières. D'ailleurs, n'avez-vous pas constaté que toutes les zones et les régions où des guerres ont lieu sont aussi des endroits riches en ressources minières ? Ne vous rappelez-vous pas la figure 17 montrant le nombre de morts et de guerres enregistrés en 2017 dans le monde et qui sont curieusement localisés dans des régions pétrolières ou riches en matières premières minérales ?

Oui, il y a un lien bien établi entre les matières premières énergétiques (pétrole, gaz, uranium, charbon) et les guerres dans le monde. Sur la figure 17, vous remarquerez que les régions de l'Afrique qui enregistrent le plus de morts et de conflits sont le Sahel, le Sahara, la Corne de l'Afrique, la région des Grands Lacs, le golfe de Guinée et la région méditerranéenne. Parallèlement, ce sont des régions riches en pétrole ou susceptibles d'en contenir. Il faut donc protéger ces régions et leurs populations parce que leurs richesses minières attirent très souvent des groupes armés rebelles et des terroristes.

IV.8.2 - La nécessité de protéger les routes maritimes du pétrole autour de l'Afrique

Je disais précédemment que l'Afrique est un continent central sur le plan géographique et pétrolier. À cause de ses atouts, elle concentre toutes les convoitises des multinationales pétrolières et des pays développés qui ont besoin de son pétrole et de son gaz. Cependant, pour accéder à l'Afrique, s'installer dans ses eaux maritimes ou sur son territoire puis puiser dans ses réserves pétrolières et la quitter avec des navires pétroliers bien remplis, il faut utiliser des routes maritimes ou parfois des routes fluviatiles à l'intérieur du continent. Or ces routes maritimes sont souvent et de plus en plus le théâtre d'opérations terroristes de groupes armés qui attaquent les navires pétroliers qui viennent ou partent du continent africain. Par exemple, plusieurs cas d'attaques et de pirateries de navires sont enregistrés chaque année dans l'océan Indien au large de la Corne de l'Afrique et dans les autres zones maritimes qui entourent l'Afrique au point que des présences militaires nationales ou étrangères sont de plus en plus visibles en mer et sur les côtes maritimes. Il est donc nécessaire de protéger les routes maritimes menant à l'Afrique, car ce sont aussi celles qui conduisent au pétrole de ce continent.

En vérité, les routes maritimes de l'Afrique sont également des zones pétrolières ou potentiellement riches en hydrocarbures qui méritent d'être protégées pour leurs richesses convoitées non seulement par les pirates, mais aussi par les multinationales pétrolières. Ainsi, le fait de bloquer les routes maritimes d'accès à l'Afrique par un moyen quelconque signifie indirectement que l'on veut priver le reste du monde du pétrole africain. C'est pourquoi ces routes sont aujourd'hui capitales sur le plan géopolitique et dans l'économie mondiale. Mais quelles sont-elles ?

Il s'agit du golfe de Guinée, de la Méditerranée, du Nil et de son delta, de la mer Rouge, du golfe d'Aden et du canal de Suez. Dans les paragraphes suivants, je me contenterai uniquement de localiser ces zones maritimes, de donner un aperçu de leur potentiel pétrolier et de montrer leur vulnérabilité face à la piraterie pétrolière ou au terrorisme.

IV.8.2.a - Le golfe de Guinée

Le golfe de Guinée est une partie de l'océan Atlantique qui s'enfonce en coin vers le centre du continent africain. Il est principalement situé au sud-ouest de l'Afrique, un peu au nord de l'Équateur, et occupe d'ouest en est, les côtes maritimes des pays allant du Sénégal à l'Angola (Figure 25). Certains cartographes géopolitiques soutiennent que ce golfe s'étend du Ghana au Gabon, mais en réalité, c'est bien au-delà de ces pays. Le pétrole est la première ressource naturelle du golfe de Guinée après le gaz et les ressources halieutiques (avec 1 055 000 tonnes de poisson…), ce qui en fait la première région pétrolière de l'Afrique avec 24 milliards de réserves de pétrole soit 4,5% des réserves mondiales. En 2012, c'est plus de 5 millions de barils de pétrole qui ont été extraits du golfe de Guinée et exportés vers les États-Unis, l'Europe, l'Inde et la Chine. En somme, 30% des importations totales de pétrole arrivent du golfe de Guinée. Les principaux pays qui exploitent le pétrole dans le golfe de Guinée sont le Nigéria, l'Angola, la Guinée équatoriale, le Gabon, le Ghana, le Congo-Brazzaville, le Cameroun, la Côte d'Ivoire…

La zone maritime qui dessert le golfe de Guinée est assez importante et très souvent le terrain de jeu des pirates et des terroristes avec tous les trafics commerciaux et pétroliers qui y ont cours. Depuis cette dernière décennie, elle est devenue la région pétrolière la plus dangereuse après le golfe d'Aden (côte somalienne) avec plus de 966 attaques contre 851 pour cette dernière. Par exemple, en 2011, ce sont environ 60 attaques qui ont été enregistrées dans le golfe de Guinée et 154 attaques en 2013, principalement dans les mers et les ports du Benin, du Nigéria, du Togo, du Cameroun… Selon le Bureau Maritime International (BMI), dans le premier semestre 2019, 92% des prises d'otages en mer dans le monde ont eu lieu dans le golfe de Guinée avec des chiffres et des statistiques sous-estimés, car ils sont en réalité deux fois plus importants. Selon le journal *Le Monde*, la piraterie a fortement augmenté en 2018 :

« En Afrique de l'Ouest, les attaques répertoriées dans les eaux bordant la Côte d'Ivoire jusqu'à la République démocratique du Congo ont plus que doublé l'an dernier (en 2018)… Le développement de la piraterie dans le golfe de Guinée, qui abrite les deux principaux pays producteurs de pétrole d'Afrique, le Nigéria et l'Angola, perturbe les routes maritimes internationales et coûte des milliards de dollars à l'économie mondiale. »

Selon le journal *The Economist*, ils opèrent dans tout le golfe de Guinée et principalement au Nigéria :

« Ils opèrent particulièrement à partir des voies d'eaux labyrinthiques du delta du Niger près duquel se produisent la plupart des attaques de l'Afrique de l'Ouest… Aux dires de certains, les pirates sont de mèche avec des responsables militaires. Ils citent des incidents dans lesquels les pirates s'enfuient avant l'intervention de la marine militaire ou connaissent exactement le nombre de marins à bord d'un navire qu'ils s'apprêtent à attaquer… »

Face aux risques d'attaques et de terrorismes récurrents, il est donc nécessaire de sécuriser le golfe de Guinée qui alimente le monde avec ses réserves pétrolières. C'est pour toutes ces raisons que des dispositifs militaires et sécuritaires maritimes ont été mis en place sous la houlette de la France et d'autres pays développés dans les pays du golfe de Guinée pour combattre ce grand banditisme et mettre fin à ces pirateries. C'est l'exemple de CORYMBE (350 militaires), CRESMAC, CRIMGO, ASECMAR et des bases militaires permanentes en Côte d'Ivoire et au Gabon (900 militaires dont 450 permanents) (Figure 25).

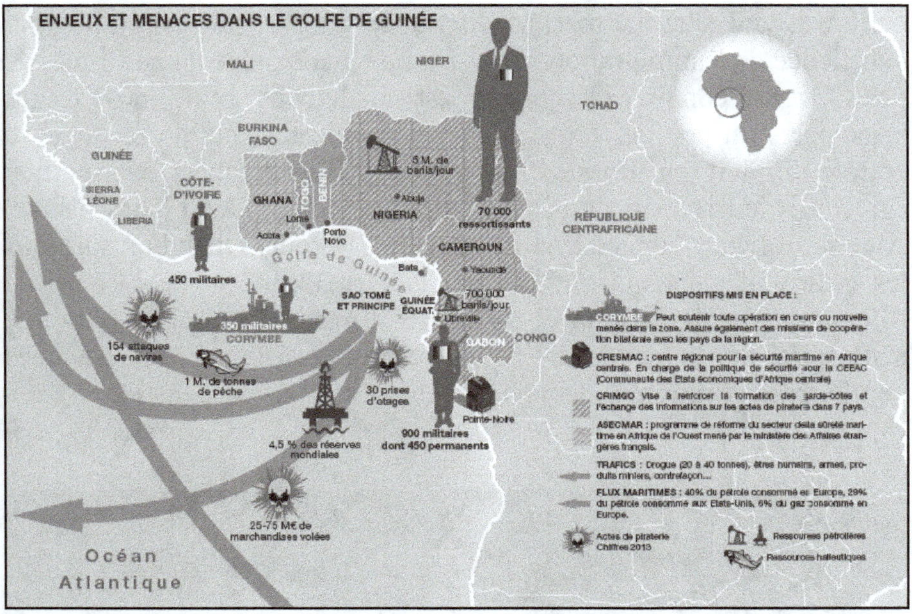

Figure 25 : Enjeux et menaces dans le golfe de Guinée (www.defense.gouv.fr, ministère de la Défense de la France, Armée d'Aujourd'hui, septembre 2014)

IV.8.2.b - La mer Méditerranée

En 2013, près de 63% des 90 millions de barils de pétrole extraits quotidiennement ont été transportés vers les capitales par la voie maritime.

En effet, selon l'étude de l'U.S. Energy Information Administration (EIA), il existe quatre principaux points de passage stratégiques du pétrole dans le monde (Figure 26).

Il s'agit en Afrique du détroit de Bab-el-Mandeb qui relie la mer Rouge au golfe d'Aden et golfe de Suez, en Amérique du canal de Panama, au Moyen-Orient et en Asie du détroit d'Ormuz dans le golfe Persique, principal point de transit du pétrole dans le monde et du détroit de Malacca entre Singapour et l'Indonésie qui ravitaille l'Asie (Inde, Chine, Corée du Sud, Japon…), en Europe du détroit du Bosphore en Turquie reliant la mer Noire à la mer Méditerranée qui permet le transit du pétrole en provenance de la mer Caspienne ou de la Russie.

Il est vrai que la mer Méditerranée est la voie maritime par excellence de l'immigration vers l'Europe, mais grâce à cette étude de l'EIA, vous comprenez qu'elle est également l'une des routes principales du pétrole. En plus d'être la voie favorite de passage du pétrole produit en Russie qui est déjà considérable, elle permet également le transport du pétrole extrait de l'Afrique du Nord (Libye, Algérie, Égypte, Tunisie, Maroc...) vers l'Europe. Quand on sait tous les trafics illégaux qui ont lieu sur la mer Méditerranée à cause de l'immigration clandestine et du conflit libyen, il est donc plus que nécessaire de la sécuriser pour éviter d'assister à des attaques régulières et récurrentes de navires pétroliers.

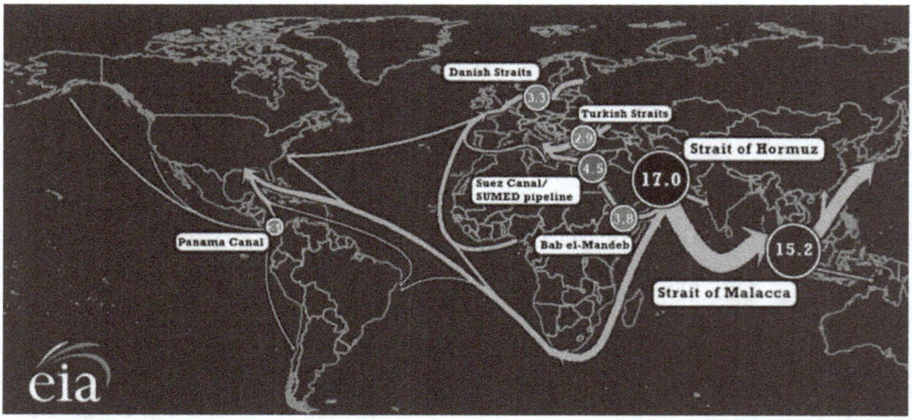

Figure 26 : Transport de millions de barils de pétrole par jour avec les principales voies maritimes et les principaux points (ports, canaux et détroits) de transit des navires pétroliers dans le monde (Energy Information Administration, novembre 2014)

L'analyse de cette carte me donne l'occasion de réaffirmer que l'Afrique est bien un continent central sur le plan pétrolier. Car, contrairement aux autres continents de la planète, vous constatez que l'Afrique est la seule qui est entourée de routes pétrolières certainement parce que les conditions naturelles, géographiques, géopolitiques et économiques le permettent. Dans tous les cas, c'est vraisemblablement le continent qui permet de minimiser les coûts du transport du pétrole. Elle est donc un territoire d'échanges pétroliers et économiques incontournable d'où la nécessité encore une fois de la protéger face au terrorisme et à la piraterie.

IV.8.2.c - Le détroit de Gibraltar

Le détroit de Gibraltar est un bras de mer qui sépare le Maroc de l'Espagne; large de 14 km avec une profondeur moyenne de 1000 mètres, il assure la jonction entre l'océan Atlantique et la mer Méditerranée. C'est une route pétrolière stratégique, car c'est le lieu de passage du pétrole produit dans le golfe de Guinée, sur les côtes méditerranéennes africaines, en Russie et même en Amérique et en Asie (Figure 26). Ses difficultés sécuritaires sont semblables et parfois plus importantes que celles de la mer Méditerranée et du golfe de Guinée, car le champ d'opération des pirates et des terroristes est plus étroit, ce qui leur facilite la tâche dans leurs agressions. De plus, c'est très souvent un passage obligé pour tous les navires pétroliers en direction du Sud, du Centre et de l'Est de l'Europe, de l'Asie, ou en partance de ces zones vers l'Amérique ou le Nord de l'Europe.

IV.8.2.d - Le canal de Suez

Le canal égyptien de Suez joint la mer Méditerranée (Port-Saïd) à la mer Rouge. Sa longueur est de 193 km. Sa largeur varie de 280 à 345 mètres et sa profondeur atteint 22,5 mètres (Figure 26 et 27).

C'est une route maritime créée en 1869 avec un financement de la France et de l'Égypte. Suite à leurs apports financiers pour la construction de ce canal, ces deux pays avaient partagé les parts liées aux trafics maritimes et économiques qui y ont lieu. Ensuite, la Royaume-Uni a racheté les parts égyptiennes et le canal de Suez sert alors de lieu de passage pour se rendre en Inde. Puis en 1947, le canal de Suez devient une route stratégique pour le pétrole, utilisation qui n'était pas du goût du Royaume-Uni, mais cette route était désormais d'un intérêt économique mondial pour toutes les grandes compagnies pétrolières.

En 1956, le président égyptien de l'époque Abdel Nasser GAMAL décide de nationaliser le canal. Cette importance économique et géopolitique du canal de Suez dans le trafic pétrolier est toujours d'actualité aujourd'hui. Selon l'étude de l'EIA, c'est plus de 4,5 millions de barils de pétrole qui sont transportés depuis le site de transit de Bab-el-Mandeb vers l'Europe et l'Asie. D'ailleurs, c'est la route maritime intracontinentale qui enregistre le plus grand trafic pétrolier vers l'Europe et l'Asie.

Compte tenu du fait que le canal de Suez est lié à la mer Rouge, la deuxième zone pétrolière en Afrique après le golfe de Guinée qui est en proie à la piraterie et au terrorisme, il n'est pas à l'abri des assauts des pirates et des terroristes. Pour toutes ces raisons, comme les autres routes pétrolières, il mérite également d'être protégé sur le plan sécuritaire et militaire pour garantir la circulation paisible des navires pétroliers.

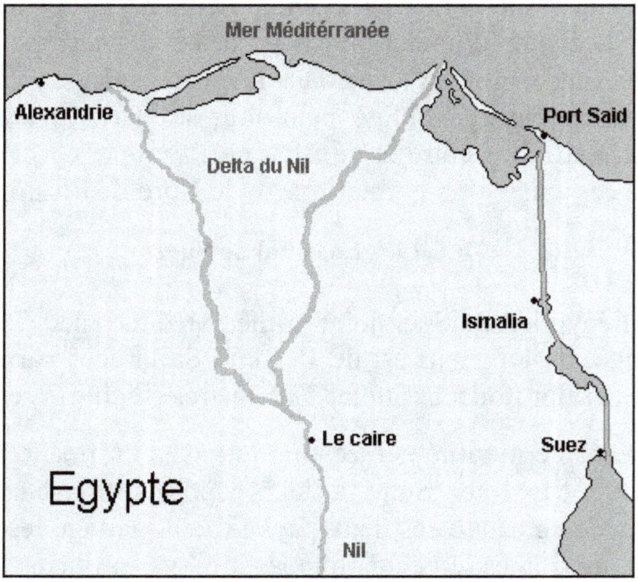

Figure 27 : Le Nil et son delta (www.aujourdhui.over-blog.fr)

IV.8.2.e - La mer Rouge et le golfe d'Aden

Comme je le disais précédemment, après avoir longtemps été la première région pétrolière soumise à la piraterie maritime, la mer Rouge et le golfe d'Aden constituent aujourd'hui, la deuxième route du pétrole exposée à ces risques après le golfe de Guinée.

Le golfe d'Aden est l'espace maritime localisé entre la Corne de l'Afrique (Somalie) et la péninsule arabique du Yémen. Il marque la séparation entre les continents africain et asiatique. Il tire son appellation « Aden » d'une commune de Djibouti.

La mer Rouge est une mer intracontinentale du bassin Indo-Pacifique entre l'Afrique du Nord et le Moyen-Orient. Elle baigne les côtes de l'Arabie Saoudite, du Yémen, du Soudan, de la Somalie, de l'Érythrée, de l'Égypte et d'Israël qui sont tous des pays producteurs de pétrole.

La mer Rouge et le golfe d'Aden sont donc les routes principales du pétrole extrait dans la Corne de l'Afrique (3,8 millions de barils par jour) et dans le Moyen-Orient (17 millions de barils de pétrole) en direction de l'Europe en passant par le canal de Suez, la mer Méditerranée et parfois le détroit de Gibraltar (Figure 26). D'ailleurs, les deux détroits de transit pétrolier de Bab-el-Mandeb en Somalie et d'Hormuz (localisé à Hormuz, île iranienne située entre l'Iran, le sultanat d'Oman et les Emirats Arabes Unis), qui font partie des plus importants du monde, sont les lieux de ravitaillement des navires pétroliers qui circulent dans la mer Rouge et le golfe d'Aden.

Quand vous considérez le potentiel pétrolier de tous les pays qui se partagent la mer Rouge et le golfe d'Aden, vous comprenez pourquoi cette région fait partie des territoires du monde les plus convoités, les plus instables et qui abritent les plus grandes bases militaires terrestres étrangères. Cette présence des bases militaires de la France, des États-Unis, de la Chine, de l'Italie, du Japon à Djibouti et dans les pays avoisinants montre l'importance géopolitique et économique de cette région. Tous les pays développés qui ont des multinationales pétrolières qui opèrent dans cette zone n'hésitent pas à déployer leur flotte maritime pour escorter les navires pétroliers et combattre les pirates qui s'attaquent à ces pétroliers. C'est ce qui s'est passé en 2008 avec le lancement de la mission militaire « Atalante » par l'Union européenne pour protéger le golfe d'Aden et la mer Rouge qui représentent le lieu de passage de 30% du pétrole brut du monde et 12% du commerce mondial. Cette mission a intercepté et mis hors d'état de nuire des centaines de pirates soudanais, kenyans, somaliens, djiboutiens et érythréens qui attaquent les bateaux grâce à des embarcations rapides pendant que la mer est clémente et ses vagues moins agressives (Figure 28). Ces agressions se font très souvent avec des échanges de coups de feu et des prises d'otages pouvant aller jusqu'à la capture de plusieurs dizaines de marins et de civils étrangers comme ce fut le cas lors de la prise d'otages du voilier Tanit qui a duré plusieurs jours ou du cargo grec Irene EM.

Jusqu'à aujourd'hui, malgré la présence de patrouilles militaires, ces attaques des pirates continuent d'où la nécessité de sécuriser également cette route pétrolière comme celles que j'ai évoquées précédemment. C'est peut-être le lieu de poser quelques questions pour savoir les réelles motivations pour lesquelles ces pirates ne cessent d'attaquer les navires malgré la forte présence militaire. N'est-ce pas la pauvreté qui les pousse à agir ainsi sachant qu'ils ne profitent pas des richesses de leur sous-sol qu'ils savent immensément riche en ressources pétrolières ? N'avez-vous pas remarqué que seules les populations des pays africains (Somalie, Soudan, Érythrée, Kenya, Djibouti, Égypte, Éthiopie…) baignés par la mer Rouge et les eaux du golfe d'Aden se livrent à la piraterie et au terrorisme marin tandis que celles du Moyen-Orient (Arabie Saoudite, Emirat Arabe Uni, Iran, Yémen…) se ne livrent pas à de telles actions parce qu'elles profitent des retombées économiques de leurs ressources pétrolières ? N'avez-vous pas aussi remarqué que la plupart des migrants de ces dernières années, vers l'Europe et les pays occidentaux, viennent de ces pays de la Corne de l'Afrique ?

Je pense pour ma part qu'il faut tenter de répondre à cette question pour trouver les bonnes solutions à la lutte contre le terrorisme dans cette zone pétrolière et dans toutes les autres régions riches en matières premières minérales et énergétiques du monde qui subissent de plein fouet les assauts de ces groupes armés.

J'ai la ferme conviction que ces pirates et ces terroristes ont certainement un message à faire passer au reste de la planète par l'exercice de la cruauté et la diffusion d'images choquantes et par des actes parfois inhumains pour protester contre des pratiques qui leur paraissent injustes. Ce n'est certainement pas la bonne façon de faire. D'ailleurs, je la condamne, mais il faut s'intéresser à leur psychologie et chercher à comprendre ce qu'ils disent sans parler pour que la lutte contre le terrorisme et des actes semblables soit efficace à l'échelle nationale et planétaire.

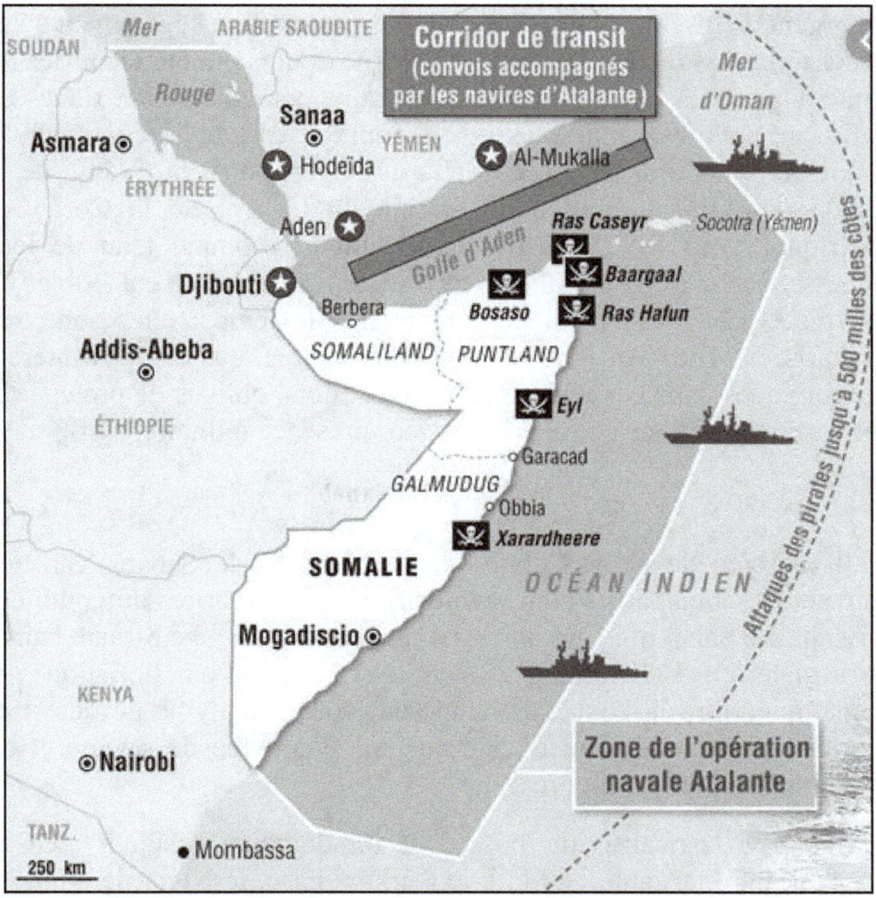

Figure 28 : Actions des pirates dans le golfe d'Aden et patrouilles maritimes militaires (Isabelle LASERRE, Le Figaro, Avril 2009)

IV.8.3 - La nécessité de protéger les territoires pétroliers africains existants, prometteurs et soupçonnés

Le pétrole et le gaz ne se trouvent pas uniquement dans les océans ou dans les zones maritimes (gisement « offshore »), mais ils sont également extraits dans des gisements localisés dans le sous-sol en zone terrestre (gisement « onshore »). Qu'ils soient en milieu marin ou terrestre, les hydrocarbures sont des matières premières minérales énergétiques convoitées par tous alors qu'elles sont rares et insuffisantes pour satisfaire tout le monde, ce qui augmente leur caractère stratégique pour les États et les multinationales qui en dépendent. Ainsi, la nécessité de protéger les zones maritimes qui regorgent de gisements de pétrole et de gaz s'applique également à ces zones terrestres où des gisements d'hydrocarbures ont été identifiés ou sont soupçonnés. Et ces territoires africains potentiellement riches en hydrocarbures sont multiples et disséminés sur tout le continent. Il s'agit du Sahel, du Sahara, du delta du Niger, du delta du Nil, de la région des Grands Lacs et du bassin du Congo, de la Corne de l'Afrique et du Rift Est-Africain. D'ailleurs, compte tenu de leur richesse, ces régions pétrolières terrestres sont très souvent l'objet de guerres et de conflits qui perdurent dans le temps; elles sont très militarisées. Tous les pays et toutes les nations qui ont des intérêts économiques dans ces régions se trouvent donc obligés de protéger et sécuriser ces régions pétrolières par leur présence militaire.

IV.8.3.a - Le Sahel

Il est bien de ne pas confondre le Sahel et le Sahara, car très souvent des amalgames sont faits entre ces deux parties du continent africain. Le Sahel qui veut dire « rivage, côte » en arabe est une bande territoriale de l'Afrique qui marque la séparation floristique et climatique entre la zone saharienne au Nord synonyme de désert et d'aridité et la zone soudanienne au Sud synonyme de savane et de pluies substantielles (Figure 29).

Les pays africains qui possèdent un domaine sahélien sont le Sénégal, la Mauritanie, le Mali, le Burkina Faso, le Niger, le Nigéria, le Tchad, le Soudan et l'Érythrée. Certains géographes englobent parfois le Sud de l'Algérie dans le Sahel, mais les principaux pays concernés sont ceux que j'ai cités précédemment. En somme, c'est 10 pays africains qui sont traversés par le Sahel. Paradoxalement, à l'exception du Sénégal, tous les autres pays sont soumis à des conflits récurrents dans leur zone sahélienne. Compte tenu des conditions climatiques drastiques et sévères qui règnent dans le Sahel, il est parfois légitime de se demander les raisons de ces guerres de conquêtes territoriales dans cette zone de l'Afrique ? Pourquoi y a-t-il une telle prolifération de groupes terroristes et d'attentats dans le Sahel ? Pourquoi le terrorisme dans la zone sahélienne persiste et progresse vers la zone soudanienne malgré la présence militaire française et européenne « Barkhane » ? Que renferme le Sahel pour que cette région soit le lieu de convergence et de convoitise de toutes les grandes puissances de ce monde ? Qu'est-ce que tous les pays africains sahéliens ont en commun pour subir le même sort sur le plan géostratégique, géopolitique, sécuritaire et militaire ?

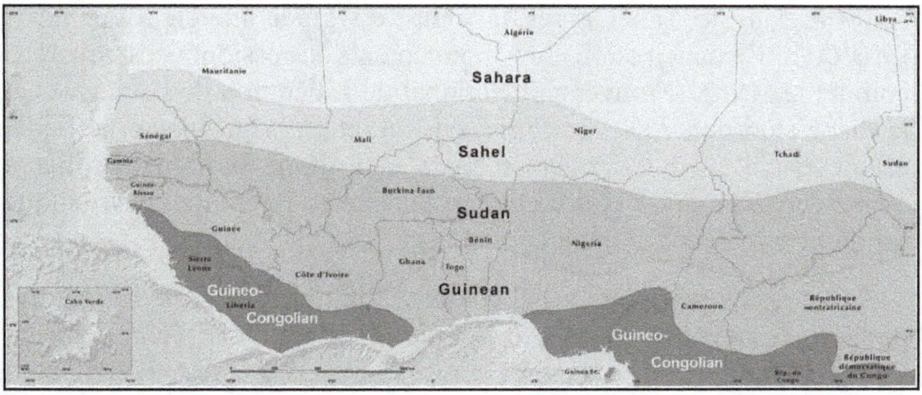

Figure 29: Régions bioclimatiques de l'Afrique de l'Ouest montrant la délimitation géographique des domaines Saharien, Sahélien, Soudanien et Guinéen (www.eros.usgs.gov)

Toutes ces questions suscitent des réflexions approfondies et des réponses qui prennent en compte toutes les données géographiques, géopolitiques, économiques, sociales et même géologiques qui font du Sahel, une zone stratégique à sécuriser et à protéger contre le terrorisme, les groupes armés et les prises d'otages de ressortissants étrangers.

Si vous avez déjà lu mon précédent livre intitulé « *L'Afrique, un continent aux ressources minières exceptionnelles* », vous savez certainement que le Sahel n'attire pas le monde par hasard.

En effet, le Sahel est une région de l'Afrique qui est potentiellement riche en matières premières minérales stratégiques, principalement en pétrole et en gaz. En vérité, le Sahel possède plusieurs bassins sédimentaires intracontinentaux (à l'intérieur du continent) qui sont de grandes réserves pétrolières; ils se sont développés loin des regards et de l'activité humaine pendant des milliards d'années jusqu'à ce que des chercheurs et des pétroliers les découvrent. Ces secrets géologiques avec tous ces trésors économiques étaient soigneusement et jalousement gardés par les gouvernants et les géopoliticiens de l'Afrique pendant des décennies, mais aujourd'hui, avec les difficultés d'approvisionnement en hydrocarbures des grandes puissances dans les autres régions du monde (Moyen-Orient, Amérique du Sud) et l'arrivée des groupes terroristes comme AQMI (Al-Qaïda au Magreb Islamique) et BOKO HARAM dans le Sahel après la chute du guide libyen Mouammar KADHAFI, l'émancipation des mouvements sécessionnistes touaregs comme le MNLA (Mouvement National de Libération de l'Azawad) et la dispersion de DAESH en Syrie, en Irak et en Afghanistan, le Sahel est devenu l'un des derniers recours et l'ultime bastion pétrolier à conserver, à protéger et à sécuriser puisque son potentiel énergétique est désormais révélé à toute la planète.

Ces bassins pétroliers sahéliens sont multiples, mais je ne pourrai pas tous les évoquer dans cette partie du livre. J'aborderai ceux du Tchad et du Soudan plus loin. En Afrique de l'Ouest, il s'agit du bassin de Taoudéni identifié au Mali, en Algérie et en Mauritanie, du bassin du Tamesna non loin de la ville de Kidal et reconnu au Mali, au Niger et en Algérie, du bassin d'Iullemenden trouvé au Mali, au Niger et au Nigeria, du graben de Gao et du rift de Nara localisé dans la ville de Mopti et rencontré au Mali et en Mauritanie (Figure 30).

Si vous avez suivi l'actualité de ces dernières années, vous avez certainement remarqué que des villes maliennes telles que Kidal, Gao, Tombouctou, Tessalit, Taoudéni, Mopti sont très souvent la cible d'attaques terroristes. Vous comprenez donc maintenant que ces groupes armés tentent de les assiéger et de les contrôler pour profiter de leurs richesses pétrolières et asseoir leur suprématie dans tout le Sahel et en faire une base après avoir été déboutés au Moyen-Orient.

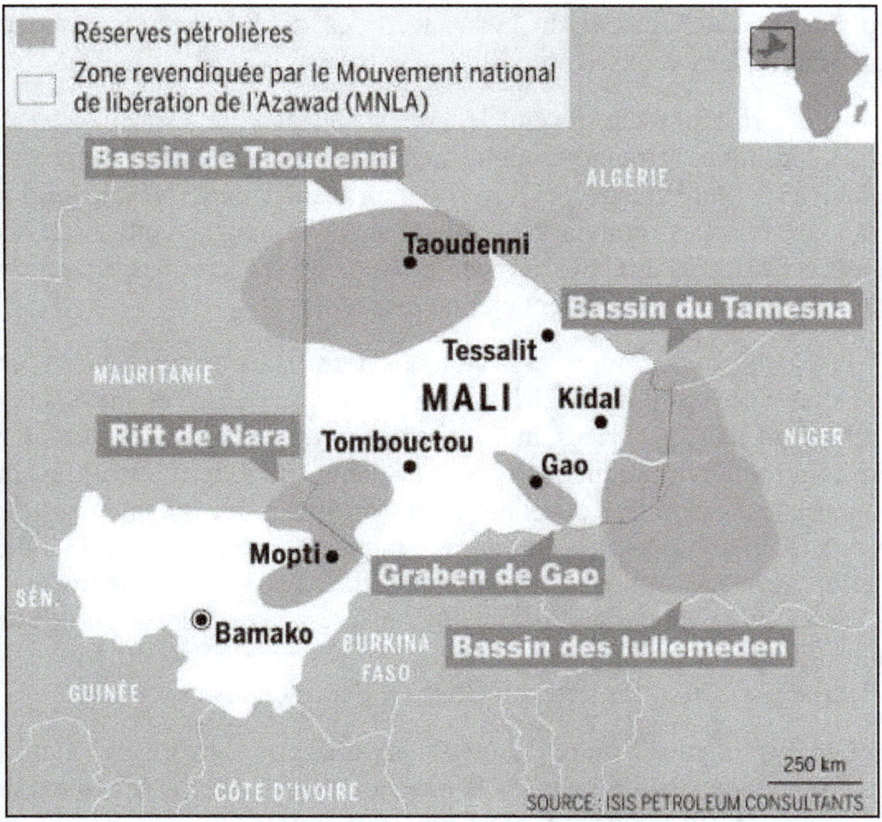

Figure 30: Ressources pétrolières au Mali et ses prolongements au Niger, en Mauritanie et en Algérie (Isis Petroleum Consultants, 2013)

Récemment et de plus en plus, le Burkina Faso a été également la cible d'attaques terroristes de la même intensité meurtrière que celles subies par le Mali depuis bientôt une décennie. Par exemple, en octobre 2019, plus de 16 personnes ont été tuées dans le nord du pays, dans la mosquée de Salmossi à une vingtaine de kilomètres dans la ville de Gorom-Gorom au cours d'une attaque terroriste.

Cette énième attaque n'a pas manqué de susciter la colère de la population du Burkina Faso qui ne comprend pas pourquoi la présence des armées occidentales les plus puissantes du monde n'arrive pas à en finir avec le terrorisme. D'ailleurs, elles n'ont pas manqué de le dire le 12 octobre 2019 à la Bourse du travail de Ouagadougou lors d'une conférence qui a regroupé d'autres Africains de la société civile du Ghana, du Niger et de la France. Ces derniers montraient leur indignation à travers ces propos :

« Le terrorisme est devenu le prétexte idéal pour l'installation de bases militaires étrangères dans nos pays… Les armées française, américaine, canadienne et autres ont pris pied dans la sous-région pour, disent-elles, combattre le terrorisme. Et malgré cette présence massive des plus grandes armées du monde, les groupes terroristes continuent à sévir et montent en puissance. »

Pourquoi donc toutes ces attaques terroristes se multiplient au Burkina Faso comme au Mali, au Niger, au Tchad et au Soudan sachant qu'ils sont curieusement tous des pays sahéliens ? Pourquoi se produisent-elles pratiquement dans la même période, c'est-à-dire au cours de cette dernière décennie ? Le Burkina aurait-il également des réserves pétrolières ou d'autres matières premières minérales stratégiques découvertes récemment dans sa zone sahélienne ? N'est-ce pas d'éventuels gisements aurifères, pétroliers et uranifères du Burkina Faso comparables géologiquement à ceux du Mali, du Niger, de la Côte d'Ivoire et du Ghana qui attirent les terroristes ?

De façon plus claire, toutes ces attaques terroristes qui se multiplient depuis l'année 2019 dans ce pays sont certainement le signe que le Burkina Faso n'est plus vu comme un pays pauvre de l'Afrique de l'Ouest dont personne ne pouvait tirer un intérêt économique conséquent. Pour vous dévoiler le contenu de ma pensée, vous devez savoir qu'en plus d'être déjà connu comme un pays producteur d'or, le Burkina Faso est désormais sur le point d'être un producteur de pétrole et d'uranium suite à des découvertes d'indices pétroliers et uranifères dans sa zone sahélienne en 2019 selon le gouvernement burkinabé et les données des entreprises d'exploration minière qui y ont effectué des recherches récemment. Rappelez-vous de cette citation que je ne cesse de répéter depuis le début de ce livre :

« Personne ne s'intéresse à vous si vous n'avez pas de potentiel ou si vous n'apportez pas de valeur ajoutée aux autres. »

En effet, lors d'une émission dénommée « Dialogue citoyen » diffusée en direct sur la radiotélévision burkinabé le 10 avril 2019, monsieur Oumarou IDANI, ministre des Mines et des Carrières du Burkina Faso, a déclaré ceci :

« Avec le Bureau des Mines et de la Géologie du Burkina Faso (BUMIGED), nous avons trouvé des traces d'uranium dans le Sahel burkinabé et des traces de pétrole vers Nouna à l'Ouest du pays ainsi qu'au-dessus d'Essakane au nord du pays… Nous avons trouvé des traces d'uranium sur plusieurs sites »

Au journaliste de lui poser ensuite la question suivante :

« Que faut-il comprendre par traces ? »

Le ministre répond à sa question en disant ceci :

« C'est-à-dire ce que nous appelons au plan technique, 'des anomalies' puisque ce sont des analyses qui sont faites avec la géophysique. Et il y a des indices qui indiquent que c'est de l'uranium. Mais le fait qu'il existe un minerai ne veut pas dire qu'il est en quantité exploitable, qu'il y a un gisement. Il faudra étudier son ampleur et vérifier que les conditions de rentabilité sont réunies pour l'exploitation. »

Bien avant cette déclaration de monsieur IDANI, le Conseil des ministres du Burkina Faso avait déjà confirmé la présence de pétrole et d'uranium suite aux investigations du BUMIGED. De plus, des campagnes d'exploration aéroportées réalisées par la société canadienne Géotech Aero et financées par la Banque mondiale avaient également mis en évidence la présence d'uranium à Sebba au Nord-Est et à Touadeni au Nord-Ouest, deux villes localisées dans le Sahel.

Même si monsieur Paul Kaba THIEBA, Premier ministre du Burkina Faso joue la prudence pour éviter d'attirer les regards des terroristes et des marchands de sang sur ces gisements et pour vérifier leur teneur en matières premières minérales, il faut savoir que géologiquement et géographiquement de telles découvertes sont possibles. La position géographique du Burkina Faso permet ces découvertes. Ce pays est limité au Sud par la Côte d'Ivoire et le Ghana qui sont des producteurs de pétrole. Au Nord-Ouest, il est limité par le Mali qui détient plusieurs bassins pétroliers dans le Sahel (Figure 30) et au Nord, il a une frontière avec le Niger qui non seulement est le premier producteur d'uranium du monde, mais possède également des gisements de pétrole (Figure 31). Ainsi, selon les principes de la répartition géographique des couches géologiques et de leur continuité, le Burkina Faso a tous les atouts pour renfermer de tels gisements de matières premières minérales dans son sous-sol. D'ailleurs, monsieur IDIANI a reconnu cette possibilité géologique en disant ceci :

« Nous avons des formations géologiques qui sont semblables à celles des régions où on a trouvé du pétrole. »

Dès lors, le Burkina Faso tout comme le Mali et le reste du Sahel sont des territoires pétroliers et énergétiques convoités qui nécessitent d'être sécurisés militairement contre les assauts des terroristes qui visiblement, ont décidé d'en faire leur cible au regard des terreurs récurrentes qu'ils affligent aux populations des villes de ces pays.

D'ailleurs, le Niger qui est aussi un pays du Sahel a récemment été une grande victime des actes des terroristes. Ce pays a été frappé par une autre foudre des terroristes qui s'est soldée par 71 morts dans les rangs de l'armée nigérienne le 10 décembre 2019 sur un poste militaire d'Inates, une ville située à la frontière avec le Mali. Un attentat d'une telle envergure ne s'était pas produit au Niger depuis 2015. Ce fait s'est produit six jours avant la réunion des chefs d'État du G5 Sahel (Mauritanie, Niger, Burkina Faso, Mali, Tchad) convoquée par monsieur Emmanuel MACRON, président de la France, le 16 décembre 2019 à Pau en France, pour peaufiner la stratégie politique et militaire de lutte contre le terrorisme dans le Sahel compte tenu de l'inefficacité constatée des forces militaires étrangères présentes sur le terrain. En hommage à ces soldats tués, cette réunion a dû être déplacée au 13 janvier 2020.

En vérité, cette énième attaque était simplement un signal fort lancé par les terroristes pour démontrer leur détermination à en découdre contre toutes les coalitions militaires qui se dressent contre eux dans le Sahel. Mais pourquoi un tel acharnement meurtrier contre le Niger à ce moment précis? Quels intérêts économiques ou géopolitiques les terroristes ont-ils à attaquer le Niger ?

Pour bien comprendre cette attaque terroriste, il faut comprendre son contexte. Elle est arrivée à un moment où la plupart des dirigeants du G5 Sahel et de leurs populations commençaient à bouder l'action de la force Barkhane (coalition militaire étrangère contre le terrorisme au Sahel) dans le Sahel qu'ils soupçonnent d'être de connivence avec les terroristes. D'ailleurs, les dirigeants du Niger, du Tchad et même du Burkina Faso menaçaient de ne pas se rendre à la réunion de Pau en France, car ils subissaient quotidiennement la pression de leurs populations dont certaines demandaient une clarification des actions de leurs alliés militaires dans le Sahel ou le départ de ceux-ci.

Ainsi, dans l'opinion africaine, plusieurs interprètent cette attaque des terroristes au Niger comme un rappel à l'ordre de ces dirigeants africains rebelles du G5 Sahel qui tentent de s'émanciper des puissances établies militairement dans le Sahel. Sous les toits des maisons africaines, beaucoup pensent en sourdine que les armées militaires étrangères présentes dans le Sahel ne sont là que pour protéger leurs intérêts énergétiques (pétrole, gaz, uranium...) et économiques en soutenant que le terrorisme est juste un alibi pour maintenir leur domination sur l'Afrique et leurs dirigeants. Et le Niger est l'un des meilleurs exemples dans le Sahel, car en plus de l'uranium, il possède de grands gisements de pétrole dans les blocs TENERE et AGADEM dont les réserves sont estimées respectivement à 3 milliards et à 250 millions de barils de pétrole (Figure 31). C'est également le cas du Soudan, un pays sahélien, avec un gisement de plus de 4 milliards de barils de pétrole et bien d'autres prospects disséminés dans le pays. Aussi, le Tchad fait partie de ces pays pétroliers avec un gisement de plus de 1 milliard de barils de pétrole. D'ailleurs, sur la figure 29, on constate une continuité entre les gisements de pétrole du Niger, du Tchad et du Nigéria qui est le premier producteur de pétrole de l'Afrique subsaharienne.

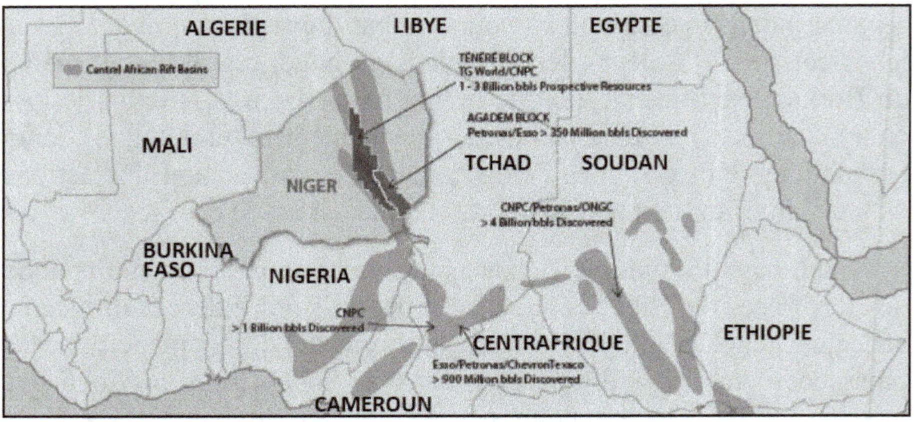

Figure 31: Bassins sédimentaires intracontinentaux ou de rift central africain avec des découvertes de gisements dans le Sahel nigérien, soudanais et dans d'autres pays d'Afrique (httpsahel-elite.com, Blog Finance, 31 janvier 2019)

À l'instar du Nigéria, même si le Cameroun, la Centrafrique et l'Éthiopie ne sont pas des pays sahéliens, vous pouvez aussi constater sur la figure 30 qu'ils possèdent également des gisements de pétrole. Tous ces pays ont donc besoin de sécuriser leur zone pétrolière. D'ailleurs, le Nigéria et le Cameroun sont continuellement sur le front contre le groupe terroriste Boko Haram qui commet régulièrement des attaques dans le Nord de ces pays où curieusement se trouvent de grands gisements de pétrole.

Après tous ces faits et ces constats, il est simple de conclure que le pétrole et l'énergie sont au centre des conflits guerriers et géopolitiques qui affectent l'Afrique et les nations dans le monde. Il faut donc sécuriser le Sahel et les régions pétrolières d'Afrique.

IV.8.3.b - Le Sahara

Le Sahara est un grand désert chaud localisé dans le Nord de l'Afrique. Il s'étend sur plus de 5000 km d'ouest en est, de l'océan Atlantique à l'océan Indien sur une superficie de plus de 8,5 millions de km^2. Le Sahara est donc un territoire désertique qui concerne l'ensemble des pays d'Afrique du Nord et la partie Nord des pays du Sahel. C'est le plus vaste territoire aride du monde même s'il existe des oasis dans certains endroits de cet immense désert. Aussi, de même que le Sahel, le Sahara fait également partie de ces régions d'Afrique qui sont riches en matières premières minérales (uranium, cuivre, fer, phosphate) notamment, en pétrole et gaz (Figure 32).

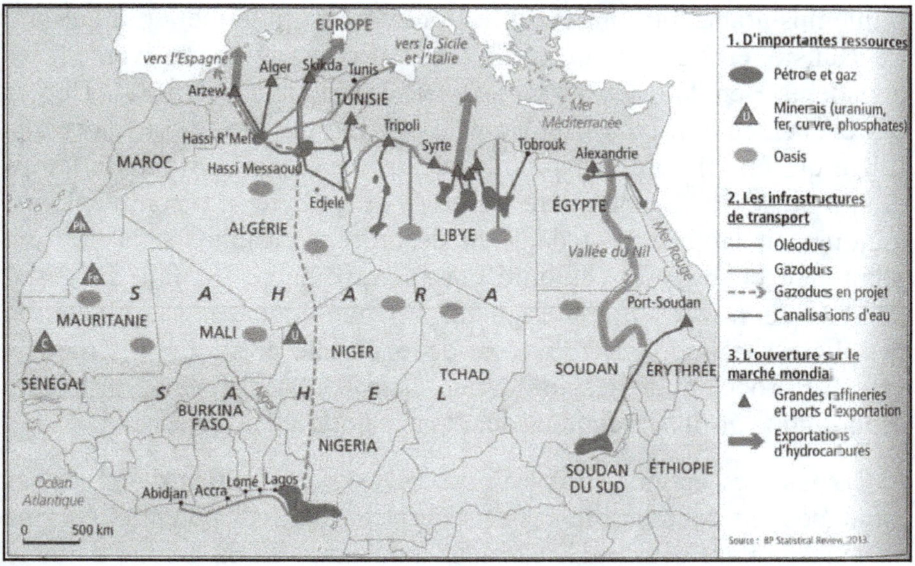

Figure 32: Ressources minières et pétrolières du Sahara et leurs infrastructures de transport et d'exportation vers le marché mondial (Sabine CASTETS, 2019)

Depuis plus d'un demi-siècle, les ressources pétrolières et gazières provenant du Sahara algérien et libyen ont toujours été extraites et exportées vers l'Europe qui en dépend fortement jusqu'à aujourd'hui. Devant les géants pétroliers de l'Afrique subsaharienne (Nigéria, Angola…), la Libye et l'Algérie ont toujours fait partie des 3 premiers producteurs de pétrole et de gaz de l'Afrique, l'Égypte, la Tunisie et le Maroc leur emboîtant le pas avec des productions plus faibles (Figure 33). Ces deux pays ont les plus importantes réserves de pétrole et de gaz du Sahara. C'est aussi pour cette raison que l'Algérie a connu de grandes guerres dans le passé et que la Libye est dans une guerre incessante depuis 2010 jusqu'en 2020, année pendant laquelle j'écris ces lignes.

Comme je n'ai cessé de le dire depuis le début de ce livre, tous les pays pauvres ou en voie de développement situés principalement en

Afrique et qui ont des matières premières minérales stratégiques (pétrole, gaz, uranium) sont très souvent l'objet de conflits, d'instabilités, de terrorismes, de guerres civiles, de trafics d'armes et de transitions démocratiques et démographiques complexes. C'est le cas du Sahara tout comme le Sahel. Souvenez-vous des fameux printemps arabes qui ont modifié l'ordre constitutionnel et sécuritaire en Tunisie, en Égypte et en Libye et ont emporté respectivement les présidents Ben ALI, Hosni MUBARAK, Mouammar KADHAFI. Depuis ces évènements, même si la Tunisie et l'Égypte ont pu se relever, la Libye qui était le premier producteur de pétrole en Afrique du temps de KADHAFI et la première réserve de pétrole du continent, est toujours en lambeaux et dans un désordre sécuritaire sans nom au point que ce pays est aujourd'hui ingouvernable du fait du grand nombre de milices qui y règnent. En conséquence, sa production pétrolière a baissé et la Libye est devenue une porte d'accès illégale vers l'Europe pour les migrants africains qui fuient la misère économique qu'ils vivent dans leurs pays pourtant si riches.

Toutes les régions africaines riches en matières premières minérales ont donc besoin d'être sécurisées, car leur potentiel énorme attire les bonnes gens, mais aussi les mauvaises. Et dans cette dernière décennie, ces régions minières sont devenues les zones privilégiées des terroristes et de leurs attaques. Ce sont des faits symboliques, car en s'attaquant à ces régions, les terroristes pensent atteindre indirectement les intérêts des pays occidentaux qui sont les premiers consommateurs de ces ressources minières stratégiques, mais aussi leurs premiers ennemis. Depuis le Sinaï égyptien en passant par les plages tunisiennes de Sousse, les raffineries algériennes et libyennes, toutes ces zones qui ont subi des attaques terroristes et des prises d'otages ont besoin d'être sécurisées sous peine que l'Occident et bien d'autres régions du monde manquent d'approvisionnement en hydrocarbures provenant de ces pays sahariens.

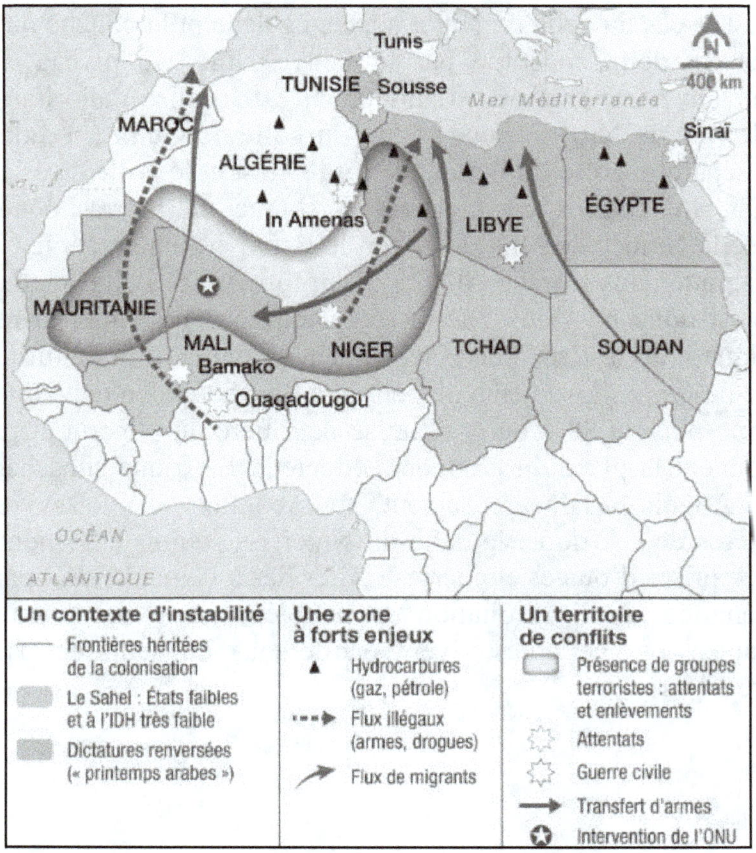

Figure 33: Le Sahara et le Sahel, des régions instables convoitées pour leurs ressources minières et pétrolières (www.lelivretscolaire.fr, 2019)

IV.8.3.c - Le delta du Niger

Le delta du Niger fait également partie de ces territoires pétroliers stratégiques et incontournables pour la production pétrolière en Afrique ; il a donc besoin d'être sécurisé et protégé.

Dans mon précédent livre intitulé « *L'Afrique, un continent aux ressources minières exceptionnelles* », j'ai démontré que les deltas sont généralement des zones géologiques de transition entre la Terre et la mer ou des fleuves ou même des lacs qui renferment des réserves pétrolières.

C'est le cas du delta du Niger appelé également la bouche du Niger qui est un delta constitué par le fleuve Niger au niveau de son embouchure dans l'océan Atlantique. Il est localisé majoritairement dans le Sud du Nigéria et au centre du golfe de Guinée. Le delta du Niger sépare le golfe du Benin au Nord-Ouest et le golfe du Biafra au Sud-Est. Le fleuve Niger prend sa source en Sierra-Léone puis traverse la Guinée, le Mali, le Niger, le Benin et finalement le Nigéria où il se jette dans l'océan Atlantique en formant ce delta. Le delta du Niger est donc un vieux bassin sédimentaire dans lequel la matière organique a eu le temps de s'accumuler, d'atteindre la maturité pour former de grands gisements de pétrole en onshore. Le delta du Niger renferme plus de 80% de la richesse pétrolière du Nigeria et partage très souvent la place du premier producteur d'Afrique subsaharienne avec l'Angola. Malheureusement, tout comme les autres régions pétrolières de l'Afrique, le delta du Niger est soumis à de nombreux conflits, prises d'otages et guerres civiles liés à la mauvaise répartition des bénéfices de l'exploitation du pétrole au sein des populations nigérianes dont certaines vivent en dessous du seuil de pauvreté (Figure 34).

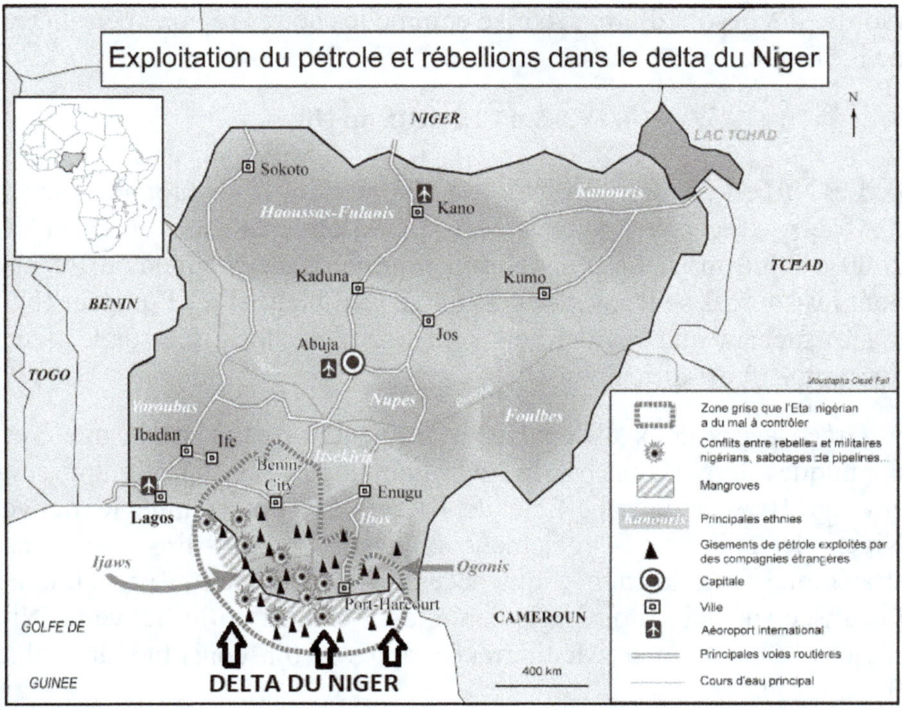

Figure 34: Exploitation du pétrole et rébellions dans le delta du Niger (Moustapha Cissé FALL, www.journals.openedition.org, 2011)

Depuis la découverte du pétrole en 1950 par la multinationale SHELL dans le delta du Niger, cette zone est instable, car l'État nigérian peine à la sécuriser tellement les groupes armés qui y opèrent sont nombreux. En plus, les conflits qui y ont lieu ont des raisons non seulement économiques, mais aussi ethniques et religieuses, ce qui complexifie davantage la sécurisation de cette région. Elle est en quelque sorte une zone de non-droit alors qu'elle a une importance économique indéniable pour le Nigéria avec 90% des recettes pétrolières du pays. Je parle avec plus de détails de l'origine et des composantes des conflits dans le delta du Niger et le Biafra dans le prochain chapitre.

À ce stade de ce livre, il faut simplement retenir que le delta du Niger est aussi une cible du terrorisme et des seigneurs de guerre et de sang qui ont besoin de ses ressources pétrolières pour financer leur influence et leur progression en Afrique de l'Ouest. Pour tous ces motifs, il a besoin d'être sécurisé comme les autres régions pétrolières de l'Afrique.

IV.8.3.d - Le delta du Nil

Le Nil est le deuxième fleuve du monde et le premier fleuve d'Afrique avec une longueur de 6 671 kilomètres avec un débit de 2000 à 3000 m^3/s. Le Nil tire son origine de deux grands affluents dont les sources se trouvent en Éthiopie (Nil bleu) et à l'Équateur (Nil blanc) sachant que ces derniers sont tous deux localisés sur le flanc ouest du Rift est-africain.

Grâce à ces deux affluents qui drainent les eaux et les matières organiques, le Nil a un bassin hydrographique de 3 254 555 km^2 soit environ 10% de la superficie de l'Afrique. Tout comme le fleuve Niger, le Nil forme également un delta, c'est-à-dire une zone stratégique pour le monde qui nécessite une protection particulière. Localisée sur le territoire égyptien, c'est l'endroit où le fleuve du Nil se jette dans la mer Méditerranée après avoir constitué un delta (Figure 27).

Ainsi, compte tenu de cet atout géologique, le delta du Nil est aussi une zone pétrolière convoitée, car en plus du canal de Suez, c'est une importante province gazière (Figure 35) avec des raffineries qui transforment une grande partie du pétrole extrait dans la région. Cependant, cette zone est d'autant plus sensible sur le plan sécuritaire qu'elle est non loin du canal de Suez qui est le lieu de passage des pétroliers qui viennent de la mer Rouge et du golfe d'Aden. De surcroît, le delta du Nil est très proche du Sinaï égyptien qui est couramment la cible d'attaques terroristes (Figure 33). Compte tenu de la force de nuisance considérable de l'adversaire dont une grande partie des combattants vient de l'État islamique (Daesh) débouté en Irak et en Afghanistan, l'État égyptien n'hésite pas à s'armer davantage et à effectuer des assauts militaires régulièrement dans le Sinaï.

Tous ces faits et la position géographique du delta du Nil montrent bien que cette partie du territoire égyptien a besoin d'être sécurisée comme les autres régions africaines riches en hydrocarbures.

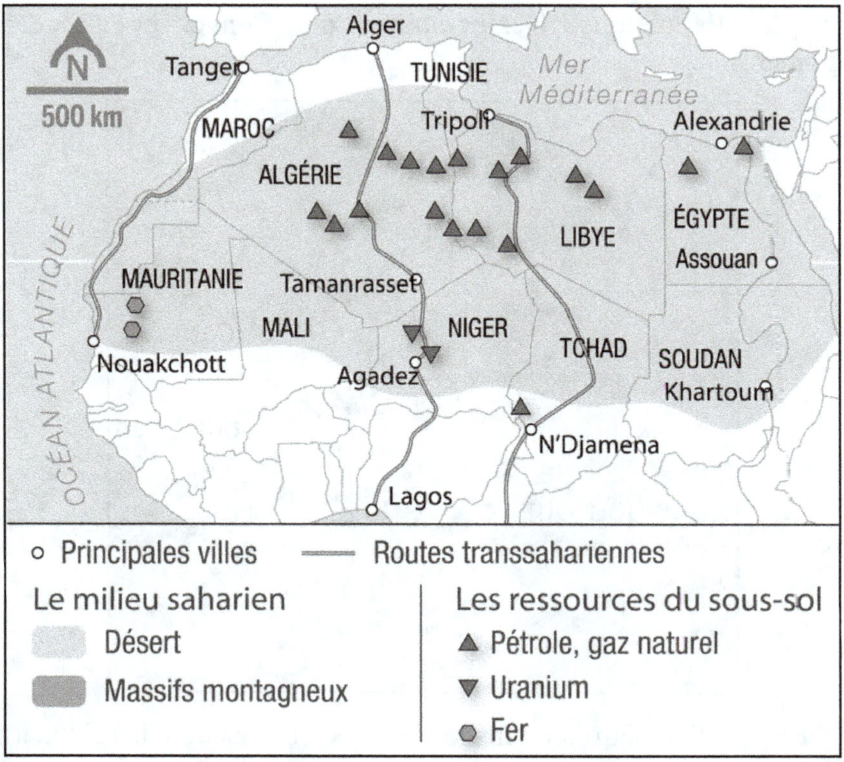

Figure 35: Un désert habité et riche en ressources minières notamment le delta du Nil (www.lelivrescolaire.fr, 2016)

IV.8.3.e - La région des Grands Lacs et le bassin du fleuve Congo

La région des Grands Lacs et le bassin du fleuve Congo sont connus comme des bastions miniers de l'Afrique centrale. D'ailleurs, la République Démocratique du Congo qui est l'un de ses pays phares, est très souvent qualifiée de « *pays du scandale géologique* » compte tenu de ses nombreuses ressources minières stratégiques. J'ai longuement démontré le potentiel minier de cette partie de l'Afrique dans mon précédent livre intitulé « *L'Afrique, un continent aux ressources minières exceptionnelles* ».

Il est vrai que dans mon premier ouvrage, mon but était de mettre l'accent sur les minerais stratégiques non énergétiques de cette région, néanmoins, j'ai également pu montrer que la région des Grands Lacs était une région pétrolière du fait des gisements d'hydrocarbures découverts dans le parc des Virunga et le lac Edouard à la frontière entre la République Démocratique du Congo et l'Ouganda (Figure 36).

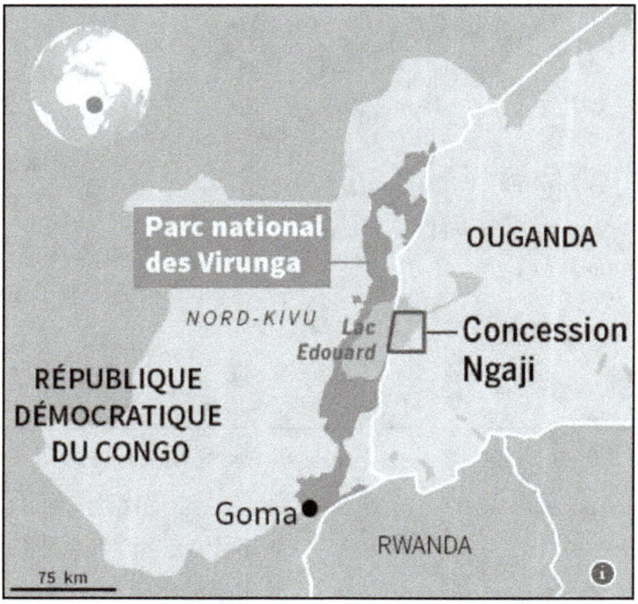

Figure 36: Bloc pétrolier dans le parc des Virunga et le lac Edouard, à la frontière entre l'Ouganda et la République Démocratique du Congo (Le Monde Afrique)

De même, d'autres gisements d'hydrocarbures mis en évidence par la compagnie pétrolière Tullow Oil dans le lac Albert, à cheval entre la République Démocratique du Congo et l'Ouganda, ont permis de confirmer que les Grands Lacs étaient aussi une région pétrolière intracontinentale comme le Sahel et le Sahara (Figure 37). Il est bien de savoir que le lac Edouard plus court se vide dans le lac Albert.

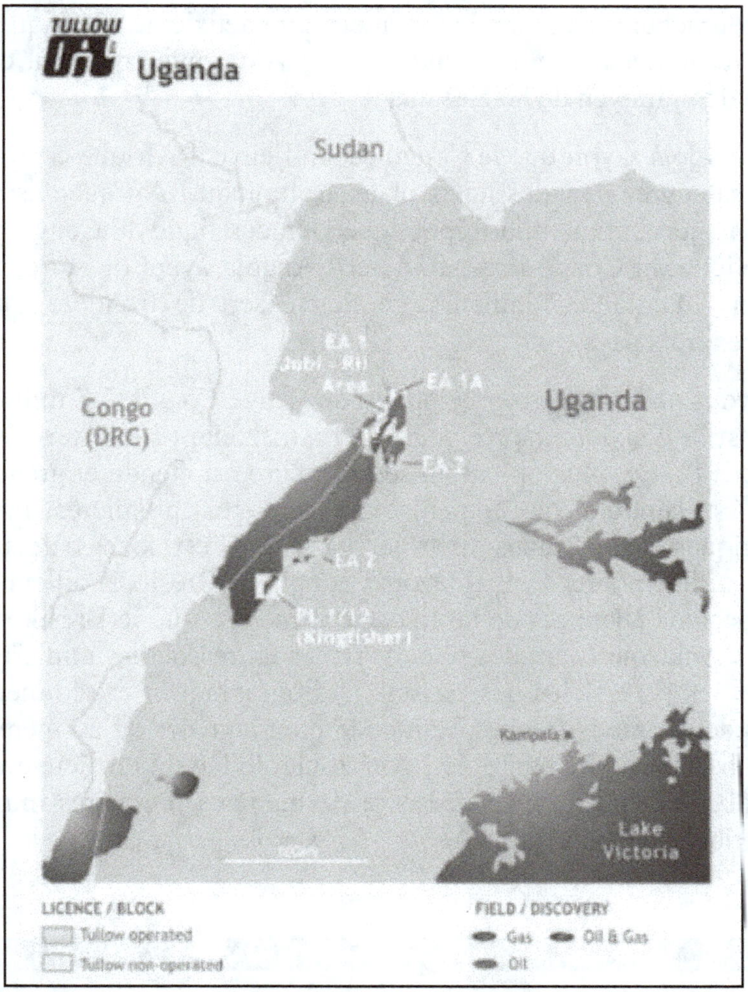

Figure 37 : Bloc pétrolier du lac Albert à la frontière entre l'Ouganda et la République Démocratique du Congo (Tullow Oil Plc)

Si les lacs Edouard (77 kilomètres de long, 40 kilomètres de large et 117 mètres de profondeur maximale) et Albert (160 kilomètres de long, 30 kilomètres de large et 58 mètres de profondeur maximale) situés dans le parc des Virunga et précisément dans le Nord-Kivu à l'Est de la République Démocratique du Congo sont capables de contenir des matières organiques dans leurs fonds et de les transformer en hydrocarbures sous l'effet de la pression et de la température après plusieurs millions d'années, qu'en est-il donc du fleuve Congo qui est le huitième fleuve du monde avec une longueur de 4700 kilomètres et une profondeur maximale de 220 mètres, le deuxième d'Afrique après le Nil et le deuxième du monde après l'Amazonie en tenant compte de son débit moyen de 80 832 m/s ?

Il faut déjà savoir que le Congo est un fleuve d'Afrique centrale qui prend sa source dans les hauts plateaux limitant l'Afrique australe. Il draine majoritairement la République Démocratique du Congo puis la République du Congo-Brazzaville et l'Angola avant de se jeter dans l'océan Atlantique. D'ailleurs, ce fleuve sert de frontière naturelle entre ces trois pays.

Si vous ne le savez pas, le bassin du fleuve Congo (3,7 millions de km^2) est le deuxième après celui de l'Amazonie (7 millions de km^2) (Tableau 8). Or, plus un bassin sédimentaire est étendu et grand, plus il est susceptible de contenir des matières premières minières stratégiques énergétiques (pétrole, gaz…). C'est le cas de tout le bassin sédimentaire de l'Amazonie connu au Brésil. D'ailleurs dans les prochains chapitres de ce livre, je démontre que le Brésil, sa côte Est et l'Amazonie sont des régions riches en ressources minières. J'ai évoqué les superficies des bassins hydrographiques et sédimentaires de ces deux grands fleuves du monde pour signaler qu'au même titre que le bassin sédimentaire de l'Amazonie, le bassin du fleuve Congo est probablement aussi une réserve de matières premières minérales énergétiques (pétrole, gaz…).

	Amazone	Nil	Mississippi	Yangzi Jiang	Volga	Congo
Longueur en km	7 025	6 671	3 779	6 300	3 700	4 700
Bassin hydrographique (millions de km^2)	7,0	2,9	3,2	1,8	1,3	3,7
Débit habituel (milliers de m^3/s.)	209	2-3	18	32	8	41

Tableau 8 : Tableau comparatif des grands fleuves de la Terre (Wikipédia, décembre 2019)

Le bassin du fleuve Congo est donc le deuxième poumon naturel du monde après l'Amazonie et est potentiellement riche en hydrocarbures. Des recherches scientifiques récentes et un documentaire intitulé « Fleuve Congo : Le dernier poumon du monde » réalisé par madame Yamina BENGUIGUI, une politicienne et réalisatrice française, dont un extrait a été publié le 4 décembre 2019 au journal de la chaîne française France 24, ont permis de mettre en évidence la présence de tourbes sur plus de 145 000 km^2 (environ deux fois l'Angleterre) dans le bassin du fleuve Congo. Cette tourbière contient plus de 30 milliards de tonnes de carbone. Or, la présence de tourbe dans un lieu indique nécessairement la présence d'hydrocarbures puisqu'elle est un stade avancé de la dégradation de la matière organique qui produit le pétrole ou le charbon comme je l'ai déjà expliqué dans les chapitres précédents. De plus, la majorité du bassin du fleuve Congo est une forêt marécageuse et fermée, ce qui représente de très bonnes conditions pour la dégradation rapide de la matière qui donne les hydrocarbures.

Tous ces indices veulent donc dire que le bassin du fleuve Congo et la région des Grands Lacs sont potentiellement des zones riches en hydrocarbures qu'il faut protéger. C'est aussi pour cette raison qu'elles sont très souvent soumises à des attaques récurrentes de groupes armés. C'est le cas par exemple du Nord-Kivu à l'Est du Congo où se trouve le parc de la Virunga.

Du fait de la vulnérabilité de cette région, les Casques bleus de l'ONU y sont depuis les années 1960, mais jamais ils n'ont réussi à éradiquer les escalades de violences au point que certains les soupçonnent d'être complices avec des groupes armés ou de tirer profit de toutes les richesses minières des pays africains concernés.

Il est donc temps de revoir la politique sécuritaire de cette région de l'Afrique, car les populations sont lasses de l'inefficacité des forces de l'ordre et de maintien de la paix qui y sont depuis plus de 50 années sans que les fruits de leurs actions ne soient perceptibles puisque les populations autochtones continuent d'être massacrées à Goma, à Beni, dans le Nord-Kivu et de façon générale dans tout l'Est de la République Démocratique du Congo et sur ses frontières avec ses pays voisins (Ouganda, Angola, Rwanda).

IV.8.3.f - La Corne de l'Afrique et le rift Est-Africain

La Corne de l'Afrique et le rift Est-Africain font partie de ces territoires intercontinentaux riches en matières premières minérales, notamment en hydrocarbures.

Un rift est la première phase avant la cassure d'un continent et la création d'un océan. Le rift Est-Africain ou vallée du rift est donc une cassure du continent sur plus de 6000 kilomètres de long et 40 à 60 mètres de large qui s'étend du golfe d'Aden au Nord jusqu'au Zimbabwe au Sud. Cette cassure est due à un amincissement de la lithosphère provoqué par des forces d'extension horizontale qui provoquent la formation de volcans et des microséismes. Selon plusieurs études géologiques, si ce phénomène d'extension continue, d'ici plusieurs millions d'années, la Corne de l'Afrique (Érythrée, Djibouti, Somalie, Éthiopie) et des parties du Kenya, de la Tanzanie et du Mozambique formeront une île. La plaque africaine ou nubienne se séparera de l'autre plaque africaine dénommée la plaque somalienne (Figure 38).

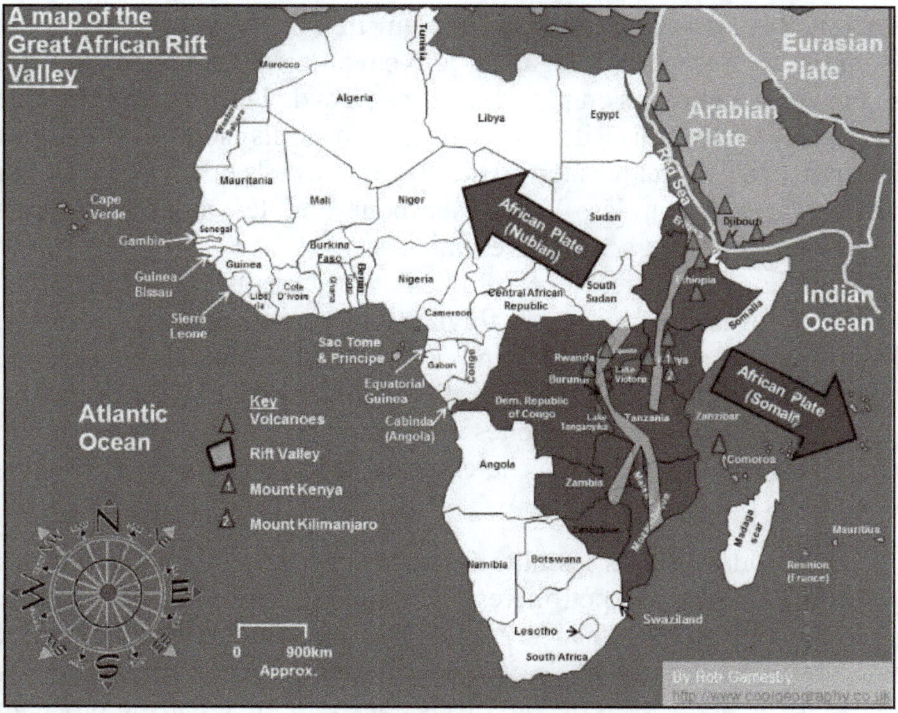

Figure 38: Carte de la Vallée du Grand Rift Africain (www.coolgeography.co.uk, Rob Gamesby)

Il suffit d'observer la production pétrolière de la plupart des pays qui composent la Vallée du Grand Rift Africain (Erythrée, Ethiopie, Kenya, Burundi, République Démocratique du Congo, Ouganda, Rwanda, Tanzanie, Zambie, Mozambique, Malawi, Zimbabwe) et la Corne de l'Afrique (Érythrée, Djibouti, Somalie, Éthiopie) pour comprendre qu'elle est une zone géostratégique pour la planète sur le plan économique et énergétique d'autant plus qu'elle est confondue à certains endroits avec la région des Grands Lacs, aussi réputée pour sa richesse minière. D'ailleurs, selon l'explorateur écossais John Walter GREGORY qui a donné le nom « Vallée du Grand Rift » à ce phénomène géologique dans cette zone de l'Afrique en 1894, cette faille commencerait en Syrie au Moyen-Orient jusqu'au Mozambique en traversant la mer Rouge et les Grands Lacs africains (Lac Victoria, Lac Tanganyika…).

Ainsi, au regard de leur proximité géographique et géologique, il est donc difficile de distinguer la Corne de l'Afrique et la Vallée du

Grand Rift Est-Africain sur le plan minier et énergétique. Par exemple, la Somalie, l'Ouganda, le Kenya, le Mozambique sont des grands pays pétroliers en plus des autres pays de la Corne de l'Afrique et de la Vallée du Rift Est-Africain, mais ils sont très souvent confrontés à des attaques terroristes de groupes tels que les Shébab qui veulent absolument les déstabiliser pour être les maîtres de leurs territoires et de leurs ressources minières. Dès lors, comme le golfe d'Aden, la mer Rouge, l'océan Indien et les Grands Lacs qui sont les zones maritimes pétrolières et fluviatiles de cette région, la Corne de l'Afrique et la Vallée du Grand Rift Est-Africain qui est sa zone continentale pétrolière ont besoin d'être sécurisées et protégées contre toutes les attaques et les velléités de déstabilisation et d'enlisement de cette partie de l'Afrique pour le contrôle de ses ressources pétrolières et gazières.

En considérant tous les faits évoqués sur l'Afrique au sujet de ses ressources minières et pétrolières, il est clair que pour que ce continent possède de si abondantes réserves de matières premières minérales, il faut absolument qu'il ait des prédispositions naturelles ou des atouts qui le permettent. Nous découvrirons donc ensemble dans le prochain chapitre, ses atouts géologiques naturels qui font de l'Afrique, un continent privilégié sur le plan pétrolier face aux autres continents de la planète.

CHAPITRE V
L'AFRIQUE, UN CONTINENT PRIVILÉGIÉ PAR SES ATOUTS GÉOLOGIQUES ET PÉTROLIERS

Il est vrai que l'Afrique est connue dans le monde entier pour son or, ses diamants, son coltan, son uranium et son nickel, mais les minerais qui détiennent la palme d'or, attirent les convoitises des multinationales vers l'Afrique et font tout le charme de ce continent sont le pétrole et le gaz. Ce sont ces deux ressources naturelles qui confèrent cette longue et grandissante notoriété à l'Afrique depuis la découverte et l'exploitation des premiers gisements de pétrole et de gaz en 1870 en Pennsylvanie, aux États-Unis. Depuis cette époque, le monde ne peut plus se passer de l'or noir du continent africain.

Ainsi, tous les moyens géostratégiques, géopolitiques et parfois socio-économiques sont mis en place par les grandes puissances du monde pour avoir accès au continent africain puis à ses ressources naturelles précieuses et si stratégiques. Mais quel est le potentiel pétrolier et gazier de l'Afrique ? Ce continent est-il le seul à posséder le pétrole et le gaz en abondance ? L'Afrique a-t-elle des prédispositions naturelles qui favorisent le développement d'importants gisements de pétrole et de gaz ? Peut-on comparer le potentiel pétrolier et gazier de l'Afrique à celui d'autres continents ?

Je ne peux répondre à toutes ces questions sans vous expliquer concrètement d'où l'Afrique tire toutes ces ressources énergétiques essentielles à la vie sur Terre. C'est aussi l'une des raisons qui m'a incité à écrire ce livre, car je me suis rendu compte que beaucoup d'Africains, qu'ils soient analphabètes ou intellectuels, jeunes ou vieux, riches ou pauvres, cadres ou ouvriers, hommes politiques ou personnes appartenant à la société civile disaient et continuent de dire que l'Afrique est un continent riche des minerais de son sous-sol sans pour autant savoir les origines et les fondements de cette richesse.

Pour mieux promouvoir un produit et mieux vendre ses qualités, il est important de savoir comment il a été conçu et de quelles matières il a été fabriqué. De même, pour mieux aborder la question des ressources pétrolières et gazières de l'Afrique et en être par la suite les meilleurs ambassadeurs et promoteurs de ce continent à ce sujet, il est bien de connaître les fondements géologiques qui ont permis le développement de ses nombreuses réserves de pétrole et de gaz qui pullulent sur tout le continent et dont le recensement n'est toujours pas exhaustif jusqu'à ce jour.

Dans la vie courante, tous ceux qui se distinguent et réussissent ne sont pas le fruit du hasard. À un stade de leur vie, ils ont certainement découvert leurs aptitudes, leurs dons ou encore leurs talents naturels. Ils les ont développés et ont appris ainsi à mieux se connaître et à avoir confiance en eux et en leurs capacités. À tout cela, ils ont ajouté de la discipline, se sont forgé un caractère résistant à toute épreuve pour atteindre leur but et arriver au sommet de leur art. De même pour le continent africain, il n'y a pas de hasard au sujet de la richesse de son sous-sol. Si vous m'avez bien suivi depuis que vous avez entamé la lecture de ce livre, vous comprendrez que c'est ce que j'essaye d'expliquer en mettant en valeur le lien qui existe entre la géologie de l'Afrique, l'économie, la géopolitique et la sociologie, car ce sont des domaines qui sont intimement liés dans l'histoire lointaine et récente de l'Afrique. Que ce soit un don de Dieu selon moi ou de la nature, il est clair que l'Afrique n'a pas autant de minerais dans ses entrailles par hasard.

V.1 - Un continent unique à l'origine : La Pangée

Selon Alfred Lothar WEGENER, un éminent climatologue et astronome allemand, très contesté à son époque pour ses théories, l'ensemble des continents que nous connaissons aujourd'hui constituaient à l'origine un continent unique appelé la *Pangée* (Figure 39). Ce continent était entouré d'un océan dénommé la *Panthalassa*. À l'échelle des temps géologiques, la Pangée va se scinder plus tard au Trias (-200 millions d'années) en deux supercontinents séparés par la mer *Téthys* : la *Laurasie* au nord composée de l'Amérique du Nord, l'Europe et l'Asie et la *Gondwana* au sud constituée de l'Amérique du Sud, l'Afrique, l'Inde et l'Australie.

Cet éloignement des continents va se poursuivre au cours du temps (Jurassique et Crétacé) pour aboutir à la configuration actuelle des continents. Ce phénomène géologique et géophysique à la base du déplacement des plaques continentales a été constaté par plusieurs scientifiques qui ont émis des hypothèses ou des théories pour l'expliquer. Parmi ces théories, les principales sont la *dérive des continents* et la *tectonique des plaques*.

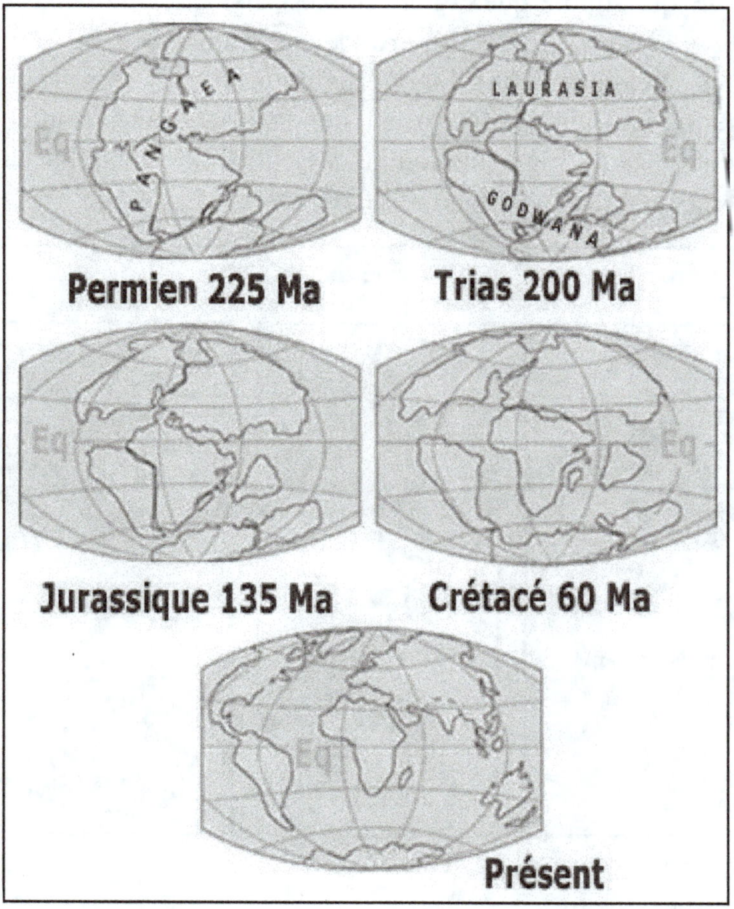

Figure 39: Fragmentation de la Pangée et séparation des continents (www.vinsvignesvignerons.com)

V.2 - La théorie de la tectonique des plaques et la dérive des continents

En 1912, Alfred WEGENER a présenté la théorie de la *dérive des continents* qui stipule que la Pangée s'est disloquée au début de l'ère secondaire (Trias) (Figure 39), provoquant l'ouverture de l'Atlantique Nord et l'éloignement de l'Antarctique, puis l'ouverture de l'Atlantique Sud (Figure 40). Ainsi, depuis cette ère les continents qui découlent de cette fragmentation ne cessent de se déplacer les uns par rapport aux autres à la surface de la Terre.

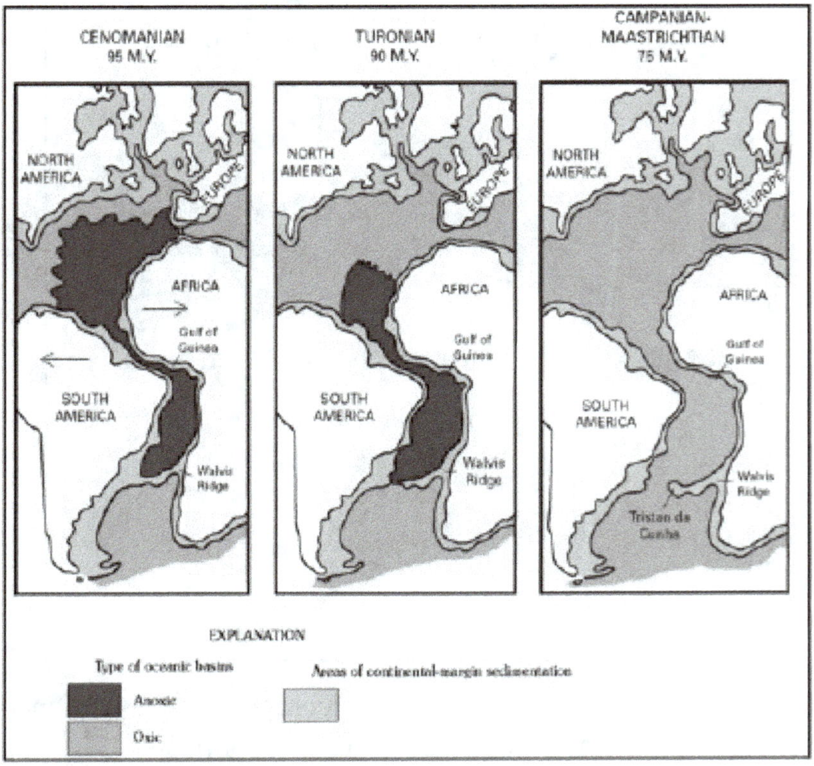

Figure 40: Différents stades d'océanisation de l'Atlantique (Synthèse Evaluation Total E&P, 2013)

La théorie de la *tectonique des plaques* tire aussi son origine de la dérive des continents et dit pratiquement les mêmes choses en raisonnant en termes de plaques continentales ou lithosphériques pour désigner les masses continentales issues de la dislocation de la Pangée.

Cependant, il y a une légère différence qui prête à confusion souvent entre la dérive des continents et la théorie des plaques. Cette différence se situe au niveau de leur modèle explicatif. Dans le modèle de la *dérive des continents*, le continent représenté par la croûte continentale dérive comme un bateau sur la croûte océanique et le manteau qui sont visqueux et se comportent comme un océan. Tandis que dans le modèle de la *tectonique des plaques*, le continent correspondant à la lithosphère continentale et à la lithosphère océanique (fond océanique) dérive sur l'asthénosphère et le manteau inférieur qui se comportent dans ce cas comme un océan également (Figure 41 et 42).

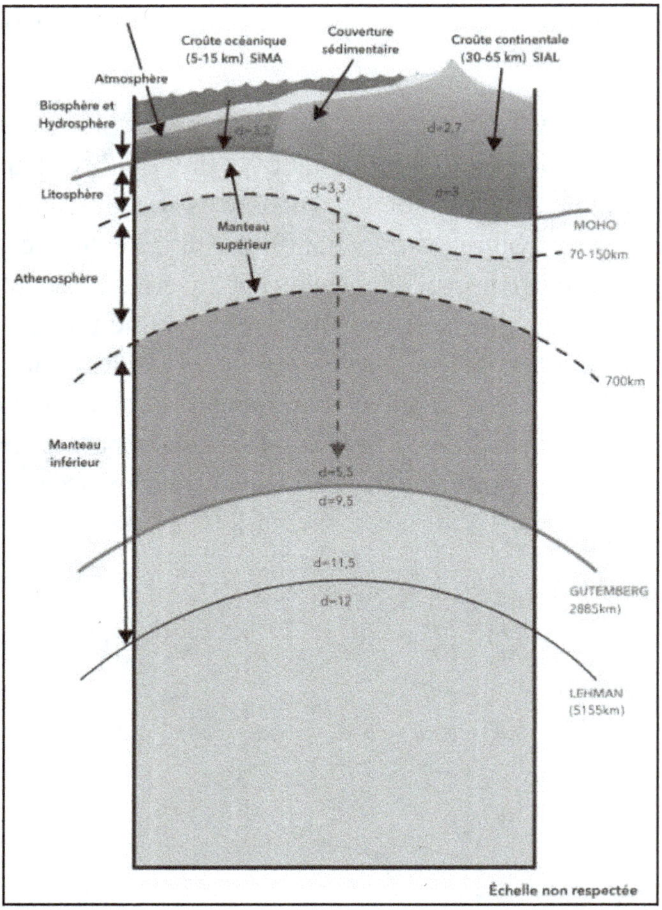

Figure 41 : Structure interne de la Terre
(d : densité ; en rouge : les discontinuités ; SIMA : Silicium et Magnésium, SIAL : Silicium et Aluminium)

Les forces qui impulsent le mouvement des plaques continentales dans la théorie de la *dérive des continents* sont les courants de convection existant dans le manteau alors que dans la théorie de la *tectonique des plaques*, ces forces proviennent du refroidissement de la lithosphère dont la plongée dans le manteau est aussi à l'origine des courants de convection dans celui-ci.

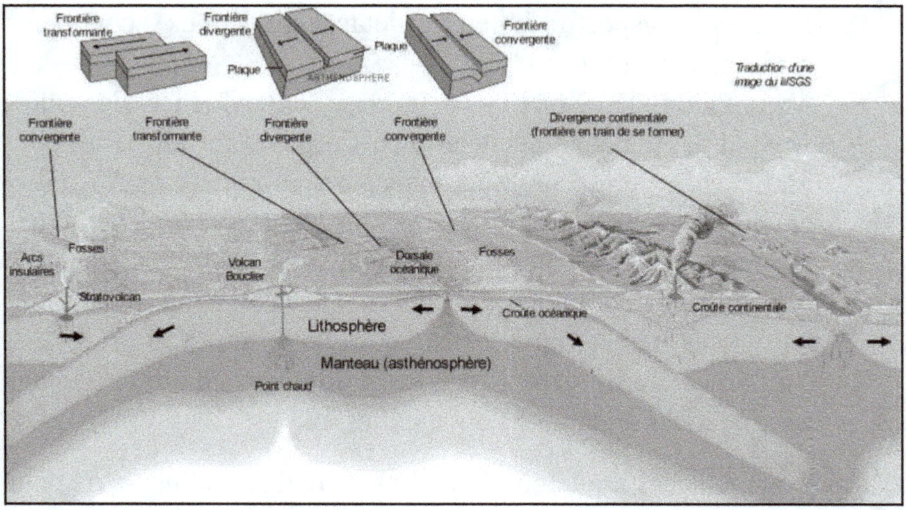

Figure 42: Mouvements aux limites des plaques tectoniques (Image modifiée d'United States Geological Survey (USGS))

Ces deux modèles sont quelque peu différents, mais les deux théories aboutissent au même but qui est la dislocation de la Pangée et le déplacement des continents au cours du temps.

Dans sa théorie de la *dérive des continents*, Alfred WEGENER n'est pas arrivé à ces conclusions de façon fortuite, mais en se basant sur des arguments qui tiennent la route malgré les nombreuses spéculations dans le milieu scientifique. Ces arguments qu'il a relatés dans son ouvrage intitulé « *Genèse des océans et des continents : théorie des translations continentales* » et publié en 1915 sont les suivants :

- Argument morphologique : l'emboîtement comme un puzzle des formes des continents. C'est l'exemple de la corne Sud-est du Brésil ou mieux encore des côtes Sud-américaines et des côtes Ouest-africaines ou encore du fond du golfe de Guinée.
- Argument stratigraphique : la continuité et les similitudes stratigraphiques entre l'Afrique et l'Amérique du Sud avec les mêmes ensembles géologiques reconnus dans leurs cratons et

boucliers respectifs bien qu'étant sur deux continents différents et éloignés.

- Argument paléoclimatique : la mise en évidence de galets striés d'âge Paléozoïque (Permien-Carbonifère) en Afrique du Sud et en Amérique du Sud, mais aussi en Inde et en Australie, ce qui montre que ces régions ont toutes subi les mêmes influences et les mêmes périodes glaciaires.
- Argument paléontologique : les mêmes faunes et flores sont retrouvées en Afrique et en Amérique du Sud avec des similarités indiscutables ce qui sous-entend des liaisons continentales auparavant entre celles-ci.

Bien que tous ces arguments soient assez réalistes à mon avis pour justifier que tous les continents connus actuellement étaient réunis en un seul hyper continent autrefois, la communauté scientifique n'a pas immédiatement admis cette vérité qui était pourtant claire et avérée.

Ainsi, en 1954, les chercheurs Keith RUNCORN et Ted IRVING ajoutent par leurs études, des arguments paléomagnétiques qui viennent soutenir la théorie de la dérive des continents de WEGENER.

En effet, ils ont constaté que pendant le refroidissement des roches volcaniques et le dépôt des roches sédimentaires, celles-ci enregistrent le champ magnétique terrestre et s'aimantent parallèlement à celui-ci. Plus intéressant encore, ils s'aperçoivent que dans une même zone, plus la roche est ancienne, plus la direction d'aimantation de celle-ci par le champ magnétique terrestre est éloignée de celle du champ magnétique actuel, ce qui signifie qu'il y a un mouvement permanent entre le lieu d'échantillonnage de la roche étudiée et le pôle du champ magnétique. Cela sous-entend que le pôle magnétique se déplace au cours du temps et le seul moyen de l'expliquer est d'affirmer qu'il y a eu dérive des continents, c'est-à-dire que les continents se sont déplacés dans le temps également, car par définition, un pôle magnétique terrestre est un point de convergence de toutes les lignes de champ magnétique générées par le noyau de la Terre. De même qu'il existe des pôles géographiques avec un pôle Sud et un pôle Nord, il existe aussi des pôles magnétiques.

Ensuite, RUNCORN et IRVIN ont fait le tracé des positions successives du pôle magnétique au cours du temps pour chaque continent supposé immobile dans le temps. S'il n'y a pas eu une dérive des continents au cours du temps, le tracé du chemin du pôle magnétique devrait être le même pour tous les continents sauf que, curieusement, les tracés obtenus par ces deux chercheurs étaient différents pour tous les continents d'où l'idée d'un déplacement des continents dans le temps. Une raison de plus qui conforte la théorie de la dérive des continents de WEGENER.

De surcroît, en 1957, toujours dans la même lignée, les chercheurs GRAHAM et HALES, à la suite de leurs travaux ont affirmé ceci :

« Les positions du pôle déduites des mesures sur les dolérites de l'Afrique du Sud ne sont pas en accord avec celles trouvées à partir des roches de même âge de l'Europe, de l'Amérique du Nord et de l'Australie ».

Ils continuent en disant :

« Le moyen le plus simple pour réconcilier les positions divergentes du pôle est de supposer des déplacements relatifs entre les continents, c'est-à-dire une dérive continentale. »

Malgré la clarté supplémentaire apportée par le paléomagnétisme sur le déplacement des continents les uns par rapport aux autres, il a fallu attendre les travaux de HESS, en 1960, qui a mis en évidence l'expansion des fonds océaniques à travers les dorsales océaniques ou les rides médio-océaniques (Figure 42) et a établi, suite à cela, la théorie de la *tectonique des plaques*, pour que l'idée de la *dérive des continents* soit acceptée par la communauté scientifique et qu'enfin le scepticisme de certains opposants à la théorie de WEGENER soit renversé.

Si les continents étaient liés à des époques lointaines, cela veut dire qu'ils sont certainement liés dans leur fondement géologique et qu'il est possible d'en tirer un grand profit pour mieux orienter les recherches pétrolières et minières dans certaines régions. Par exemple, pour comprendre le potentiel pétrolier du golfe de Guinée et mieux l'exploiter par la suite, il va falloir comprendre aussi quels sont les atouts et les complexités du potentiel pétrolier de l'Amérique du Sud et comment s'est fait le processus d'océanisation de l'océan Atlantique (Figure 40).

Tous ces arguments, qui ne sont certainement pas exhaustifs, valent la peine d'être mentionnés parce qu'ils ont sans doute une implication conséquente et prémonitoire dans l'hégémonie des ressources minières et pétrolières mises en évidence sur le continent africain.

À ce stade de l'ouvrage, je m'en tiens juste à les énumérer, mais dans les paragraphes suivants, nous verrons ensemble, de façon plus concrète, les raisons pour lesquelles j'ai tenu à en parler et à l'annoncer dès le début de ce livre. Je le répète encore une fois sans risque d'en faire trop :

« L'Afrique n'est pas riche de son sous-sol par hasard. »

Plusieurs initiés du monde géologique le savent et c'est bien pour cette raison que ce continent est la cible des plus grands opérateurs économiques et des investisseurs du secteur de l'énergie. Ayant vite appréhendé les atouts de l'Afrique, ils ont compris qu'il était plus que nécessaire pour eux de s'installer dès maintenant sur le continent africain avant qu'il ne soit trop tard et qu'ils n'aient plus la possibilité de le faire d'ici peu à cause de la ruée humaine et économique qui se fait vers l'Afrique depuis ces dernières décennies. Jusqu'à maintenant, seuls les Africains eux-mêmes ne sont pas encore bien imprégnés et conscients de cette réalité alors qu'elle se met en place petit à petit et au fil des années sous leurs yeux.

Je le répète une fois de plus :

« L'Afrique est un continent riche »

et les prédispositions naturelles du continent s'y prêtent largement.

V.4 - L'Afrique, le continent stable et rigide

Si vous avez observé avec attention les images précédentes de la dérive des continents, vous vous rendrez bien compte que l'Afrique n'a pas beaucoup bougé de sa position d'origine (Figure 39). De la Pangée à l'état actuel, comparée aux autres continents, l'Afrique a gardé pratiquement la même position avec une légère rotation là où les autres continents se sont complètement détachés et désolidarisés d'elle. L'Afrique est restée assez stable dans le temps (Figure 43).

Cette stabilité de la plaque africaine est loin d'être un inconvénient, car c'est un véritable atout sur le plan géologique comme sur le plan géographique et naturel de façon générale.

Dans la vie courante, la stabilité est le gage de la maturité et est un préalable à l'épanouissement dans tous les domaines de la vie d'une personne. Une personne stable sert toujours de référence et de modèle pour les autres qui aspirent à faire comme elle. De même, géologiquement parlant, la stabilité de la plaque africaine est aussi le signe que les composants (roches, minéraux, cristaux, minerais) du sous-sol ont pris le temps de mûrir, de se développer et de stocker suffisamment de minerais pour constituer les gisements de grande ampleur qui sont répertoriés aujourd'hui sur tout le continent.

D'ailleurs, quelqu'un a dit :

« La qualité d'un édifice dépend de la solidité de ses fondations. »

Un édifice qui a des fondations bien faites aura de la consistance dans le temps et résistera toujours aux vents et marées.

Pour mieux comprendre ma pensée, vous pouvez considérer également la vie d'un arbre dont l'épanouissement et le développement dépendent fortement de l'ancrage de ses racines dans le sol. Plus ses racines sont profondes et plus l'arbre grandira, sera fort et produira de bons fruits.

Cet arbre, cet édifice, c'est bien l'Afrique; ces racines, ces fondations, ce sont ses entrailles géologiques, son sous-sol, ses réserves minières et pétrolières.

Compte tenu du fait que l'Afrique n'a pas été très mobile par comparaison avec les autres continents, elle a eu le temps de développer des fondations solides, des racines profondes sur le plan géologique qui garantissent aujourd'hui, la qualité de son potentiel minier et la quantité de ses minerais stratégiques.

L'Afrique est également un continent assez rigide. Bien que sa partie Est soit souvent soumise à des séismes, l'Afrique est l'un des rares continents qui ne soient pas très souvent affectés par des séismes de grande intensité et des tsunamis incontrôlables.

Lorsque j'effectuais mon stage de Master 1 à l'Institut de Physique du Globe de Paris de l'université Denis Diderot (Paris 7) en France, au laboratoire de Sismologie, j'ai travaillé sur un catalogue de 57000 séismes enregistrés dans le triangle Afar qui couvre Djibouti, la Somalie et l'Éthiopie. Mon constat était que la majorité des séismes enregistrés avait des intensités relativement faibles contrairement à ceux observés en Asie, en Europe ou en Amérique. Il en découle que l'Afrique reste le continent le moins fragmenté par les tremblements de Terre dans le monde.

Mes travaux avaient aussi concerné le volcanisme de cette région, qui bien que parfois actif, n'est pas prédominant et explosif comme celui qui est observé en Islande ou ailleurs dans le monde. Au contraire, il constitue un véritable atout pour ce continent, car rappelez-vous, c'est grâce à ce volcanisme de l'Est de l'Afrique que les gisements d'hélium de Tanzanie, que j'ai abordé dans mon livre précédent, ont pu se mettre en place et redonner de l'espoir au secteur médical qui en a besoin pour les scanners d'IRM et au secteur industriel qui en demande pour la fabrication des fibres optiques.

Si vous suivez également l'actualité des évènements qui se produisent dans le monde et les données environnementales et météorologiques, vous vous rendrez aussi bien compte que l'Afrique est le continent le moins affecté par les catastrophes naturelles tels que les tsunamis, les cyclones, les séismes de haute intensité et j'en passe. Elle en est épargnée parce qu'elle a des prédispositions géologiques et naturelles qui la préservent de ces malheurs. Tout ceci témoigne de la stabilité et de la rigidité du continent.

Un pays comme le Japon, quatrième puissance économique dans le monde, donnerait tout ce qu'il a en sa possession pour s'établir sur des territoires sans risque sismique. Si des pays tels qu'Haïti, l'Italie, le Chili ou la Grèce avaient le choix, ils feraient certainement la même demande que le Japon qui n'a d'ailleurs plus d'autre choix que de construire des immeubles avec des normes antisismiques, non seulement pour prévenir les séismes, mais aussi pour se protéger contre ceux-ci quand ils surviennent. Pour renchérir, des pays développés comme les États-Unis, la première puissance économique du monde et certains pays d'Amérique latine, accepteraient de tout donner aussi pour éviter les cyclones et les ouragans qui laissent des dégâts et des victimes chaque année sur leurs territoires sans qu'aucune force, aussi puissante soit-elle ne puisse les arrêter. Quel est mon point de vue ?

Je veux simplement dire qu'au lieu de s'apitoyer sur son sort, de dormir sur ses lauriers ou de s'éterniser dans ses pleurs et ses souffrances, l'Afrique doit lever la tête et apprécier à sa juste valeur l'avantage qu'elle a d'avoir un continent stable et rigide dans ses fondations et à l'abri des catastrophes naturelles même si elles peuvent arriver d'un moment à un autre. Toujours est-il qu'au regard des statistiques historiques, des indices géologiques et météorologiques, les risques que de telles catastrophes naturelles surviennent sont moindres.

Au-delà de la consistance de ses gisements miniers et pétroliers qui en découlent, la stabilité et la rigidité du continent africain sont des avantages naturels à prendre en compte désormais par les populations africaines et les gouvernants du continent, car ce sont de véritables atouts propices et favorables pour amorcer et pérenniser le développement de l'Afrique.

Figure 43 : Carte des fonds marins et mise en évidence de la stabilité et de la rigidité de la plaque Africaine par comparaison avec les autres continents (B. HEEZEN & M. THARP, 1959 modifié)

V.5 - Les similitudes géologiques entre la côte ouest-africaine et l'Amérique du Sud

Dans son ouvrage cité précédemment et réédité en 1990, WEGENER, pour expliquer ce qui l'avait motivé à élaborer la théorie de la dérive des continents, disait ceci:

« La première idée des translations continentales me vint à l'esprit en 1910. En considérant la carte du globe, je fus subitement frappé de la concordance des côtes Atlantiques, mais je ne m'y arrêtai point tout d'abord, parce que j'estimai de pareilles translations invraisemblables. En automne 1911, j'eus connaissance par hasard, en lisant une collection de rapports scientifiques, de conclusions paléontologiques, inconnues jusqu'alors pour moi, admettant l'existence d'une ancienne liaison terrestre entre le Brésil et l'Afrique. Cela m'engagea à faire un examen préalable et sommaire des résultats connexes au problème des translations, tant en géologie qu'en paléontologie. J'obtins tout de suite des confirmations assez importantes pour commencer à être convaincu de l'exactitude systématique de la théorie. »

Malgré le fait qu'il avait été longtemps contesté à son époque, WEGENER avait bien raison de penser ainsi, car quand on considère la carte du monde, notamment avant l'ouverture de l'océan Atlantique, le premier constat qui saute à l'œil est la ressemblance presque parfaite au niveau des formes qui existe entre les côtes Ouest-africaines et l'Amérique du Sud. Cette ressemblance est tellement évidente qu'il est possible d'assembler ces deux compartiments continentaux comme deux pièces d'un puzzle (Figure 44). WEGENER a eu le nez creux d'insister auprès de ses confrères durant de longues années au sujet de l'exactitude de ses conclusions. Comme disent certains :

« La vérité finit toujours par se savoir ou à triompher. »

D'autres disent aussi :

« Le temps est un autre nom de Dieu. »

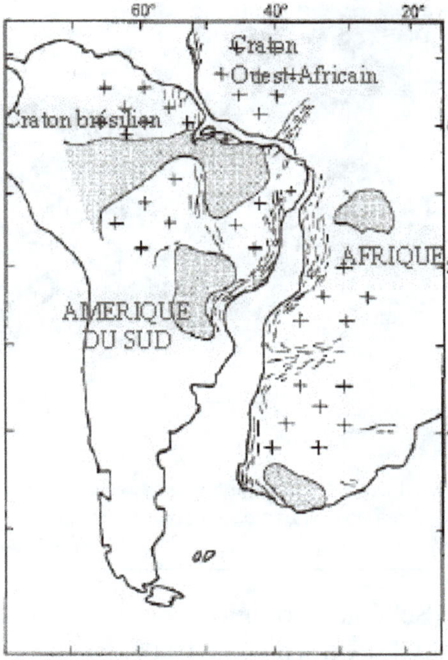

Figure 44: Position originelle des continents Africain et Sud-Américain avant l'ouverture de l'Atlantique équatorial (BLAREZ, 1986 modifié)

Cette découverte peut paraître anodine pour certains, mais elle a tellement de conséquences prometteuses pour l'Afrique qu'elle mérite de capter toute notre attention à ce stade de cet ouvrage.

En effet, elle explique en partie pourquoi la côte Ouest de l'Afrique, c'est-à-dire, le golfe de Guinée est si riche en hydrocarbures et pourquoi ses gisements miniers sont aussi importants que ceux du continent Sud-américain. Pour mieux comprendre ce qui se passe sur le plan géologique dans la partie Ouest de l'Afrique, il faut s'intéresser à la partie continentale à laquelle elle était associée jadis, c'est-à-dire au bouclier guyanais, en Amérique du Sud (Figure 45).

Le bouclier guyanais est composé du Nord du Brésil, de l'Est de la Colombie, de l'Est du Venezuela et des trois Guyanes à savoir, la Guyana, le Surinam et la Guyane française.

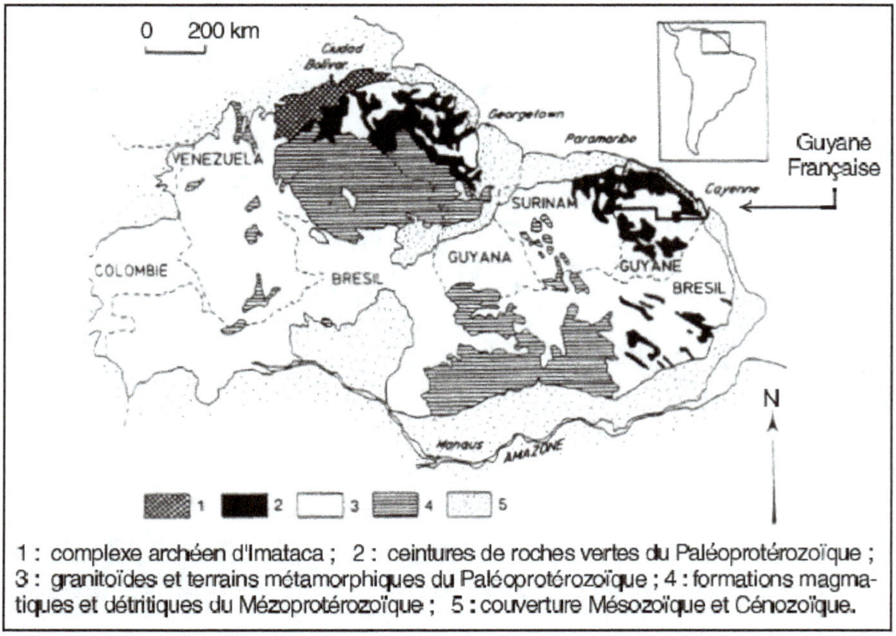

Figure 45: Schéma géologique du bouclier guyanais (Gibbs & Barron, 1983, 1993)

En remarque très importante, le bouclier guyanais a la même origine géodynamique, c'est-à-dire le même mécanisme de formation ou de mise en place que l'Ouest de l'Afrique pour faire référence sur le plan géologique à des pays tels que la Guinée, le Mali, la Mauritanie, la Sierra Leone, le Libéria, le Ghana, la Côte d'Ivoire et le Burkina Faso. Mais qu'est-ce qu'un bouclier sur le plan géologique ?

Un bouclier est un type de craton géologique. En réalité, il existe deux types de cratons géologiques : les boucliers et les plateformes.

Par définition, un *bouclier* est une région ou une zone continentale stable caractérisée par l'affleurement de terrains ou de socles géologiques constitués de roches magmatiques et métamorphiques anciennes d'âge Précambrien. Ce sont des régions ou des zones géologiques généralement assez plates et qui ont une faible activité sismique, en rappel à mes propos des paragraphes précédents sur la stabilité et la rigidité du continent africain.

Quant à la *plateforme*, c'est une zone continentale constituée également d'un socle composé de roches magmatiques et métamorphiques datant du Précambrien, mais qui sont recouvertes de strates ou de couches sédimentaires.

Mais quel est le potentiel pétrolier et minier des pays qui forment le bouclier guyanais ? Pourquoi le rapprochement géologique entre ces deux côtes continentales est-il si important ? Quelles en sont les implications économiques et géopolitiques ?

Pour apporter des éléments de réponse à ces questions, il est nécessaire de s'intéresser globalement dans un premier temps aux réserves pétrolières et minières de l'Amérique du Sud puis dans un second temps, un peu plus précisément, à celles des pays qui constituent le bouclier guyanais, c'est-à-dire le Venezuela, le Brésil, la Colombie et la Guyane.

L'Amérique du Sud est un continent qui a un destin inséparable de celui de l'Afrique en matière d'hydrocarbures, car toute la côte Sud-américaine est parsemée de gisements à dominantes pétrolière et gazière (Figure 46). C'est d'ailleurs pour cette raison que les multinationales pétrolières comme Petrobras et Total qui exploitent les champs pétroliers d'Amérique du Sud, notamment au Brésil, sont aussi intéressées ces dernières décennies par ceux des eaux profondes d'Afrique de l'Ouest et Centrale parce qu'elles se sont rendu compte que ces deux régions sont géologiquement similaires et jumelles et qu'il est fort probable qu'elles aient le même dynamisme pétrolier.

Tant sur la terre (onshore) qu'en eau profonde (offshore), l'Amérique du Sud n'a rien à envier aux réserves pétrolières hyper recherchées du Proche-Orient, d'Amérique du Nord, d'Asie, d'Europe du Nord et même d'Australie.

L'Amérique du Sud est le continent qui possède à ce jour les plus grandes réserves prouvées d'hydrocarbures dans le monde même si cette donnée est évolutive et peut changer à tout moment en fonction des résultats des recherches en cours continuellement dans tous les bassins sédimentaires du monde. Eh bien non ! Ce n'est pas l'Arabie Saoudite, le Qatar, encore moins les Émirats arabes unis (Dubaï, Abou Dhabi…) qui possèdent à ce jour les plus grandes réserves pétrolières au monde. C'est l'Amérique du Sud. Et compte tenu de son rapprochement et de sa ressemblance aux côtes africaines, il y a de fortes chances que des découvertes de gisements pétroliers gigantesques soient faites comme au Ghana en 2007 avec le champ Jubilee, ce qui permettrait à l'Afrique d'occuper la première place. Cette découverte a ouvert une nouvelle ère dans la recherche du pétrole en Afrique.

L'un des faits qui renforcent cette idée est que c'est seulement après cette découverte que l'exploration a été amplifiée en offshore profond au niveau des marges continentales abruptes des côtes de l'Afrique de l'Ouest et Centrale par les compagnies pétrolières, car cette région avait longtemps été négligée en matière d'exploration au profit d'autres régions du monde qui affichent désormais l'épuisement de leurs ressources pétrolières. Dans ces nouvelles conditions, l'Afrique se présente maintenant comme l'ultime recours pour approvisionner le monde en énergie, en carburant et en divers produits qui émanent de la chaîne d'exploitation et de transformation du pétrole brut.

De surcroît, à cause de ses importantes réserves pétrolières, l'Amérique du Sud au même titre que l'Afrique est un continent qui compte dans les instances de décisions de l'Organisation des Pays Exportateurs de Pétrole (OPEP), car de nombreux pays qui la composent en sont des membres influents et incontournables.

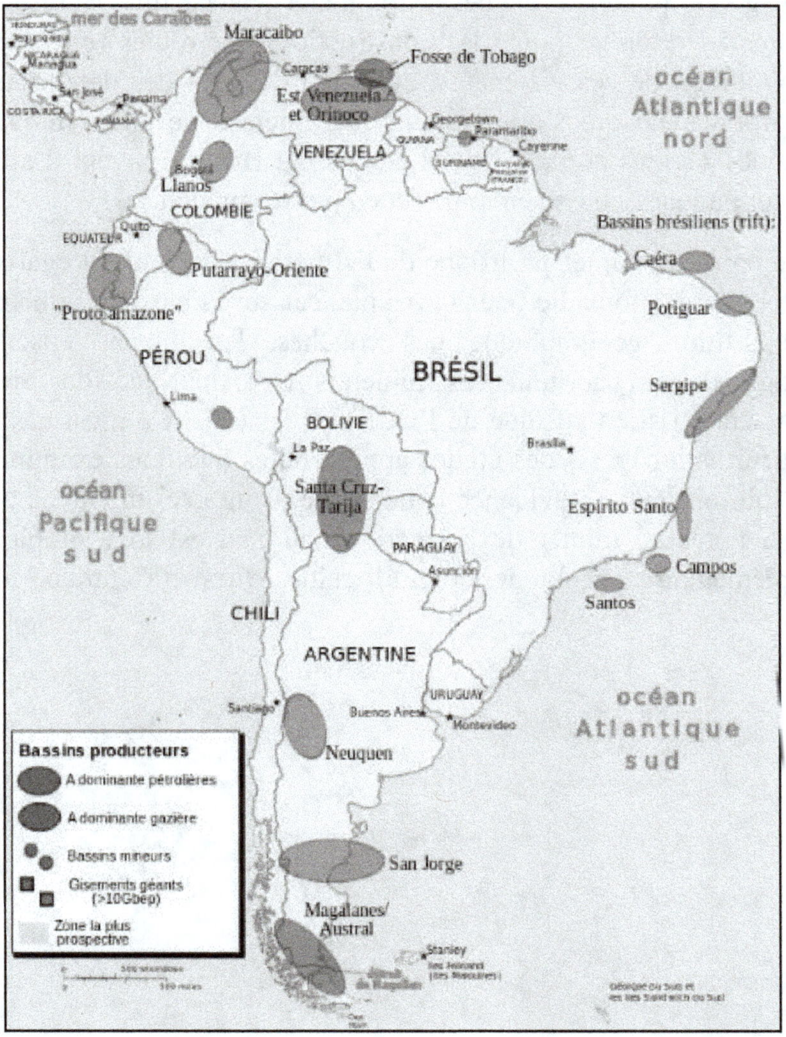

Figure 46: Bassins producteurs de pétrole et de gaz en Amérique du Sud (Historicair, Wikimédia, mars 2007)

L'Amérique du Sud n'est pas seulement importante pour l'Afrique en raison de ses réserves pétrolières, mais aussi à cause de ses nombreuses mines en exploitation et ses multiples projets miniers en prévision qui suscitent même parfois des conflits avec les autochtones qui refusent de se déplacer et de céder leurs terres aux exploitants miniers (Figure 47). Par exemple, l'Amazonie est un véritable réceptacle d'or et de minerais de toutes sortes qui a conduit plusieurs compagnies minières et des exploitants clandestins à raser des hectares de forêts pour la construction de routes en vue de l'exploitation de ces gisements, au grand désarroi des défenseurs de l'environnement qui s'opposent farouchement à de telles initiatives. Certaines régions comme Minas Géraïs, au Brésil, doivent d'ailleurs leur nom à leur richesse en mines et en pierres précieuses.

Ce contexte minier prolifique de l'Amérique du Sud est également une très bonne nouvelle pour l'Afrique, car sur la base du principe de la répartition géographique des couches, les mêmes ensembles géologiques qui abritent ces minerais en Amérique du Sud se retrouvent aussi en Afrique de l'Ouest et Centrale. Ce n'est pas juste une affirmation, mais des études approfondies que nous examinerons plus loin ont mis en évidence cette vérité. Tout ceci m'amène à dire que le potentiel minier de l'Amérique du Sud est tout simplement complémentaire de celui des côtes africaines Ouest et Centrale.

Figure 47: Régions minières en Amérique du Sud
(Michel DESHAIES & IdeAs, Automne 2016 & Hivers, 2017)

Il serait prétentieux de dire que l'Afrique est le meilleur continent du monde, mais il est néanmoins bien de reconnaître que les pays de ce continent ont une grâce et une chance particulière d'avoir des atouts miniers que plusieurs pays du monde recherchent. Peu importe l'origine divine ou naturelle de ses ressources naturelles minières, force est d'avouer que l'Afrique est un continent privilégié parmi tant d'autres.

Vous êtes-vous posé une seule fois la question de savoir pourquoi un pays ne possède pas à lui tout seul tous les minerais stratégiques et indispensables à la vie sur la Terre ? Aussi, avez-vous déjà pensé aux raisons pour lesquelles les minerais se sont répartis de façon inéquitable entre l'Afrique et l'Amérique ou même dans d'autres régions du monde sans qu'aucune d'entre elles n'ait le monopole exclusif de toutes les richesses minières du sous-sol ?

Mon point de vue pour apporter des éléments de réponse à ces questions est clair et soutenu.

Je reste convaincu que les choses ont été faites ainsi pour que l'idée de la mondialisation et de la globalisation soit effective et prenne tout son sens dans un monde qui devient de plus en plus protectionniste, conservateur et nationaliste. Ce n'était pas le cas il y a quelques décennies. De nos jours, toutes les nations sont condamnées à vivre ensemble. C'est pour cela qu'on parle de plus en plus de village planétaire pour mettre en valeur la dimension intercommunautaire qu'on doit retrouver désormais entre les peuples de tous les horizons, de toutes les races et de toutes les cultures du monde. Aujourd'hui, aucune nation ne peut vivre dans le retrait à l'écart des autres peuples ou dans l'isolation totale sans avoir des échanges commerciaux avec les pays limitrophes, ceux de sa sous-région ou encore avec les pays des autres parties du monde. Tout pays qui s'engage de façon solitaire dans une telle voie est voué à connaître une crise économique et un déclin social certains.

Pour être plus explicite, il est bien de savoir que certains pays possèdent des ressources naturelles minières stratégiques et utiles à d'autres pays, qu'ils soient développés ou en voie de développement. Dans la mesure du possible, tous ces pays aimeraient avoir ces minerais vitaux pour répondre aux besoins quotidiens de leur population sauf qu'elles n'en possèdent pas sur leur territoire. Ainsi, pour combler ce besoin, la seule solution reste l'importation de ces matières premières minérales à partir des pays qui les détiennent. Qu'ils soient en bons termes ou qu'ils aient des relations diplomatiques compliquées avec ces pays fournisseurs, les pays demandeurs n'ont pas d'autre choix que de tendre la main s'ils désirent avoir leur part du gâteau sachant qu'ils ne sont pas les seuls à la désirer. Aucun pays ne détient en exclusivité tous les métaux précieux ou les hydrocarbures en quantité suffisante pour satisfaire le monde entier durant des siècles. Nous avons donc toujours besoin des ressources naturelles, des dons, des talents ou des compétences des autres pour nous sentir mieux et nous épanouir.

Qui aurait pensé que l'Amérique désirerait un jour le pétrole des pays du Proche-Orient ou du Venezuela? Qui aurait imaginé que la France ne pouvait pas se passer jusqu'à aujourd'hui du gaz de la Russie ? Qui aurait cru que la Chine s'intéresserait ces dernières années aux ressources naturelles de l'Afrique ?

Eh bien ! Grâce aux échanges commerciaux et à l'interdépendance entre États, cela est aujourd'hui possible. Au-delà de toutes ces raisons que je viens d'évoquer, s'il y a un continent qui doit profiter au maximum de la mondialisation et de toutes les opportunités qui vont avec ce nouveau concept en vogue, c'est bien l'Afrique, car son potentiel minier exceptionnel est un véritable fer de lance pour mener les débats à l'échelle mondiale dès maintenant et dans un futur proche et certain.

Si nous reconsidérons ensemble tout ce que nous avons vu à ce stade de ce livre, il ne serait pas faux de dire que l'Afrique est le continent qui possède dans son sous-sol, tout ou sinon l'essentiel des minerais stratégiques dont tous les pays du monde ont besoin pour rendre agréable le quotidien de leur population. Il ressort de tout cela qu'à long ou à court terme, l'Afrique est en train de devenir une plateforme incontournable dans l'approvisionnement en minerais pour tous les pays du monde. Qu'on le veuille ou pas, grâce à tous ses acquis et à son potentiel minier, l'Afrique est donc devenue une pièce maîtresse et vivante de la mondialisation.

L'Afrique a tout à gagner avec ses mines et son pétrole. C'est justement en ayant en vue la projection de cet avenir glorieux et prometteur qui se dessine au fil des années que je ne cesse d'affirmer depuis les premières lignes de ce livre que l'Afrique est un continent riche et qu'il est temps que les Africains en soient maintenant conscients et décident de prendre enfin leur avenir en main. Pour cela les populations et les dirigeants africains doivent premièrement changer de mentalité et de perception quant à l'image pas reluisante, défaitiste et pauvre qu'ils se font de l'Afrique depuis plusieurs générations, et comprendre que le développement de ce continent commencera d'abord à être effectué par les Africains, car ce sont les premiers concernés. Ils doivent ensuite travailler à la planification et à la conception d'un plan de développement mesurable dans le temps pour leurs pays respectifs et enfin, veiller à utiliser sainement les ressources financières issues de l'exploitation des mines et des hydrocarbures pour matérialiser toutes ces belles idées de développement sur le terrain.

Il est possible de réaliser ce que j'appelle « le rêve africain de développement » et d'arriver à des résultats palpables et concrets de développement économique, social et infrastructurel pour tous les pays du continent si les gouvernants, qui ont toutes les cartes entre les mains, y mettent tous de la bonne volonté. Avant d'aller plus loin dans le détail des richesses minières du sous-sol africain, revenons au bouclier guyanais.

En effet, le Venezuela est un pays stratégique en matière de géologie économique non seulement pour le bouclier guyanais, mais également de façon indirecte pour l'Afrique, d'où la nécessité de s'intéresser à ce géant d'Amérique latine. Le Venezuela occupe le 1er rang des pays producteurs de pétrole en Amérique du Sud et est le 4e fournisseur des États-Unis. Le pétrole alimente les caisses de l'État vénézuélien à hauteur de 43% et représente 1/3 de son PIB. Là où plusieurs pensaient que la couronne était détenue par un pays du Moyen-Orient comme l'Arabie Saoudite, c'est bien entendu le Venezuela qui possède à l'heure actuelle les plus grandes réserves prouvées de pétrole du monde. Elles étaient estimées à environ 300,9 milliards de barils de pétrole à la fin de l'année 2015, soit 17,7% des réserves mondiales avant l'Arabie Saoudite (15,7%), le Canada (10,1%), l'Iran (9,3%) et l'Irak (8,4%). De surcroît, le 8 avril 2010, le défunt président vénézuélien Hugo CHAVEZ, affirmait que les réserves probables de gaz naturel de son pays s'évaluaient à 16 407 milliards de m^3 (443 000 milliards de pieds cubes) soit le quatrième rang des pays ayant de fortes réserves de gaz après la Russie, l'Iran, le Qatar et l'Arabie Saoudite.

Le pétrole vénézuélien est atypique dans sa composition, car il est principalement constitué de pétrole dit *non conventionnel*, c'est-à-dire de pétrole extra-lourd et de sable bitumineux comme ceux du Canada avec une grande viscosité qui demandent suffisamment de moyens financiers et techniques pour leur extraction et leur traitement.

En réalité, le bassin de l'Orénoque détient à lui tout seul des réserves d'environ 1360 milliards de barils de pétrole liquide lourd et extra lourd (8 à 10° API), situées à des profondeurs de 150 à 1400 mètres et dont seulement 17% soit 235 milliards de barils s'avèrent économiquement exploitables pour l'instant au vu des performances des techniques d'extraction et de traitement actuelles.

Tous ces chiffres sont tellement évolutifs en raison de la prise en compte ou pas du pétrole conventionnel dans l'estimation des réserves dans certains cas que le Venezuela a lancé un vaste programme dénommé « Orinoco Magna Reserva » qui veut dire en français «Grande réserve de l'Orénoque » pour quantifier et certifier correctement les réserves du bassin de l'Orénoque par des compagnies pétrolières.

En plus de cet énorme potentiel qui a une grande signification pour l'Afrique et suscite de l'espoir pour les gisements de pétrole et de gaz, pas encore découverts sur les côtes africaines, s'ajoute la position géographique d'une grande partie des réserves pétrolières vénézuéliennes. En fait, la majorité du pétrole vénézuélien se trouve dans le bassin ou la ceinture de l'Orénoque (Figure 48) situé au Nord du pays. Sa position géographique, qui n'est pas à négliger au regard des cartes disponibles, est indispensable pour comprendre le système pétrolier de l'Afrique, car celle-ci était bien liée autrefois à l'Amérique du Sud. Avec une superficie de 989 000 km^2, le bassin de l'Orénoque couvre en partie le Venezuela avec 643 480 km^2 soit 65% du bassin, mais aussi la Colombie avec 345 520 km^2 soit 35% appartenant aussi au bouclier guyanais et qui, de ce fait, possède également un potentiel pétrolier non méprisable.

Comme au Nigéria, l'une des grandes particularités du pétrole vénézuélien est que ses gisements sont majoritairement de type onshore, c'est-à-dire plus développés sur la terre qu'en mer (offshore).

Les gigantesques ressources pétrolières du Venezuela lui ont valu d'être membre de l'OPEP depuis le 14 septembre 1960, date de la création de l'organisation à Bagdad en Irak. En 2015, le Venezuela était le dixième producteur mondial de pétrole ce qui n'est pas très satisfaisant quand on prend en compte l'immensité de ses réserves prouvées de pétrole et de gaz. Cette maigre production a d'ailleurs une incidence néfaste sur le développement de ce pays qui fait face actuellement à une crise économique, car l'économie du Venezuela dépend fortement du pétrole, qui représente 95% de ses exportations sachant que le coût du baril de pétrole a connu une baisse ces dernières années avant de repartir à la hausse au début de l'année 2017.

Mon analyse me pousse à dire qu'à l'image de certains pays d'Afrique, comme si les destins des continents Sud-américain et africain étaient liés, le Venezuela peine aussi sur le plan économique alors qu'il est riche de son sous-sol et a les plus grandes réserves prouvées de pétrole du monde. Une énième preuve qui démontre que même si vous êtes les plus riches du monde, vous ne pourrez jamais profiter pleinement de votre richesse si vous ne prenez pas les mesures adéquates et sages pour faire fructifier le trésor que vous avez entre les mains. Être riche ne suffit pas et ne veut pas dire non plus qu'il faut dormir sur ses lauriers ou attendre que d'autres convertissent vos richesses minières naturelles en richesses financières pendant que vous avez les bras croisés. Vous avez également une part à jouer en prenant des initiatives pour promouvoir votre potentiel minier, en créant les conditions pour garantir un bon environnement pour les affaires, et surtout en veillant à ce que les bénéfices de l'exploitation de vos ressources naturelles soient partagés équitablement avec et entre les populations et servent au développement des infrastructures.

Sans entrer dans plus de détails, le bassin de l'Orénoque donne clairement un aperçu du potentiel pétrolier des côtes africaines en tenant compte du principe géologique de la répartition géographique des couches géologiques. Des groupes pétroliers comme les Russes Lukoil et l'Italien Eni, présents respectivement sur des champs vénézuéliens Junin-6 et Junin-5 du bassin de l'Orénoque, sont aussi présents sur des blocs pétroliers de l'Afrique de l'Ouest et Centrale, notamment en Côte d'Ivoire, au Nigéria ou au Congo parce qu'ils ont compris que l'Afrique, ayant certainement le même système pétrolier et le même potentiel pétrolier que le Venezuela, le Brésil, la Colombie ou encore les deux Guyanes, il est fort probable qu'ils découvrent des gisements de la même importance que ceux qui sont en exploitation dans le bassin de l'Orénoque.

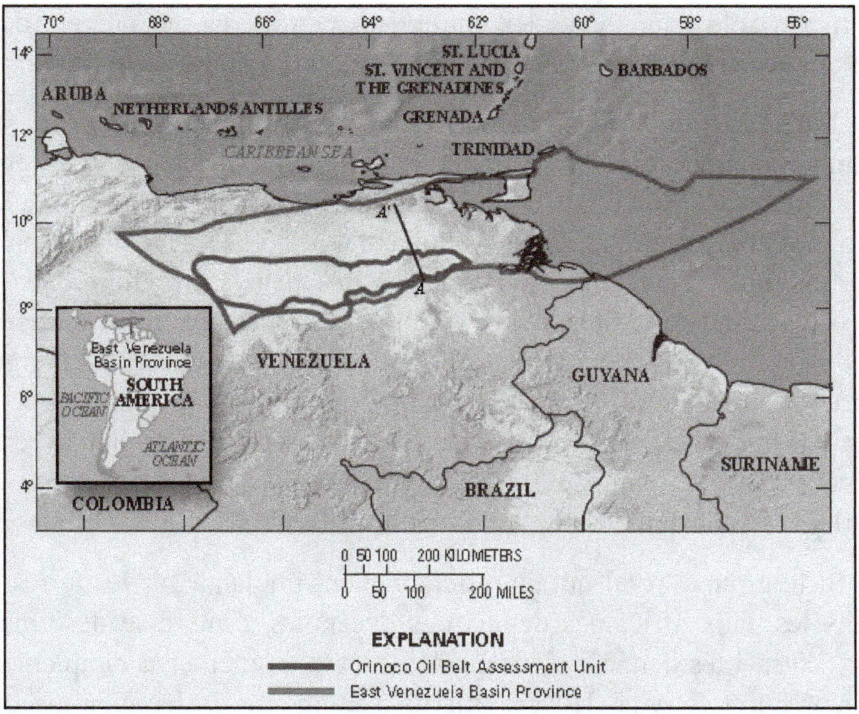

Figure 48: Carte montrant la localisation et la coïncidence des limites des champs pétroliers Orinoco (en bleu) et de la province Est du Bassin du Venezuela (USGS, octobre 2009)

Le Brésil quant à lui est le 2e producteur de pétrole d'Amérique du Sud après le Venezuela. De tous les pays d'Amérique du Sud, le pays qui est le plus cité dans les travaux des scientifiques au sujet de la similarité entre les côtes américaines et africaines est le Brésil.

Compte tenu de la grande superficie du Brésil et de la grande longueur des côtes brésiliennes, plusieurs côtes africaines ont coïncidé avec celles du Brésil lorsque les deux continents étaient autrefois réunis. Ceci implique qu'une bonne partie des gisements pétrolifères des côtes africaines, notamment ceux du golfe de Guinée dont on parle tant dans le jargon pétrolier, a certainement le même système pétrolier et probablement un potentiel pétrolier similaire ou très proche de ceux du Brésil. Ainsi, il est clair qu'une bonne connaissance du bassin sédimentaire du Brésil et de ses réserves en hydrocarbures est indispensable pour toutes les entreprises pétrolières qui opèrent déjà ou qui désirent s'installer au large des côtes africaines.

J'évoque tous ces arguments pour vous donner un cliché sur l'importance qu'a le Brésil pour le continent africain sur le plan géologique et économique. Des multinationales pétrolières comme les groupes français Total et anglo-hollandais Shell le savent très bien. Par exemple, Total a fait tout son possible pour s'introduire dans le bassin sédimentaire brésilien et y a pris récemment ses marques après avoir orienté ses recherches sur la nouvelle thématique des « marges abruptes » connues sur les côtes Ouest-africaines qui crée de l'engouement ces dernières années dans le secteur pétrolier avec la découverte du champ Jubilee en offshore profond au Ghana. Je parlerai du concept des marges abruptes plus loin.

Si le groupe Total qui était durablement implanté sur les terres et dans les eaux africaines depuis des décennies s'intéresse désormais aux côtes brésiliennes, c'est qu'il a tout à gagner et a simplement compris l'effectivité de la similarité géologique et économique qui existe entre le Brésil et les côtes africaines. C'est une confirmation de la théorie d'Alfred WEGENER. Je ne suis absolument pas le seul à faire ce lien entre ces deux parties du monde, car certains géologues et experts du domaine disent les mêmes choses.

Dans un article paru dans le journal français *Les Echos* du 14 mai 2013, Olivier APPERT, président de l'Institut Français de Pétrole (IFP)

Energies Nouvelles disait au sujet de la théorie selon laquelle l'Amérique du Sud était liée à l'Afrique il y a 200 millions d'années ceci :

« Selon cette théorie, les structures géologiques pourraient être similaires de part et d'autre de l'Atlantique. »

Il est même déduit de cela que le bassin de Santos, à proximité de Rio de Janeiro au Brésil, correspondrait au bassin offshore de l'Angola, qui est connu pour l'immensité de ses réserves pétrolières en Afrique. Parallèlement, les bassins de Fos do Amazonas ou de Ceara situés au Nord et au Nord-Est correspondraient aux gisements du golfe de Guinée tels que ceux du Ghana, du Nigéria et bien d'autres. Même si tous ces indices nous donnent un aperçu de la richesse de son sous-sol, concrètement, quel est le potentiel pétrolier du Brésil ? Pourquoi certains disent qu'il y a actuellement une ruée des compagnies majors vers les gisements pétroliers du Brésil ? Pourquoi le secteur pétrolier brésilien s'ouvre maintenant aux entreprises étrangères ?

À la différence du Venezuela, la majorité des grands gisements de pétrole mis en évidence au Brésil sont en mer (offshore), en eaux profondes et très peu sur terre (onshore). Le Brésil a de nombreux champs pétroliers disséminés tout le long de ses côtes. C'est pour promouvoir cette richesse et vendre ses nombreuses concessions pétrolières localisées tant en mer que sur terre et estimées à environ 289 blocs pétroliers (Figure 49) que l'Agence Nationale du Pétrole (ANP) du Brésil a organisé des rencontres sur deux journées à l'intention des compagnies pétrolières venues du monde entier. Une grande partie des blocs proposés par l'ANP se trouve au Nord et au Nord-Est du Brésil, car cette zone était très peu explorée jusqu'à maintenant. C'est justement cette zone qui est corrélée aux bassins sédimentaires et aux gisements très prometteurs du golfe de Guinée et de l'Afrique de l'Ouest dont vous avez certainement entendu parler. Comme c'est déjà le cas en Afrique, c'est une zone qui suscite beaucoup d'espoir au sein des majors pétroliers et pour le Brésil après la découverte récente sur ses côtes, en offshore profond, des fameux gisements présalifères.

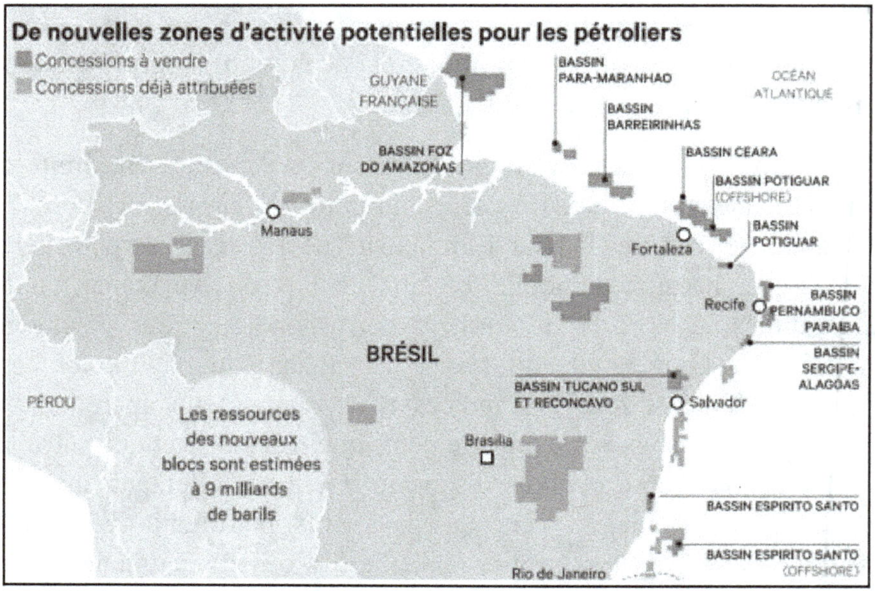

Figure 49: Carte des nouveaux gisements et des nouvelles zones d'activité pour les pétroliers au Brésil (Les Echos, 14 mai 2013)

Il est impossible de parler de ces découvertes qui ont révolutionné la recherche pétrolière au Brésil et dynamisé sa production en hydrocarbures sans mentionner les bassins de Campos et de Santos, car c'est dans l'offshore profond de ces zones sédimentaires qu'elles ont été répertoriées. Cette prouesse en matière d'exploration à cause de ces grandes profondeurs, parfois au-delà de 7000 mètres, pousse plusieurs à dire que le Brésil est l'un des pionniers dans l'exploitation des gisements d'eaux profondes.

En effet, c'est en 2007 que Petrobras, la compagnie pétrolière nationale du Brésil a annoncé avoir découvert dans le bassin de Santos situé au large des côtes de Rio de Janeiro au Sud-est du Brésil, le gisement présalifère de *Lula* anciennement appelé *Tupi* (Figure 50). En d'autres termes, dans ce gisement, le pétrole se trouve sous des couches de sel qui peuvent être des diapirs ou des dômes de sel. Ce gisement a des réserves évaluées à environ 8 milliards de barils de pétrole brut léger et représente avec un tel chiffre environ 40% des réserves du Brésil. Ce gisement est atypique et révolutionnaire comme je l'indiquais précédemment, car il a été trouvé à plus de 7 000 mètres de profondeur après que les forages aient traversé 2140 mètres d'eau, 3000 mètres de sables et de roches et enfin 2000 mètres de Sel.

Lula n'est pas seulement une grande première pour le Brésil et Petrobras dans le domaine de l'exploration pétrolière, mais c'est aussi un grand coup économique, car ce gisement produit non seulement une huile légère de qualité d'environ 28°API qui se vend très bien, mais également il met à disposition une grande quantité de gaz naturel qui n'est pas à négliger. Lula n'est pas qu'impressionnant sur le plan commercial, mais il est aussi gigantesque par sa superficie. C'est un gisement qui s'étend approximativement sur 800 km de long et 200 km de large soit environ 160 000 km^2 d'où le fait qu'il se répartit entre les États d'Esperito Santo et de Santa Catarina.

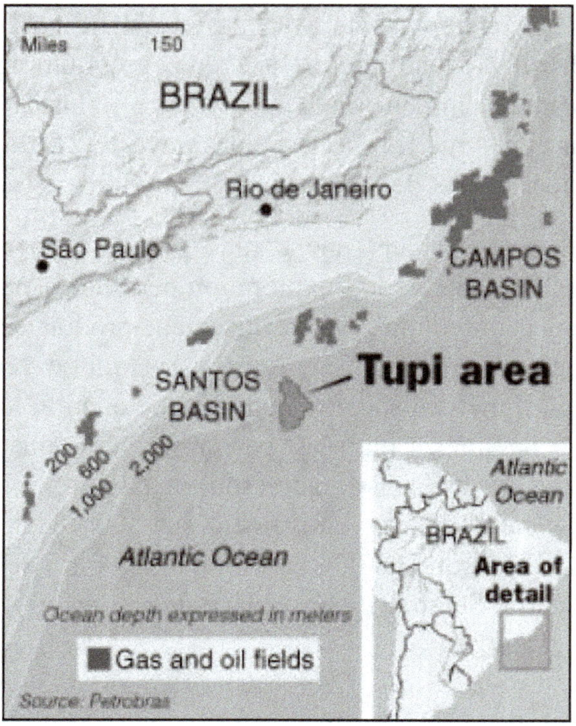

Figure 50: Carte montrant l'étendue du gisement « Lula ou Tupi » au Brésil (Petrobras, Thierry MATTHIEU)

V.6 - Des réserves pétrolières abondantes en Afrique de l'Ouest comme en Amérique latine

Toutes ces réserves pétrolières des principaux pays de l'Amérique du Sud valaient bien la peine d'être passées en revue compte tenu de leur probable similarité avec celles de l'Afrique. Je reste convaincu et certain que le potentiel pétrolier de la côte Ouest-africaine est tout aussi consistant que celui des côtes d'Amérique latine. Au même titre que le Moyen-Orient et l'Afrique dans un futur proche, l'Amérique latine gagne davantage d'influence sur le marché international du pétrole en raison de ses importantes réserves pétrolières qui représentaient le quart des réserves mondiales en 2013 selon les données de l'OPEP, soit environ 25,5% des réserves pétrolières à l'échelle mondiale, après celles du Moyen-Orient estimées à 49% (Tableau 9). Je m'étendrai sur ce sujet dans les chapitres suivants, mais d'ores et déjà, il est bien de savoir que le Venezuela occupe une place stratégique sur le marché du pétrole.

En effet, le Venezuela possède à lui tout seul environ 300,9 milliards de barils de pétrole en termes de réserves prouvées, soit un équivalent de 23% des réserves mondiales de pétrole après l'Arabie Saoudite. Je me suis attaché à révéler cette vérité dans les chapitres précédents et à démontrer la concordance géographique, géologique et pétrolière qui existe entre le Venezuela, le Brésil et plusieurs autres pays de la côte Ouest-africaine, notamment du golfe de Guinée. Ces concordances étant désormais actées et les chiffres des réserves nationales et mondiales étant progressivement revus et mis à jour annuellement, je peux dire que les réserves pétrolières de l'Afrique, y compris celles pas encore découvertes, avoisinent celles de l'Amérique latine puisqu'elles ont le même système pétrolier. Cette idée se consolide dans la mesure où depuis une décennie, on assiste de plus en plus à un nouvel engouement des multinationales et des plus petites compagnies pétrolières qui se traduit par des réponses rapides aux appels d'offres pour l'acquisition de nouvelles concessions pétrolières lancés par les États africains producteurs de pétrole. Cette dynamique provient du fait que l'Afrique est de nouveau dans le viseur des pétroliers depuis l'émergence et la découverte de nouveaux gisements situés en offshore profond et désormais rentables compte tenu de l'avancée significative, ces dernières années, des nouvelles technologies d'exploration et d'exploitation pétrolière. De surcroît, vous connaissez aussi bien que moi, l'importance de la situation géographique des régions pétrolières dans les échanges commerciaux liés au secteur des hydrocarbures et dans le monde de la géopolitique qui contrôle indirectement le marché international du pétrole.

Eh bien ! L'Afrique est au centre des transactions et des affaires pétrolières. Quoi qu'on dise, l'Afrique est le continent qui occupe géographiquement une position centrale dans le monde, c'est-à-dire le territoire qui est à la croisée des chemins vers les autres continents de la planète. C'est un continent qui joue le rôle d'intermédiaire et de passerelle vers d'autres continents aussi bien sur le plan économique, social que culturel. Cette position centrale de l'Afrique a une origine historique. C'était déjà le cas lors de la fameuse époque du commerce triangulaire pendant l'esclavage et elle demeure plus que jamais d'actualité. Ainsi, économiquement et géographiquement parlant, l'Afrique est facilement accessible par les pays développés qui sont les plus grands consommateurs de pétrole et de gaz. À cela, il faut ajouter que sur le plan géopolitique et géostratégique, il est de plus en plus difficile et risqué pour les Occidentaux, qui sont en quête régulière d'approvisionnement en pétrole, de s'imposer dans les pays de la première région pétrolière du monde qu'est le Moyen-Orient.

En effet, ces pays du Moyen-Orient complexifient au fur et à mesure leur régime de contrats pétroliers dont les clauses comportent plus de profits pour leurs États producteurs et moins de gains pour les compagnies pétrolières, ce qui n'est pas du goût des pétroliers et des Occidentaux. En plus, compte tenu de la montée en puissance des groupes terroristes, ces pays du Moyen-Orient et ces grandes régions pétrolières, qu'ils ont pour bastions et bases arrières, deviennent de moins en moins fréquentables et de plus en plus instables pour les grandes puissances, au risque de plonger dans des guerres longues et interminables contre ces organisations terroristes bien formées, bien financées avec des combattants animés d'une unique et farouche volonté d'en découdre avec les Occidentaux jusqu'à la dernière goutte de sang.

Devant ce nouvel ordre mondial et ces atouts attrayants du continent noir, l'Afrique reste, dès lors, le nouvel objectif du monde pétrolier qui la considère non seulement comme une zone pétrolière pleine de potentiel, mais surtout, comme la zone pétrolière du futur avec un optimisme qui se justifie à tous les niveaux.

Pays	Production (en barils/jour)	Part de la production mondiale (en %)	Rang mondial en production pétrolière	Reserves prouvées (en milliards de barils)	Part des reserves mondiales (en %)	Rang mondial en réserves prouvées
Mexique	2 700 000	3.5	8	11	0.7	16
Venezuela	2 300 000	3.0	12	298	23	1
Brésil	2 000 000	2.7	13	14	0.9	14
Colombie	1 000 000	1.3	19	2	0.1	33
Argentine	600 000	0.8	26	3	0.2	30
Equateur	500 000	0.7	30	8	0.6	18
Trinidad Tobago	80 000	0.1	45	*	*	*
Pérou	60 000	0.08	48	*	*	*
Cuba	50 000	0.06	54	*	*	*
Bolivie	50 000	0.06	55	*	*	*
Surinam	15 000	0.01	73	*	*	*
Guatemala	10 000	0.01	77	*	*	*
Chili	7 000	0	80	*	*	*
Belize	3 000	0	84	*	*	*
***	*	*	*	*	*	*
Amérique Latine	9 400 000	13.5	4	338	25.5	2

Tableau 9: Production et réserves prouvées de pétrole en Amérique du Sud en 2013 (OPEP 2013, Oil and Gas Journal 2012, BP 2013)

V.7 - Les gisements en eau peu profonde et les supercalculateurs : de nouvelles pistes d'exploration pétrolière

Au regard de la superficie et de la profondeur à laquelle a été trouvé le gisement Lula, on ne peut que nourrir beaucoup d'espoir face à toutes ces voix qui s'élevaient pour affirmer que les réserves de pétrole dans le monde ont toutes tari. Qui aurait cru trouver du pétrole à cette profondeur ? N'est-ce pas une nouvelle piste d'exploration qui s'ouvre pour les compagnies pétrolières dans le monde ? Le pétrole ne nous réserve-t-il pas ainsi plusieurs décennies, voire même encore un siècle d'exploitation ? Les avancées technologiques en matière d'exploration et d'exploitation pétrolières ne sont-elles pas la seule limite majeure pour estimer qu'il n'est plus possible de trouver du pétrole bien que des gisements soient toujours disponibles, mais hors de portée au regard des techniques d'exploitation actuelles ?

Voilà des questions existentielles et importantes pour l'avenir du pétrole et qui méritent toute notre attention et des éléments de réponse. Sur ces questions, mon point de vue est clair, car j'estime que tant que les barrières technologiques de l'exploration et de l'exploitation pétrolières seront repoussées, des gisements de pétrole seront toujours trouvés et exploités. Cela sous-entend à mon avis que le deuil du pétrole et du gaz naturel n'est pas pour maintenant malgré les cris pessimistes et les signaux d'alarmes, puisqu'encore aujourd'hui des recherches se font continuellement dans toutes les entreprises pétrolières et les universités du monde qui débauchent et emploient des savants venus de partout pour repousser ces barrières technologiques et trouver de nouvelles méthodes d'exploration et d'exploitation pétrolière.

Justement, pour mieux cerner l'intérêt des avancées technologiques sur la recherche pétrolière, je me dois de faire un aparté sur ce sujet passionnant et indispensable avant de revenir sur les gisements d'hydrocarbures du Brésil qui en ont certainement besoin pour être mis en évidence.

Le Centre Scientifique et Technique Jean Feger (CSTJF) de l'Exploration-Production de Total à Pau dans le Sud-ouest de la France, où j'ai effectué mon stage de fin d'études, fait partie de l'un de ces centres de recherches qui travaille en permanence pour trouver des solutions rapides à l'exploration et à l'exploitation des gisements profonds ou peu profonds qui deviennent de plus en plus complexes à travers le développement et la mise en place de nouveaux outils et procédés à la pointe de la technologie, qui allient les sciences géologiques, géophysiques, mathématiques et informatiques. L'une des preuves tangibles de cette tendance se traduit d'ailleurs par le fait que ce centre s'est doté récemment d'un puissant ordinateur de taille et de capacités hors du commun. C'est un supercalculateur dénommé *Pangéa*, du même nom que le continent unique *la Pangée* qui existait avant la dérive des continents, soutenue par Alfred WEGENER.

Pangéa est un superordinateur doué d'une puissance de calcul impressionnante dans la mesure où il est capable de faire 2,3 millions de milliards d'opérations en une seconde, soit l'équivalent de 2,3 pétaflops en termes techniques selon la multinationale Total. Comme si ses qualités de supercalculateur ne suffisaient pas au regard de ce qui existe déjà à l'échelle planétaire, en 2014, monsieur Philippe MALZAC, directeur du Système d'Informations de l'Exploration-Production de Total, a renchéri en disant :

« Cette puissance de calcul sera portée à 6,7 pétaflops à l'issue de l'Upgrade en cours, soit l'équivalent de 80 000 ordinateurs personnels. Cela permettra d'appliquer à de gros volumes de données des algorithmes de plus en plus complexes. »

Est-ce que Total a pu relever ce défi technologique deux années après l'acquisition de son super ordinateur ?

Tenez-vous bien, sans aucun doute, Total a répondu présent au rendez-vous des avancées technologiques de la recherche pétrolière, car monsieur Arnaud BREUILLAC, directeur général d'Exploration-Production de Total, l'a confirmé en 2016 à travers un communiqué de presse par ses propos :

« Nous avons triplé la puissance de calcul de Pangéa en 2 ans. À l'ère du Big data, être à la pointe du calcul intensif représente un avantage compétitif. Cette puissance va nous permettre d'améliorer notre performance et de réduire nos coûts. »

Cet exploit technologique a permis non seulement à Pangéa d'atteindre les 6,7 pétaflops, mais aussi de porter sa capacité de stockage à 26 pétaoctets qui correspond à environ 6 millions de DVD.

Ainsi, ces caractéristiques hors normes de Pangéa permettent à Total de détenir dans ses locaux le premier calculateur de l'industrie pétrolière, qui est classé dans le top 10 des ordinateurs les plus puissants du monde, tant dans le secteur public que privé selon un classement du TOP500, un projet qui classe dans l'ordre décroissant les ordinateurs les plus puissants du monde depuis 1993. Mais pourquoi parle-t-on tant de big data et d'énormes quantités de données dans la recherche pétrolière pour qu'une multinationale comme Total se procure un super ordinateur aussi puissant et performant comme Pangéa ?

Avant de continuer plus loin sur les avantages de Pangéa pour la recherche pétrolière, il est impératif de répondre maintenant à cette question.

En effet, je me suis rendu compte que beaucoup de personnes dans le monde parle de pétrole, remplissent de carburant le réservoir de leur voiture ou de leur moyen de transport chaque matin sans pour autant savoir comment les géophysiciens et les géologues s'y prennent pour trouver et se procurer ce précieux et si stratégique minerai qu'est le pétrole, appelé également « *or noir* » par d'autres. Vous êtes-vous déjà posé la question de savoir comment il était possible de deviner avec certitude l'existence de gisements de pétrole sous vos pieds, en un endroit donné et à une profondeur bien précise sans avoir creusé au préalable ?

De la réponse à ces questions, sortira l'importance des big data et de leur traitement informatique dans l'industrie pétrolière. Rassurez-vous, l'exploration pétrolière n'est pas une activité de tout repos.

Pour trouver des gisements de pétrole, la méthode géophysique qui est mise à contribution est la *sismique réflexion*. Elle étudie la propagation des ondes sismiques ou sonores dans le sous-sol générées par un séisme artificiel ou un ébranlement émis par une source à la surface de la Terre (vibrations, explosifs) ou de la mer (air comprimé à haute pression). Ces ondes se réfléchissent aux limites ou aux interfaces des couches géologiques puis remontent aux récepteurs installés à la surface de la Terre (géophones) ou de la mer (hydrophones flottants ou flûtes). C'est le temps que mettent les ondes sismiques pour aller de l'émetteur, à l'interface géologique et revenir au récepteur en surface qui est mesuré et enregistré. À cela s'ajoute la mesure des amplitudes de ces ondes qui diffèrent en fonction des interfaces et des diverses couches ou structures (failles, plis, diapirs) rencontrées sur leur parcours. À la surface de la Terre, on parle de prospection sismique *onshore* (Figure 51). Des gisements de pétrole de type onshore sont connus en Afrique. C'est le cas de ceux du Nigéria avec le delta du Niger, des déserts du Sahara d'Algérie, de Lybie, d'Égypte, de la Tunisie et du Mali, du Niger, du Tchad avec le bassin de Taoudéni ainsi que de la Mauritanie.

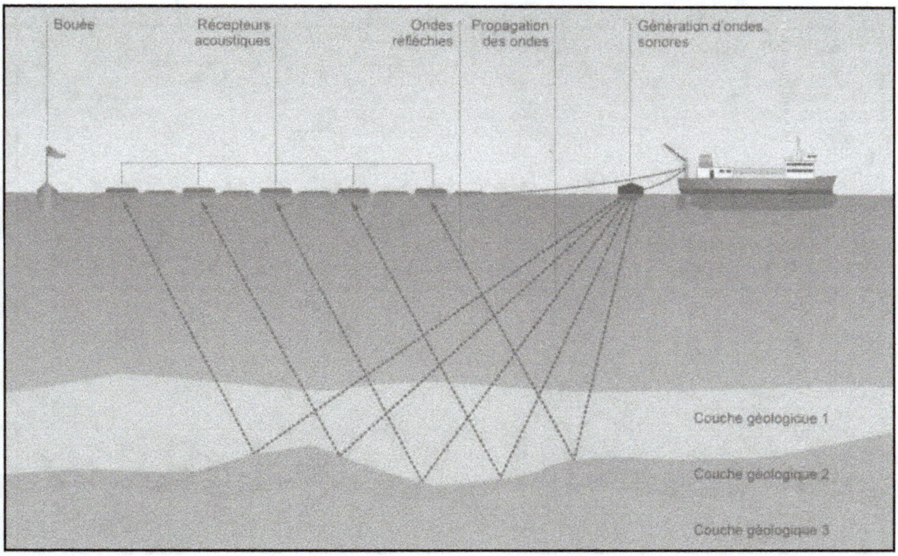

Figure 51: Une méthode géophysique de prospection pétrolière : la *sismique réflexion* en Offshore (www.connaissancedesenergies.org)

En mer, on parle de prospection sismique *Offshore* (Figure 52). De nombreux gisements d'hydrocarbures en Afrique sont également de type *Offshore*. C'est le cas pour une grande partie de ceux du golfe de Guinée tels que le Ghana, la Côte d'Ivoire, le Congo-Brazzaville, l'Angola, la Guinée équatoriale, le Gabon et bien d'autres encore.

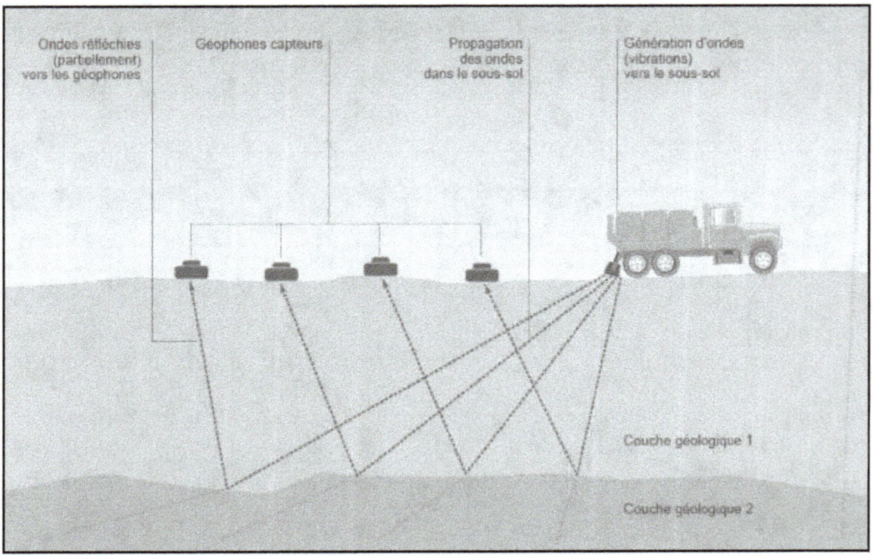

Figure 52: Une méthode géophysique de prospection pétrolière : la *sismique réflexion* en Onshore (www.connaissancedesenergies.org)

Toutes ces mesures de temps et d'amplitudes constituent des millions de Téra de données informatiques qui nécessitent non seulement un stockage, mais un traitement informatique très poussé, d'où la mention des big data et l'utilisation des ordinateurs supercalculateurs comme Pangéa dans l'industrie pétrolière.

La prospection sismique comme toutes les prospections géophysiques se fait toujours en trois étapes : l'acquisition des données en mer ou sur terre pendant une campagne de prospection sismique qui peut durer plusieurs jours ou des mois, le traitement et le stockage de ces données par des ordinateurs supercalculateurs et l'interprétation de l'information sismique, qui se présentera sous forme d'images en deux dimensions (2D) ou en trois dimensions (3D).

De plus en plus, les acquisitions sismiques en 2D sont abandonnées au profit de celles en 3D (Figure 53) qui sont plus précises et comportent moins de risques d'erreurs pour l'interprétation de l'imagerie sismique par les géologues et les géophysiciens surtout pendant la phase des forages.

En clair, la sismique réflexion est une méthode géophysique qui permet d'obtenir une « échographie » du sous-sol en 2D ou en 3D.

Je peux attester que l'imagerie sismique qui est interprétée aujourd'hui dans les plus grandes entreprises pétrolières du monde est de très haute qualité et d'une très bonne résolution, car lors de mon bref passage à Total, j'ai eu l'occasion d'interpréter des milliers de sections sismiques en 3D de plusieurs blocs pétroliers du golfe de Guinée, notamment, des sections sismiques de type *BroadSeis*. Cette imagerie sismique de type BroadSeis était déjà révolutionnaire en 2013, vu la clarté avec laquelle les discontinuités et les structures géologiques étaient visibles et décelées lors de l'interprétation des images. Depuis lors, il est évident qu'il y a eu obligatoirement des progrès significatifs à ce niveau.

En effet, la *BroadSeis* est une méthode d'acquisition et de traitement sismique mise en place par la compagnie pétrolière CGG Veritas depuis 2010 et qui permet d'avoir une meilleure résolution pour les structures superficielles et d'obtenir une très bonne pénétration pour identifier les cibles les plus profondes dans les zones géologiques complexes et accidentées par des failles. Cela pour vous dire que comme dans tous les autres secteurs d'activités, les barrières technologiques ne cessent d'être combattues et repoussées dans l'industrie pétrolière. De plus en plus, les compagnies pétrolières demandent les services de CCG Veritas et d'autres entreprises du secteur pétrolier pour bénéficier de cette imagerie sismique de haute qualité. L'une des preuves qui confirme mes propos vient du fait qu'en 2013, l'une des filiales de la compagnie pétrolière américaine Anardarko Petroleum Corporation dénommée Ecopetrol a fait la commande d'une étude sismique 3D BroadSeis au large des côtes caribéennes de la Colombie. Pour votre information, Anardarko Petroleum Corporation est déjà présente dans le golfe de Guinée, précisément dans les eaux ivoiriennes où elle a réalisé des études sismiques 3D BroadSeis sur plusieurs blocs situés à l'Ouest de la Côte d'Ivoire. En me rappelant du lien existant entre les côtes Ouest- africaines et l'Amérique du Sud, j'en déduis que cette initiative du groupe américain n'est pas fortuite, mais bien réfléchie en prenant en compte le principe de la répartition géographique des couches géologiques et en incluant aussi le fait que la Colombie fait partie du bouclier guyanais autrefois lié à l'Afrique de l'Ouest à l'époque de la Pangée.

Cette pratique logique dans l'industrie pétrolière vient tout simplement confirmer ce que j'essaye d'expliquer depuis plusieurs paragraphes, car les pétroliers n'orientent pas leurs études dans une zone ou dans un pays par hasard. Ils y vont parce qu'ils ont des intérêts scientifiques et surtout économiques. Ils savent que comme le Venezuela, la Colombie est recouverte également par le bassin de l'Orénoque et que ce pays a un énorme potentiel pétrolier au même titre que les pays du golfe de Guinée qu'ils connaissent mieux. Du coup, comme tous les grands groupes pétroliers, ils ont compris qu'il fallait s'investir à la fois sur les côtes américaines et africaines pour tirer un meilleur profit du potentiel pétrolier de cette zone en pleine hégémonie et dans une très bonne dynamique de mise en valeur de ses gisements d'hydrocarbures à l'échelle mondiale au regard des découvertes qui y sont faites ces dernières décennies.

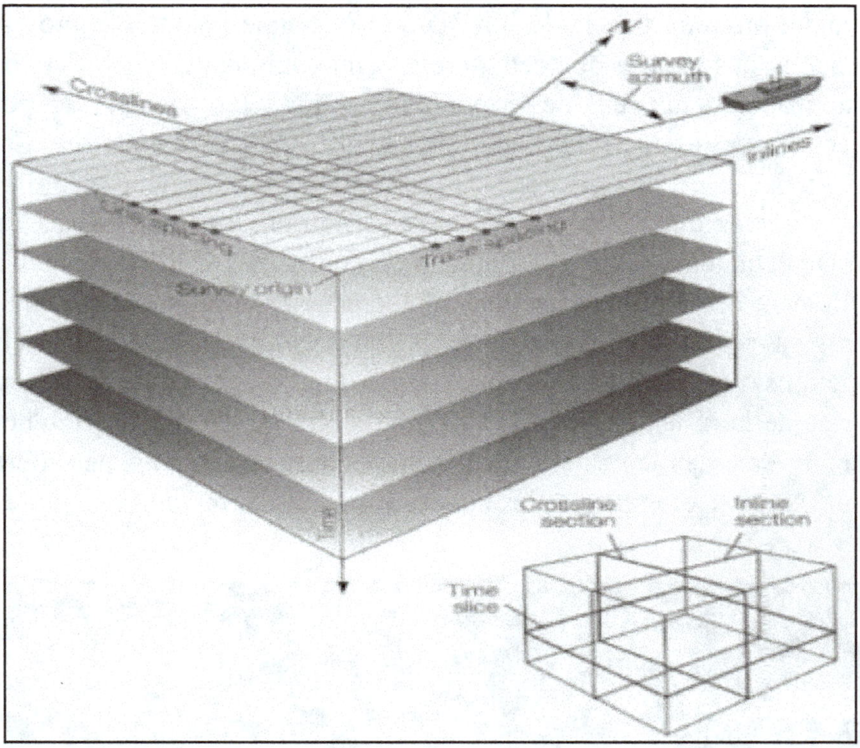

Figure 53: Acquisition sismique marine en trois dimensions (3D)

Après le traitement des données sismiques acquises, l'image obtenue en 2D est une section sismique tandis qu'en 3D, elle correspond à un cube sismique constitué d'un ensemble de sections parallèles entre elles, mais dans deux directions différentes dont l'une est latérale (*Inline*) et l'autre perpendiculaire (*Crossline*). L'axe horizontal des sections représente les abscisses géographiques des points de la surface le long du profil d'acquisition sismique, tandis que l'axe vertical représente le temps d'écoute de l'onde sismique ou la profondeur d'investigation quand on prend en compte la vitesse de propagation de l'onde dans le sous-sol. Ainsi, une image de qualité est un préalable indispensable pour comprendre le fonctionnement du système pétrolier. C'est justement la raison pour laquelle l'industrie pétrolière a besoin d'ordinateurs puissants comme Pangéa qui est certainement la première d'une longue série de prouesses technologiques, pour effectuer des calculs algorithmiques complexes pouvant produire une image en 3D de très bonne qualité (Figure 54). Je peux vous assurer que cet exploit technologique de Total n'est pas resté inaperçu aux yeux de ses concurrents qui le montreront d'ici peu, si ce n'est pas encore fait, en s'engageant sur cette même voie. Et à mon avis, une telle démarche de leur part est une évidence légitime, car sans prendre le risque de me tromper, qu'on le veuille ou pas, ces supercalculateurs sont des outils incontournables qui réalisent non seulement des millions d'actions mathématiques simultanément, mais qui sont aussi dotés d'une grande capacité de synthèse. Ces deux fonctions des supercalculateurs, parmi tant d'autres, sont hors de portée de la réflexion humaine et impossibles à réaliser par l'intellect humain dans les temps si courts imposés aux compagnies pétrolières pour explorer et exploiter les concessions pétrolières qui leur ont été octroyées par les États.

Figure 54: Imagerie sismique en 3D ou cube sismique (www.total.com)

En d'autres termes, un outil informatique comme Pangéa a trois buts majeurs à savoir, l'amélioration de la précision dans l'imagerie, l'optimisation du développement et de la production des champs pétroliers en exploitation par Total et le gain de temps à travers la réduction des temps d'études.

Pour l'avoir pratiqué pendant des mois dans l'industrie pétrolière en tant que géophysicien-géologue au pôle d'interprétation d'imagerie sismique du Groupe de Support Géoscience Côte d'Ivoire (GSGCI) du CSTJF de Total à Pau en France, je peux affirmer que le fait d'avoir une image de qualité est essentiel, car elle permet non seulement de répertorier les zones à exploiter et de réduire considérablement les possibilités parfois grandes de faire des puits secs, c'est-à-dire des puits sans la moindre goutte d'hydrocarbure. C'est cela que monsieur François ALABERT, le directeur de la Division Techniques d'Exploration de Total, a essayé d'expliquer à travers ses propos en disant :

« Grâce à Pangéa, nous obtenons à la fois des images plus nettes, plus riches en informations géologiques, beaucoup plus vite qu'avant. C'est essentiel pour mieux cerner les pièges pétroliers complexes et réduire les risques techniques. Mais cela permet aussi de renforcer la sécurité et le coût de nos forages qui sont de plus en plus complexes et chers. Parfois, nous atteignons des cibles à 10 km sous Terre pour un coût de plusieurs centaines de millions de dollars ! »

En lisant de telles déclarations, on se rend bien compte de l'utilité de ces outils de nouvelle génération dans la prise de décision en matière d'exploration et d'exploitation des gisements pétroliers et de la rapidité avec laquelle ils permettent de transformer les données sismiques en échographie du sous-sol. Pangéa a également toute son importance même en phase de développement et de production des champs pétroliers, car il permet également de faire la simulation numérique des gisements en observant les mouvements des fluides qu'ils contiennent dans le temps. On parlera d'imagerie sismique 4D.

Dans ce cas, à l'imagerie 3D (x, y, z) s'ajoute la dimension temps (t) pour donner l'image 4D. Ainsi, l'imagerie 4D permet de faire une représentation imagée dans le temps des champs d'hydrocarbures en production et de localiser les endroits où il existe encore de l'huile susceptible d'être exploitée. Cela donne tout simplement l'impression d'assister à un dessin animé d'images 3D qui se répètent dans le temps. C'est l'une des grandes spécialités des ingénieurs réservoirs des compagnies pétrolières. De telles prouesses qui se faisaient autrefois sur des semaines ou des mois sont aujourd'hui réalisables en quelques jours ou en seulement très peu d'heures grâce aux supercalculateurs comme Pangéa. Avec de tels résultats, la rentabilité des investissements de Total est incontestable et prend de l'envol au fil des années. En ce qui me concerne, je fais partie de ceux qui pensent que la recherche pétrolière et le pétrole n'ont pas encore dit leur dernier mot en tant que garant et source principale d'énergie dans le monde, au regard de toutes les limites technologiques qui ne cessent d'être traversées par les pôles de recherche et de développement des compagnies pétrolières pour trouver les hydrocarbures et les mettre à la disposition des populations.

Pour revenir au Brésil, le fait de consacrer des paragraphes de ce livre aux réserves pétrolières de ce pays n'est pas anodin, car l'immensité d'un gisement comme celui de Lula, qui n'est certainement pas le seul comme nous le verrons, suscite aussi beaucoup de promesses pour les bassins sédimentaires africains qui connaissent ces dernières années une vague d'exploration avec le retour des géants pétroliers sachant qu'ils ont été très peu explorés les années passées au profit des très prolifiques réserves pétrolières du Moyen-Orient qui sont maintenant en perte de vitesse.

En effet, en 2010, un autre gisement présalifère, plus gigantesque que Lula, dénommé *Libra* a été découvert dans les bassins de Santos et de Campos dans l'offshore profond du Brésil, à 183 km au Sud de Rio de Janeiro (Figure 55). Le forage qui a mis en évidence ce gisement qui est le plus important du Brésil selon ses réserves de pétrole estimées entre 8 et 15 milliards de barils, a traversé 1964 mètres d'eau pour atteindre une profondeur comprise entre 5410 mètres et 6500 mètres. Après des enchères âprement discutées, ce gisement très prometteur du Brésil d'une superficie d'environ 1500 m^2, a été octroyé le 21 octobre 2013 à un consortium composé de Petrobras qui détient 40 % des parts, de Total avec 20 % des parts, de Shell possédant également 20% des parts et de deux compagnies chinoises CNPC et CNOOC qui elles engrangent chacune 10% des parts. Ce gisement sera exploité sur environ 35 années par tous ces majors pétroliers qui font partie du consortium.

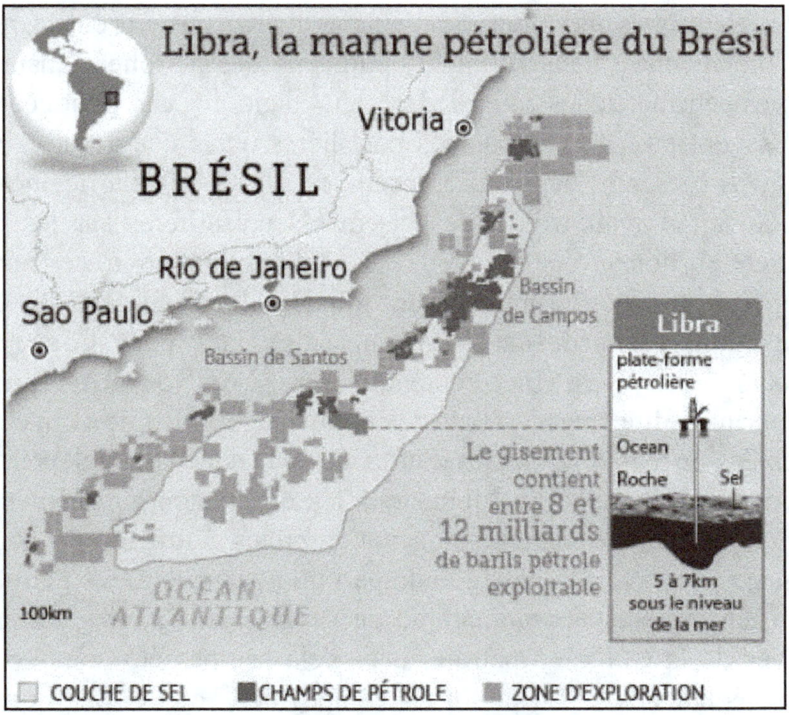

Figure 55: Carte montrant l'étendue du gisement « Libra » au Brésil (Agence Nationale du Pétrole et des biocarburants (ANP), Le Figaro, 22 octobre 2013)

Comme je l'avais mentionné précédemment, si tous ces géants pétroliers sont attirés maintenant par les gisements des côtes de l'océan Atlantique, tant du côté américain qu'africain, c'est qu'ils ont perçu la dimension stratégique de cette zone du monde pour l'avenir du pétrole. C'est ce que le défunt directeur général du groupe Total, monsieur Christophe DE MARGERIE a confié dans un article du journal *La Tribune*, paru le 22 octobre 2013 en ces termes :

« Libra offre une opportunité unique de participer au développement d'un méga-gisement offshore avec des partenaires stratégiques (…) Notre positionnement dans le bassin présalifère de

Santos renforce et diversifie notre portefeuille en amont et conforte ainsi notre stratégie de pérennisation de la production après 2017 pour la prochaine décennie. »

De tels propos montrent non seulement leur fierté d'être dans les eaux brésiliennes, mais surtout l'optimisme des pétroliers quant aux réserves pétrolières des côtes de l'océan Atlantique, car, pour ceux qui ne le savent pas, les compagnies pétrolières telles que Total et Shell sont aussi présentes depuis des décennies sur les côtes africaines. De plus, le fait d'avoir trouvé des gisements présalifères sur les côtes brésiliennes donne une nouvelle piste d'exploration à ces majors pétroliers qui n'hésiteront plus désormais à forer au-delà des 5000 mètres de profondeur dans les eaux africaines pour trouver des hydrocarbures. C'est bien entendu toutes ces données qui me conduisent à dire que l'Afrique, notamment le golfe de Guinée, est seulement au début de la révélation de tout son potentiel pétrolier. Concernant le partage de Libra, tous les observateurs avaient pensé que les compagnies chinoises seraient prêtes à offrir une somme colossale pour avoir la plus grande part du gisement, après Petrobras, en misant sur l'aspect stratégique de ce gisement pour garantir les réserves de la Chine en pétrole, mais cela n'a pas été le cas contre toutes les attentes. C'est plutôt les compagnies Total et Shell qui ont été les plus violentes et les plus décisives sur ce point. Je le dis encore une fois pour attirer votre attention sur le potentiel exceptionnel de ce gisement qui désormais, hisse le Brésil parmi les grandes nations productrices du pétrole. D'ailleurs Dilma ROUSSEFF, alors présidente du Brésil avait tenu des propos dans le même sens en disant :

« Ce succès est une petite révolution bénéfique et sera une source de transformation pour notre pays. »

Son ministre des Mines et de l'Energie, monsieur Edison LOBAO a continué en affirmant :

« Libra marque le passage des eaux entre le passé et l'avenir. (...) avec ce champ pétrolier, le Brésil est passé de 12 milliards de barils brut confirmés à 25 milliards. »

À terme, si ce n'est déjà fait, Libra produirait environ 1,4 million de barils de pétrole brut par jour sur à peu près 5 années sachant que la production du Brésil en 2013 était évaluée à 2 millions de barils par jour. Libra n'est pas seulement une manne pétrolière comme beaucoup le croient, mais a bien plus de valeur. C'est de plus un gisement stratégique et plein d'enjeu pour l'industrie pétrolière.

En effet, son exploitation et son développement marqueront certainement une nouvelle ère pour la recherche pétrolière, car en considérant sa grande profondeur autour des 7000 mètres, au même titre que Lula, c'est un test et un défi technologique pour les pétroliers qui nécessiteront, selon les prévisions, 12 à 18 plateformes pétrolières et 90 navires pétroliers pour vous donner une idée de l'ampleur et de la complexité du projet. C'est pour toutes ces raisons que j'ai affirmé qu'il était dangereux pour un État d'investir ses ressources budgétaires, bien souvent insuffisantes dans certains pays africains, dans de telles affaires qui restent toujours très risquées en cas de ratés, d'où l'apport nécessaire d'investisseurs et de capitaux étrangers.

Au regard du potentiel pétrolier du Brésil autrefois uni aux côtes africaines, peut-on dire que les côtes africaines ne possèdent pas des réserves pétrolières à peu près similaires ou semblables ?

De plus, jusqu'à ce stade, j'ai parlé uniquement des hydrocarbures sans faire mention et sans aborder les ressources minières, qui sont aussi considérables au Brésil avec des concordances et des similarités sur le craton ouest-africain, comme nous le verrons dans les chapitres suivants lors des comparaisons entre ce craton géologique et le bouclier guyanais.

Les liens géologiques qui existent entre l'Afrique et l'Amérique du Sud méritent d'être marqués du doigt : une meilleure connaissance de ceux-ci permettra à tous ceux qui sont préoccupés par le développement économique et social de l'Afrique de regagner de l'espoir et de voir désormais ce continent sous un autre regard, c'est-à-dire celui d'un continent riche et non pauvre, au potentiel minier et pétrolier exceptionnel et hors du commun, qui prendra certainement de l'influence dans le monde grâce à son essor économique dès maintenant et dans un futur proche.

Récemment, avec la découverte du gisement Jubilee en offshore profond, dans le contexte de la marge continentale abrupte, au large des côtes ghanéennes en Afrique de l'Ouest, une nouvelle thématique est entrée dans le jargon des pétroliers. Je l'ai évoqué dans les chapitres précédents. C'est le concept des *marges continentales abruptes* qui, depuis lors est devenu un nouveau thème de recherche unissant à son tour également, les côtes brésiliennes et africaines du fait que chacune d'entre elles possède des marges continentales abruptes susceptibles de contenir des gisements d'hydrocarbures piégés au pied de celles-ci. C'est d'ailleurs dans cette même optique et en ayant la perspective de faire le lien entre les marges continentales abruptes de l'Afrique et de celles du Brésil, que Petrobras, Total, Shell, Anardarko Petroleum et plusieurs majors pétroliers ont accouru dans les eaux des côtes Sud-américaines et ont pu mettre à jour des gisements comme Libra et Lula.

J'insiste sur ce point parce que c'est bien la raison fondamentale qui a conduit les pétroliers à s'engager dans cette aventure, car auparavant, ils n'imaginaient pas trouver des hydrocarbures à des profondeurs aussi grandes et dans de tels contextes et conditions géologiques aussi complexes au regard de la profondeur extrême de ces gisements présalifères.

Au plan géomorphologique, une marge abrupte à l'état actuel présente une pente supérieure à 5° (dénivellation de 5 mètres tous les 100 mètres). Ces marges continentales abruptes sont simplement le résultat de l'ouverture de l'Atlantique équatorial, appelé aujourd'hui l'océan Atlantique à la faveur de la séparation de l'Afrique et de l'Amérique. Selon les chercheurs Sapin et al. (2012, 2016), l'Atlantique équatorial s'est ouvert en pull-apart (relais décrochant dextre) entre l'Atlantique Nord et l'Atlantique Sud (Figure 56a) et s'étend de la zone transformante de Chain au Sud à la zone transformante de Guinée au Nord. Et à l'Atlantique équatorial, Sapin et ses collègues associent plusieurs marges continentales tant en Afrique qu'en Amérique qui sont également des marges abruptes.

Ils identifient en Afrique : la marge Libéria/Sierra Leone, la zone transformante de Saint-Paul et de Romanche, qui englobe les marges de Côte d'Ivoire et du Ghana, et enfin la marge Togo/Benin/Est du Nigéria.

Ils reconnaissent en Amérique : la marge de la Guyane française et la marge du Brésil sectionnées par des zones transformantes. C'est une preuve supplémentaire de la similarité des côtes africaines et brésiliennes. Comme cela se voit sur les images de gravimétrie (Figure 56b) qui est une autre méthode géophysique tout comme la sismique que je définirai plus tard, des marges continentales abruptes avec des pentes fortes et des chutes de topographie sont visibles tout au long des côtes africaines. Ces mêmes marges abruptes sont également observables le long des côtes Sud-Américaines. Cela signifie non seulement que les destins géologiques des deux parties de ces continents sont liés, mais aussi qu'autant de marges abruptes il y a le long des côtes africaines, autant il y a de possibilités de trouver des gisements de pétrole et de gaz enfouis dans celles-ci.

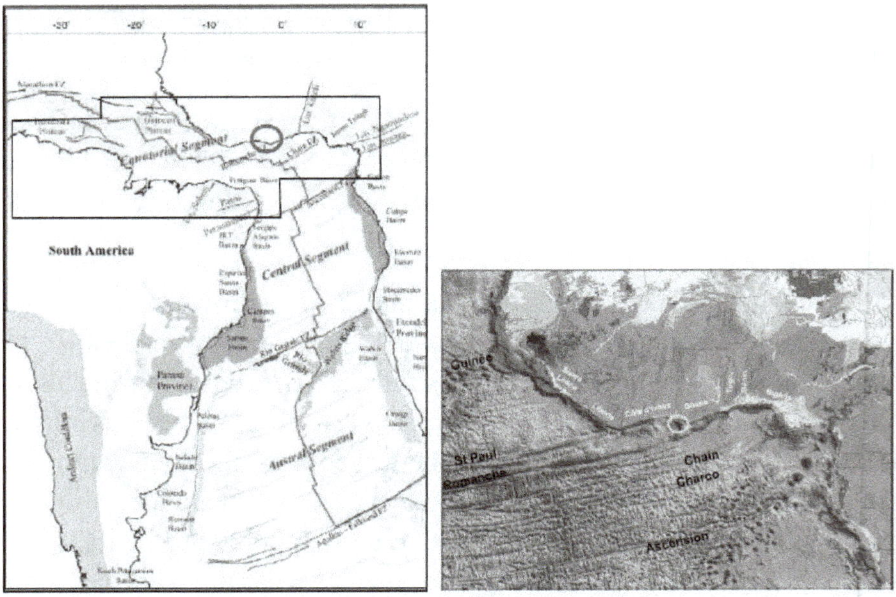

(a) (b)

Figure 56: (a) Carte d'un segment de l'Atlantique équatorial (b) Anomalie de Bouger montrant l'ouverture de l'Atlantique équatorial et des marges continentales abruptes (Sapin F. & al, 2012, 2016, Blarez E. & al, 1986, 1988 ; Kouamé, L. N. & al, 2018 ; Deville E., 2015)

Tout ceci me permet de dire qu'il y a de l'espoir pour l'Afrique et qu'il est encore possible qu'elle amorce son développement économique et social grâce aux ressources naturelles de son sous-sol. Certains diront certainement qu'il est difficile pour un pays de se développer uniquement par les retombées économiques d'un seul secteur. Cela est peut-être vrai dans certains cas, mais il est important de noter que tous les pays africains ont des économies diversifiées, car bon nombre d'entre eux ont appris à vivre sans les bénéfices de l'exploitation des ressources minières en attente dans leur sous-sol depuis des décennies. Et même quand ils essayaient de vivre aux dépens de minerais de leur sous-sol, la part revenant à l'État dans la plupart des cas était minime ou très mal gérée par les gouvernants au point qu'elle ne suffisait pas ou ne pouvait pas servir à de véritables projets de développement.

Je soutiens que c'est possible de tenir le pari du développement de l'Afrique grâce à l'exploitation de ses ressources minières, car les choses sont en train de changer aujourd'hui avec la maturité et la prise de conscience des populations africaines et des pays en voie de développement, qui réclament plus de transparence dans la gestion par les gouvernants des ressources naturelles du sous-sol de leurs pays et plus d'actions sociales par les compagnies minières et pétrolières en faveur des populations, très souvent déplacées de leurs terres natales pour d'autres destinations à cause de la découverte de nouveaux gisements sur leurs territoires.

Si plusieurs pays du Golfe et du Moyen-Orient comme l'Arabie Saoudite, le Qatar et les Émirats arabes unis (Abou Dhabi, Dubaï) ont réussi à se développer grâce à une seule ressource naturelle qui est le pétrole, cela veut dire qu'il est aussi possible que plusieurs pays africains parviennent à un niveau de développement aussi bon voire même supérieur à celui de ces pays. Je le répète encore une fois, ce n'est pas impossible. Cependant, il est indispensable de remarquer qu'il y a des principes et des lois naturelles universelles qui s'appliquent à tous en matière de développement et que l'Afrique doit s'approprier si elle veut entrer dans la cour des grands. Ce sont ces principes, ces règles de bonne gouvernance et de rigueur en gestion économique que tous ces pays dits « développés » ont appliquées pour atteindre leur niveau de développement actuel dont ils sont si fiers. Pour accéder à ce niveau de développement, il faudra que la majorité des peuples et des gouvernants africains changent de mentalité en veillant à servir l'intérêt général et à privilégier le développement de leur nation avant de considérer leur propre bien-être et leurs besoins vitaux personnels et parfois égoïstes. Quel est mon point de vue ?

Il s'agit simplement de dire qu'il faut de la transparence dans la gestion des finances de ces ressources naturelles minières en les destinant effectivement à de véritables projets de développement de qualité qui sont planifiés, quantifiés, chiffrés et réalisables sur une durée bien précise avec une date de livraison connue de tous. C'est le seul moyen d'y parvenir pour l'Afrique. Il faut bannir les vieilles méthodes de légèreté, de laxisme, de détournement des fonds publics et de corruption qui ont longtemps gangréné les administrations des pays africains si l'Afrique veut connaître un véritable développement économique et social. Assainir ses comptes publics est un passage obligatoire pour tous ceux qui veulent accéder au développement. L'Afrique ne fera pas exception à la règle. C'est dur de le faire subitement quand on a été habitué à ce système depuis plusieurs générations et de nombreuses décennies, mais cela n'est pas impossible.

Le point de départ pour adopter cette nouvelle façon de faire est incontestablement le changement de mentalité des peuples et des gouvernants africains, c'est-à-dire le changement du système de pensée qui consiste à abandonner les mauvaises pratiques et les habitudes néfastes pour le développement, en travaillant pour le long terme et pour les générations futures même si cet avenir lointain n'est pas toujours dans l'esprit de tous.

Il faut absolument que l'Afrique change son système de pensée, car les pensées sont les sources et les points d'ancrage de toutes les actions des hommes sur la Terre. La pensée est la rampe de lancement de laquelle les hommes tirent leurs initiatives et leurs projets à l'état informe. C'est la base des actions de développement. C'est pour cette raison que je crois que les pensées sont les véritables champs de bataille des peuples africains au-delà du maniement des armes de guerre, car celui qui arrive à dompter ses pensées, arrive à contrôler ses actions et sa vie. Quelqu'un a dit :

« La pensée précède les sentiments et les sentiments encouragent à l'action et l'action elle-même donne des résultats positifs ou négatifs pour la société. »

Ainsi, si les peuples africains et leurs gouvernants adoptent un système de pensée renouvelé et sont animés de sentiments qui voient l'intérêt commun et suprême de leur nation, ils poseront des actions de développement qui parleront d'elles-mêmes de génération en génération même après leur mort.

L'Afrique n'a pas d'autre choix que de s'aligner sur ces principes de développement si elle veut grandir sur le plan économique et social.

Plusieurs leaders d'opinion ne cessent de dire sur tous les toits que dans les années 70, de nombreux pays africains étaient au même stade de développement que la Corée du Sud. Comment se fait-il donc que ce pays a atteint aujourd'hui un niveau de développement aussi élevé alors qu'il ne dispose pas de gigantesques ressources minières et pétrolières pendant que ces mêmes pays africains qui en disposent sur tous leurs territoires stagnent dans la pauvreté et continuent de régresser dans l'abîme du sous-développement au fil des années ?

Ils ont tout simplement changé de mentalité et de système de pensée en assainissant la gestion de leurs finances publiques et en appliquant des règles de bonne gouvernance avec la rigueur qu'elle exige. J'insiste à nouveau sur ce point parce que je suis certain que c'est de là que viendra le salut de l'Afrique. Quelqu'un a dit :

« Si vous voulez changer la vie d'une personne, il va falloir changer d'abord sa mentalité et ses pensées. »

Qu'est-ce que j'essaye de dire à travers cet adage ?

Vous pouvez être le plus riche du monde, mais si vous ne posez pas les bonnes actions et si vous ne prenez pas les bonnes décisions au bon moment et avec les bons partenaires d'affaires, vous risquez de ne jamais profiter de votre richesse. De même, vous pouvez être l'héritier d'une grande fortune, mais tant que vous vous comportez comme un enfant qui refuse d'atteindre la maturité, vous ne serez jamais en mesure de profiter efficacement de votre héritage et même si vous entrez en possession de celui-ci, vous le dilapiderez dans les premières années qui suivent sans le faire fructifier alors que vos parents auront mis plusieurs décennies, voire même plus d'un siècle à le construire. Il est vrai que le continent africain est riche de son sous-sol, mais si les gouvernants exploitent et gèrent sans rigueur la manne financière qui en découle, ce continent ne parviendra jamais à s'en sortir et restera toujours dans la bassesse en faisant toujours la cour aux organisations financières internationales et la course à l'endettement auprès des pays développés qui eux-mêmes, connaissent aujourd'hui des difficultés économiques dont ils ont du mal à se défaire.

Le système de pensée et la mentalité ne sont pas que de simples mots. Au-delà de ces termes, il y a des habitudes comportementales et culturelles qui permettent souvent d'identifier des communautés.

Lorsque j'ai quitté l'Afrique pour la poursuite de mes études en Europe, j'ai compris à mon arrivée sur le territoire français l'impact que pouvait avoir le système de pensée et la mentalité sur les actions et les habitudes des hommes, notamment dans la communauté africaine vivant en Europe. Lorsque vous vous rendez dans des villes ou des quartiers habités à majorité par des personnes originaires d'Afrique, curieusement, vous vous croyez dans un quartier d'un pays d'Afrique alors que vous êtes en Europe parce que ses habitants ont gardé les mêmes pratiques. Peu importe l'endroit où vous installez la communauté africaine, en très peu de temps, vous vous rendrez compte que l'atmosphère et l'environnement se conformeront aux habitudes de ces nouveaux résidents tant sur le plan économique, social, culturel et environnemental. Sans entrer dans plus de détails, je veux réitérer ici qu'il est indispensable que l'Afrique et ses dirigeants changent de mentalité et de système de pensée si elle veut se développer. C'est encore possible. C'est vrai que ce continent a connu beaucoup d'échecs dans le passé, mais le plus important est de tirer le meilleur de ces mésaventures, car l'échec n'est pas une fatalité. C'est à force d'échouer et en ne renonçant pas à toujours essayer qu'on finit un jour par réussir et à essuyer nos larmes pour céder la place à la joie procurée par notre exploit.

Pour revenir aux corrélations entre les côtes africaines et sud-américaines (Surinam, Guyane et Brésil), les travaux de Deckart (2005) ont démontré que le bouclier guyanais qui couvre le Nord-est de l'Amérique du Sud et celui de l'Afrique de l'Ouest étaient tous les deux composés des mêmes dykes ou filons issus du magmatisme qui s'est mis en place pendant le mouvement tectonique extensif qui a provoqué la dislocation du continent unique *la Pangée* pour former les différents continents que nous connaissons aujourd'hui. Il a constaté que ces réseaux de filons de plusieurs mètres de largeur qui forment parfois des essaims avaient surtout des orientations similaires N-NW et N-NE de part et d'autre des deux continents (Figure 57).

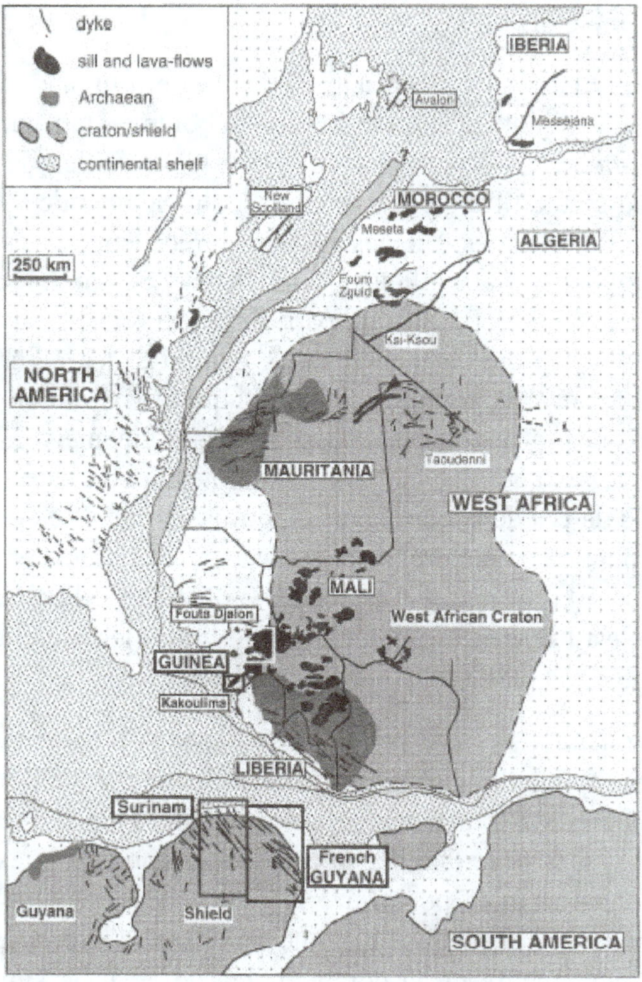

Figure 57: Carte générale de l'emplacement du magmatisme sur le craton guyanais et le craton ouest-africain au moment de l'ouverture de l'Atlantique Central (Deckart K. & al., 2005; Kroonenberg B. S. & al., 2009)

Pour aller dans le même sens que mes affirmations précédentes, l'exemple de la Guyane française est adéquat pour corroborer mes propos. En Guyane, le bassin d'origine fluviatile qui forme le sillon Nord-guyanais, appelé également en anglais *North Guiana Trough*, constitué des ensembles sédimentaires dénommés formation *Orapu*, a été identifié comme étant la correspondance de la formation *Rosebel* qui elle, a été mise en évidence au Surinam. Mais là n'est pas le point où je veux en venir.

En effet, ce bassin guyanais a aussi des sillons qui ont une direction Est-Ouest à tel point qu'il a été interprété comme étant un bassin de type « *pull-apart* », formé dans un contexte de failles décrochantes sénestres au même titre que les bassins sédimentaires de l'Afrique de l'Ouest que j'ai évoqués dans les chapitres précédents si vos souvenirs sont encore bons. Et d'ailleurs, la faille de Sassandra connue en Guinée et en Côte d'Ivoire fait partie des décrochements sénestres (type de failles orientées dans le sens contraire des aiguilles d'une montre, en opposition aux failles dextres) qui affectent non seulement le bouclier ouest-africain, mais aussi le bassin guyanais. De surcroît, cette similarité au plan structural et tectonique des boucliers géologiques de ces deux continents a permis de mettre en évidence un environnement sédimentaire avec un système de rivières en tresse qui est identique à la formation *Tarkwaienne* du *Banket* du *Ghana* qui, je le rappelle, est l'une des formations géologiques les plus riches en or de l'Afrique de l'Ouest et du monde.

Ces explications sont certainement assez poussées pour les profanes du monde des géosciences, mais j'essaye autant que je peux d'utiliser, à ce stade, un langage assez simple avec le minimum de termes techniques pour faciliter la compréhension de ces explications qui sont fondamentales pour faire le lien géoéconomique entre ces deux portions continentales. Ce que je viens d'expliquer est une preuve supplémentaire de la complémentarité et de la similarité des côtes de ces deux continents tant au niveau de leurs structures respectives que de leurs potentiels miniers et pétroliers.

Une bonne connaissance de ces rapports géologiques conduit obligatoirement à considérer les intérêts miniers qui existent entre le bouclier guyanais et le bouclier ouest-africain. Comme je l'ai indiqué dans le chapitre précédent, un parallèle a été établi entre les formations géologiques de l'Orapu en Guyane française et les gisements d'or de Tarkwa au Ghana et de Jacobina au Brésil. Des gisements d'or ont été également découverts à Omai en Guyane française et à Las Cristinas au Venezuela; Or, toutes ces régions aurifères sont juxtaposées et corrélées aux régions Ouest-africaines aurifères du Yaouré (Figure 58) qui couvrent la Côte d'Ivoire, le Mali, le Burkina Faso et de Tarkwa qui englobe le Ghana avec la mise en évidence des sillons volcano-sédimentaires minéralisés de direction N-NW et N-NE que j'ai évoqués dans mes écrits précédents notamment dans mon premier livre intitulé « *L'Afrique, un continent aux ressources minières exceptionnelles* ».

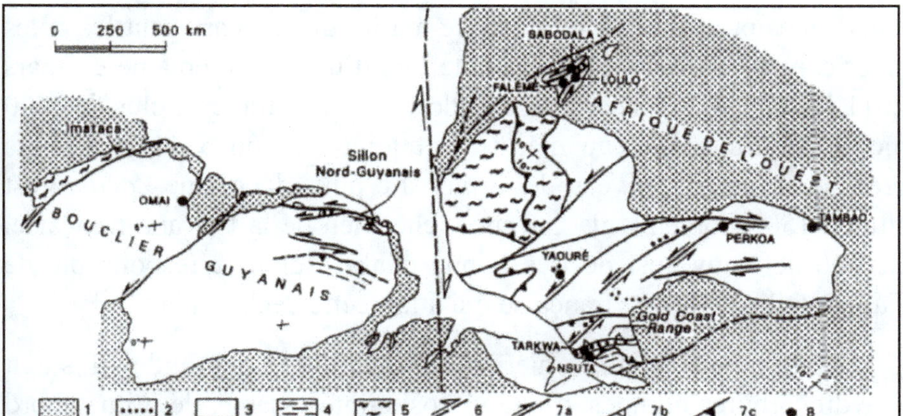

1 : Post-Paléoprotérozoïque et Paléoprotérozoïque ; 2 : conglomérats et grès fluvio-deltaïques ; 3 : Paléoprotérozoïque indifférentié ; 4 : Paléoprotérozoïque à méthamorphisme élevé ; 5 : Archéen 6 : accidents panafricains majeurs ; 7 : accidents paléoprotérozoïques majeurs : a-décrochements senestres, b-chevauchements associés aux décrochements, c-chevauchements crustaux profonds 8 : gisements métalliques.

Figure 58 : Schéma montrant les relations entre le craton guyanais et le craton ouest-africain avec l'emplacement des principaux gisements (Milesi & al, 1995)

Après l'or, le diamant vient en deuxième position dans le recensement des minerais retrouvés dans les sillons volcano-sédimentaires des cratons géologiques des deux continents. Pour ceux qui doutaient encore que les continents étaient unis à une époque lointaine, voici une preuve naturelle supplémentaire qui atteste cette vérité et en témoigne.

Face à tous ces faits concrets, la Guyane française n'est pas en marge des projets de recherches pétrolières pour lesquelles les majors pétroliers ont envahi l'océan Atlantique, alors que la France s'était habituée depuis les années 70 à son fameux slogan :

« On n'a pas de pétrole, mais on a des idées »,

Le 9 septembre 2011, les géants pétroliers Total, Shell et Tulloy Oil ont annoncé avoir découvert pour la première fois du pétrole sur les côtes de la Guyane française. Cette énième découverte majeure dans les eaux profondes de l'espace marin, que se partagent les côtes américaines et africaines, a été faite lors d'un forage entamé en mars 2011 par la compagnie anglaise Tullow Oil qui a traversé plus de 2000 mètres de tranche d'eau marine et atteint environ 5711 mètres de profondeur sous le niveau de la mer. Le puits dénommé *Zaedyus* est situé à 150 kilomètres de Cayenne, chef-lieu de la Guyane française. Le pétrole trouvé est de très bonne qualité selon le responsable de Tullow Oil en Guyane française qui a fait cette déclaration :

« Nous avons remonté hier, des échantillons de fluide. Il s'agit d'hydrocarbures liquides, d'une viscosité intéressante, de prime abord suffisamment fluide pour penser que l'écoulement peut se faire... Nous avons pénétré une zone de 72 mètres d'épaisseur, dont on ne connaît pas encore l'étendue horizontale.»

Ce puits a la même réputation révolutionnaire et stratégique pour l'industrie pétrolière qu'ont tous les précédents puits forés dans cette zone de l'océan Atlantique compte tenu de sa profondeur, car il est plus profond que celui de la plate-forme Deepwater Horizon de British Petroleum dans le golfe du Mexique, dont l'explosion en avril 2010 a provoqué une marée noire, des catastrophes écologiques et des morts.

C'est donc pour rassurer les organisations environnementales sceptiques pour ce projet que Total a tenu des propos à ce sujet en disant :

« Ce forage est considéré comme à fort risque, mais à fort enjeu. »

Mais pourquoi Shell, Tullow Oil, Total et Northpet qui possèdent respectivement 45%, 27,5%, 25% et 2,5% du champ pétrolier avaient-ils donné la priorité aux enjeux que susciterait la découverte d'hydrocarbures dans cette zone par rapport aux risques encourus par un tel forage ?

En effet, c'est en songeant à l'important gisement dénommé Jubilee découvert dans les eaux d'Afrique de l'Ouest, notamment au Ghana avec des réserves estimées à environ 1,4 milliard de barils de pétrole, que ces géants pétroliers n'ont pas hésité à se lancer dans cette aventure. Une telle initiative est certes une aventure, mais elle n'est pas fortuite, car si vous ne le savez pas, c'est aussi Tullow Oil qui a découvert le champ Jubilee et qui, non par hasard, a aussi effectué le puits Zaedyus en Guyane française. Comme argument majeur pour convaincre ses collaborateurs qui sont également présents dans les eaux Ouest-africaines, Tullow Oil a soutenu que Jubilee était le gisement « miroir » de celui qui a été découvert au large des côtes guyanaises. Pour cette unique raison, insuffisante pour certains, prendre des risques en valait la peine. Car il est vrai que les chances de trouver du pétrole à cette profondeur et dans cette zone encore inexplorée et inconnue étaient faibles, mais le potentiel de production était tout de même élevé en tenant compte de la production actuelle du champ Jubilee. C'est cela que monsieur Angus McCOSS, le directeur de l'Exploration de Tullow Oil a expliqué en ces termes en disant :

« Il y a des milliards de barils de potentiel dans ces champs au Ghana et pour les opportunités en Guyane française, c'est la même chose voire plus. »

Il a continué en affirmant :

« C'est une découverte pionnière, nous avons ouvert un nouveau bassin, cela n'arrive pas souvent dans le secteur. C'est une nouvelle géographie pour le monde du pétrole et du gaz. »

Par de tels propos, monsieur Angus McCOSS vient confirmer tout l'intérêt des multinationales pour ces deux parties du monde qui n'ont pas encore révélé tout leur potentiel, mais qui en possèdent suffisamment et de façon conséquente. Bien que 4 puits d'exploration forés depuis 2011 pour connaître l'étendue du gisement se soient avérés négatifs, cela n'enlève en rien le potentiel de cette région qui reste très attractive sachant que les compagnies pétrolières engagées sur ce champ pétrolier continuent l'évaluation de ce gisement et poursuivent les campagnes d'exploration dans la zone, car elles croient dur comme fer qu'elles ne sont pas à l'abri de faire de nouvelles découvertes.

Toutes ces données comparatives entre l'Afrique et l'Amérique méritaient d'être passées en revue pour mieux appréhender le potentiel minier et pétrolier du continent noir. Si vous m'avez bien suivi et compris depuis le départ, vous êtes certainement d'accord avec moi pour dire que l'Afrique a bien plus de valeur et de potentiel que ce que la majorité des Africains eux-mêmes pense. Vous comprenez désormais pourquoi l'Afrique intéresse tant les pays développés du monde et leurs multinationales qui la considèrent comme le dernier bastion et l'ultime recours pour s'alimenter en ressources pétrolières et énergétiques. Malheureusement pour certains et heureusement pour d'autres, Dieu n'a pas doté tous les pays et tous les continents du monde de tous les minerais stratégiques pour l'existence sur la Terre. Les choses ont été faites ainsi pour que les plus pauvres et les plus faibles parfois aient également la possibilité d'exister et le droit à la parole devant les plus grands du monde. Bien heureusement, l'Afrique et ses pays font partie de ces territoires du monde qui sont privilégiés quand on considère tous les minerais stratégiques qu'ils possèdent et conservent soigneusement dans les entrailles de leur sous-sol. Je vous invite désormais à croire en l'Afrique et à changer votre regard et votre point de vue sur ce beau continent en émergence.

Maintenant que ce décor est planté et que toutes les barrières pessimistes ont été levées dans l'esprit des sceptiques et des pessimistes sur la possibilité d'un développement de l'Afrique basé sur l'exploitation de ses ressources naturelles minières, j'aimerais aborder la dernière partie de ce livre qui est non moins importante que les chapitres précédents, mais vient confirmer tout ce que j'ai affirmé depuis les premières lignes de cet ouvrage au sujet du potentiel minier et pétrolier exceptionnel de ce continent.

CHAPITRE VI
L'AFRIQUE, UN CONTINENT AUX RESSOURCES PÉTROLIÈRES EXCEPTIONNELLES

VI.1 - L'Afrique, un continent aux ressources pétrolières multiples

Dans ce chapitre, je mettrai davantage l'accent sur le pétrole qui reste le minerai phare de l'Afrique. Je parcourrai toutes les grandes régions pétrolières du continent avec vous. Bien avant d'entrer dans le vif du sujet, parlons un peu de l'OPEP (Organisation des Pays Producteurs de Pétrole).

Au fil des années, de plus en plus de pays africains producteurs de pétrole frappent à la porte de cette organisation tandis que d'autres l'ont intégrée dès les premières années de sa création. En Afrique, le Nigéria, l'Algérie, l'Angola, la Libye et le Gabon en font partie. En plus de ces pays, il faut ajouter la Guinée équatoriale qui a fait une demande d'adhésion à l'OPEP en janvier 2017. C'est une organisation qui a pour vocation de donner plus de pouvoir et d'influence aux pays producteurs quant à la fixation du prix du baril de pétrole au détriment des compagnies pétrolières qui contrôlaient les cours du pétrole et régnaient en maître sur les marchés internationaux.

Aujourd'hui, les activités liées à l'industrie pétrolière sont fortement dépendantes des battements de cœur et des décisions prises par les pays membres de l'OPEP. Par exemple, lorsque l'Arabie Saoudite décide de baisser sa production pétrolière, c'est le cours du baril de pétrole qui grimpe et se ressent immédiatement dans les jours suivants sur le prix du carburant à nos stations d'essence. Les pays de l'OPEP connaissent leur pouvoir de nuisance et d'influence sur l'économie mondiale et ils en profitent autant qu'ils peuvent pour se faire entendre et protéger les intérêts de leurs pays. Ce fait traduit parfaitement cet adage que l'on a l'habitude de dire et d'entendre :

« Les États n'ont pas d'amis, ils ont des intérêts. »

Il faut comprendre par ce passage que les États qui étaient autrefois des ennemis, sont capables de se rapprocher aujourd'hui à cause des intérêts qu'ils ont en commun. Cette réalité prend tout son sens à notre époque avec la globalisation et la mondialisation qui est une suppression virtuelle des frontières et un appel aux échanges commerciaux interétats.

Si deux États sont opposés et ennemis sur les questions concernant le respect des droits de l'homme, ils seront amis sur le ravitaillement en hydrocarbures et les transactions économiques qui en découlent. C'est pour cette raison que plusieurs pays occidentaux malgré le fait qu'ils ne soient pas d'accord avec la politique menée par plusieurs pays du Golfe, du Moyen-Orient ou de l'Asie, n'ont pas d'autre choix que de collaborer avec eux pour s'approvisionner en pétrole et en gaz. De même, les alliés d'hier peuvent devenir des ennemis aujourd'hui pour des questions pétrolières comme la délimitation de la frontière maritime ou de la Zone Economique Exclusive (ZEE) ou encore lorsqu'un pays étranger sent ses intérêts menacés dans le pays ami après un changement de pouvoir ou de gouvernement. Je le répète encore une fois :

« Les pays n'ont pas d'amis, mais des intérêts. »

Et le pétrole est l'un des plus grands intérêts des États depuis plusieurs décennies maintenant. Tous les géopoliticiens et les géostratèges pourront vous confirmer cette affirmation.

Le pétrole et le contrôle des marchés pétroliers sont au cœur de la plupart des conflits que connaît le monde aujourd'hui. Celui qui contrôle le pétrole, maîtrise le monde. Savez-vous que la majorité des grands groupes pétroliers ont des capitaux et des chiffres d'affaires qui dépassent largement le budget de certains pays africains et occidentaux ? Savez-vous que certains pétroliers sont capables de fournir des crédits à certains États ? Savez-vous que les multinationales pétrolières peuvent financer votre campagne électorale contre des promesses économiques à leur égard dès votre accession au pouvoir ? Savez-vous qu'une partie des pays les plus riches de ce monde a fait fortune dans l'industrie pétrolière ou a une prospérité qui est directement liée au secteur pétrolier ?

Tout cela pour dire que celui qui est maître du pétrole est aussi le maître du monde.

VI.1.1 - L'Afrique subsaharienne et le golfe de Guinée, des régions pétrolières hors norme et convoitées du continent africain

Pour faire le lien avec ce que je viens d'expliquer, j'aimerais tout simplement dire que les pays membres de l'OPEP contrôlent aussi en partie le monde, car ce sont eux qui impulsent ou baissent la production pétrolière mondiale et de ce fait influent et contrôlent le cours du baril de pétrole. Ainsi, les pays africains membres de l'OPEP ont tout à gagner sur le plan économique en ayant l'opportunité de contribuer à la fixation du prix du baril de pétrole sachant que c'est l'une de leurs plus grandes ressources naturelles, mais aussi économiques. Cependant, n'entre pas à l'OPEP qui veut. L'entrée dans cette organisation ne se fait pas de façon fortuite ou par copinage, mais sur la base des chiffres avérés et certifiés de la production et des réserves pétrolières des pays qui désirent y adhérer. De ce fait, si des pays africains sont membres de l'OPEP, cela veut dire qu'ils ont été jugés dignes de faire partie de cette organisation au regard de leur potentiel et de leur production pétrolière, car les conditions pour intégrer l'OPEP sont très rigoureuses et sélectives. Sur les 14 pays membres actuels de l'OPEP, 5 pays proviennent de l'Afrique sans la prise en compte de la Guinée équatoriale, ce qui implique que plus du tiers de l'organisation est aux mains du continent africain. Et si plus du tiers des pays membres de l'OPEP viennent de l'Afrique, cela veut dire que l'Afrique compte beaucoup dans le secteur pétrolier pour plusieurs raisons.

Premièrement, de tous les continents du monde, l'Afrique est cette partie du globe dont le potentiel pétrolier est certain, mais toujours le moins exploité.

Deuxièmement, en plus des gigantesques découvertes de gisements faites récemment dans la majorité des eaux africaines, c'est le continent qui a connu la plus forte augmentation de sa production pétrolière avec une hausse de 30% entre 1994 et 2004 et, de surcroît, c'est l'Afrique qui a enregistré le plus grand nombre de nouveaux pays producteurs ces dernières décennies.

Finalement, l'Afrique est le continent qui présente le plus grand nombre de régions pétrolières dans le monde. Ce sont ces régions pétrolières du golfe de Guinée à la Méditerranée en passant par l'océan Indien et le Sahara que je passerai en revue dans ce chapitre pour poursuivre la démonstration de l'immensité du potentiel pétrolier de l'Afrique qui reste exceptionnel.

Le potentiel pétrolier de l'Afrique ne date pas d'aujourd'hui. Grand fut mon étonnement de découvrir au cours de mes recherches que l'un des livres Saints les plus importants de notre planète avait déjà parlé de l'existence du pétrole en Afrique, 4000 ans avant Jésus-Christ alors que c'est seulement en 1890 qu'officiellement le premier forage a été effectué à Titusville, en Pennsylvanie pour le découvrir.

En effet dans l'Ancien Testament de la Bible, précisément dans le livre de l'Exode, au chapitre 2 et au verset 3, il est écrit ceci au sujet du prophète Moïse et de sa mère :

« Ne pouvant plus le cacher, elle prit une caisse de jonc, qu'elle enduisit de bitume et de poix ; elle y mit l'enfant, et le déposa parmi les roseaux, sur le bord du fleuve. »

Il est fait mention du *bitume* qui à l'état naturel correspond à un suintement de pétrole c'est-à-dire à l'arrivée brusque à la surface de la Terre d'hydrocarbures non piégés dans le sous-sol pour former un liquide visqueux suite à leur refroidissement.

Ce qui est intéressant dans ce récit et a attiré mon attention, c'est le fait que cette histoire s'était déroulée autrefois en Égypte, la puissance mondiale de l'époque, au milieu des pyramides actuelles qui étaient déjà construites. C'était donc en Afrique ! L'Égypte de l'époque des pharaons était en Afrique et jusqu'à preuve du contraire l'Égypte est un pays qui demeure toujours en Afrique. Il ressort donc de ce texte biblique que l'Afrique était un continent connu pour abriter des réserves de pétrole depuis des millénaires et cela démontre que son potentiel pétrolier ne date pas d'aujourd'hui. C'est cette vérité qu'un directeur d'une compagnie pétrolière a soutenue lors d'un discours en 1950 en disant :

« C'est grâce à un texte de la Bible que le pétrole a été découvert en Égypte. »

Cela pour dire également que ce n'est pas par hasard que l'Afrique du Nord, le Maghreb et le Moyen-Orient constituent des régions pétrolières importantes aujourd'hui dans le monde. Je reviendrai plus tard sur les régions pétrolières du Nord de l'Afrique.

Pour débuter mon excursion dans les régions pétrolières de l'Afrique, j'aimerais m'intéresser premièrement à celle de l'océan Atlantique. J'imagine que dans votre carrière de personne curieuse et préoccupée par l'actualité dans le monde, vous avez certainement entendu parler dans les médias du golfe de Guinée pour son attrait au sujet du pétrole et du gaz.

Eh bien ! En fait, le golfe de Guinée est cette zone marine qui part de l'Afrique de l'Ouest c'est-à-dire du Sénégal pour certains à l'Angola en Afrique Centrale. Avec les régions pétrolières du Maghreb, le golfe de Guinée produit plus de 10% de la production mondiale de pétrole et de gaz avec plus de 5% pour la seule région pétrolière du golfe de Guinée (Figure 59).

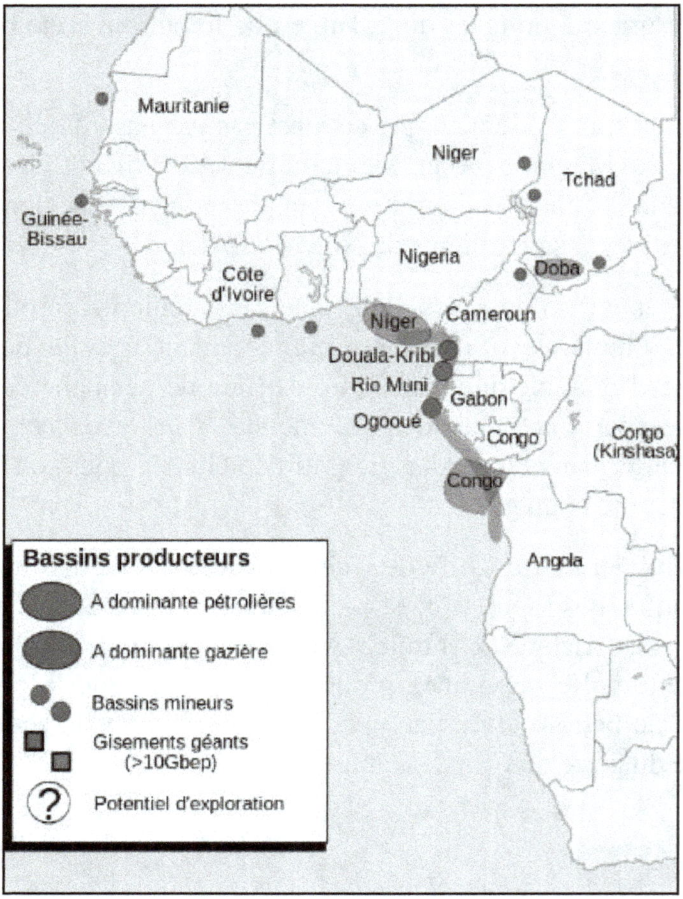

Figure 59: Régions pétrolières de l'Afrique de l'Ouest, du Golfe de Guinée et de l'Afrique Centrale (www.wikipedia.org)

En 2011, le golfe de Guinée possédait 8% des réserves pétrolières mondiales et comptait environ 24 milliards de barils de réserves prouvées de pétrole sachant que 1 baril équivaut à 160 litres. Pour mettre de l'ordre dans vos idées, il est important de savoir que par définition, une réserve ne correspond pas au volume d'hydrocarbures présents dans un gisement, mais désigne plutôt celui que l'on est susceptible de récupérer. Ainsi, dans le golfe de Guinée, déjà à la fin de l'année 1999, on recensait près de 43 gisements offshores et environ 233 champs de pétrole et de gaz offshores en exploitation sans compter les gisements onshores qui sont moins nombreux dans cette zone, mais tout aussi considérables.

Avec 4 millions de barils de pétrole extraits chaque jour des eaux du golfe de Guinée, cette région pétrolière est devenue malgré elle, une zone incontournable du marché du pétrole dans le monde quand on sait que les États-Unis qui sont les premiers consommateurs de pétrole dans le monde, importent environ 9 millions de barils de pétrole par jour. Avec une telle production journalière, vous comprenez pourquoi le golfe de Guinée intéresse les plus grandes puissances et les multinationales pétrolières de ce monde, car par comparaison avec les pays arabes de golfe Persique, les pays africains sont plus flexibles, moins exigeants et souvent même moins nationalistes et moins conservateurs quant à l'exploitation de leurs ressources pétrolières.

En plus, pour des pays comme la France et les États-Unis, le golfe de Guinée est une zone facilement accessible géographiquement et moins coûteuse économiquement en matière d'importation pétrolière. Aussi, compte tenu des liens historiques en matière de colonisation qui existent entre la France et la majorité des pays de cette zone, il va de soi que la France ait une longueur d'avance sur les autres pays concurrents pour détenir l'exclusivité de certaines concessions pétrolières si d'aventure un choix devait se faire parmi plusieurs postulants par les gouvernants de ces pays du golfe de Guinée.

Si depuis des décennies, des régions comme le delta du Niger et le Biafra au Nigéria sont en proie à des instabilités et à des conflits incessants, ce n'est pas un hasard. Si le Congo-Brazzaville, la République Démocratique du Congo et l'Angola avec l'enclave du Cabinda, curieusement tous des pays appartenant au golfe de Guinée, ont connu des guerres civiles, socio-ethniques et religieuses, et pour certains, continuent de connaître des conflits; ce n'est pas un hasard.

En réalité, toutes les causes trouvées et évoquées pour justifier ces conflits interminables et incompréhensibles entre les fils d'un même pays sont parfois des prétextes, car les vrais enjeux de ces conflits sont le contrôle des ressources pétrolières de ces pays du golfe de Guinée.

Pourquoi croyez-vous que de nombreux pays occidentaux soient prêts à n'importe quel moment et à tous les prix à se déployer de façon durable et pérenne tant sur le plan militaire que logistique dans certains pays du golfe de Guinée pour maintenir leur sécurité alors que leur propre population, au quotidien, n'est pas à l'abri d'attentats et d'assauts de terroristes ? Par exemple, croyez-vous que des bases militaires françaises sont présentes en Côte d'Ivoire et au Gabon de façon fortuite ?

J'ai vu les Maliens s'extasier à l'arrivée des éléments de l'opération Barkhane dans le Nord du Mali pour lutter contre les terroristes. J'ai vu l'arrivée de la force Licorne en Côte d'Ivoire pour maintenir la paix pendant la guerre civile en s'interposant entre les forces rebelles et l'armée nationale à travers ce qu'on a appelé la zone tampon. J'ai également entendu parler de l'arrivée de la Monusco en République Démocratique du Congo depuis les années 1960. Eh bien ! Je le répète encore une fois, c'est le pétrole qui est au centre de tous ces intérêts dans cette partie de l'Afrique. C'est la seule raison valable qui atteste cet amour prolongé des grandes puissances pour les pays du golfe de Guinée.

Il est vrai que toutes ces organisations et ces groupes de défense et de sécurité sont présents dans ces pays pour maintenir la paix et la stabilité, mais ils sont également là pour que les multinationales pétrolières puissent exercer leurs activités en toute quiétude, car leurs prospérités dépendent fortement de la tranquillité des pays du golfe de Guinée. Et cela, tous les spécialistes de la géopolitique, de la géostratégie et du monde de l'économie vous le certifieront.

Pour toutes ces raisons, le golfe de Guinée est une zone stratégique sur le plan géopolitique dans le monde, à contrôler à tout prix par les pays qui souhaitent être à l'abri d'éventuelles pénuries pétrolières et qui désirent posséder des réserves nationales de pétrole capables de subvenir aux besoins en hydrocarbures de leurs populations sur des décennies comme le font les États-Unis et les autres puissances occidentales.

Mais quel est le potentiel pétrolier de ces pays du golfe de Guinée pour qu'ils soient dans le collimateur de ces majors pétroliers ? Quelle est leur place dans la production pétrolière en Afrique et dans le monde ? Y a-t-il des raisons de croire qu'ils possèdent des réserves pétrolières qui représentent un véritable espoir pour cette région de l'Afrique et pour le monde ? La comparaison entre les côtes Sud-américaines et les côtes des pays du golfe de Guinée en valait-elle la peine au regard du potentiel pétrolier des pays africains ?

C'est à toutes ces questions que je tenterai de répondre en me penchant sur les réserves et la production pétrolière de certains pays du golfe de Guinée. Je ne reviendrai pas sur celles du Ghana, de la Côte d'Ivoire et bien d'autres puisque j'en ai plus ou moins déjà parlé dans les chapitres précédents.

VI.1.1.a - Le Nigéria, l'un des plus importants leaders pétroliers d'Afrique et du monde

Vous ne pouvez pas parler de pétrole en Afrique subsaharienne, de surcroît dans le golfe de Guinée, sans mentionner en premier le Nigéria qui, en plus d'être la première économie africaine et le pays le plus peuplé d'Afrique, reste le premier producteur de pétrole de l'Afrique subsaharienne avec 1,5 million de barils par jour même si selon un article de *Jeune Afrique* paru le 30 décembre 2016, celui-ci s'est fait doubler par l'Angola en 2016 qui a vu sa production passer la barre des 1,8 million de barils par jour.

Bien qu'ayant une production pétrolière qui avoisine très souvent les 2 millions de barils de pétrole, le Nigéria avait prévu d'atteindre une production de 2,2 millions de barils par jour en 2016, mais n'a pas pu atteindre cet objectif. Cela est dû aux attaques répétées et intempestives des oléoducs et des installations pétrolières et gazières par des groupes armés et rebelles, à savoir les Vengeurs du Delta du Niger (NDA), le Mouvement pour l'Emancipation du Delta du Niger (MEND), le Mouvement pour la survie du Peuple Ogoni (MOSOP), qui revendiquent une meilleure répartition des richesses issues du pétrole en se basant aussi sur le prétexte des dégâts environnementaux et écologiques provoqués par les exploitations pétrolières dans la région au détriment des populations locales et autochtones.

Les populations minoritaires du Sud du Nigéria, que sont les Ibo et les Ogoni, s'estiment lésées et méprisées quant aux retombées financières du pétrole d'autant plus que l'essentiel des champs pétroliers se trouve dans leurs États. C'est ce que certains d'entre eux ont confié à la chaîne américaine *BBC Afrique* en juillet 2016 en disant :

« Il n'y a pas d'emploi. C'est le cri de désespoir du peuple du delta du Niger. Nous ne disons pas de ne pas prendre notre pétrole. Nous demandons simplement à être des partenaires dans cette affaire. »

Mais d'où le Nigéria tire-t-il toute cette richesse pétrolière ?

De ses fameux bassins du delta du Niger et du Biafra.

En effet, comme le Venezuela et même les États-Unis, le Nigéria est l'un des rares pays du golfe de Guinée dont l'essentiel des champs pétroliers est en onshore, c'est-à-dire sur la terre, pendant que la majorité des champs pétroliers des autres pays du golfe de Guinée est en offshore. C'est ce qui fait sa particularité et surtout son grand potentiel pétrolier même s'il a également des champs pétroliers offshores en exploitation (Figure 60).

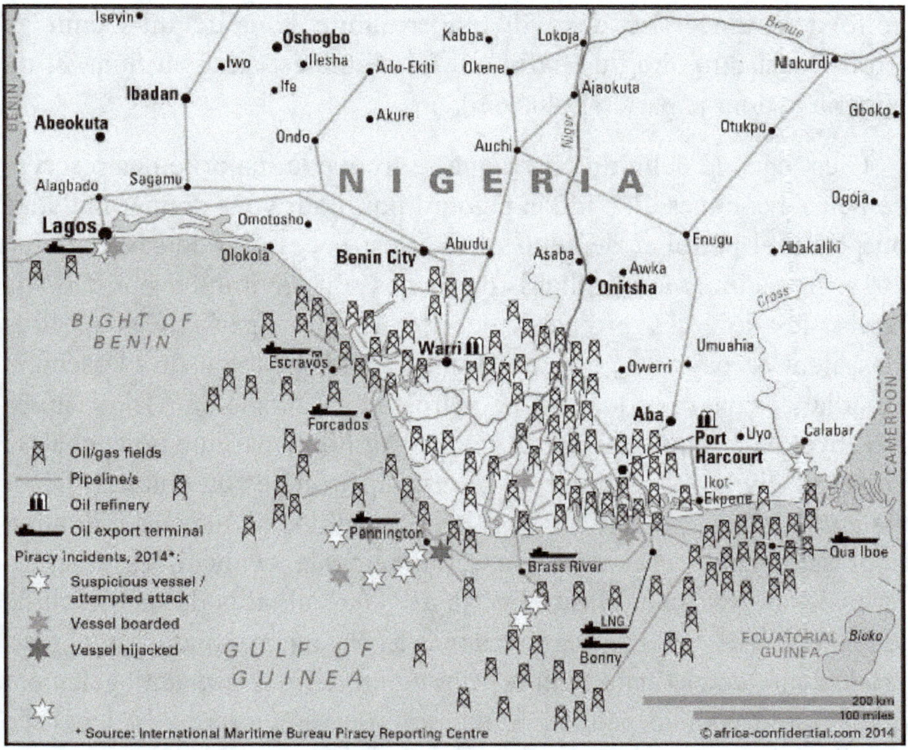

Figure 60: Installations pétrolières du delta du Niger au Nigéria (www.africa-confidential.com, 2014)

Tout le Sud du Nigéria possède des champs pétroliers en exploitation tant sur la terre qu'en mer avec des installations pétrolières, des plateformes pétrolières et des pipelines (oléoducs et gazoducs) qui parcourent tout le pays et relient une ville à l'autre. Compte tenu de son potentiel pétrolier, des multinationales telles que Exxon Mobil, Chevron, Royal Dutch Shell, British Petroleum (BP), Total, Eni se côtoient depuis plus de 50 années sur les terres nigérianes sans être exaspérées par toutes les actions de vandalisme qu'elles subissent parce que les profits sont nettement supérieurs aux coûts de réparation de leurs installations pétrolières et gazières.

Le delta du Niger ou bouche du Niger, qui a pour ville phare Port Harcourt, est un delta constitué par le fleuve Niger à l'endroit de son embouchure dans l'océan Atlantique. J'en avais parlé précédemment. Il fait partie intégrante du Sud du Nigéria et forme la partie centrale du golfe de Guinée. Le delta du Niger limite le golfe du Benin au Nord-Ouest du golfe du Biafra qui lui-même est situé au Sud-Est du Nigéria et dont je parlerai plus tard.

C'est dans le delta du Niger que se trouve la majorité des réserves de pétrole connues au Nigéria aujourd'hui. Pour vous donner une idée du potentiel pétrolier de cette zone, il est nécessaire de savoir qu'en 2014, BP estimait à 5 milliards de tonnes soit environ 37 milliards de barils, les réserves prouvées de pétrole du Nigéria. Ces chiffres classaient ce pays du golfe de Guinée en 11e position du classement mondial des pays producteurs de pétrole et au 2e rang en Afrique après la Libye avant que cet autre géant du Nord de l'Afrique ne connaisse la guerre civile. La richesse en réserves pétrolières du delta du Niger est aussi valable pour le gaz, car les estimations de BP sont tout aussi impressionnantes. En 2014, la multinationale évaluait les réserves prouvées de gaz naturel du Nigéria à 5 100 milliards de m^3. Avec de telles données, le Nigéria occupait le 9e rang mondial des pays producteurs de gaz naturel et le 1er rang en Afrique sachant également que comme pour le pétrole, la majorité de ses réserves est localisée dans le delta du Niger. Selon les statistiques, en prenant en compte ces chiffres ci-dessus indiqués, si ces réserves étaient exploitées à la même cadence qu'en 2014, celles du pétrole correspondraient à environ 43 années de production pleine tandis que celles du gaz naturel seraient équivalentes à 132 années de production.

Toutes ces données montrent clairement que c'est le delta du Niger qui est la zone pétrolière majeure du Nigéria même si en raison des actes de vandalisme et de la montée en puissance des groupes armés comme Boko Haram, les multinationales se déplacent de plus en plus vers les réserves pétrolières de l'offshore profond et ultra-profond du Nigéria situées dans le golfe du Benin, le golfe de Bonny et le golfe de Guinée. Justement, l'offshore du Nigéria a actuellement le vent en poupe. C'est un nouveau terrain à conquérir et il est plein d'espoir pour les compagnies pétrolières, car il a été longtemps lésé au profit de l'onshore du delta du Niger. Ainsi, ces dernières années, des découvertes y sont faites en cascade par plusieurs multinationales, notamment, Exxon Mobil, parmi tant d'autres qui, selon un communiqué datant du 27 octobre 2016 a annoncé avoir découvert non loin des côtes de l'État de Bayelsa, sur le champ Owowo-3, lors d'un forage profond de 3173 mètres, un gisement de pétrole dont les réserves seraient comprises entre 500 millions et 1 milliard de barils de pétrole.

Le Nigéria n'est pas prisé uniquement pour ses grandes réserves en hydrocarbures, mais aussi pour la qualité de son pétrole qui reste bon marché et moins coûteux pour les raffineries en matière de traitement, car c'est un pétrole brut léger avec une basse teneur en soufre. C'est justement pour ce fait que les États-Unis sont restés importateurs du pétrole du Nigéria jusqu'en 2012, date à laquelle les Américains se sont lancés dans la production du pétrole de schiste parce qu'il présente des caractéristiques et des qualités similaires au pétrole du Nigéria. Mais puisqu'un produit de qualité et de surcroît très rare attire toujours les convoitises, ce sont l'Europe et l'Inde qui ont pris cette part de marché aux États-Unis.

Le Nigéria est un pays riche en pétrole depuis belle lurette. Non seulement il en est conscient depuis la découverte du premier gisement de pétrole dans les années 1950 par la multinationale Shell, mais le monde entier le sait également. C'est pour cette cause qu'il est la cible de tous les marchands de sang depuis cette période. Comme vous le savez déjà, on s'exclamera toujours de joie après l'extraction du premier baril de pétrole dans son sous-sol, mais dans le même temps, il faudra s'apprêter à vivre des années de conflits et de guerres civiles, comme c'est le cas partout dans monde et singulièrement dans les pays africains où des réserves de pétrole ont été trouvées. C'est justement cette tragédie et ce sort obligatoire qu'a connu le Nigéria dans les années 1960 avec la guerre du Biafra qui avait des liens directs avec l'exploitation du pétrole à la suite de la sécession de la région Est du Nigéria, autoproclamée « République du Biafra ». Cette guerre qui a duré du 6 juillet 1967 au 15 janvier 1970 a engendré une grande famine et plus de 2 millions de morts après un blocus terrestre et maritime mis en place par l'armée nigériane. Mais pourquoi cette sécession ne s'est pas produite dans une région autre que l'Est du Nigéria, c'est-à-dire au Biafra ?

Simplement parce qu'à l'époque, le Biafra détenait à lui tout seul les deux tiers du pétrole du Nigéria et en plus, cette région était habitée par les Ibos, une ethnie minoritaire, bien instruite et majoritairement chrétienne, occupant des postes administratifs et commerciaux stratégiques du pays et privilégiée par l'ancienne puissance coloniale britannique au détriment des autres ethnies, qui étaient plus nombreuses, avec seulement un tiers des réserves pétrolières du pays et majoritairement musulmanes. Comme c'est le cas dans tous les pays touchés par les guerres liées aux ressources naturelles, c'est toujours les mêmes prétextes ethniques, religieux et sociaux qui sont brandis par les deux parties sous l'inspiration des marchands de sang pour justifier l'utilisation des armes de guerre dans l'espoir d'obtenir une justice et un bien-être social qui n'étaient qu'un leurre promis par ces personnes tapies dans l'ombre qui désiraient à tout prix le pétrole du Nigéria. Cela pour vous dire que les méthodes n'ont jamais changé et demeurent toujours les mêmes de génération en génération. Sans entrer dans les détails de cette guerre de Sécession aux élans purement économiques, les chiffres du nombre de morts, bien qu'approximatifs, permettent d'avoir une idée du niveau d'atrocité que peuvent atteindre les marchands de sang à travers les différentes guerres du pétrole dans le monde pour assouvir leurs besoins et obtenir coûte que coûte cette précieuse ressource naturelle qu'est le pétrole.

Si vous l'avez bien remarqué depuis le début de mes écrits, il est très facile de faire le lien entre les ressources naturelles de l'Afrique et les guerres qui minent l'Afrique. Mais je le répète encore une fois, le but de ce livre n'est pas de mettre l'accent sur les guerres économico-meurtrières en Afrique ou de faire l'apologie des malheurs de l'Afrique en remuant les mauvais souvenirs du passé et en mettant les projecteurs sur les faits conflictuels actuels, mais plutôt, comme un commercial, de présenter ce continent comme un produit à vendre et qui est capable de générer un retour sur investissement. Pour mieux vendre son produit, un commercial doit connaître les atouts, les potentialités, les fonctions et même la composition de celui-ci. Ainsi, il sera qualifié et équipé pour mieux faire l'éloge et la promotion de son produit et par ricochet, mieux le vendre à ses clients. C'est cette démarche que j'adopte dans ce livre et c'est ce bagage de connaissances minières et pétrolières au sujet de l'Afrique que je désire transmettre à vous et aux générations futures via ces pages pour que vous en soyez des ambassadeurs dignes, intraitables, irréprochables et maîtrisant suffisamment les entrailles du sous-sol de ce continent comme les paumes de vos mains. L'Afrique est un continent riche et le golfe de Guinée y est pour beaucoup.

Le golfe de Guinée est une région pétrolière stratégique pour l'Afrique et le monde. Certains le définissent comme la bordure occidentale de l'Afrique qui part du détroit de Gibraltar au Maroc au Cap de Bonne Espérance en Afrique du Sud tandis que d'autres disent qu'il part du Cap Del Palmes au Libéria jusqu'à l'Angola. Dans tous les cas, le golfe de Guinée se situe dans l'océan Atlantique, au Sud-Ouest de l'Afrique et est une zone de synthèse et de rencontre entre les côtes de l'Afrique plus au Nord et celles plus au Sud. Au-delà de sa répartition géographique, il faut retenir que c'est environ 4 millions de barils de pétrole qui sont extraits chaque jour des profondeurs maritimes et terrestres de cette région pétrolière par les multinationales pétrolières qui font de très bonnes affaires dans cette partie du monde. Si le Nigéria était le seul pays producteur de pétrole important du golfe de Guinée et dont les seules exportations suffisaient à combler les besoins en hydrocarbures de plusieurs pays occidentaux, on n'aurait pas crié au scandale géologico-économique et je n'aurais jamais pris la décision d'écrire ce livre intitulé « *L'Afrique, l'ultime réserve pétrolière du monde face à la transition énergétique*.»

VI.1.1.b - L'Angola, le nouveau leader pétrolier en Afrique subsaharienne

Le Nigéria n'est pas le seul pays du golfe de Guinée avec ce potentiel pétrolier hors du commun. À cette liste s'ajoute l'Angola qui est un pays en ce moment en vogue dans le secteur des hydrocarbures et dont la production pétrolière a dépassé celle du Nigéria en 2016 avec des chiffres que j'ai mentionnés dans les paragraphes précédents. La répétition étant pédagogique, je ne me priverai pas en toute fierté de dire que l'Angola a produit environ 1,8 million de barils de pétrole par jour en 2016, ce qui lui permet d'être le nouveau hub pétrolier de l'Afrique et d'occuper la place du leader de la production pétrolière en Afrique, longtemps occupée par le Nigéria.

Grâce à sa manne pétrolière, en moins de 15 années, l'Angola s'est imposée au moment où j'écris ce livre comme la 5e puissance économique d'Afrique après le Nigéria, l'Afrique du Sud, l'Égypte et l'Algérie à telle enseigne que les médias se faisaient l'écho d'un prêt à hauteur de plusieurs milliards de ce nouveau géant africain à son ancienne puissance colonisatrice qui n'est personne d'autre que le Portugal.

Le fait le plus remarquable dans cette propulsion vers le sommet de l'Angola, c'est que ce pays est à peine sorti en 2002 de plus de 25 années de guerre civile et de plus de 15 années de troubles liés à son indépendance en 1975, pour atteindre en si peu de temps ce niveau d'essor économique qui a surpris toutes les institutions financières internationales. Et tout cela a été rendu possible grâce au pétrole. La preuve est que Luanda, sa capitale, est aujourd'hui la ville la plus chère du monde compte tenu du nombre impressionnant d'expatriés issus des multinationales qui y vont pour exploiter les gigantesques gisements de pétrole du Bloc 17 et d'autres blocs qui font les beaux jours de la production pétrolière angolaise.

Il est impossible de parler du pétrole en Angola sans mentionner le fameux bloc 17 qui fait la joie de plusieurs multinationales telles que Total, Statoil, Esso Angola, BP, Exxon Mobil, Norsk Hydro et de la compagnie nationale angolaise Sonangol qui en est le concessionnaire. Le bloc 17 est la concession pétrolière la plus productive de l'Angola avec l'implantation de 4 plateformes pétrolières flottantes de dernière génération de type FPSO (Floating Production Storage and Offloading) qui pompent en permanence le pétrole et le gaz de 4 immenses gisements mis en évidence sur ce bloc à savoir, Girasol, Dalia, Pazflor et Clov (Figure 61).

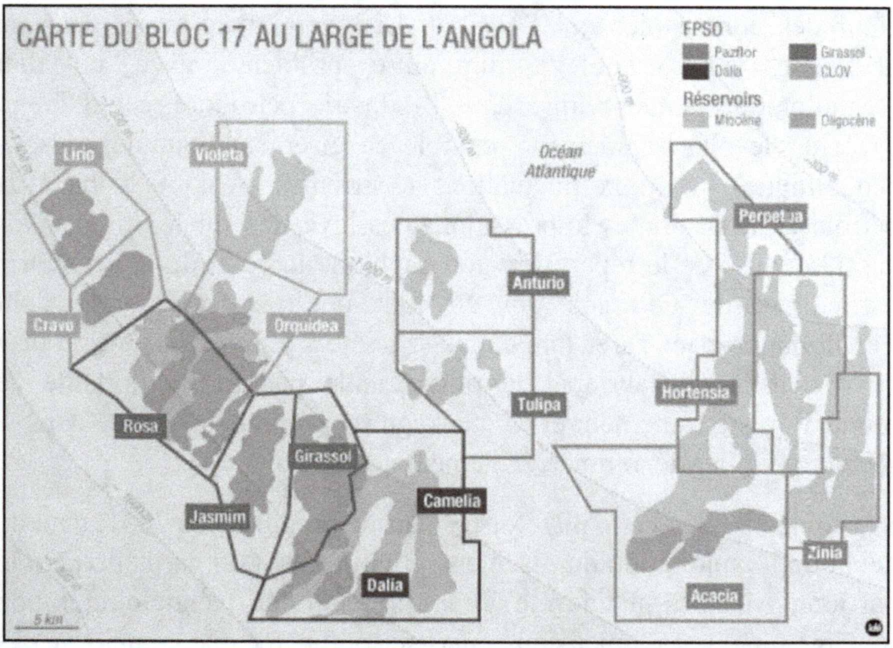

Figure 61: Carte des champs pétroliers du bloc 17 en Angola (www.total.com , 2017)

Ces plateformes font un prétraitement du pétrole extrait puis le stockent avant que celui-ci ne soit transporté une à deux fois par semaine dans des supertankers en destination des raffineries du continent. En plus des gisements satellites Jasmin et Rosa, Girassol est la première découverte d'une longue liste qui révolutionne aujourd'hui non seulement le secteur pétrolier angolais sur le plan économique, mais aussi, le domaine pétrolier mondial sur le plan technologique avec l'utilisation des FPSO. Pourquoi une révolution sur le plan technologique ?

En effet, Girassol, qui veut dire « tournesol » en portugais, est un gisement découvert en avril 1996 dans l'offshore profond de l'océan Atlantique à 150 km des côtes de Luanda et à 1350 mètres de profondeur sous le niveau de la mer. Les réserves de Girassol sont évaluées à plus de 700 millions de barils de pétrole, voire même plus d'un milliard de barils à exploiter sur 20 années. Avec ce potentiel énorme, Girassol ne pouvait que, dans un premier temps, réjouir le cœur des compagnies qui l'avaient découvert, mais aussi, dans un deuxième temps, soulever un autre problème avec un défi technologique jamais réalisé dans l'industrie pétrolière, car il fallait exploiter le plus rapidement possible ce gisement pour des raisons économiques liées aux fluctuations récurrentes du coût du baril de pétrole et aux sommes impressionnantes investies sur le projet, mais aussi, à cause de la répartition géographique large et de la géométrie particulière de Girassol, qui en font une réserve énorme dont l'exploitation peut durer longtemps si on ne s'y prend pas tôt. Pour y arriver, il fallait fabriquer la plus grande plateforme flottante de production, de traitement et de stockage (FPSO) jamais conçue dans le secteur pétrolier dénommée également « Girassol ».

L'objectif avec cette plateforme était de produire dès 2001, date du début de l'exploitation du gisement, environ 200 000 barils de pétrole par jour. Ainsi, la plateforme Girassol est un défi technologique non seulement pour ses dimensions, mais surtout, parce que la majorité des plateformes étaient généralement utilisées jusqu'à cette date, pour des profondeurs d'eau de 300 mètres environ sous le niveau de la mer, car elles devaient être fixées au fond marin via des structures métalliques pour résister et rester stables face aux forts courants marins alors que dans ce cas, cette valeur est au-delà de 1000 mètres de profondeur d'eau.

En effet, la plateforme Girassol est reliée à 39 puits forés dans le gisement grâce à trois canalisations bien équipées contre les fortes pressions, qui pompent le pétrole en permanence et l'acheminent vers les cuves de stockage d'une capacité journalière de 240 000 barils et de 2 millions de barils au maximum. Pour vous donner une image de ce joyau technologique, la plateforme Girassol, c'est 25 000 tonnes d'acier soit environ 3 fois le poids de la Tour Eiffel, pour une superficie semblable à celle du stade de France et un investissement de 2,8 milliards de dollars à rentabiliser dès que possible.

Si la multinationale Total est ce qu'elle est aujourd'hui c'est en partie grâce au pétrole de l'Angola et surtout au bloc 17 qui lui donne tout ce qu'il a dans ses entrailles.

Au gisement Girassol, s'ajoute le gisement Dalia découvert en septembre 1997 à 135 km des côtes angolaises sous une tranche d'eau de 1300 mètres de profondeur avec des réserves évaluées à environ 1 milliard de barils de pétrole.

De tels chiffres peuvent vous paraître désormais communs et habituels, mais en réalité, il existe très peu de gisements dans le monde sauf en Afrique où les réserves atteignent aussi facilement l'ordre du milliard. C'est pourquoi je ne cesse de dire que l'Afrique est un continent riche de son sous-sol dont la mise en évidence et en valeur des ressources naturelles souterraines n'est qu'à ses débuts, car malgré tout l'exploration pétrolière et minière n'a pas encore atteint sa vitesse de croisière.

Comme la plateforme Girassol, pour Dalia, il a fallu également construire la plateforme FPSO appelée aussi du nom de « *Dalia* » qui est une prouesse technologique avec une capacité de traitement et de stockage de 240 000 barils de pétrole par jour et de 2 millions de barils au maximum. Comme Girassol, la plateforme Dalia pèse 25 000 tonnes et mesure 300 mètres de long, 40 mètres de large et 40 mètres de haut. Plus que Girassol qui en possède 39, à la plateforme Dalia sont reliées 71 puits forés dans le gisement dont 31 sont des puits à injection d'eau, 3 sont des puits à injection de gaz et 37 sont des puits de production, tous reliés à 9 collecteurs dont la mission est de convoyer le pétrole pompé vers les cuves de stockage de la plateforme. C'est environ 40 km de lignes isolées de production sous-marine qui permettent à la plateforme Dalia d'atteindre les objectifs de production que lui ont fixés ses concepteurs au moment de sa création. Tous ces kilomètres de lignes de production tiennent la route grâce au fait qu'elles sont reliées à 8 conduites flexibles de liaison fond-surface de haute technologie qui donnent la stabilité à la plateforme. Devant ce énième exploit technologique, le défunt directeur général de Total, monsieur Christophe de MARGERIE a tenu à exprimer sa satisfaction quant à la bonne marche du projet dans un communiqué de presse publié le 23 décembre 2006 sur le site internet du groupe en faisant cette déclaration :

« Nous sommes extrêmement satisfaits du développement de Dalia. Le respect des délais impartis démontre la capacité de nos équipes à mener à bien les projets les plus ambitieux dans les environnements les plus difficiles. De plus Dalia est venu renforcer le secteur pétrolier spécialisé angolais en créant des emplois et en permettant un transfert de technologie grâce à l'installation d'usines modernes à Luanda, Lobito et Dante destinées à la fabrication des équipements industriels sophistiqués nécessaires au projet. »

Ainsi, en développant la phase 1A du gisement Dalia qui compte 7 puits supplémentaires dans de nouvelles réserves estimées à 51 millions de barils de pétrole, c'est à peu près une production de 30 000 barils de pétrole par jour que Total ajoute aux 240 000 barils par jour de Girassol, ce qui permet de maintenir effectivement la production journalière de Dalia déjà évaluée à environ 200 000 barils par jour depuis le début de son exploitation. C'est ce qu'a confirmé monsieur Arnaud BREUILLAC, le directeur général Exploration-Production lors d'un communiqué de presse publié sur le site internet du groupe, en date du 27 juillet 2015 en disant :

« L'unité flottante de production, de stockage et d'enlèvement de pétrole (FPSO) de Dalia, mise en service il y a neuf ans (2006), va maintenir sa production autour de 200 000 barils par jour grâce au démarrage de la phase 1A. C'est le dernier succès en date d'une longue série de réussites sur le bloc 17, le bloc opéré le plus important pour Total dont la production cumulée a atteint deux milliards de barils en mai 2015. »

Il poursuit en disant :

« Ce projet illustre l'engagement de Total à maximiser la valeur de ses installations en optimisant leurs productions. Les développements de satellites de ce type sont importants pour le maintien de nos productions, la profitabilité et la génération du cash-flow du groupe. »

Toujours dans cette même dynamique d'expansion de la production de Dalia, la phase 2A du plan de développement du gisement a débuté dans la semaine 3 de l'année 2017 avec 4 puits supplémentaires reliés à la plateforme Dalia. Cette deuxième phase du plan de développement de Dalia concerne des réserves estimées à 35 millions de barils de pétrole et permettra à terme d'ajouter 30 000 barils de pétrole par jour à la production du bloc 17. La plateforme Dalia représente 3,4 milliards d'investissements financés par les mêmes opérateurs que Girassol. Pour rappel, le bloc 17 est opéré pour le compte du concessionnaire Sonangol par Total (40%), Statoil (23.33%), Esso Exploration Angola Ltd (20%) et BP Exploration Angola Ltd (16,67%). Les chiffres des investissements plus consistants de Dalia par rapport à ceux de Girassol sont dûs au nombre plus important de têtes de puits chiffrées à 71 et à l'extraction d'une huile plus lourde de 32° API du gisement Dalia contre 23° API pour Girassol, qui nécessite plus de moyens techniques et financiers pour son traitement.

L'Angola est aujourd'hui l'une des places incontournables et pionnières de l'offshore profond dans le golfe de Guinée et dans le monde. En un seul bloc pétrolier en Angola, se concentrent tout le savoir-faire et toute l'expertise technologique en matière d'exploitation et de développement des champs pétroliers. Cela se confirme bien avec Pazflor qui est le troisième gisement entré en production sur le bloc 17 depuis le 26 août 2011 après Girassol et Dalia. Pazflor est un champ pétrolier localisé au large des côtes angolaises à 150 mètres de Luanda sous une tranche d'eau comprise entre 600 et 1200 mètres et dont les réserves prouvées et probables sont estimées à 590 millions de barils de pétrole. Comme Girassol et Dalia, l'exploitation de Pazflor a nécessité aussi la mise en place d'une plateforme de type FPSO également de dernière génération avec des particularités technologiques exceptionnelles liées au fait que ce gisement possède deux huiles (pétrole) aux caractéristiques différentes, provenant de 4 réservoirs également différents.

En effet, Pazflor est composé de 4 réservoirs dont le premier nommé Acacia, date de l'époque géologique de l'Oligocène (25 millions d'années) avec une huile légère et les trois autres connus sous les noms de Perpetua, Zinia et Hortensia datent du Miocène (5 à 7 millions d'années), une époque géologique plus récente, avec une huile lourde et visqueuse, plus difficile à extraire et à traiter sachant que ces derniers constituent les deux tiers des réserves. Pour répondre à ce défi technique, la plateforme « Pazflor », baptisée du même nom que le gisement, a dû être équipée de façon particulière et exceptionnelle de trois unités de séparation sous-marine (SSU : Subsea Separation Units) de gaz-liquide qui permettent de départager le gaz et le pétrole lors du processus d'extraction en profondeur avant leur arrivée vers les cuves de stockage du FPSO. Cette unité de séparation est positionnée à 800 mètres de profondeur d'eau sur la chaîne d'extraction du pétrole.

Une telle prouesse technologique apporte une réponse durable à l'épineux problème de l'exploitation des huiles lourdes qui affecte le secteur pétrolier depuis des décennies et les rend à nouveau économiquement rentables si cette nouvelle voie d'exploitation pétrolière, dont seul Total a le secret pour le moment au monde, est mise en place, vulgarisée et implémentée par d'autres multinationales pétrolières. Ainsi, à la différence de ses aînées, la plateforme Pazflor exploite deux huiles aux propriétés physiques et chimiques distinctes grâce à ses unités de séparation d'huile et de gaz. Devant Girassol et Dalia, Pazflor est la plus grande plateforme pétrolière du monde avec 325 mètres de long et 62 mètres de large, un poids de 120 000 tonnes et une capacité de stockage de 1,9 million de barils de pétrole dans sa coque. Avec une capacité de 220 000 barils de pétrole par jour, Pazflor est fixée dans les fonds marins par 16 lignes d'ancrage et possède plus de 180 kilomètres de lignes reliant les 49 puits forés dans le gisement, qui pompent en permanence le pétrole et le remontent vers les cuves de la plateforme.

Je prends le temps de m'attarder sur ces plateformes et les moyens techniques et financiers déployés pour leur conception parce que j'ai compris que pour que de telles multinationales investissent autant d'argent, de temps et de compétences dans un bassin marin comme celui de l'Angola et dans une région pétrolière comme celle du golfe de Guinée, il faut que ceux-ci aient un potentiel pétrolier gigantesque, capable d'amortir toutes ces dépenses. Ainsi, toutes ces données me confortent dans l'idée que je défends et que je tente de démontrer depuis le début de ce livre à savoir, l'Afrique est un continent riche de son sous-sol et capable de se développer à partir de ses ressources minières et pétrolières si seulement elle en est consciente et gère bien la manne financière qui en découle.

L'Angola et sa capitale Luanda sont des exemples palpables de développement basés uniquement sur l'argent des ressources pétrolières et diamantifères. Avec un taux de croissance de 9% en moyenne entre 2002 et 2009 et même 24,4% en 2007, l'Angola apporte la preuve qu'il est possible de se développer à partir des ressources de son sous-sol si on y met de la bonne volonté et si on décide d'appliquer les règles de bonne gouvernance dans la gestion des finances liées à leurs exploitations. Même si ce taux de croissance est retombé à 2% en 2016 compte tenu de la baisse du prix du baril de pétrole qui reste passagère, l'Angola reste un eldorado certain pour tous les pétroliers sur la thématique des réserves de l'offshore profond, mérite bien sa première place de producteur de pétrole africain et demeure de manière incontestable, un pôle pétrolier indispensable dans le golfe de Guinée. C'est tout le bien que monsieur Yves-Louis DARRICARRIERE, le directeur général Exploration-Production a également pensé de l'Angola et de Pazflor à travers ses propos rapportés dans le communiqué de presse du groupe Total en date du 26 août 2006 en ces termes :

« La mise en production de Pazflor, en avance de plusieurs semaines sur la date prévue et dans le budget prévu, est une performance remarquable de l'ensemble des équipes qui y ont contribué. Cette efficacité trouve également sa source dans le soutien et la confiance témoignés par notre concessionnaire et notre partenaire Sonangol. Pazflor nécessitait un développement à la mesure de sa dimension et de sa complexité : en ouvrant de nouvelles voies technologiques, ce projet confirme l'expertise de notre groupe en matière de développement dans des environnements d'une très grande complexité. Les installations du projet ont été conçues et testées selon les standards les plus élevés en matière de protection de la santé, de la sécurité et de l'environnement. Nous poursuivons ainsi notre aventure dans l'offshore profond, qui constitue l'un des principaux axes de croissance de notre production future et qui a débuté ici-même en Angola. »

Le fait d'accueillir toutes ces plateformes de dernière génération montre que l'Angola est un pays privilégié et important pour le développement du secteur pétrolier dans le monde et cela, grâce à ses grandes réserves pétrolières. L'Angola est donc un pays stratégique pour les multinationales engagées dans ses eaux marines.

Cette affirmation se vérifie encore avec la mise en exploitation de « Clov », le quatrième gisement du bloc 17 après Girassol, Dalia et Pazflor, car dans l'une de ses déclarations parues dans un communiqué de presse du groupe Total, Mme Geneviève MOUILLERAT, la Directrice du projet « Clov » jusqu'à son démarrage en juin 2014 avait dit ceci au sujet de l'Angola :

« Très tôt dans la conception du projet, nous nous sommes donné les moyens de faire de Clov un vecteur de croissance pour le pays. Car pour nous, il était impératif que ce projet soit à la fois une réussite pour Total et pour l'Angola. »

En effet, comme les précédents gisements du bloc 17, Clov est un gigantesque gisement localisé au large des côtes angolaises, à 140 km de Luanda et à 40 km au Nord-Ouest de Dalia sous une tranche d'eau marine comprise entre 1100 et 1400 mètres. Comme Pazflor, Clov possède également 4 champs pétroliers avec des huiles aux caractéristiques différentes, à savoir : Cravo, Lirio, Orquidea et Violeta. Ses réserves prouvées et probables sont évaluées à 505 millions de barils de pétrole et exploitables sur 20 années. Pour exploiter de telles réserves si considérables comme les précédentes du même type avec des huiles aux propriétés physiques et chimiques distinctes, Total n'avait pas d'autre choix que de concevoir également une mégaplateforme à la pointe de la technologie dénommée « Clov » comme le gisement. C'est pourquoi monsieur Yves-Louis DARRICARRIERE a tenu ces propos lors du lancement du projet le 11 août 2010 en disant :

« Après Girassol, Dalia et Pazflor, le lancement de Clov représente une nouvelle étape majeure dans l'histoire de Total en Angola. Cet évènement vient démontrer toute la capacité technologique de Total à mener avec succès des projets de grande ampleur. »

Dans un communiqué de presse du groupe datant du 12 décembre 2014, Arnaud BREUILLAC, le directeur général Exploration-Production a renchéri en déclarant ceci :

« Avec Clov, le Bloc 17 devient le plus grand bloc opéré par Total avec une production journalière de 700 000 barils. Clov contribuera de façon significative à la génération de la trésorerie du groupe et représente une avancée importante pour atteindre notre potentiel de production de 3 millions de barils par jour à l'horizon 2017. »

Si toutes ces affirmations encensent Clov, c'est parce qu'elle est aussi une mégaplateforme de type FPSO dont le financement a coûté environ 7 milliards de dollars. Elle est tout aussi grande que trois terrains de football, longue de 305 mètres, large de 61 mètres avec une capacité de production journalière de 160 000 barils et une possibilité de stockage de 1,8 million de barils de pétrole. Clov atteint cette capacité de production journalière grâce à 34 puits forés dans les 4 champs pétroliers et 8 collecteurs interconnectés par 180 km de lignes de production qui convoient les hydrocarbures extraits en permanence vers les cuves de stockage de Clov. L'une des particularités de Clov est sa capacité à extraire de façon simultanée deux huiles différentes par l'intermédiaire d'un système sous-marin unique de pompage multiphasique, de traitement et de stockage. Le fait d'être doté d'un tel système à une telle profondeur dans la mer est non seulement une grande première dans l'histoire du pétrole dans le monde, mais en plus, cette technique permet de simplifier la production des huiles et de maximiser leur récupération.

En effet, les huiles des champs Cravo et Lirio de 32° à 35 ° API qui datent de l'Oligocène sont moins visqueuses que celles des champs Orquidea et Violeta de 20° à 30° API datant du Miocène. La densité API (American Petroleum Institut) est une échelle qui exprime la densité du pétrole brut en degrés. Plus le degré API est élevé, plus le pétrole est léger et est considéré comme de bonne qualité. C'est l'exemple du pétrole de Ghawar en Arabie Saoudite, le plus grand gisement de pétrole du monde dont le brut a un degré API évalué à environ 33° et du pétrole algérien dénommé « Saharan Blend », l'un des plus légers du monde avec un API à 45° alors que le pétrole extra-lourd du bassin de l'Orénoque au Venezuela, que j'ai abordé dans le chapitre dédié à l'Amérique latine, a un API compris entre 5° et 10° API.

Ainsi, grâce à Girassol, Dalia, Pazflor et Clov dont les productions ont démarré respectivement en 2001, 2005, 2011 et 2014, c'est plus de 2 milliards de barils de pétrole que Total a extrait du bloc 17 et il faut compter encore au moins une bonne dizaine d'années supplémentaires d'exploitation de ce champ pétrolier pour le voir atteindre son épuisement. C'est ce caractère exceptionnel du bloc 17 pour Total et pour l'Afrique que monsieur Guy MAURICE, le directeur Afrique de l'Exploration-Production de Total a évoqué dans sa déclaration suivante :

« Avec Clov, le bloc 17 deviendra le premier centre de production de Total dans le monde, et le premier en Afrique, tous opérateurs confondus ».

Il continue en disant :

« L'Angola est pour le groupe un pays central, où il est agréable de travailler, compte tenu de la volonté politique claire des autorités de développer leurs ressources. »

Cela pour vous dire tout l'espoir que les multinationales pétrolières mettent dans le golfe de Guinée et pour témoigner du potentiel de l'Angola qui n'a pas que le bloc 17. En réalité, l'Angola et Total fondent aussi beaucoup d'espoirs sur le bloc 32 avec le projet « Kaombo » qui prendra le relai du bloc 17, car il a des réserves estimées à 660 000 barils, réparties sur 6 champs pétroliers que sont Caril, Louro, Gemgibre, Mostarda, Canela, Gindungo et aura une production prévisionnelle de 230 000 barils par jour dès 2017.

En plus de cela, non loin de la ville de Lobao, la prospection du bassin marin de la « Kwanza » qui reste encore inexplorée est en prévision, car des gisements présalifères comme ceux de Libra et de Santos au Brésil y sont soupçonnés sur les blocs 25, 39 et 40.

De tout ce qui précède, il est humblement optimiste de conclure que l'Angola est l'une des forces sûres sur laquelle l'Afrique peut compter dans les années à venir pour doubler son poids commercial et stratégique sur le marché international du pétrole.

VI.1.1.c - La Guinée équatoriale, l'émirat pétrolier du golfe de Guinée

Malgré le potentiel pétrolier déjà considérable et bien représentatif de ces deux pays pour tout le continent africain, le Nigéria et l'Angola sont loin d'être les seuls à détenir de si importants gisements d'hydrocarbures dans la région pétrolière du golfe de Guinée. Il faut ajouter à ces deux géants d'Afrique subsaharienne, la Guinée équatoriale qui est à l'heure actuelle le cinquième producteur de pétrole d'Afrique et le troisième producteur de pétrole d'Afrique subsaharienne.

Selon le récent rapport des données économiques mondiales du FMI de 2016, la Guinée équatoriale est un pays qui possède l'un des PIB les plus élevés du monde et de l'Afrique avec des valeurs connues à 14 176 dollars et à 13 627 dollars respectivement en 2016 et en 2017, grâce à l'argent du pétrole. Comme l'Angola, la Guinée équatoriale fait partie de ces pays émergents en Afrique et dans le monde qui connaissent un développement vertigineux ces dernières décennies, sur le plan des infrastructures économiques de base (routes, écoles, hôpitaux, ports, aéroports) en utilisant un seul pan de leur économie, c'est-à-dire les ressources pétrolières, car ils n'ont pas pu diversifier leurs économies, qui en dépendent généralement à plus de 90%. Le pétrole est donc la force de l'économie équato-guinéenne.

Pays pauvre à vocation agricole à la base, la Guinée équatoriale est passée en très peu de temps, grâce aux ressources de son sous-sol, au rang de premier producteur de pétrole de la zone franc, c'est-à-dire de l'ensemble des pays qui utilisent le franc des Colonies Françaises (CFA). L'économie Equato-guinéenne a pris son envol économique et social grâce à la découverte et à l'exploitation de trois grands gisements à savoir : Zafiro, Ceiba et Alba (Figure 62).

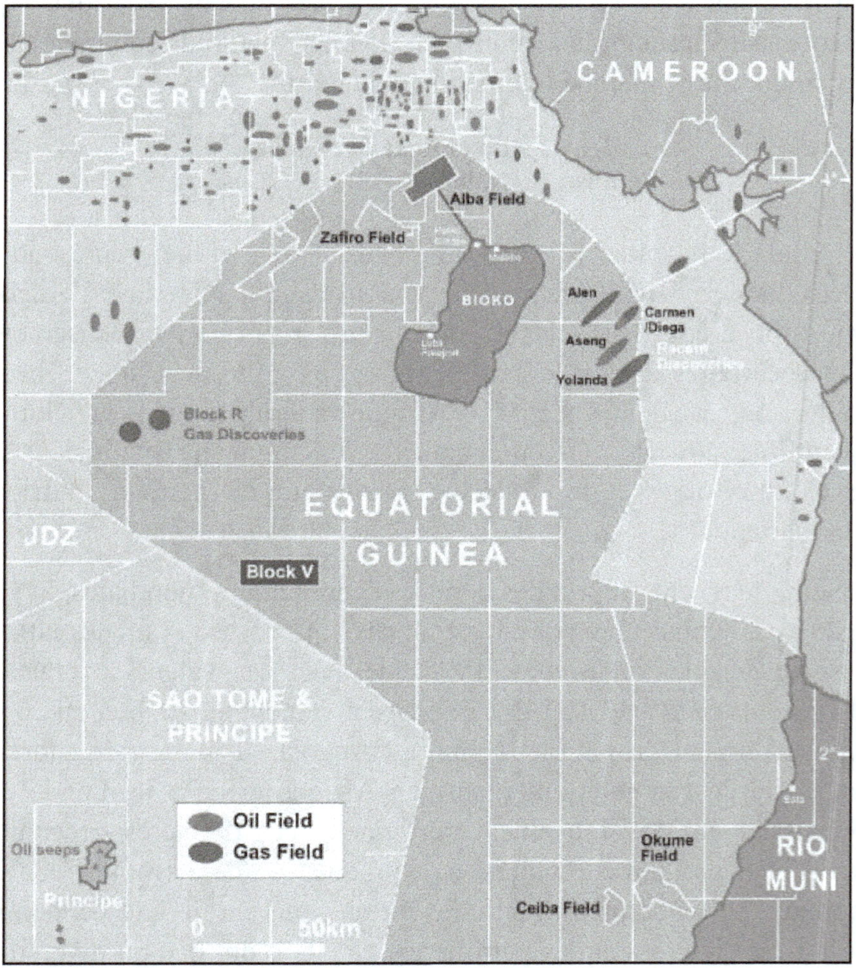

Figure 62: Quelques champs pétroliers de la Guinée équatoriale (www.paixetdeveloppement.com)

Le développement de ces champs pétroliers a tellement de succès que la Guinée équatoriale attire non seulement des multinationales pétrolières et des investisseurs dans tous les domaines, mais aussi, cette percée pétrolière a entraîné de façon inexorable un taux de croissance à deux chiffres depuis plus d'une décennie dans ce pays. Par exemple, en 2001, la Guinée équatoriale a atteint un taux de croissance de 70%, ce qui est une grande première mondiale sur le plan économique. De mémoire, je ne me souviens pas qu'un autre pays dans le monde ait réalisé un tel exploit en matière de croissance économique en si peu de temps, à partir de l'exploitation de ses ressources naturelles énergétiques.

Toutes ces statistiques sont évoquées pour vous dire qu'avec des réserves prouvées et probables de pétrole et de gaz estimées respectivement à environ 1,1 milliard de barils et 49 milliards de m^3 (1 340 milliards de pieds cubes), la Guinée équatoriale est également un pays au potentiel pétrolier exceptionnel et stratégique dans le golfe de Guinée. Après avoir connu un pic de sa production pétrolière en 2007 avec 369 000 barils par jour, le Département Américain de l'Énergie estimait que la Guinée équatoriale atteignait une production pétrolière de 270 000 barils par jour en 2014.

Malgré ces chiffres déjà satisfaisants à l'échelle continentale, voire même mondiale, les multinationales pétrolières et les autorités équato-guinéennes sont conscientes de l'énorme potentiel pétrolier de leur pays et sont très optimistes quant à l'avenir, car jusqu'en 2016, la majorité de ses blocs pétroliers étaient encore inexplorés. C'est pourquoi, pendant la tenue de la conférence « Africa Oil & Power » organisée le 06 juin 2016 au Cap, en Afrique du Sud, le ministre des Mines, de l'Énergie et de l'Industrie de la Guinée équatoriale de l'époque, monsieur Gabriel MBAGA OBIANG LIMA, devenu vice-président de la Guinée équatoriale, a lancé l'appel d'offres « EG Round 2016 » qui consiste à convaincre les investisseurs étrangers et les multinationales du domaine pétrolier à prendre des parts des 37 concessions pétrolières encore inexplorées du pays, dont 32 sont maritimes et 5 sont terrestres. Ainsi, dans l'optique de booster et de dynamiser cet appel à proposition sur la mise en vente de la majorité des blocs pétroliers de son pays monsieur Gabriel MBAGA OBIANG LIMA a tenu des propos relayés dans les pages du journal *Jeune Afrique* en date du 7 juin 2016 en ces termes :

« Notre nation s'est imposée comme une source rentable pour les entreprises mondiales des hydrocarbures qui explorent nos eaux, et maintenant nous sommes impatients de rencontrer les explorateurs potentiels lors de la tournée de présentation prévue à travers le monde en 2016. »

Cette déclaration montre clairement la volonté des autorités équato-guinéennes d'aller plus loin dans l'exploration de leurs territoires marins et terrestres, car ils ont la certitude que ceux-ci n'ont pas encore révélé toutes leurs richesses. Et surtout, c'est une invitation aux investisseurs qui est très significative et pleine d'espoir pour le développement futur de la Guinée équatoriale qui, bien que déjà amorcé, peut connaître d'autres épisodes bien plus radieux parce que jusqu'à ce jour, ce n'est que 3 champs pétroliers majeurs (Zafiro, Alba, Ceiba) qui ont permis à la Guinée équatoriale d'atteindre ce niveau de production pétrolière mondial. Imaginez juste un instant que tous les 37 blocs pétroliers mis en vente ou que même la moitié de ceux-ci possèdent des réserves pétrolières susceptibles d'être exploitées, vous comprendrez aisément et serez d'accord avec moi pour penser qu'avec un tel potentiel pétrolier, la Guinée équatoriale n'aura rien à envier aux pays occidentaux en matière de développement infrastructurel et social.

Je le dis parce que c'est l'un des rares pays africains où l'impact des revenus du pétrole et du gaz est perceptible et palpable dans les rues et dans les villes avec des cités et des routes en construction régulièrement. En raison de ses réserves pétrolières considérables et de sa structure géographique composée d'une part, de la péninsule insulaire Bioko abritant la capitale politique Malabo et les champs Zafiro, Alba, Aseng, Yollanda, Carmen, Diega et d'autre part, du bloc continental Rio Muni accueillant les champs Ceiba, Okume, la Guinée équatoriale indépendante depuis 1968 est appelée par certains « l'Émirat du golfe de Guinée » et est considérée aujourd'hui comme un nouvel « eldorado » pétrolier au même titre que l'Angola.

Si la Guinée équatoriale possède le surnom « Émirat du golfe de Guinée », c'est qu'elle a incontestablement du potentiel pétrolier qui n'est pas forcément au même niveau que celui des Émirats de l'Orient et de l'Asie, mais qui est néanmoins honorable à l'échelle mondiale. Mais quels sont ces champs pétroliers et gaziers qui font le bonheur de la Guinée équatoriale au point où ce pays prend toutes les dispositions et les décisions nécessaires pour intégrer l'OPEP ?

Le champ pétrolier Zafiro, essentiellement constitué de pétrole, exploité majoritairement par l'Américain Exxon Mobil et découvert en 1995 dans les eaux équato-guinéennes, à environ 50 km de l'île de Bioko, reste le plus important de l'histoire pétrolière de ce pays, car depuis le début de sa mise en exploitation jusqu'à récemment, il générait environ 70 % de la production pétrolière de la Guinée équatoriale avec environ 180 000 barils de pétrole par jour.

Débutée à l'an 2000, l'exploitation des réserves initiales de Zafiro estimées à 600 millions de barils de pétrole par les unités de la plateforme « Jade », a connu une croissance progressive jusqu'à passer la barre symbolique des 155 000 barils par jour.

Deuxième champ pétrolier après Zafiro, et situé au large de la ville continentale de Bata, la capitale économique de la Guinée équatoriale, Ceiba est également un gisement composé essentiellement de pétrole, dont l'exploitation par les compagnies américaines Triton et Amerada Hess a aussi commencé à l'an 2000 avec une production estimée à environ 48 000 barils de pétrole déjà à cette époque.

Le champ Alba quant à lui, est composé essentiellement de gaz avec des réserves évaluées à 250 millions de m^3 de gaz et une production journalière de 18 000 barils de condensat et 2 300 barils de gaz liquide depuis le début de son exploitation. Alba a une valeur hautement symbolique pour la Guinée équatoriale, car c'est avec la découverte et l'exploitation de ce gisement en 1992 que l'histoire pétrolière de ce pays a démarré.

Ainsi, ces trois gisements ont fait à eux seuls l'hégémonie et l'essor pétrolier de la Guinée équatoriale. Cependant, les experts pensent qu'il reste encore une bonne décennie d'exploitation de ces champs pétroliers majeurs, de moins en moins productifs si aucune autre découverte n'est faite.

Cette nouvelle donnée influe non seulement sur la production journalière de la Guinée équatoriale, mais aussi sur son économie en berne car dépendante à plus de 90% des revenus du pétrole.

Même si tous les voyants sont au rouge en ce qui concerne l'épuisement des réserves de ces 3 champs pétroliers, la Guinée équatoriale reste toujours un titan du trio pétrolier du golfe de Guinée, qu'elle forme avec le Nigéria et l'Angola parce que les entrailles de son sous-sol n'ont toujours pas dit leur dernier mot. Plusieurs raisons me conduisent à tenir de tels propos. La première raison est la découverte d'un quatrième champ dénommé « Okoumé ». Situé au large de Bata, non loin de Ceiba, et constitué essentiellement de pétrole, ce champ vient s'ajouter à la liste restreinte des grands gisements de la Guinée équatoriale. Il a été inauguré en 2007 par le président Théodoro OBIANG GUEMA lui-même et par monsieur John HESS, le président de la compagnie américaine Amerada Hess qui exploite le gisement avec le Britannique Tullow Oil Energy et la compagnie nationale Gepetrol.

Cette inauguration a eu d'importants effets médiatiques compte tenu de l'espoir fondé sur ce gisement à un moment où les 3 champs majeurs du pays sont en train de s'épuiser. Okoumé dont l'exploitation durera environ 20 années a une production journalière de 60 000 barils par jour ce qui n'est pas négligeable quand on considère la production journalière de Ceiba et d'Alba.

La deuxième raison majeure de mon affirmation est la découverte récente par la compagnie britannique Ophir Energy d'environ 70 milliards de m^3 de gaz récupérables dont les premières livraisons étaient prévues pour 2016.

En effet, si de nouvelles découvertes de gisements de pétrole tardent à venir, ce n'est pas le cas du gaz qui a le vent en poupe et dont les réserves sont considérables dans les eaux équato-guinéennes.

Je ne me suis peut-être pas attardé sur les champs Alen, Aseng, Yolanda, Carmen, Diega et le bloc R, mais, en plus de la découverte faite par Ophir Energy, ce sont tous des champs composés en partie de pétrole, mais aussi d'importantes réserves de gaz, capables d'assurer la relève et l'équilibre de la Guinée équatoriale en matière de production d'hydrocarbures.

Le gaz équato-guinéen peut largement remplacer le pétrole en attendant de nouvelles découvertes, tant ses utilisations sont prisées dans le monde. Pour sa commercialisation, il est bien de savoir que le gaz qui sort des gisements équato-guinéens et de ce monde est transformé en méthanol, en Gaz de Pétrole Liquéfié (GPL) et majoritairement en Gaz Naturel Liquéfié (GNL) qui donne tout leur rôle d'outils de cuisine aux gazinières dont sont équipées nos maisons.

C'est pour cette raison que depuis ces 5 dernières années, les autorités équato-guinéennes désirent faire de ce pays, un hub gazier régional en accordant plus de place à l'exploitation du gaz à travers la construction d'une sorte de « train » pour parler grossièrement, qui est en fait, un système de collecte du gaz naturel chargé de récupérer le gaz des champs découverts récemment et ceux de Zafiro, Alba, Ceiba et Alen et de bien d'autres qui étaient autrefois brûlés. Tous ces mètres cubes de gaz collectés sont par la suite convoyés pour leur traitement avant commercialisation, au complexe pétrochimique de Punta Europa situé à proximité de la capitale Malabo et conçu par Atlantic Methanol Production Compagny (AMPCO), un consortium formé des Américains Marathon Oil (45%), Noble Energy (45%) et de Sonagas, la compagnie nationale de gaz. Pour vous donner un ordre de grandeur du potentiel en gaz de la Guinée équatoriale, il faut savoir qu'en 2009, c'est environ 4,3 milliards de m^3 de gaz qui ont été exportés vers le Japon, la Corée du Sud et Taiwan, sachant que les États-Unis sont les premiers importateurs des hydrocarbures équato-guinéens.

En 2011, le ministre des Mines, de l'Énergie et de l'Industrie de l'époque, monsieur Marcelino Owono EDU estimait à 30,9 millions de

m^3 soit 1 092 milliards de pieds cubes, la production journalière de gaz de la Guinée équatoriale.

Une telle production journalière de gaz montre clairement que la Guinée équatoriale peut tirer le meilleur de cette ressource naturelle pour redynamiser à nouveau ce secteur et son économie qui en a fortement besoin. C'est une preuve additive qui atteste l'importance du golfe de Guinée sur le plan géostratégique et géopolitique pour le reste du monde en matière d'approvisionnement en ressources énergétiques.

La Guinée équatoriale est un petit pays d'Afrique tant au niveau de sa superficie que de sa population, mais c'est un grand pays d'Afrique sur le plan économique, géopolitique et géostratégique. C'est le cas de bon nombre de pays d'Afrique et du golfe de Guinée qui ont une forte production pétrolière. Parmi ceux-ci, il est difficile d'omettre le Congo-Brazzaville et le Gabon qui se disputent la quatrième place du plus grand pays producteur de pétrole d'Afrique subsaharienne après la Guinée équatoriale. Ainsi, il serait donc inconséquent de négliger les plus petits pays d'Afrique qui ont une frontière ou une façade adossée à l'océan Atlantique, c'est-à-dire qui appartiennent de ce fait au golfe de Guinée, car très souvent ils sont les plus prolifiques en production d'hydrocarbures.

En considérant tous ces faits et ces statistiques, j'en tire pour conclusion qu'il n'y a pas de petit pays en Afrique en ce qui concerne les ressources naturelles du sous-sol, qu'elles soient d'origine minière pour parler des métaux et des pierres précieuses ou d'origine pétrolière pour parler du pétrole et du gaz. L'Afrique est un continent riche et le golfe de Guinée est l'une des régions pétrolières les plus riches du monde. Qu'on le veuille ou pas, c'est une région qui reste stratégique dans la guerre que se livrent les Occidentaux pour s'approvisionner en pétrole et en gaz.

C'est justement l'occasion pour moi à ce stade de ce livre de m'intéresser à l'un de ces pays d'Afrique que l'on pourrait qualifier de petit par sa superficie de 342 000 km^2 et par la taille de sa population évaluée à environ 4,5 millions d'habitants, mais qui en réalité, est un grand pays d'Afrique et du golfe de Guinée si l'on prend en compte sa production pétrolière journalière. De quel pays suis-je en train de parler ?

Eh bien ! Il s'agit du Congo-Brazzaville.

VI.1.1.d - Le Congo-Brazzaville, un pays discret aux milliards de barils de pétrole

Comme la majeure partie des pays pétroliers d'Afrique, le Congo a une économie qui dépend fortement de ses ressources pétrolières, car ces dernières contribuent à plus de 80 % aux recettes de l'État. Grâce à la manne pétrolière, le budget de l'État congolais est excédentaire depuis plus de 5 ans à telle enseigne que ce pays n'hésite pas à faire des prêts à d'autres pays africains pour dynamiser les échanges bilatéraux qui sont de plus en plus courants sur le continent africain. Cela traduit clairement le rôle et le poids que jouent aujourd'hui les hydrocarbures dans l'économie congolaise.

Le Congo est l'un des premiers pays d'Afrique qui a accueilli les compagnies pétrolières sur son sol dès les premiers instants des indépendances des pays noirs francophones dans les années 60. Bien avant cela, c'est dans les années 30 que la première découverte de pétrole s'est faite au Congo. Cependant, la production pétrolière a vu le jour au Congo seulement en 1960 avec l'exploitation du champ pétrolier onshore dénommé « Pointe indienne ». Puis dès 1973, la production pétrolière congolaise connaît un saut avec l'exploitation du champ offshore « Emeraude » qui enclenche l'exploration pétrolière en mer dans ce pays. C'est la preuve que le potentiel pétrolier du Congo a été très vite discerné par les Occidentaux bien avant même que les populations congolaises n'en soient conscientes, bien avant qu'elles ne digèrent la période du colonialisme et n'embrassent pleinement la culture et l'héritage français issus du colonialisme avec tout ce qu'ils comportent, c'est-à-dire, la formation des futurs cadres et dirigeants du Congo. C'est ainsi que depuis 1968, des groupes pétroliers comme le groupe français Total autrefois appelé ELF sont présents au Congo et gèrent aujourd'hui près de 62% de la production pétrolière de ce pays, à côté d'autres multinationales pétrolières telles que l'Italien Eni autrefois dénommé Agip et les Américains Exxon Mobil, Chevron et Texaco.

En 2014, selon l'Agence Américaine d'Information sur l'Énergie (EIA), la production pétrolière journalière du Congo s'évaluait à 256 000 barils de brut. Actuellement, les réserves du Congo sont estimées à environ 1,6 milliard de barils de pétrole. C'est d'ailleurs les chiffres de sa production pétrolière journalière et son importante réserve qui permettent de dire que le Congo est le premier producteur actuel d'Afrique Centrale si l'Angola n'est pas pris en compte dans cette délimitation régionale. Environ 80% de ses réserves sont concentrées dans les eaux marines au large de la ville de Pointe Noire, la capitale économique du Congo, Brazzaville étant sa capitale politique. Le potentiel en gaz de ce pays est également l'un des plus importants d'Afrique subsaharienne, car selon les études du comité exécutif de mise en œuvre de l'Initiative sur la Transparence des Industries Extractives (ITIE) dont les résultats sont connus dans le rapport du conciliateur indépendant sur les recettes pétrolières de la République du Congo en 2007, 2008 et 2009, les réserves de gaz du Congo sont estimées à environ 391 milliards de m^3 après celles du Nigéria et du Cameroun qui se classent respectivement en première et en deuxième position sur le continent africain.

Après son boom pétrolier de 1982, s'il m'est possible de m'exprimer ainsi, le Congo est en mesure à l'heure actuelle d'amorcer un nouveau miracle pétrolier qui est aussi indirectement un nouveau miracle économique si tout le bien qui se dit au sujet des nouveaux champs pétroliers N'kossa, Moho-Bilondo entrés en production récemment s'avère vrai. Dans tous les cas, des multinationales comme Total fondent beaucoup d'espoirs sur le Congo.

Lors de mon passage à Total, de très bonnes choses se disaient déjà entre les murs de l'entreprise au sujet du Congo d'autant plus que depuis plusieurs décennies d'exploration pétrolière, c'est seulement maintenant que Total s'est intéressé à l'offshore profond des eaux congolaises, alors que c'est justement cette nouvelle thématique de prospection d'hydrocarbures qui constitue aujourd'hui l'avenir de la recherche de pétrole et de gaz dans le monde.

Ainsi, avec des réserves prouvées énormes, le champ Moho-Bilondo exploité par Total depuis 2008 et dont je parlerai plus tard, est le premier champ de l'offshore profond du Congo entré en production.

Si pour une toute première fois, l'offshore profond de ce pays a révélé un tel résultat positif et une telle valeur ajoutée à la production pétrolière du Congo, imaginez un instant les retombées financières qui seront celles du Congo si toutes les multinationales sur son territoire concentrent désormais toutes leurs énergies sur l'exploration de l'offshore profond ?

Car en effet, les réserves additionnées des champs Moho-Bilondo et N'Kossa représentent environ 230 millions de barils de pétrole alors qu'ils ne sont pas les seuls champs au Congo avec des réserves si importantes à une époque où le pétrole ne court pas les rues.

Si vous ajoutez la production pétrolière journalière de ces nouveaux gisements à celle qui existe déjà, vous comprenez aisément que le Congo n'est pas très loin de rattraper, voire même de doubler la production pétrolière de la Guinée équatoriale qui occupe actuellement la troisième place en Afrique subsaharienne.

Le Congo doit son histoire pétrolière florissante et sa production pétrolière actuelle à plusieurs champs pétroliers tels que Yanga, Sendji, Tchibouela, Tchendo, Likalala, Djambala, Awa Paloukou, Kitina, M'Boundi, Foukanda, Mwafi, Zatchi, Pointe Incienne, Emeraude, N'kossa Sud, Yombo, N'kossa, Kouakouala, Marine XII, Nkala Marine, Nene Marine, Moho-bilondo, Likouala, Azurite, Kombi, Libondo et bien d'autres encore (Figure 63). J'ai tenu à citer tous ces champs pétroliers dont la liste est non exhaustive pour vous montrer la grandeur et l'immensité du potentiel pétrolier exceptionnel du Congo.

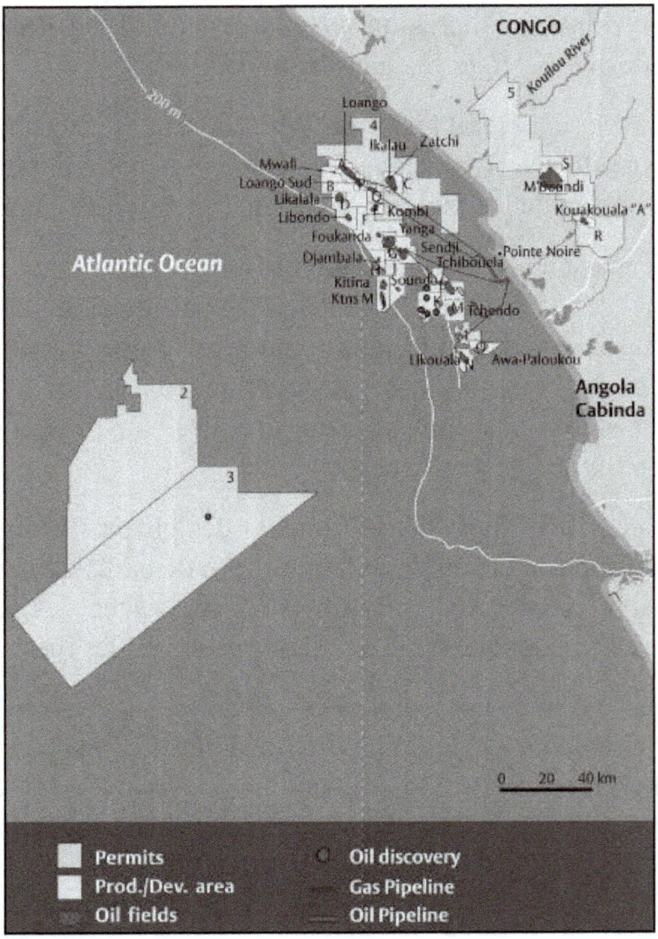

Figure 63: Quelques champs pétroliers du Congo-Brazzaville (www.freewheely.com, 2014)

Je parlerai de quelques-uns de ces champs tout en mettant l'accent sur les perspectives d'avenir de la production pétrolière congolaise qui s'ouvrent désormais sur l'offshore profond.

En plus de l'offshore profond prometteur, il faut ajouter les gisements de sables bitumineux comme au Canada, qui ont été découverts en 2008 au Congo dans les contrées de Tchikatanga et de Tchikatanga-Makola à environ 70 km de Pointe Noire par la compagnie Eni, dont l'exploitation a commencé en 2011 pour atteindre une production de 40 000 barils par jour en 2014. Sur une superficie d'environ 1750 m^2, ces deux gisements contiendraient des réserves comprises entre 500 millions et 2,5 milliards de barils de pétrole. Ce sont ces chiffres issus des études menées par les explorateurs de la multinationale pétrolière qui ont conduit monsieur Paolo SCARONI, Administrateur délégué du groupe Eni à faire cette déclaration le 19 mai 2008 dans un article de l'Agence Française de Presse (AFP):

« Le Congo devient le pays de référence en Afrique pour Eni dans le domaine des sables bitumineux… »

Cependant, je tenais à vous rappeler que malgré toute cette richesse et ces décennies d'exploitation pétrolière, le Congo était qualifié de Pays Pauvre Très Endetté (PPTE) jusqu'au 24 janvier 2010 où il a atteint le point d'achèvement à la suite d'un long processus de réforme dans son administration et sa gestion économique diligenté par le Fond Monétaire International (FMI). J'en parle à ce moment précis pour souligner le fait que ce n'est pas parce que vous avez des ressources pétrolières et minières abondantes que votre pays ou vos populations pourront en bénéficier pleinement pour leur développement et leur épanouissement. J'insiste encore une fois pour dire que si les bonnes décisions au sujet de la distribution et de l'utilisation de la manne pétrolière et minière ne sont pas prises au bon moment et investies dans de bonnes opportunités d'affaires pour impulser le développement et dynamiser le progrès social, l'Afrique restera toujours pauvre malgré les avalanches de milliards versées dans les caisses des États africains par les multinationales pétrolières et minières. C'est donc pour prévenir les problèmes récurrents du sous-développement de l'Afrique et sachant que le Congo possédait moins de 2000 km de routes bitumées, qu'à la suite de la découverte des gisements de sables bitumineux, monsieur Anaclet MVILA, le Responsable marketing d'Eni Congo de l'époque, se hâtait de faire cette confidence aux journalistes de l'Agence Française de Presse (AFP) en disant :

« Ces gisements vont permettre de produire du bitume ou du goudron pour éviter au Congo d'en importer. »

Une telle déclaration me pousse à faire un arrêt malgré moi-même pour faire un bilan et poser les questions suivantes en tout état de conscience intellectuelle. Est-il normal qu'un pays tel que le Congo qui a plus de 50 années de production pétrolière, comme c'est le cas pour plusieurs pays africains, n'ait pas suffisamment de routes bitumées ou goudronnées alors que le bitume est un produit dérivé du pétrole ? Est-il normal qu'après plusieurs décennies, un pays comme le Congo, qui a une forte tradition d'exploitation pétrolière, ait plus de 70 % de sa population vivant sous le seuil de la pauvreté, au même titre que la plupart des pays africains ?

Si vous poussez la réflexion et trouvez des réponses à ces questions, vous connaîtrez les causes profondes de la misère de l'Afrique. Je n'en parle pas dans ce livre parce que mon but à travers cet ouvrage est de faire la promotion de la richesse du sous-sol africain et de redonner de l'espoir à ce continent qui peut toujours se relever et mieux faire. D'ailleurs, une citation le dit si bien :

« Il n'est jamais trop tard pour bien faire. »

C'est encore possible d'y arriver malgré toutes ces années de guerres géopolitiques et géostratégiques, de désastres socio-économiques et de catastrophes humanitaires provoquées. Il est vrai que l'Afrique souffre de sa richesse, mais elle sortira grandie bientôt, car les peuples africains sont en train de mûrir en catimini, à l'abri de tous les regards, parce qu'ils ont compris qu'aucune guerre, aussi légitime soit-elle, ne sert au développement. Pendant une guerre, il est facile de détruire ce qui a mis tant d'années pour être construit et après la guerre, il est difficile de rebâtir ce qui a été détruit. Pourquoi accepter de prendre des crédits auprès des institutions financières internationales pour reconstruire un pays dévasté par une guerre motivée par le contrôle des ressources naturelles alors qu'il était possible d'éviter une telle démarche en refusant de faire la guerre et de céder aux tentations des marchands du sang malgré les frustrations et les haines des uns contre les autres et les injustices parfois avérées ?

C'est ainsi que plusieurs pays africains, bien que riches au regard des ressources naturelles de leur sous-sol, croupissent sous le poids des dettes et ne parviennent pas à s'en débarrasser sur des décennies malgré leurs efforts, hypothéquant ainsi l'avenir des générations futures. Quels sont donc ces gisements et ces champs pétroliers qui redorent le blason économique du Congo-Brazzaville et qui en font aujourd'hui, une plateforme incontournable et si stratégique du secteur des hydrocarbures dans le golfe de Guinée et voire même à l'échelle mondiale ?

S'il s'agissait de passer en revue tous les champs pétroliers du Congo, il serait très difficile de s'arrêter comme vous avez bien pu le constater quand je les ai cités plus haut. Aujourd'hui, le Congo compte à lui tout seul 23 champs pétroliers en production dont 10 sont opérés par le groupe Total.

Pour mettre de l'ordre dans vos idées, il est important de savoir que le pétrole, extrait des concessions attribuées à Total, représente environ 60% de la production nationale du Congo, ce qui vous permet de comprendre les liens forts et historiques qui unissent cette multinationale française au Congo-Brazzaville où elle est présente depuis plus de 50 années.

Dans ce chapitre, il ne s'agira pas de passer en revue tous ces 23 champs pétroliers en production, mais je mettrai surtout l'accent sur les gisements qui ouvrent de nouvelles perspectives pour la croissance de la production pétrolière congolaise, notamment les gisements découverts en eaux profondes qui constituent aujourd'hui le pain béni recherché par tous les pétroliers et par toutes les multinationales de la planète.

Ainsi, le champ Nkossa est le premier des gisements en offshore profond découvert au Congo en 1984, à 60 km au large de Pointe Noire avec des réserves évaluées à 404 millions de barils de pétrole. Compte tenu de son potentiel, Nkossa devait booster de 40% la production pétrolière du Congo, qui était aux abois à cette époque après plusieurs années de crises « géopolitiques », ce qui lui a valu un écho médiatique redondant et l'inauguration de sa plateforme en 1996 par l'ancien président congolais Pascal LISSOUBA à une période où Total s'appelait encore ELF. Au moment de sa découverte, les techniques d'exploitation pétrolière en offshore profond n'étaient pas suffisamment poussées pour exploiter et rentabiliser de tels gisements malgré l'importance de leurs réserves. Mais depuis ces deux dernières décennies, ce n'est plus qu'un souvenir pour le monde pétrolier. C'est d'ailleurs pour cette raison que lors de l'inauguration de la plateforme du champ Nkossa, monsieur Jean-Luc VERMEULEN, directeur Afrique d'ELF faisait des déclarations suivantes à travers des propos relayés dans le journal *Les Echos* du 25 novembre 1996 :

« Grâce à de nouvelles technologies, il est possible depuis quelques années d'exploiter de façon rentable des gisements situés en eaux profondes. Pour peu qu'ils aient un débit important... Cela a ouvert de nouvelles perspectives en Afrique, qui constituait pour les pétroliers un jardin déjà largement bêché. »

Sa déclaration vient encore une fois confirmer tout le bien que je ne cesse de clamer haut et fort au sujet de l'Afrique depuis le début de cet ouvrage. Je l'ai déjà dit et je le réaffirme :

« L'Afrique est un continent riche avec des ressources minières et pétrolières exceptionnelles. »

Pendant que tous les pétroliers s'accordaient à tirer un trait sur l'Afrique après plusieurs années d'exploration dans son domaine marin, en estimant qu'elle n'avait pas suffisamment de réserves pétrolières par comparaison avec les pays du Moyen-Orient, c'est alors que les gisements de pétrole de l'offshore profond font leur apparition dans les eaux africaines avec des réserves qui sont comptées parmi les plus gigantesques du monde. C'est une preuve supplémentaire et suffisante qui justifie la ruée actuelle de toutes les multinationales pétrolières dans les eaux africaines, notamment, celles du golfe de Guinée qui est l'une des régions pétrolières la plus convoitée au monde et certainement la plus importante d'Afrique au regard des statistiques pétrolières et du nombre de barils de pétrole et de gaz qui en sort chaque jour.

Si le golfe de Guinée était la seule région pétrolière d'Afrique, il n'y aurait pas tant de « buzz » à ce sujet concernant l'Afrique et il n'y aurait pas assez d'éléments pour en faire un livre ou l'affaire du siècle, mais sans risque de se tromper et avec des preuves à l'appui, ce continent est l'un des rares territoires au monde qui a plusieurs autres régions pétrolières. Il s'agit par exemple des régions sahariennes, de l'Afrique de l'Est, de l'Afrique du Nord et de bien d'autres régions dont j'ai parlé précédemment et que j'aborderai brièvement dans la suite du livre. Il y a tant de choses à dire au sujet de la région pétrolière du golfe de Guinée.

Pour revenir au Congo, il est bien de savoir que ce pays conforte de plus en plus sa place parmi les leaders pétroliers d'Afrique, car un autre gisement très stratégique économiquement et plus considérable que Nkossa a été découvert en 1995 en offshore profond à 75 km de Pointe Noire et à 25 km à l'Ouest de Nkossa à des profondeurs d'eau comprises entre 450 et 1200 mètres. Il s'agit du champ Moho Bilondo avec des réserves évaluées à 230 millions de barils de pétrole selon les premiers sondages réalisés à l'époque de sa découverte. C'est un champ pétrolier qui compte jusqu'à aujourd'hui pour le Congo et pour TOTAL qui l'exploite avec l'Américain Chevron et la Société Nationale des Pétroles du Congo (SNPC) où ils ont respectivement 53,5%, 31,50% et 15% des parts.

Le Champ Moho est l'un des plus dynamiques du Congo parce que depuis sa découverte, il ne cesse de s'agrandir dans le temps et connaît plusieurs phases de développement. Une première phase a déjà été entamée en 2008 avec le projet de développement du gisement dénommé Moho Bilondo Phase 1ER et une deuxième phase avec les développements Moho Bilondo Phase 1 Bis et Moho Nord a débuté respectivement en 2015 et 2017. C'est cette dernière phase de développement qui est connue sous le vocable « Projet Moho Nord » dont on parle tant dans le jargon pétrolier. En l'occurrence, Moho Nord est le plus important projet de développement jamais réalisé au Congo, car il devra permettre d'augmenter la production pétrolière du pays de 140 000 barils de pétrole supplémentaires par jour.

En effet, le gisement de Moho Nord est juste un prolongement et un relais heureux du gisement Moho Bilondo dont l'exploitation a débuté en 2008 pour atteindre un pic de production de 90 000 barils de pétrole par jour en 2010 puis une baisse de production pour stagner désormais à 55 000 barils, car il a atteint sa maturité. Moho Nord est donc un PEX, c'est-à-dire, un projet d'extension du champ Moho Bilondo pour emprunter une expression utilisée communément dans le jargon pétrolier pour désigner l'agrandissement d'une zone d'exploitation pétrolière. Ainsi, Moho Nord est tombé à pic si je peux m'exprimer de cette façon puisque selon les premières études effectuées, ses réserves évaluées à 485 millions de barils de pétrole et susceptibles d'être exploitées sur 30 années vont représenter plus d'un tiers de la production du Congo, de quoi assurer l'avenir économique et pétrolier du Congo si la manne financière qui en provient est bien utilisée.

C'est en prenant en compte cette nouvelle donnée que les experts sont unanimes pour dire qu'il y a de fortes chances d'ici peu pour que le Congo prenne la place de troisième producteur de pétrole en Afrique subsaharienne à la Guinée équatoriale puisque Moho Nord apporte de façon incontestable un souffle de croissance considérable à la production pétrolière congolaise. De surcroît, selon les estimations du ministère en charge des Hydrocarbures du Congo, la production du pays devrait atteindre les 350 000 barils de pétrole en 2017. Cette réalité est d'autant plus d'actualité que Moho Nord, qui a une capacité journalière de 100 000 barils de pétrole, est bel et bien entré effectivement en production depuis le 15 mars 2017 selon un communiqué de presse rendu public par le groupe Total. Quant à Moho Phase 1 bis, son développement entamé en 2015 ajoute une production de 40 000 barils de pétrole par jour à la production nationale, ce qui n'est tout de même pas négligeable.

Ainsi, en combinant la production journalière de Moho Nord et de Moho Phase 1 Bis, c'est bien 140 000 barils de pétrole supplémentaires par jour que le Congo extrait, de quoi satisfaire les autorités congolaises qui ne peuvent que s'en réjouir et les populations congolaises qui n'attendent que de profiter enfin des retombées de la commercialisation du pétrole et de ses produits annexes.

Cependant le Congo, malgré son potentiel pétrolier déjà si important avec les champs Moho et Nkossa n'est pas à la fin de la découverte de tous les joyaux miniers cachés dans les méandres dans son sous-sol.

Il est aujourd'hui maladroit de parler de découverte pétrolière au Congo sans mentionner le champ Marine XII avec ses gisements Nene marine, Nkala marine et Minsala Marine découverts en 2014 par le groupe Italien Eni qui exploite ces champs en compagnie de l'entreprise pétrolière britannique New Age (African Global Energy) et de la Société Nationale Pétrolière du Congo (SNPC), chacun détenant respectivement 65%, 25% et 10% des parts.

Le bloc Marine XII est une concession pétrolière en offshore située à 17 km des côtes congolaises, près de Pointe Noire. Selon la multinationale italienne, l'ensemble des réserves pétrolières du bloc Marine XII pourrait atteindre 5,8 milliards de barils de pétrole sachant que sa production qui a débuté depuis décembre 2014 est évaluée à 15 000 barils de pétrole par jour, sans prendre en compte celles de Nkala Marine, Nene Marine et Minsala Marine que j'aborderai par la suite.

Localisé également sur le bloc Marine XII, à 3 km du champ Nene Marine, le champ Nkala Marine représenterait selon les premières études réalisées par Eni, un potentiel pétrolier compris entre 250 et 350 millions de barils de pétrole.

Ceux qui sont dans le domaine pétrolier depuis quelque temps, comprennent aisément qu'un gisement avec de telles réserves n'est pas commun ou habituel et peut d'ores et déjà être rangé au regard de ces chiffres dans la classe des grands gisements.

Quant au champ Nene Marine, les premières évaluations faites en 2014, ont révélé des réserves évaluées à 1,2 milliard de barils de pétrole et 30 milliards de m^3 de gaz.

Ce gisement est d'autant plus intéressant qu'au cours des essais de production, le puits Nene Marine 3 a permis de produire plus de 5000 barils de pétrole par jour, de quoi enthousiasmer et rassurer les dirigeants d'Eni Congo qui y fondent beaucoup d'espoir. Sur environ 28 mètres, ce puits a rencontré du gaz humide et une huile de qualité d'environ 36° API et a permis également de délimiter la géométrie du gisement qui présente une extension de ses réservoirs vers l'Ouest et une continuité hydraulique excellente. Débuté le 5 janvier 2015, la première phase de production permet de produire environ 7500 barils de pétrole par jour. Mais d'ici peu, si ce n'est déjà fait, les phases de production définitive permettront l'installation d'une plateforme à laquelle seront reliés 30 forages de production qui permettront d'atteindre une production journalière de 140 000 barils de production par jour.

Toujours selon Eni, si l'on additionne les réserves de Nene Marine et celles d'un champ tout proche dénommé Litchjendili, ce sont au total des réserves d'environ 2,5 milliards qui se trouveraient en plus sur le bloc Marine XII sans prendre en compte celles de Nkala Marine et de Minsala Marine. C'est donc en considérant la découverte de ces gigantesques réserves du champ Nene Marine que toute la presse italienne s'est accordée en janvier 2014 pour scander haut et fort, de façon unanime, à la face du monde, cette fameuse phrase :

« C'est un succès exploratoire absolument exceptionnel. »

Ainsi, comme si le bloc Marine XII était un film à plusieurs saisons, quelques mois plus tard, plus précisément le 30 octobre 2014, Eni Congo annonçait la découverte d'une importante réserve d'hydrocarbures avec une huile légère sur le prospect Minsala Marine du bloc Marine XII, situé à 35 km du large et à 12 km de Néné Marine. Les premières évaluations faisaient état d'une réserve d'environ 1 milliard de barils de pétrole contenu dans un réservoir d'hydrocarbures de 420 mètres d'épaisseur abrité dans une couche sédimentaire présalifère du Crétacé Inférieur. La géométrie et l'évaluation pétrolière de ce gisement a pu se faire grâce au puits d'exploration Minsala Marine 1 qui a atteint une profondeur de 3700 mètres dans une zone du bassin où la tranche d'eau avoisine environ 75 mètres de profondeur.

Pour certains pays du monde, le seul fait de détenir un bloc pétrolier dont l'évaluation des réserves pétrolières atteint l'ordre du milliard aurait été un exploit largement suffisant pour se délecter sur le plan économique. Mais comme si cela ne suffisait pas pour le Congo, à côté de ces quatre champs majeurs que sont Nene Marine, Nkala Marine, Minsala Marine et Litchjendili, il est bien de noter que le bloc Marine XII continue d'être encensé et de recevoir des éloges de la part des entreprises pétrolières parce qu'elles estiment qu'il n'a pas encore tout révélé de son potentiel pétrolier. Pour cause, le groupe Eni a tenu ces propos en écrivant à son sujet ceci :

« Le bloc présente encore un potentiel minéral additionnel qui sera à mettre en évidence dans la prochaine campagne exploratoire et de délinéation. »

Ainsi, ce bloc pétrolier est stratégique et sans doute l'un des plus prometteurs pour l'avenir pétrolier du Congo au même titre que Nkossa et Moho Bilondo.

À tous ces blocs déjà considérables pour l'économie congolaise, il ne serait pas maladroit de mentionner en plus le champ Lianzi qui est un gisement de pétrole localisé en offshore profond, à des profondeurs d'eau comprises entre 700 et 1100 mètres et mis en production depuis 2015. Découvert en 2004, Lianzi est un champ à cheval entre le Congo-Brazzaville et l'Angola avec des réserves estimées à 70 millions de barils de pétrole et une production journalière de 40 000 barils par jour. C'est le premier champ de l'Américain Chevron (31,25%) au Congo qui, via ses filiales Chevron Overseas et Cabinda Golf Oil Compagny, l'exploite en compagnie des filiales congolaises et hollandaises de Total que sont Total E&P Congo et Block 14 BV qui ont respectivement 15,75%, 15,5%, 26,75% et 10% des parts. Lianzi est un bloc central, car à cette liste de sociétés exploitantes s'ajoutent Eni, Sonangol, la SNPC et le Portugais Galp qui eux, ont respectivement 10%, 10%, 10% et 4,5% des parts du bloc. En Angola, Lianzi se trouve sur le bloc 14 et au Congo sur le permis Haute, à 105 km au large de Pointe Noire (Figure 64).

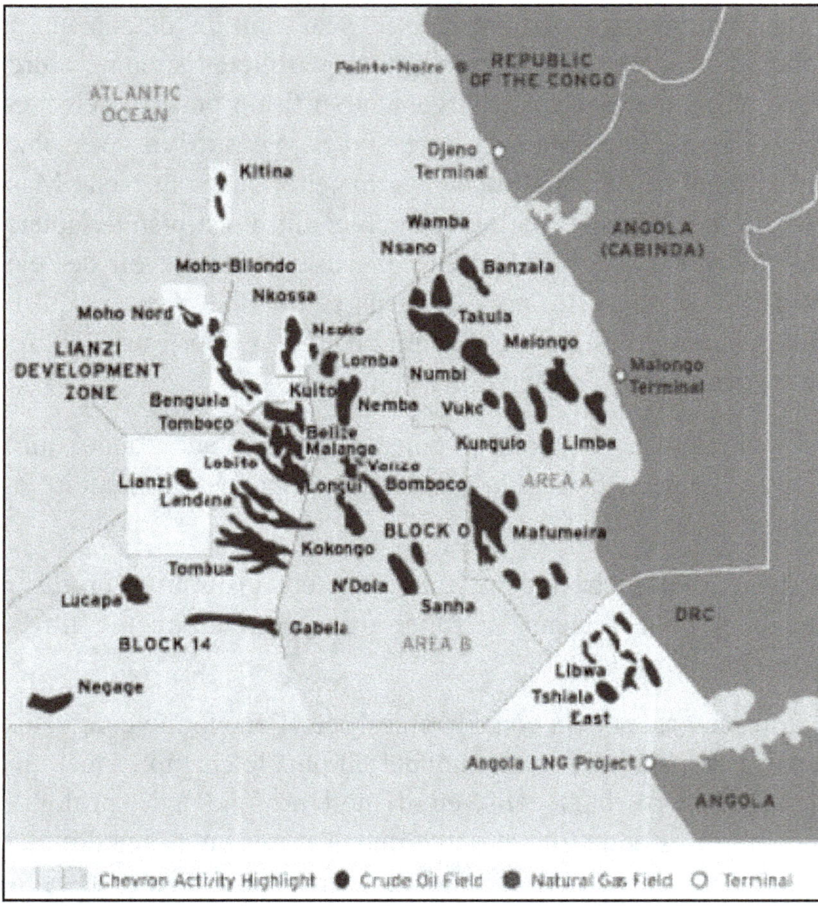

Figure 64: Champ pétrolier Lianzi à cheval entre le Congo-Brazzaville et l'Angola (www.agenceecofin.com, 2012)

J'ai tenu à parler de Lianzi qui est certainement un énième bloc de plus pour mettre en évidence cet exemple d'accord bilatéral entre l'Angola et le Congo qui exploitent ce gisement conjointement. C'est effectivement là un très bel exemple d'école qu'il faut mettre en lumière pour dire aux pays africains qu'il est possible de trouver des solutions aux problèmes socio-économiques, sans faire la guerre si l'on accepte d'aller à la table des discussions. Je ne cesserai jamais de le dire :

« Il n'y a pas de meilleure atmosphère pour le développement que de rechercher la paix avec tous et en toute chose malgré le prix encouru et les injustices avérées. »

Là où plusieurs pays auraient opté pour la prise des armes pour se faire entendre et obtenir gain de cause comme c'est souvent le cas à la frontière entre la République Démocratique du Congo et ses voisins rwandais, ou encore entre le Nord-Soudan et le Sud-Soudan, les Angolais et les Congolais ont accepté de se mettre d'accord pour exploiter Lianzi dans un climat de paix. C'est une leçon que devront retenir tous les pays africains qui veulent se développer sur le long terme. Il faut toujours aspirer à la paix. Il n'y a pas une meilleure alternative que la recherche de la paix malgré nos convictions et nos raisons.

Je n'aborderais jamais les réserves pétrolières des autres pays du golfe de Guinée si je me contentais uniquement de passer en revue ceux du Congo, car ils sont innombrables et tout aussi intéressants à voir de près. Ce qu'il faut retenir, c'est que le Congo monte en puissance en matière de production pétrolière en Afrique et dans le monde. Il faudra compter dès maintenant et dans le futur avec ce pays discret, mais si riche de son sous-sol.

Au-delà de la richesse de ce pays, c'est tout le continent africain qui révèle ainsi sa richesse minière et pétrolière. Je ne cesse de le répéter depuis le début de mes propos à travers cet ouvrage. Si les Africains eux-mêmes ne sont pas encore conscients de cette réalité et n'agissent pas afin de profiter de cette richesse, d'autres l'ont compris et sont prêts à quitter leurs régions, leurs pays et leurs acquis pour s'installer sur les terres et dans les eaux africaines pour profiter pleinement de l'exploitation du pétrole et des activités annexes. C'est cette farouche volonté de s'installer et de se positionner en Afrique qu'a témoigné monsieur Steve ORD, le directeur régional pour l'Afrique de la compagnie écossaise EnerMerch, spécialisée dans l'ingénierie mécanique et opérant dans le prolifique bassin pétrolier de la mer du Nord, à Aberdeen, capitale pétrolière de l'Europe, en Écosse, où de célèbres gisements pétroliers ont été répertoriés et sont en cours d'exploitation depuis des décennies. Dans un article de *La tribune Afrique* en date du 24 Novembre 2016, il tenait les propos suivants :

« L'Afrique dispose d'un énorme potentiel, tant au large que sur terre, et les nombreuses leçons que nous avons apprises en travaillant dans la mer du Nord et dans d'autres bassins matures depuis de nombreuses années nous ont positionnés pour jouer un rôle clé dans certains projets des plus importants, qui commencent ou commenceront dans les prochaines années. »

Et croyez-moi, cette entreprise est loin d'être la seule. C'est juste une infime partie de l'iceberg.

En effet, il y a en ce moment une véritable ruée des compagnies pétrolières et minières vers l'Afrique. L'Afrique est devenue le nouvel eldorado du secteur pétrolier depuis la découverte des gisements présalifères d'eaux profondes qui se révèlent être généralement plus considérables en termes de réserves par comparaison aux gisements marins peu profonds et non présalifères.

Les gisements présalifères d'eaux profondes représentent un réel enjeu économique pour l'Afrique et pour le monde pétrolier. Je l'ai clairement et longuement démontré dans les chapitres précédents en mettant en exergue les liens qui existent entre les gisements pré-salifères d'eaux profondes des bassins pétroliers Sud-Américains et ceux de la côte Ouest-Africaine, notamment ceux du golfe de Guinée.

Cependant, il existe également des gisements présalifères d'eaux peu profondes et elles possèdent un potentiel pétrolier tout aussi considérable que celui des gisements présalifères d'eaux profondes.

Les gisements présalifères d'eaux peu profondes, bien connus dans les pays désertiques d'Afrique du Nord n'ont pas encore tiré leur révérence et comptent continuer à jouer leur rôle précurseur de réceptacle de réserves pétrolières en Afrique. C'est justement le cas du bloc Marine XII qui est un exemple excellent et majeur de gisement présalifère d'eaux peu profondes par endroits, au regard de la profondeur d'eau de l'ordre d'une centaine de mètres en dessous de laquelle les découvertes d'hydrocarbures ont été faites.

D'ailleurs, le groupe Eni, anciennement Agip, qui est présent dans les eaux congolaises et africaines depuis 1968, a confirmé l'enjeu toujours attrayant et déterminant pour le futur qu'il y a autour des gisements présalifères d'eaux peu profondes de l'Afrique par la voix de monsieur Claudio DESCALZI, le directeur exécutif d'Eni. Lors de sa déclaration en octobre 2014, suite à la découverte du gisement présalifère d'eaux peu profondes de Minsala Marine, il disait en ces termes :

« Cela fait quatre ans qu'Eni a entamé l'exploration en eau peu profonde dans le système présalifère en Afrique de l'Ouest et cette campagne continue de révéler de grands résultats. »

Cette déclaration montre tout le bien que les entreprises pétrolières pensent encore des gisements d'eaux peu profondes même si la vedette leur a été volée ces dernières années par les gisements d'eaux profondes qui sont de plus en plus la cible de la majorité des campagnes pétrolières dans les eaux marines de la planète.

Ainsi, de tout ce qui précède et face à cet important potentiel, le Congo-Brazzaville est un pays qui n'a plus d'excuses pour ne pas amorcer son développement économique, social et infrastructurel au même titre que la plupart des pays africains pétroliers.

Le Congo n'est pas le seul pionnier en Afrique subsaharienne en matière de production pétrolière. L'un de ses pays voisins a une histoire et un passé pétrolier similaires qui ont aussi débuté pendant la période coloniale. Il s'agit du Gabon.

VI.1.1.e - Le Gabon, un pionnier de la production pétrolière en Afrique qui maintient le cap

Il est inconcevable de parler du pétrole du Gabon sans faire un retour dans les années passées pour revivre les moments forts qui ont conduit à la découverte des premiers champs d'hydrocarbures dans ce pays. J'y tiens parce que cette période, bien que coloniale, n'a pas été de tout repos pour la colonie, mais surtout pour les colonisateurs et leurs différents bureaux pétroliers qui ont vite décelé le potentiel pétrolier du Gabon grâce à des suintements bitumineux dès 1928. C'est d'ailleurs cet indice pétrolier qui a incité monsieur ANTONETTI, gouverneur général de l'Afrique Equatoriale Française (AEF) à donner un ordre écrit, datant du 8 juin 1928, au Lieutenant-Gouverneur du Gabon dans lequel il stipulait avoir confié à monsieur LEBEDEFF, Ingénieur géologue à l'Ecole des pétroles de Strasbourg, la mission de conduire des études visant à analyser les suintements d'hydrocarbures observés au Gabon. Il était donc demandé au Gouverneur du Gabon de mettre tout en œuvre pour faciliter cette mission à caractère exceptionnel.

La première difficulté rencontrée par les explorateurs était que le Gabon ne disposait d'aucune carte géologique comme c'était le cas pour la plupart des pays africains à cette époque. Pour pallier à ce problème, des spécialistes établiront une carte géologique et topographique du Gabon après 15 années de recherches actives et de travaux acharnés dans la colonie. Elle paraîtra enfin en 1946. Ainsi, la confirmation du repérage des indices de pétrole dans plusieurs régions gabonaises va entraîner une vague de création d'organismes français dans le but d'entamer l'exploitation du pétrole en Afrique, notamment en Afrique équatoriale. Il s'agit par exemple de la Compagnie Française des Pétroles en 1924, de l'Office National des Combustibles Liquides en 1925, de la Mission de Prospection des Pétroles de l'AEF (MPPAEF) en 1931, du Syndicat d'Etudes et de Recherches Pétrolières (SERP) en 1934, de la Régie Autonome des Pétroles (RAP) en 1934, de la Sociétés des Pétroles d'Afrique Equatoriale Française (SPAEF) en 1949, de la marque de distribution « Total » en 1954 et depuis 1991, le « groupe Total », l'une des plus influentes et importantes multinationales pétrolières du monde.

Je fais un zoom sur ce point pour montrer le rôle déterminant et l'impact sans précédent qu'a eu l'Afrique dans l'hégémonie de nombreuses compagnies et multinationales pétrolières dans le monde, notamment, dans l'émergence des entreprises pétrolières françaises.

Ces entreprises sont donc redevables au continent africain, car leur notoriété et leur influence mondiale actuelle proviennent du fait que l'Afrique a été le continent qui a leur a servi de rampe de lancement. En cela, elles ont un devoir de mémoire et de reconnaissance envers l'Afrique et doivent à ce titre beaucoup à ce continent en matière d'actions de développement.

La deuxième difficulté à laquelle furent confrontés les explorateurs au Gabon fut inexorablement le manque de voies de circulation et la présence de la barrière naturelle de la forêt dense équatoriale qu'il fallait dompter ou contourner pour construire des camps permanents ou temporaires pour les travailleurs et pour faciliter l'atterrissage et le décollage des avions pour les différents ravitaillements, sachant que le matériel lourd était acheminé par le fleuve Ogooué. L'Ogooué est le cours d'eau majeur du Gabon qui prend sa source en République Démocratique du Congo et se jette dans l'océan Atlantique via un delta marécageux au Sud de la ville économique de Port-Gentil.

Enfin, la troisième difficulté rencontrée fut celle des ressources humaines dont ne disposait pas le Gabon à l'époque, car Port-Gentil comptait seulement 15 000 habitants. Il a donc fallu ramener des hommes des colonies du Moyen-Congo, du Tchad et du Cameroun dans l'objectif de les former pour qu'ils soient opérationnels le plus vite possible.

Toutes ces difficultés levées et après plusieurs tentatives de forages d'exploration infructueuses et négatives, le 14 février 1956, un puits foré dans la structure d'Ozouri à proximité de Port-Gentil permit au Gabon d'obtenir sa première production pétrolière commercialement exploitable et rentable. Ainsi, a commencé l'aventure et les succès pétroliers du Gabon qui continuent jusqu'à aujourd'hui. Le Gabon est donc un grand pays producteur de pétrole en Afrique.

De 1956 à 2017, la liste des champs pétroliers entrés en production au Gabon est longue. Parmi ces gisements qui ont fait et qui, pour certains, continuent de faire les beaux jours du Gabon, on peut mentionner : Ozouri, Pointe Clairette, M'Bega, Lopez Sud, T'chengue, Rembo kotto, Batanga, Simany, Lligoue, N'Tchengue Ocean, Cap Lopez Nord, Port-Gentil Ocean, Anguille Marine, Clairette, Alewana, Animba, Anguille Nord-Est, Anguille Sud-Est, Anguille Sud-Ouest, Rabi-Kounga, Gamba-Ivinga, Grondin…

À la même enseigne que le Congo-Brazzaville, je mettrais une éternité à citer ces champs pétroliers tellement la liste est longue, car le Gabon reste l'un des précurseurs en matière de production pétrolière sur le continent noir.

Cependant, des découvertes récentes de nouveaux gisements entre 2003 et aujourd'hui tels que Pelican Est, Vanneau, Boudroie Nord Marine 8, Mandaros Marine 4, Mboumba 9, Atora, Koula et la reprise de l'évaluation de gisements anciens comme Anguille, méritent toute notre attention pour comprendre l'importance du pétrole gabonais sur le marché international des hydrocarbures.

Le Gabon est un petit pays sur le plan démographique avec une population évaluée selon la Banque mondiale à 1 725 290 en 2015, qui habite un grand territoire dont la superficie est estimée à 267 667 km^2. Il est certes un petit pays par la taille de sa population, mais est un grand pays pétrolier d'Afrique même si sa production pétrolière connaît une baisse depuis un pic pétrolier en 1997 pendant lequel, sa production atteignait 350 000 barils de pétrole par jour (Figure 65).

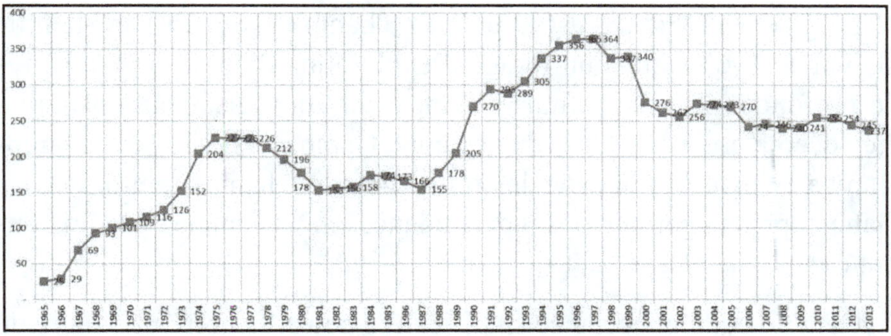

Figure 65: Production pétrolière du Gabon de 1965 à 2013
en milliers de barils par jour (Barada – Nikto, 2015)

Malheureusement, le constat d'extrême pauvreté des populations est le même dans tous les États producteurs de pétrole d'Afrique. Malgré ce fort potentiel pétrolier et cette longue tradition pétrolière, en 2006, le taux de chômage avoisinait les 21% et plus de 32,7% de la population gabonaise vivaient sous le seuil de la pauvreté.

Le Gabon a une production journalière actuelle comprise entre 220 000 et 240 000 barils de pétrole par jour, ce qui fait que son économie est sous la grande influence du secteur pétrolier qui représente environ 50% de son PIB, 60% de ses recettes fiscales et 80% de ses exportations. Il en découle que les fluctuations et la baisse du cours du baril de pétrole ont des conséquences profondes sur l'économie du pays. Fort de ces chiffres, le Gabon occupe aujourd'hui, le 6e rang des pays producteurs de pétrole en Afrique subsaharienne après le Soudan. Même si certains estiment qu'il est au coude à coude avec le Congo-Brazzaville dans ce classement, il n'est pas faux de dire qu'à l'état actuel, la production pétrolière du Gabon ne dépasse pas celle du Congo-Brazzaville dont les réserves prouvées de pétrole sont énormes et loin devant celles du Gabon.

Le Gabon doit son essor pétrolier non seulement à des gisements offshores, mais aussi et surtout à deux gisements onshores que sont Gamba et Rabi-kounga, tous deux situés dans la province d'Ogooué maritime, au Nord-Ouest du Gabon.

Le gisement Gamba est le premier champ découvert par Shell au Gabon en 1963 suite à un forage d'exploration d'environ 900 mètres de profondeur. Dans la foulée, Ivinga, un autre gisement onshore a été découvert non loin du champ Gamba. Ainsi, les champs Gamba-Ivinga devenaient les plus grands champs pétroliers du Gabon après la période des indépendances même si leurs productions ont connu une baisse depuis les années 70.

Gamba a une importance significative pour l'histoire pétrolière du Gabon, car c'est l'exploitation de ce champ pétrolier qui a conduit le groupe Shell à construire le premier terminal pétrolier du pays dénommé « Gamba », entré en fonction le 21 février 1967 et à partir duquel fut exportée la première cargaison de pétrole brut du gisement Gamba par le navire Nomemvasia. Jusqu'à aujourd'hui, ce terminal qui a une capacité de stockage de 1,2 million de barils de pétrole brut est le plus utilisé pour le transport et le stockage du pétrole au Gabon. Sur ce terminal, transitent près de 50% de la production d'hydrocarbures du Gabon. Grâce à l'exploitation du champ Gamba, la région de Gamba qui lui a donné son nom connaît un développement sans précédent depuis lors et toute une ville est sortie de terre avec la construction de logements, d'infrastructures éducatives, sanitaires et aéroportuaires pour témoigner de ce que l'on peut faire de bon en termes de développement avec les revenus des ressources minières et pétrolières.

Devant la baisse de la production pétrolière gabonaise ces dernières années et la volonté de son gouvernement de faire revivre les anciens gisements et ceux en épuisement grâce à l'amélioration des nouvelles méthodes de récupération d'hydrocarbures, le champ Gamba refait surface et devrait à nouveau produire de l'huile après des injections d'eau dans ses réservoirs pour faire remonter le pétrole.

Quant au gisement de Rabi-Kounga (Figure 66), il a révolutionné la production pétrolière du Gabon, car il lui a permis de faire un bond spectaculaire avec un chiffre avoisinant les 20 millions de barils par année à la fin des années 80 alors que celle-ci était à 10 millions de barils dans les années 70 avec l'exploitation des gisements de Gamba et de Grondin. Le champ Rabi-Kounga a été découvert en 1985 avec des réserves évaluées à 1,2 milliard de barils de pétrole. Sa phase d'exploitation et la commercialisation de son pétrole brut ont cependant débuté effectivement en 1989. Rabi-Kounga est connu jusqu'à aujourd'hui comme le plus grand gisement découvert en onshore au Gabon. Aucun autre gisement avec un potentiel si énorme n'avait encore été mis en évidence en onshore au Gabon. Sa production journalière était évaluée à 17 000 barils par jour soit 7,3% de la production pétrolière du Gabon en 2015, sachant que celle-ci atteignait 236 000 barils par jour selon le BP Statistical Review of World Energy 2015.

En 2004, le gouvernement gabonais déclarait que l'avenir pétrolier du pays se jouait désormais sur trois fronts. J'ai déjà fait mention de l'un d'entre eux précédemment. Ces fronts sont en premier la récupération des réserves des anciens gisements exploités entre 1950 et 1960, ensuite la dynamisation des recherches de gisements offshores, car jusque-là, le Gabon n'avait pas assez misé sur cette partie de son bassin sédimentaire et enfin, le développement des champs marginaux, c'est-à-dire des champs qui possèdent de petites réserves pétrolières.

Concernant la récupération des réserves des anciens gisements, le champ Anguille (Figure 66) vient en ligne de mire. Anguille est un champ localisé au Sud-ouest de Port-Gentil et est de surcroît le premier gisement mis en évidence en mer au Gabon en 1962. Dans l'optique de suivre la politique proposée par le gouvernement gabonais, le groupe Total a lancé une campagne sismique dès 2002 qui a abouti à la décision en 2008, de redévelopper ce champ pétrolier. Grâce aux nouvelles techniques d'extraction et de production, c'est le coefficient de récupération d'huile de ce champ qui sera augmenté de 13% à 23%. Ainsi, en fin juillet 2015, le groupe Total a mis en production le puits « AGMN081 » de la phase 3 du redéveloppement du champ Anguille tandis que trois autres puits le seront en 2017.

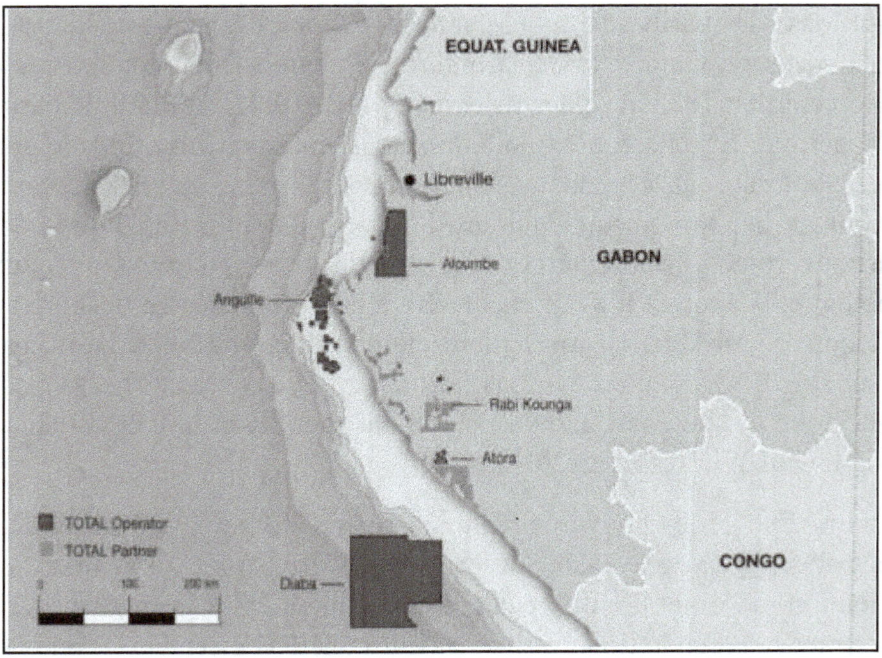

Figure 66: Les blocs pétroliers d'eau profonde « Diaba », d'eau peu profonde « Anguille » et terrestre « Rabi-Kounga » opérées par le groupe Total et ses partenaires (Le Nouveau Gabon, 2015)

Au sujet de l'exploration de l'offshore, si le Gabon a pu se faire un nom dans le milieu pétrolier malgré la négligence de ses gisements offshores dans la première partie de son histoire pétrolière, imaginez ce qu'il peut en tirer si les compagnies pétrolières décident désormais de mettre toutes leurs énergies dans l'exploration pétrolière des eaux marines gabonaises ?

Ainsi, comme le Nigéria qui avait longtemps exploité ses gisements onshore et s'est désormais tourné vers ceux de l'offshore pour accroître sa production pétrolière, de même, le Gabon en sortira certainement grandi s'il s'engage de toutes ses forces sur cette nouvelle piste de croissance pétrolière et économique. De toutes les façons, le Gabon n'a pas trop d'autre choix que de s'engager dans cette aventure s'il veut exister sur le marché international du pétrole et s'il désire garder son rang dans le classement des pays producteurs de pétrole en Afrique et dans le monde. C'est d'ailleurs le cas depuis quelque temps, car des dispositions sont prises par les gouvernants pour encourager et inciter les multinationales pétrolières à s'intéresser à l'offshore gabonais.

Le Gabon n'est d'ailleurs pas le seul à emprunter cette voie et encore moins le premier de la liste à le faire puisque depuis une décennie à peu près, tous les pays africains producteurs de pétrole se lancent dans l'exploration de l'offshore profond de leurs eaux marines parce qu'ils ont compris que c'est dans cet espace que se jouera l'avenir pétrolier du monde. Ils ont intégré le fait que celui qui aura réussi à dompter les gisements d'offshore profond sera aussi le maître du monde de demain si on prend en compte la place qu'occupe aujourd'hui le pétrole dans le quotidien des habitants de la planète. Ainsi, ils ont compris que les gisements de pétrole, qu'on trouvait aisément dans les eaux marines peu profondes, se font de plus en plus rares ou même, quand ils sont découverts, possèdent des réserves de moins en moins importantes face à la demande mondiale en croissance continue.

Une chose est sûre et certaine, on ne finira jamais d'explorer les fonds et les profondeurs de tous les océans et les mers du monde qui représentent les deux tiers de la surface de la planète. Même si cela était possible, les hommes qualifiés pour le faire, les moyens techniques adéquats pour trouver de nouveaux gisements et les moyens financiers nécessaires pour ces investissements pétroliers très onéreux peuvent à tout moment faire défaut.

À tout cela, s'ajoute le climat actuel de conflits et de tensions permanents qui existe entre les Occidentaux à travers les guerres froides successives et les soutiens ouverts entre alliés au détriment de la paix mondiale si fragile, mais qui reste un préalable indispensable pour la tenue et la bonne santé de toute activité économique.

En vérité, les lignes géopolitiques bougent dans le monde avec l'installation progressive d'un nouvel ordre mondial encouragé par la montée du terrorisme, par les mouvements de migrants des pays pauvres vers les pays riches, par la multiplication des pays émergents et par la quête à tous les prix de zones d'approvisionnement en pétrole par les pays développés qui en ont besoin pour garantir leurs réserves et leur autosuffisance en hydrocarbures. C'est pourquoi il est plus que jamais temps pour le Gabon d'explorer ses eaux marines pour maintenir sa production pétrolière à un niveau acceptable. C'est ce qu'il est en train de faire depuis lors avec la mise en avant des champs marginaux. C'est pour honorer cette volonté politique qu'a eu lieu le 10 décembre 2010, l'inauguration du champ marginal Koula. C'est d'ailleurs à cette occasion que l'ancien ministre gabonais des Mines, du Pétrole et des Hydrocarbures, monsieur Julien Nkoghé BEKALE tenait les propos suivants relayés dans le journal *Jeune Afrique* du 6 janvier 2011 :

« Nous avons initié une politique fiscale particulièrement incitative en direction des entreprises juniors pour favoriser le développement des champs marginaux. Et c'est cette politique qui nous permet aujourd'hui de maintenir le niveau de la production. Car, parfois, les majors se désintéressent de ces champs qu'ils estiment peu rentables. »

Ces propos ont été aussi soutenus par un responsable de la compagnie Sinopec, aussi exploitante du gisement Koula, car il affirmait ceci :

« Des pays comme le Nigéria demeurent des puissances pétrolières parce qu'ils mettent en valeur tous les gisements, aussi petits soient-ils.

En effet, le gisement Koula, situé au Sud du Gabon, dans la province de Ngounié, est un champ pétrolier découvert en 2004 avec des réserves évaluées à 80 millions de barils de pétrole dont 41 millions sont récupérables. À terme, Koula qui a une production journalière de 25 000 barils de pétrole par jour devrait permettre au Gabon d'augmenter sa production pétrolière journalière de 10%, ce qui n'est pas négligeable en période de vache maigre pétrolière.

Exploité par Shell, Sinopec et Addax Petroleum, Koula n'est pas le seul champ marginal sur lequel le Gabon compte pour relancer sa machine de production. Il y en a d'autres dont l'exploitation est en cours et la production également non négligeable.

À côté des champs marginaux, le Gabon a lancé depuis 2010, une vaste opération de promotion de 42 blocs pétroliers de son offshore profond, répartis sur 110 000 m^2, qui a abouti en 2013, à la mise en vente de 13 d'entre eux à 11 compagnies pétrolières parmi lesquelles figurent Total et Shell qui sont les deux premières compagnies productrices de pétrole au Gabon. Le groupe Total est installé au Gabon via ses prédécesseurs depuis 1931 soit depuis 86 ans tandis que Shell y est présent depuis 1963.

À la suite de cette vente aux enchères, en mai 2014, trois de ces entreprises se verront retirer leur permis d'exploration compte tenu de leurs faibles capacités d'investissement, car l'exploration de l'offshore profond n'est pas un jeu d'enfant. Il nécessite beaucoup de ressources financières et cette réalité a d'ailleurs conduit le gouvernement gabonais à passer du modèle des appels d'offres qu'il avait utilisé à l'occasion à celui des négociations de gré à gré pour vérifier la solidité financière des compagnies pétrolières prétendantes. Et cela, monsieur Julien Nkoghé BEKALE l'a réaffirmé dans la déclaration suivante :

« L'exploration en mer profonde et très profonde demande de grands investissements, avec un niveau de risque élevé. Nous avons souhaité discuter directement avec les sociétés intéressées pour qu'elles apprécient librement ces risques avant de s'engager. »

Finalement, à l'issue des vérifications des capitaux d'investissement de ces compagnies, il n'y a que sept entreprises qui ont pu s'octroyer neuf de ces blocs. Si ce n'est déjà fait, les autres blocs sont encore sur le marché des enchères.

Cela démontre clairement tout le sérieux et le grand espoir que le gouvernement gabonais met dans l'exploration des gisements d'eaux profondes qui restent l'une des solutions majeures pour booster sa production pétrolière.

C'est le lieu d'affirmer encore une fois mon optimisme quant au potentiel immense des réserves pétrolières enfouies dans les eaux profondes du Gabon. Je maintiens et soutiens cette affirmation en me basant sur deux faits, le premier étant celui sur lequel je me suis longuement prononcé dans les chapitres précédents de ce livre.

Le premier fait est que le potentiel pétrolier de l'offshore et de l'onshore des côtes Sud-Américaines est le même que celui des côtes Ouest-Africaines, c'est-à-dire des bassins sédimentaires des pays du golfe de Guinée. Ainsi, puisqu'il est avéré et démontré par les chiffres des données pétrolières que la région Sud-Américaine est la deuxième région pétrolière du monde après celle du Moyen-Orient, il est fort probable que cette région de l'Afrique soit aussi riche en hydrocarbures, car les corrélations entre leurs systèmes pétroliers sont superposables et évidentes. En conséquence, puisque le Gabon fait partie du golfe de Guinée, il est donc largement concerné par ces similitudes historiques, géographiques et géologiques en termes de réserves pétrolières.

Le deuxième fait est la proximité du Gabon avec le Congo-Brazzaville et la Guinée équatoriale. Ces trois pays appartiennent tous au craton du Congo, si riche sur le plan géologique, et possèdent des bassins sédimentaires qui ont les mêmes caractéristiques physiques, géologiques et pétrolières. Ce qui veut dire que le potentiel pétrolier du Gabon n'est pas loin de ceux de la Guinée équatoriale et du Congo-Brazzaville en termes de réserves pétrolières.

J'ai passé en revue les réserves pétrolières de la Guinée équatoriale et du Congo-Brazzaville dans les pages précédentes et vous avez pu constater que ces pays ont un grand potentiel pétrolier et qu'ils comptent énormément sur lui pour leur croissance économique. Mes propos à ce sujet ont aussi été confirmés par un ingénieur géophysicien gabonais qui tenait les propos suivants dans les pages du journal *Jeune Afrique* en date du 6 janvier 2011 :

« La géologie de l'offshore profond et très profond du Gabon présente les mêmes caractéristiques que celles de la Guinée équatoriale. En conséquence, les chances d'une découverte sont grandes. »

Par exemple, pour corroborer cette proximité géographique et pétrolière entre ces pays, il est important de mentionner que des champs pétroliers et gaziers tels que Tortue et GMC-1X localisés sur le bloc Dusaffu Marine sont pratiquement à la frontière maritime qui sépare le Gabon et le Congo-Brazzaville (Figure 67).

Dussafu Marine est un vaste bloc pétrolier de 2780 Km^2, situé en grande partie en offshore profond gabonais, au Sud de Mayumba, dans la province de la Nyanga.

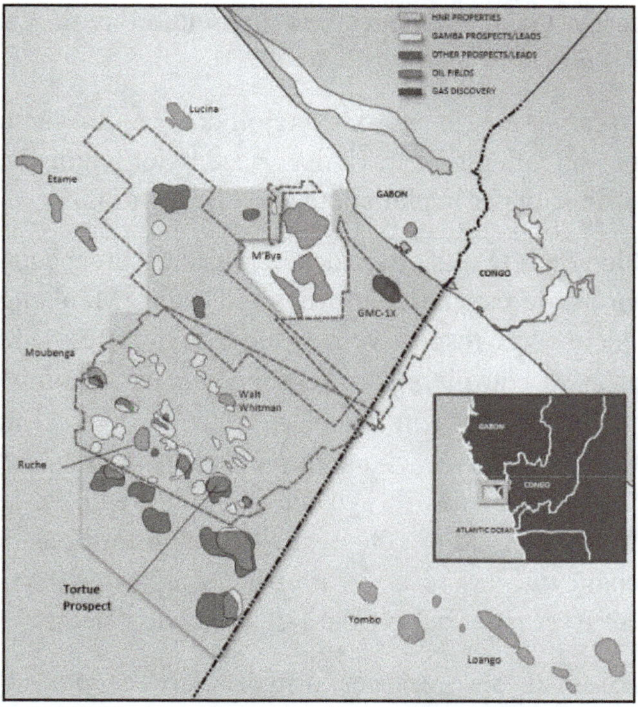

Figure 67: Les prospects du bloc pétrolier « Dussafu Marine » localisé en eaux profondes du Gabon (Harvest Natural Ressources, Juin 2013)

En effet, le bloc Dussafu Marine et ses champs pétroliers sont des résultats palpables et concrets de la politique menée par les gouvernants gabonais dans le cadre de l'exploration des eaux profondes du pays. Dussafu Marine est un bloc pétrolier opéré à la base à 66,7% par la compagnie américaine Harvest Natural Ressources basée au Texas et à 33,3% par la compagnie norvégienne Panoro Energy sur 20 années.

Cependant, après de longues négociations liées à des difficultés financières qui ont abouti à une passation du bloc à un autre opérateur, depuis le 21 février 2017, c'est la compagnie BW Energy Gabon qui est l'actionnaire majoritaire sur le bloc avec 91,67% des parts après avoir racheté 25% des parts de Panoro Energy et la totalité des parts de Harvest Natural Ressources. Panoro Energy ne détient désormais que 8,33% des parts restantes. Devant le potentiel pétrolier de Dussafu Marine, monsieur Carl ARNET, directeur général de BW Energy Gabon s'est estimé heureux d'avoir conclu cette affaire en disant :

« Nous sommes très heureux de rejoindre Panoro sur Dussafu, et nous sommes impatients de travailler avec eux et le gouvernement du Gabon pour développer le plein potentiel de Dussafu. »

Sur ce bloc ont été mis en évidence plusieurs prospects et champs pétroliers présalifères que sont Ruche, Tortue, Moubenga et Walt Whitman découverts respectivement en 2011, 2013, 1981 et 1996. Tous ces champs pétroliers sont regroupés sous le nom de « Ruche field ». Sur les 2780 Km^2 que compte le bloc, l'autorisation d'exploitation exclusive concerne environ 850,5 km^2. Après l'analyse des données des forages et des puits réalisés, les réserves prouvées de Ruche field ont été évaluées à 33,4 millions de barils de pétrole sachant que les réserves probables réparties sur l'ensemble du bloc ont été estimées à 1 milliard de barils de pétrole.

Les chiffres de ses réserves d'hydrocarbures qui ne sont pas définitives et certainement susceptibles d'évoluer, sont la preuve que le Gabon fait bien de se tourner vers son offshore profond, car il possède surement des réserves pétrolières bien plus grandes que celles de Ruche field.

Après avoir plusieurs fois repoussé l'échéance des premières productions prévues précédemment au 4e trimestre 2016, les premiers barils de pétrole du bloc Dussafu Marine devraient sortir du sous-sol gabonais en juillet 2018, suite à un investissement de plus de 275 millions de dollars soit environ 137,5 milliards de FCFA.

Dans cette dynamique d'exploration de l'offshore profond gabonais, le bloc « Diaba » d'une superficie de 9 075 km^2, situé à environ 50 km au large du Sud du Gabon par des profondeurs d'eau variant entre 100 et 3500 mètres, s'ajoute au bloc Dussafu Marine.

En effet, Diaba est un permis localisé à la frontière maritime entre le Gabon et le Congo-Brazzaville (Figure 66) qui mobilise tous les espoirs des autorités gabonaises, mais aussi ceux du groupe Total qui l'opère avec 42,5% des parts en compagnie de CIE Gabon Diaba Ltd qui détient 21,25% des parts, de Marathon Upstream Gabon Ltd qui en possède 21,25% et de la République du Gabon qui revendique 15% des parts.

Ainsi, après le traitement et l'interprétation de 6000 km^2 de la sismique 2D réalisée en 2008 et 2009 et de la sismique 3D effectuée en 2010, dans un communiqué de presse datant du 20 août 2013, le groupe Total a annoncé que son premier forage d'exploration dénommé « DIAMAN-1B », foré sur le permis Diaba en domaine présalifère de l'offshore profond, a permis de mettre en évidence une accumulation de gaz à condensats imprégnée sur environ 50 mètres dans les réservoirs de la formation géologique dénommée « Gamba ».

Au regard de ces analyses et alors que plusieurs pensent que le Gabon a atteint son pic pétrolier en 1997 ou 1998, je reste sur la réserve et j'insiste sur ma position très optimiste en disant que le sous-sol de ce pays n'a pas encore révélé tous ses secrets, car l'exploration des gisements d'eaux profondes n'est qu'à ses débuts. Nous ne sommes pas à l'abri de surprises pétrolières, car un seul gisement découvert, avec des réserves qui atteignent l'ordre du milliard de barils de pétrole, suffit à lui tout seul pour changer la production pétrolière et l'économie du Gabon en un clin d'œil comme c'est le cas avec le champ « Jubilee » au Ghana qui, depuis

2007 apporte du sang neuf à l'économie de ce pays et donne un coup d'accélération à son développement.

Si mon parcours descriptif des réserves pétrolières des pays africains producteurs subsahariens s'arrête à ce stade, bien qu'il ne soit pas complet et exhaustif, la conclusion que l'on peut tirer de cette étude est claire et sans équivoque :

« L'Afrique est un continent riche en ressources pétrolières. »

La quasi-totalité des pays du golfe de Guinée sont des producteurs de pétrole. Toutes les grandes régions d'Afrique possèdent cette précieuse ressource en abondance. Je n'ai pas eu l'occasion d'aborder en détail le potentiel pétrolier des pays comme la Côte d'Ivoire, le Ghana et le Cameroun, mais ils appartiennent aussi au golfe de Guinée et ont également une production et un avenir pétrolier prometteur (Tableau 10).

Classement Africain	Classement mondial	Pays	Production en 2015 *(en milliers de barils/jour)*	Poids dans la production africaine
1	13	**Nigéria**	**2 322**	27%
2	16	**Angola**	**1 856**	22%
3	18	**Algérie**	**1 671**	19%
4	27	**Egypte**	**707**	8%
5	30	**Lybie**	**461**	5%
6	34	**Congo (Brazzaville)**	**278**	3%
7	35	**Guinée Equatoriale**	**268**	3%
8	36	**Soudan & Sud Soudan**	**262**	3%
9	37	**Gabon**	**213**	2%
10	44	**Tchad**	**120**	1,4%
11	46	**Afrique du Sud**	**112**	1,3%
12	49	**Ghana**	**103**	1,2%
13	51	**Cameroun**	**97**	1,1%
14	64	**Tunisie**	**51**	0,6%
15	70	**Côte d'Ivoire**	**34**	0,4%
16	78	**Niger**	**21**	0,2%
17	79	**RD Congo**	**20**	0,2%
18	96	**Mauritanie**	**5,2**	0,1%
19	109	**Ethiopie**	**0,3**	0,0%
20	112	**Zambie**	**0,2**	0,0%
mays-mouissi.com		Total	8 602	100%

Tableau 10: Classement des pays africains producteurs de pétrole en 2015 (May Mouissi, 2016)

Devant un tel constat, c'est l'occasion de se poser la question de savoir pourquoi l'Afrique a toujours du mal à prendre son envol et à amorcer son développement depuis des décennies alors que la majorité des pays occidentaux qui n'ont plus de ressources minières et pétrolières significatives ont réussi à se redévelopper à nouveau, même après les premières et deuxièmes guerres mondiales qui ont dévasté leurs territoires ? Pourquoi les pays africains producteurs ne sont pas capables de se développer à partir des devises et des recettes issues de la vente de leurs ressources pétrolières alors que les pays occidentaux qui n'en possèdent pas suffisamment parviennent à renforcer leur économie et continuent leur développement grâce à l'argent du pétrole qu'ils exploitent sur le continent africain ?

Si le continent africain ne parvient toujours pas à atteindre les objectifs de développement qu'il s'est fixé depuis bien des années maintenant, c'est que les causes sont profondes et bien souvent complexes. Les enjeux financiers observés autour de l'exploitation des ressources minières et pétrolières sont tellement considérables et les lobbies qui y ont des intérêts sont tellement puissants qu'il est parfois très difficile pour certains gouvernants africains de jouer de tout leur poids, malgré leur bonne volonté, sur la gestion contrôlée des ressources pétrolières et minières de leur pays. Cette partie sombre du secteur pétrolier et minier en Afrique reste la plus grande inconnue et l'une des plus grandes causes inavouées de l'extrême pauvreté de l'Afrique malgré la richesse avérée et démontrée du sous-sol de ce beau continent. Je n'ai pas souhaité que ce livre soit le lieu d'en parler, car je reste convaincu qu'avant d'accuser le voisin, les Africains sont les premiers coupables et doivent se remettre en cause et changer leurs méthodes de gestion et de gouvernance des revenus pétroliers et miniers.

Cela passe premièrement par un changement de mentalité des dirigeants et des cadres africains qui ont eu l'opportunité d'effectuer des séjours dans les pays développés et d'apprendre les méthodes et les principes de développement de ceux-ci. L'Afrique attend de ses cadres formés à l'école occidentale qu'ils appliquent intelligemment, tout ce qu'ils ont appris durant de longues années auprès des occidentaux pour le développement du continent noir en ayant à l'esprit l'avenir et le bien-être des futures générations.

VI.1.1.f - Le Sénégal et la Mauritanie : deux nouveaux pays pétroliers d'Afrique subsaharienne à la limite du Sahel

Le Sénégal et la Mauritanie sont plus ou moins intégrés dans le golfe de Guinée même si certains experts estiment que cette région pétrolière s'arrête dans sa partie nord au niveau de la Guinée, du Libéria ou même de la Côte d'Ivoire. Dans tous les cas, le Sénégal et la Mauritanie ont intégré, contre toutes les attentes et par la grande porte, les rangs des pays producteurs de gaz et de pétrole du golfe de Guinée et de l'Afrique grâce à la découverte dans leurs eaux maritimes d'un grand gisement de gaz en 2010 par Kosmos Energy accompagnée par les compagnies pétrolières nationales sénégalaises que sont Petrosen et la Société Mauritanienne des Hydrocarbures (SMHPH). Ensuite, alors qu'elle recherchait des opportunités de développement de production gazière dans les régions mal ou peu explorées, British Petroleum (BP) a racheté entre 2016 et 2017 des parts de Kosmos Energy ce qui lui permet d'être l'opérateur principal du gisement aujourd'hui. Il s'agit du méga-gisement de Grand-Tortue dont j'ai déjà parlé dans mon précédent livre « *L'Afrique un continent aux ressources minières exceptionnelles* ».

Ce gigantesque gisement est à cheval sur les frontières maritimes du Sénégal et de la Mauritanie d'où son exploitation commune par ces deux pays (Figure 68). Grand-Tortue a été localisé à 8 km au large de Saint-Louis à plus de 4850 mètres profondeur : à 2850 mètres au-dessous des fonds marins et sous une tranche d'eau de 2000 mètres. Ces réserves de gaz naturel sont estimées à 555,55 milliards de m^3 (15 000 milliards (15 trillions)) de pieds cubes avec une production journalière évaluée à 18,51 millions de m^3 (500 millions de pieds cubes) pendant plus de 30 années. 2,5 millions de m^3 (70 millions de pieds cube) de cette production journalière seront utilisées pour produire 500 mégawatts d'électricité qui alimenteront les deux pays à raison de 250 mégawatts chacun. Après des investissements d'un milliard de dollars dans la première phase de développement du projet et plusieurs autres milliards dans les phases suivantes, BP devrait débuter l'exploitation de ce gisement en 2022.

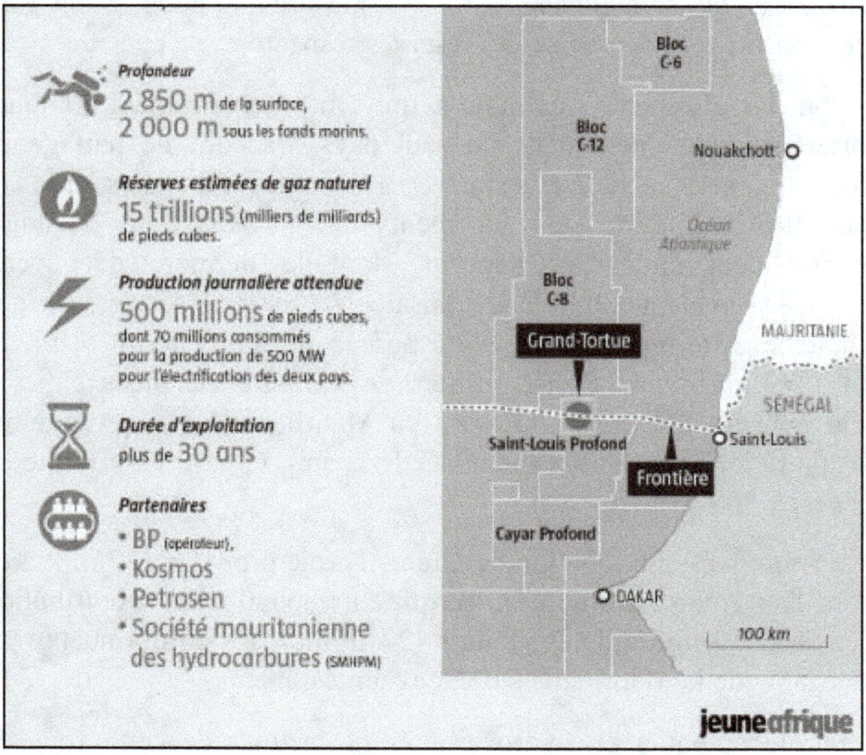

Figure 68: Le gisement Grand-Tortue à la frontière maritime entre le Sénégal et la Mauritanie (Jeune Afrique, 21 octobre 2019)

Pendant ce temps, Kosmos Energy, découvreur du gisement, qui détient 30% des parts de Grand-Tortue continue à explorer le sous-sol pour l'expansion du projet. Au sujet de la répartition des bénéfices de la vente des hydrocarbures de Grand-Tortue entre ces deux pays à la limite du Sahel et de celles des prochaines découvertes dans cette zone prometteuse de l'océan Atlantique, monsieur Jonathan EVANS, ingénieur géologue britannique formé à Cambridge et vice-président pour l'Afrique de la branche Exploration-Production de BP, a fait la déclaration suivante relayée dans les colonnes du journal *Jeune Afrique* du 21 octobre 2019 :

« Pour le complexe de Grand-Tortue, gisement à cheval entre les deux pays, nous avons opté pour une répartition à égalité entre les deux États, qui sera ajustée au fur et à mesure que nous obtiendrons une répartition plus précise des réserves respectives de chacun.

Pour les gisements satellitaires, qui sont, contrairement à Grand-Tortue, complètement dans un seul pays, l'accord de partage de production sera négocié à part avec l'État concerné. Cela sera le cas pour l'exploitation des gisements de Yakaar et Teranga, intégralement situés au Sénégal, dont la dernière découverte annoncée en septembre 2019 faisait état d'un réservoir de gaz supplémentaire représentant 370 à 555,55 milliards de m^3 (10 à 15 TCF (Trillion Cubic Feets, milliers de milliards de pieds cubes)). Cela pourrait être le cas demain en Mauritanie, si le programme d'exploration que nous menons sur le champ Orca est couronné de succès. »

En somme, l'exploitation de Grand-Tortue produira 227 milliards de m^3 sur environ 30 années, ce qui correspond à une contribution d'environ 30 milliards de dollars (27 milliards d'euros) au PIB du Sénégal et de la Mauritanie sur cette même durée.

Sur le potentiel en hydrocarbures prometteur de cette zone de l'océan Atlantique à l'Ouest de l'Afrique, monsieur Jonathan EVANS n'a pas manqué de dire ceci :

« Cette région est amenée à devenir une nouvelle base pour BP. D'ici à une dizaine d'années, sa production dépassera celle de nos deux bases africaines historiques : l'Égypte où nous avons une production importante depuis 55 ans, essentiellement gazière aujourd'hui, et l'Angola, où nous nous sommes installés voici 30 ans, mais dont la production d'huiles décline, car issue de champs vieillissant. »

Ainsi, en plus de la Mauritanie, le Sénégal apparaît désormais sur la carte pétrolière de l'Afrique et fait partie des cibles des multinationales pétrolières. Le pétrole est en train de remplacer le phosphate qui était la principale ressource du sous-sol de ce pays depuis plusieurs années.

À la suite de la découverte du gisement Grand-Tortue avec ses 700 milliards de m^3 de gaz (15 000 milliards de pieds cubes) par Cosmos Energy, plusieurs compagnies pétrolières se sont positionnées dans les eaux sénégalaises. Le Britannique Cairn Energy sur les champs Rufisque offshore et de Sangoma offshore, le Français Total sur le champ Rufisque offshore profond et le Chinois CNOOC sur le champ AGC profond qui est à cheval sur les eaux sénégalaises et bissau-guinéennes. Pour confirmer l'eldorado pétrolier qu'est devenu le Sénégal dans cette dernière décennie, la compagnie Cairn Energy a découvert des réserves d'environ 473 millions de barils de pétrole sur les champs Rufisque offshore et de Sangoma offshore qu'elle détient (Figure 69). Selon cette compagnie, le Sénégal devrait avoir une production pétrolière comprise entre 100 000 et 120 000 barils par jour à compter de 2021.

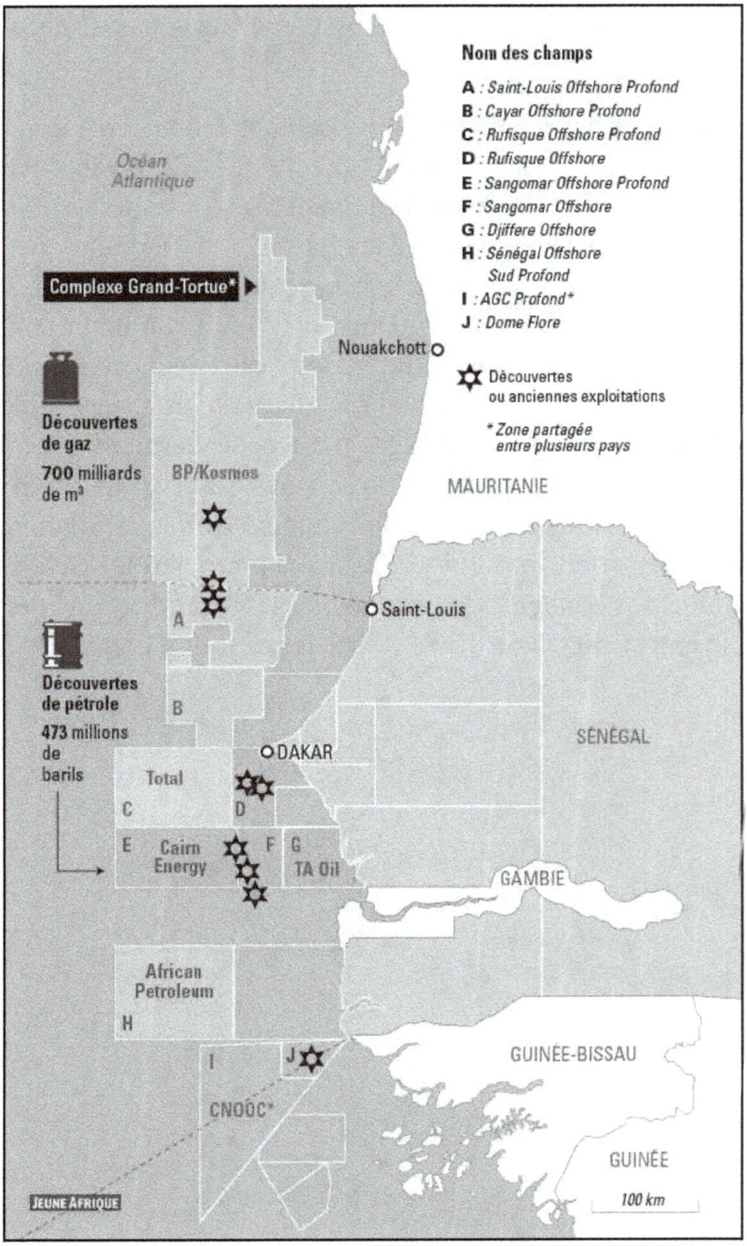

Figure 69: Découvertes des champs pétroliers et gaziers dans les eaux maritimes du Sénégal et de la Mauritanie avec leurs exploitants (Jeune Afrique, 12 juin 2017)

Toutes ces découvertes pétrolières et gazières au Sénégal et en Mauritanie sont susceptibles de générer des milliers d'emplois directs et indirects et des revenus considérables pour ces deux pays partiellement sahéliens qui étaient loin d'espérer de telles mannes financières liées aux hydrocarbures il y a quelques décennies. Il faudrait donc qu'ils en tirent les meilleurs profits pour servir leurs populations en développant leurs infrastructures et en investissant dans les secteurs prioritaires que sont la santé et l'éducation, car un pays ne se développe et n'existe que par ses ressources humaines.

VI.1.2 - L'Afrique subsaharienne et le Sahel : des zones pétrolières conflictuelles

En Afrique subsaharienne, le golfe de Guinée n'est pas la seule zone pétrolière qui attire les investisseurs, les convoitises des États consommateurs, les multinationales et les terroristes. En plus de cette région maritime située au large de la côte ouest de l'Afrique de l'Ouest et Centrale, le Sahel qui est une région terrestre intracontinentale localisée entre le désert du Sahara et la savane se révèle également, ces dernières années, comme une zone pétrolière prépondérante. Certes, j'ai déjà parlé de cette réalité précédemment, mais dans les paragraphes suivants, j'évoquerai deux bassins pétroliers majeurs du Sahel qui sont représentatifs non seulement des grandes réserves pétrolières prometteuses de l'Afrique, mais aussi des conflits qui entourent les régions riches en hydrocarbures. C'est le cas des bassins pétroliers du Tchad, dont celui de Doba et du Soudan avec celui du Darfour.

VI.1.2.a - Les bassins du Tchad et le champ pétrolier « Doba » : la République de la Centrafrique en embuscade

Comme la plupart des pays pétroliers d'Afrique, le Tchad a des atouts géologiques très prometteurs tant sur le plan pétrolier que minier, mais encore sous-explorés. Par exemple, selon le ministère du Pétrole et de l'Énergie du Tchad, ce pays possède plusieurs bassins sédimentaires divisés en 45 blocs dont 28 sont disponibles : le bassin des Erdis (6 blocs), le bassin de Djado (2 blocs), le bassin de Largeau (6 blocs), le bassin de Manga (1 bloc), le bassin de Siltou (2 blocs), le bassin du Lac Tchad (3 blocs), le bassin de Moussoro (1 bloc), le bassin de Bongor (1 bloc), le bassin de Madiago (1 bloc) et le bassin de Doba (5 blocs) dont je parlerai dans ce paragraphe.

En juin 2003, le Tchad a intégré les pays des exportateurs de pétrole après plus de 30 années d'exploration par des multinationales pétrolières comme Exxon-Mobile (40%, États-Unis), Chevron (25%, États-Unis) et Petronas (35%, Malaisie). En février 2005, le Tchad adhère à l'Association des Producteurs de Pétrole Africain (APPA). Avec son nouveau statut, en juillet 2006, c'est la création de la Société des hydrocarbures du Tchad. Selon la CIA, en janvier 2008, les réserves pétrolières du Tchad étaient de 1,5 milliard de barils de pétrole.

Selon les différentes études, les réserves prouvées du bassin de Doba sont supérieures à 900 millions de barils de pétrole avec trois principaux champs pétroliers en exploitation à savoir : Bolobo, Komé et Miandoum. Après le retrait des multinationales Total et Shell, c'est finalement le consortium constitué d'Exxon-Mobil, Petronas et Chevron qui exploitera le pétrole de Doba sur 30 années avec un pic de production estimé à environ 225 000 barils de pétrole.

L'exploitation du champ pétrolier Doba est d'une importance capitale pour le Tchad, mais aussi pour le monde, car contre toute attente, alors que ce pays sahélien est connu pour sa tradition pastorale (élevage), la découverte d'un si grand gisement de pétrole suscite beaucoup d'intérêt et d'espoir. C'est pour cette raison que la Banque Mondiale, à travers ses structures spécialisées, s'est engagée à financer une partie de l'exploitation de ce gisement à hauteur de 3,7 milliards de dollars dont 100 millions proviennent de la Société Financière Internationale (SFI). Ces milliards serviront à effectuer 300 puits dans le bassin pétrolier de Doba et à construire un pipeline de 1050 km reliant Doba au terminal de Kribi localisé sur la côte Atlantique au Cameroun.

Le gisement de Doba est une véritable bouffée d'oxygène économique pour le Tchad, car selon les études faites, son exploitation produira environ 80 millions de dollars chaque année soit environ 53 milliards de FCFA dans un pays très pauvre dont la majorité de la population vit en dessous du seuil de pauvreté avec moins de 200 dollars par année soit 130 000 FCFA par année et donc moins de 356 FCFA par jour. Je rappelle que les 80 millions de dollars sont équivalents à l'aide financière que reçoit le Tchad chaque année de la communauté internationale, ce qui vient conforter tous les espoirs que mettent les autorités tchadiennes dans l'exploitation ce gisement. C'est ce que monsieur Idriss DEBY, président du Tchad, a confirmé à N'Djamena, la capitale, en disant les propos suivants relatés dans le journal français *Les Echos* le 7 juin 2000 :

« Le pétrole sortira. On va pouvoir faire la paix avec ceux de nos frères qui sont contre l'exploitation du pétrole ».

Il a tenu ces propos non seulement pour la valeur ajoutée économique de ce gisement, mais aussi pour rassembler son pays qui était en proie à des troubles et des conflits, car plusieurs rebelles et groupes armés tchadiens s'opposaient à l'exploitation des réserves pétrolières de Doba.

En 2015 soit 10 années après le début de l'exploitation du gisement de Doba, les populations du Logone oriental, région du Sud du pays dans laquelle est extrait le pétrole de Doba, restent toujours dans la pauvreté et ne profitent pas des retombées financières de son exploitation comme c'est le cas dans la plupart des pays africains producteurs de pétrole. C'est ce que monsieur Alain DOLONGAR, l'un des fondateurs du mouvement de revendication des populations du Logone oriental n'a pas manqué de dire en févier 2015 en ces termes :

« On a quitté la misère pour arriver à un niveau très dangereux. Allez à Doba et comptez le nombre d'emplois véritables dans tout le Logone oriental. Même la simple débrouillardise est devenue difficile. Ne parlons pas d'électricité qu'on vous sert suivant les heures convenues pour une toute petite ville comme celle-là. Il n'y a aucune canalisation pour évacuer les eaux usées. Dans les hôpitaux, on n'arrive presque pas à soigner le paludisme. Ça ne va pas. Je n'exagère rien du tout. »

Curieusement, malgré son grand gisement de pétrole, la ville de Doba occupe l'avant-dernière place des villes du Tchad en matière de développement. Est-ce une malédiction d'avoir du pétrole dans son sous-sol au point que la plupart des villes d'extraction d'hydrocarbures restent misérables ? Comment d'autres villes et pays producteurs de pétrole du monde hors de l'Afrique font-ils pour en tirer le meilleur en termes de développement pour leur communauté et leur population ? L'Afrique ne pourra-t-elle jamais s'en sortir économiquement avec l'exploitation du pétrole sachant que 52 sur 54 des pays membres de l'Union Africaine (UA) sont des producteurs de pétrole ou ont le potentiel pour le devenir selon madame Valérie COMMELIN, représentante du Tchad à l'Organisation des Pays producteurs de Pétrole Africains (APPO) ?

C'est une somme de questions que de nombreuses personnes, qui veulent comprendre ce qui se passe en Afrique, sont en droit de se poser.

Ce qui est sûr c'est que les jeunes de Doba, ville de l'abondance pétrolière du Tchad, insistent en soulignant que la gestion des 5% de revenus pétroliers d'exploitation de ce gisement a été confiée à des personnes qui n'ont aucun lien avec la région, ce qui nécessite de reconsidérer la politique de développement de cette ville majeure de la production pétrolière du Tchad.

Aujourd'hui, les réserves pétrolières du Tchad sont estimées à plus de 1,5 milliard de barils de pétrole. Pour atteindre ces réserves de pétrole prouvées, en plus de celles de Doba, il faudra rajouter celles du Darfour qui est au cœur d'un long conflit depuis 2004 entre le Tchad soutenu par la France et les États-Unis et le Soudan soutenu par la Chine (Figure 70).

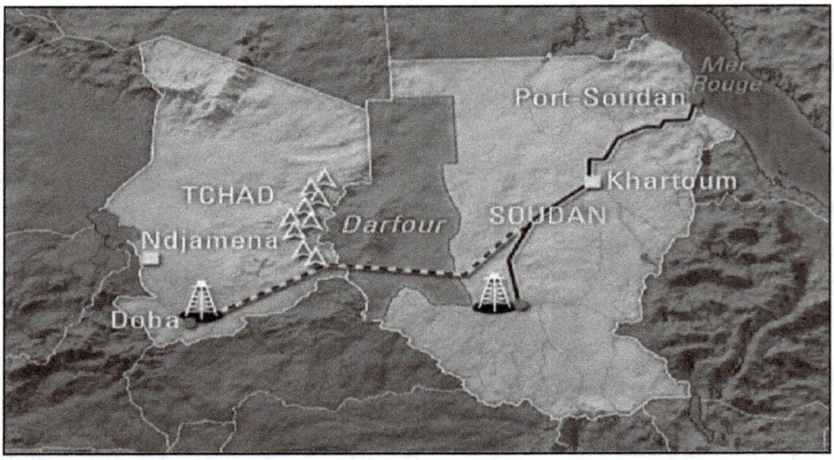

Figure 70: Champ pétrolier « Doba » du Tchad (www.thibautribar.blogspot.fr.com, 2015)

Certes Doba est au Sud du Tchad, mais elle est une ville frontalière avec la République de Centrafrique. D'ailleurs, sa position géographique et les principes de la répartition et de la continuité des couches géologiques font dire à certains experts que les réserves pétrolières de Doba sont également connues sur le territoire et dans le sous-sol centrafricain. Dans cette région, le Tchad et la République de la Centrafrique ont donc un bassin et un système pétrolier commun. La République de la Centrafrique a donc intérêt à amplifier les explorations pétrolières sur son territoire dans la continuité du gisement de Doba pour espérer profiter du pétrole contenu dans ce bassin sédimentaire qu'elle partage avec le Tchad. Compte tenu de ses difficultés financières liées aux rébellions successives et aux conflits meurtriers qui ont secoué son territoire et ses populations avec les départs de ses présidents Ange Félix PATASSE (au pouvoir de 1993 à 2003), François BOZIZE (de 2003 à 2013), Michel DJOTODIA (de 2013 à 2014), Catherine SAMBA-PANZA (de 2014-2016), la République de la Centrafrique, qui est dirigée depuis 2016 par son président Faustin-Archange TOUADERA, gagnerait à ne pas se priver d'une telle manne pétrolière.

VI.1.2.b - Le Darfour, un bassin pétrolier au centre des conflits entre le Sud-Soudan, le Nord-Soudan, le Tchad et la République de la Centrafrique

Le Darfour est une région du Sahel localisée à l'Ouest du Soudan et à la frontière avec le Tchad et la République de la Centrafrique (Figure 70). Peuplée par plus de 7 millions d'habitants dont les Fours qui ont lui ont donné son nom, les Masalits, les Zaghawas et les Arabes, le Darfour est l'une des régions les moins développées du Soudan avec un faible taux d'alphabétisation des jeunes (seulement 1/3 des filles de la région et 44,5% des garçons vont à l'école primaire). De plus, le Darfour est bien connu non seulement pour sa guerre qui a débuté depuis 2003, mais aussi et surtout pour ses grandes réserves pétrolières que certains disent être à l'origine des conflits qui opposent ses populations entre elles et qui l'opposent souvent au Tchad, pays frontalier à cette région. Mais quelles sont les origines de cette guerre civile qui perdure dans le Darfour ?

En effet, dans cette région pauvre et sèche, les conflits pour l'eau (aussi celles du Nil et de ses ramifications) entre les fermiers sédentaires noirs majoritaires (les Fours, les Masalits, les Zaghawas) et les nomades arabes minoritaires sont très courants chaque fois que la sécheresse est bien marquée. Ces conflits sociaux, qui résultent d'une faible politique de développement infrastructurelle incombant au pouvoir de Khartoum dirigé à l'époque par le président Omar EL BECHIR, finissent par être instrumentalisés par les politiciens au pouvoir sur le plan religieux et ethnique entre les Noirs et les Arabes de cette région. Les Arabes sont armés par le pouvoir et les Janjawids, une milice arabe conduite par CHOUKRATALLA, un ancien officier de l'armée soudanaise, a été mise en place. Cela étant fait, à chaque revendication de l'opposition ou d'un mouvement anti-gouvernemental qui a lieu dans le Darfour, en représailles, le régime de Khartoum laisse agir les Janjawids et de surcroît, l'armée soudanaise bombarde les villages du Darfour et ses populations. Pourtant, ces dernières ne réclament qu'une bonne répartition des bénéfices du pétrole exploité dans sa région par les multinationales chinoises, américaines et françaises depuis plusieurs années. Elles se sentent lésées par le gouvernement. Les autorités et hiérarques arabes de Khartoum veulent nécessairement empêcher une union et une coalition entre les populations noires de l'Ouest, c'est-à-dire du Darfour et un Sud négro-africain détenant l'essentiel des réserves pétrolières du Soudan et qui est désormais indépendant depuis la sécession entre le Nord-Soudan (dirigé par le président Omar EL BECHIR depuis 1989 et renversé depuis avril 2019 par le président Abdel Fattah Abdelrahmane AL-BURHAN par un coup d'État) et le Sud-Soudan (dirigé par le président Salva KIR depuis 2011) à la suite du référendum du 15 janvier 2011.

Ainsi, sur le plan géopolitique et économique, les pays occidentaux, grands consommateurs d'énergie, qui convoitent le pétrole du Darfour depuis plusieurs années, rentrent en scène pour apporter leur soutien militaire et économique soit au pouvoir d'Omar EL BECHIR, soit aux populations brimées et à l'opposition dans le Darfour. Dès lors, la Chine qui détient l'exclusivité des concessions pétrolières du Darfour (Figure 71) est évidemment un allié du régime de Khartoum en plus de l'Iran et du Qatar tandis que les États-Unis, le Tchad, l'Ouganda et l'Éthiopie sont des soutiens des opposants du

Darfour pour changer le régime. Derrière, il ne faut pas oublier que la France a été doublée par les États-Unis dans l'exploitation du gisement pétrolier de Doba au Tchad qui a été retiré à la Française Total et attribué à l'Américaine Chevron. De ce fait, la France a une position ambigüe dans la crise du Darfour pour tirer son épingle du jeu géopolitique dès que l'occasion se présente. Il ne faut pas non plus omettre que le Darfour est une zone frontalière entre le Soudan et le Tchad, puissance militaire du Sahel, qui a aussi envie d'accaparer les prometteuses réserves pétrolières du Darfour. De plus, le Tchad a tout intérêt à contrôler le régime du Soudan ou à avoir de bonnes relations avec lui, car il ne faut pas ignorer que le pétrole de Doba est aussi acheminé par des pipelines vers Port-Soudan (Figure 70) en destination de la mer Rouge et des pays occidentaux. De même, la République de la Centrafrique, très instable sur le plan sécuritaire et qui a une frontière avec le Darfour soudanais serait également ravie d'en profiter.

Le Soudan est donc le théâtre de la guerre secrète des matières premières minérales, notamment du pétrole, que se livrent les États-Unis et la Chine accompagnés de leurs alliés. En 2008, la Chine importait 32% du pétrole en provenance de l'Afrique contre 8% pour les États-Unis. Les États-Unis avaient donc besoin de rattraper leur retard à ce niveau d'autant plus que depuis les attentats des tours jumelles du World Trade Center à New York le 11 septembre 2011, l'Afrique et certains de ses pays qualifiés de nids du terrorisme international tels que le Soudan, des pays du Sahel, de l'Afrique de l'Est et du Maghreb sont sur sa liste noire en matière de sécurité et de défense nationale. L'appât du pétrole était donc le bon créneau pour l'installation des États-Unis au Soudan et surtout pour développer leur influence dans toute l'Afrique et aux portes du Moyen-Orient qu'ils surveillent de près. D'ailleurs, selon plusieurs experts, en plus du Moyen-Orient, le Soudan et la Somalie constituent de véritables sanctuaires pour le terrorisme international. Or, la Chine règne déjà en maître au Soudan.

En effet, depuis 2010, la Chine est devenue la première consommatrice de pétrole du monde devant les États-Unis. Ses propres ressources pétrolières évaluées à 1,7% des ressources mondiales ne suffisent pas pour satisfaire ses besoins. Selon les études, en 2020, la Chine devrait importer 10 à 15 millions de barils par jour soit plus de deux fois la production journalière de l'Arabie Saoudite et l'équivalent de la production pétrolière africaine. La Chine connaît donc un véritable déficit énergétique et pétrolier. Il faut donc trouver des nouvelles sources d'approvisionnement et changer sa politique énergétique étrangère que certains appellent « la diplomatie des ressources ». Dans cette quête d'énergie, l'Afrique se positionne donc aux yeux de la Chine comme la « Terre promise » en matière d'énergie. La *China Petroleum and Petrochemical equipment Industry Association* estimait que le pétrole et le gaz en provenance de l'Afrique passeraient de 30 à 40% des importations globales de la Chine de 2007 à 2012. Par exemple, en 2007, les importations pétrolières chinoises, dont 26% venaient de l'Afrique, ont connu une croissance de 15%. Ainsi, des États producteurs africains comme le Nigéria, l'Angola, l'Algérie, le Gabon, le Soudan, la Guinée équatoriale, la Libye et la République centrafricaine sont dans le collimateur de la Chine. Et le Soudan est l'un de ses choix parmi tant d'autres pays africains. Pourquoi donc le Soudan ?

Premièrement, le Soudan est le choix de la Chine pour trois raisons : d'abord, l'existence d'immenses champs pétrolifères en attente de développement, ensuite le monopole exclusif des multinationales pétrolières chinoises et la non-concurrence des majors occidentaux pour l'acquisition de droits pétroliers et concessions pétrolières et enfin, de vastes réserves pétrolières qui assureront la production permanente quand le Soudan aura une stabilité politique et sécuritaire.

Deuxièmement, parce qu'assez rapidement, c'est-à-dire depuis 2008, le Soudan produit à lui tout seul 10% des besoins quotidiens de la Chine en pétrole avec une exportation d'environ 800 000 barils par jour. La Chine exploite le pétrole soudanais sans partage et possède plus de 40% des concessions pétrolières du Soudan (Figure 71) grâce à China National Petroleum Corporation (CNPC), sa multinationale qui est devenue de ce fait le premier acheteur de pétrole du Soudan. Le Soudan est d'ailleurs le seul pays d'Afrique où la Chine exploite le pétrole avec ses propres installations pétrolières. Évidemment, tout cela est possible parce que la Chine soutient le gouvernement soudanais sur la question du Darfour tant au niveau militaire et économique sur le territoire qu'au niveau diplomatique au Conseil de sécurité de l'ONU. Ainsi, à cause de la présence chinoise, les États-

Unis ne peuvent pas répandre leur influence comme ils le souhaitent au Soudan et dans toute la région. Ils avaient donc besoin de procéder autrement pour tirer profit du pétrole soudanais et concurrencer la Chine qui a ainsi, une position stratégique sur le plan géopolitique, car le Soudan a un port débouchant sur la mer Rouge, une route du pétrole.

Cette guerre secrète entre la Chine et les États-Unis va donc prendre tournure sur le plan géopolitique, économique et militaire. Alors que le régime soudanais a le soutien de la Chine, les États-Unis vont de leur côté provoquer la scission du Soudan avec la création du Sud-Soudan dont ils seront un allié.

En effet, beaucoup de personnes l'ignorent, mais en 2005, le Soudan était le septième producteur de pétrole africain après le Nigéria, la Libye, l'Algérie, l'Angola, l'Égypte et la Guinée équatoriale. À cette époque, le Soudan avait des réserves prouvées évaluées à 563 millions de barils de pétrole sachant que le gouvernement estimait qu'il pourrait atteindre 5 milliards de barils dans les années suivantes. Toujours en 2005, la vente du pétrole rapportait environ 1 million de dollars par jour à Khartoum, ce qui correspondait exactement au montant investi par le gouvernement soudanais dans l'achat d'armes, de quoi donc alimenter la guerre dans le Darfour.

Selon la multinationale pétrolière BP, en 2011, les réserves estimées des deux Soudan atteignaient 6,5 milliards de barils de pétrole soit environ 0,5% des réserves pétrolières mondiales. Les plus grandes réserves du Soudan se trouvent dans le Sud, précisément dans le bassin de Muglad au Nord-Ouest du Sud-Soudan et dans le bassin de Mulet au Nord du Sud-Soudan. De 1995 à 2012, la production pétrolière journalière du Soudan est passée progressivement de 2000 barils à 425 000 barils.

Au Sud-Soudan, la zone marécageuse de Sudd qui signifie « barrière » en arabe, a une végétation aquatique dense et regorge d'importantes réserves pétrolières. Le Sudd est donc un vaste bassin sédimentaire en forme de cuvette argileuse que le Nil blanc avec ses affluents inonde chaque année en direction de l'Égypte et du delta du

Nil. Selon les experts du pétrole, les réserves de pétrole récupérables dans le bassin de Sudd pourraient atteindre 5 milliards de barils. Ainsi, les réserves de pétrole cumulées des bassins de Muglad, Mulet et Sudd pourraient représenter une production pétrolière assurée pour le Soudan pendant environ 60 années.

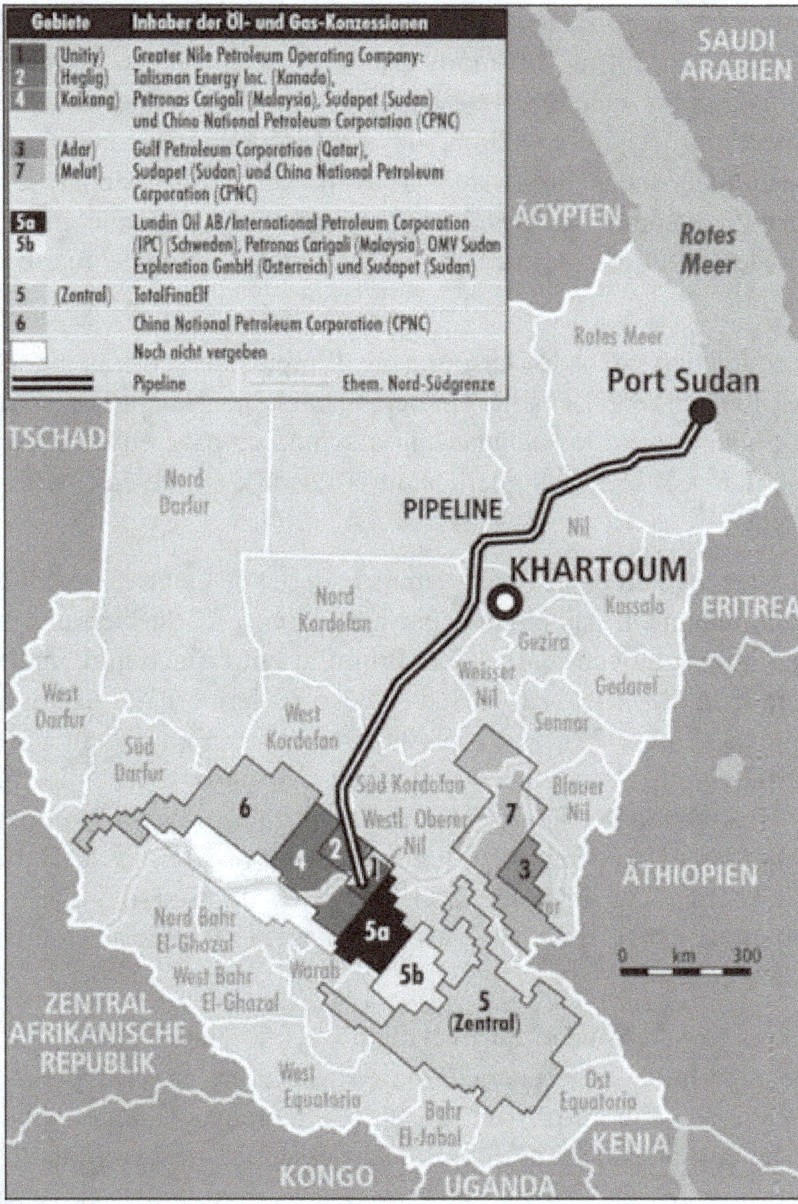

Figure 71: Carte des concessions pétrolières et gazières du Soudan
datant de 2004 avec les concessions du Darfour
attribuées majoritairement aux Chinois
(Michael Till-Lambrecht, Öl- und Gas-Konzessionen im Sudan 2004)

La guerre du pétrole dans le Darfour a fait plus de 2 millions de morts (environ 300 à 400 morts par jour) et elle n'est pas achevée jusqu'à ce jour même s'il y a des temps d'accalmie. Elle a été tellement atroce qu'en 2008, le procureur de la cour pénale internationale monsieur OCAMPO avait lancé un mandat d'arrêt international contre le président du Soudan de l'époque monsieur Omar El BECHIR pour crime contre l'humanité et crime de guerre dans le Darfour.

À cette guerre dans le Darfour, sous l'impulsion géostratégique des États-Unis en réponse à la Chine, va s'ajouter la guerre entre le Nord-Soudan et le Sud-Soudan qui a scindé ce pays en deux parties depuis juillet 2011. Mais quelle était la raison de cette énième guerre au Soudan ?

Si vous me suivez très bien depuis le début de ce chapitre, vous ne serez certainement pas étonnés par ma réponse. C'est bien encore le pétrole qui est au centre de ce conflit qui a fait beaucoup de morts et de nombreux déplacés, car le Sud-Soudan renferme 75% des réserves pétrolières (Figure 72) tandis que le Nord-Soudan en détient 25%, la plupart des raffineries, des oléoducs et des ports d'acheminements vers l'international (Figure 71). Dès lors alors que la Chine a le contrôle des concessions pétrolières du Nord-Soudan et du Darfour, les États-Unis ont la possession de celles du Sud qui sont plus importantes. Ainsi, les États-Unis regagnent du terrain au Soudan et dans la région.

Certes le Sud-Soudan qui réclamait plus de justice sociale et une bonne répartition des bénéfices du pétrole a eu son indépendance, mais cela s'est fait au prix de la vie de nombreux soudanais. Comme vous le constatez sur la figure 72, l'essentiel des conflits liés à l'indépendance en 2010 ont eu lieu à proximité des zones d'exploitation pétrolière et le long des pipelines qui transportent le pétrole vers le Kenya et le Nord-Soudan.

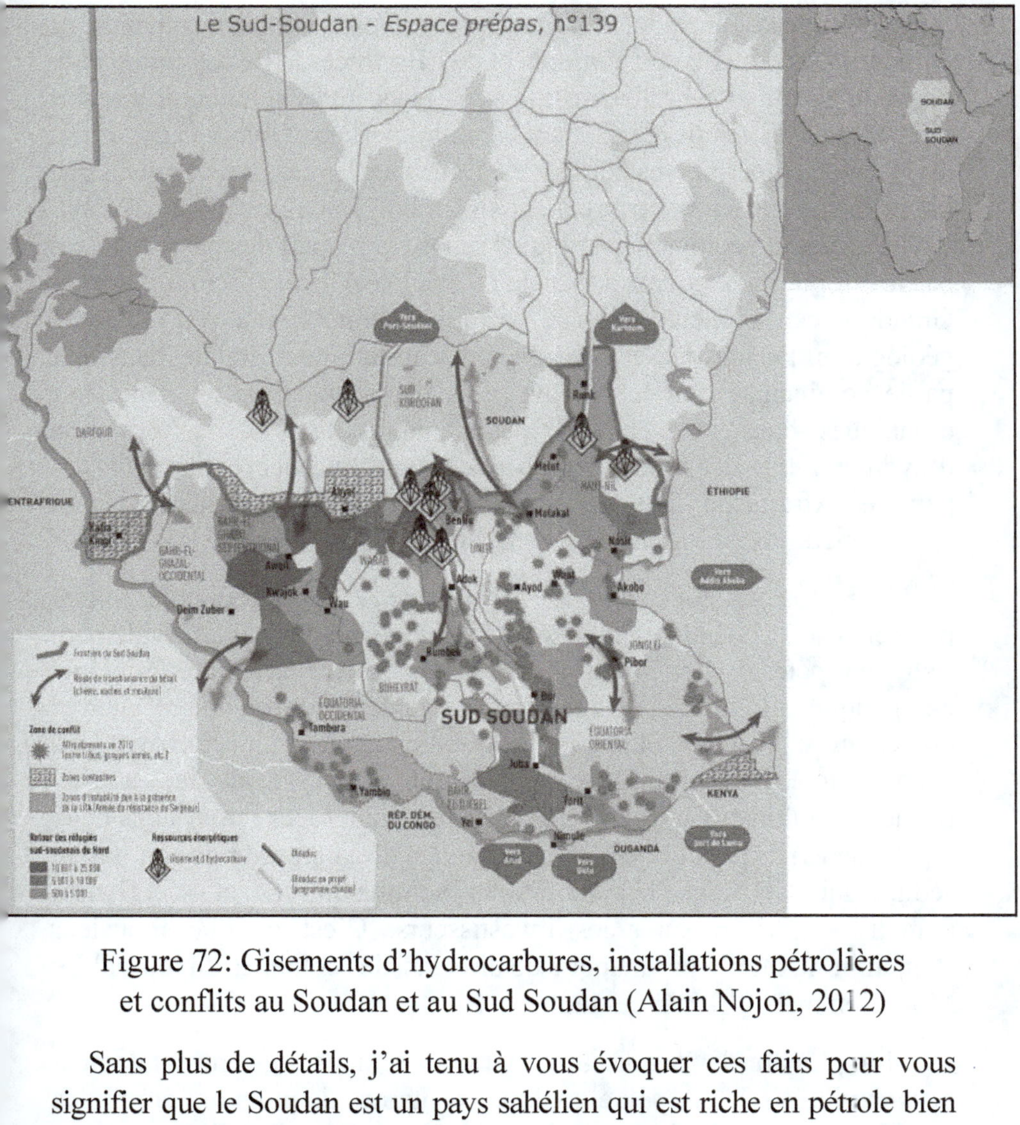

Figure 72: Gisements d'hydrocarbures, installations pétrolières et conflits au Soudan et au Sud Soudan (Alain Nojon, 2012)

Sans plus de détails, j'ai tenu à vous évoquer ces faits pour vous signifier que le Soudan est un pays sahélien qui est riche en pétrole bien que désertique et qui attire la convoitise de tous les marchands du pétrole comme c'est le cas pour toutes les régions pétrolières du monde.

VI.1.3 - L'Afrique subsaharienne, le craton géologique nilotique et les régions pétrolières de l'Afrique de l'Est

L'Afrique de l'Est n'est pas en marge de la production pétrolière du continent, car la plupart des pays qui la composent sont des producteurs de pétrole ou ont le potentiel pour l'être. C'est l'exemple de la Somalie, du Kenya, de la Tanzanie, de l'Ouganda, du Rwanda, des Seychelles, de Djibouti, du Burundi, de l'Éthiopie et de l'Érythrée. Je ne passerai pas en revue le potentiel pétrolier de tous ces pays, mais j'étudierai certains d'entre eux au risque de ne jamais finir mes analyses à cause de la diversité de leurs réserves pétrolières. Dans tous les cas, il faut retenir que la plupart de ces pays appartiennent au craton géologique nilotique c'est-à-dire le craton géologique sur lequel repose la plupart des pays traversés par le Nil ou qui sont dans la vallée du rift Est-Africain façonnée par les Grands Lacs. D'ailleurs, c'est le Nil qui a donné son nom à ce craton géologique. Le fait que ces pays soient constamment drainés dans leur partie continentale par le Nil avec des dépôts récurrents de matières organiques dans leurs bassins sédimentaires favorise la formation d'hydrocarbures dans cette région. De même, puisque certains de ces pays de l'Afrique de l'Est ont une façade sur l'océan Indien, ils possèdent également des réserves pétrolières en milieu marin.

Ainsi, tous ces atouts font de l'Afrique de l'Est une région pétrolière prometteuse. Cependant, bien que l'Afrique de l'Est soit également riche en pétrole, l'exploitation de cette matière première minérale énergétique a longtemps stagné compte tenu des nombreuses guerres civiles qui y ont régné et des multiples attentats liés au terrorisme dans cette région. Néanmoins, avec le retour progressif de la sécurité, plusieurs multinationales envisagent sérieusement leur retour dans cette région de l'Afrique qui demande davantage d'exploration de son bassin sédimentaire et crée les conditions administratives et sécuritaires attractives pour rassurer les investisseurs. C'est ce que monsieur Benjamin AUGE n'a pas manqué de dire dans les colonnes du journal Le Monde en mars 2015 en ces termes :

« La plupart de ces États d'Afrique de l'Est restent totalement sous-explorés (...). À peine quelques centaines de puits ont été forées (à comparer aux 15 000 en Afrique de l'Ouest et au Maghreb) sur des millions de kilomètres carrés de bassins sédimentaires. »

Pour vous donner une idée du potentiel pétrolier en constante évolution de l'Afrique de l'Est, j'aborderai brièvement les réserves pétrolières de la Somalie, du Mozambique, de la Tanzanie, du Kenya et de l'Ouganda, car comme dans toutes les autres régions pétrolières du monde, ces pays sont très souvent en conflit au sujet de réserves pétrolières qu'ils se partagent géographiquement et géologiquement.

VI.1.3.a - La Somalie, un pays pétrolier prêt à relancer sa production après sa guerre civile et en conflit pétrolier transfrontalier avec le Kenya

Certes, la Somalie est un pays de l'Afrique de l'Est, mais elle est également un pays du Sahel qui a des potentialités pétrolières non négligeables. À ce titre, elle a les mêmes dispositions géologiques que les autres pays sahéliens que j'ai évoqués précédemment donc certainement des réserves pétrolières aussi abondantes. De plus, contrairement aux autres pays sahéliens qui sont des pays de l'hinterland parfois enclavés, la Somalie a une côte maritime liée sur l'océan Indien.

Autrefois et encore récemment, la Somalie faisait l'actualité dans les médias à cause de la famine qui touchait ses populations, du fait du terrorisme, des guerres civiles et des conflits avec ses voisins, mais aujourd'hui, ce pays retrouve progressivement sa stabilité politique et sécuritaire au point de rappeler les multinationales pétrolières pour redynamiser son secteur pétrolier.

En effet, la guerre civile, qui a débuté en 1991 après le renversement et le départ en 1990 du président Mohamed Siad BARRE, avait créé un désordre politique et sécuritaire en Somalie d'autant plus que ce pays se battait également contre Al Shabaab, un groupe terroriste islamiste qui revendique fréquemment plusieurs attentats à Mogadiscio, la capitale de la Somalie. Cela a entraîné la cessation de toutes les activités pétrolières et le départ des multinationales Shell et Exxon Mobile qui, depuis 1990, détenaient conjointement des participations dans 5 blocs pétroliers dans lesquels ils n'ont pu faire aucune activité à cause de cette crise politique.

Cependant, après deux décennies de conflits, avec l'arrivée d'un nouveau gouvernement permanent depuis 2019, qui a amélioré considérablement la sécurité et la stabilité dans ce pays et surtout, la mise en place d'un nouveau code pétrolier en 2019 avec la loi de répartition des revenus pétroliers (par exemple, 55% des revenus pétroliers des concessions en mer à l'État et le reste aux États régionaux et à leurs communautés puis pour les concessions à terre, 30% aux États régionaux et à leurs communautés. Les termes commerciaux entre l'État somalien et les compagnies pétrolières, toujours en cours en 2019, s'accompagnent de la délimitation, de la promotion et des appels d'offres publics de 15 nouveaux blocs pétroliers. Par suite, ces multinationales (Shell, Exxon Mobil, BP, ConnoPhilips, Eni, Chevron) envisagent leur retour en Somalie après deux décennies de retrait. Dans ce cadre, selon le ministère du Pétrole de Somalie, un accord a été signé en 21 juin 2019 à Amsterdam entre le gouvernement somalien et les multinationales pétrolières Shell et Exxon Mobil au sujet des locations des terrains et des obligations encourues sur les blocs offshores.

Certes, sortant nouvellement de crise, le pays ne produit pas actuellement de pétrole et n'est pas sur la liste des pays pétroliers d'Afrique, mais avec le retour des majors pétroliers, la production de cette matière première minérale énergétique va considérablement booster l'économie de ce pays d'autant plus que les premières données sismiques issues de l'exploration annoncent la présence d'immenses réserves pétrolières dans le sous-sol somalien. Il faut savoir qu'avec les 25 années de guerres civiles toutes les données géologiques de la Somalie ont été perdues ou détruites. Il fallait donc les reconstituer et relancer l'exploration de son sous-sol. D'ailleurs, selon le ministère du Pétrole de la Somalie, toutes les conditions géologiques sont en place pour faire de la Somalie un grand pays producteur de pétrole de l'Afrique de l'Est. C'est ce qui ressort de ce communiqué de ministère :

« Des programmes sismiques récemment achevés ont mis en évidence des structures géologiques similaires à celles des bassins voisins situés aux Seychelles, à Madagascar, au Kenya, en Tanzanie et au Mozambique, dont les réserves prouvées de pétrole et de gaz indiquent que la Somalie pourrait devenir l'une des réserves pétrolières les plus importantes au large de l'Afrique orientale. »

Sur la nouvelle série de licences de blocs offshores, qui représentent une superficie de 75 000 km, les premières attributions auront certainement lieu en 2020 à l'exception d'une zone de litige transfrontalière entre le Kenya et la Somalie. En clair, le Kenya reproche à la Somalie d'avoir mis en vente des concessions pétrolières situées dans ses eaux territoriales alors que la Somalie estime que ces blocs lui appartiennent parce qu'ils sont également dans ses eaux territoriales. Ainsi, pour trancher ce litige, cette affaire est devant la Cour Internationale de Justice (CIJ) depuis 2014.

En observant les cartes (Figure 73), le Kenya a insinué que la Somalie a dérobé plus de 10 000 km^2 d'un de ses territoires marins qui aurait une forme triangulaire et qui comporterait d'immenses réserves de gaz et de pétrole. En réalité, ce conflit est vieux et rappelle la guerre des Shifta en 1963 qui a duré jusqu'en 1967 et qui était liée à la frontière Nord entre le Kenya et la Somalie, dans laquelle une partie de la population kényane revendiquait son rattachement à la Somalie sachant que l'exploration du pétrole en Somalie avait débuté depuis 1956.

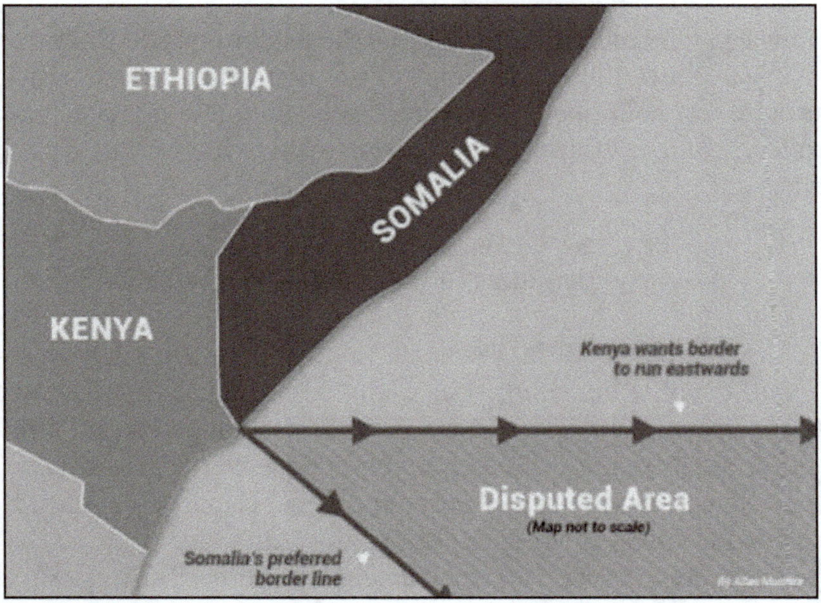

Figure 73: Délimitation de la frontière et de la zone maritime disputée entre la Somalie et le Kenya (www.crfimmadagascar.org, juillet 2019)

Devant la colère du Kenya, le gouvernement somalien a donc calmé les ardeurs de son voisin en faisant la déclaration suivante :

« La Somalie n'offre pas maintenant et n'envisage d'offrir un quelconque gisement dans la zone maritime disputée, avant que la frontière maritime entre les deux parties soit décidée par la Cour Internationale de Justice. »

Même si la Somalie adopte une bonne démarche en incitant les multinationales à explorer son sous-sol, elle a encore du travail à faire sur le plan sécuritaire. C'est la raison pour laquelle le Kenya envisage de construire un mur de 700 km au niveau de sa frontière avec la Somalie pour empêcher les combattants du groupe terroriste Al-Shebab qui agit en Somalie d'infiltrer son territoire. Ce mur irait de Mandera au Nord-Est du Kenya à Kiunga dans la zone côtière. Le Kenya joue donc un rôle fondamental dans la paix et la sécurité en Somalie et est parfois soupçonné d'être à l'origine des déstabilisations de la Somalie d'autant plus qu'elle a des hommes dans les 20 000 soldats de l'AMISOM (Mission de l'Union Africaine en Somalie) présents en Somalie.

Tous ces faits montrent que la Somalie est un pays de l'Afrique de l'Est avec lequel il faudra compter, car non seulement sa situation sécuritaire et politique s'améliore, mais surtout, ses potentialités pétrolières sont énormes et les multinationales reprennent confiance en elle.

VI.1.3.b - Le Mozambique et la Tanzanie : deux pays pétroliers en vogue de l'Afrique de l'Est

Le Mozambique et la Tanzanie sont également deux pays de l'Afrique de l'Est qui font parler d'eux ces dernières années dans le secteur pétrolier. Certes, ces deux pays étaient soupçonnés d'être des pays pétroliers depuis 1970 à cause de la découverte de gisements de gaz à Songo Songo en Tanzanie et à Temane et Pande au Mozambique, mais compte tenu du fait que ces réserves d'hydrocarbures étaient exclusivement constituées de gaz, elles n'intéressaient pas les multinationales qui désiraient du pétrole. Cependant, aujourd'hui, avec les nouvelles applications trouvées au gaz qui peut servir à produire de l'électricité et à faire d'autres choses comme je vous l'ai démontré dans les chapitres précédents, les immenses réserves de gaz de la Mozambique et de la Tanzanie sont désormais d'actualité et importantes pour les multinationales.

Dès lors, depuis 2004, le Mozambique et la Tanzanie ont entamé l'exploitation de leurs immenses gisements de gaz pour produire de l'électricité à Dar es Salam, la capitale de la Tanzanie. De son côté, le Mozambique se sert de ses réserves de gaz pour alimenter l'usine sud-africaine de Sasol à Secunda dans laquelle le charbon est transformé en liquide.

Cependant, c'est à partir des années 2000 que la révolution des hydrocarbures va véritablement s'amorcer dans ces deux pays. Avec l'arrivée des majors pétroliers que sont ENI, Anadarko, Petronas, Artumas et Statoil dans son offshore, d'immenses gisements de gaz seront découverts dans le Nord du Mozambique et dans le Sud de la Tanzanie (Figure 74). Au Mozambique, ces compagnies pétrolières détiennent respectivement le bloc 1 dans le bassin de Rovuma au Mozambique, le bloc 4 au Nord du Mozambique, les blocs 3 et 6 au Sud du Mozambique, le bloc 2 et le bloc 5 exploités conjointement par Artumas et Satoil. Néanmoins, compte tenu de résultats d'exploitation négatifs et pas rentables, Statoil a remis ces concessions pétrolières à l'État avant de quitter ses eaux.

Par contre, Anakardo et ENI ont tiré leur épingle du jeu en faisant des découvertes sur leurs blocs avec des réserves estimées entre 4000 à 5000 milliards de m^3 (140 et 180 trillions de pieds cubes (tcf : *trillion cubic feet* est une unité de mesure pétrolière équivalente à 1000 milliards)) avec des taux de récupération oscillant entre 60 et 70% correspondant à 2800 milliards de m^3 (plus de 100 tcf). Ces gisements mis en évidence au Mozambique sont d'autant plus exceptionnels que leurs réserves d'hydrocarbures sont équivalentes à celles du Nigéria qui détient les plus importantes réserves pétrolières de l'Afrique.

En Tanzanie, suite à un appel d'offres lancé en 2005, ce sont la compagnie sud-africaine Ophir et la norvégienne Statoil qui obtiennent respectivement les blocs 1 et 2 qui sont les plus prometteurs au regard de leur potentiel pétrolier. De plus, Ophir réussit à rajouter les blocs 3 et 4 dans ses concessions pétrolières après de longues négociations de gré à gré avec le gouvernement tanzanien. Ainsi, après de nombreuses campagnes d'exploration sismique 2D et 3D et plusieurs forages de reconnaissance et d'évaluation, c'est plus de 1100 milliards de m^3 (40 tcf) qui sont découverts sur les blocs 1, 2, 3 et 4 en 2010.

Avec une production de 50 millions de tonnes par année, d'ici une décennie, le Mozambique n'est pas loin d'intégrer la classe des premiers producteurs de gaz liquéfié tout en sachant que l'actuel leader de ce marché est le Qatar avec environ 77 millions de tonnes. Certes, la Tanzanie suit le Mozambique en termes de production, mais avec des tonnages moins importants.

Selon la Banque mondiale, le Mozambique pourrait obtenir plus de 10 milliards de dollars soit environ 9 milliards d'euros au pic de sa production pétrolière sachant que des mannes pétrolières dans le même ordre sont aussi envisagées pour la Tanzanie, l'Éthiopie et l'Ouganda qui ont des potentiels pétroliers similaires au Mozambique.

Ces découvertes pétrolières au Mozambique et en Tanzanie vont donc attirer d'autres multinationales dans les bassins sédimentaires de ces deux pays, ce qui me conforte dans l'idée selon laquelle l'Afrique de l'Est est sur le point d'être le prochain eldorado des multinationales pétrolières et de l'or noir (le pétrole).

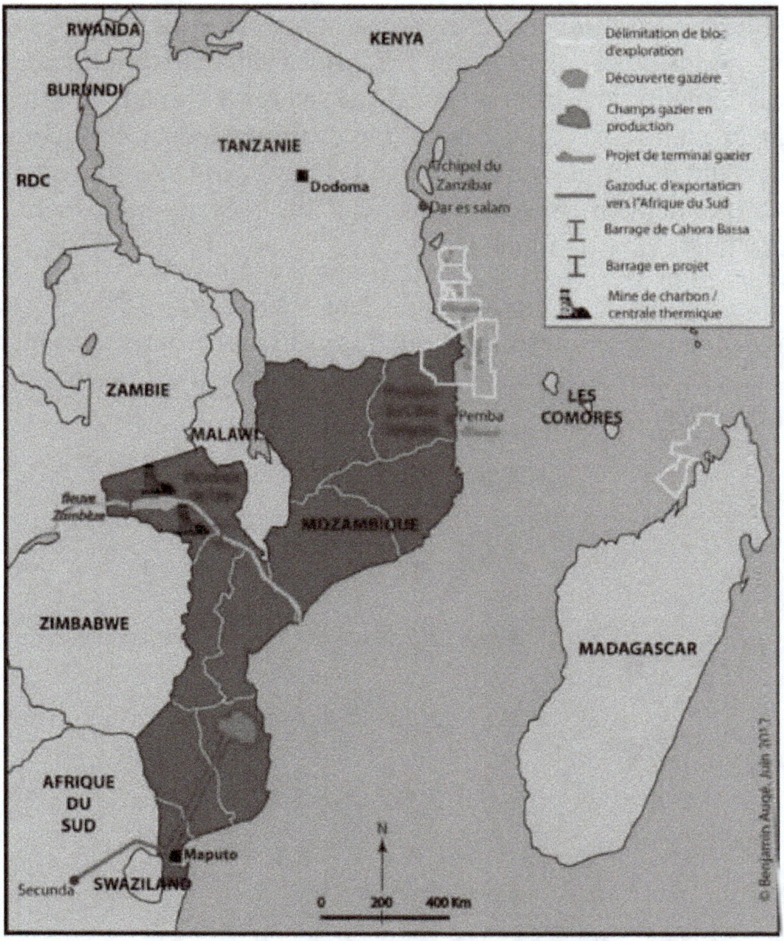

Figure 74: Découverte gazière au Mozambique et en Tanzanie (Benjamin Augé, 2012)

VI.1.3.c - L'Ouganda, le Kenya et la Tanzanie : des pays pétroliers enclavés, mais aux destins liés

Comme la Somalie, l'Ouganda et le Kenya sont également des pays pétroliers prometteurs, mais qui ont des réserves pétrolières enclavées c'est-à-dire loin de la côte maritime et qui nécessitent d'être transportées vers les ports de l'océan Indien par des oléoducs. De plus, il n'existe pratiquement plus de raffineries dans ces pays pour transformer le pétrole brut à proximité des zones de production depuis la fermeture de la raffinerie de Mombassa au Kenya en 2014 d'autant plus que la consommation d'hydrocarbures est faible dans ces pays. Ainsi, en plus de la construction des infrastructures économiques et de la consommation des produits locaux, ressurgit l'épineux problème de la transformation des matières premières minérales en Afrique qui est la voie salutaire et incontournable si les pays africains souhaitent être libres financièrement et indépendants économiquement dès aujourd'hui et dans le futur.

Cette réalité est bien visible sur la figure 75 qui montre l'éloignement des zones de production d'hydrocarbures en Ouganda, au Kenya et en Tanzanie des zones de traitement du pétrole brut ou des raffineries.

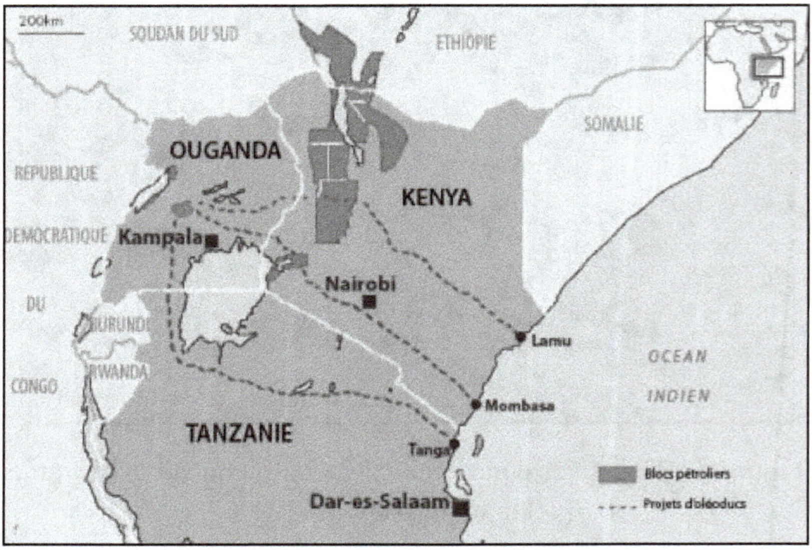

Figure 75: Blocs pétroliers et projets d'oléoducs de l'Ouganda, de la Tanzanie et du Kenya (Mag' de l'Afrique de l'Est, 2016)

L'enclavement de ces réserves pétrolières est donc un véritable handicap pour l'essor économique de ces pays et même de la région Est-africaine. Pour régler ce problème d'intérêt national et sous-régional, il faut obligatoirement créer des oléoducs sur plusieurs milliers de kilomètres qui relient les gisements pétroliers de l'Ouganda, du Kenya et de la Tanzanie aux ports des côtes de l'océan Indien où des raffineries doivent être également construites pour éviter l'exportation du pétrole brut vers d'autres pays sans sa transformation. Je l'ai déjà dit et je le répète encore une fois :

« Ce qui rapporte le plus de bénéfices financiers et de rentes à un État producteur de matières premières minérales n'est pas l'exportation des minerais bruts vers les pays consommateurs, mais leur transformation sur place en produits finis ou semi-finis qui leur donne une valeur ajoutée significative et hausse leur prix sur les marchés internationaux. »

En attendant que ces pipelines soient construits, cela veut dire que le pétrole brut est transporté par la route depuis les zones de production d'Ouganda, du Kenya et de la Tanzanie jusqu'aux zones portuaires. Si ces pays de l'Afrique de l'Est veulent être émergents et être indépendants économiquement en développant leur secteur minier et pétrolier, il est inadmissible qu'encore au 21 siècle, de telles pratiques aient lieu. Il faut donc absolument construire des pipelines et des raffineries pour soutenir la croissance économique de l'Afrique de l'Est par l'exploitation de ces réserves pétrolières qui sont abondantes. C'est d'ailleurs ce que pense également le chercheur Benjamin AUGE :

« Si l'on prend en compte la simple question des coûts, la réponse n'est pas forcément évidente…Le pétrole brut saoudien ou koweïtien raffiné en Inde dans de gigantesques structures (…) peut être très compétitif, même aux portes de Mombassa ou de Dar es Salam.

Par contre pour un pays enclavé comme l'Ouganda, cela peut avoir un sens économique et même politique d'avoir une raffinerie locale à cause des ruptures d'approvisionnements du fait des difficultés de transport par la route sur des milliers de kilomètres. »

D'ailleurs cette vision est également portée par le président ougandais Yoweri MUSEVENI : il compte conduire son pays à une autosuffisance en hydrocarbures et projette la construction d'oléoducs qui transporteront le pétrole brut de l'Ouganda et du Kenya jusqu'aux ports kényans de Monbassa et Lamu et au port tanzanien de Tanga.

Cependant, même si la construction de ces infrastructures pétrolières est une solution d'urgence quasiment incontournable, la sécurité des oléoducs pose des problèmes et des incertitudes pour les pétroliers parce que ces pipelines traverseront des villes kényanes ou tanzaniennes pauvres avec des populations marginalisées qui réclameront certainement leur part des bénéfices de la vente du pétrole en vandalisant ces pipelines. C'est l'exemple des régions pauvres de Karamoja en Ouganda et de Turkana County au Kenya, mais aussi de la ville kényane de Lamu avec son port qui est considérée comme trop proche de la Somalie à la stabilité précaire, d'autant plus que, ces dernières années, le Kenya est la cible du groupe terroriste somalien Al Shebab via des attentats en réplique aux interventions de l'armée kényane en Somalie.

Pour vous donner un aperçu des réserves pétrolières de l'Ouganda, les seules concessions pétrolières du Lac Albert qu'elle partage avec la République Démocratique du Congo, auraient des réserves pétrolières prouvées estimées à 1,7 milliard de barils. Grâce à 419 puits forés dans ces concessions, c'est environ 200 000 barils de pétrole qui seront extraits de ces gisements par jour à partir de 2022, car ce projet dénommé « Tilenga » est retardé du fait de problèmes administratifs et financiers entre les compagnies pétrolières et le gouvernement ougandais. Les réserves totales de l'Ouganda sont évaluées à 6,5 milliards de barils de pétrole et 18,51 milliards de m^3 (500 milliards de pieds cubes) de gaz naturel. Selon les études du Fond Monétaire International, l'Ouganda aurait les plus grandes réserves de l'Afrique subsaharienne après le Nigeria, l'Angola et le Sud Soudan.

Le 26 août 2019, le Kenya a célébré l'exportation de ses premiers barils de pétrole provenant de champs pétroliers localisés au Nord-Ouest du pays, précisément, dans la province pauvre de Turkana (région réputée pour son immense lac) avec une production journalière de 50 000 à 80 000 barils qui atteindra 100 000 barils dès la construction de l'oléoduc puisque ce pétrole brut est pour le moment transporté par camion jusqu'au port de Mombassa, sachant que sa zone offshore de plus de 100 000 km^2 est au cœur d'un litige avec la Somalie. Lors de cette célébration, monsieur Uhuru KENYATTA, président du Kenya, a fait la déclaration suivante :

« Il y a des moments particuliers qui marquent un tournant dans le destin de notre nation… La première exportation de pétrole brut par notre nation est un de ces moments particuliers dans notre histoire en tant que peuple et pays…Nous sommes désormais exportateurs de pétrole… Je pense que nous avons commencé et c'est à nous de veiller à ce que ces ressources soient utilisées au mieux pour assurer la prospérité de notre pays et l'élimination de la pauvreté. »

Ce discours du président vient confirmer deux problèmes que j'ai évoqués depuis le début de ce livre : la sous-exploration des bassins sédimentaires africains et la redistribution équitable des bénéfices de la vente du pétrole.

Premièrement, si le Kenya fait ses premières exportations de pétrole seulement en 2019, cela veut dire que son bassin sédimentaire a tardé à être exploré. D'ailleurs, c'est le cas de plusieurs pays africains pas suffisamment explorés qui sont susceptibles de produire du pétrole.

Deuxième, si le président évoque l'élimination de la pauvreté grâce à l'exploitation de ces nouvelles ressources pétrolières, c'est qu'il a compris les aspirations profondes du peuple kényan, et de façon générale de tous les peuples africains qui attendent beaucoup des dirigeants africains au sujet de la distribution équitable des revenus de la vente du pétrole.

Les seules réserves pétrolières prouvées de Turkana sont évaluées à 560 millions de dollars pendant que les réserves pétrolières totales actuelles du Kenya sont estimées à 1 milliard de barils de pétrole selon les études des compagnies pétrolières étrangères qui explorent ses bassins sédimentaires.

La Tanzanie détient d'immenses réserves de gaz qui seraient évaluées à 1150 milliards de m^3. Et ce nombre n'est pas sur le point de stagner. Il est en évolution constante d'autant plus que de nouvelles découvertes sont faites au fil des années. Par exemple en 2013, les compagnies norvégienne Statoil et américaine Exxon Mobil, ont annoncé avoir découvert un gisement de gaz naturel au large des côtes tanzaniennes. Localisé à plus de 2 km de profondeur, ce gisement contient entre 700 millions et 1,1 milliard de barils équivalent pétrole correspondant respectivement à 115 milliards et 170 milliards de m^3 de gaz naturel. Toutes ces découvertes d'hydrocarbures font la fierté de la Tanzanie. C'est ce qui est ressorti d'un discours du ministre tanzanien de l'Energie et des Ressources minérales monsieur Sospeter MUHONGO tenu à Oslo en Norvège en 2013 :

« Nous avons d'énormes quantités de gaz… Nous sommes déjà à 1481 milliards de m^3 (40 000 milliards de pieds cubes), et je suis certain que, d'ici deux ans, nous en serons à plus de 3703,7 milliards de m^3 (100 000 milliards de pieds cubes) de gaz. »

De plus, le ministre tanzanien n'est pas le seul à croire que la Tanzanie tout comme l'ensemble des pays de l'Afrique de l'Est sera le nouvel eldorado et le prochain épicentre mondial du gaz naturel, car des diplomates en poste à Dar es Salam, la capitale tanzanienne en sont également conscients. D'ailleurs, l'un d'entre eux a dit les propos suivants relayés dans les colonnes du journal français *Le Monde* du ceci :

« Grâce à ce boom, il est réaliste de penser que la Tanzanie deviendra un pays à revenu moyen d'ici à 2025. »

Toutes ces données sur le potentiel pétrolier de l'Afrique de l'Est montrent donc que cette partie de l'Afrique concentre beaucoup d'espoirs économiques et sociaux non seulement pour ses populations, mais aussi pour le reste de l'Afrique qui pourra profiter de ses importantes réserves de matières premières minérales stratégiques en tant que consommatrice d'énergie.

VI.1.3.d - Le canal du Mozambique, Madagascar, les Comores et les îles éparses : des nouveaux pays et territoires pétroliers très convoités de l'Afrique de l'Est

Les découvertes pétrolières et gazières en Afrique de l'Est et notamment au Mozambique ont suscité beaucoup d'espoir aux Comores, un minuscule archipel de l'océan Indien et une ancienne colonie française classée parmi les pays les plus pauvres du monde. Plus de 45% de sa population vit sous le seuil de pauvreté. Ainsi, découvrir des hydrocarbures dans les eaux comoriennes pourrait être une véritable aubaine pour renflouer les caisses de l'État d'autant plus que les principes universels de géologie n'excluent pas d'éventuelles découvertes. C'est ce que monsieur Naoildine HOUMADI, directeur du Bureau Géologique des Comores (BGC) a dit dans une interview relatée dans les colonnes du journal français *Les Echos* datant du 13 décembre 2013 :

« S'il se confirme que notre sous-sol recèle du pétrole, cela changera significativement notre situation économique. »

En tenant compte des promesses du gouvernement comorien sur l'existence d'hydrocarbures dans ces eaux, c'est l'entreprise Discover Exploration qui a été la première à s'engager dans l'exploration de l'offshore comorien. D'ailleurs, monsieur Michael BLAHA, président de Discover Exploration disait ceci :

« Le succès n'est pas garanti, mais on peut penser qu'il y a certaines similitudes géologiques avec le Mozambique, tout proche. »

Monsieur BLAHA ne tient pas ses propos par hasard puisqu'exerçant précédemment chez le groupe pétrolier SHELL, il a participé à la découverte de certains gisements de pétrole au Mozambique en 2009 à travers sa compagnie Clove qu'il a cédé à deux milliards de dollars pour créer Discover Exploration dans la foulée. Son analyse est pertinente d'autant plus que les Comores et d'autres îles dites éparses appartenant à la France (Mayotte, île Europa, Bassas da India, île Juan de Nova) sont au cœur du canal du Mozambique (Figure 76).

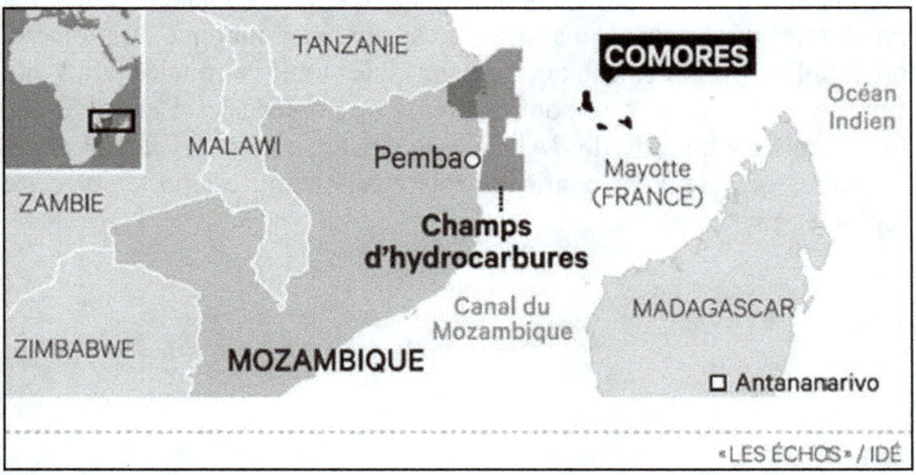

Figure 76: Les Comores dans le canal du Mozambique
(Les Echos, décembre 2013)

Le canal du Mozambique est un bras de mer de l'océan Indien séparant l'île de Madagascar du Mozambique; il abriterait d'importantes ressources énergétiques. Il mesure 1600 km de long,

419 km de large en son point le plus étroit et est profond de 3 292 mètres en son point le plus profond, localisé à environ 230 km de la côte mozambicaine. C'est également le lieu de passage des pétroliers exportant le pétrole du Moyen-Orient vers l'Europe et l'Amérique.

Ainsi, après plusieurs campagnes d'exploration dans le sous-sol marin de la Zone Economique Exclusive délimitée par la convention Montego Bay des Nations Unies sur le droit des mers le 02 décembre 1982, lors du dernier Sommet Africain sur la production de pétrole qui s'est tenu en mai 2018, monsieur Alexander MOLLINGER, le Chef du bureau des opérations de Discover Exploration a révélé que les réserves de pétrole dans l'offshore comorien avoisineraient les 7 milliards de barils sans omettre celles du gaz. Les réserves pétrolières totales de cette région de l'océan Indien pourraient même être supérieures à celles du Qatar. Ces réserves d'hydrocarbures seraient localisées dans le secteur Nord-Ouest de la Grande Comore (Figure 77). Même si elles couvrent en partie la Zone Economique Exclusive (ZEE) de Mayotte, 101e département de la France qui pourrait imposer un partage de production en faisant valoir ses droits, ces réserves restent gigantesques et pourraient faire sortir les Comores du classement des pays les plus pauvres de la planète dans les prochaines décennies. Dans tous les cas, depuis l'annonce du probable potentiel pétrolier des eaux comoriennes, les multinationales telles que Eni, Statoil, Anadarko se sont empressé de posséder et d'explorer des blocs dans cette partie de l'Afrique de l'Est. Ce sont des faits réels et palpables qui viennent confirmer tout l'espoir qui est porté sur cette région en matière d'énergie.

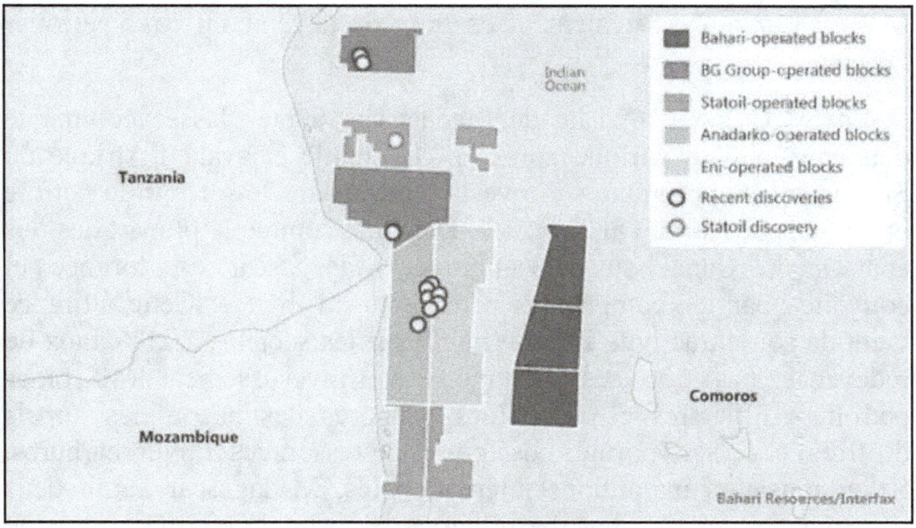

Figure 77: Les blocs pétroliers du Mozambique, de la Tanzanie, de la Grande Comore et leurs opérateurs (Bahari Resources, www.la1ere.Francetvinfo.fr, Juin 2018)

Cependant, dans cette région de l'Afrique de l'Est, la délimitation de la Zone Economique Exclusive est un sujet de polémiques qui crée beaucoup de conflits diplomatiques et économiques entre les Comores, Madagascar et la France.

En effet, si les frontières maritimes entre les Comores, la Mozambique, la Tanzanie et les Seychelles ont été définies, ce n'est pas encore le cas pour la frontière entre les Comores et Madagascar du fait d'un litige territorial entre les Comores et l'île de Mayotte qui appartient à la France. Ce conflit territorial diminue la ZEE des Comores qui est la moins grande de l'Océan Indien tout en augmentant celle de la France qui est la troisième après celle des États-Unis et du Royaume-Uni (11 millions de km^2). La frontière maritime imposée sans concertation par la France entre l'île de Mayotte et les Comores est localisée dans les eaux intérieures de l'île d'Anjouan qui appartient aux Comores, ce qui est problématique en cas de découvertes et d'exploitations de gisements d'hydrocarbures.

Partant de ce constat, vous comprenez donc que les enjeux territoriaux, économiques et pétroliers des Comores sont aussi ceux de

Madagascar qui est également en train de devenir un pays pétrolier africain.

En effet, en 2016, l'île de Madagascar a été classée comme le deuxième pays d'Afrique après la Mauritanie et avant l'Afrique du Sud pour les opportunités d'investissement dans le secteur du pétrole et du gaz par Africa Oil & Power. Dès lors, comme la plupart des îles éparses du Canal du Mozambique, Madagascar est lorgnée et convoitée par les compagnies pétrolières du monde. Cette attirance vient de son attractivité fiscale (impôt sur les sociétés à 21%, taux de redevance bas), de ses incitations à l'investissement (40 blocs pétroliers offshores et 100 blocs onshores destinés à des appels d'offres) et de ses énormes possibilités de ressources d'hydrocarbures. Selon plusieurs institutions internationales, Madagascar aurait dans son sous-sol des dizaines de milliards de barils de pétrole et plus de 100 milliards de m^3 de gaz naturel sans prendre en compte les réserves d'hydrocarbures de Tsimiroro (1er site pétrolier du pays à l'Ouest) et de Bemolanga (Figure 78). Certaines autorités malgaches parlent d'ailleurs de plus de 1500 milliards de barils de pétrole. Même si aucune donnée palpable de recherche ne permet de le confirmer pour l'instant, tous les experts sont au moins sûrs du potentiel pétrolier de Madagascar avec ses 5 bassins sédimentaires répartis sur une superficie de 980 000 km^2. C'est ce que monsieur Bonaventure RASAONAIVO, directeur général de l'Office des Mines Nationales et des Industries Stratégiques (OMNIS) de Madagascar a déclaré dans une interview de la chaîne de télévision *Euronews* en septembre 2016 :

« Madagascar fait partie de la province pétrolière de l'Afrique de l'Est. Le potentiel pétrolier dans cette région est très encourageant. Il y a donc une forte chance pour qu'on trouve du pétrole aussi à Madagascar… Nous avons estimé une réserve pétrolière de l'ordre de 1500 milliards de barils à Madagascar. »

Ainsi, dans la suite du développement de son secteur pétrolier, le tout premier gisement pétrolier de Madagascar, précisément à Tsimiroro (Figure 78), à l'Ouest du pays, a été mis en production en 2008. C'est un gisement de plus de 2 milliards de barils de pétrole à huile lourde et forte densité (14 à 16 API), qui a été découvert par la compagnie pétrolière Madagascar Oil. Ce gisement est capable de produire 100 000 barils par jour sur 20 années. D'ailleurs, monsieur

John CLAUSSEN, président directeur général de cette compagnie a réaffirmé les qualités exceptionnelles de cette huile en disant ceci :

« Cette huile convient parfaitement à l'alimentation en énergie de Madagascar. Très rapidement, elle va pouvoir être transformée en combustible, pour produire de l'électricité. Nous espérons également pouvoir l'utiliser sous d'autres formes de carburants industriels. »

Le gisement pétrolier de Bemolanga (Figure 78) est également un champ pétrolier majeur de l'île de Madagascar avec une huile extra-lourde de 8 à 13° API. Il aurait une réserve virtuelle de 16,6 milliards de barils de pétrole dont près de 2,5 milliards de réserves récupérables. Exploité par Madagascar Oil et Total, qui ont respectivement 40% et 60% des parts, ce gisement pourrait produire jusqu'à 180 000 barils par jour pendant au moins 30 années. Les travaux de construction et d'évaluation de ce gisement ont commencé en 2009 pour un développement et une exploitation qui a commencé en 2013.

En somme, rien qu'avec les gisements pétroliers de Tsimiroro et de Bemolanga, Madagascar prévoit une production annuelle de 2,7 milliards de barils de pétrole. Du fait des réserves pétrolières de ces deux gisements, depuis 2014, comme le Mozambique, Madagascar est classé comme un pays à surveiller et en phase d'intégrer le club restreint des pays pétroliers africains.

À côté de ces deux champs pétroliers, les gisements de Manambolo, Morandava et Manandaza (Figure 78) ont également été mis en évidence avec la possibilité de renfermer plusieurs millions de barils de pétrole selon les études géophysiques et géologiques préliminaires faites dans les années 80 et en 2007.

Toutes ces données pétrolières recensées aux Comores, à Madagascar et dans toutes les îles éparses du Canal du Mozambique sont encourageantes et montrent que les potentialités de cette partie du continent africain sont énormes. Généralement les canaux et les chenaux sous-marins comme le canal du Mozambique sont des indices géologiques, qui indiquent la présence de grands gisements de pétrole à cause des importantes masses de dépôts et de matières organiques issues du continent qui sont drainées et déposées dans les fonds marins. En plus de ce fait que je viens d'évoquer et du fait de la grande superficie maritime qui entoure ces îles du canal du Mozambique, je crois fermement que l'offshore de cette partie de l'Afrique est un réservoir immense d'hydrocarbures. Bien que cette région de l'Afrique de l'Est ait pris du retard en matière d'exploration pétrolière compte tenu des problèmes de délimitation des frontières maritimes, avec les récentes découvertes au Mozambique, d'ici peu les pays du canal du Mozambique auront une position stratégique et incontournable dans le secteur pétrolier africain et mondial, car ils n'ont certainement pas encore révélé toutes leurs richesses en hydrocarbures.

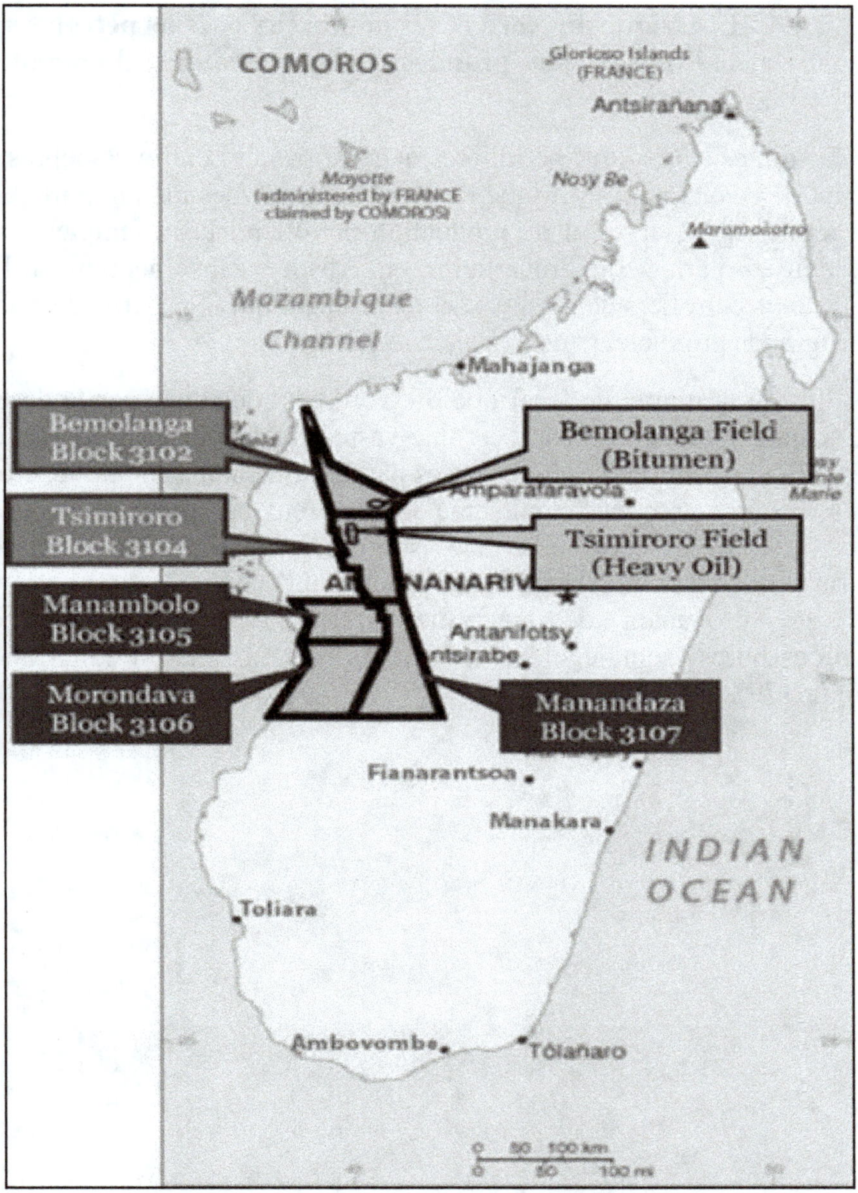

Figure 78: Les champs pétroliers Tsimiroro et Bemolanga en exploitation à Madagascar (www.blogs.mediapart.fr, 14 décembre 2010)

VI.1.4 - L'Afrique du Nord et ses nombreux bassins pétroliers sahariens : l'une des plus grandes régions pétrolières du monde

De toutes les régions pétrolières que j'ai passées en revue depuis le début de ce chapitre, l'Afrique du Nord est l'une des plus importantes en termes de réserves et de production pétrolière. Par exemple, vous ne pouvez parler d'hydrocarbures en Afrique sans mentionner les gisements pétroliers de l'Algérie et de la Libye qui font partie des cinq plus grands producteurs de pétrole d'Afrique.

Plus de la moitié de l'Afrique du Nord est constituée par le désert du Sahara. Certes, le Sahara est une vaste plateforme granitique avec des affleurements et des émergences par endroits, mais en réalité, c'est un territoire entrecoupé et parsemé de nombreux bassins sédimentaires plus ou moins profonds. Ce sont ces bassins sédimentaires intracontinentaux et sahariens qui produisent l'essentiel du pétrole et du gaz provenant de l'Afrique du Nord même si d'autres hydrocarbures sont également extraits de la mer Méditerranée (Figure 79).

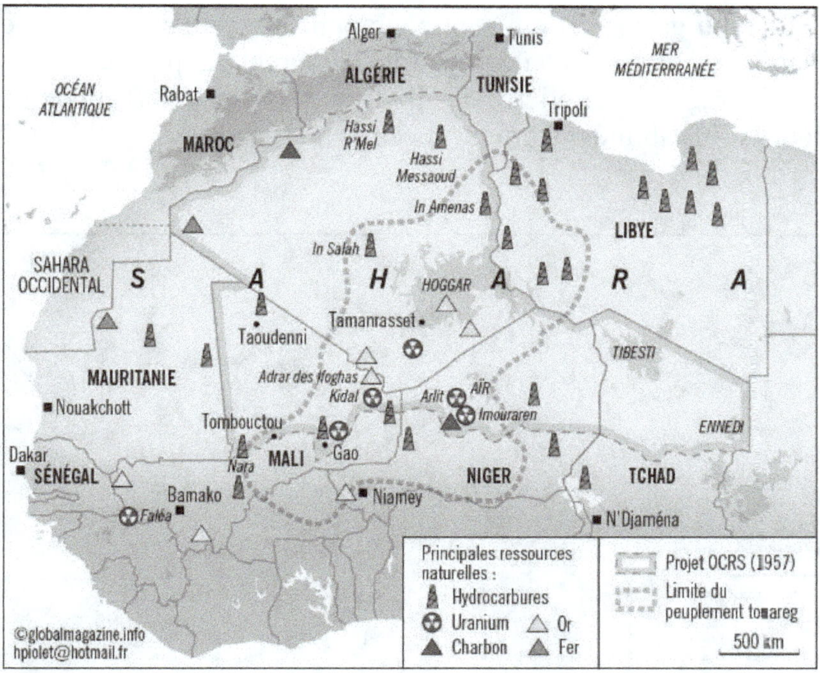

Figure 79: Principales ressources naturelles du Sahara et la délimitation du projet OCRS: Organisation Commune des Régions Sahariennes (Mahamat Hassane Boulmaye, 2015)

Même si tout le désert du Sahara est rempli de matières premières minérales comme vous le constatez sur la figure 79, la ressource minérale prépondérante de cette région reste le pétrole. C'est pour cette raison que tous les pays qui se partagent ce territoire désertique et ces minerais envisagent de se regrouper, de mutualiser leurs forces et leurs atouts à travers le projet OCRS (Organisation Commune des Régions Sahariennes) pour constituer une force en Afrique et dans le monde.

Cependant, l'Afrique du Nord n'a pas attendu cette énième organisation sous-régionale pour se positionner comme la première région pétrolière d'Afrique, car ses gisements de pétrole et de gaz sont exploités depuis plusieurs décennies. Les bassins pétroliers de l'Égypte (Abu Gharadiq, Matruh, Alamein, le delta du Nil et le golfe de Suez), de la Tunisie (le bassin pélagien), de l'Algérie (Ghadames, Hassi Messaoud, Hassi R'mel, Hanet In Sal ah), de la Libye (le bassin de Syrte, le bassin de Murzuk, Hamra, Illizi) dont les réserves sont à dominante pétrolière ou gazière et qui sont couramment supérieures à plus de 1 milliard de barils équivalent pétrole, assurent la production de la première région pétrolière de l'Afrique (Figure 80) malgré les périodes d'instabilité qui affectent ces pays parfois.

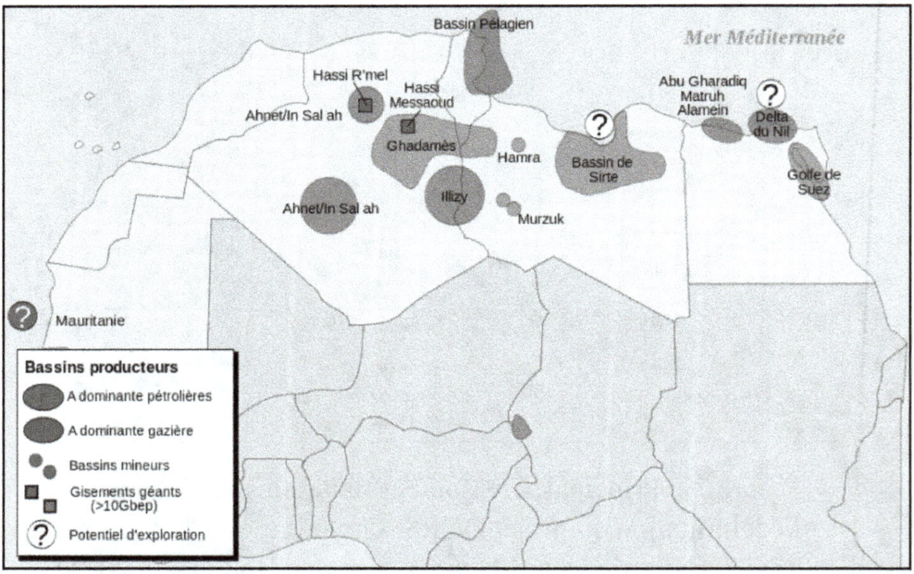

Figure 80: Régions pétrolières de l'Afrique du Nord (www.wikipedia.org, 4 mars 2007)

Par exemple, le célèbre *printemps arabe* qui a touché la plupart des pays d'Afrique du Nord et renversé certains de ses présidents n'a pas empêché l'Afrique du Nord de rester la première région productrice de pétrole et de gaz de l'Afrique devant l'Afrique subsaharienne.

Dans cette partie du livre, je passerai donc brièvement en revu, le potentiel pétrolier de certains bassins pétroliers de ces pays tout en sachant que j'ai déjà abordé certains d'entre eux dans les chapitres précédents.

VI.1.4.a - Les bassins pétroliers égyptiens : Abu Gharadiq, Matruh, Alamein, le delta du Nil et le golfe de Suez

L'Égypte est bien connue comme une ancienne civilisation c'est-à-dire une ancienne puissance mondiale à l'époque des pharaons. Elle le demeure encore aujourd'hui en Afrique, car elle est la 3e puissance économique du continent après le Nigéria et l'Afrique du Sud. Elle est aussi un grand pays sur le plan démographique, car sa population a dépassé le cap des 100 millions d'habitants en 2020. Ainsi, à la mesure de sa population, ses besoins énergétiques sont proportionnels et immenses. Cependant, pour pallier à cette demande, certes l'Égypte a parfois recours à des importations d'hydrocarbures, mais elle s'approvisionne surtout en exploitant le pétrole et le gaz piégés dans ses bassins sédimentaires d'Abu Gharadiq, de Matruh, d'Alamein, du delta du Nil et du golfe de Suez.

D'ailleurs pour rafraichir votre mémoire au sujet de la longue et vieille tradition pétrolière de l'Égypte, souvenez-vous de ce célèbre passage biblique du livre de l'Exode, au chapitre 2 et au verset 3 au sujet du prophète Moïse et de sa mère, qui a orienté les recherches des pétroliers et permis de trouver le pétrole en 1890 :

« Ne pouvant plus le cacher, elle prit une caisse de jonc, qu'elle enduisit de bitume et de poix ; elle y mit l'enfant, et le déposa parmi les roseaux, sur le bord du fleuve. »

Cette scène où il est fait mention du bitume (suintement de pétrole en surface) se déroulait en Afrique et précisément en Égypte à l'époque des pharaons c'est-à-dire 4000 ans avant Jésus-Christ. C'est la preuve que le sous-sol de l'Égypte et certainement les abords du Nil, qui pourrait être ce fleuve dont ce texte biblique parle, sont des réceptacles d'hydrocarbures depuis plusieurs millénaires.

De plus, les pharaons utilisaient un résidu de pétrole pour embaumer leurs morts. D'ailleurs, les Romains avaient attribué le nom de Mons Petroleum (Geb El Zeit) à une montagne sur la côte occidentale du golfe de Suez. L'Égypte a été le premier pays africain à débuter l'exploration pétrolière en 1886. C'est également le premier pays du continent qui a découvert le premier gisement de pétrole en Afrique et conçu la première raffinerie africaine en 1913.

L'Égypte a quatre principales zones productrices de pétrole dont la plus importante est celle du golfe de Suez avec 35 millions de tonnes équivalent pétrole par année soit 80% de la production totale du pays en 1991, le désert Occidental (4,9 millions de tonnes), le Sinaï (2,2 millions de tonnes avec un pic à 10 millions de tonnes entre 1985 et 1989) et le désert Oriental (1,5 millions de tonnes).

Selon les données de la CIA, en 2014, les réserves pétrolières de l'Égypte étaient estimées à 4,4 milliards de barils de pétrole.

Le bassin d'Abu Gharadiq (Figure 80) est situé dans le désert Occidental égyptien à environ 250 km au Sud-Est d'Alexandrie. Il possède plusieurs gisements de gaz. Cependant, parmi les nombreux gisements de ce bassin, on dénombre celui d'Abou Sennan qui a produit environ 1,9 million de barils de pétrole depuis que la vente de ses hydrocarbures a commencé de 2012. Depuis 2007, la multinationale Gaz de France (GDF) détient près de 45% de la concession pétrolière d'Alam El Shawish West localisée dans ce même bassin et qui a une superficie de 1075 km^2. Je rappelle que depuis 2005, GDF est le principal acheteur du gaz égyptien qui représente 10% de ses approvisionnements. L'Algérie est l'autre fournisseur africain de gaz naturel de GDF.

La ville de Matruh est également située dans le désert Oriental. Elle est localisée à 600 km du Caire, la capitale de l'Égypte, et à 289 km d'Alexandrie. C'est un gouvernorat riche en ressources naturelles notamment en pierre calcaire, en argile, en dolomite, en marbre, silicium et surtout, en gaz naturel et en pétrole. Ainsi, Matruh détient aussi un bassin pétrolier important pour l'Egypte car c'est une ville stratégique du littoral qui est considérée comme un portail vers l'Occident. Le gisement de Matruh est constitué principalement de gaz (Figure 80).

El Alamein est une ville égyptienne localisée à 106 km à l'Ouest d'Alexandrie et à environ 240 km au Nord-Ouest du Caire dans le désert libyen. Tout comme les villes d'Abu Gharadiq et Matruh, elle détient également un bassin sédimentaire qui compte dans la production pétrolière de l'Égypte. De même, c'est un gisement composé essentiellement de gaz (Figure 80).

Vous comprenez que ces trois bassins égyptiens sont principalement constitués de gaz qui est aussi l'un des principaux produits d'exportation de ce pays. En plus du pétrole, en 2018, les réserves de gaz naturel de l'Égypte étaient évaluées à 2 100 milliards de m^3 par BP. Cette réserve qui a augmenté de 110% en dix années la positionnait au 16e rang mondial avec 1,1% des réserves mondiales de gaz naturel en 2018. De telles réserves représentent 36,5 années de production pour l'Égypte si le rythme de production de 58,6 millions de m^3 enregistré en 2018 est conservé.

Le delta du Nil avec son extension dans l'offshore méditerranéen que j'ai évoqué précédemment, fait également partie de ces importantes provinces gazières de l'Égypte avec un gaz en partie biogénique. Cette région a cette réputation grâce à la découverte par ENI le 30 août 2015 de la plus grande réserve de gaz naturel dénommée « Zohr » en Méditerranée. Ce gisement est qualifié de « champ de gaz super géant », car non seulement c'est la toute première découverte en Égypte avec de si grandes réserves, mais aussi, c'est le plus grand gisement de gaz découvert en 2015 dans le monde. Découvert à 1450 mètres de profondeur et à 190 km de Port-Saïd, ses réserves sont évaluées 850 milliards de m^3 ce qui correspond à 5,5 milliards de barils équivalent pétrole (Figure 80 et 81).

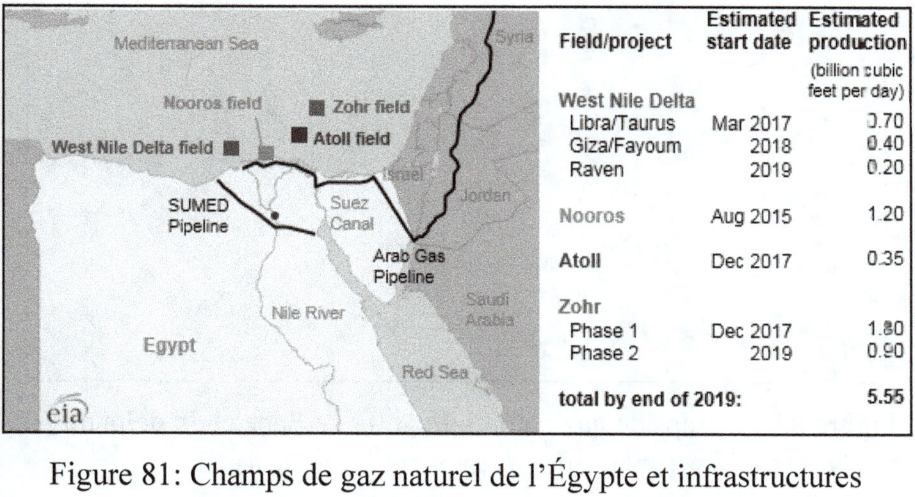

Figure 81: Champs de gaz naturel de l'Égypte et infrastructures pétrolières associées
(www.wikipedia.org, U.S. Energy Infomation Administration, Août 214)

En 2019, en plus de Zohr, d'autres gisements associés au delta du Nil comme Atoll, Nooros et ceux de l'Ouest du delta du Nil (Libra/Taurus, Giza/Fayoum et Raven) ont produit environ 5,55 milliards de barils de pétrole. C'est une preuve qui atteste que le potentiel pétrolier du delta du Nil est avéré.

Comme le delta du Nil, le golfe de Suez est également une région qui compte dans la production pétrolière de l'Égypte. Plusieurs gisements pétroliers sont connus dans le golfe de Suez à savoir, Ras Fanar, East Ras Fanar Offshore, North West El Amal, Zeit Bay, East Ras Budran Offshore, Ras Budran (Figure 82). Sans donner plus de détails puisque j'ai déjà abordé le potentiel pétrolier du golfe de Suez dans le chapitre précédent, j'ai juste voulu montrer par ces quelques mots que le golfe de Suez n'est pas qu'une route pour les navires pétroliers qui viennent de la Corne de l'Afrique, mais est aussi au cœur de la production pétrolière de l'Égypte.

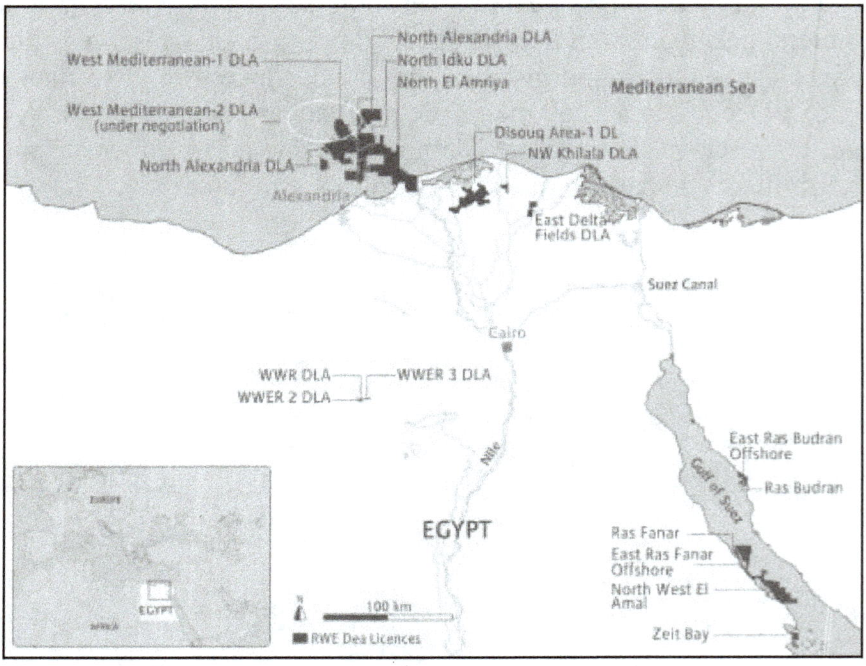

Figure 82: Champs de gaz naturel du golfe de Suez et du delta du Nil (www.energyegypt.net, mars 2014)

Tous ces faits et toutes ces données montrent donc que l'Égypte est un pays pétrolier du Nord de l'Afrique qui a son mot à dire sur le plan économique et régional d'autant plus qu'elle a la population la plus importante de sa région (100 millions d'habitants en 2020). De surcroît, elle est aujourd'hui une puissance militaire dans le Nord de l'Afrique, ce qui facilite l'exploitation de ses gisements pétroliers dans un climat paisible même si le Sinaï, plus au Nord-Est du pays, où des gisements de pétrole sont également connus, fait parfois l'objet d'attaques terroristes ces dernières années.

VI.1.4.b - Les bassins pétroliers tunisiens : le bassin pélagien

Certes de tous les pays producteurs de l'Afrique du Nord, en plus du Maroc, la Tunisie détient la plus faible production pétrolière, mais celle-ci n'est pas négligeable, car son potentiel pétrolier a été vite perçu comme ceux de l'Égypte, de l'Algérie et de la Libye. Déjà en 1992, les réserves pétrolières de la Tunisie étaient estimées à environ 233 millions de tonnes (Tableau 11). En 2019, d'après les statistiques du ministère de l'Industrie et des Petites et Moyennes Entreprises (PME), la Tunisie a produit 16,5 millions de barils de pétrole contre 14 millions en 2018 et 2,1 milliards de m^3 de gaz en 2019 contre 2 milliards de m^3 en 2018. Au deuxième semestre 2019, elle produisait 7000 barils de pétrole par jour et 2,7 millions de m^3 de gaz naturel par jour. Sa production pétrolière vient en en grande partie de son bassin pélagien, majoritairement gazier au Nord-Ouest, qu'elle partage avec la Libye et de son bassin de Ghadamès essentiellement pétrolier au Sud qu'elle partage avec l'Algérie et la Libye (Figure 80).

	Libye	Algérie	Egypte	Tunisie	Syrie	Total Région	Monde
BP Statistiques (fin 1992)	3123	1 260	849	233	233	5 699	136 581
Petroconsultants (fin 1991) : - Réserves	2 877	1 562	479	85	97	5 100	114 841
Oil & Gas Journal (fin 1992)	3123	1 260	849	233	233	5 699	136 581
Production cumulée à fin 1991	2468	1180	765	120	218	4751	

Tableau 11: Comparaison des différentes réserves de pétrole selon diverses sources en millions de tonnes (Mt) de pétrole (Observatoire Méditerranéen de l'Énergie, mai 2014)

Le bassin pélagien s'étend sur une superficie de 73 500 km^2 dont les trois quarts sont en offshore dans les eaux méditerranéennes à une profondeur maximum de 200 mètres. Déjà en 1971, les réserves de pétrole de ce bassin étaient estimées à 205 millions de tonnes équivalent pétrole et celles du gaz valaient 106 milliards de m^3 sachant que huit champs de pétrole et de gaz y avaient été découverts entre 1971 et 1978. Aujourd'hui, le champ de Bouri découvert en 1977 est toujours productif avec des réserves estimées à 103 millions de tonnes équivalent pétrole et 70,8 milliards de m^3. L'exploitation du pétrole de Bouri a commencé en 1988 et celle du gaz en 1990.

En plus de Bouri, plusieurs autres gisements sont identifiés dans le bassin pélagien et contribuent à la production pétrolière de la Tunisie. C'est le cas par exemple du permis pétrolier Sfax Offshore qui comporte la concession de Ras El Besh où des prospects prolifiques de carbonates pétroliers et gaziers sont connus dans le Crétacé et l'Eocène du bassin pélagien. Grâce à des forages effectués au deuxième semestre 2019 sur ce permis administré par la compagnie norvégienne Panaro Energy, trois découvertes de pétrole ont été faites sur les concessions Salloum, Ras El Besh (Figure 83) et Jawhara sachant que les réserves pétrolières du permis Sfax Offshore sont estimées à environ 20 millions de barils de pétrole.

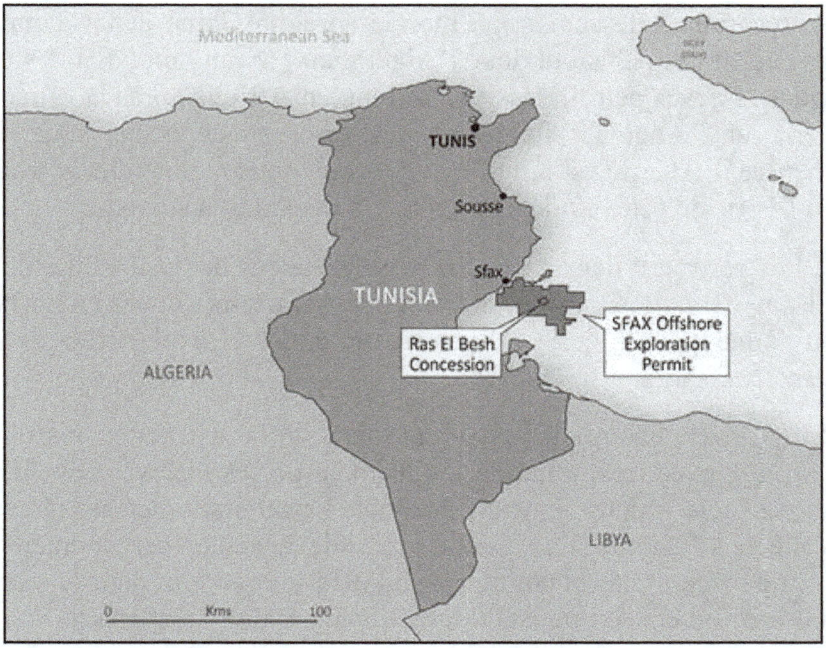

Figure 83: Permis d'exploration Sfax Offshore avec sa concession pétrolière Ras El Besh exploitée dans le bassin pélagien par la compagnie norvégienne Panaro Energy (Panaro Energy, www.kapitalis.com, Mai 2019)

À côté du permis d'exploration Sfax Offshore, plusieurs autres permis et concessions sont en exploitation dans le bassin pélagien. Tout cela montre que la Tunisie est un pays d'Afrique du Nord qui monte en puissance au fil des années sur le plan pétrolier et avec lequel il faudra compter à l'avenir.

VI.1.4.c - Les bassins pétroliers algériens : Ghadamès, Hassi Messaoud, Hassi R'mel, Hanet, In Salah

L'Algérie est un grand pays producteur de pétrole d'Afrique du Nord et d'Afrique en général. Selon une étude publiée en 2019 par l'Agence américaine d'Information sur l'Énergie (AIE) sur le secteur pétrolier de l'Algérie, ce pays aurait des réserves prouvées de pétrole évaluées à 12,2 milliards de barils au début de 2018. En plus de cela, en 2013, ses réserves de gaz de schiste ont été évaluées à 20 020 milliards de m^3 par l'AIE soit la troisième plus grande réserve d'hydrocarbures de schiste au monde après la Chine et l'Argentine. Tous ces chiffres classent donc l'Algérie au 16e rang mondial des plus grandes réserves pétrolières et au 4e rang en Afrique après la Libye, le Nigéria et l'Angola. Alors que ses réserves évoquées sont déjà immenses, l'Algérie est loin d'avoir révélé tout son potentiel pétrolier, car à l'issue de cette étude, l'AIE a fait la déclaration suivante :

« Les réserves algériennes en pétrole étaient de 12,2 milliards de barils, au début de 2018… Toutes ces réserves sont situées en onshore étant donné que l'Algérie n'a pas encore entamé l'exploitation de son potentiel offshore. »

Si l'Algérie occupe les premiers rangs de la production pétrolière en Afrique avec l'exploitation uniquement de ses réserves pétrolières onshores, cela veut dire que si elle ajoute l'exploitation de ses réserves pétrolières offshores à sa production, elle réalisera certainement de plus grands exploits économiques en Afrique et surtout dans le monde où elle renforcera son impact international sur tous les plans.

En 2015, l'Algérie a produit 1,5 million de barils de pétrole par jour, ce qui la classait au 18e rang de la production pétrolière mondiale et au 3e rang en Afrique avec 1,6% de la production après le Nigéria (2,6%) et l'Angola (2,0%). Déjà en 2010, l'Algérie était le 11e pays exportateur de pétrole avec 1 891 000 de barils de pétrole exportés par jour.

En fin 2015, les réserves prouvées de gaz naturel de l'Algérie étaient évaluées par BP (British Petroleum) à 4500 milliards de m^3 ce qui correspond à 54 années de production. Ses réserves de gaz naturel la classaient au 10e rang mondial avec 2,4% des réserves totales mondiales et au 2e rang africain après le Nigéria. Cette même année, l'AIE classait l'Algérie au 9e rang mondial des producteurs de gaz naturel et au 1er rang en Afrique avec une production de 83 milliards de m^3 soit 2,3% de la production mondiale. Grâce à sa production de gaz naturel, en 2015, l'Algérie occupait le 6e rang mondial des exportateurs de gaz naturel.

L'Algérie est un pays stratégique pour l'Europe sur le plan énergétique, car les pays de ce continent sont les principaux consommateurs des hydrocarbures issus des bassins sédimentaires algériens. Pour preuve, en 2015, les exportations de gaz naturel par gazoduc donc par voie terrestre de l'Algérie vers l'Europe ont atteint 25 milliards de m^3 dont 12 milliards de m^3 en destination de l'Espagne et 6,6 milliards de m^3 en destination de l'Italie. De même, ses exportations de gaz naturel par voie maritime sous forme de GNL (Gaz Naturel Liquéfié) ont été évaluées à 16,2 milliards de m^3 dont 4,3 milliards de m^3 vers la France qui reçoit la plus grande part, 3,8 milliards de m^3 vers la Turquie et 3,7 milliards de m^3 vers l'Espagne. L'Algérie est le troisième fournisseur mondial de gaz à l'Europe.

Si l'Algérie concentre toutes ces statistiques pétrolières prometteuses et uniques, c'est parce qu'elle détient des bassins sédimentaires prolifiques sur lesquels repose sa production et tous ses exploits dans le secteur pétrolier. Dans ces bassins sont reconnus les gisements pétroliers et gaziers d'Hassi Messaoud, de Ghadamès, Hassi R'mel, Hanet In Sal ah (Figure 80).

En effet, l'Algérie a 9 provinces pétrolières qui sont inégalement explorées. Il s'agit du bassin triasique (150 000 km^2 comportant les deux supers gisements que sont Hassi Messaoud et Hassi R'Mel avec une densité de 9 forages au 10 000 km^2) du bassin d'Illizi (117 000 km^2, bassin producteur le plus exploré avec 23 forages au 10 000 km^2), du bassin du Grand Erg Oriental (140 000 km^2), du bassin de Ghadames/Ahnet/Mouydir (136 000 km^2 sachant que Mouydir est quasiment inexploré), du bassin du Grand Erg Occidental/Timimoun (132 000 km^2), du bassin de Reganne (136 000 km^2), du bassin de de Béchar/Tindouf (316 000 km^2, très peu exploré), du bassin du Sud Hoggar (70 000 km^2, inexploré), du bassin Nord Algérie (345 000 km^2) et du bassin offshore (30 000 km^2) (Figure 84). Sur la base de ces données, la production pétrolière de l'Algérie provient principalement du bassin triasique et du bassin d'Illizi qu'elle se partage avec la Libye.

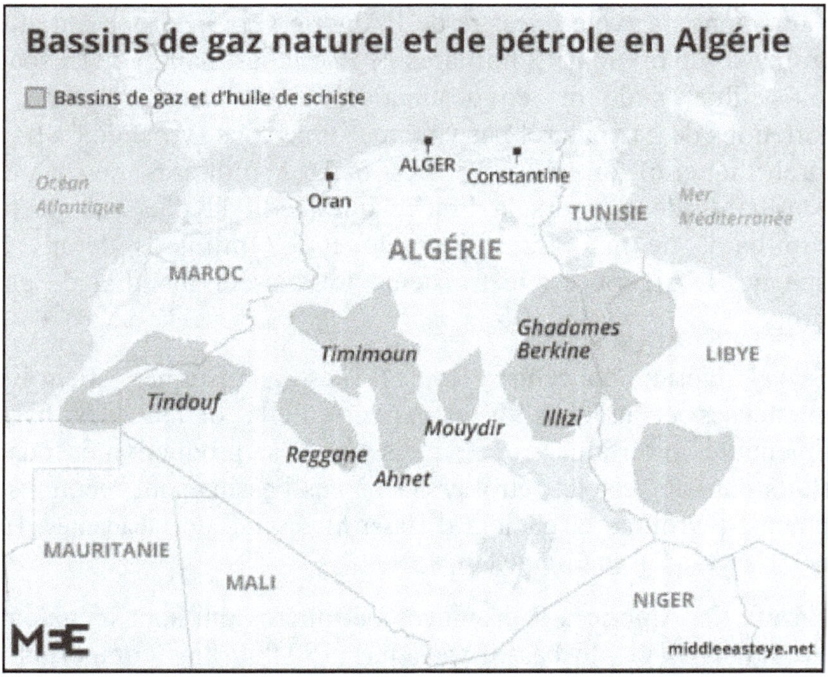

Figure 84: Bassins de gaz naturel et de pétrole de l'Algérie (U.S. Energy Information Administration, www.middleeasteye.net, Octobre 2017)

Sans prendre en compte la superficie de son bassin offshore, le bassin onshore cumulé de l'Algérie est estimé à 1 217 000 Km^2 soit plus de la moitié de la superficie totale du pays qui équivaut à 2 382 000 km^2. Cela veut dire qu'il est possible de trouver du pétrole dans 1 sur 2 endroits du territoire algérien. C'est encore une autre preuve du potentiel pétrolier de ce pays qui est aussi à l'image des autres pays désertiques de l'Afrique du Nord (Égypte, Tunisie, Maroc, Libye, Sahara Occidental, Maroc…).

Cependant, les bassins sédimentaires du Nord de l'Algérie sont plus explorés que les bassins du Sud du pays qui sont très souvent liés aux bassins sédimentaires des pays saheliens (Mali, Niger, Tchad, Mauritanie) qui font frontière avec l'Algérie. C'est le cas du Sud-Est avec la zone de l'Erg Oriental et du Sud et du Sud-Ouest avec la zone de l'Erg Occidental et de Tadmait.

Les gisements d'Hassi Messaoud découverts en 1956 sont les plus importants de l'Algérie avec une superficie de 3000 km^2 répartie sur plus de 50 km de chaque côté. Pendant longtemps, les gisements d'Hassi Messaoud Nord et Sud fournissaient la plus grande partie de la production pétrolière de l'Algérie avec environ 24 millions de tonnes équivalent pétrole par année. Mis en évidence dans le bassin triasique et précisément dans le bassin de Berkine (Figure 84), le gisement d'Hassi Messaoud est le plus grand gisement de pétrole d'Algérie et d'Afrique avec des réserves estimées à 9 milliards de barils de pétrole de très bonne qualité à un taux de récupération à 20%. Avec une production qui a débuté en 1960, il représentait à lui tout seul près du tiers de la production pétrolière de l'Algérie même si 4 à 5 milliards de ses réserves ont déjà été extraits. Pour confirmer le potentiel et les immenses capacités de ce gisement, sa production a atteint 550 000 barils de pétrole par jour en 1970, puis 333 000 barils en 1989 puis 350 000 barils sachant que Sonatrach, la compagnie nationale de pétrole de l'Algérie souhaitait la porter à 700 000 barils en 2012.

Associé aux gisements d'Hassi Messaoud dans le bassin triasique, le gisement d'Hassi R'Mel (Figure 85) est le plus grand gisement de gaz naturel d'Algérie et du continent africain découvert également en 1956 par la Compagnie Française des Pétrole d'Algérie et entré en production en 1961. Localisé dans une formation géologique du Trias, ce gisement représente jusqu'à aujourd'hui plus du quart de la production de gaz naturel de l'Algérie avec des réserves initiales estimées à 2500 milliards de m^3. Son gaz riche en condensats est très souvent réinjecté sous forme de gaz sec (après extraction des condensats) dans des gisements pour augmenter la récupération du pétrole. En termes de réserve, le gisement d'Hassi R'Mel est l'équivalent pour le gaz du gisement de pétrole d'Hassi Messaoud.

Ces deux gisements majeurs ont été à l'origine du développement du secteur des hydrocarbures de l'Algérie, car ils sont le point de départ de plusieurs transactions pétrolières et autour d'eux se sont concentrés des raffineries pour la transformation de ces matières premières minérales énergétiques et des oléoducs et gazoducs pour le transport de celles-ci vers des terminaux d'exportation sur la côte à destination des marchés nationaux et internationaux de consommation. D'ailleurs, par exemple, les intérêts économiques et énergétiques liés à l'exploitation des gisements d'Hassi Messaoud et d'Hassi R'Mel ont fortement contribué à la volonté de la France de maintenir sa présence en Algérie jusqu'au terme de la guerre d'Algérie qui a commencé le 1 novembre 1954 et s'est achevée 19 mars 1962.

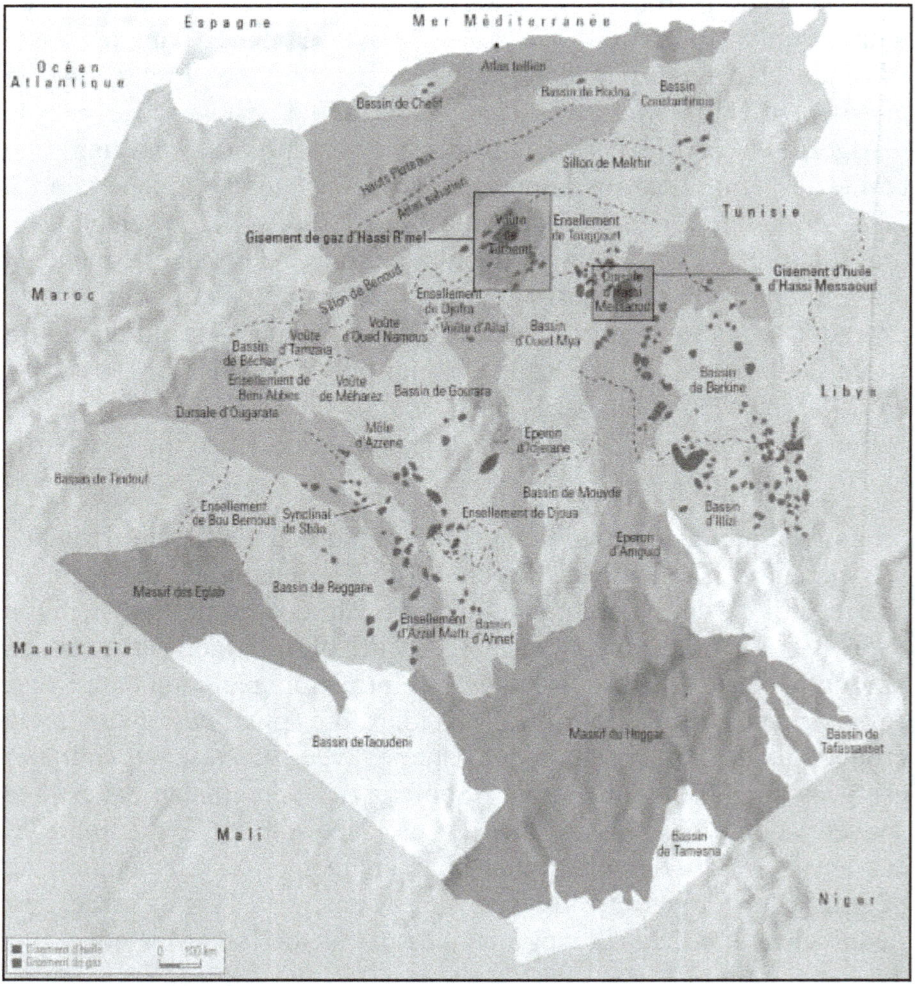

Figure 85: Carte des bassins sédimentaires de l'Algérie et de ses gisements de pétrole et de gaz notamment Hassi Messaoud et Hassi R'Mel (www.energy.gov.dz, ministère de l'Énergie de la République populaire et démocratique de l'Algérie, 2019)

Egalement, avec une superficie totale de 357 000 km^2, le bassin de Ghadamès que l'Algérie se partage avec la Libye et l'Égypte compte énormément dans la production pétrolière de ces deux pays. Même si plus de 60% des champs de Ghadamès se trouvent en Libye, ses réserves de pétrole récupérables totales sont évaluées à 151 millions de tonnes équivalent pétrole et celles de gaz sont évaluées à 61,3 milliards de m^3.

Le gisement de Timimoun (Figure 84) en Algérie est constitué essentiellement de gaz naturel. Ses réserves sont évaluées à plusieurs milliards de m^3 avec une capacité de production de 5 millions de m^3 de gaz par jour correspondant à 30 000 barils équivalent pétrole par jour et 466 barils de condensats par jour. En 2018, le gisement de Timimoun a produit environ 1,8 milliard de m^3 de gaz naturel.

Le bassin de Reganne (Figure 84) renferme dans son sous-sol des réserves d'hydrocarbures importantes pour l'Algérie. Ses champs sont composés majoritairement de gaz et comprennent les gisements de Reganne Nord, de Kahlouche Sud, de Tiouliline et d'Azrafil Sud-est. Toutes les réserves de gaz du bassin de Reganne sont évaluées à 88 milliards de m^3 dont 55 milliards de m^3 sont récupérables. En 2018, le seul gisement de Reganne Nord a produit 2,7 milliards de m^3 de gaz naturel.

La plupart des grands gisements de gaz et de pétrole de l'Algérie sont localisés dans le Sud-Est du pays, mais, ces dernières années, de grandes découvertes de gisements gaziers sont de plus en plus faites dans la région Sud-Ouest. C'est le cas du gisement de Touat qui est sur le point de redynamiser la production de gaz de l'Algérie depuis son entrée en production en 2019. Développé par la compagnie nationale Sonatrach et son associé britannique Nepturne Energy possédant respectivement 35% et 65% des parts, le gisement de Touat situé près de l'Adrar à 1400 km au Sud-Ouest d'Alger produit 4,5 milliards de m^3 de gaz par année. En ajoutant la production du gisement de Touat (4,5 milliards de m^3) à celle des gisements de Reganne Nord (2,7 milliards de m^3) et Timimoun (1,8 milliard de m^3 de gaz), la production de gaz de la région d'Adrar, autrefois marginalisée et peu explorée, fait un bond significatif en totalisant 9 milliards de m^3 en 2019. Ainsi, cette nouvelle province gazière va véritablement permettre de diversifier les sources de production de gaz de l'Algérie trop dépendante des gisements d'Hassi Messaoud et d'Hassi R'Mel.

Le Centre de l'Algérie n'est pas en marge de sa production de gaz naturel. La ville d'In Salah (Figure 80) située en plein désert du Sahara à 1200 km au Sud d'Alger en est l'illustration parfaite, car son gisement de gaz est reconnu comme le terrain d'expérimentation de l'exploitation des gaz de schistes en Algérie qui a été refusée par les populations du fait des risques environnementaux. Cette contestation s'est faite par des lancées d'obus et de roquettes sur le site d'exploitation du champ Krechba en 2016. Cet incident a provoqué le départ d'une partie du personnel étranger des multinationales pétrolières BP et Statoil. Le gisement d'In Salah est également connu dans le monde, car il a été le lieu d'expérimentation du stockage dans le sous-sol de plus d'un million de tonnes de CO_2 produites lors de son exploitation. Pour vous donner une idée précise et matérielle de ce nombre, ce volume représente les émissions de 200 000 voitures. Le gisement d'In Salah opéré par Sonatrach, BP et Statoil qui détiennent respectivement 35%, 33% et 32% des parts et dont la production a démarré depuis 2004, a un potentiel et des réserves similaires à celui d'In Amenas. Comme le gisement d'In Amenas, le gisement d'In Salah produit 9 milliards de m^3 de gaz par année grâce à ses trois champs : Krechba, Teguentour et Reg.

Le gisement d'In Salah rappelle celui d'In Amenas tant par ses réserves et sa production (9 milliards de m^3) que par ses mouvements de contestation.

En effet, en janvier 2013, des attaques terroristes des sites d'exploitation du gisement d'In Amenas attribuées aux combattants d'Al-Qaïda au Magreb Islamique (AQMI) ont attiré l'attention du monde sur l'Algérie et ses immenses réserves d'hydrocarbures. Farouchement réprimée, cette attaque terroriste avec un siège de quatre jours et deux tentatives de sauvetage des otages par l'armée algérienne s'est conclue par la mort de 38 d'entre eux dont 37 étrangers (dix Japonais, cinq Norvégiens, six Britanniques…) et un Algérien.

Le gisement d'Anhet (Figure 84) est localisé dans le Sud-Ouest de l'Algérie près de la ville d'In Salah sur une superficie d'exploitation de 17 358 km^2. Douze réservoirs de gaz naturel ont été mis en évidence dans le gisement d'Ahnet. Le permis d'Ahnet aurait des réserves de 500 milliards de m^3 avec une capacité de production d'au moins 4 milliards de m^3 par année. Depuis 2009, le groupe Total (49%) était chargé de l'exploration et de l'exploitation du permis d'Ahnet en compagnie de Sonatrach (51%). Il a même cédé 2% de ces parts à Partex, une société française spécialiste du repérage des câbles. À la suite de l'acquisition de ce permis, le groupe Total a fait le communiqué suivant :

« Ce projet constitue un développement majeur de la nouvelle province gazière du Sud-Ouest algérien qui comprend notamment le projet de Timimoun opéré par le groupement Sonatrach, Tital, Cepsa. Il confirme également la volonté de Total d'investir en Algérie, tant dans l'amont gazier que dans la pétrochimie. »

Sauf qu'en janvier 2015, pour des problèmes liés à la rentabilité du gisement et à des contestations d'exploitation du gisement par les populations autochtones, le groupe Total a annoncé ceci :

« Le permis d'exploration étant arrivé à échéance le 6 juin 2014, Total n'y est plus présent depuis cette date. »

Ce revirement de situation a provoqué une série d'évènements judiciaires entre Total et Sonatrach. Total souhaitait un dédommagement de 400 à 500 millions par Sonatrach à cause des conditions d'exploitation d'un autre gisement localisé au Sud-Est, celui de Tin Fouye Tabankort (TFT) à cause de la Taxe sur les Profits Exceptionnels (TPE) qui définit qu'une taxe de 5 à 30% est prélevée par Sonatrach si la valeur de production du champ dépasse 30 dollars. Cette démarche de Total a donc irrité Sonatrach qui réclamait à son tour des sanctions à hauteur de 100 millions à Total pour défaillance dans l'exécution des travaux d'exploration du permis d'Ahnet comme stipulé dans le contrat de ce dernier alors que les premiers mètres cubes de ce gisement étaient prévus en 2015. Finalement, ce conflit porté devant la Cour Internationale d'Arbitrage de Genève a fini par trouver une issue en 2017 avec l'arrivée de nouveaux dirigeants à la tête de Sonatrach et l'attribution de nouveaux permis au groupe Total en Algérie.

Cet épisode montre qu'à l'instar de plusieurs pays africains, l'Algérie croît en son potentiel pétrolier et négocie bien ses contrats pétroliers en ayant le plus souvent la majorité des parts sur les permis d'exploration et d'exploitation et en garantissant la rentabilité de la production de ses gisements par des clauses qu'elle surveille de près.

En 2019, c'est la multinationale Exxon Mobil qui faisait des négociations avec l'Algérie et la société nationale algérienne Sonatrach pour obtenir les parts de Total sur le permis d'Ahnet.

Certes, la région de Tindouf (Figure 84) au Sud-Ouest de l'Algérie est déjà bien connue pour son grand gisement de fer de Ghara Djebilet de plus de deux milliards de tonnes avec une teneur à 57%, que j'ai évoqué dans mon livre précédent; mais elle est aussi identifiée comme une région pétrolière que l'Algérie partage avec le Maroc et dont le potentiel en hydrocarbures reste encore inexploré.

Le bassin de Tindouf est situé à l'extrême Ouest du Sahara. C'est un territoire de plus de 130 000 km^2 limité à l'Est et au Nord-Est par l'ensellement de Krettamia Bou Bernous et les montagnes de l'Ougarta. À l'Ouest, le bassin de Tindouf est limité par la frontière algéro-marocaine, au Nord par l'Anti-Atlas marocain et au Sud par le massif de Réguibat. La région de Tindouf est sur le point de devenir une nouvelle province gazière compte tenu de la découverte d'un gisement de gaz en mai 2019 par Sonatrach alors que l'exploration avait été délaissée et gelée dans cette zone du pays de 1976 à 2008. Ce nouveau gisement est une découverte historique, car il a été mis en évidence par un forage qui a atteint 1600 mètres de profondeur avec un réservoir de gaz à condensat de type conventionnel alors que l'on savait que ce bassin contenait des hydrocarbures non conventionnels comme les gaz de schiste. Le caractère historique de cette découverte a d'ailleurs été dit dans ce communiqué de Sonatrach :

« La découverte a mis en évidence une accumulation de gaz à condensat grâce au puits ERTA-1 à partir d'un réservoir de type conventionnel… Pour la première fois dans l'histoire de la recherche en exploration, Sonatrach enregistre un résultat positif dans le bassin de Tindouf, une performance exceptionnelle qui ouvre de nouvelles perspectives dans cette région et qui, de plus, a été réalisé à 100% grâce aux capacités propres du groupe. »

Ce champ de 140 km^2 de superficie a permis de produire 275 m^3 de gaz et près de 300 litres/heure de condensat. Lors de sa visite d'inspection de ce champ en mai 2019, monsieur ARKAB, ministre algérien de l'Énergie, n'a pas manqué de faire cette déclaration pour montrer l'opportunité et la chance de développement que ce gisement donnait à nouveau à l'Algérie :

« Il permettra d'insuffler une dynamique à l'action de développement, nationale et locale, et aura des retombées positives sur différents secteurs, surtout que le champ en question est à 70 km à peine du gisement de fer de Ghara Djebilet dont le développement nécessite de l'énergie électrique et gazière et de l'eau, en plus de son apport au développement des ressources énergétiques locales. »

Le bassin de Tindouf est donc un territoire potentiellement riche en matières premières minérales (fer, or, pétrole, gaz) qu'il faut reconsidérer en termes d'exploration, car il est loin d'avoir révélé tout son potentiel minier et énergétique.

Comme le bassin sédimentaire de Taoudéni qui couvre une superficie de 1 500 000 km^2 entre l'Algérie, le Mali et la Mauritanie et est qualifié de plus grand bassin d'Afrique de l'Ouest, le bassin de Mouydir est quasiment inexploré, mais des gisements d'hydrocarbures y sont soupçonnés (Figure 86). Tous les pétroliers prédisent que ces deux bassins sont potentiellement riches en hydrocarbures et surtout celui de Taoudéni que j'ai déjà abordé dans les chapitres précédents.

En tenant compte de ces 9 provinces pétrolières évoquées précédemment et de leur regroupement en 3 grandes provinces pétrolières majeures (la province du Nord de l'Algérie : bassin offshore, bassin de l'Atlas saharien, bassin du Chelif, bassin du Hodna, bassin Melrhir, bassin Sud-Est Constantinois; la province Est de la plateforme Saharienne : bassin du môle Amguid-Messaoud, bassin de Berkine, bassin d'Oued Mya, bassin d'Illizi, bassin de Mouydir et la province Ouest de la plateforme Saharienne : bassin de l'Ahnet, bassin de Timimoun, bassin de Bechar-Oued Namous, bassin de Reggane, bassin de Tindouf, bassin de Taoudéni, bassin de Sbâa) et du potentiel en hydrocarbures de leurs bassins (Figure 86), il n'y a pas de doute que l'Algérie mérite sa place de leader africain de la production de gaz et de pétrole.

Au regard de ces données et de ces nombreux bassins sédimentaires aux immenses superficies encore inexplorées, je peux même affirmer qu'il lui reste encore de belles décennies de production pétrolière et gazière devant elle.

L'Algérie est aussi l'un des rares pays qui sait négocier ses contrats pétroliers en ayant généralement plus de 15% des parts d'exploitation de ses gisements, ce qui doit être un cas d'école à suivre et à copier pour tous les pays producteurs de matières premières minérales d'Afrique. L'Algérie est donc un modèle à suivre par les pays africains dans le secteur énergétique.

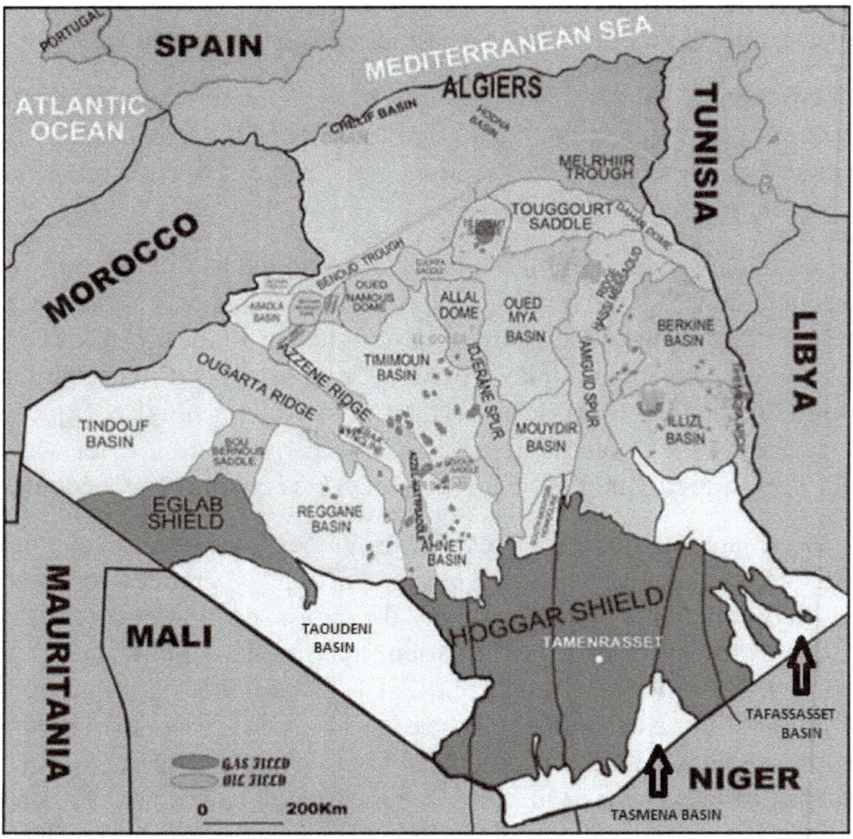

Figure 86: Carte des bassins sédimentaires de l'Algérie
et d'une partie de la plateforme Saharienne
(www.energy.gov.dz, ministère de l'Énergie de la République
populaire et démocratique de l'Algérie, 2019)

VI.1.4.d - Les bassins pétroliers libyens : le bassin de Syrte, le bassin de Murzuk, Hamra, Illizi

De tous les pays de l'Afrique du Nord, la Libye a toujours été le plus grand producteur de pétrole et a toujours détenu les plus grandes réserves de pétrole de cette partie de l'Afrique. Il fut une époque où les seules réserves de la Libye représentaient 55% des réserves de toute la région pétrolière nord-africaine. Ensuite suivaient l'Algérie, l'Égypte et la Tunisie. Dans les chapitres précédents, j'ai largement parlé du potentiel pétrolier de la Libye. Nous avons vu ensemble que bien que ce pays soit plongé dans une instabilité sans précédent depuis la chute du Colonel Mouammar KADHAFI, certes sa production pétrolière annuelle a baissé, mais elle continue d'attirer les multinationales pétrolières qui ont besoin de ces matières premières minérales énergétiques. D'ailleurs, comme je l'ai déjà évoqué dans les chapitres précédents, ses réserves de pétrole et de gaz sont les raisons principales pour lesquelles ce pays a été déstabilisé.

J'ai plusieurs fois répété que les États n'ont pas d'amis, mais ont des intérêts. Il est vrai que la Libye est toujours dans une guerre civile en 2020, mais cela n'empêche pas la poursuite de l'exploitation de ses ressources pétrolières. De plus, les multinationales font plus de gains dans les pays producteurs d'hydrocarbures ou d'autres minerais lorsque ces pays sont en conflit, car dans de tels états d'instabilité ou de désordre il est impossible pour ces États de contrôler efficacement la production des matières premières extraites de leur sous-sol. En fait, ces États sont tellement préoccupés par la sécurité de leurs concitoyens ou par le maintien des institutions de leur État et du pouvoir en place en se défendant avec toute leur énergie et toutes leurs ressources financières qu'ils n'ont pas le temps d'allouer d'autres ressources à la surveillance des productions de leurs minerais. En un mot, leurs priorités sont ailleurs. C'est le cas dans la plupart des grands pays producteurs africains qui sont en conflit. Dans de telles conditions, personne ne souhaite que ces conflits s'arrêtent, car ils profitent non seulement aux compagnies qui exploitent les hydrocarbures, mais aussi à certains dignitaires du parti au pouvoir dans ces pays africains producteurs. C'est ce que vit la Libye et d'autres pays africains comme la République Démocratique du Congo (pays du scandale géologique) dont la région Kivu à l'Est, plus riche en minerais, est en conflit depuis plus de 50 années soit un demi-siècle. La guerre civile a commencé en Libye depuis 2011 et n'est pas près de s'arrêter. Cela dure bientôt depuis une décennie et aucun signe qui annonce sa fin ne pointe à l'horizon. Cela me rappelle ce fameux adage qui dit :

« On sait quand commence la guerre, mais on ne sait pas quand elle s'achève. »

Je ne referai pas à nouveau le procès de la Libye dans cette partie du livre, mais je tenais à planter le décor géopolitique dans lequel se trouve actuellement ce pays important de l'Afrique et du monde sur le plan énergétique. Dans cette partie de l'ouvrage, je décrierai les nombreuses régions pétrolières de la Libye.

La Libye a la réserve pétrolière la plus importante de l'Afrique et la neuvième du monde. Sa réserve était évaluée à 41,5 milliards de barils de pétrole en 2007 ce qui correspondait à 3% des réserves mondiales de pétrole dans cette même année. En 2006 déjà, la production de pétrole de la Libye était estimée à 1,8 million de barils de pétrole par jour ce qui lui garantissait 63 années d'exploitation pétrolière si elle gardait cette même cadence de production. En 2010, la production de la Libye atteignait 1,6 million de barils de pétrole par jour et rapportait plus de 50 milliards de dollars (correspondant à 25 000 milliards de FCFA) à ce pays sachant que l'essentiel de sa production était destiné à des pays européens (28% vers l'Italie, 15% vers la France, 11% vers la Chine, 10% vers l'Allemagne, 10% vers l'Espagne) du fait de sa proximité géographique avec l'Europe. En 2016, les réserves pétrolières de la Libye étaient évaluées à 48 milliards de barils (1re réserve pétrolière africaine avant le Nigéria) et ses réserves de gaz naturels étaient estimées à 1600 milliards de m^3 (5e réserve gazière africaine).

Avant la guerre civile de la Libye en 2011, en plus de la National Oil Corporation (NOC), compagnie nationale pétrolière de la Libye, les multinationales étrangères qui exploitaient son pétrole était l'Italienne ENI, la Française Total, l'Américaine ConocoPhillips, l'Espagnole Repsol, la Chinoise CNPC et les Russes Neft filiale de Gazprom et Taftneft. Après le pic de cette guerre civile, en 2017, ce sont principalement ENI, Total, la Française Schlumberger et la société russe Rosneft qui ont le plus profité de cette transition démocratique complexe dans ce pays en étant, depuis cette année, les principales multinationales qui exploitent le pétrole libyen. La Chine, l'Espagne et à moindre degré l'Amérique, ont perdu des parts de marché et de production. C'est la preuve qu'au-delà des considérations ethniques ou sociales qui ont été évoquées comme les raisons fondamentales de la crise en Libye, les véritables causes de ce conflit étaient géopolitiques et économiques. C'était une guerre de positionnement en terre étrangère.

Après un arrêt de sa production pétrolière en 2011 lié à la chute du Colonel Mouammar KADHAFI, la Libye a repris faiblement sa production en mai 2012, mais cette dernière est passée encore en dessous de 500 000 barils de pétrole par jour entre 2014 et 2016. En 2017, cette production est repartie à la hausse pour atteindre une valeur record de 1,25 million de barils de pétrole depuis 2011. Cependant, en novembre 2019, suite à un regain de violence opposant les hommes du Maréchal Khalifa HAFTA, l'homme fort de l'Est (où sont concentrés les principaux ports du pays et les plus importants gisements de Libye) (Figure 80) et d'une partie du Sud du pays soutenu par la Russie, l'Égypte, les Émirats Arabes Unis et ceux du Gouvernement d'Union Nationale dirigé par Fayez AL-SARRAJ, reconnu et soutenu par l'ONU et la Turquie depuis avril 2019 dans une offensive des premiers contre Tripoli, le siège du gouvernement, la compagnie pétrolière nationale NOC a annoncé l'arrêt de la production dans plusieurs champs pétroliers notamment le champ d'El-Feel en raison des combats qui ont eu lieu sur le site pétrolier. Depuis le début de ces combats qui perdurent dans le temps, de telles décisions affectent considérablement la production pétrolière de la Libye qui connaît forcément une baisse au début de l'année 2020. En exemple concret, le blocage des sites pétroliers par les forces du Maréchal HAFTAR depuis le 18 janvier 2020 a provoqué la chute de la production pétrolière journalière qui est passée de 1,2 million en fin 2019 à 320 000 barils de pétrole. D'ailleurs, le 3 février 2020, cette production avait atteint 187 000 barils ce qui a provoqué une perte de 931 millions de dollars à la Libye.

Depuis la guerre civile en Libye, la fermeture des sites pétroliers, des terminaux et des raffineries est devenue une chose courante, car en 2018, les forces du Maréchal HAFTAR avaient également fermé des installations pétrolières dans le croissant pétrolier (Ras Lanouf,

Al-Sedra, Zoueitina, Al-Hariga…), poumon économique du Nord-Est du pays (Figure 87). Ce énième blocage avait poussé la NOC à décréter un « état de force majeure » dans cette région du pays qui est une circonstance exceptionnelle autorisant une exonération de la responsabilité de la NOC en cas de non-respect des contrats de livraison de pétrole. Ainsi, après la libération de ces installations et sites pétroliers du croissant pétrolier libyen par les forces du Maréchal HAFTAR, la NOC est à nouveau montée au créneau pour annoncer la levée de ce décret exceptionnel en ces termes :

« La NOC annonce la levée de l'état de force majeure dans les ports de Ras Lanouf, Al-Sedra, Al-Hariga et Zouetina après la remise des installations à la compagnie ce matin 11 juillet 2018. Les opérations de production et d'exportation reprendront à leurs niveaux normaux dans les prochaines heures. »

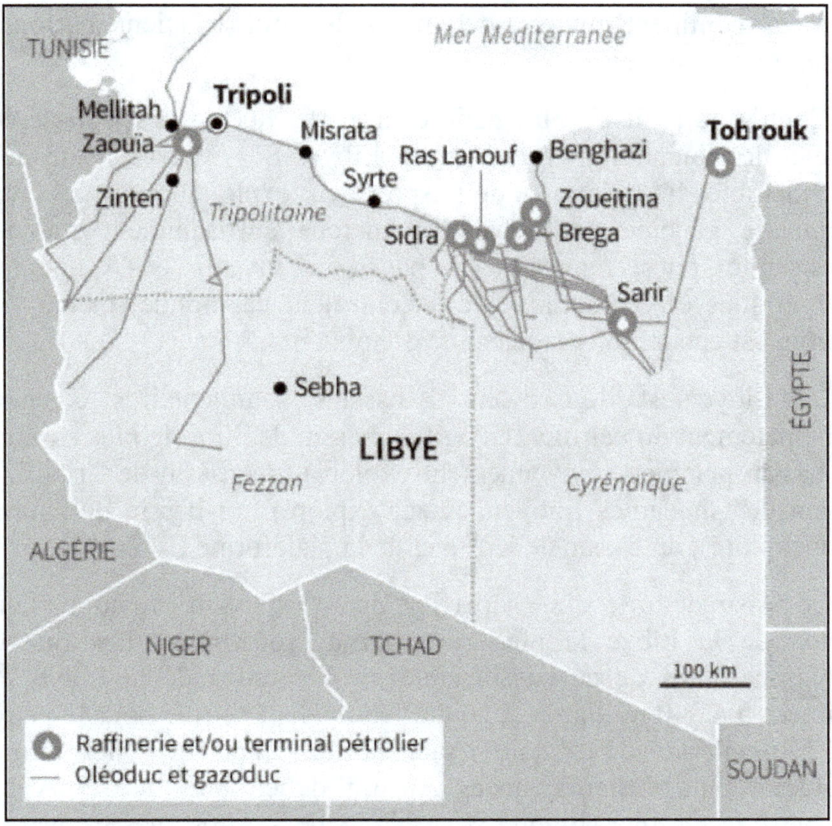

Figure 87: Raffineries, terminaux pétroliers, oléoducs, gazoducs et enjeux pétroliers et gaziers en Libye (www.lemonde.fr, Infographie Le Monde, 2018)

Malheureusement, les ventes d'hydrocarbures sont les principales sources de revenus de la Libye, car elles représentent 90% de ses revenus. Comme je l'ai déjà évoqué, elle possède les plus grandes réserves d'hydrocarbures d'Afrique. Cela vous donne une idée des difficultés auxquelles elle est confrontée.

Devant ces données et ces faits irréfutables, comme moi, vous comprenez bien que la Libye est entraînée dans une période d'instabilité qui a des répercussions considérables sur son économie au point qu'il est légitime de se demander s'il était opportun de renverser le régime du Colonel Mouammar KADHAFI qui, quoiqu'on dise, restait un gage de stabilité de la Libye, de l'Afrique du Nord et même du Sud de l'Europe contre l'immigration massive et clandestine vers ce continent malgré des méthodes qui frôlaient parfois la dictature pour certains.

Comme je le disais plus haut, cette partie du livre est consacrée à révéler le potentiel pétrolier de la Libye. Ses réserves pétrolières considérables lui redonnent de l'espoir; leur exploitation avec la rente financière générée peut être une marche suffisamment stable et consistante pour remettre ce pays au niveau des puissances énergétiques et économiques qui contrôlent ce monde, même si le chemin est encore long et parsemé d'embûches.

La Libye est divisée en 7 bassins sédimentaires contenant principalement du pétrole. Il s'agit du bassin de Sirte (le plus exploré), du bassin pélagien (moyennement exploré), du bassin de Tripoli, du bassin de Ghadamès (moyennement exploré), du bassin de Murzuk (peu exploré), du bassin de Kufra et de la plateforme Cyrénaïque.

Le bassin de Sirte a une superficie de 500 000 Km^2, ce qui en fait la région de la Libye la plus riche en hydrocarbures. Les réserves d'hydrocarbures de ce bassin situé au Centre-est de la Libye sont estimées à 4 340 milliards de tonnes équivalent pétrole pour le pétrole et à 591 milliards de m^3 de gaz sachant que ces chiffres ont fortement évolués depuis plusieurs années. Ainsi, il détient 80% des réserves de pétrole de la Libye (Figure 88) et 70% de ses réserves de gaz. Le bassin de Sirte est le poumon pétrolier de la Libye, car il accueille la majorité des champs productifs et en exploitation de ce pays. Cette province possède 17 champs de pétrole en exploitation et un seul champ de gaz en production dénommé Hateiba. En somme, dans ce bassin, 210 gisements de pétrole et 9 gisements de gaz ont été découverts sachant que le gaz de ce bassin est principalement du gaz associé. Hateiba est le plus grand champ de gaz en exploitation dans ce bassin. Il a été découvert en 1963 et ses réserves sont évaluées à 141,6 milliards de m^3. De même, le plus grand champ de pétrole en production du bassin de Sirte est Sarir. Il a été découvert en 1961 et ses réserves sont estimées à 615 millions de tonnes équivalent pétrole. La Libye a une longue tradition pétrolière, car ses premières découvertes datent des années 1950. Bahi, le premier champ de pétrole, a été découvert en 1958 tandis que 032-G-001, le premier champ de gaz, a été découvert en 1959. Le bassin de Sirte représente à lui tout seul environ 90% des exportations d'hydrocarbures de la Libye.

Localisé au Nord-Ouest, le bassin pélagien (Figure 80), que j'ai évoqué lorsque j'abordais les bassins sédimentaires de la Tunisie, occupe également une partie du territoire libyen avec ses 73 500 km^2 de superficie. Ce bassin compte également dans la production d'hydrocarbures de la Libye même si sa contribution est moindre que celle du bassin de Sirte. Il faut savoir que le bassin de Sirte fait partie du célèbre croissant pétrolier de la Libye qui est cette zone où est concentré l'essentiel des réserves de la production libyenne. D'ailleurs, pendant la guerre civile libyenne, c'est le croissant pétrolier qui est l'objet de convoitises de toutes les branches armées engagées dans ce conflit. Celui qui contrôle le croissant pétrolier libyen devient le maître de ce pays, car c'est son poumon économique. En raison de ces faits, avec le temps, la guerre politique et sociale de la Libye s'est transformée en une guerre pétrolière entre l'Ouest et l'Est du pays.

Après le bassin de Sirte, les bassins qui contribuent le plus à la production pétrolière de la Libye sont dans l'ordre : les bassins de Ghadamès, le bassin de Mourzouq ou Mursuk au Sud-Ouest et le bassin pélagien offshore au Nord-Ouest.

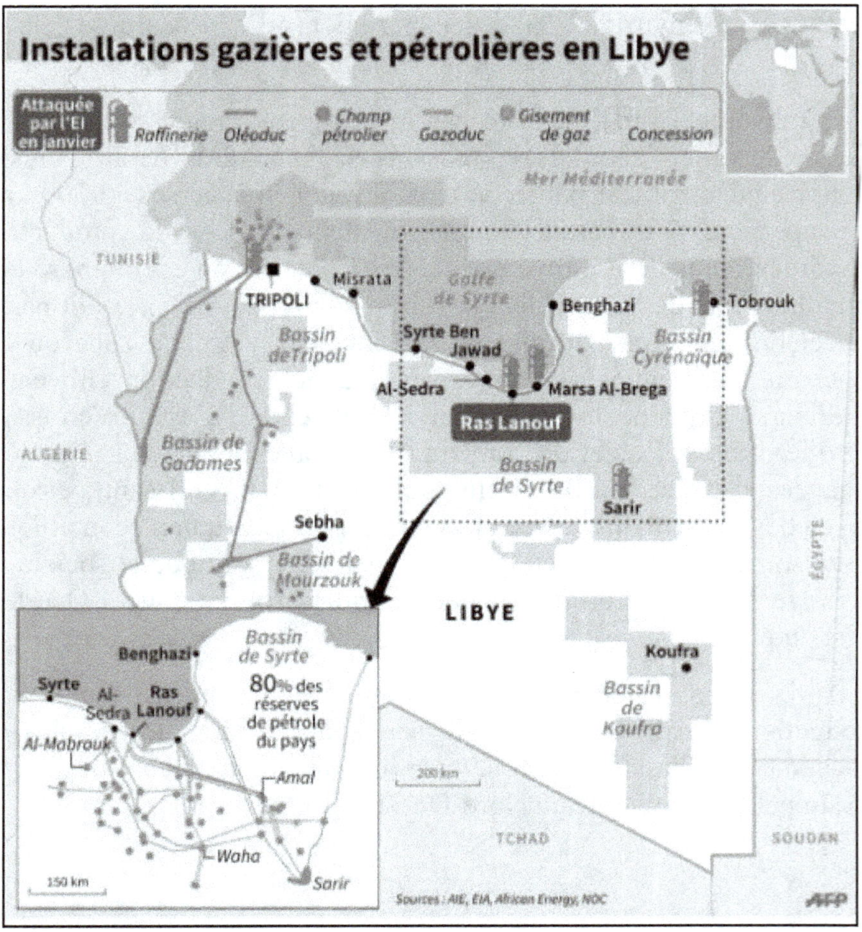

Figure 88: Installations gazières et pétrolières de la Libye avec les bassins d'hydrocarbures associés (Agence Française de Presse, 2016)

Egalement au Nord-Ouest de la Libye et très proche des bassins pélagiens et de Ghadamès, se trouve le bassin de Tripoli (Figure 88) qui est parfois confondu avec ces derniers. Il est aussi est un bassin stratégique pour la Libye en termes de production pétrolière et alimente les raffineries de Zaouïa. D'ailleurs, c'est au Nord du bassin de Tripoli dans l'offshore libyen et à 2700 mètres de profondeur qu'a été découvert le gisement de Bouri appartement au bloc NC-41. Découvert en 1970 et exploité depuis 1988, le gisement de Bouri localisé à 120 km des côtes libyennes en mer Méditerranée et exploité par Eni à la suite d'un accord de partage avec NOC est l'un des plus importants champs pétroliers offshores de la Libye. Ses réserves de pétrole sont estimées à 4,5 milliards de barils de pétrole et celles du gaz naturel atteignent 99 milliards de m^3 avec un potentiel de production de 6 milliards de m^3 par année. Pour mémoire, en 1995, le gisement de Bouri produisait environ 150 000 barils de pétrole. Ces chiffres montrent que, bien que l'essentiel des gisements d'hydrocarbures de la Libye se trouvent en onshore, l'offshore n'est pas à négliger, car des découvertes y sont faites de plus en plus depuis que ce pays a décidé d'amplifier l'exploration pétrolière dans cette zone marine méditerranéenne. Pour preuve, non loin de Bouri, plusieurs autres gisements de gaz ont été découverts par ENI dans la mer Méditerranée. L'un d'eux a été découvert en 2014 dans le bassin de Sabrata à 14 km du large et à 20 km au Nord du champ de Bouri, à 405 mètres de profondeur. Les essais préliminaires estimaient sa production moyenne entre 868 et 1338 barils de pétrole par jour sachant que d'autres gisements ont été découverts à Bahr Essalam à 82 km au large et à 150 mètres de profondeur. Ainsi, comme la plupart des pays pétroliers de l'Afrique du Nord, l'offshore libyen est donc au début de ses découvertes d'hydrocarbures.

Le bassin de Ghadamès que j'ai déjà évoqué précédemment lorsque je traitais les bassins pétroliers algériens, compte énormément aussi dans la contribution pétrolière de la Libye. En plus de ses caractéristiques déjà abordés, il faut retenir que bien que le bassin de Ghadamès soit à cheval entre l'Algérie, la Tunisie et la Libye, c'est la partie libyenne qui détient 60% de ce bassin et donc l'essentiel de ses réserves pétrolières (Figure 84). Par exemple, le gisement d'El Hamra est la plus importante découverte d'hydrocarbures faite en 1960 dans le bassin de Ghadamès avec des réserves pétrolières évaluées à 11 millions de tonnes équivalent pétrole sachant que plus de 61 champs pétroliers dont 15 productifs en 1990 ont été mis en évidence dans ce bassin (Figure 80). Le plus grand champ de gaz découvert dans le bassin de Ghadamès est NC-007A-V-001 avec des réserves évaluées à 14,2 milliards de m^3.

Le bassin de Mourzouk est localisé au Sud-Ouest de la Libye et s'étend sur une superficie de 223 600 km^2 c'est-à-dire sur 600 km d'Est en Ouest et sur 400 km du Nord au Sud. La première découverte de pétrole, NC-058-A-001, dans le bassin de Mourzouk a été faite en

1978 et la plus importante, NC-101-J-001, a été mise en évidence en 1984 avec des réserves évaluées à 3,4 millions de tonnes équivalent pétrole. Les cinq découvertes de pétrole qui ont été faites dans le bassin de Mourzouk totalisent des réserves d'environ 10 millions de tonnes équivalent pétrole sachant qu'aucun champ de gaz associé ou sec n'a été mis en évidence. Par exemple, le gisement d'El-Sharara localisé dans les zones reculées du désert au Sud-Ouest du bassin de Mourzouk, produisait par jour, à son pic de production environ 350 000 barils de pétrole.

Le bassin de Kufra ou Koufra est localisé au Sud-Est de la Libye et s'étend sur une superficie de 450 000 km^2 (Figure 88 et 89). Ce bassin est situé entre le môle du Tibesti, la plateforme du Serir Calanscio au Nord, le bassin de Mourzouk à l'Ouest et le môle de l'Aouenat à l'Est. Il compte également beaucoup dans la production pétrolière de la Libye même si peu données le concernant sont disponibles.

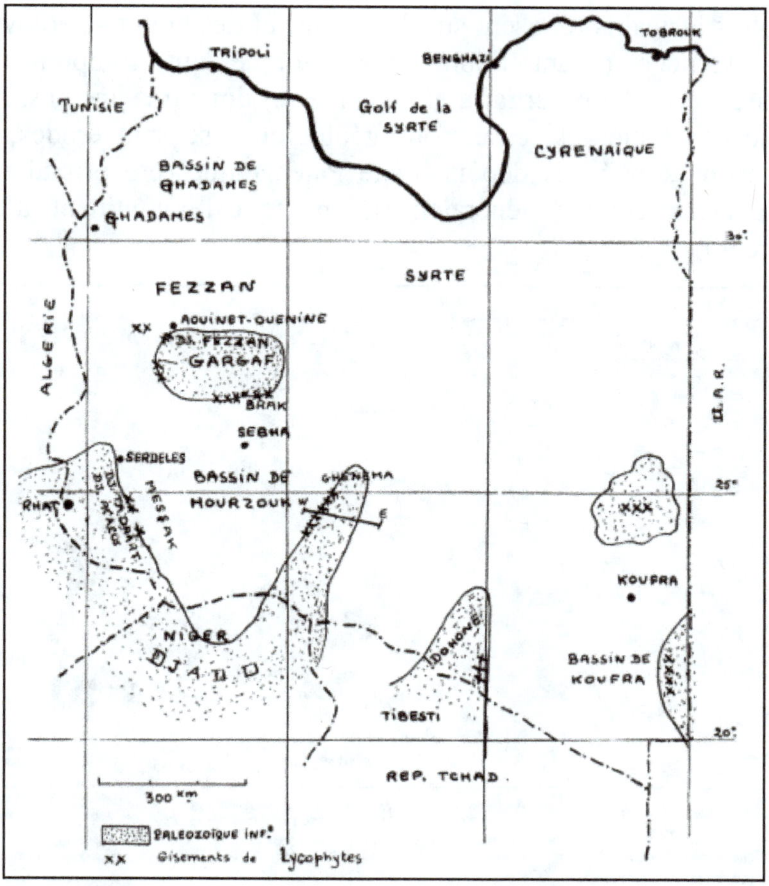

Figure 89: Carte de la Libye situant les différents gisements du Dévonien et du Carbonifère
(D. MASSA, Annie LEJAL-NICOL, juin 1972)

Cette figure nous permet de comprendre que les bassins de Ghadamès, de Mourzouk et de Kufra sont des bassins sédimentaires d'âge paléozoïque (la première ère de l'éon Phanérozoïque de l'échelle des temps géologiques). Cela répond en partie à la raison pour laquelle la Libye est la première réserve pétrolière d'Afrique, car la matière organique déposée et confinée dans son sous-sol depuis l'ère primaire (Paléozoïque) et qui se transforme en pétrole sous l'effet de la pression et de la température, a eu le temps d'atteindre la maturité et de constituer des gisements d'hydrocarbures assez considérables. De même, la figure du craton géologique de l'Afrique du Nord-Ouest montre bien également (Figure 90) que la majorité des territoires africains reposent sur des socles et des cratons géologiques d'âge Archéen (avant l'éon Phanérozoïque qui comprend l'ère primaire, secondaire, tertiaire et quaternaire) donc très anciens. Ainsi, lorsque ces socles et ces cratons géologiques se sont érodés, leurs résidus ont donné des dépôts d'âge Paléozoïque (ère primaire), les plus anciens connus généralement sur tout le continent africain (Figure 90).

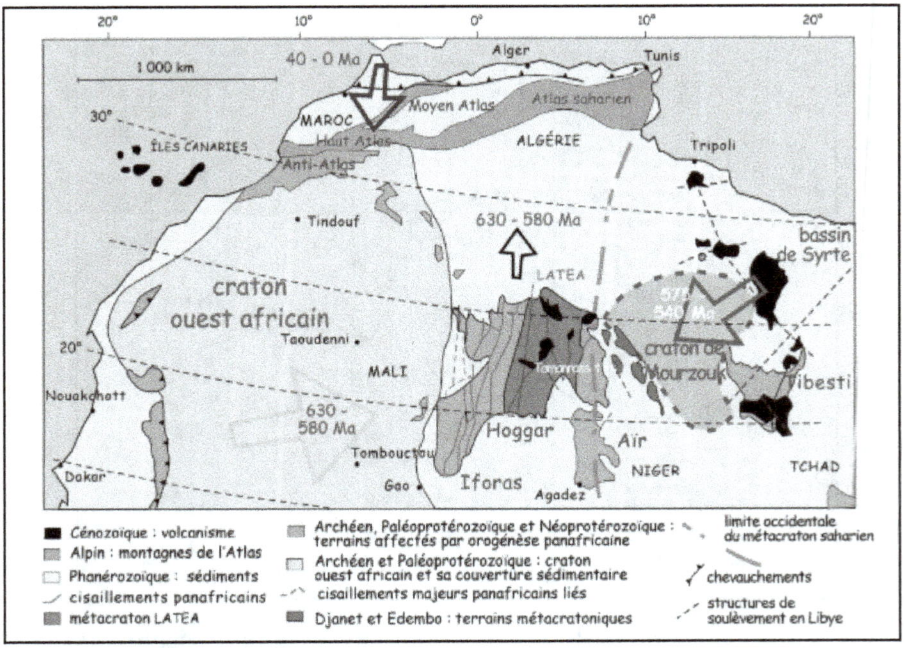

Figure 90: Carte géologique de l'Afrique Nord-Ouest
(LIEGEOIS et al, 2013, Guy JACQUES, 2015)

Ce sont ces vieux dépôts sédimentaires qui vont constituer la plupart des grands bassins producteurs de pétrole et de gaz qui font la notoriété des pays africains en matière de potentiel pétrolier et qui attire la convoitise des autres régions du monde (Figure 91). Le continent est assez stable géologiquement, ce qui donne des conditions naturelles idéales pour la formation de gisements d'hydrocarbures.

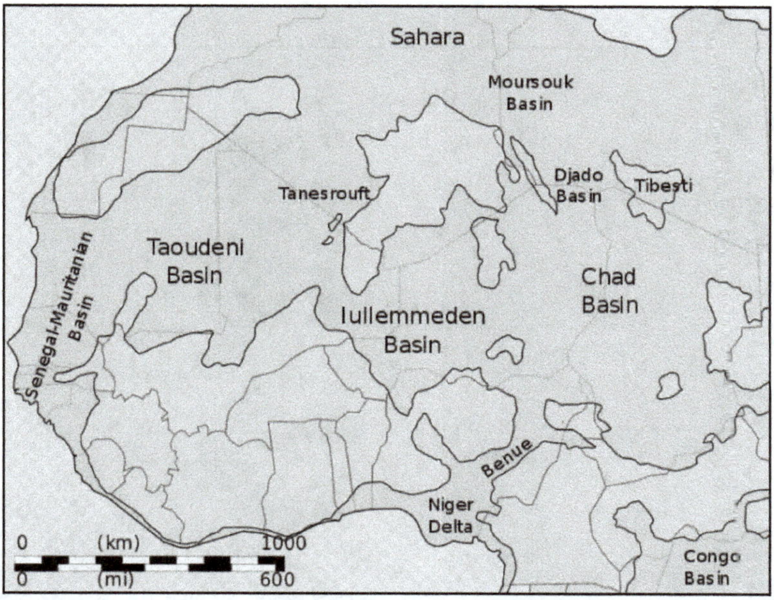

Figure 91: Bassins sédimentaires onshores de l'Afrique de l'Ouest, de l'Afrique du Nord et de l'Afrique Centrale (www.commons.wikimedia.org, décembre 2010)

Ce n'est donc pas un hasard si j'ai décidé d'intituler cet ouvrage : *L'Afrique, l'ultime réserve pétrolière face à la transition énergétique.*

J'ai donc vu juste et je ne me suis pas trompé. J'ai pu vous le démontrer tout au long de ce livre avec des statistiques, des données, des chiffres clairs, fiables et vérifiables, des images et des schémas qui parlent d'eux-mêmes.

Vous pouvez également vous référer à mon précédent ouvrage intitulé *L'Afrique, un continent aux ressources minières exceptionnelles* pour vous faire une idée plus précise et détaillée de l'échelle des temps géologiques qui est différente de nos échelles de temps contemporaines (romaines, grecques…) et habituelles (Figure 92).

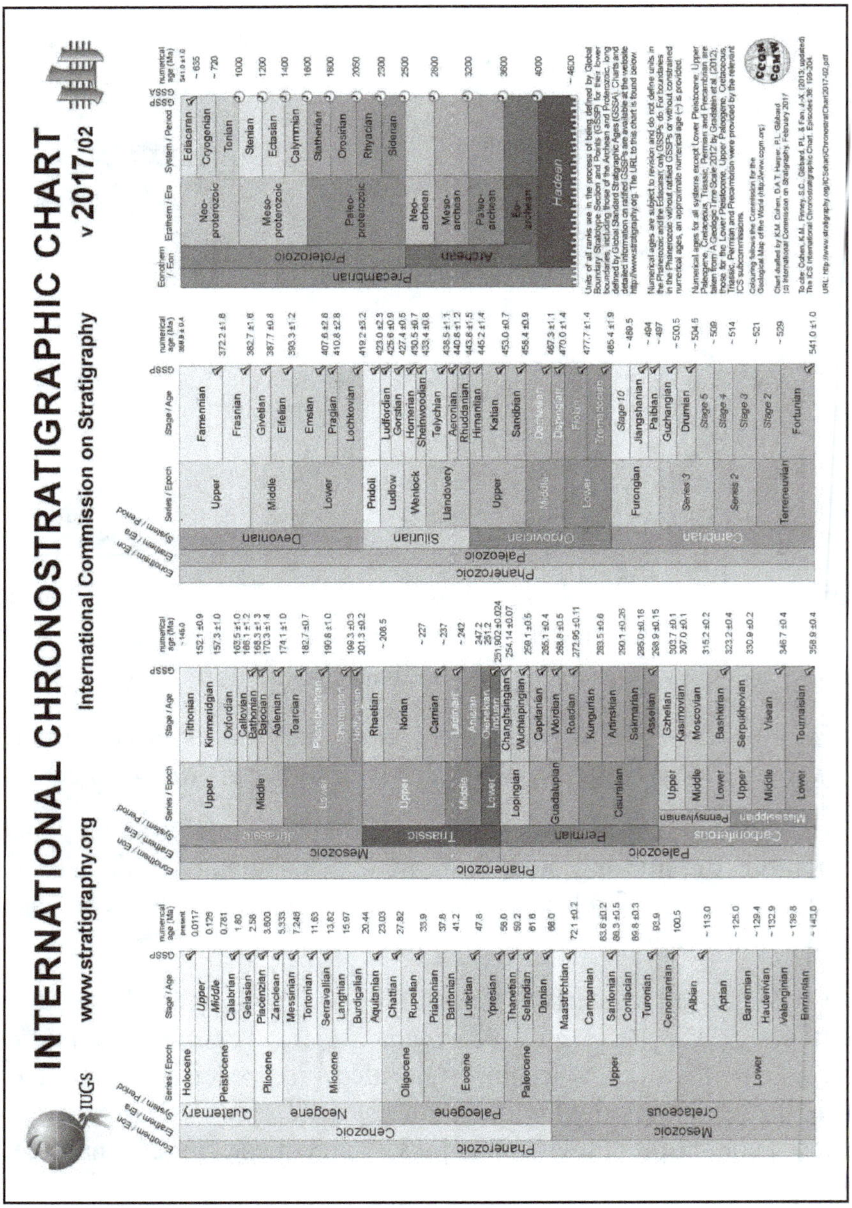

Figure 92: Charte chronostratigraphique internationale ou échelle des temps géologiques (ICS et al.2016)

Pour revenir aux bassins sédimentaires de la Libye, il faut savoir que le bassin Cyrénaïque, localisé à l'Est de ce pays, est également très important pour la production pétrolière libyenne (Figure 88). Pour preuve, il accueille un arc de terminaux sur le littoral qui forme une plateforme d'exportation où passent près de 60% du pétrole brut de la Libye. Cinq des six terminaux pétroliers de la Libye se trouvent dans sa partie Est sachant que quatre d'entre eux sont localisés dans le « croissant pétrolier » (Sidra, Ras Lanouf, Brega et Zouétina) et le dernier, Tobrouk, est situé plus à l'Est à la frontière avec l'Égypte (Figure 87 et 88). Le sixième terminal à Zaouïa, à l'Ouest de Tripoli, se trouve sur le littoral associé au bassin de Tripoli et au bassin pélagien. Ainsi, quatre des cinq principaux terminaux d'exportation du pétrole libyen se trouvent donc dans le bassin du Cyrénaïque.

Si vous avez bien suivi le printemps arabe en Libye, qui a conduit au renversement du régime du Colonel Mouammar KADHAFI et à sa mort, vous reconnaîtrez que les villes où les combats ont été les plus violents sont aussi celles où la production pétrolière était la plus forte et où des terminaux d'exportations de pétrole brut et des raffineries étaient construits. C'est l'exemple des villes pétrolières et martyres de Tripoli, Zaouïa, Misrata, Sirte, Brega, Ras Lanouf, Bengazi, Sidra, Zoueitina, Tobrouk…

Cette tendance à la conquête du croissant pétrolier, de ses villes, de toutes ses réserves d'hydrocarbures et de ses installations pétrolières continue jusqu'à aujourd'hui et ne s'achèvera pas tant que le conflit entre les forces du Maréchal Khalifa HAFTA qui contrôle l'Est et une partie du Sud du pays et celles du Gouvernement d'Union Nationale conduite par Fayez AL-SARRAJ sera toujours en cours (Figure 93).

Chaque fois qu'un conflit est déclaré en Libye, il y a une forte baisse de la production pétrolière, ce qui a des répercussions négatives sur l'économie de ce pays. De même, peu importe le conflit, il a les mêmes conséquences néfastes dans les pays producteurs africains dont plusieurs, sauf quelques-uns, dépendent encore économiquement de la vente de leurs matières premières minérales. C'est pour cette raison que je milite toujours pour la diversité des ressources économiques des pays africains producteurs. Ils ne doivent pas compter uniquement sur l'exploitation de leurs matières premières minérales brutes, mais penser à leur transformation et surtout tirer également des revenus des matières premières agricoles et de leur transformation, développer le tourisme, l'industrie et d'autres activités contemporaines et en vogue.

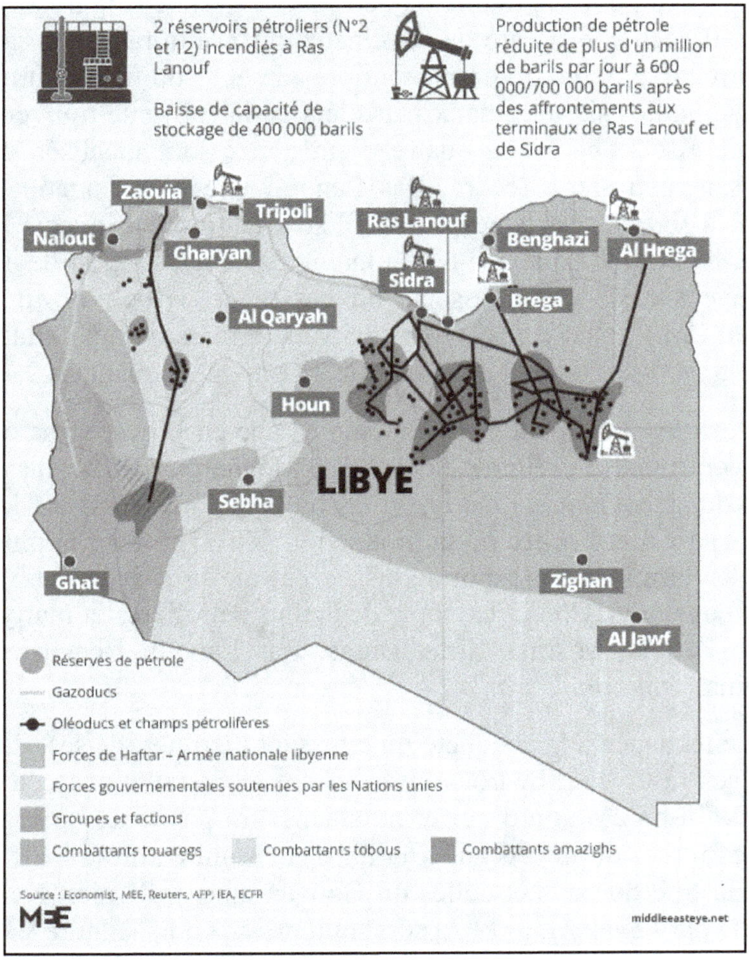

Figure 93: Les conflits affectant le croissant pétrolier libyen (www.middleeasteye.net, juillet 2018)

Comme beaucoup de pays sahariens, sahéliens et même plusieurs pays du Moyen-Orient, l'erreur économique de la Libye vient du fait que ses revenus dépendent entre 80% et 90% de l'exploitation du pétrole et du gaz. Et cela, les Émirats arabes unis l'ont compris; c'est pourquoi ils développent d'autres secteurs d'activité comme le tourisme pour réduire cette dépendance de la vente des hydrocarbures. La Libye et d'autres pays africains doivent se servir de tels exemples pour éviter de subir des crises économiques sévères et dévastatrices chaque fois qu'un conflit local ou une guerre civile se déclare. Même si, en plus de son bassin sédimentaire onshore plus exploré et selon les estimations et les statistiques, la Libye pourrait tirer beaucoup de bénéfices de l'exploitation de son bassin sédimentaire offshore encore peu exploré qui comporterait 50 milliards de barils de pétrole léger, peu soufré, il est bien néanmoins de dire que la condition suprême à un éventuel exploit économique est la paix et la stabilité sur le long terme.

Comme nous l'avons constaté ensemble, tous les pays africains sont potentiellement riches en hydrocarbures et susceptibles d'être des producteurs de pétrole et de gaz, mais curieusement ils sont toujours pauvres soit parce qu'ils sont instables ou en guerres civiles permanentes, soit parce qu'ils ne passent pas au stade de la transformation de leurs matières premières énergétiques, soit parce que les revenus issus de la vente de leurs hydrocarbures sont détournés par leurs propres dirigeants ou leurs gestionnaires soit encore parce qu'ils ont mal négocié leurs contrats de concession ou d'exploitation avec les compagnies pétrolières exploitantes.

VI.1.5 - L'Afrique du Sud et ses nombreux bassins de pétrole et de charbon: une région énergétique historique qui traverse le temps

Comme l'Afrique de l'Ouest et le golfe de Guinée, l'Afrique du Nord et la mer Méditerranée, la Corne de l'Afrique, la mer Rouge et le golfe d'Aden, l'Afrique de l'Est et le canal du Mozambique, le Sud de l'Afrique est une autre façade maritime qui confère à ce continent de fortes potentialités pétrolières en offshore. Les pays qui sont directement concernés par ces étendues maritimes sont l'Afrique du Sud et la Namibie, les autres pays (Swaziland, Lesotho, Botswana, Zimbabwe…) étant enclavés ou dans l'hinterland, mais pas tout à fait dépourvus de ressources énergétiques. C'est le cas du Botswana. Certes, la plupart des pays du Sud de l'Afrique sont bien connus pour leurs matières premières minérales précieuses (diamant, or, platine, nickel, fer…) comme je l'ai démontré dans mon ouvrage précédent « *L'Afrique, un continent aux ressources minières exceptionnelles* », mais l'Afrique du Sud, la Namibie et le Botswana sortent du lot compte tenu de leurs importantes matières premières énergétiques (pétrole, gaz, charbon, uranium) favorisées par leurs atouts géologiques notamment la présence du désert du Kalahari sur leur territoire.

VI.1.5.a - Le désert du Kalahari : une réserve énergétique au cœur de la Namibie, de l'Afrique du Sud et Botswana

Localisé dans le bassin des fleuves Zambèze et Orange, le désert du Kalahari s'étend sur une grande partie du Botswana et se prolonge vers la Namibie et l'Afrique du Sud sur une superficie d'environ 900 000 km^2 (Figure 94), ce qui est un territoire et une zone d'exploration considérable sur le plan géologique. De même que le désert du Sahara au Nord de l'Afrique, le désert du Kalahari est une réserve de matières premières minérales précieuses et industrielles telles que le diamant, le cuivre, le nickel, le sel et de matières premières énergétiques telles que l'uranium, le charbon, voire même le pétrole et le gaz.

En effet, la présence abondante du sel dans le désert du Kalahari n'est pas un phénomène fortuit ou anodin, mais c'est un fait et un indice important pour les explorateurs d'hydrocarbures, car cela signifie qu'à une époque plus ou moins lointaine, ce territoire était couvert d'une mer dans lesquels se sont déposées des matières organiques, transformées par la suite en hydrocarbures (pétrole, gaz ou charbon) selon la profondeur et en fonction des conditions de température et de pression. D'ailleurs, dans les chapitres précédents, je vous ai montré que le charbon était aussi un produit de transformation de la matière organique au même titre que le pétrole et le gaz. Ainsi, la présence remarquée de nombreux gisements de sel dans le sous-sol du désert du Kalahari témoigne de l'existence de nombreux gisements d'hydrocarbures dans cette région de l'Afrique.

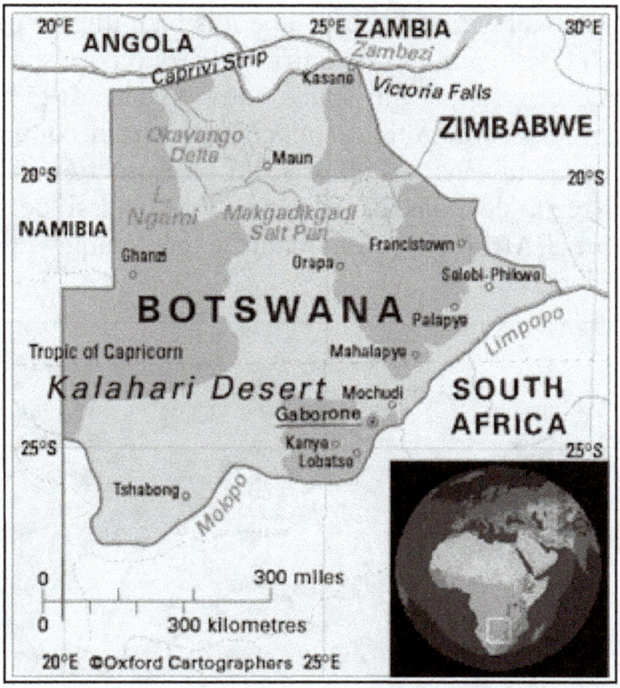

Figure 94: Le désert du Kalahari à cheval entre le Botswana, l'Afrique du Sud et la Namibie
(Oxford Cartographers, www.notreafrik.com, 14 octobre 2014)

Comme la plupart des régions d'Afrique, le désert du Kalahari tire sa richesse minière de son craton géologique. En réalité, les pays de l'Afrique australe reposent sur le craton géologique du Kalahari qui est un réceptacle de minerais comme le craton ouest-africain ou le craton du Congo. Je ne reviendrai pas sur la définition des cratons géologiques (partie ancienne et stable de la lithosphère) puisque vous connaissez déjà leur importance et leur implication directe dans l'édification des gisements miniers. J'ai largement évoqué ces structures géologiques rocheuses intéressantes, qui occupent une grande partie du continent africain, dans les chapitres précédents. De même, si vous avez pris le temps de lire mon ouvrage précédent « *l'Afrique, un continent aux ressources minières exceptionnelles* », vous comprendrez pourquoi le sud de l'Afrique est la région minière la plus productive du continent. En exemple concret, l'Afrique du Sud est le premier producteur d'or, de platine et de diamants depuis plusieurs décennies et le craton du Kalahari y est pour beaucoup.

Le craton du Kalahari est encore une fois bien illustré par la chaîne panafricaine et les ceintures panafricaines qui correspondent à un grand système orogénique qui soude entre eux les différents cratons ou blocs géologiques autrefois indépendants en un continent unique dénommé « le Gondwana » (Figure 95). L'Afrique très stable, occupe une position centrale dans ce système. C'est aussi de sa stabilité historique que l'Afrique tire sa maturité géologique et son grand potentiel minier.

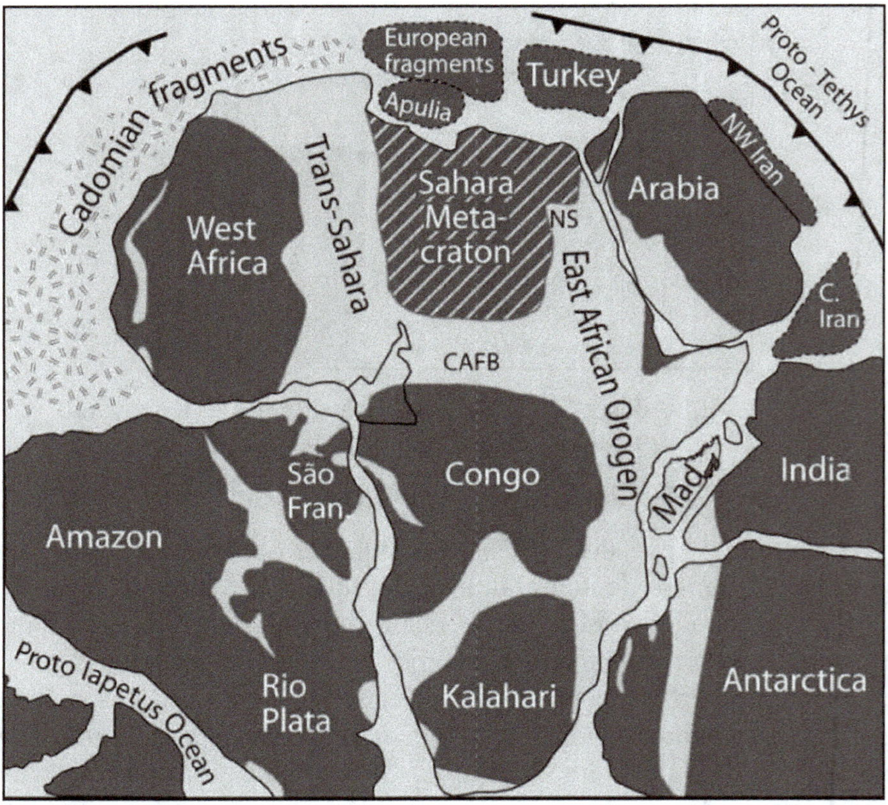

Figure 95: Les ceintures panafricaines (JEFF, 28 février 2008)

Par définition, une orogénèse est un processus de formation des reliefs de l'écorce terrestre. Ainsi, l'orogénèse panafricaine ou pan-gondwanienne ou encore saldanienne est une série d'événements orogéniques majeurs du Néoprotérozoïque (troisième et dernière ère du Protérozoïque [dernier éon du Précambrien], s'étendant de -1000 millions d'années à -542 millions d'années plus ou moins 1 million d'années), relatifs à la formation des supercontinents du Gondwana et de la Pannotia (ancien supercontinent qui aurait existé à la fin du Précambrien entre -600 et -540 millions d'années et au début du Cambrien ; sa fragmentation aurait produit les méga-plaques lithosphériques de Laurentia, Baltica, Siberia et la grande plaque Gondwana), il y a environ 600 millions d'années (Figure 92). Dès lors, c'est à l'occasion de l'orogénèse panafricaine que la plupart des reliefs (montagnes, chaînes de montagnes…) connus en Afrique et dans le monde ont été édifiés. Les ceintures orogéniques panafricaines sont donc des alignements de chaînes de montagnes issues de l'orogénèse panafricaine. Sans entrer dans plus de détails, il faut noter que ces nombreuses ceintures panafricaines sont également des réservoirs de minerais compte tenu des conditions exceptionnelles de pression et de température qui ont permis leur édification. Parmi ces ceintures orogéniques du système panafricain, on reconnaît :

- Le bouclier arabo-nubien : il part de l'Éthiopie au sud du Proche-Orient. Il est associé à l'ouverture de la mer Rouge.

- La ceinture du Mozambique : elle part de l'est de l'Antarctique, parcourt l'Afrique de l'Est et atteint le bouclier arabo-nubien.

- La ceinture du Zambèze : c'est une branche de la ceinture du Mozambique connue au nord du Zimbabwe et qui se prolonge en Zambie.

- La ceinture de Damara, localisée en Namibie, est comprise entre le craton du Congo et le craton du Kalahari. Au sud, elle se poursuit dans la ceinture du Gariep costal et la ceinture saldanienne et au nord dans la ceinture de Kaoko.

- L'Arc lufilien : c'est le prolongement de la ceinture de Damara en Namibie. Il s'associe à la ceinture de Damara au nord du Botwana. C'est un grand arc qui rejoint également le Sud de la République démocratique du Congo et la Zambie.

- La ceinture du Gariep et la ceinture saldanienne : elles sont connues aux bords est et sud du craton du Kalahari.

- La ceinture de Kaoko : c'est un embranchement nord-ouest de la ceinture de Damara qui est identifié en Angola.

- La ceinture de l'ouest du Congo : c'est le produit de la déchirure du craton du Congo le long de sa bordure ouest entre -999 et -912 millions d'années et de la formation d'un bassin d'avant-pays dans lequel la ceinture s'est déposée entre -900 et -570 millions d'années. Les roches identifiées au-dessus du bassin contiendraient des dépôts glaciaires qui seraient semblables à ceux de l'arc lufilien à leur tour, associés à la ceinture d'Araçuai au Brésil.

- La ceinture trans-saharienne : elle s'étend au nord et à l'est du craton d'Afrique de l'Ouest et borde le bouclier nigérien et le bouclier touareg. Elle est longue de 3000 km.

- La ceinture de l'Afrique centrale : elle se situe entre le bouclier du Congo et celui du Nigéria et se poursuit à l'est par la ceinture de l'Oubangui avec laquelle, elle forme la zone de cisaillement d'Afrique centrale. Sa partie sud est issue d'une collision continentale au cours de laquelle elle s'est enfoncée dans le craton du Congo. Ses parties centrales et septentrionales (nord) sont des zones de poussée-cisaillement en association avec des structures semblables connues au Brésil.

- Le métacraton du Sahara : c'est un socle de l'Archéen et du Protérozoïque, recouvert par des granitoïdes provenant de l'épisode panafricain et qui est localisé entre le massif du Hoggar et le Nil.

- La ceinture de Rokelide : elle s'étend le long de la marge ouest du bouclier de Man, d'âge Archéen, dans le sud du craton d'Afrique de l'Ouest.

Il faut savoir que sur le plan géologique, les chaînes de montagnes se forment par collision (convergence) ou par cisaillement (frottement latéral) entre deux plaques lithosphériques. Ainsi, le fait que l'Afrique possède toutes ces ceintures et ces chaînes de montagnes orogéniques panafricaines sur presque toutes les bordures de sa plaque lithosphérique, prouve encore une fois que ce continent est resté stable géologiquement, sans grand déplacement, et a eu le temps de former de nombreux gisements miniers dans son sous-sol. C'est une des raisons pour lesquelles j'ai tenu à mentionner toutes ces ceintures panafricaines et à les localiser pour vous aider à comprendre que l'Afrique n'est pas riche en matières premières minérales de façon fortuite. En vérité, toutes ses prédispositions géologiques sont à l'origine de son grand potentiel minier qui reste exceptionnel et supérieur aux autres continents du monde.

Cette figure des ceintures panafricaines (Figure 95) est également pertinente, car elle met bien en évidence les principes de la continuité des couches (une même couche a le même âge sur toute son étendue) et de leur répartition géographique que je n'ai cessé de mentionner depuis le début de ce livre pour comparer les systèmes pétroliers des pays. En l'analysant, vous constatez bien qu'à un moment de l'histoire, les cratons géologiques de l'Amérique latine étaient liés à ceux de l'Afrique de l'Ouest, du Congo, du Kalahari pendant que ce même craton du Kalahari était de l'autre côté associé au craton de l'Antarctique, sans oublier les autres cratons de l'Afrique. L'orogénèse panafricaine est donc visible un peu partout en Afrique, majoritairement constituée de socles géologiques.

Pour revenir au Sud de l'Afrique, on peut aussi dire que cette partie du continent africain tient son gigantesque héritage minier de ses nombreux atouts géologiques et particulièrement du craton géologique du Kalahari. D'ailleurs, les ceintures orogéniques panafricaines du Mozambique, de Damara, de Saldania et de Gariep entourent parfaitement le craton du Kalahari qui se subdivise en quatre parties (le craton du Zimbabwe, le craton du Kaapvaal, la ceinture du Limpopo, ceinture du Limpopo et la ceinture de Namaqua) sachant que la plupart des pays d'Afrique australe (Afrique du Sud, Namibie, Botswana, Lesotho, Malawi, Swaziland ou Eswatini, Zimbabwe) s'y reposent (Figure 96). Sans m'éterniser sur la composition des ensembles géologiques du craton du Kalahari, je voudrais attirer votre attention sur la présence de l'éburnéen (Protérozoïque inférieur) qui est aussi présent dans le craton ouest-africain. Rappelez-vous que c'est dans la couche géologique de l'Eburnéen, où se trouve le Birrimien, qu'ont été découverts la majorité des gisements d'or et de minerais connus en Côte d'Ivoire, au Mali, au Burkina Faso, au Ghana et dans les autres pays de cette région de l'Afrique. Il ne faudra donc pas être étonné si les pays de l'Afrique australe connaissent depuis plusieurs décennies des succès miniers inégalables, car ils ont vite reconnu leurs atouts. Ils sont en avance dans le développement de leurs secteurs miniers par rapport à l'Afrique de l'Ouest et aux autres parties de l'Afrique.

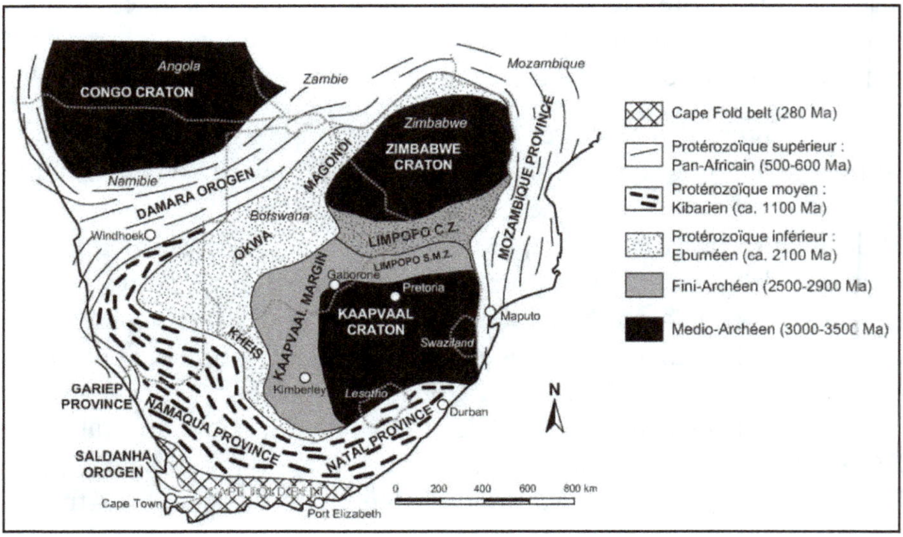

Figure 96: Schéma structural d'Afrique Australe
(JEFF, 28 février 2008)

En plus du craton du Kalahari et de ses atouts miniers et géologiques, et comme c'est le cas pour le désert du Sahara, le désert du Kalahari peut être exploité sur le plan énergétique également pour les forts rayons de Soleil qu'il reçoit d'autant plus qu'on parle de plus en plus d'énergie renouvelable et de transition énergétique. Je ne reviendrai pas sur les possibilités de produire de l'énergie à partir des rayons solaires reçus par le désert du Kalahari, car tout ce que j'ai dit précédemment pour le désert du Sahara est aussi valable pour lui.

VI.1.5.b - La Namibie : un probable eldorado pétrolier

Même si elle a longtemps affiché du retard dans le secteur pétrolier, tous les experts ont toujours soupçonné que la Namibie avait un important potentiel en hydrocarbures comme c'est le cas pour la plupart des pays africains qui ont une façade adossée à l'océan Atlantique ou Indien. La Namibie a toujours été comparée à l'Angola, son voisin et au Brésil, son voisin de l'autre côté de l'océan Atlantique, parce que ces pays auraient des similitudes géologiques et probablement des systèmes pétroliers similaires en tenant compte du principe de la répartition géographique des couches géologiques que j'ai largement expliqué dans les chapitres précédents. Au passage, vous devez savoir que l'Afrique et l'Amérique constituaient un seul continent à une époque antérieure jusqu'à leur séparation induite par la formation de l'océan Atlantique. C'est d'ailleurs l'une des raisons pour laquelle les premières compagnies pétrolières qui sont arrivées dans son domaine pétrolier sont d'origine brésilienne.

En effet, en juillet 2011, monsieur Isak KATALI, le ministre des Mines et de l'Énergie de la Namibie de l'époque, annonçait que les réserves de pétrole au large des côtes de son pays étaient évaluées à 11 milliards de barils pour une exploitation prévue à partir de 2015. Trois gisements ont été mis en évidence à savoir, Nimrod, Delta et Walvis.

Le gisement Nimrod est le plus important d'une série de 11 gisements qui ont été découverts au large de la côte Sud de la Namibie par la société Enigma Oil & Gaz, filiale de la compagnie britannique Chariot Oil & Gaz. Enigma et la compagnie brésilienne Petrobras détiennent chacune 50% des parts de Nimrod. Situé à 350 mètres de profondeur, le gisement Nimrod contiendrait des réserves estimées à 4 milliards de barils.

Un autre gisement a été mis en évidence dans le bassin de Walvis à plus de 5000 mètres de profondeur au large de Swakopmund, une station balnéaire localisée sur la côte Atlantique de la Namibie. Ce gisement découvert et qui doit être exploité par la compagnie brésilienne HRT Oil & Gas Ltd aurait des réserves de 5,2 milliards de barils.

Quant au gisement Delta qui devrait être exploité par Arcadia Expro Namibia et la compagnie britannique Tower Resources, il est situé au centre du pays dans l'onshore et possèderait plus de 2 milliards de barils de pétrole.

La seule somme des réserves pétrolières de ces trois gisements atteint 13 milliards de barils ce qui avoisine les réserves de l'Angola, son voisin qui est aussi le deuxième producteur de pétrole en Afrique subsaharienne après le Nigéria. Ainsi, sa proximité avec l'Angola est un atout et un indice géologique qui attirent nécessairement les regards des multinationales pétrolières.

La compagnie australienne Global Petroleum possède des licences offshores PEL 0094 et PEL 0029 (Figure 97) des blocs 1910B et 2010B où elle détient respectivement 85% des parts. En 2019, à la suite d'études 2D et 3D effectuées sur la licence PEL 0094, l'évaluation de ses réserves a permis de mettre en évidence plus de 964 millions de barils de pétrole soit environ un milliard de barils de pétrole dans son périmètre. Le réservoir de carbonates localisé dans l'Albien sur le prospect Welwitschia Deep contiendrait à lui seul 772 millions de barils de pétrole avec une probabilité de succès de 15%. La licence PEL 0029 répartie sur une superficie de 11 730 km^2, à une profondeur d'eau comprise entre 1300 et 3000 mètres, contiendrait des réserves d'environ un milliard de barils de pétrole brut récupérable selon les études sismiques 2D effectuées en juillet 2017.

Avec tous ces prospects et ses projets pétroliers qui naissent sur ces côtes et dans son territoire, la Namibie fait certainement partie des pays de l'Afrique australe et même de l'Afrique entière avec laquelle il faudra compter dans les années à venir d'autant plus qu'elle débute la promotion de son domaine pétrolier onshore et surtout offshore qui reste encore vierge en termes d'exploration.

Son système pétrolier est très souvent comparé à celui de l'Angola et aussi à celui du Brésil auquel il était joint autrefois à l'époque du Gondwana, continent unique. Il est donc probable que d'ici peu, la Namibie intègre le groupe très restreint des géants pétroliers d'Afrique. C'est donc un pays prometteur à suivre de près dans le secteur des hydrocarbures.

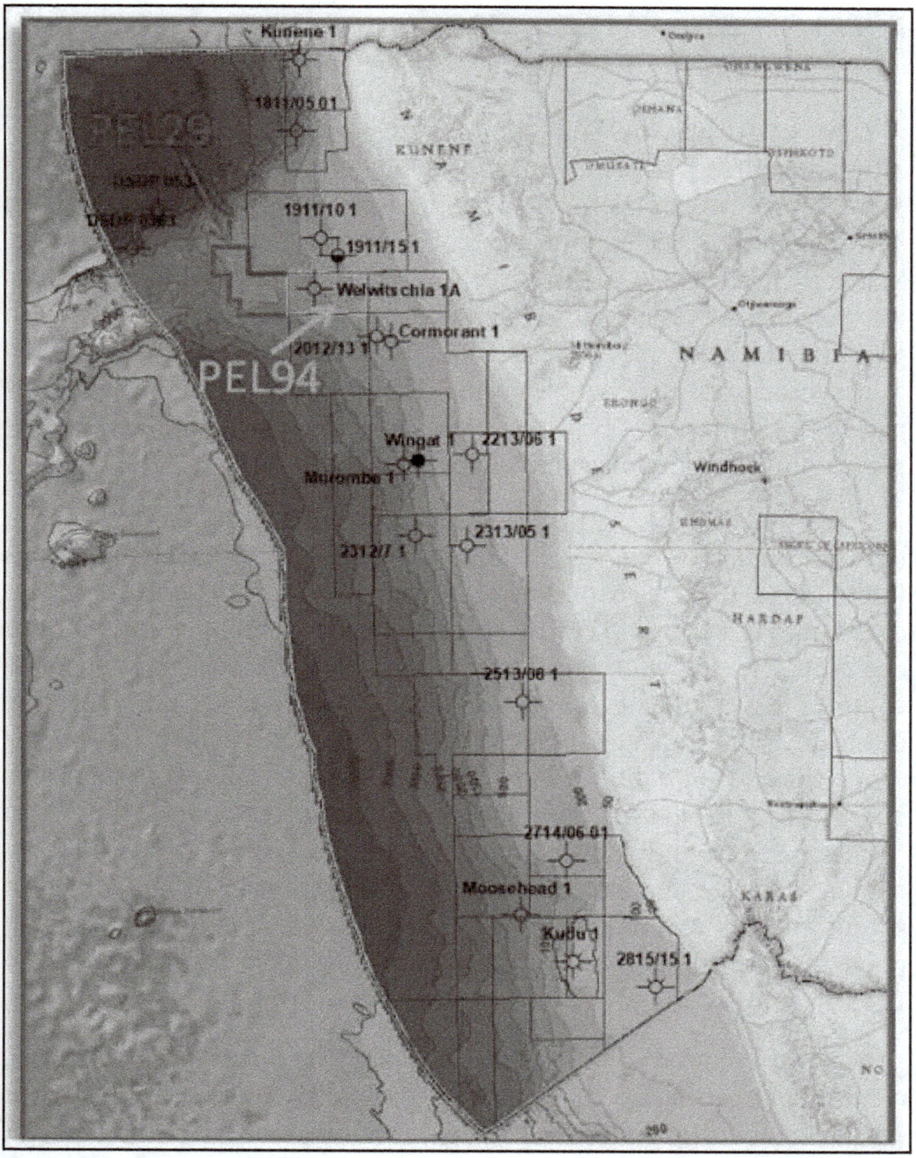

Figure 97: Les blocs pétroliers PEL 93 et PEL 94 de l'offshore de la Namibie (www.ornoirafrica.com, 22 mars 2019)

VI.1.5.c - L'Afrique du Sud : un pays qui devient un géant pétrolier africain

Certes l'Afrique du Sud, comme toute la région Sud de l'Afrique, est bien connue pour ses grands gisements miniers, mais en 2016 elle a été classée à la troisième position du top 10 des pays où investir en Afrique dans les secteurs du gaz et du pétrole, après la Mauritanie et Madagascar et avant le Maroc et le Sud-Soudan dont j'ai parlé dans les chapitres et les paragraphes précédents. Ce nouveau positionnement de l'Afrique du Sud vient du fait qu'elle a un réseau d'infrastructures développées qui facilite l'accès aux installations pétrolières et gazières et surtout un taux de redevance attractif (0,5 et 5%) et un taux d'impôts sur les sociétés de 28%.

En effet, depuis 2013, toutes ces conditions ont attiré les multinationales Total et Canadian National Resources (CNR) International dans les eaux sud-africaines. C'est ainsi que Total et CNR ont acquis le permis 11B/12B (Figure 98) où le premier détient 50% des parts. Le potentiel pétrolier de l'Afrique du Sud était soupçonné compte tenu du fait qu'elle a la plus grande façade maritime d'Afrique. Dès lors, cette arrivée de Total dans ses eaux allait dans la droite ligne de sa politique de développement pétrolière, d'autant plus que Total avait aussi initié cette même stratégie pour renforcer sa présence en exploration-production dans les pays encore sous-explorés, mais à fort potentiel de croissance. Ainsi, Total devient un précurseur de l'exploration pétrolière offshore de l'Afrique du Sud au point que monsieur Marc BLAIZOT a fait la déclaration suivante en 2014 :

« Notre entrée en tant qu'opérateur sur ce domaine d'exploration-frontière illustre notre volonté de nous positionner sur des thématiques nouvelles. Le deep-offshore sud-africain, notamment le bassin de l'Outeniqua est encore une des rares zones offshores africaines sous-explorées. Les découvertes effectuées récemment sur la marge symétrique dans l'archipel des Malouines (Falklands) ainsi que les prospects déjà identifiés sur la zone ouvrent des perspectives très prometteuses. Les résultats du premier forage seront déterminants pour la suite des opérations notamment en termes d'opérabilité dans des conditions de mer particulièrement dures. En tant qu'opérateur, nous pourrons cependant nous appuyer sur notre compétence reconnue dans le deep-offshore et bénéficier de notre expérience acquise dans les mers difficiles comme la mer du Nord et la mer de Barents, pour rapidement évaluer le potentiel de cette zone. »

Le permis 11B/12B est situé dans le bassin de l'Outeniqua à environ 175 km au sud des côtes sud-africaines sur une superficie de 19 000 km^2 et à des profondeurs d'eau variant entre 200 et 1800 mètres.

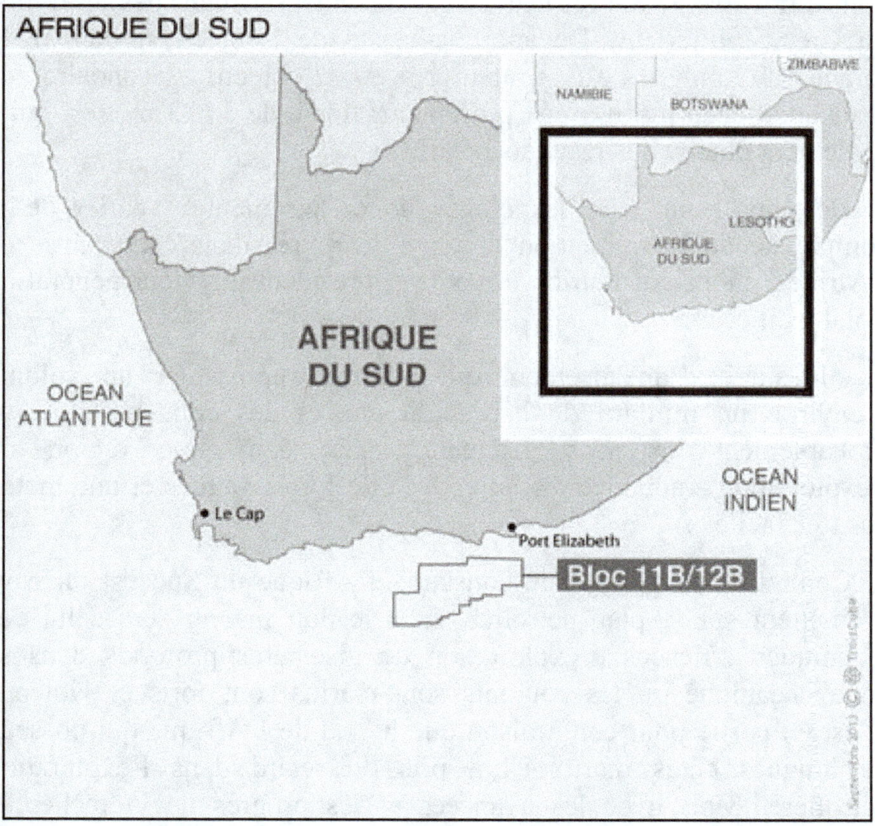

Figure 98: Bloc pétrolier 11B/12B dans l'offshore profond du bassin de l'Outeniqua en l'Afrique du Sud (Trois Cube, www.petrole-et-gaz.com, septembre 2013)

Dans ce même bassin de l'Outeniqua, Total associé à Qatar Petroleum (25%), CNR International (20%) et au consortium sud-africain Main street (10%) ont mis en évidence un gisement de l'ordre d'environ un milliard de barils de pétrole, du gaz et des condensats (hydrocarbures à l'état gazeux et liquide) en 2018 à travers leur puits d'exploration Brulpradda. Dans un communiqué de presse, monsieur Kevin McLACHLAN, le directeur du Service d'Exploration de Total a fait la déclaration suivante :

« La découverte du puits Brulpadda a été réalisé en eaux profondes dans un environnement difficile. Les équipes de recherche ont travaillé à partir d'un navire de forage de dernière génération… Le puits a traversé 57 mètres nets de gaz à condensats dans des réservoirs du Crétacé Inférieur. Devant la réussite de l'objectif principal, le forage du puits s'est poursuivi vers l'objectif secondaire de Brulpadda-deep jusqu'à une profondeur finale de 3 633 mètres, qui a également obtenu des résultats positifs. »

De plus, pour faire les éloges de ce gisement et parler de la complexité de l'exploitation des hydrocarbures dans cette partie de l'Afrique, monsieur Patrick POUYANE, président directeur général de Total a dit ceci :

« Il s'agit d'un gisement qui pourrait représenter un volume d'environ un milliard de barils, du gaz et des condensats. C'est probablement un gros gisement, mais dans une région où l'exploitation s'annonce difficile, avec de fortes vagues et une météo pas très facile. »

Comme vous avez pu le constater, l'Afrique du Sud est un pays prometteur sur le plan pétrolier, mais le défi majeur sera celui des techniques efficaces d'exploitation de gisements profonds dans sa zone océanique où les courants sous-marins sont forts et violents. C'est en partie pour cette raison que le sud de l'Afrique qui possède de longues côtes maritimes a pris du retard dans l'exploration pétrolière. Mais avec les avancées et les progrès de la recherche pétrolière dans les environnements sous-marins complexes et en eaux profondes ces dernières années, le sud de l'Afrique sera bientôt un eldorado pétrolier que toutes les multinationales voudront occuper et exploiter. L'Afrique du Sud est donc sur la bonne voie en promouvant l'exploration des eaux marines d'autant plus qu'elle a une longueur d'avance sur les autres pays africains en matière de législation minière depuis plus d'un siècle à travers ses nombreuses mines de charbon, d'or, de diamants et de platine.

VI.1.5.d - Le Botswana : un pays principalement minier qui a désormais besoin de ses ressources pétrolières

Le Botswana est bien connu pour ses gisements de diamant et de pierres précieuses. Il a longtemps relégué au second plan ses ressources pétrolières, mais bien qu'il n'ait aucune façade vers l'océan, depuis cette dernière décennie son gouvernement s'est rendu compte qu'il pouvait se servir de ses réserves pétrolières onshores pour produire de l'énergie qui viendrait soutenir son industrie minière. Ainsi, en 2013, monsieur Seretse KHAMA IAN KHAMA a lancé la Botswana Oil Limited (BOL) appartenant à 100% au gouvernement. D'ailleurs, le président du Botswana a révélé que deux mines de diamants, Orapa et Jwaneng, consomment environ 1,3 million de litres de diesel par mois, ce qui est considérable. Sur ce sujet, il a même dit ceci :

« Sans un approvisionnement continu et sûr des produits pétroliers, notre économie pourrait être compromise. Au lieu de dépendre seulement des compagnies pétrolières multinationales, la compagnie nationale assurera la sécurité des approvisionnements. »

Cette déclaration est la preuve que l'exploration et l'exploitation pétrolières vont prendre de l'ampleur au Botswana pour que les hydrocarbures extraits servent à produire l'énergie nécessaire au fonctionnement des nombreuses mines qui constituent la ressource économique principale du pays. De plus, en ayant une entreprise pétrolière dont 100% des parts sont détenus par le gouvernement, le Botswana donne un bon exemple aux autres pays africains qui doivent dorénavant créer de telles entreprises pétrolières nationales pour un meilleur contrôle des bénéfices de la vente de leurs matières premières minérales. Car très souvent, le partage des rentes pétrolières entre les entreprises exploitantes et les pays producteurs est inégal. Généralement, les parts des États producteurs africains sont très faibles et dépassent rarement les 10% tandis que les 90% restants sont répartis entre les entreprises pétrolières exploitantes.

Certes, le Botswana est un pays enclavé qui n'a aucune façade océanique comme la Namibie et l'Afrique du Sud, mais il possède beaucoup de gisements de charbon sur son territoire comme je le démontrerai dans les paragraphes suivants, ce qui est un véritable indice qui permet de soupçonner l'existence de gisements de pétrole et de gaz onshores dans son sous-sol. Comme tous les pays du Sud de l'Afrique, le Botswana a pris du retard dans son exploration pétrolière, mais ne soyez pas étonnés si dans les années à venir ce pays fait son apparition dans le cercle restreint des grands producteurs de pétrole africain.

VI.1.5.e - L'Afrique du Sud : le dernier bastion de charbon en Afrique

Pendant longtemps première puissance économique d'Afrique, supplantée par le Nigéria ces dernières années, l'Afrique du Sud est également confrontée au défi universel d'approvisionnement en énergie. N'étant pas un grand producteur de pétrole, l'Afrique du Sud est fortement dépendante du charbon qu'elle produit, du pétrole qu'elle importe à 70% du Nigéria, de l'Angola et de l'Arabie Saoudite, du gaz en provenance à 75% du Mozambique depuis 2004 et de l'uranium venant de la Namibie. Même si l'entreprise pétrolière nationale PetroSA détient plusieurs raffineries et de nombreuses usines de transformation du charbon en pétrole et en gaz synthétique, l'Afrique du Sud a encore du chemin à faire pour découvrir de nouveaux gisements pétroliers pour renforcer sa production, car selon British Petroleum (BP), ses réserves pétrolières représentent seulement 0,2% des réserves mondiales et celles du gaz moins de 0,1%.

L'Afrique du Sud est le premier producteur africain de charbon. Au cœur de la transition énergétique et à un moment où le monde délaisse le charbon au profit des énergies vertes moins polluantes, cette matière première minérale représentait 70% de la production totale d'énergie primaire de l'Afrique du Sud en 2015 et 67,9% en 2017. En 2016, après avoir extrait plus de 254 millions de tonnes de charbon de son sous-sol, l'Afrique du Sud était le 7e producteur de charbon minéral après la Chine, les États-Unis, l'Inde, l'Australie, l'Indonésie et la Russie. Selon les statistiques, les réserves de charbon de la Terre sont évaluées à 1000 milliards tandis que les ressources de charbon disponibles seraient de 20 000 milliards. Pour rappel, une réserve de charbon est la quantité de charbon exploitable par l'industrie tandis que les ressources de charbon sont l'ensemble des minerais de charbon exploitables ou pas existants dans le sous-sol jusqu'à 1200 mètres de profondeur.

Ainsi, depuis plusieurs décennies, l'Afrique du Sud est autosuffisante en énergie et se place parmi les premières économies africaines parce qu'elle abrite sur son territoire près de 95% des réserves de charbon de l'Afrique même si elles ne représentent que 0,9% des réserves mondiales.

L'Afrique du Sud est constituée de six provinces minières à savoir : la province du Limpopo, la province de Mpumalanga, la province de Gauteng, la province du Nord-Ouest, la province du Cap-du-Nord et la province de l'État libre. Et la plupart de ses mines et gisements de charbon en exploitation ou abandonnés sont localisés au Nord-Est du pays, à proximité de Johannesburg (Figure 99).

Ces gisements de charbon sont une véritable source de revenus pour ce pays, car 25% de sa production est exportée vers l'Asie (Inde et autres pays), l'Europe (Pays-Bas et autres pays), l'Afrique, le Moyen-Orient et l'Amérique.

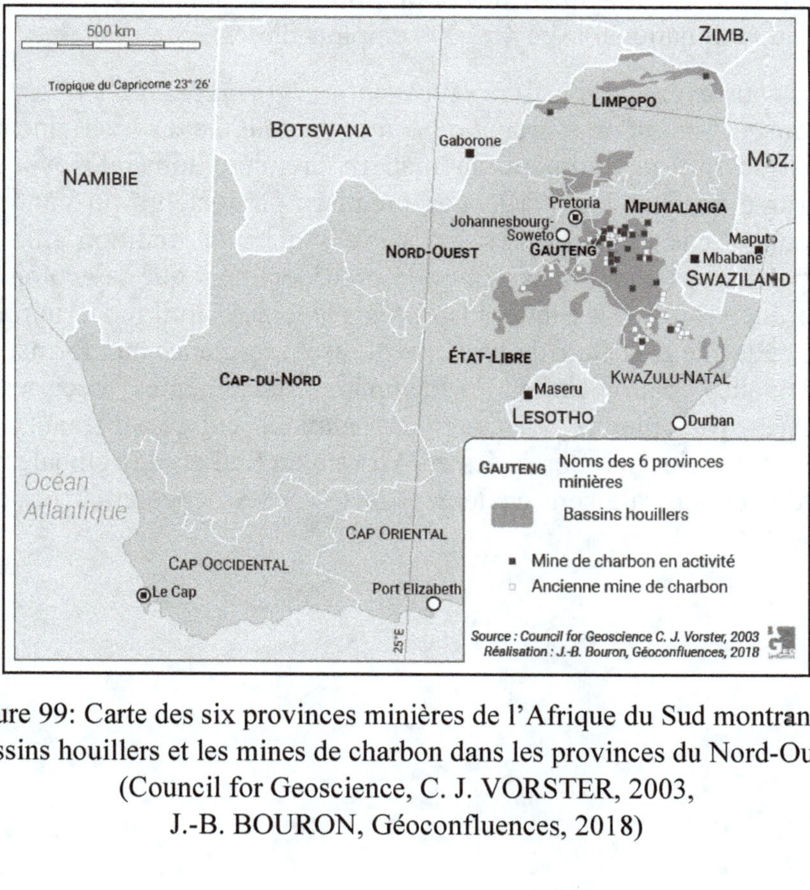

Figure 99: Carte des six provinces minières de l'Afrique du Sud montrant les bassins houillers et les mines de charbon dans les provinces du Nord-Ouest (Council for Geoscience, C. J. VORSTER, 2003, J.-B. BOURON, Géoconfluences, 2018)

Si l'Afrique du Sud fait partie des premiers producteurs de matières premières minérales en Afrique et dans le monde, c'est grâce à ses réserves de charbon qui produisent suffisamment d'énergie pour le fonctionnement quotidien et permanent de ses nombreuses mines de plomb, cuivre, or, argent, zinc, diamant, fer, manganèse, chrome (Figure 100) disséminées sur tout son territoire. Même si la province Nord-Ouest était la plus importante région minière de l'Afrique du Sud avec 27,8% des parts dans la production nationale du secteur minier et proposait 133 428 emplois en 2017, toutes les autres provinces jouent également un grand rôle dans le succès minier de ce pays. Que ce soit le bassin de Witbank dans la province de Mpumalanga, le bassin du Waterberg dans la province du Limpopo ou le bassin d'Utrech dans la province du Kwazulu Natal, tous ces sites géologiques de l'Afrique du Sud contiennent des mines de charbon. Par exemple, 40% des réserves de charbon sud-africaines sont localisées dans le bassin du Waterberg. D'ailleurs le secteur minier sud-africain est tellement développé qu'il contribuait en 2016 pour 7,3% du PIB national avec 455 000 emplois directs.

Si vous avez lu mon livre précédent « *L'Afrique, un continent aux ressources minières exceptionnelles* », vous avez certainement remarqué que peu importe la matière première minérale évoquée, l'Afrique du Sud fait partie des premiers producteurs du continent africain à cause de sa très grande et ancienne tradition minière. Rappelez-vous que j'avais démontré précédemment que sa géologie et celle du reste de l'Afrique australe avaient des similitudes minières avec celles de l'Afrique de l'Ouest en faisant référence aux formations géologiques éburnéennes. Évidemment, les mêmes occurrences minières (or, plomb, zinc, argent, platine, cuivre, diamant, fer, manganèse, chrome) observées en Afrique du Sud et plus globalement en Afrique australe sont également mises en évidence en Afrique de l'Ouest.

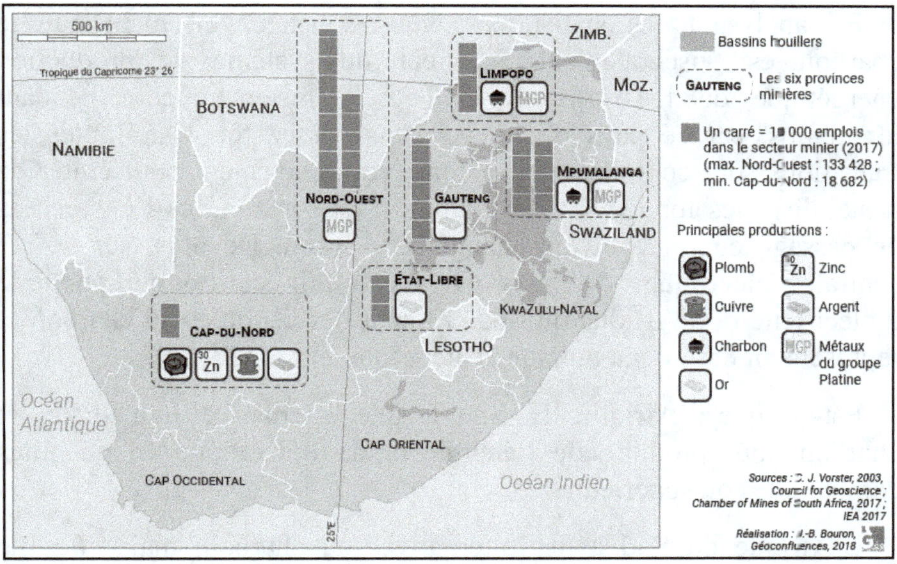

Figure 100: Carte des principales provinces minières de l'Afrique du Sud (Council for Geoscience, C. J. VORSTER, 2003, J.-B. BOURON, Géoconfluences, 2018, Chamber of Mines of South Africa, 2017, Agence Internationale de l'Energie (IEA), 2017)

Le monopole du charbon dans la production d'énergie et d'électricité en Afrique du Sud n'est pas près de s'affaiblir alors que le monde avance irréversiblement et rapidement vers la transition énergétique. Est-ce que l'Afrique du Sud pourra se défaire énergétiquement du charbon sans détruire son économie ? A-t-elle une alternative immédiate au charbon pour produire de l'énergie et de l'électricité en quantités comparables ou supérieures ? N'est-elle pas le dernier bastion de charbon en Afrique à l'heure de la transition énergétique et de l'énergie verte ?

Avant de répondre à ces questions pertinentes, il faut intégrer le fait que depuis au moins l'année 1971 jusqu'en 2015, le charbon a été utilisé pour produire 91,9% de l'électricité pendant que les centrales nucléaires, les centrales hydroélectriques, les centrales solaires et l'éolien produisent respectivement 5,5%, 1,6%, 0,5% et 0,5% de l'électricité.

Est-ce que l'Afrique du Sud pourra se défaire énergétiquement du charbon sans détruire son économie ?

En analysant ces statistiques, vous constatez aisément que le charbon est viscéralement au cœur du système de production énergétique de l'Afrique du Sud et y restera encore pendant longtemps, car ce pays n'y a pas pensé assez tôt. Car, toutes les transitions sont complexes et se font progressivement pour éviter de déstabiliser les fondements économiques et sociaux des États en cas de passage en force ou de changement brutal. De plus, sur les 27 centrales électriques détenues par Eskom, la compagnie publique d'électricité de l'Afrique du Sud, 13 sont des centrales au charbon et représentent 85% de la puissance électrique installée.

Est-ce que l'Afrique du Sud a une alternative immédiate au charbon pour produire de l'énergie et de l'électricité en quantités comparables ou supérieures ?

L'Afrique du Sud a des alternatives au charbon, mais elles ne peuvent être immédiates en termes de suffisance que sous certaines conditions, car leur contribution dans la production énergétique en Afrique du Sud et dans le reste du monde est encore faible. Par exemple, l'éolien est une alternative au charbon à cause de la longue façade et de la longue côte maritime de l'Afrique du Sud avec ses fortes vagues, ses violents courants marins et ses vents houleux à l'endroit où se croisent l'océan Atlantique et l'océan Indien (Figure 101), mais il est insuffisant.

Cependant, le gaz conventionnel et le gaz de schiste non conventionnel peuvent être de véritables pièces de rechange immédiates et suffisantes au charbon, mais à une seule condition : si des nouveaux gisements de ces gaz moins polluants que le charbon, sont découverts et exploités dans la perspective de cette transition énergétique d'autant plus que l'Afrique du Sud détiendrait les conditions géologiques adéquates et appropriées. En vérité, ce pays possèderait potentiellement des gisements de gaz de schiste dans le bassin du Karoo et des gisements de gaz conventionnel dans ses eaux et sur sa côte maritime (Figure 101). En plus des gisements de gaz, le nucléaire peut également être une véritable source de production d'électricité et d'énergie alternative immédiate au charbon même si la tendance dans le monde est au démantèlement des centrales nucléaires. D'ailleurs, l'Afrique du Sud pense à créer trois nouvelles centrales nucléaires (Figure 101).

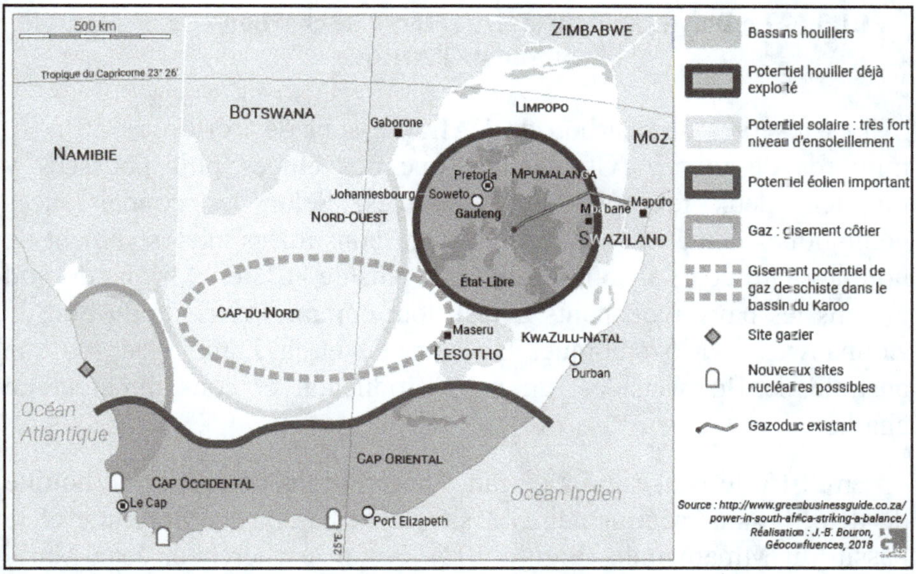

Figure 101: Carte du potentiel de développement énergétique en Afrique du Sud (www.greenbusinessguide.co.za, J.-B. BOURON, Géoconfluences, 2018)

Est-ce que l'Afrique du Sud n'est pas le dernier bastion du charbon en Afrique à l'heure de la transition énergétique et de l'énergie verte ?

Certes, d'autres pays d'Afrique australe comme le Botswana et la Namibie ont des gisements de charbon, mais l'Afrique du Sud et ces pays sont clairement les derniers bastions du charbon sur ce continent. Il est vrai que beaucoup d'autres pays africains ont certainement des gisements de charbon dans leur sous-sol, mais faut-il encore qu'ils aient les mains libres pour les exploiter sans une sanction internationale, telle une épée de Damoclès, à un moment où les États du monde se fédèrent pour réduire leurs émissions de gaz à effet de serre et diminuer considérablement la pollution.

Dans tous les cas, au regard de tous ces gisements de charbon de l'Afrique du Sud que je n'ai pas pris le risque d'étudier en détail vu leur grand nombre, il est clair que ce pays n'a pas fini de profiter des bienfaits énergétiques du charbon pour le dynamisme de son économie malgré les conséquences environnementales.

VI.1.5.f - Le Botswana : une autre réserve de charbon non négligeable au sud de l'Afrique

Les réserves de charbon de l'Afrique sont de l'ordre de 50 à 70 milliards de tonnes (Gt) sachant que des études plus poussées y rajoutent deux fois plus de ressources. Selon les connaissances géologiques actuelles, ses réserves sont constituées exclusivement de houille (hard coal) et sont localisées à plus de 80% en Afrique du Sud et dans les pays avoisinants. Ainsi, tout comme l'Afrique du Sud, le Zimbabwe, le Mozambique, la Tanzanie et la Zambie en Afrique australe, le Botswana est un pays producteur et consommateur de charbon.

En 2015, le Botswana a extrait deux millions de tonnes de houille de deux bassins sédimentaires à savoir, le bassin du Morupule et le bassin du Mmamabula (Figure 102). Selon le chercheur Jean-Marie MARTIN-AMOUROUX, le Botswana fait partie des pays qui auraient au moins 200 milliards de tonnes de charbon dans leurs sous-sols. De surcroît, un bassin minier riche en charbon comme celui de Waterberg, qui possède 40% des réserves de charbon de l'Afrique du Sud, est proche de la frontière botswanaise et nécessite une mutualisation des forces entre ces deux pays en matière d'infrastructures pour faciliter l'exploitation de leurs gisements. Ce constat est également le même pour tous les pays de l'Afrique australe puisqu'à cause de leur similarité géologique, ils se partagent très souvent des gisements de charbon qui sont transfrontaliers. C'est le cas de certains gisements qui sont exploités à la frontière entre le Botswana et la Namibie et à la frontière Nord-Est du Botswana avec le Zimbabwe.

Ainsi, les défis majeurs de l'exploitation du charbon au Botswana comme dans tous les pays d'Afrique australe sont l'approvisionnement en eau de ses bassins miniers qui sont souvent dans la région désertique enclavée et aride du Kalahari et le transport des produits miniers extraits des gisements à destination des ports côtiers pour leur exportation et des usines ou des centrales pour leur transformation en l'absence de lignes ferroviaires ou de routes. Même la Tanzanie et la Zambie, pays d'Afrique de l'Est et producteurs de charbon, et le Mozambique qui a une façade maritime sur l'océan Indien, rencontrent ces mêmes difficultés pour le transport de leurs minerais de charbon. C'est pourquoi dans un projet régional, tous ces pays d'Afrique australe et d'Afrique de l'Est envisagent la création de lignes ferroviaires qui traverseront le sud du continent par l'Afrique du Sud, l'est par le Mozambique et l'ouest par la Namibie en passant par les autres pays de l'Afrique australe tels que le Botswana et le Zimbabwe et ceux d'Afrique de l'Est (Figure 102).

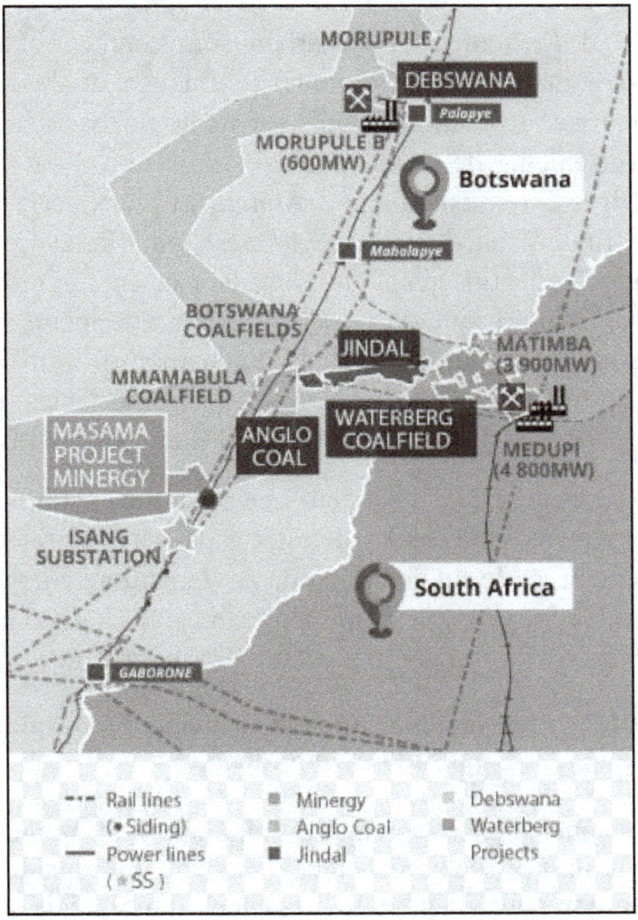

Figure 102: Gisements de charbon et infrastructures des transports du charbon au Botswana et en Afrique du Sud
(Marine BENOIT, www.scienceetavenir.fr, octobre 2019)

Ce projet ferroviaire transfrontalier et régional prend tout son sens dans la mesure où le charbon extrait est la principale matière première qui sera utilisée pour produire l'électricité à partir des centrales à charbon de Murupule (600 mégawatts) et de Jindal (300 mégawatts) au Botswana et de Medupi (4 800 mégawatts) dans la province de Limpopo, de Matimba (3 900 mégawatts), de Kusile (4 800 mégawatts) près de Johannesburg, de Majuba (4 100 mégawatts), de Lethabo (3 400 mégawatts), de Khanyisa (850 mégawatts) et de Thabametsi en Afrique Sud (Figure 102).

Même si des gisements de charbon sont connus en République Démocratique du Congo (gisements de Lukuga et de Luena) en Afrique Centrale, à Madagascar (gisements de Sokoa et Ianapera), en Tanzanie (gisements de Mchuchuma et de Rukwa) en Afrique de l'Est, au Niger (gisement d'Anou Araren) et au Nigeria (gisements d'Udi et d'Enugu) en Afrique de l'Ouest, au Maroc (gisement de Jerada), en Algérie (gisement de Kenadsa) et en Égypte (gisement d'El Maghara) en Afrique du Nord, il faut tout de même reconnaître que la plus grande région productrice de charbon se trouve au sud de l'Afrique où même le Malawi possède d'importantes réserves à travers les gisements de charbon de Nkana, Rukuru et de Livingstonia.

De toutes ces données, il est clair que bien que le charbon soit une matière première minérale détestée par les protecteurs de l'environnement et les défenseurs de la transition énergétique qui encouragent les énergies vertes non polluantes, le charbon a encore de beaux jours en Afrique et notamment en Afrique Australe.

VI.1.5.g - La Namibie : un pays producteur d'uranium qui suit l'exemple du Niger

S'il y a une matière première minérale non renouvelable et stratégique qui est prisée et recherchée au même titre que le pétrole, le gaz et le charbon pour ses potentialités énergétiques, mais qui est aussi combattue pour ses effets néfastes sur l'environnement, c'est bien l'uranium. Dans mon ouvrage précédent « *L'Afrique, un continent aux ressources minières exceptionnelles* », j'ai pris le temps de décrire ses caractéristiques géologiques et chimiques et d'évoquer les gisements d'uranium du Niger qui ont alimenté les usines d'Areva, la compagnie minière française, et les centrales nucléaires de la France pendant 40 années sans oublier ceux du Gabon, de la Centrafrique et de la

République Démocratique du Congo même si plusieurs d'entre eux ont été abandonnés (Figure 103). Vous pouvez vous y référer, car je n'en reparlerai pas dans ce livre.

Ainsi, le Niger a longtemps été considéré comme le pays africain qui détient les plus grandes réserves d'uranium en Afrique, ce qui n'est pas faux. Cependant, en plus des pays que j'ai précédemment cités, des pays de l'Afrique Australe font également partie des territoires africains qui possèdent des gisements d'uranium. Il s'agit de la Namibie et de l'Afrique du Sud (Figure 103). Je ne parlerai pas des gisements d'uranium de l'Afrique du Sud qui sont abandonnés, mais de ceux de la Namibie qui sont en cours d'exploitation.

La Namibie est un pays qui a une très forte tradition minière comme ses voisins, car son secteur minier représente 10% de son PIB et 50% de ses exportations sont d'origine minière. Elle fait partie des 10 premiers producteurs de diamants dans le monde et occupe un rang honorable dans le classement mondial des producteurs d'uranium. Selon la World Nuclear Association (WNA), le sous-sol namibien contient 5% des réserves mondiales d'uranium.

Depuis 1976, la Namibie est un producteur d'uranium grâce à sa première mine Rössing. En 2019, la Namibie était le 4e producteur d'uranium du monde avec 5525 tonnes devant le Niger (2911 tonnes) et après le Kazakhstan, le Canada et l'Australie.

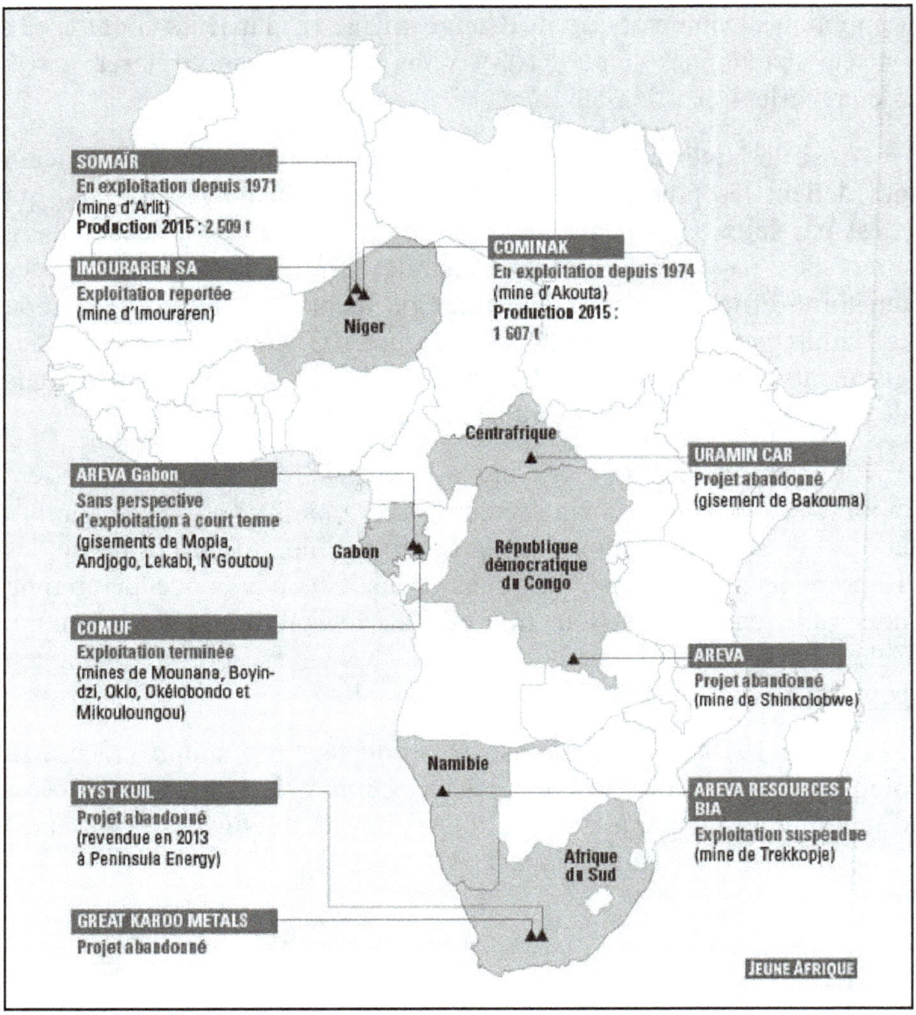

Figure 103: Gisements d'uranium en Afrique
(www.jeuneafrique.com, mars 2017)

Les gisements d'uranium de la Namibie se trouvent dans les granites du Damara qui constituent un batholite composite de 74 000 km^2. Ces granites du Damara sont composés des granites de Salem, granites rouges à grains fin et moyen, qui eux-mêmes contiennent des alaskites uranifères. Leur âge varie de 200 millions à 540 millions d'années. Certaines de ces formations qui contiennent les alaskites uranifères sont post-tectoniques. Ces granites de Damara avec les alaskites uranifères qu'ils contiennent sont situés dans la ceinture du

Damara qui sépare le craton du Congo et le craton du Kalahari (Figure 104). Deux grands types de gisements d'uranium coexistent dans la province du Damara :

- Les gisements primaires de type intrusif qui sont liés aux alaskites, le minéral porteur de l'uraninite que j'ai évoqué précédemment.
- Les gisements secondaires dans des calcrètes (précipitation de carbonates dans les zones superficielles) à carnotite, en surface de paléochenaux.

Ces gisements d'uranium se sont formés dans cette zone géologique à la faveur de fortes températures qui ont facilité la concentration d'uranium et d'étain dans les terrains exploités depuis 1976 et âgés de 470 millions d'années. Le minerai exploité est donc l'oxyde d'uranium (UO_2) qui est transformé en octaoxyde de triuranium (U_3O_8) sur place dans la mine avant d'être exporté. Pour votre information, l'octaoxyde de triuranium (U_3O_8) est une poudre grossière vert-noire (ou jaune pour le diuranate de sodium $Na_2U_2O_7$) qui n'est pas soluble dans l'eau et qui contient environ 80% d'uraninite, fondant à environ 2878°C. C'est pour cette raison que l'uranium est souvent qualifié de « gâteau jaune » ou « yellow cake » en anglais.

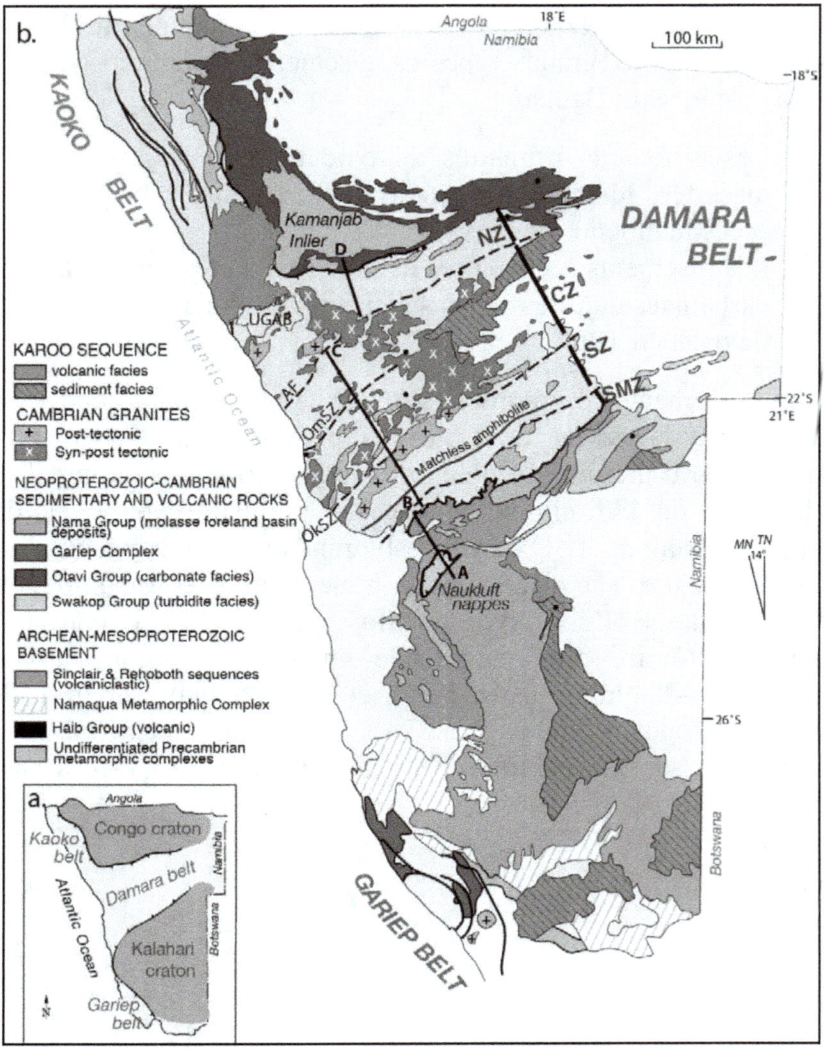

Figure 104: Carte géologique de la Namibie montrant la ceinture de Damara séparant les cratons du Congo et du Kalahari (David A. FOSTER et Ben D. GOSCOMBE, février 2018, www.en.wikipedia.org)

La Namibie détient plusieurs gisements d'uranium qui sont administrés par les plus grandes multinationales minières telles qu'Areva et Rio Tinto. Les gisements de Trekkopje, de Rössing, d'Etango, de Valencia, de Deep Yellow, d'Husab, de Langer Heinrich (Figure 105).

Première mine d'uranium de la Namibie exploitée depuis 1976, le gisement de Rössing est situé à 60 km dans l'arrière-pays de Swakopmund à 320 mètres d'altitude (Figure 105). Sa localisation dans la ceinture de Damara et dans la région désertique a demandé la création d'un pipeline d'adduction d'eau potable de 65 km. C'est une grande mine à ciel ouvert de 3 x 1,2 km de côté et de 300 mètres de profondeur. Ainsi, les granites de Damara, avec les Alaskites uranifères qu'ils contiennent, sont disloqués et récupérés grâce à des explosions avec des trous de 38 cm de diamètre et 18 m de profondeur, comblés de nitrate d'ammonium. Chacune de ces explosions est susceptible de libérer 200 000 à 600 000 tonnes de roches uranifères. En 2017, la mine de Rössing a produit 112 453 tonnes d'uranium bien qu'elle soit exploitée depuis 1976. C'est le 6e plus gros gisement d'uranium identifié dans le monde.

Le gisement de Trekkopje exploité par Orano (ex-Areva) est également situé dans la région de Swakopmund (Figure 105). Il est à 35 km de la mine de Rössing, dans la ville d'Erongo et à 300 km à l'ouest de la capitale Windhoek. Même si l'exploitation de ce gisement a été mise en veilleuse depuis octobre 2012, ses réserves estimées à 90 000 tonnes et revues à 45 000 tonnes puis 26 000 tonnes restent toujours intactes dans l'attente d'un éventuel redémarrage de son exploitation. Le gel de la mine de Trekkopje en octobre 2012 par Orano est lié à la catastrophe nucléaire de Fukushima qui a entraîné la chute du prix de l'uranium et la baisse de la consommation mondiale d'uranium alors que la multinationale française y avait déjà beaucoup investi.

Le gisement de Langer Heinrich est également une mine à ciel ouvert d'uranium située dans la province de Kunene à 80 km à l'est de Walvis Bay, le port côtier. Il est exploité par la compagnie Paladin Resources (Figure 105).

Le gisement d'Husab est la mine la plus importante de la Namibie depuis 2017, car elle emploie le plus grand nombre de salariés dans l'industrie minière du pays. Si la mine d'Husad est en pleine production, elle doit permettre à la Namibie de passer de 5525 tonnes d'uranium en 2017 à 8500 tonnes dans les années à venir, ce qui lui permettra d'être au 3e rang mondial des pays producteur d'uranium devant l'Australie. La mine d'Husad est le prolongement de la mine de Rössing dans sa partie sud, dans la ville d'Erongo (Figure 105). Exploitée par la compagnie australienne Extract Resources Ltd et Rio Tinto qui détiennent les droits de la mine sur 25 années, elle s'étend sur 15 km dans le désert Namibien à 5 km de la mine Rössing. Ses réserves sont estimées à 93 000 tonnes et à des ressources supplémentaires de 48 000 tonnes d'une teneur moyenne de 0,03% (400 ppm U_3O_8). Le gisement d'Husab a été localisé sous environ 30 mètres de sable dans le désert.

Le gisement de Tuma de la compagnie Deep Yellow contient également une réserve de 14,8 millions de tonnes d'uranium dont l'exploitation débutera entre 2023 et 2022 (Figure 105).

Le gisement d'Etango exploité par Bannerman Resources est aussi un projet minier prometteur, car ses prévisions de production sont estimées à 7,2 millions de livres d'oxyde d'uranium par année sur une durée de vie de 15 années (Figure 105).

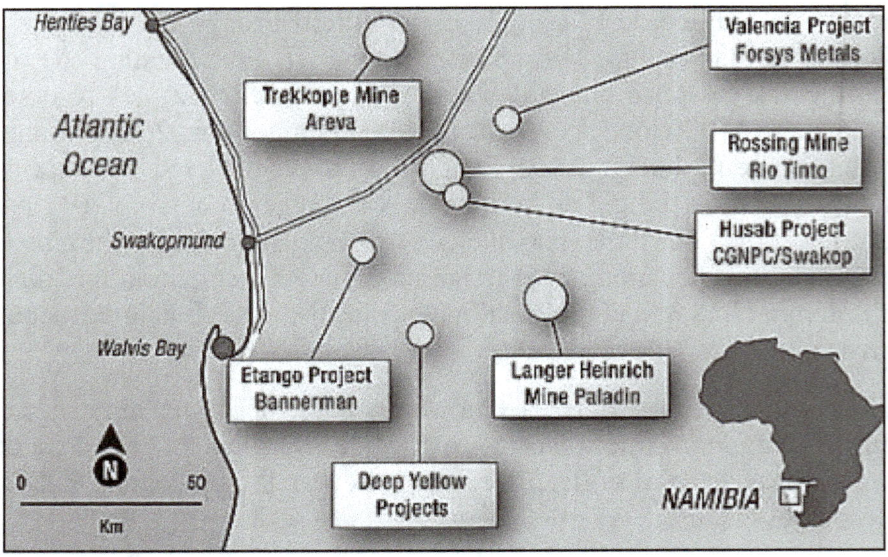

Figure 105: Gisements d'uranium en Namibie et leurs exploitants (www.bannermanresources.com.au, Orano (ex Areva), juillet 2015)

En somme, la Namibie est un pays qui compte énormément dans la production d'uranium dans le monde parce qu'elle a su anticiper et régler les problèmes liés au transport de ses minerais par la construction d'une ligne de chemin de fer. Cette infrastructure ferroviaire part de la région désertique aride de Kransberg où sont extraits le lithium et l'or et se dirige vers le port côtier de Walvis Bay au niveau de l'océan Atlantique en passant par les régions uranifères de Swakopmund et d'Arandis.

Si la plupart de ces pays d'Afrique australe qui ont une grande partie de leurs gisements dans leurs territoires désertiques, a réussi à développer son secteur minier malgré les difficultés d'approvisionnement de ces régions en eau et en énergie et le manque d'infrastructures routières et ferroviaires pour s'y rendre et transporter leurs minerais vers les zones de transformation et d'exportation, cela veut dire qu'il est aussi possible pour les autres pays d'Afrique de surmonter leurs défis liés au secteur minier et de bâtir leurs économies à partir de l'exploitation des ressources minières de leur sous-sol.

Tout au long de la première partie de ce chapitre, vous avez pu constater que j'avais bien raison d'intituler ce livre « *L'Afrique, l'ultime réserve pétrolière du monde face à la transition énergétique* », car la plupart des pays d'Afrique, qu'ils soient enclavés, désertiques ou qu'ils aient une façade maritime, sont pourvus de matières premières énergétiques (pétrole, gaz, charbon et uranium). De même, je ne me suis pas trompé en intitulant mon livre précédent « *L'Afrique, un continent aux ressources minières exceptionnelles* », car en plus des matières premières énergétiques, la quasi-totalité des pays d'Afrique est productrice de minerais. Tous les pays d'Afrique possèdent au moins une matière première prépondérante qui est exportée (Figure 106). Certains pays en ont même plusieurs qui ont parfois toutes un caractère stratégique pour les États du monde.

En analysant cette figure, vous constatez que tous les pays qui constituent le pourtour de l'Afrique sont des producteurs de pétrole, cela parce que ses fonds marins encore peu explorés sont bien remplis d'hydrocarbures. Cette figure illustre donc très bien ce que je me suis évertué à démontrer dans ce livre en évoquant la richesse pétrolière de ce continent. Si l'Afrique connaît une croissance économique sans précédent ces dernières années par comparaison avec les autres continents du monde, c'est en grande partie grâce à ses matières premières minérales même si très souvent les revenus des États producteurs sont très faibles par rapport à ceux des compagnies minières et pétrolières exploitantes et des investisseurs. Il est donc temps que l'Afrique parvienne enfin à profiter de l'exploitation de ses matières premières minérales, car il est inadmissible qu'un continent aussi riche ait des populations dont le niveau de vie est en dessous du seuil de pauvreté.

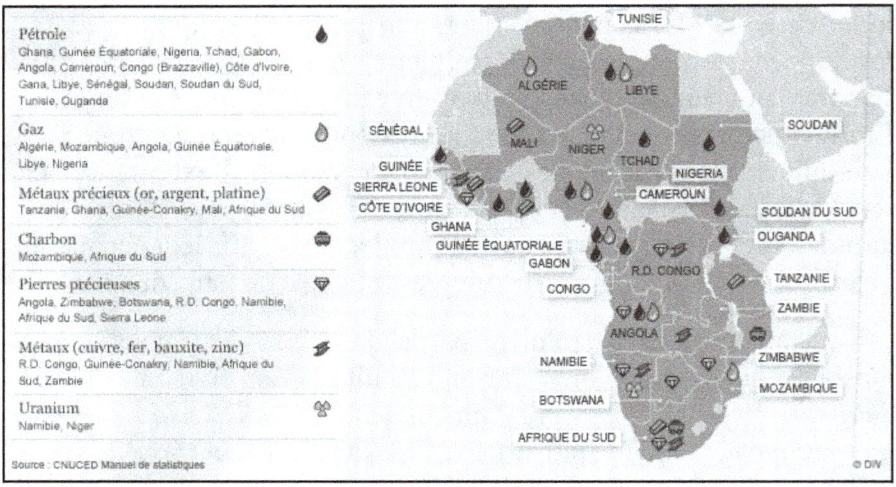

Figure 106: Les principaux exportateurs de matières premières en Afrique (CNUCED Manuel de statistiques, www.dw.com, janvier 2013)

Plusieurs raisons sont à l'origine de ce paradoxe minier et économique dont l'Afrique est l'objet. En plus du manque de connaissance des richesses minières de leur sous-sol par les Africains, en partie résolu par ce livre et le précédent, de la corruption des États africains et de la mauvaise gestion de leurs revenus miniers, du manque de transformation sur place des matières premières minières produites par les pays producteurs africains et d'autres causes que j'ai déjà citées tout au long de ce livre, l'un des sujets majeurs à l'origine de la pauvreté de l'Afrique, en dépit de sa richesse minière, est généralement la faible part attribuée aux États producteurs africains dans les contrats signés entre eux et les compagnies minières et pétrolières exploitantes. Je parlerai donc de ce sujet sérieux dans la deuxième partie de ce chapitre avant de proposer des solutions dans le dernier chapitre du livre pour que l'Afrique profite enfin de l'exploitation des matières premières minérales de son sous-sol.

VI.2 - Les régimes de contrats miniers et pétroliers en Afrique

Comme je le disais précédemment, le Congo-Brazzaville est l'un des premiers pays africains qui a connu l'exploitation pétrolière, mais en même temps, ce pays vient à peine de quitter le statut de pays pauvre très endetté (PPTE) avec plus de 70 % de sa population en dessous du seuil de pauvreté. Depuis le début de ce livre, j'ai certainement donné de nombreuses raisons de cette extrême pauvreté des pays africains producteurs de matières premières minérales, mais il y en a une qui sera l'objet de ce chapitre et qui selon moi, semble être l'une des raisons fondamentales pour laquelle l'Afrique a du mal à profiter des richesses de son sous-sol et à se développer depuis le commencement de l'exploitation minière et pétrolière du continent. Il s'agit des contrats ou des accords signés entre les États producteurs et les compagnies minières et pétrolières pour l'exploitation de leurs matières premières minérales.

Si de nombreux pays africains n'arrivent pas à profiter des richesses de leur sous-sol, à développer leurs infrastructures et à fournir le minimum vital à leurs populations dont la majorité vit en dessous du seuil de pauvreté, c'est en partie à cause des clauses des contrats qui sont établis entre les États producteurs et les compagnies minières ou pétrolières exploratrices.

Il est important de connaître les différents types de contrats qui existent sur le marché des matières premières minérales, et de connaître les avantages et les inconvénients des uns par rapport aux autres. Cela permettra de mieux comprendre pourquoi l'Afrique est si misérable alors que son sous-sol est riche en pétrole, en or et en d'autres matières premières minérales exploités par certains pays depuis la période coloniale, c'est-à-dire bien avant les indépendances.

Les closes de ces contrats ont des conséquences à peu près similaires aussi bien pour l'industrie minière que pétrolière, mais je m'attarderai surtout sur celles du secteur pétrolier, car ce sont les plus simples et les meilleurs exemples pour faciliter la compréhension de tous et c'est justement ce domaine qui rapporte le plus souvent le maximum de devises et de recettes aux États africains producteurs de pétrole pour le développement. Si j'en parle à ce stade de ce livre, c'est parce que mon attention a été attirée sur le sujet par la réaction de monsieur André Raphael LOEMBA, le ministre des Hydrocarbures du Congo-Brazzaville de l'époque, lors de sa déclaration du 11 février 2015 pendant la signature d'un protocole d'accords entre l'État congolais et le groupe pétrolier Contracteur (SNPC, Perenco, Petro-congo et CMS Nomeco) gérant le permis Marine 1 pour le passage du régime de contrat de concession au régime de contrat de partage de production. Il affirmait ceci :

« À l'issue de ce grand derby, je pense qu'il n'y a pas de gagnant déclaré, mais que nous avons signé des accords dans lesquels il y aura un partage équitable, un partage où tout le monde est gagnant. Ce passage a nécessité un certain nombre de travaux qui ont abouti à la signature des accords d'aujourd'hui. Donc nous respectons là les instructions du chef de l'État qui veut qu'il n'existe plus de contrat de concession dans le domaine minier, mais que nous travaillons en régime de partage de production. »

Il a continué en faisant les éloges du régime des contrats de partage de production en tenant les propos suivants :

« Il y a d'un côté une part qui revient à l'État, d'abord la redevance minière ; ensuite, le reste est reconverti en 100%. Dans ce 100%, vous retrouvez une part qui est affectée au groupe Contracteur pour rembourser l'investissement et une autre part qui est affectée à l'État comme rente, donc tout cela se discute de façon que dans les prescriptions faites par le président de la République, le partage se fasse désormais de façon équitable. »

En fait, le permis Marine 1 également appelé Yombo-Masseko est l'un des plus anciens blocs pétroliers congolais, cédé depuis 1979 aux sociétés pétrolières désireuses de l'exploiter sous le régime du contrat de concession. Il s'agissait donc à cette occasion pour les autorités congolaises de rediscuter le régime du contrat de concession de ce bloc dont le groupe Contracteur pense retirer encore 45 millions de barils de pétrole sur 20 années. De ces deux déclarations de monsieur André Raphael LOEMBA, j'ai retenu des mots qui renferment certainement les raisons pour lesquelles les États africains producteurs de pétrole désirent sortir progressivement de l'ancien régime des contrats de concession. Ces groupes de mots sont « partage équitable » et « tout le monde est gagnant ».

Si j'ai bien analysé les affirmations de cette haute autorité du Congo qui soutenait que sa démarche était aussi celle du président de la République congolaise, cela veut dire que, depuis la période coloniale, les ressources pétrolières congolaises étaient exploitées sans qu'il y ait un partage équitable de la manne pétrolière entre l'État congolais et les compagnies pétrolières à cause du régime des contrats de concession. Ainsi, pour ces raisons, l'État congolais sortait toujours perdant après avoir cédé sa concession pétrolière à la multinationale tandis que celle-ci sortait gagnante pendant plusieurs décennies après la mise en valeur de cette concession. Il en ressort qu'après toutes ces années d'exploitation, les contrats de concession ne permettaient pas aux États africains de tirer suffisamment de ressources financières pour leur développement alors qu'ils sont foncièrement propriétaires de ces concessions et des hydrocarbures qu'elles contiennent.

Alors, c'est seulement en 2015 que ce cri du cœur du Congo a été entendu alors qu'il était pendant longtemps en gestation dans les couloirs du Palais présidentiel.

Je peux vous rassurer que ce cri de cœur est aussi le même pour plusieurs pays africains producteurs de pétrole qui ont pour seule envie de voir le passage rapide du régime des contrats de concession au régime des contrats de partage de production pour tous les permis de recherche et d'exploitation des blocs pétroliers qu'ils ont cédés aux entreprises pétrolières il y a parfois plusieurs années, voire même des décennies pour certains.

Les États africains ont compris, sinon sont en train de se rendre compte, qu'ils ont perdu plusieurs années de développement économique, social et infrastructurel du fait du régime des contrats de concession. La majorité des pays africains producteurs de matières premières minérales n'en veulent plus, mais se taisent au risque de subir les effets de l'épée de Damoclès ou les affres des guerres liées au pétrole. Mais quels sont les différents types de contrats ou de régimes de contrats existant dans le domaine pétrolier ? Quand ont-ils été mis en place ? Quels sont les avantages et les inconvénients pour les États africains et les compagnies pétrolières ?

C'est à toutes ces questions que je tenterai de répondre dans ce chapitre pour éclairer nos intelligences, car l'Afrique n'est pas pauvre par hasard alors qu'elle est riche. Et si on considère la richesse de son sous-sol, ce continent ne mérite pas d'être la risée du monde et de voir ses fils et ses filles la fuir au quotidien vers des destinations occidentales incertaines, parsemées d'embûches et de morts d'immigrants par milliers dans les eaux méditerranéennes. Ces contrats sont une cause indirecte de ce nouveau fléau d'immigration des populations du tiers monde et d'Afrique vers les pays européens et américains. Tant que les Africains ne pourront pas profiter pleinement des richesses de leur sous-sol sur leur territoire, dans un climat de paix et de quiétude désinfecté de tous les conflits provoqués par les marchands du sang, les flux humains vers l'Occident ne s'arrêteront pas.

Pour éviter cette hémorragie humaine, il faut traiter les causes à la racine qui sont bien connues de toutes les institutions internationales qui connaissent, mieux que tout le monde, les responsables de ces immigrations obligées et les outils décisionnels à mettre en place pour les stopper. Toutes les guerres qui ont cours aujourd'hui dans le monde ont, pour raison majeure, le contrôle des ressources naturelles énergétiques notamment le pétrole. C'est en ayant le nez creux et en ayant en vue l'affluence future et certaine d'immigrants Africains vers l'Europe en cas de déstabilisation de la Libye pour son pétrole et son gaz que Mouammar KADHAFI, président et Guide de la Libye disait lors de ses derniers instants sur la Terre, les paroles suivantes dans une lettre ouverte obtenue par le quotidien russe *Zavtra* :

« Maintenant, écoutez-moi, vous peuples de l'Otan. Vous êtes en train de bombarder un mur qui se trouve sur le chemin de la migration de l'Afrique vers l'Europe et sur celui des terroristes d'Al-Qaïda. Ce mur, c'est la Libye. Vous êtes en train de le détruire… »

Si vous suivez l'actualité de cette dernière décennie, vous pourrez vérifier avec moi que c'est bien des cortèges journaliers d'immigrants africains qui tentent de braver continuellement les puissantes vagues des eaux méditerranéennes pour se rendre en Europe.

Bref ! Ce n'est pas le but de ce livre. Entrons donc dans le vif du sujet pour comprendre le contenu de ces contrats pétroliers.

Il est nécessaire de savoir qu'un *contrat pétrolier ou minier* a pour but de définir la répartition des risques encourus lors de l'exploration, du développement et de l'exploitation pétrolière ou minière, et de préciser sans prendre en compte le contexte socio-économique, les rémunérations attribuées à chaque partie prenante du contrat à l'issue de l'exercice effectif des activités pour lesquelles celui-ci été conçu.

En effet, la recherche pétrolière ou minière est une activité très onéreuse et une aventure risquée dans la mesure où selon les statistiques, pour un champ pétrolier standard, seulement 1 sur les 4 forages d'exploration effectués s'avère positif, c'est-à-dire les 3 autres forages n'atteignent aucune cible pétrolière. Or, en moyenne, un forage pétrolier en offshore profond peut facilement coûter 500 millions de dollars. Alors, dans un tel climat de risques financiers, il est très difficile pour les États africains dont les économies sont très faibles et fragiles, avec des budgets très resserrés, de se lancer dans de telles initiatives.

Cependant, les bénéfices financiers qui découlent du secteur pétrolier sont impressionnants et attrayants, car par exemple, pour 75 dollars le prix d'un baril de pétrole et pour une production journalière moyenne de 40 000 barils de pétrole, la rente annuelle s'élève à 1 milliard de dollars.

Ainsi, avec des chiffres d'affaires si considérables, en l'espace de très peu de temps d'exploitation, il est clair que cela vaut le coup de prendre des risques d'investissements pour les entreprises pétrolières qui demeurent optimistes après des études et des analyses géologiques et géophysiques minutieuses.

Dès lors, au risque de ne jamais voir ces richesses du sous-sol être exploitées et de ne jamais pouvoir utiliser la manne financière qui en provient pour le développement des pays africains, il faut donc faire appel à des investisseurs et à des multinationales étrangères pour que ceux-ci entrent dans cet environnement économique énergétique où les règles du jeu seront régies par des contrats pétroliers et miniers.

Il existe 4 types de contrats dans le secteur pétrolier à savoir, *le contrat de concession, le contrat de partage de production, le contrat d'association et le contrat de service*, les deux premiers contrats étant les plus répandus avec des avantages et des inconvénients divers.

L'évolution des contrats dans le secteur pétrolier s'est faite en trois grandes phases.

La première phase dénommée *« la phase des contrats de concession »* a débuté dès la découverte des premiers gisements de pétrole en 1870 pour s'achever à la fin de la deuxième guerre mondiale en 1945.

La deuxième phase, quant à elle, a commencé en 1945 pour se terminer en 1986 et définit la période des rapports de force entre les compagnies pétrolières et les États pétroliers qui souhaitent avoir la plus grande part des revenus pétroliers.

Il est bien de retenir que dans ces deux premières phases marquées par les contrats de concession, ce sont les entreprises pétrolières qui sont favorisées au détriment des États pétroliers qui désirent rediscuter ces contrats ou en sortir progressivement.

Ainsi vient la troisième phase de cette évolution contractuelle dès 1986, pour répondre à ce besoin des États pétroliers qui souhaitent désormais avoir tout le contrôle de leurs ressources pétrolières pour en tirer de meilleurs profits pour leur développement. Cette dernière phase se caractérise par une forte concurrence entre les nombreuses entreprises pétrolières pour le contrôle des régions pétrolières et la naissance d'un incontournable marché pétrolier international qui fixe le prix du baril de pétrole en concomitance avec les États pétroliers de l'OPEP et où les contrats de partage de production remplacent au fur et à mesure les contrats de concession. Dans cette troisième phase qui est celle des contrats de partage de production, les États pétroliers sont de plus en plus forts que les entreprises pétrolières en se taillant la part belle des bénéfices du pétrole après le remboursement des moyens financiers investis par les compagnies pétrolières.

Comme je l'indiquais précédemment, le contrat de concession est le premier type de contrat apparu sur la scène pétrolière depuis 1870 et dans lequel, la compagnie pétrolière de droit privé détient l'exclusivité du bloc pétrolier qu'elle a acquise auprès de l'État pétrolier et pour lequel elle assume tous les risques liés à l'exploitation pétrolière avec le moindre engagement possible pour l'État. Sous ce régime de contrat, la compagnie pétrolière exploite en toute liberté le pétrole et le gaz sans contrôle et comme elle le souhaite, car dans ce type de contrat, l'État donne de façon exclusive la totalité des ressources naturelles contenues dans le sous-sol de la concession à la compagnie pétrolière qui en est désormais la propriétaire. En retour, dans le contrat de concession, les avantages de l'État producteur se résument à la perception d'une sorte de redevance dénommée *« royalty »* en anglais et d'un impôt sur les bénéfices dévoilés par les compagnies pétrolières. Toujours est-il qu'il faut que ces bénéfices soient déclarés dans leur intégralité et avec clarté par celles-ci quand on connaît tout le flou artistique, comptable et fiscal qui est très souvent monnaie courante dans le secteur pétrolier.

C'est ainsi que pendant près d'un siècle, les pays africains producteurs n'arrivaient pas à bénéficier pleinement des ressources financières issues de l'exploitation des matières premières minérales énergétiques, car tous les contrats pétroliers établis étaient sous le régime des contrats de concession et le sont d'ailleurs toujours pour plusieurs d'entre eux. Sous ce régime de contrat, il est clairement impossible pour les États africains de s'en sortir et de contrôler les véritables bénéfices de l'exploitation de leur pétrole d'autant plus qu'une grande partie de ces pays producteurs, souvent du tiers monde, ne possèdent pas suffisamment de moyens techniques et de personnels humains bien formés pour accomplir ces tâches.

En conclusion, avec les contrats de concession, les États producteurs africains ne contrôlent pas leurs ressources pétrolières et par ricochet, ils ne peuvent pas en profiter suffisamment pour leur développement. D'ailleurs, comme je l'ai évoqué précédemment, après la signature du contrat de concession avec la compagnie pétrolière, l'État n'est plus propriétaire des ressources pétrolières et gazières de la concession cédée.

Hélas ! c'est seulement dans cette dernière décennie que les États africains producteurs s'en rendent compte alors qu'ils ont déjà perdu environ 100 années d'exploitation, donc potentiellement 100 années de développement économique, social et infrastructurel. Le drame est que dans la phase des contrats de concession, plusieurs de ces contrats, dont les exemples sont multiples, étaient établis sur des périodes d'exploitation pouvant atteindre 60 années, voire même 75 ans.

Ainsi, bon nombre de ces contrats courent jusqu'à maintenant, car ils sont toujours sous l'influence de ces clauses temporelles qui sont en réalité des prisons contractuelles qui perdurent dans le temps. Plusieurs États pétroliers africains sont donc pris au piège des contrats de concession jusqu'à maintenant, car pour des raisons juridiques, ils sont incapables de remettre en cause les clauses de ces contrats. C'est cela la face cachée et le décor macabre de la majorité des contrats de concession qui sont en cours dans une grande partie des pays africains producteurs de pétrole. Comment pouvez-vous donc vous développer à partir des ressources naturelles de votre sous-sol si vous n'avez aucun moyen de contrôle sur celles-ci et si vous en n'êtes pas le propriétaire ?

C'est quasiment impossible d'y arriver dans de telles conditions contractuelles. C'est pour cette raison que j'affirmais que l'une des origines fondamentales de la pauvreté de l'Afrique, bien qu'étant un continent riche de son sous-sol, se cache dans le régime des contrats pétroliers et miniers conclus, d'où la volonté nouvelle des États africains producteurs d'évoluer malgré vents et marées vers un nouveau type de contrat appelé *« les Contrats d'Exploration et de Partage de Production ou CEPP »*.

Avant d'aller plus loin, il est bien de connaître le contexte dans lequel est apparu ce nouveau type de contrat qui, à la différence des contrats de concession, est censé donner plus de pouvoirs et plus de bénéfices financiers aux États africains producteurs suite à l'exploitation de leurs hydrocarbures.

En effet, après la Seconde Guerre mondiale, les pays développés qui sont aussi de très grands consommateurs d'hydrocarbures se sont rendu compte que le pétrole a joué un rôle stratégique dans la guerre et qu'il était désormais important pour eux de détenir des réserves de pétrole sur plusieurs années et d'avoir des régions pétrolières où ils peuvent s'approvisionner en permanence à travers le monde. Ainsi, ne pas avoir la certitude de disposer de réserves de pétrole suffisantes était considéré désormais comme un problème d'État, car ils estimaient dangereux de dépendre des compagnies pétrolières étrangères d'où l'apparition de nombreuses sociétés d'État des grands pays consommateurs d'hydrocarbures dans le secteur du pétrole. C'est le cas de l'Italien Eni, de la Française Erap et bien d'autres encore.

Avec l'apparition des nouvelles compagnies pétrolières, la concurrence s'érige en règle de jeu pour dominer les régions pétrolières et obtenir des concessions pétrolières. Alors surviennent deux grands chocs qui réaménagent les clauses des contrats de concession et accélèrent le passage aux contrats de partage de production. Il s'agit du *principe du fifty-fifty* et du *principe de la réversion.*

Le *principe du fifty-fifty* consiste à répartir par moitié les bénéfices des compagnies pétrolières concessionnaires entre l'État producteur et la compagnie exploitante alors que le *principe de réversion* traduit le fait que toute compagnie qui n'exploite pas le sous-sol parce qu'elle n'a pas découvert de pétrole se trouve dans l'obligation de céder la concession à l'État qui est désormais libre de la donner à une société concurrente.

Suite à ces deux principes, ces nouvelles compagnies proposent de plus en plus des clauses particulières contractuelles très satisfaisantes pour les États producteurs. Dans le même temps, c'est l'amorce de la décolonisation économique et commerciale des pays africains dits pauvres par les pays occidentaux dits développés.

Les pays colonisés veulent désormais se défaire des colonisateurs et conduire les destins de leurs nations eux-mêmes. Le fait intéressant, mais aussi paradoxal à ce niveau est que la majorité des pays africains sont d'anciennes colonies des pays développés et ils ont en plus la chance de posséder de grandes régions pétrolières dont ont besoin les pays développés qui sont de grands consommateurs d'hydrocarbures. C'est dans un tel contexte de conjonctures mondiales, de concurrence entre les nouvelles entreprises pétrolières et d'émancipation des États africains producteurs et nouvellement indépendants que naissent en 1966, en Indonésie, les contrats d'exploration et de partage de production dénommés en anglais *production sharing agreement* en remplacement des contrats de concession. Mais que stipule ce nouveau type de contrat contrairement au précédent ?

À la différence des contrats de concession, dans le régime des contrats de partage de production, l'État demeure le propriétaire exclusif des hydrocarbures et de toutes les ressources naturelles du sous-sol. La société pétrolière étrangère s'occupe des travaux et de tous les investissements en matière d'exploration, de développement et de production de la concession pétrolière cédée par l'État, en assumant tous les risques encourus et en étant responsable des éventuels désagréments qui pourraient subvenir en cas d'incidents ou d'accidents. En cas de découverte de gisement de pétrole et de gaz et de vente de ces hydrocarbures, la société pétrolière est intégralement remboursée de ses dépenses et de ses investissements dans le bloc pétrolier par une partie de la production pétrolière. C'est ce qu'on appelle le *cost oil*.

Cependant, le reliquat ou le reste de la production pétrolière dénommé *profit oil* dans le jargon pétrolier, est partagé selon les circonstances et les termes du contrat entre la société pétrolière étrangère et la société pétrolière nationale publique de l'État producteur tout en sachant que la plus grande part de la production pétrolière revient à l'État. Cela n'était pas le cas dans les contrats de concession où l'État producteur était perdant à tous les coups. C'est ainsi que montent en puissance et croissent davantage les sociétés pétrolières d'État dans les pays producteurs africains comme Sonangol en Angola, la SNPC au Congo-Brazzaville, la Sonatrach en Algérie, la Petroci en Côte d'Ivoire et bien d'autres encore.

Aujourd'hui, ces sociétés pétrolières de droit public sont des entreprises très stratégiques qui ont un poids considérable dans les économies de la majeure partie des pays africains producteurs de pétrole compte tenu des flux financiers qui y convergent. Elles constituent d'ailleurs à ce titre, des sortes de caisses noires pour certains États africains qui y recourent en cas de crise économique.

Contrairement aux contrats de concession dans lesquels les sociétés pétrolières étrangères étaient les propriétaires exclusifs des ressources du sous-sol qu'elles exploitaient sans contrôle et à leur guise, dans les contrats de partage de production, la société pétrolière nationale publique a un droit de contrôle de toutes les activités de production pétrolière des compagnies exploitantes. C'est pour cela qu'en faisant une étude comparative entre le régime des contrats de concession et celui des contrats de partage de production, les États africains producteurs de matières premières minérales voient en ce dernier, un moyen de s'affranchir du système de concessions pétrolières et indirectement du système économique colonial.

Ainsi, les contrats de partage de production se positionnent comme un nouvel instrument de lutte pour l'émancipation économique et pour l'indépendance financière des États africains producteurs qui ont vu leurs économies aliénées pendant plus d'un demi-siècle par les contrats de concession. Certes, l'Afrique a accusé un retard considérable dans son développement par rapport aux autres continents, mais si l'on se rappelle du vieil adage, on pourrait toujours garder espoir et dire :

« Il n'est jamais tard pour mieux faire. »

Je n'ai pas pris la décision d'écrire ce livre pour être défaitiste au sujet de l'avenir de l'Afrique, mais plutôt pour être optimiste et donner de l'espoir aux sceptiques et aux pessimistes en ce qui concerne le développement futur de ce continent qui brillera tôt ou tard. Je l'ai déjà répété, attesté et démontré puis cela a été ma démarche tout au long de mes écrits dans mon premier livre dont le titre reconnaît également le potentiel de ce continent :

« *L'Afrique, un continent aux ressources minières exceptionnelles.* »

Je reste donc convaincu que bien que ce soit seulement maintenant, que la plupart des pays africains producteurs s'engagent dans les contrats de partage de production alors qu'ils existent depuis 1966, ils rattraperont leur retard et pourront un jour prétendre eux aussi, avec leurs populations, à une vie décente où le minimum vital est assuré pour tous en toute modestie et à une société meilleure où l'accès à l'école, à l'hôpital et à l'adduction en eau potable est facilité et accessible à tous.

Les contrats de partage de production sont donc une chance et une aubaine à saisir par l'ensemble des pays africains producteurs, car grâce à ce régime contractuel, les États sont assurés de récupérer une portion équitable des bénéfices de la vente de leur pétrole et d'avoir un meilleur contrôle de leur production d'hydrocarbures, ce qui n'était pas le cas dans les contrats de concession depuis plusieurs décennies d'exploitation pétrolière dans les pays africains. C'est cela que monsieur Jean-Pierre SERENI a soutenu dans L'Atlas 2013 du Monde diplomatique en disant :

« En 1960, les sept plus grandes compagnies internationales contrôlaient environ 90% de la production pétrolière mondiale. À présent, les sociétés nationales des pays producteurs en détiennent 93%. »

Contrats de concession et contrats de partage de production ne sont pas les seuls qui mettent en avant le contrôle et la maîtrise des flux pétroliers par les États producteurs. Il en existe deux autres. Ce sont les *contrats de service* et les *contrats d'association ou joint venture.*

Les *contrats de service* sont des types de contrats pétroliers ou miniers dans lesquels les compagnies pétrolières nationales publiques sollicitent et payent une compagnie pétrolière étrangère, bien reconnue pour son expertise, pour qu'elle réalise des activités bien déterminées. Dans ce cas d'espèce, le paiement des services accomplis par la compagnie pétrolière peut se faire en pétrole ou autrement.

Les *contrats d'association* ou *joint venture*, quant à eux, consistent en la création d'un consortium ou d'une association entre des compagnies pétrolières ou multinationales pétrolières et les entreprises pétrolières nationales publiques pour l'exploration et l'exploitation des ressources naturelles minières ou pétrolières des pays qui en possèdent.

Dans ces deux derniers cas de contrats, le point commun avec les contrats de partage de production se traduit premièrement par le fait que l'État producteur est propriétaire des ressources minières et pétrolières de son sous-sol, car c'est lui qui sollicite et fait appel aux compagnies étrangères pour leur exploitation, et deuxièmement par le fait que l'État producteur est le maître du jeu et a la totale maîtrise de sa production pétrolière, car c'est lui qui se charge de la rémunération en pétrole ou autre des entreprises étrangères dont il a sollicité les services. C'est pour cela que de plus en plus sont enregistrés des contrats de service et des contrats d'association dans toute l'Afrique même si ceux-ci n'ont pas la même envergure et la même réputation que les contrats de partage de production.

Si vous faites le tour des contrats pétroliers en Afrique, que ce soit dans le domaine minier ou pétrolier, vous verrez que beaucoup de consortiums sont créés. D'ailleurs, il arrive qu'on s'y perde parfois à cause de leur prolifération, sans doute liée à des manœuvres financières en matière d'investissements.

Ces quatre types de contrats ont certainement des avantages et des inconvénients. Là où ils sont avantageux pour certains pays du monde, ils sont pleins d'inconvénients pour d'autres. Toujours est-il qu'ils sont adaptés et même souhaités pour certaines parties du monde selon qu'elles sont dans un environnement économique et juridique favorable ou non.

Ainsi, les *contrats de concession* sont la norme pour les pays occidentaux dits du « Nord » comme le Canada, les États-Unis, la Norvège, l'Écosse et l'Angleterre et dans certains pays dits du « Sud » identifiés en Amérique latine.

Les *contrats de partage de production*, favorables aux États producteurs sont en vogue ces dernières décennies dans les pays d'Afrique et d'Asie, où ils remplacent progressivement les contrats de concession.

Les *contrats de service* sont la référence dans plusieurs pays du Golfe tels que le Koweït, l'Arabie Saoudite, Oman, l'Iran, l'Irak et dans des pays d'Amérique du Sud tels que le Mexique et le Venezuela. La particularité des pays qui ont le plus recours aux contrats de service vient du fait qu'ayant les plus grandes réserves d'hydrocarbures au monde, ils ont accumulé des connaissances et des compétences en exploration et en production pétrolière et pour cela, ils n'ont besoin des services des compagnies pétrolières étrangères que de façon ponctuelle alors que cela n'était pas le cas il y a quelques années.

Je profite donc de cet aparté pour inciter les pays africains producteurs à former leur jeunesse en matière d'exploration et d'exploitation pétrolière, car un pays n'est pas riche que des ressources naturelles de son sous-sol, mais aussi et surtout de ses ressources humaines. La vraie indépendance économique et financière commence par l'indépendance intellectuelle et professionnelle. Comment pouvez-vous tenir les rênes et le destin d'un pays et faire vivre dignement et décemment ses populations pendant des années, voire même durant des décennies, si vous n'êtes pas compétents et si vous n'avez pas les ressources humaines suffisantes, adéquates et opérationnelles dans tous les domaines d'activités pour vous aider dans vos tâches ?

Les gouvernants africains doivent encourager et soutenir la formation des futures élites africaines pour préparer l'émergence et l'ascension de ce continent. C'est ce qu'ont fait les pays du Golfe pour contrôler et maîtriser leur production pétrolière. N'êtes-vous pas contents de visiter les célèbres gratte-ciels d'Abu-Dhabi, du Qatar et de tous les Émirats arabes unis ?

Bien sûr que oui. Eh bien ! Tous ces joyaux architecturaux, ils ont pu les réaliser grâce au pétrole et au gaz. Mais bien avant, ils ont mis l'accent sur la formation de leurs jeunes pour être aujourd'hui indépendants dans le domaine pétrolier. Il faut que l'Afrique d'ici peu parvienne au contrat de service pour profiter davantage de ses ressources pétrolières. Il faut que les gouvernants africains mettent l'accent sur le transfert des compétences aux élites africaines en matière d'exploration et d'exploitation pétrolière en incluant des clauses contractuelles qui garantissent la formation et la préparation de ces jeunes aux plus hauts postes de responsabilité dans le secteur des hydrocarbures.

Enfin, les différents types de contrats ayant des avantages et des inconvénients, certains pays producteurs d'hydrocarbures mélangent contrat d'association, contrat de partage de production, contrat de service et contrat de concession en fonction des conditions et des environnements économiques, juridiques, politiques et sociaux de ces pays qui sont souvent très fragiles et à risques. C'est le cas des pays africains comme le Nigéria, la Libye et le Soudan. Dans ces pays, ces contrats passent d'un type à un autre selon les conditions du moment.

Compte tenu de son potentiel pétrolier et minier, l'Afrique a tout à gagner si elle négocie très bien ses contrats pétroliers et miniers en prenant en compte le fait qu'elle a un défi qui est celui de rattraper tout le retard accumulé pendant des siècles.

L'Afrique doit savoir qu'elle n'a pas les mêmes challenges que les pays développés. L'Afrique doit comprendre qu'elle détient des matières premières minérales dans son sous-sol, mais elle n'a pas assez de moyens financiers pour son développement alors que les pays développés qui détiennent la majorité des multinationales et compagnies pétrolières ont suffisamment de moyens financiers, mais ne disposent pas de toutes de ces matières premières minérales comme le pétrole dont ils ont besoin au quotidien. Que faire dans ce cas ?

L'Afrique doit bien négocier ses contrats d'exploration et d'exploitation de ses ressources naturelles minières. Comme disent certains, le principe du donnant-donnant ou du gagnant-gagnant doit entrer en vigueur et doit être la norme pour tous les contrats établis et à venir.

L'Afrique doit savoir qu'en raison des nouvelles conditions géopolitiques et géoéconomiques qui prévalent dans le monde avec le terrorisme et les instabilités au Moyen-Orient, elle est la nouvelle cible du marché international du pétrole et est à ce juste titre en position de force vis-à-vis des pays développés qui ont besoin de ses ressources naturelles minières qui leur sont vitales quotidiennement.

L'Afrique doit savoir qu'elle est le carrefour et le point central de plusieurs forces qui s'affrontent pour avoir le monopole du pétrole et contrôler le coût de celui-ci au plan international.

Ces trois forces ont des démarches politiques et des intérêts inavoués en complète dichotomie, mais dans le même temps, elles n'ont pas d'autre choix que de collaborer ensemble, ce qui n'est pas la chose la plus facile à faire dans le monde des affaires. Premièrement, ce sont les multinationales pétrolières et les compagnies pétrolières nationales publiques, qui ont généralement une longueur d'avance et une position de force sur les autres parce qu'elles appartiennent pour certaines d'entre elles aux pays producteurs, deuxièmement les grands États consommateurs de produits pétroliers, qui sont majoritairement composés des pays dits du *Nord (pays développés)* et troisièmement les États producteurs, qui sont généralement des pays dits du *Sud (pays sous développés ou du tiers monde)* dont font partie plusieurs pays d'Afrique qui appartiennent à l'OPEP et qui luttent pour imposer leur influence sur le prix du baril de pétrole.

Quand on considère toutes les forces en compétition pour le pétrole et tous les enjeux économiques encourus, on comprend aisément pourquoi il y a tant de tension dans le monde et particulièrement dans les régions pétrolières. Les guerres dans le monde ne se déroulent pas par hasard. Je vous l'ai déjà démontré dans les chapitres précédents.

Prenez un peu de votre temps pour observer la répartition géographique des guerres dans le monde. Après avoir fait cela, vous constaterez que toutes ces régions qui sont en guerre ou qui ont connu des guerres sont en réalité des régions avec un fort potentiel pétrolier. Que ce soit la Libye, le Soudan, la Syrie, l'Iraq, le Koweït, l'Afghanistan, l'Angola, le Nigéria, l'Algérie, le Tchad, la République Démocratique du Congo, le Congo-Brazzaville, la Côte d'Ivoire, le Niger, le Mali, tous ces pays ont connu des guerres qui ont des liens soupçonnés avec le pétrole.

Je le dis en tant qu'homme de métier qui a fait de la Terre et des ressources naturelles qu'elle contient, l'objet de ses études pendant de longues années. Tous les autres arguments brandis pour justifier ces guerres ne sont que de pures spéculations et des moyens pour détourner l'attention des uns et des autres sur le véritable enjeu qui est le contrôle des réserves pétrolières du monde pour assurer son autosuffisance en pétrole sur des décennies. Je l'ai déjà dit précédemment :

« Les États n'ont pas d'amis, ils n'ont que des intérêts. »

Et chaque État dans le monde défend ses intérêts même si cela vaut le coup de détruire une amitié de longue date avec un pays frère. C'est pour cette raison que les États-Unis ont du mal à s'installer en Afrique puisque la majorité des pays africains sont des anciennes colonies françaises, britanniques et portugaises. Ils ont du mal à se faire une place sur ce continent alors qu'ils sont conscients que l'Afrique est le continent de l'avenir et que le futur du monde en matière de ressources énergétiques s'y jouera.

Les géosciences sont assez proches de la géopolitique et il est très facile pour un géoscientifique de comprendre les mouvements géopolitiques dans le monde. C'est d'ailleurs ces connaissances géologiques et géophysiques qui me permettent de faire toutes ces analyses et de tirer toutes ces conclusions, pas du tout évidentes pour certaines personnes.

Pour revenir aux contrats de partage de production, il faut savoir qu'ils sont certes très bénéfiques pour les États producteurs, mais dans le même temps cela n'est pas toujours du goût des autres forces en présence. Je vous ai dit que plusieurs forces (compagnies pétrolières et États consommateurs) se faisaient la guerre pour tirer le meilleur profit du pétrole. Je vous ai aussi signifié que dans les contrats de partage, ce sont les compagnies pétrolières qui prennent les risques d'investissement et qu'après la découverte et l'exploitation d'un gisement, tous leurs investissements sont remboursés en pétrole. C'est ce qu'on a appelé le *cost oil*. Ainsi, pour rester les maîtres le plus longtemps possible sur les blocs pétroliers en exploitation, lors de la signature des contrats de partage de production, les entreprises pétrolières proposent des retours sur investissement extrêmement longs pour amortir toute la manne financière injectée dans le développement du gisement. Et le motif avancé pour justifier ce délai extrêmement long est la situation sécuritaire de l'État producteur, ce qui sous-entend que dès l'instant où il y a des conflits dans ce pays, il y a ou il peut y avoir des conséquences immédiates sur la période d'amortissement des investissements des compagnies pétrolières étrangères. Dans une telle situation, elles font des investissements indéfinis et profitent également indéfiniment du cost oil sur une vingtaine, voire même une quarantaine d'années avant que l'État producteur ne puisse enfin profiter pleinement de sa production et des installations pétrolières qui lui reviennent de droit après l'étape du règlement du cost oil, tout en espérant que les réserves ne soient pas encore épuisées d'ici là.

Dès lors, vous comprenez plus concrètement tous les jeux et toutes les danses de sorcières qui se font autour du pétrole des pays africains depuis des décennies, quel que soit le régime des contrats miniers ou pétroliers en vigueur. Quoi qu'on dise, nous sommes toujours dans le champ des affaires ou du business dont le principe fondamental est le profit par tous les moyens. Une célèbre citation dit ceci :

« Toute loi aussi bonne soit-elle, possède toujours en elle-même les propres germes de sa destruction ou des failles. »

Ou encore

« À toute règle, il y a une exception. »

Ces adages sont très vrais dans ce cas d'espèce, car bien que les contrats de partage et de production soient une nette amélioration et un véritable progrès pour les États producteurs africains en matière économique et juridique, il faut que les gouvernants soient plus regardants sur les termes et le contenu des contrats, précisément, au niveau de la durée des investissements pour entrer le plus vite possible dans le profit oil.

Je rappelle que le *profil oil* est la phase dans laquelle l'État producteur profite majoritairement de la production pétrolière après le remboursement des investissements de la compagnie pétrolière étrangère via le *cost oil* (Tableau 12).

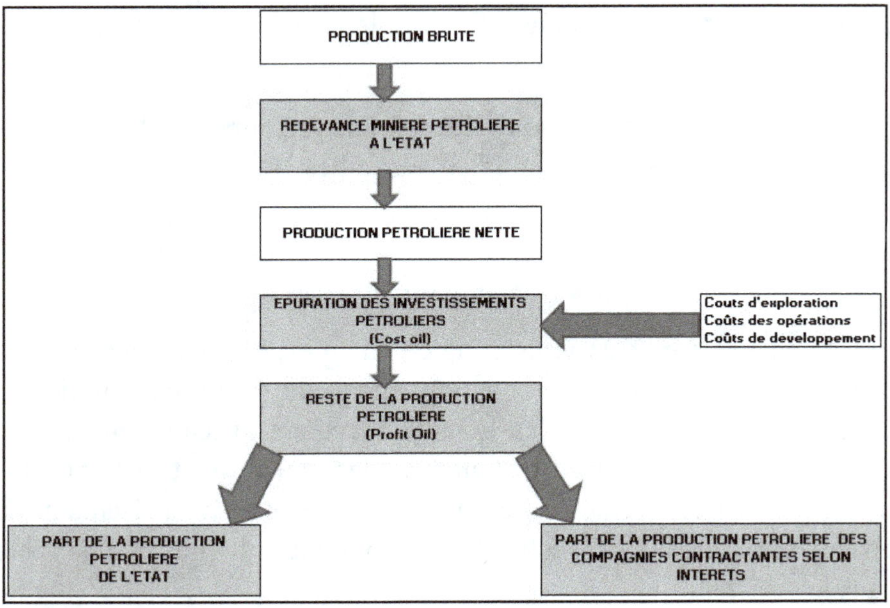

Tableau 12: Partage de la production pétrolière
selon le régime des contrats de partage de production

Par exemple, en 2015, un pays comme le Gabon dont j'ai présenté le potentiel pétrolier dans les chapitres précédents a eu un budget qui a été fortement bonifié par les recettes du pétrole (Tableau 13) avec une valeur ajoutée immédiate de 500 milliards de FCFA soit 762 millions d'euros. Il est clair qu'une telle rente pétrolière en l'espace d'une année n'est pas à négliger pour les États africains qui ont tellement de défis à relever liés au développement économique, social et infrastructurel.

Le Gabon n'est que le quatrième producteur de pétrole de l'Afrique subsaharienne, mais en considérant les données de ce tableau, il apparaît clairement qu'un tel apport financier peut évidemment changer la face de ce pays si les fonds sont bien utilisés. Si en une année, le Gabon peut cumuler environ 500 milliards de FCFA, imaginez les apports financiers issus de la vente du pétrole et du gaz que peuvent cumuler le Nigéria, l'Angola, la Guinée équatoriale, le Congo-Brazzaville en une seule année, sans prendre en compte les pays d'Afrique du Nord comme l'Algérie et la Lybie qui font également partie des premiers producteurs de pétrole d'Afrique.

Sociétés pétrolières	Impôt sur les sociétés pétrolières (IS)	Redevance minière proportionnelle (RMP)	Dividendes	Contrats de partage	Bonus	Discount	Total
TOTAL GABON	**3,53**	**87,96**	**6,64**	**53,13**			151,26
TOTAL Gabon	*3,53*						*3,53*
Régul TOTAL Gabon	*0,00*						*0,00*
TOTAL PARTICIPATIONS	**1,61**	**11,75**					13,36
TOTAL Participations	*0,00*						*0,00*
Régul Total Participations	*1,61*						*1,61*
SHELL	**1,65**	**28,61**		**8,51**		**6,03**	44,80
Shell	*0,05*						*0,05*
Régul Shell	*1,60*						*1,60*
SHELL UPSTREAM	**-**	**7,13**		**0,54**			7,67
TULLOW OIL GABON	**9,99**	**4,54**		**0,00**			14,53
TULLOW OIL Gabon	*9,85*						*9,85*
Régul TULLOW OIL	*0,14*						*0,14*
PERENCO	**21,15**	**20,62**		**6,81**	**5,56**		54,13
Pérenco	*17,00*						*17,00*
Régul PERENCO	*4,15*						*4,15*
SINO OIL Gabon	**0,00**						0,00
Sino Oil Gabon	0,00						0,00
VAALCO	**0,00**	**18,74**		**19,89**		**4,91**	43,54
Régul VAALCO	*0,00*						*0,00*
HALLIBURTON	**6,40**	**0,00**					6,40
Régul HALLIBURTON	*6,40*						*6,40*
MARATHON PETROLEUM		**0,00**					0,00
MITSUBISHI		**1,19**					1,19
AMERADE		**0,00**					0,00
REPSOL		**0,00**					0,00
WED		**0,00**					0,00
MAUREL ET PROM		**10,92**		**0,00**		**1,52**	12,44
ADDAX PETROLEUM		**20,57**		**36,60**		**3,15**	60,31
CNR INTERNATIONAL		**0,65**		**0,06**		**4,17**	4,88
SINOPEC OVERSEAS		**4,25**		**0,07**	**0,43**		4,75
VITOL SA				**86,00**			86,00
MPDC				**0,19**			0,19
VODKA					**11,80**		11,80
Contrats de partage divers				**0,69**			0,69
Recettes à répartir		**4,38**					4,381
Redevance superficiaire (RS)							4,132
Total	44,33	221,31	6,64	212,48	17,78	19,77	526,44

Tableau 13: Contribution des sociétés pétrolières dans les recettes du Gabon en 2015 (Mays Moussi, juin 2016)

Cela veut dire que chaque année, ce sont des milliers de milliards de FCFA soit des milliards d'euros qui entrent dans les caisses des États africains grâce à la vente de leurs hydrocarbures.

J'en tire la conclusion que même si les régimes de contrats miniers et pétroliers sont parfois injustes, si tous ces fonds que les États producteurs africains reçoivent étaient bien répartis, l'Afrique, depuis des décennies, devrait compter parmi les continents du monde les plus développés. Ce qui n'est pas le cas en ce moment même si certains pays comme l'Angola et la Guinée équatoriale se distinguent en travaillant intelligemment avec l'argent des ressources pétrolières pour le développement de leur pays et l'épanouissement de leurs populations. Ce constat paradoxal, ahurissant et réaliste de l'extrême pauvreté des pays et des populations africaines malgré les rentes financières considérables et non négligeables qu'elles reçoivent des compagnies minières et pétrolières me permet après analyse, de dire qu'il faut que tout cela change maintenant. Il y a encore de l'espoir.

Si d'autres pays du monde qui avaient à peu près le même niveau de développement que des pays d'Afrique, il y a quelques décennies, ont pu se développer aujourd'hui grâce aux bénéfices de l'exploitation de leurs ressources naturelles minières et pétrolières, alors il est encore possible que l'Afrique connaisse aussi ce grand niveau de développement en empruntant la même voie. Il y a des solutions et des possibilités. C'est ce que nous verrons dans le prochain et dernier chapitre de ce livre avant la conclusion de mes propos.

CHAPITRE VII
UN POSSIBLE DÉVELOPPEMENT DE L'AFRIQUE PAR SES RESSOURCES MINIÈRES ET PÉTROLIÈRES

VII.1 - Des modèles de développement basés sur l'exploitation des ressources pétrolières : le cas des Emirats Arabes Unis, de l'Arabie Saoudite et du Qatar

Les modèles de développement des pays du monde diffèrent selon plusieurs paramètres qui sont souvent d'origine naturelle, culturelle ou même sociologique.

Du fait de leurs atouts naturels, les pays de l'Europe, les États-Unis et la Chine ont tendance à baser leur modèle de développement sur l'industrialisation et la production, c'est-à-dire la transformation des matières premières minérales et agricoles en produits finis tandis que les pays d'Afrique fondent leur modèle de développement sur l'exportation des matières premières minérales et agricoles vers ces pays industrialisés. Par exemple, les pays du Moyen-Orient qui sont riches en hydrocarbures tels que l'Iran, l'Irak, le Yémen, l'Arabie Saoudite, les Emirats Arabes Unis ou le même le Qatar, basent principalement leur modèle de développement sur la vente du pétrole et du gaz parce qu'ils en disposent suffisamment dans leur sous-sol.

Comme tenu de leurs atouts culturels et sociologiques, les pays asiatiques comme la Chine, le Japon, la Corée du Sud ont aussi développé leur économie par leur culture du travail acharné et sans ménagement à travers les productions massives dans leurs usines favorisées par leur grande démographie et leur aptitude historique à créer de nouveaux outils technologiques automatisés qui augmentent leur production. Par exemple, à cause de la bataille du leadership mondial qu'ils se livrent en permanence à travers des guerres géopolitiques et économiques, les États-Unis ou même la Chine et certains pays d'Europe comme la France, vont fonder une partie de leur modèle de développement sur la recherche qui va aboutir à des innovations technologiques concurrentielles dans le domaine numérique dont les produits sont destinés à la grande consommation.

Ainsi, en fonction des facteurs naturels et des habitudes culturelles et sociologiques, le développement d'un pays, d'une région ou d'un continent sera plus ou moins accéléré. Dès lors, concernant ces modèles de développement qui sont fondés sur l'exploitation des ressources naturelles et au regard des résultats positifs obtenus, certains pays du Moyen-Orient comme l'Arabie Saoudite, les Emirats Arabes Unis et le Qatar peuvent servir d'exemples concrets pour l'Afrique en ce qui concerne le développement d'autant plus que les pays de ce continent comptent également sur les bénéfices de l'exploitation des matières premières minérales de leur sous-sol pour leur essor.

VII.1.1 - Le cas des Emirats Arabes Unis

Les Emirats Arabes Unis constituent un État fédéral de la péninsule arabique composé de sept émirats à savoir Abu Dhabi (le plus grand émirat qui est également la capitale), Dubaï (le plus connu du point de vue touristique), Sharjah, Ajman, Umm Al-Qaïwaïn, Ras-Al-Khaïman et Fujaïrah. Avec une population de 9 631 000 d'habitants cet État fait partie aujourd'hui des principales destinations touristiques et économiques du monde à cause de ses prestigieux gratte-ciels sortis de ses terres désertiques grâce à la vente des hydrocarbures de son sous-sol. D'ailleurs, Dubaï abrite la tour Burj Khalifa, l'une des plus hautes du monde et sa capitale Dubaï accueille l'une des plus grandes mosquées de la planète avec plus de 40 000 places. Tout cela a été possible grâce au pétrole et au gaz qui sont les meilleurs atouts économiques de cet État fédéral.

En 2013, les Emirats Arabes Unis étaient le 2e producteur de pétrole du Moyen-Orient après l'Arabie Saoudite avec une production de 3,6 millions de barils de pétrole qui dépassait de peu celle de l'Iran, de l'Irak et du Koweït et occupaient la 6e place au niveau mondial avec 4% de production de la planète. Ils ont réussi à garder ce rang jusqu'à aujourd'hui à cause de leurs réserves prouvées de pétrole évaluées à 97,8 milliards soit 13 milliards de tonnes en 2013, ce qui représente 5,8% des réserves mondiales et lui permet d'occuper le 7e rang.

De même, les réserves de gaz contribuent beaucoup également à l'émergence économique de cet État, car elles sont estimées à 6100 milliards de m^3 correspondant à 3,3% des réserves mondiales et lui attribuant le 7e rang après l'Arabie Saoudite. En 2013, avec une production gazière de 56 milliards de m^3 par année soit 1,7% de la production de la planète, les Emirats Arabes Unis occupaient le 16e rang mondial.

Abu Dhabi détient 90% des réserves des Emirats Arabes Unis suivi de Dubaï et de Charjah avec respectivement 92 milliards, 4 milliards et 1,5 milliard de barils de pétrole (Figure 107). L'essentiel des hydrocarbures de cet État se trouve dans le champ de Zakum, 3e plus grand du Moyen-Orient avec 66 milliards de barils. L'exploitation pétrolière des Emirats Arabes Unis pourrait durer encore 54 années alors que cet État est déjà en train de se moderniser et de se développer positivement sur le plan économique et infrastructurel.

Ainsi, avec leurs nombreux gisements d'hydrocarbures et les importantes ressources financières qu'ils génèrent quotidiennement depuis 1962, l'année à partir de laquelle l'exploitation pétrolière a commencé dans cet État, les Emirats Arabes Unis sont devenus le nouvel eldorado et la nouvelle place économique du monde. En très peu de temps, les Emirats Arabes Unis ont réussi à transformer leur État en paradis terrestre ultra moderne par des constructions d'immeubles, de centres commerciaux et d'hôtels cinq étoiles équipés des plus récents outils technologiques et tout cela dans le désert où les conditions arides et difficiles de vie ont été adoucies par la puissance des investissements énergétiques qui ont été faits dans ce sens.

Je fais cette étude comparative parce que certains pays d'Afrique ont autant, voire même plus de réserves pétrolières que les Emirats Arabes Unis, ce qui n'exclut pas qu'ils suivent au moins les traces de ce nouveau géant du Moyen-Orient en matière de développement économique, infrastructurel et social. Il est donc anormal que les pays africains producteurs d'hydrocarbures soient toujours pauvres alors que leurs voisins arabes qui ont les mêmes potentialités parviennent à émerger en partant des mêmes atouts naturels. Malheureusement, c'est le cas. Cela veut dire que les Emirats Arabes Unis ont compris et appliquent des règles et des principes universels de prospérité et de développement que la plupart de ces pays africains n'ont pas compris. Même si j'ai déjà évoqué certains de ces principes de gouvernance dans les paragraphes précédents, le but de ce chapitre sera d'en proposer d'autres dans les paragraphes suivants. Pour l'instant, je veux montrer par des exemples qu'il est possible de développer son continent et son pays si les revenus des ressources pétrolières sont bien utilisés.

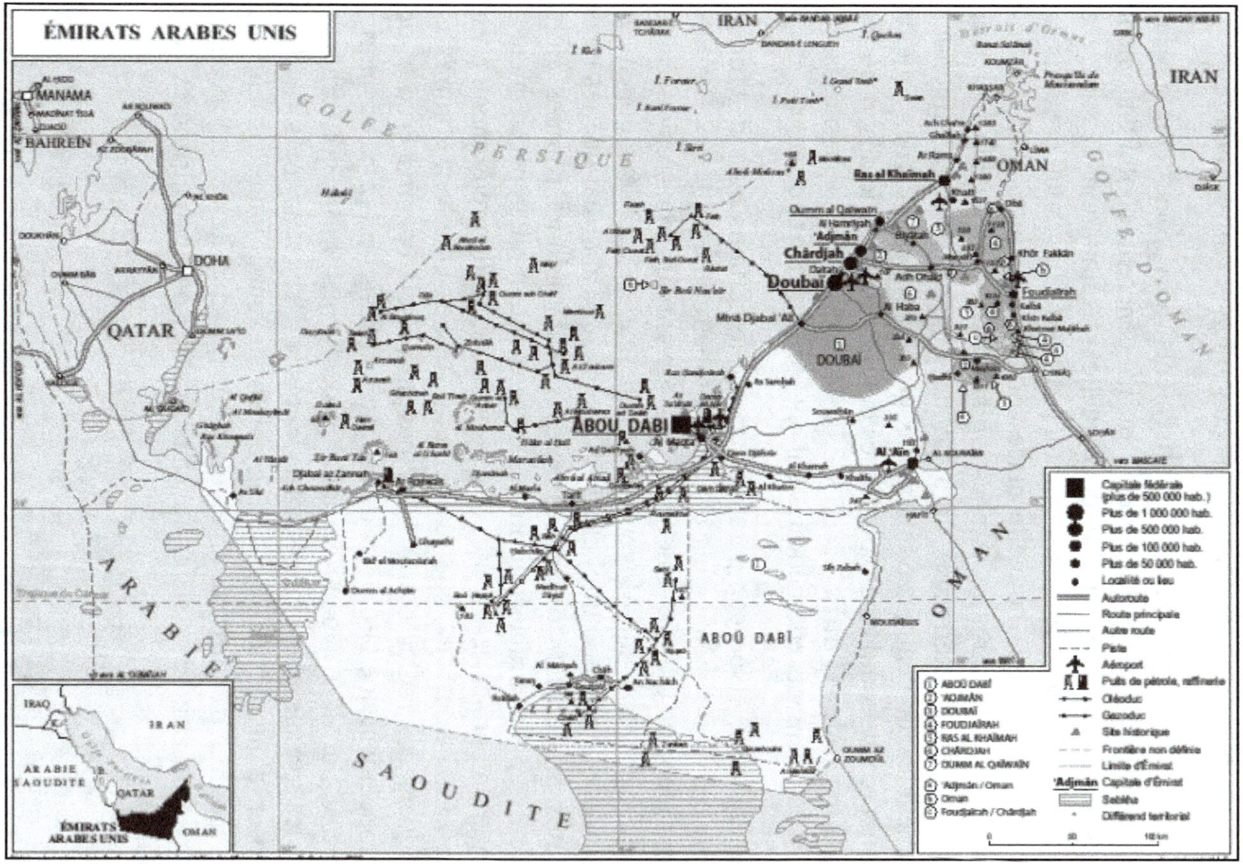

Figure 107: Les champs pétroliers et les raffineries des Emirats Arabes Unis (Nathalie, GOULET, Commission des Affaires étrangères et de la Défense de France, www.senat.fr, 4 juillet 2012)

Grâce à la bonne utilisation de leurs ressources pétrolières, les Emirats Arabes Unis occupent le 14e rang mondial en termes de Produit National Brut (PNB) au même niveau que la France et le 33e rang mondial en termes de Produit Intérieur Brut par habitant.

VII.1.2 - Le cas du Qatar

Comme les Emirats Arabes Unis, le Qatar fait également partie de ces petits pays qui, ces dernières décennies, ont su bâtir leur richesse et leur prospérité grâce aux ressources pétrolières. À cause de son niveau de développement qui n'a rien à envier à celui des pays occidentaux les plus riches du monde, tout comme les Emirats Arabes Unis, il est devenu l'une des destinations les plus prisées par les hommes d'affaires et tous ceux qui sont à la recherche d'un eldorado économique meilleur.

Le pétrole et le gaz sont les principales sources de revenus de ce pays depuis leur découverte en 1939 à Dukhan et leur exploitation seulement à partir de 1949 en raison de la Seconde Guerre mondiale. Les hydrocarbures représentent 70% de ces recettes totales, plus de 60% de son PIB et à peu près 85% de ses recettes d'exportation. Avec une population de 2 millions d'habitants en 2013 et un PIB nominal de 105 000 dollars par habitant, le Qatar occupait la 1ère place mondiale du fait de sa rente en hydrocarbures qu'il a utilisée comme un effet de levier pour dynamiser son économie. Aujourd'hui, cette péninsule du golfe Persique est citée parmi les pays les plus riches du monde.

En effet, ses réserves d'hydrocarbures sont immenses et sa production pétrolière est aussi importante que celles de certains pays d'Afrique. Le Qatar détient les trois plus grandes réserves prouvées de gaz du monde après l'Iran et la Russie, ce qui correspond à 13,3% des réserves mondiales. Par exemple, son énorme gisement de North Dome (Figure 108) découvert en 1971, localisé à 70 km de la côte Nord-Est contient 25 400 milliards de m^3 et son exploitation est susceptible de durer au moins 50 années. De plus, en 2013, les réserves prouvées de pétrole du Qatar étaient évaluées à 25,1 milliards de barils (2,6 milliards de tonnes) représentant 1,5% des réserves prouvées mondiales tout en sachant que cette même année, sa production journalière atteignait 1 995 000 barils par jour.

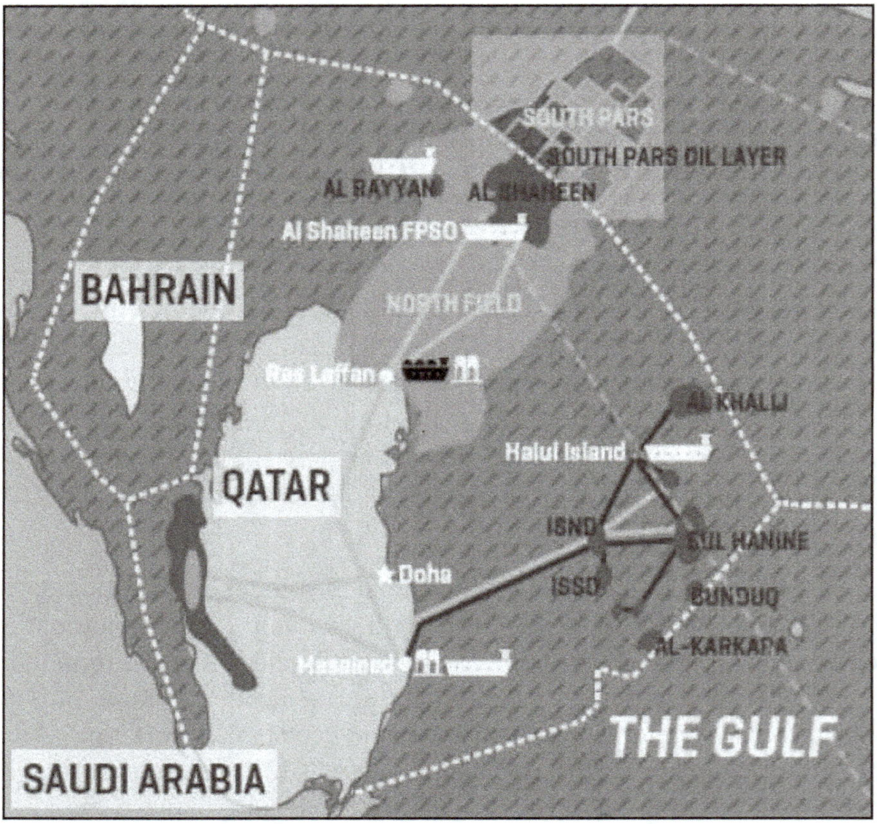

Figure 108: Les champs pétroliers et gaziers du Qatar
(MEES, Ambassade de France au Qatar, Service économique de Doha, www.tresor.economie.gouv.fr, avril 2019)

Ainsi, grâce à toutes ses réserves d'hydrocarbures et à la suite de nombreuses réformes financières, en moins de 50 années, le Qatar est passé d'un pays pauvre de pêcheurs et de perliers à un géant du pétrole et du gaz avec le premier PIB par habitant du monde. Cela a été possible par la multiplication des investissements dans plusieurs autres domaines d'activités à partir des revenus des hydrocarbures, par la bonne gestion des réserves d'hydrocarbures et par la réduction des dépenses de la famille royale qui étaient considérables. En exemple de mesures fortes, après l'indépendance du Qatar en 1971 et le retrait de la Grande-Bretagne de l'Est du Canal de Suez en tant que colonisateur et garant militaire, le 22 février 1972, Khalifa bin HAMAD destitue son père, l'Emir Ali bin HAMAD pendant qu'il est à la chasse au faucon en

Iran puis met fin aux dépenses exorbitantes de la famille royale tout en augmentant les investissements dans le social, le logement, la santé et l'éducation. C'est ce changement politique et économique majeur, certes brutal, mais salutaire, qui a permis l'ascension du Qatar d'autant plus que Dome North, le plus grand gisement de gaz au monde, qui a été découvert en 1971, est venu renforcer les revenus financiers du Qatar dans cette période. Le Qatar est donc parti du bas de l'échelle de la pauvreté pour atteindre un niveau de développement au point d'abriter aujourd'hui sur son territoire plusieurs multinationales, d'accueillir le siège de l'OPEP dans sa capitale à Doha et de recevoir la coupe du monde de football en 2022. Ainsi, le Qatar compte aujourd'hui parmi les plus grands de ce monde du fait de ses importants revenus pétroliers.

L'histoire du Qatar ressemble donc à celle de plusieurs pays producteurs africains qui ont des potentiels miniers et pétroliers semblables, mais qui, à la différence, sont toujours pauvres. Il y a 50 années c'est-à-dire dans les années 1960 à 1970, le Qatar était pauvre aussi bien que la plupart des pays d'Afrique qui venaient d'obtenir leur indépendance. D'ailleurs, je crois qu'à cette époque plusieurs pays africains étaient plus riches que le Qatar. Mais 50 années plus tard, les pays africains sont toujours misérables et le Qatar est devenu riche alors qu'ils avaient les mêmes atouts naturels et le même point de départ. Cela veut dire que le problème de l'Afrique ne vient pas de l'existence, de la qualité ou même de la quantité de ses matières premières minérales et énergétiques, mais plutôt de ce qu'elle fait concrètement des bénéfices issus de leur exploitation. Si le Qatar a pu transformer son territoire et son économie en si peu de temps alors il est possible de se développer à partir de l'exploitation des matières premières minérales et énergétiques et l'Afrique peut également le faire, mais elle doit remettre en cause l'usage des ressources financières qui en découlent. C'est l'essentiel de ma pensée et mon cri de cœur à travers cet ouvrage.

VII.2 - Peut-on espérer un développement de l'Afrique basé sur l'exploitation des ressources minières et pétrolières ?

Si vous avez bien compris mon point de vue en analysant les leviers du développement des Emirats Arabes Unis et du Qatar, vous comprenez aisément qu'il est possible que l'Afrique connaisse un essor économique, infrastructurel et social à partir de l'exploitation de ses ressources minières et pétrolières. La vérité est que les rentes qui en découlent sont immenses et non négligeables, mais une grande partie ou même toutes les recettes sont très souvent détournées ou ne sont pas bien utilisées. La mauvaise gestion des rentes pétrolières et minières par les États africains est donc une cause majeure du mal de l'Afrique.

Ce livre m'a permis de comprendre que l'Afrique n'est pas pauvre naturellement ou matériellement, mais elle est pauvre moralement, car l'un de ses plus grands handicaps est la mauvaise moralité de ses ressources humaines parfois même parmi ses élites les mieux formées et les plus aptes à servir de modèles d'intégrité et d'irréprochabilité aux générations futures. Certains des hauts cadres de l'Afrique n'hésitent pas à se servir illégalement des deniers publics issus de l'exploitation des hydrocarbures et des mines ce qui est un manque à gagner considérable pour des investissements conséquents dans le social, le logement, l'éducation et la santé des populations africaines. En accaparant de si importantes sommes frauduleusement, ce sont les ressources financières susceptibles de financer les projets et les entreprises de nombreux jeunes africains et de les sortir de pauvreté qui sont ainsi soustraites de la chaîne de financement du développement. En clair, en agissant de la sorte, une personne s'approprie la source de richesse et le fonds d'investissement de plusieurs millions de jeunes Africains. L'Afrique ne peut donc prospérer que si elle dispose de la totalité des revenus issus de l'exploitation de ses ressources minières et pétrolières. C'est l'une des clés de l'émancipation de l'Afrique à partir des secteurs miniers et pétroliers.

Il ne faut pas non plus omettre la stabilité politique qui est une autre condition primordiale pour voir l'Afrique se développer grâce à ses ressources minières et pétrolières. N'avez-vous pas remarqué que bien que de nombreux pays africains soient riches en ressources minières et pétrolières, ces derniers n'arrivent pas à se développer à cause de leurs conflits et de leurs guerres incessantes ?

Je l'ai démontré tout au long de ce livre. Vous avez certainement lu mes propos à ce sujet. D'ailleurs, quelqu'un a dit ceci :

« La paix précède le développement. Sans la paix, il n'y a pas de développement. »

La paix avec la stabilité politique qui en découle est donc l'autre socle du développement de l'Afrique sur la base de l'exploitation de ses matières premières minières d'autant plus que le partage inéquitable des revenus des ressources minières et pétrolières est très souvent à l'origine des conflits et des guerres dans les pays qui les possèdent, notamment, en Afrique.

Oui ! Le développement de l'Afrique à partir de l'exploitation de ses ressources minières et pétrolières est possible si les revenus et les recettes financières qui en découlent sont bien gérés et si la paix règne dans les pays africains producteurs de matières premières minérales.

Ces conditions précitées sont nécessaires et plusieurs autres solutions sont possibles pour accélérer le développement de l'Afrique grâce à ces secteurs stratégiques et sensibles pour tous les États du monde. Je vous proposerai ces solutions dans les paragraphes suivants, car bien qu'il soit important de pointer du doigt les problèmes et les tares de l'Afrique, il est encore mieux de proposer des solutions pour résoudre ces problèmes. La vérité est que le monde et surtout l'Afrique ont besoin de solutions pour éradiquer les problèmes de leurs sociétés et de leur civilisation.

VII.3 - Quelles solutions pour un développement de l'Afrique à partir de l'exploitation de ses ressources minières et pétrolières ?

En plus des solutions pour un développement de l'Afrique basé sur l'exploitation de ses ressources minières et pétrolières que j'ai évoquées tout au long de ce livre, la transformation des matières premières minérales par les pays producteurs africains, la réforme des systèmes éducatifs africains, la lutte contre la corruption et le blanchiment d'argent dans les États et les administrations africaines, la promotion des ressources humaines compétentes et intègres pour la gestion des structures étatiques et des revenus miniers, la transparence et l'équité des contrats miniers et pétroliers entre les pays producteurs et les entreprises exploitantes, le contrôle des productions minières journalières, mensuelles ou annuelles des entreprises exploitantes par les structures de l'État, le financement de la recherche et de l'exploitation minière et pétrolière en Afrique, la bonne gestion des rentes minières et pétrolières au service du développement de l'économie, des infrastructures et du bien-être des populations sont des solutions concrètes qui contribueront nécessairement et efficacement au développement de l'Afrique si elles sont appliquées.

VII.3.1 - La transformation des matières premières minérales par les pays producteurs africains

Le manque de transformation de leurs matières premières minérales est l'une des raisons fondamentales pour lesquelles la plupart des pays producteurs d'Afrique sont pauvres. Ceci est vrai aussi bien pour les matières premières minérales que pour les matières premières agricoles. N'avez-vous pas remarqué que ceux qui s'enrichissent le plus à partir des matières premières ne sont pas les personnes qui arrachent la matière première minérale ou agricole du sol, mais celles qui la vendent après l'avoir transformée ? N'avez-vous pas constaté qu'une matière première transformée a toujours plus de valeur qu'une matière première brute ?

VII.3.1.a - La valeur de la matière première minérale transformée est toujours plus importante que la matière première brute

En effet, ce qui intéresse le monde des consommateurs n'est pas la matière première dans sa forme naturelle ou brute, mais comment celle-ci lui permet de satisfaire ses besoins au quotidien. Par exemple, pour éviter de détruire le moteur de sa voiture, personne ne mettra directement dans son réservoir des litres de pétrole brut extraits d'un gisement par forage. Préalablement, il faut que ce même pétrole brut soit transformé en carburant pour les moteurs à diesel d'une part et pour les moteurs à essence d'autre part. Un autre exemple est celui du cacao. Que ferait-on des cabosses de cacao et de leur contenu s'ils ne sont pas transformés ? Évidemment rien. Ils ne sont prisés par tout le monde que lorsqu'ils sont transformés en chocolat. Ainsi que ce soit le pétrole brut ou le cacao, ils sont vendus plus chers lorsqu'ils sont transformés pour répondre à un besoin. De façon plus claire, toutes les matières premières répondent à un besoin spécifique. Il ne faut donc pas estimer leur vraie valeur juste après leur retrait du sol ou du sous-sol, mais sur la base de l'importance des besoins auxquelles elles répondent. C'est d'ailleurs pour cette raison que dans mon premier livre « *L'Afrique, un continent aux ressources minières exceptionnelles* », j'ai pris le temps d'expliquer les applications et le rôle de chaque matière première minérale dans notre société actuelle. Que ce soit dans la médecine, l'énergie, l'agro-industrie, les transports, les travaux publics, l'automobile, l'aéronautique, les télécommunications et dans bien d'autres domaines vitaux de notre société, les matières premières minérales ou agricoles sont les éléments clés du système.

Cependant, pour passer de la matière première minérale ou agricole brute à un produit fini qui répond aux besoins de la société et des consommateurs, il faut des systèmes de transformation qui font appel à la matière grise c'est-à-dire à l'intelligence de l'homme et à son instinct de chercheur ou d'innovateur. La différence entre les producteurs et les revendeurs se situe à ce niveau, car l'extraction simple de matière première ne demande pas beaucoup de réflexion, car cela est connu de tous, mais trouver ce que l'on peut faire d'elle pour répondre à un besoin de société nécessite beaucoup de temps de réflexion et de recherches. C'est donc la mise en place du système de transformation de la matière première minérale ou agricole qui augmente la valeur de cette dernière. C'est d'ailleurs pour cette raison que lorsqu'une entreprise ou une personne trouve une formule ou un système de transformation d'une matière première, elle se hâte de la breveter pour sécuriser ses droits et protéger sa découverte. C'est le domaine de l'innovation et de la créativité. Certes, le fait de créer ou d'innover n'est pas un acquis pour tout le monde, mais l'homme en a les capacités naturelles. La vérité est que ses compétences se révèlent à force de travailler et de réfléchir pour résoudre un problème observé dans sa société en y apportant une solution. Malheureusement, les Africains sont entourés de problèmes, mais ils refusent de réfléchir pour y trouver des solutions or c'est de ce sursaut que sortiront les différents mécanismes de transformation de leurs matières premières minérales et agricoles. C'est l'une des voies du salut de l'Afrique.

Ainsi, dormant sur ses nombreuses et diverses matières premières minérales et agricoles, l'Afrique et ses populations restent toujours pauvres parce que depuis plusieurs décennies, elles se contentent de vendre les richesses de leurs sous-sols sans songer à l'augmentation de leur valeur par la création de mécanismes de transformation.

L'Afrique demeure pauvre parce qu'elle ne s'intéresse pas au futur de ses matières premières minérales après leur vente or ces dernières prennent plus de valeur après cette étape. Cela donne l'impression que l'Afrique veut se débarrasser précipitamment d'un trésor qu'elle a entre les mains alors qu'elle peut en tirer une plus-value considérable si elle prend le temps de l'améliorer en le transformant davantage.

Dans le monde, toutes les nations qui prospèrent depuis plusieurs siècles sont celles qui ont osé faire le pas de la transformation de leurs matières premières par la créativité et l'innovation. Elles ont compris que la matière grise est plus importante que la matière première pour acquérir la richesse. Avec peu de matières premières et beaucoup de matière grise, vous transformez le monde et acquérez de la richesse tandis qu'avec beaucoup de matières premières et peu de matière grise, vous demeurez dans la pauvreté. Le dernier cas est celui de l'Afrique et de tous ces pays producteurs.

Il est donc temps que l'Afrique songe premièrement à transformer ses matières premières minérales sur place avant de les vendre pour augmenter leur valeur de façon significative. Tant qu'elle se contentera de les vendre à l'état brut, sa marge bénéficiaire sera toujours très faible d'autant plus que la plupart des pays africains producteurs négocient mal leurs parts dans l'exploitation de leurs matières premières minérales; ses parts sont généralement très faibles dépassant rarement les 10%. Il n'est pas encore trop tard pour mieux faire. Si l'Afrique veut sortir de la pauvreté, elle gagnerait dès aujourd'hui à penser sérieusement à la transformation de ses matières premières minérales en se focalisant davantage sur la réponse aux besoins des consommateurs plutôt qu'à la simple vente de ses minerais sans s'intéresser à ce que ces derniers deviennent après leur vente. Pour y arriver, l'Afrique doit donner plus de place au secteur secondaire qu'au secteur primaire.

VII.3.1.b - L'industrie secondaire et tertiaire doivent être plus fortes que l'industrie primaire en Afrique : c'est la voie de l'industrialisation

Le secteur primaire est plus développé en Afrique que les secteurs secondaire et tertiaire. Or les plus importantes plus-values sur les matières premières minérales se trouvent dans les secteurs secondaire et tertiaire. Il est important de savoir que le secteur primaire est celui de la vente des matières premières minérales à l'état brut tandis que le secteur secondaire est celui de leur transformation par l'industrialisation et que le secteur tertiaire est celui de leur distribution aux consommateurs à travers des services. Ainsi, l'Afrique est toujours pauvre parce qu'elle a préféré le secteur primaire et a délaissé les secteurs secondaire et tertiaire vu qu'elle ne se soucie pas de ce que deviennent ses minerais vendus dans le secteur primaire.

Dans le même sens que les propos que j'ai tenus dans le paragraphe précédent, il faut retenir que les pays riches du monde accordent plus d'importance aux secteurs secondaire et tertiaire, car ils savent que leur prospérité en viendra. Pour eux, avoir un secteur primaire développé est juste un avantage et un cadeau du ciel à cause de la matière première qu'ils transformeront dans le secteur secondaire et revendront dans le secteur tertiaire, mais le secteur primaire n'est pas l'essentiel de leur modèle de développement fondamentalement basé sur les secteurs secondaire et tertiaire. Leur priorité est le développement des secteurs secondaire et tertiaire, car ils savent qu'à tout moment et en tout point de la planète, notamment en Afrique ou ailleurs, ils peuvent acheter la matière première minérale ou agricole dont ils ont besoin pour faire fonctionner leurs secteurs secondaire et tertiaire. C'est d'ailleurs pour ce motif que la plupart des pays riches sont dits « pays industrialisés ». Ils ont donc très vite compris que le secret de la prospérité et de la richesse des nations est le développement des secteurs secondaire et tertiaire et non uniquement le secteur primaire. Ainsi, un pays qui n'a qu'un secteur primaire développé sera toujours pauvre et déséquilibré tandis qu'un pays qui a des secteurs secondaire et tertiaire développés sera riche. Cependant, pour maximiser la prospérité économique d'un pays, je recommande qu'il ait le même niveau de développement non seulement pour ses secteurs secondaire et tertiaire, mais aussi pour son secteur primaire.

Si vous m'avez bien suivi, vous comprenez désormais pourquoi la plupart des pays d'Afrique bien qu'ils soient des détenteurs et des producteurs de matières premières sont toujours pauvres. Simplement et clairement, c'est le cas parce qu'ils ne sont pas industrialisés et méprisent les secteurs secondaire et tertiaire vendant uniquement leurs matières premières à l'état brut sans plus-value considérable. De plus, en vendant uniquement leurs matières premières minérales et agricoles à l'état brut, les pays producteurs africains s'exposent à des fluctuations permanentes de leurs prix parce qu'ils ne sont pas les vrais maîtres de la valeur de leurs matières premières. La vérité est que les prix de la plupart des matières premières ne sont pas fixés par les pays producteurs africains malgré les effets d'annonce de leurs gouvernements, mais dans les bourses internationales et étrangères telles que la bourse de Londres qui fixe le prix du cacao et de l'or, la West Texas Intermediate (WTI) qui fixe le prix du pétrole, la bourse de New York (NYMEX) qui fixe les prix des matières premières de façon générale. Cela veut dire qu'en vendant uniquement leurs matières premières minérales, les pays producteurs africains ne contrôlent pas leurs marges bénéficiaires et bradent leurs ressources sans s'en rendre compte. Ne dit-on pas que c'est celui qui crée un produit qui connaît sa valeur ?

Hélas, l'Afrique est le seul continent qui ne fixe pas le prix des matières premières et qui ignore leurs valeurs. Vous comprenez par ces faits que vendre uniquement ses matières premières à l'état brut est la pire des choses qu'un pays pauvre, qui souhaite se développer puisse faire, car en le faisant, il se prive de nombreux revenus financiers qu'il peut acquérir dans les secteurs secondaire et tertiaire.

L'Afrique est donc le seul continent qui peut avoir un secteur primaire aussi développé que ses secteurs secondaire et tertiaire, qui sont la clé du développement, car elle possède naturellement d'importantes matières premières. Je le dis parce que contrairement aux autres continents de la Terre, le sous-sol l'Afrique regorge de la plupart des minerais (lithium, cobalt, coltan, nickel, platine, or, diamant, or, fer, pétrole, gaz, cuivre, charbon, tungstène, manganèse, aluminium, uranium…) qui ont une grande plus-value après leur transformation. De plus, l'Afrique détient 60% des terres arables non exploitées du monde c'est-à-dire plus de la moitié des terres cultivables sur lesquelles on peut produire d'importantes quantités de matières premières agricoles (cacao, café, hévéa…).

Ainsi, parce que l'Afrique a naturellement un puissant secteur primaire, elle peut également avoir de puissants secteurs secondaire et tertiaire si elle accepte de transformer elle-même toutes ses matières premières stratégiques enfouies dans le sous-sol de ses pays. L'Afrique doit donner la même importance à ses secteurs secondaire et tertiaire qu'à son secteur primaire si elle veut se développer à partir de l'exploitation de ses matières premières.

VII.3.1.c - La création des sociétés minières et pétrolières nationales

Si l'Afrique a comme ultime alternative de développer ses secteurs secondaire et tertiaire pour soutenir son secteur primaire, cela veut dire qu'elle doit être capable de créer des sociétés minières et pétrolières nationales dont le rôle sera de transformer les matières premières sur place avant de les exporter ou de les vendre sous forme de produits finis aux consommateurs. Malheureusement, la plupart des sociétés minières et pétrolières africaines sont aujourd'hui réduites à de simples fonctions de recherches, de promotion de leurs atouts miniers, de régulation et de contrôle des activités des compagnies exploitantes étrangères qui opèrent sur leurs territoires, ce qui est insuffisant lorsqu'un pays veut se développer à partir de l'exploitation de ses ressources minières.

Pour tirer le meilleur profit de l'exploitation de leurs ressources minières et pétrolières, ces sociétés nationales doivent également être impliquées activement dans l'exploitation des gisements et l'extraction des minerais. Les sociétés d'État existantes ou à créer doivent détenir 100 % de leur capital et de leurs parts, avoir leurs propres mécanismes de transformation des matières premières minérales et détenir leurs propres gisements. Les pays d'Afrique ne peuvent pas se contenter uniquement de vendre leurs matières premières à l'état brut, mais doivent les extraire et les transformer sur place pour bénéficier entièrement ou au moins de la plus grande partie de la plus-value de leurs matières premières transformées. Ces sociétés d'État doivent avoir des initiatives et des objectifs d'exploration, d'exploitation et fonctionner comme toutes les compagnies minières et pétrolières qui opèrent sur leurs territoires. Car le seul moyen d'apprendre, de concevoir et de développer des mécanismes de transformation de ses matières premières est d'être un acteur sur le terrain qui essaie des choses, se réajuste après l'échec et finit par trouver des méthodes et des solutions de transformation à force de persévérance.

Tant que les États africains continueront à observer les compagnies minières et pétrolières étrangères en spectateurs, ils ne prendront pas conscience des opportunités qu'ils ratent, des trésors financiers qu'ils perdent et des chances de développement de leurs territoires qu'ils laissent s'échapper. C'est la clé et le processus de la réussite de la plupart des pays du Moyen-Orient tels que les Emirats Arabes Unis et le Qatar que j'ai évoqués dans les paragraphes précédents. Ils n'ont pas abandonné leurs ressources pétrolières entre les mains des multinationales étrangères, mais se sont eux-mêmes impliqués dans leur exploitation au fil des années pour jouir plus tard de l'exclusivité des revenus financiers qui en découlent, car ils étaient conscients que les hydrocarbures (pétrole et gaz) étaient leur seule chance de sortir de la pauvreté. De même, il faut que les pays africains comprennent que les ressources minières et pétrolières de leur sous-sol sont pour eux, des chances majeures pour s'émanciper et se développer. De ce fait, vu qu'ils détiennent en quantité suffisante des matières premières minérales dans leur sous-sol, ils doivent désormais prendre part à leur exploitation et à leur transformation par l'entremise de leurs sociétés d'État existantes ou à créer avant leur vente à l'extérieur. C'est le seul moyen d'en tirer des dividendes significatifs pour leur développement. Tout comme le font les autres États dans le monde, les pays africains doivent intégrer le fait que les pays n'ont pas d'amis, mais des intérêts. Ainsi, les pays producteurs d'Afrique doivent privilégier leurs intérêts en transformant leurs matières premières sur place avant l'exportation; Cet exploit est possible avec davantage de volonté politique, de prise de conscience et de sensibilisation.

VII.3.2 - La réforme des systèmes éducatifs africains

En plus de la transformation des matières premières minérales en Afrique et par l'Afrique, l'un des changements majeurs à effectuer est la réforme des systèmes éducatifs africains. Dans le paragraphe précédent, j'ai souligné que pour passer de la matière première à l'état brut dans le secteur primaire à la matière première transformée dans le secteur secondaire, il faut trouver un système de transformation qui fasse appel à l'intellect ou à l'intelligence c'est-à-dire à des connaissances ou des savoirs solides parfois accessibles à l'école, dans des universités ou dans des centres de recherches. Cependant, est-ce que les écoles, les universités ou les centres de recherches forment des étudiants dans la perspective de leur fournir les compétences nécessaires pour transformer les matières premières abondamment disponibles en Afrique ? Est-ce que les systèmes éducatifs africains forment les élèves et les étudiants à trouver des solutions aux problèmes majeurs de l'Afrique en s'appuyant sur les moyens et les atouts naturels de l'Afrique que sont leurs matières premières minérales et agricoles ?

Comme je l'ai expliqué précédemment, pour bénéficier de la plus grande partie de la plus-value issue de la transformation de leurs matières premières, les pays producteurs doivent détenir des sociétés minières et pétrolières dont ils possèdent l'exclusivité des parts. De même, les populations, la jeunesse et les élites africaines doivent s'engager dans la création de Petites et Moyennes Entreprises (PME) et d'industries pour transformer les matières premières du continent africain. Cependant, est-ce que les systèmes éducatifs africains forment les élèves et les étudiants dès le début dans la perspective d'être des créateurs d'entreprises ?

Toutes ces questions importantes ont certainement des réponses qui éclairent sur un développement possible de l'Afrique à partir de l'exploitation de ses ressources minières et pétrolières.

VII.3.2.a - Mettre en place un nouveau système éducatif et une nouvelle mentalité africaine qui orientent vers l'entrepreneuriat

Le système éducatif joue un rôle déterminant dans le développement de tous les pays du monde, car c'est dans ce cadre que sont formés la plupart des leaders, des élites qui dirigent le monde, des chercheurs, des ingénieurs qui font des découvertes et des ouvriers qui assurent la production des industries. Cependant, ces systèmes éducatifs diffèrent selon le continent, la culture, le niveau de développement du pays où que l'on se trouve dans un pays anglophone ou francophone.

Par exemple, les pays anglophones ont pour réputation d'accorder plus de place dans leur système éducatif à la pratique et à l'expérience professionnelle tandis que les systèmes éducatifs francophones sont plus théoriques. Ainsi, les continents américain (États-Unis, Canada) et européen (France, Royaume-Uni, Allemagne…) et le continent asiatique avec ses pays émergents (Chine, Corée du Sud, Japon…) qui font tous partie des pays les plus développés et les plus riches du monde accordent plus de place à la recherche scientifique, le moteur de l'innovation, de la transformation des matières premières et de la fondation de l'industrie, contrairement aux pays du continent africain qui font aussi de la recherche scientifique, mais détiennent peu de moyens pour obtenir des résultats notables. Enfin, les pays qui ont la culture de la productivité industrielle ont également un système éducatif fondé sur la pratique expérimentale qui conduit à la mise en place de mécanismes de production et de transformation de matières premières.

Il ressort de tous ces modèles éducatifs que la plupart des pays africains producteurs a des systèmes éducatifs qui ne sont pas basés sur la priorisation de la pratique expérimentale qui permet de mettre en place des mécanismes de transformation de leurs matières premières. Et ce handicap vient parfois du fait que leurs systèmes éducatifs sont très souvent hérités de l'ancienne puissance coloniale sans avoir subi de modifications, depuis leur indépendance, pour s'adapter aux nouvelles réalités économiques et sociales du monde. De même, puisque la plupart des systèmes éducatifs africains ne sont pas orientés vers la découverte de mécanismes de transformation des matières premières, il s'ensuit que les étudiants et les diplômés qui sortent des écoles et des universités africaines ne sont pas encouragés dans leur cursus de formation à l'entrepreneuriat et à la création d'entreprises. Ces derniers visent plutôt l'occupation de postes professionnels de la fonction publique alors que les places y sont limitées par rapport au nombre de diplômés qui sortent chaque année des écoles et des universités africaines. Pourtant, la plupart des pays qui se développent dans le monde le font aujourd'hui grâce à la force de leur système entrepreneurial et à l'incitation à la création d'entreprises.

Devant tous ces faits, pour que l'Afrique parvienne à se développer à partir de l'exploitation de ses ressources minières et pétrolières, il faut qu'elle réforme ses systèmes éducatifs en fournissant les éléments nécessaires aux apprenants pour qu'ils s'orientent vers la création d'entreprises après l'acquisition de leurs diplômes. Inculquer cette nouvelle mentalité entrepreneuriale dans les systèmes éducatifs africains est donc un gage pour voir l'Afrique prendre l'envol de son développement dans les années et les décennies à venir.

VII.3.2.b - Le salut de l'Afrique par l'incitation de sa jeunesse à la création de Petites et Moyennes Entreprises (PME) et d'industries

Tous les pays du monde se développent grâce au dynamisme de leurs entreprises et aux performances de leurs industries. Des petites et moyennes entreprises (PME) en passant par les grandes entreprises jusqu'aux industries, toutes sont engagées plus ou moins dans la transformation des matières premières ou dans des services à la consommation qui y sont liés, exerçant ainsi dans les secteurs secondaire et tertiaire qu'elles développent par leurs activités.

Ainsi, comme les pays développés, les pays africains producteurs, qui aspirent à un développement à partir de l'exploitation de leurs ressources minières, doivent inciter leur jeunesse à créer des petites et moyennes entreprises et des industries pour occuper l'espace économique, en transformant les nombreuses matières premières minérales contenues dans le sous-sol africain et les immenses productions agricoles qui sortent quotidiennement des champs et des terres cultivables africaines.

Le salut de l'Afrique viendra de cette nouvelle perspective entrepreneuriale plutôt que par la fuite de sa jeunesse vers l'Occident. J'ai longuement expliqué dans ce livre que les Africains sont les seuls habitants de la Terre qui sont assis sur des trésors et des mines d'or, mais qui ont faim au point de fuir leurs territoires en abandonnant leurs trésors et leurs mines d'or au premier venu. C'est cette image qui est observée lorsque la jeunesse africaine fuit son continent pour l'Occident à cause de la pauvreté, alors que ses terres sont en vérité les plus riches et les plus convoitées du monde. La jeunesse africaine doit accepter d'utiliser sa matière grise pour transformer les importantes matières premières de son continent, car c'est le prix à payer pour son émancipation dans un monde où les ressources minières et agricoles sont de plus en plus recherchées. Parce que la jeunesse est la tranche d'âge qui est la plus confrontée à des problèmes d'emplois, c'est aussi elle qui doit innover et trouver des moyens de s'en sortir professionnellement à partir des atouts dont elle dispose. Par exemple, imaginez ce que deviendrait le monde si la jeunesse qui est la part la plus importante de la population était engagée dans l'entrepreneuriat ?

Plutôt que de fuir son riche continent, c'est ce que je souhaite à la jeunesse africaine. L'Afrique doit avoir une jeunesse qui s'engage dans l'entrepreneuriat pour transformer ses matières premières minérales et agricoles, car la plupart des consommations de l'homme en proviennent. Il est donc anormal que la plupart des jeunes africains soit désœuvré et dans la tourmente de la pauvreté, car il y a tellement de problèmes à résoudre en Afrique qui peuvent être à l'origine de la création d'entreprises à succès.

VII.3.3 - La lutte contre la corruption et le blanchiment d'argent dans les États et les administrations africaines

L'exploitation des ressources minières et pétrolières est un secteur d'activité qui génère beaucoup d'argent. Par exemple, le secteur pétrolier est de loin le plus important en termes de revenus financiers puisqu'il est au cœur des besoins énergétiques des hommes. Ensuite, le secteur minier compte également puisque la plupart des innovations technologiques qui caractérisent notre ère numérique utilise des minerais. Cependant, bien que des sommes importantes circulent et que des transactions financières soient courantes, les populations des pays producteurs, notamment africaines, n'en voient pas les retombées sociales parce que certains cadres et dirigeants de ces pays accaparent ces revenus financiers étatiques. Ces biens publics deviennent leurs biens privés au mépris des lois et dans l'ignorance des populations les plus pauvres de leurs pays qui comptent pourtant sur leurs revenus pour sortir de leur misère.

Ainsi, vous comprenez par mes propos qu'au-delà de la transformation des matières premières et de la réforme des systèmes éducatifs africains, l'autre défi majeur qui aidera l'Afrique à se développer à partir de l'exploitation de ses ressources minières et pétrolières est la lutte contre la corruption et le blanchiment d'argent dans les États et les administrations africaines. C'est un sujet épineux et plein de scandales, mais ô combien salutaire pour l'Afrique si tous les deniers publics issus de l'exploitation des ressources minières et pétrolières et détournés sont récupérés ou rétrocédés par la mise en place de systèmes de contrôle. L'Afrique en a énormément besoin pour son développement économique, social et infrastructurel.

Des méthodes existent pour réduire ces mauvaises pratiques qui privent l'Afrique de nombreux moyens financiers, empêchent indirectement son développement et renforcent la précarité de ses populations. Sans être exhaustif, j'évoquerai certaines de ces méthodes dans les paragraphes suivants en espérant apporter des solutions concrètes contre ces mauvaises pratiques qui tuent le développement de l'Afrique depuis des décennies.

VII.3.3.a - La suppression des caisses noires étatiques dans l'exploitation des matières premières en Afrique

Comme je le disais tantôt, l'exploitation des matières premières en Afrique génère beaucoup de revenus. Ces montants sont parfois tellement importants que la plupart des États producteurs africains mettent une partie des revenus qui en proviennent dans des caisses dites « noires » qui sont hors du circuit des recettes de l'État. En clair, l'existence des caisses noires démontre que les États producteurs africains ne déclarent pas l'intégralité des revenus issus de l'exploitation de leurs matières premières alors qu'ils sont censés être transparents sur ce sujet avec leurs populations qui souhaitent également profiter des retombées économiques et sociales de ces revenus. Ainsi, puisque ces caisses noires sont hors du processus normal de réception et de stockage des recettes des États producteurs africains, cela favorise les fraudes financières, l'emploi illégal des sommes d'argent qu'elles contiennent, leur mauvais usage et le blanchiment de ces énormes stocks d'argent qui n'apparaissent pas dans les lignes budgétaires de ces États. Qu'il s'agisse des matières premières minérales ou des matières premières agricoles, ce sont généralement des milliards de francs qui sont gardés secrètement dans ces caisses noires.

Cependant, la gestion de ces nombreuses caisses noires est toujours suivie de scandales financiers qui ont démontré leur existence alors qu'elles étaient supposées secrètes ou cachées aux populations. C'est pourquoi des organisations internationales à but non lucratif, telle que l'Initiative pour la Transparence dans les Industries Extractives (ITIE), luttent depuis des décennies pour améliorer la transparence et la gouvernance des ressources naturelles. À travers la « norme ITIE », cette structure internationale s'est positionnée comme l'arbitre mondial de la bonne gestion des ressources pétrolières, gazières et minières dans un pays. Par exemple, parmi tant d'autres exigences, il est demandé à tous les pays producteurs de matières premières minérales qui adhèrent à l'ITIE de publier les contrats qui les lient avec les entreprises exploitantes, de déclarer publiquement et dans la transparence leurs productions et les revenus qui en découlent et de montrer la part de ces revenus dans le développement social et économique en faveur de leurs populations. D'ailleurs, certains des principes de l'ITIE prouvent bien que cette structure internationale s'est bien rendu compte que l'existence des caisses noires dans des pays producteurs et leur mauvaise gestion sont souvent des sources de conflits et d'inégalités dans le monde.

Les 12 principes de l'ITIE pour l'année 2019 sont les suivants :

- Principe 1 : Nous partageons la conviction que l'exploitation prudente des richesses en ressources naturelles devrait constituer un moteur important de la croissance économique contribuant au développement durable et à la réduction de la pauvreté, mais que faute d'une bonne gestion, pourrait avoir des répercussions défavorables sur le plan économique et social.
- Principe 2 : Nous affirmons que la gestion des richesses issues des ressources naturelles au profit des citoyens d'un pays relève de la compétence de son gouvernement souverain, qui l'exerce dans l'intérêt du développement national.
- Principe 3 : Nous reconnaissons que le fruit de l'extraction des ressources prend la forme de flux de recettes s'étalant sur des longues périodes, mais que ceux-ci dépendent fondamentalement des prix.
- Principe 4 : Nous reconnaissons que plus la compréhension du public concernant les revenus et les dépenses étatiques sur la durée est grande, plus elle est susceptible de contribuer au débat général et de faciliter le choix d'options appropriées et réalistes favorisant le développement durable.
- Principe 5 : Nous soulignons l'importance, pour les gouvernements et les entreprises extractives, d'assurer la transparence, ainsi que la nécessité de renforcer la gestion des finances publiques et de faire respecter l'obligation de rendre compte.

- Principe 6 : Nous reconnaissons que le progrès vers la transparence doit se faire dans le cadre du respect des contrats et des lois.
- Principe 7 : Nous reconnaissons que la transparence financière peut contribuer à l'amélioration du climat en faveur de l'investissement direct intérieur et étranger.
- Principe 8 : Nous croyons à la redevabilité du gouvernement vis-à-vis de tous les citoyens en tant que principe et pratique à suivre en matière de gestion des flux de revenus et des dépenses publiques.
- Principe 9 : Nous nous engageons à encourager le respect de hauts niveaux de transparence et de redevabilité dans la vie publique, dans le fonctionnement de l'État et dans le monde des affaires.
- Principe 10 : Nous croyons à la nécessité d'une approche cohérente et fonctionnelle en ce qui concerne la divulgation des recettes et des paiements, cette approche devant être facile à adopter et à suivre.
- Principe 11 : Nous sommes d'avis que la divulgation des paiements dans un pays donné devrait impliquer toutes les entreprises extractives présentes dans ce pays.
- Principe 12 : Nous considérons que dans la recherche de solutions, toutes les parties prenantes peuvent apporter des contributions importantes et pertinentes, qu'il s'agisse des États et des entités qui en dépendent, des entreprises extractives, des sociétés de service, des organisations multinationales, des organisations multilatérales, des organismes financiers, des investisseurs ou des organisations non gouvernementales.

Si les pays producteurs africains essaient d'appliquer certains des principes de transparence de l'ITIE, il y aura moins de caisses noires, moins de détournements de deniers publics et moins de fraudes et tous les revenus issus de l'exploitation des matières premières minérales pourront être tracés et centralisés pour servir au développement économique et social de l'Afrique.

L'Afrique qui veut se développer n'a pas besoin de caisses noires, mais de toutes ses ressources et des recettes financières qui proviennent de l'exploitation de ses matières premières. C'est pourquoi je milite pour la suppression de ces caisses noires si l'Afrique souhaite avoir l'intégralité de ses leviers économiques pour financer son développement. Il n'est donc pas normal que la plupart des pays producteurs africains, qui sont aussi en voie de développement, organisent et favorisent la fuite de leurs capitaux à travers ces caisses noires. Si ces caisses noires continuent à exister, les fonds qui y résident seront toujours détournés étant donné qu'elles sont hors du circuit de contrôle financier étatique d'autant plus que très souvent, quelques personnes seulement connaissent leur existence. Il est donc salutaire de supprimer toutes les caisses noires issues de l'exploitation des matières premières en Afrique.

VII.3.3.b - L'informatisation des paiements des services publics et le contrôle comptable numérique des transactions financières dans les administrations publiques

Il faut que l'Afrique soit en possession de tous ses revenus financiers issus de l'exploitation de ses matières premières. La plupart des pays africains vivent de l'exportation de leurs matières premières en plus des taxes de douanes à leurs frontières et de la perception des impôts sur leur territoire. Ce sont les trois principales sources de revenus des États africains. Cela veut dire que la croissance économique dans les pays africains peut être suivie, optimisée, contrôlée et maximisée si les systèmes de perception des revenus de ces trois sources de financement de ces États sont maîtrisés. Or, aujourd'hui, l'un des meilleurs moyens d'observer et de superviser ces transactions financières est leur traçabilité informatique.

Si l'Afrique veut diminuer, voire réduire les vols et les détournements des deniers publics provenant de la vente de ses matières premières, il est temps d'assainir ses finances publiques en ayant la volonté politique d'informatiser tous les systèmes de paiements de taxes administratives dans toutes ses administrations. Aucune taxe administrative ne doit être perçue sans traçabilité. Cela veut dire qu'il faut bannir au fur et à mesure l'emploi des espèces dans le paiement des taxes administratives au profit des paiements numériques, car le premier type de paiement favorise la fraude, le vol et la dissimulation des deniers publics puisqu'il est facile de ne pas déclarer les montants perçus au trésor public de ses États. De plus, il faut que tous ces montants encaissés par voie numérique, c'est-à-dire informatique, soient reçus et centralisés dans une seule caisse ou une même banque étatique qui peut être le trésor public ou une banque nationale où l'État a la totalité des parts pour une meilleure gestion. Il ne faut pas laisser la gestion des revenus des matières premières, qui sont fondamentales au fonctionnement de l'État, aux chefs de service ou aux directeurs de structures étatiques dont la fonction principale est l'exploitation technique de ses matières premières et non la gestion comptable et financière de ses importantes sommes d'argent qui en découlent. Tous les montants perçus doivent être centralisés dans une banque ou caisse exclusivement dédiée, car ainsi, l'État pourra mieux contrôler ses revenus d'autant plus que les paiements numériques facilitent le croisement des données qui sont indispensables dans la gestion et le contrôle financier et administratif. Cette informatisation des systèmes de paiements est valable aussi bien pour les droits de douane et la perception des impôts.

Par exemple, tous les États producteurs africains qui sont l'objet de scandales financiers liés à la mauvaise gestion des revenus des matières premières telles que le pétrole ou le gaz comme c'est le cas en Angola, en Guinée Équatoriale ou au Gabon, n'ont pas respecté les principes de traçabilité de perception des revenus pétroliers. D'ailleurs, jusqu'à aujourd'hui, plusieurs personnalités de ces pays précités qui étaient au cœur de la gestion de ces revenus pétroliers, sont cités dans de nombreuses affaires de blanchiment de l'argent du pétrole à cause l'achat de plusieurs bien onéreux dans le monde au détriment de leurs populations qui croupissent dans la misère et la pauvreté. Sans entrer dans plus de détails, si cela vous intéresse de comprendre les conséquences de ces blanchiments d'argent issus des matières premières et des hydrocarbures sur les économies africaines, vous pouvez vous documenter sur les affaires BONGO au Gabon, Isabel DOS SANTOS en Angola et Téodoro Obiang NGUEMA en Guinée équatoriale. Vous verrez que les montants qui sont engagés sont tellement énormes qu'ils peuvent permettre le développement d'un pays africain entier en infrastructures routières, sanitaires et scolaires en très peu de temps et sortir de nombreux jeunes africains de la misère, ce qui les éviterait de prendre les voies mortuaires de la Méditerranée pour s'exiler économiquement vers l'Occident.

L'Afrique doit donc assainir ses finances publiques si elle veut sortir de la pauvreté. Avant d'accuser les entreprises étrangères, qui exploitent ses matières premières de tous ses maux, elle doit comprendre qu'elle est d'abord la première responsable de la bonne gestion des fonds et des taxes qu'elle perçoit de la vente de ses matières premières. Une fois qu'elle sera capable de ne pas détourner tous ses revenus de l'objectif principal de développement qu'elle appelle de tous ses vœux depuis des décennies, elle pourra tourner ses regards vers certaines des mauvaises pratiques des entreprises exploitantes.

VII.3.4 - La promotion des ressources humaines africaines compétentes et intègres pour la gestion des structures étatiques et des revenus miniers

Certes, il est important de mettre en place tous les mécanismes de perception et de paiement numérique des taxes administratives liées à l'exploitation des matières premières, mais il ne faut pas négliger la gestion de ces sommes d'argent parfois gigantesques dont le mauvais traitement peut faire effondrer l'économie de certains États africains producteurs. Pour cela, l'Afrique a besoin de mettre à la tête de ses sociétés d'État et de ses structures financières et techniques, des cadres compétents, crédibles et intègres qui ne seront soupçonnés d'aucune malversation ni de la moindre fraude dans la gestion des biens et des deniers publics. Souvenez-vous de la citation suivante :

« Un pays ou un État n'existe que par ses ressources humaines. »

Si l'Afrique peine jusqu'à nos jours à emprunter la voie des pays développés, c'est bien parce que ses pays producteurs ont négligé la responsabilité des ressources humaines africaines employées dans la gestion des revenus de leurs matières premières.

Ce ne sont pas les élites compétentes et les ressources humaines qualifiées qui manquent en Afrique, mais surtout, les personnes intègres, crédibles, justes et de bonne moralité. Les cadres administratifs et les responsables de structures étatiques qui sont loin de toutes les pratiques frauduleuses, des surfacturations et des vols des deniers publics de tout genre sont rares et de plus en plus difficiles à trouver. Ces derniers ont prospéré depuis la déclaration des indépendances en 1960 de la plupart des pays africains et continuent de ralentir le développement de l'Afrique par leurs multiples récidives de détournement des ressources financières de ces États. C'est un dysfonctionnement administratif et humain qui tue le développement de l'Afrique à la racine. À quoi peuvent servir toutes ces nombreuses matières premières, ces multiples gisements miniers et ces importantes réserves pétrolières si tous les revenus financiers qui en découlent sont détournés de l'objectif prioritaire de développement de l'Afrique ou blanchis dans des paradis fiscaux par les propres fils de l'Afrique au détriment des populations africaines les plus pauvres ?

Bien sûr à rien. C'est pourquoi ce livre est aussi mon cri du cœur contre toutes ces mauvaises pratiques de ces enfants de l'Afrique qui empêchent l'essor et le développement de leur propre continent et de leurs pays respectifs à cause de leur égoïsme et de leurs profondes envies matérialistes.

Plus que jamais, l'Afrique a besoin de cadres et de ressources humaines compétentes, intègres et crédibles qui soient à leur hauteur des tâches qui leur sont confiées dans les administrations étatiques sans prendre en compte uniquement leur appartenance à des groupements politiques. Ainsi, ce riche continent a désormais besoin de davantage d'ingénieurs et de technocrates qui sont les seuls cadres susceptibles de matérialiser les idées et les plans de développement sur le terrain.

VII.3.4.a - L'Afrique a besoin de plus de technocrates et d'ingénieurs

Il ne faut jamais omettre que l'Afrique a du retard en matière de développement par comparaison avec les autres continents de la planète. Dans les paragraphes précédents, je vous ai expliqué que tous les pays dits développés doivent leur croissance et leur essor en premier lieu à leur industrialisation qui s'est faite par la transformation des matières premières qui elle-même fait appel aux sciences de l'ingénieur et à la recherche scientifique. Ce constat étant fait, cela veut dire que si l'Afrique veut emprunter la même voie de développement, elle doit accorder une grande place aux ingénieurs et aux technocrates dans le type de ressources humaines qu'elle recherche et dans sa stratégie de développement.

Il est impossible de développer un pays sans ingénieurs et sans technocrates, car après l'idée et la théorie, ce sont eux, les techniciens et les hommes qui passent à l'action sur le terrain pour convertir les données théoriques en infrastructures sociales et économiques concrètes (ponts, routes, hôpitaux, écoles…). Si vous ignorez cette vérité jusqu'à ce jour, tous les experts en développement vous le confirmeront à ma suite. Pour vous donner une autre idée de l'importance des ingénieurs dans le développement d'un pays, observez et cherchez à comprendre tout ce qui passe dans votre environnement immédiat. Rappelez-vous simplement que nous sommes dans l'ère du numérique et des nouvelles technologies de l'information et de la communication. Et qui sont les personnes qui développent et innovent dans le secteur des télécommunications et du numérique ?

Ce sont bien les ingénieurs en télécommunication, en électronique et en informatique. En quelques mots, ce sont des scientifiques et des technocrates d'où leur importance incontournable dans le développement d'un pays ou d'un continent.

Malheureusement depuis les indépendances de 1960 jusqu'à aujourd'hui, l'Afrique a formé plus de diplômés en sciences sociales et humaines que de scientifiques, d'ingénieurs ou même de technocrates alors que ces derniers sont plus utiles dans des pays en voie de développement comme ceux de l'Afrique. De plus, quand bien même, l'Afrique forme ses scientifiques, ses ingénieurs et ses technocrates, elle n'arrive pas à les retenir et à les maintenir dans ses administrations puisque la plupart d'entre eux va parachever son cursus dans les pays développés sans l'assurance d'un retour à cause de leurs compétences très recherchées. En effet, ces derniers coptés ou recrutés par les pays développés pour assurer leur pérennité et leur hégémonie, car ils ont compris leur importance depuis des siècles.

Ainsi, l'Afrique est perdante sur tous les fronts. Elle commence la formation de base de ses ingénieurs, mais ne peut en profiter puisqu'elle ne l'a pas finie. Et quand même elle la termine, elle n'arrive pas à les retenir par manque de ressources financières et de projets pour renforcer leurs compétences.

Dans tous les cas et au-delà de l'aspect financier qui pourrait permettre de retenir ses ingénieurs sur son continent, il faut reconnaître que le problème majeur est que l'Afrique forme moins d'ingénieurs que de diplômés en lettres modernes, en langues, en sciences juridiques ou en sciences sociales. Vu l'état de développement du continent, cette tendance doit être inversée, car les pays et les continents qui continueront à progresser demain seront ceux qui innovent continuellement grâce à leurs ingénieurs, leurs scientifiques et leurs technocrates. Par exemple, c'est le cas de la Chine, des États-Unis, du Japon, de la Corée du Sud, de l'Inde, du Canada, de la Grande-Bretagne, de l'Allemagne et de la France pour ne citer que ceux-là. L'Afrique doit en faire autant si elle veut se développer rapidement à partir des revenus de l'exploitation de ses matières premières.

VII.3.4.b - La méritocratie à la place du clientélisme politique pour la gestion des structures d'États et des revenus miniers

Un autre problème qui retarde le développement de l'Afrique est l'influence de la politique qui vient biaiser le processus de sélection et de choix des cadres compétents, intègres, crédibles et indemnes de tout soupçon à des postes et à des fonctions stratégiques comme ceux des structures de l'État engagées dans la gestion des revenus des matières premières ou même d'autres administrations clés comme les impôts, les douanes ou même les trésors publics. Comme je le disais tantôt, si l'Afrique veut bénéficier de toutes ces entrées d'argent, elle ne doit pas confier la responsabilité de ces postes stratégiques à des amis politiciens en guise de remerciements pour leur engagement politique tout en sachant que ces cadres n'ont ni la compétence ni le leadership moral et humain pour gérer ces structures étatiques fondamentales sur le plan économique et social.

Si j'en parle dans cette partie de mon ouvrage, c'est parce que c'est une tradition politique africaine qui perdure de génération en génération au point que plusieurs économies africaines ont été décimées et détruites dans un silence assourdissant par des politiques incompétents qui ont usé de leur influence pour se maintenir pendant des décennies parfois à des postes très importants alors qu'ils n'étaient pas à la hauteur de leur mission. C'est d'ailleurs aussi le cas pour plusieurs présidents africains qui ont mis du temps à prendre leur retraite malgré les défaillances morales qui surgissaient dans leur gouvernance à cause de leur âge trop avancé.

L'Afrique ne peut continuer sa marche avec de telles pratiques. Les fonctions attribuées dans l'administration publique des États africains producteurs ne doivent pas être des récompenses politiques, mais premièrement et prioritairement doivent être l'objet de recrutements faits sur la base unique des compétences et de la probité morale. C'est à ce prix que l'Afrique pourra concrétiser son développement par un meilleur emploi des revenus de ses matières premières.

VII.3.5 - La transparence et l'équité des contrats miniers et pétroliers entre les pays producteurs africains et les entreprises exploitantes

Un autre sujet qui est au cœur des possibilités de l'Afrique de se développer sur la base de l'exploitation de ses matières premières est la transparence et l'équité de ses contrats miniers. Dans le chapitre précédent, j'ai pris le temps de vous expliquer les différents types de contrats en vigueur dans l'exploitation minière et pétrolière en Afrique. Vous avez donc pu vous rendre compte que ces contrats jouent un rôle incontournable dans les revenus financiers que les États producteurs africains peuvent tirer de la vente de leurs matières premières.

En effet, ce sont ces contrats qui définissent la part de chacune des parties engagées dans l'exploitation des matières premières et qui régissent les obligations, les droits et les devoirs de chaque partie sur la base des codes miniers et pétroliers des États producteurs africains. Par exemple, dans leurs droits et leurs obligations, ces contrats peuvent imposer aux compagnies exploitantes d'embaucher exclusivement et majoritairement des ressources humaines locales et de réaliser des actions sociales permanentes en faveur des populations directement impactées par l'exploitation parce que géographiquement proches de l'exploitation. Ainsi, un contrat mal négocié ou mal ficelé par un État producteur africain lui sera défavorable tant sur le plan financier, économique que social. C'est pourquoi les contrats miniers ne sont pas des actes anodins, mais sont plutôt les bases de l'enrichissement des pays producteurs africains.

Jusqu'à ce jour, bon nombre de pays producteurs africains ont moins de 10% des parts des bénéfices financiers de l'exploitation de leurs ressources minières et pétrolières, ce qui n'est pas suffisant pour des pays qui veulent se développer à partir de l'exploitation de leurs matières premières. La plupart de ces contrats ne sont pas équitables, mais sont déséquilibrés en faveur des compagnies exploitantes. Tant qu'il en sera ainsi, les pays producteurs africains auront du mal à tirer suffisamment de revenus de leurs ressources minières et pétrolières pour financer leur développement. Ces contrats doivent donc être équitables et équilibrés, car les populations africaines sont de plus en plus critiques et regardantes et se rendent compte que depuis plusieurs décennies, l'Afrique a été spoliée de ses ressources minières et pétrolières parce qu'elle a mal négocié ces contrats d'exploitation. C'est pourquoi de plus en plus, des voix s'élèvent dans tous les pays producteurs d'Afrique pour parler de contrats gagnants-gagnants, c'est-à-dire militent pour la promotion de contrats plus équilibrés où les parties engagées ont chacune 50% des parts ou s'en rapprochent même lorsqu'il y a déséquilibre.

En plus de l'équité des contrats miniers et pétroliers entre les États producteurs africains et les compagnies exploitantes, les populations africaines réclament plus de transparence sur les termes de ces contrats. Comme le stipulent les principes 5, 6 et 7 de l'ITIE évoqués dans les paragraphes précédents, les populations africaines souhaitent et demandent la publication des contrats miniers et pétroliers, car elles veulent désormais être au cœur de la gestion des revenus financiers qui découlent de l'exploitation de leurs matières premières. Le peuple a un droit de regard et de contrôle sur l'exploitation de ses matières premières qui sont des biens publics et non privés. D'ailleurs, la transparence dans les affaires de l'État est une règle de bonne gouvernance qui est préconisée dans tous les pays sérieux et démocratiques du monde et qui renforce la confiance entre les populations et leurs gouvernants. Il faut donc que les gouvernants des pays producteurs africains acceptent de publier les contrats qui les engagent avec les entreprises minières et pétrolières pour que leurs populations soient impliquées dans le contrôle de leurs ressources. L'opacité et les zones d'ombres ne doivent plus être la norme dans l'exploitation des matières premières africaines, car les enjeux et les besoins de développement sont énormes et l'Afrique a besoin de toutes ses forces, de tous ses atouts et de revenus pour se développer.

VII.3.6 - Le contrôle des productions minières et pétrolières journalières, mensuelles ou annuelles des entreprises exploitantes par les structures de l'État

L'autre défi majeur qui permettra à l'Afrique d'optimiser ses revenus issus de l'exploitation de ses matières premières en vue d'amplifier son développement est celui du contrôle des quantités de minerais extraits de son sous-sol. La quantité de minerais extraits du sous-sol est proportionnelle au gain des pays producteurs africains d'où l'importance de ce paramètre sur le plan financier et économique. Plus la quantité de minerais extraits est élevée, plus les revenus des pays producteurs seront importants. Mais les compagnies exploitantes sont-elles transparentes et véridiques sur les quantités de minerais qu'elles tirent du sous-sol ? Les pays producteurs africains ont-ils les moyens techniques nécessaires pour contrôler les quantités de minerais extraits de leur sous-sol ?

Hélas, de nombreux cas et faits documentés et parfois médiatisés montrent que les compagnies exploitantes n'ont pas toujours été transparentes, justes et véridiques sur les quantités de minerais qu'elles retiraient du sous-sol africain au point même que certaines d'entre elles trouvaient des astuces pour ne pas payer des impôts aux pays producteurs africains. Malheureusement également, la plupart des pays africains et leurs structures minières et pétrolières n'ont pas la technologie nécessaire pour contrôler les quantités effectives de minerais extraits de leur sous-sol. Pourtant, si l'Afrique veut augmenter sa part des revenus, elle doit employer tous les moyens pour contrôler la quantité de minerais extraits. Comment le contrôle des quantités de minerais extraits du sous-sol des pays producteurs africains peut se faire ?

Pour y arriver, en tout temps, des représentants des États producteurs africains doivent être présents en permanence sur les sites d'exploitation et de production des compagnies pétrolières et minières. L'exploitation des ressources minières et pétrolières de l'Afrique ne peut et ne doit se faire sans que les structures des États producteurs africains ne soient impliquées et présentes sur les plateformes pétrolières et les sites miniers. Comme le dit ce fameux adage :

« La confiance n'exclut pas le contrôle. »

L'État producteur africain doit être au cœur de la production et connaître en temps réel les quantités de minerais extraits. Sans sa présence sur ces sites, il ne pourra jamais connaître les quantités de minerais extraites et par conséquent, ce sont des millions, voire même des milliards de francs qui seront perdus et n'entreront pas dans les caisses de ces États producteurs africains.

Il faut savoir qu'une entreprise cherche toujours à augmenter ses gains et ses profits. Ce n'est donc pas dans l'intérêt des compagnies exploitantes de révéler les vraies quantités de minerais qu'elles tirent du sous-sol. Le plus important pour les compagnies exploitantes est donc d'optimiser leurs profits en maximisant leur production. Ainsi, les États producteurs doivent compter sur leurs propres chiffres et investigations au sujet des quantités de minerais extraits et non sur les chiffres annoncés par les compagnies exploitantes, car malgré les exigences des principes de l'ITIE, ces dernières ne les respectent pas toujours.

Les États producteurs africains ont le droit et le devoir de contrôler la quantité de matières premières extraites de leur sous-sol. D'ailleurs, il faut que cette exigence et ce principe de transparence soient désormais stipulés et inscrits clairement dans les contrats signés avec les compagnies exploitantes. Les contrôles des quantités de matières premières sont certainement parmi les voies sûres qui optimiseront les gains et les revenus des États producteurs africains qui veulent se développer à partir de l'exploitation de celles-ci.

VII.3.7 - Le financement de l'exploration et de l'exploitation minière et pétrolière en Afrique

Je l'ai dit plusieurs fois dans ce livre. L'exploration et l'exploitation minières et pétrolières sont deux étapes qui nécessitent beaucoup d'argent. C'est pour cette raison que la recherche minière ou pétrolière est considérée comme une opération à risques, car au départ, rien ne prouve que les investigations et les importantes sommes d'argent engagées aboutiront à la découverte d'un gisement qui, en plus, soit rentable.

Je rappelle que l'exploration va correspondre à toutes les recherches géologiques et géophysiques qui seront menées en amont pour trouver ou localiser le gisement tandis que l'exploitation consistera à extraire les minerais concentrés dans le gisement découvert. Dans ces deux étapes qui peuvent durer trois années à plusieurs décennies, toutes les actions menées sur le terrain doivent être financées et sont coûteuses. De surcroît, toutes les techniques appliquées pour trouver des gisements et exploiter leurs minerais demandent des appareillages géologiques et géophysiques spécifiques qui sont onéreux, des ordinateurs multifonctions avec des algorithmes puissants et robustes pour traiter les importantes données récoltées sur le terrain et très souvent des forages dont le coût au mètre creusé ou au volume extrait est considérable. Au-delà de tous ces éléments techniques, il faut surtout former, équiper et payer les ressources humaines qui s'appliquent à la tâche pendant l'exploration et l'exploitation des gisements.

Parfois, la complexité géologique des gisements, qui peut se traduire par leur trop grande profondeur ou leur localisation géographique complexe en zone désertique, enclavée ou isolée par un manque de route ou d'accès, peut augmenter drastiquement le montant des investissements nécessaires pour créer les conditions facilitant l'exploration et l'exploitation des gisements.

Tous ces faits représentent des problèmes qui demandent beaucoup d'argent pour être résolus. C'est pour toutes ces raisons que les États africains producteurs doivent avoir des budgets alloués au financement de l'exploration et de l'exploitation minière et pétrolière. Si l'Afrique veut se développer en utilisant les revenus de l'exploitation de ses ressources minières, elle ne doit pas abandonner exclusivement l'exploration et l'exploitation de son sous-sol aux mains des compagnies exploitantes étrangères. L'Afrique doit former ses propres ingénieurs et ses techniciens des mines et du pétrole, renforcer leurs capacités par des formations professionnelles à l'étranger et dans des compagnies exploitantes puis les engager dans les sociétés minières et pétrolières d'État dont j'ai parlé précédemment et enfin financer leurs recherches géologiques et géophysiques pour qu'ils fassent des découvertes de gisements pour le compte de leurs États respectifs.

Les moyens de financement de tous ces projets existent à travers des banques, des ponctions sur des produits d'exportation des nombreuses matières premières africaines et même des budgets des États producteurs africains. C'est aussi à ce prix que l'Afrique parviendra à être le maître de ses matières premières et la grande bénéficiaire des revenus qui en découlent.

VII.3.7.a - La création des Banques Minières Nationales (BMN) et de la Banque Minière Africaine (BMA)

Grâce à tous les faits évoqués dans cet ouvrage et toutes les données minières mentionnées et révélées dans ce livre, l'Afrique est désormais consciente que l'un de ses plus grands atouts et moyens de développement est sa richesse minière et pétrolière. Elle doit donc s'en servir comme d'un marchepied et d'un levier économique majeur pour accélérer son essor. Pour y arriver, elle doit trouver des stratégies pour financer les recherches et les productions minières et pétrolières de ses sociétés d'État. C'est pour cette raison que je milite pour la création des Banques Minières Nationales (BMN) dans les pays africains producteurs et de la Banque Minière Africaine (BMA). Étant donné que chaque pays africain est pourvu d'au moins une matière première minérale dans son sous-sol, il en résultera que chaque pays africain aura sa Banque Minière Nationale (BMN). De même, puisque le développement de l'Afrique doit se faire de façon inclusive à l'échelle régionale et sous-régionale, comme c'est le cas pour les organisations internationales continentales comme l'Union Afrique (UA) et la Banque Africaines de Développement (BAD), l'Afrique doit se doter de sa Banque Minière Afrique (BMA) pour impulser son développement à partir de l'exploitation des matières premières minières. Ces banques nationales et panafricaines dont la gestion ne doit souffrir d'aucune irrégularité et dont le mode de fonctionnement doit être la transparence, donneront plus d'autonomie aux États africains et à leurs sociétés minières et pétrolières d'État qui auront besoin d'importants moyens financiers pour atteindre leurs objectifs d'exploration et de production. Comment ces Banques Minières Nationales (BMN) et la Banque Minière Africaine (BMA) seront-elles financées ?

Les Banques Minières Nationales (BMN) peuvent être financées par des prélèvements de l'ordre de 10% sur les revenus de la vente et de l'exploitation des matières premières minérales et agricoles de chaque pays africain. Chaque pays africain étant pourvu d'au moins une matière première minérale et agricole prépondérante, cette démarche est possible. De même, comme c'est le cas pour le financement de la plupart des organisations internationales, la Banque Minière Africaine (BMA) peut être financée par des prélèvements de l'ordre de 2 à 5% sur les budgets des 54 pays africains. Cela veut dire que la contribution des pays africains les plus riches sera plus importante.

Ainsi constituées ces banques, exclusivement réservées à l'exploration et à l'exploitation minière, seront de véritables moyens pour développer les secteurs miniers de tous les pays d'Afrique. Car, compte tenu de son énorme potentiel, l'Afrique d'aujourd'hui ne peut plus attendre les aides étrangères pour s'émanciper, mais doit désormais compter sur ses propres forces et ses propres moyens pour amorcer son développement et se défaire des endettements massifs et excessifs qui retardent la croissance économique et sociale depuis plusieurs décennies. Ces banques minières seront donc un apport significatif.

VII.3.7.b - Le financement de la recherche minière : la clé de l'optimisation de la production minière et pétrolière

Tout au long de ce livre, je n'ai cessé de dire que l'Afrique ne pourra se développer que si elle transforme ses matières premières minérales. Mais bien avant cela, il faut qu'elle localise et mette en évidence des nouveaux gisements miniers et pétroliers à travers ses sociétés minières d'État pour espérer être en possession de la majorité des revenus issus leur exploitation. Cependant, les découvertes des gisements et la transformation de leurs minerais sont deux clés de l'optimisation de la production minière qui est conditionnée par le dynamisme de la recherche. La découverte des gisements est amplifiée par les explorations minières et pétrolières qui sont deux applications de la recherche scientifique en géosciences. De même, la transformation des matières premières minérales en produits finis est possible par des recherches scientifiques et technologiques dont les innovations résolvent les problèmes de nos sociétés. C'est pourquoi de nombreuses entreprises et multinationales ont de plus en plus des pôles ou des services de recherche et de développement composés des plus grands scientifiques pour innover au quotidien et ne pas rater le train des transitions et des changements qui se font dans le monde.

Ainsi, il découle de ces deux faits que la recherche scientifique est la clé principale à partir de laquelle l'Afrique pourra optimiser sa production minière qui servira efficacement à son développement. Dès lors, il faut que dans sa stratégie de développement, l'Afrique accorde une importance particulière à la recherche scientifique en y investissant massivement à travers les universités, les centres de recherches et les sociétés minières et pétrolières d'État. Les Banques Minières Nationales (BMN) et la Banque Minière Africaine (BMA) pourront y contribuer énormément.

VII.3.7.c - Le transfert technologique ou l'espionnage technologique pour le renforcement des capacités des professionnels africains des mines et du pétrole

La recherche minière et pétrolière fait partie des sciences de l'ingénieur. Cela veut dire qu'il faut un minimum de connaissances scientifiques et technologiques pour faire des découvertes de nouveaux gisements et les mettre en valeur. Il est vrai que l'Afrique est de loin le continent de la Terre qui a les plus importants gisements de minerais, mais c'est aussi elle qui a le moins de connaissances et de technologies pour exploiter ses nombreuses richesses minières et pétrolières.

En effet, les pays riches et développés d'Europe et d'Amérique du Nord qui ont moins de minerais ont plus de connaissances, d'expertises et de technologies pour explorer le sous-sol, découvrir des gisements, exploiter les minerais et les transformer tandis que les pays pauvres et en voie de développement d'Afrique, d'Asie et d'Amérique du Sud, qui possèdent plus de minerais, ont moins d'expertise dans ces domaines. Pourtant, je n'ai cessé de dire dans cet ouvrage que le fait de détenir des gisements dans son sous-sol n'est pas un gage de développement économique et social. C'est pourquoi l'Afrique qui est en retard et qui veut se développer à partir de l'exploitation de ses matières premières doit aller à la conquête de la connaissance, de la technologie et de l'expertise nécessaires pour y arriver.

L'Afrique a donc deux possibilités pour acquérir cette expertise. Soit elle fait le choix du transfert technologique soit elle s'engage sur la voie de l'espionnage technologique. Cependant, bien avant de m'étaler sur les avantages et les inconvénients de chacune de ces méthodes, il faut comprendre qu'en employant le terme « technologie » dans ce contexte, je fais allusion à l'ensemble des connaissances techniques, des découvertes scientifiques et des procédés mis en place qui permettent aux pays développés et riches de faire des progrès significatifs, continuels et incomparables dans l'industrie et plus spécifiquement dans la transformation des matières premières.

Comme son nom l'indique, le transfert de technologie est une méthode d'échanges de connaissances entre des savants et des apprenants par la formation et la coopération. De façon plus claire, pour les pays en voie de développement non industrialisés ou pauvres, c'est une forme légale de s'approprier les découvertes et les progrès industriels d'un État développé, industrialisé ou riche, d'une multinationale et d'une quelconque entreprise étrangère dont l'expertise est unique ou reconnue dans un secteur. Très souvent, ce mode d'échanges de connaissances se fait premièrement par la formation des étudiants des pays en voie de développement (Afrique, Asie ou autres) dans les universités des pays développés généralement européens ou américains. Deuxièmement, ce transfert technologique se fait aussi par la coopération économique entre les pays pauvres et les pays riches à travers des projets de développement réalisés chez les premiers cités par les multinationales et les entreprises étrangères qui sont les seules par exemple à posséder des connaissances ou une expertise dans un domaine précis. C'est parfois le cas dans les travaux publics, les télécommunications, la recherche minière ou même la transformation des matières premières minérales. Cependant, le transfert technologique a comme inconvénient d'être une méthode de développement lente. De plus, elle renforce la dépendance des pays pauvres vis-à-vis des pays riches, car ces derniers n'ont pas intérêt à donner toutes leurs connaissances pour conserver des parts de marchés dans les pays pauvres qui en redemanderont toujours pour accroître leur développement. Cela veut dire que le transfert de technologies peut durer des décennies sans être effectif comme c'est le cas dans la plupart des pays africains qui ont opté pour ce mode de développement.

Dans l'autre sens, l'espionnage technologique est également un mode d'échanges de connaissances entre des savants et des apprenants qui, certes est aussi basé sur la formation des étudiants et des intellectuels dans les pays développés, mais dont l'essentiel des fondements est principalement la contrefaçon ou la copie illégale des découvertes et des progrès industriels des pays développés ou riches. C'est le mode de développement préféré des pays asiatiques, notamment la Chine. En appliquant ce mode d'apprentissage, la Chine qui était un pays pauvre et en voie de développement dans un passé récent s'est hissé au sommet au point de rivaliser avec les États-Unis sur le plan économique. Pour y arriver, elle a envoyé ses étudiants se former en masse dans les plus prestigieuses universités et entreprises du monde puis ces derniers sont retournés en Chine où ils ont dupliqué à l'identique par contrefaçon, frauduleusement et illégalement tout ce qu'ils ont appris à l'extérieur au mépris des brevets préexistants. Cela donne l'impression que les intellectuels chinois vont en mission d'espionnage dans les pays d'Europe et d'Amérique pour copier leurs progrès technologiques. C'est donc de ce principe que la Chine tire son développement exponentiel. Ainsi, l'espionnage technologique contrairement au transfert technologique a pour avantage de permettre un développement rapide et de soustraire les pays en voie de développement à la dépendance technologique.

Par ces définitions, vous comprenez donc que le transfert et l'espionnage technologiques sont deux modes d'apprentissage qui aboutissent tôt ou tard au développement. De même, vous avez pu constater que l'autre point commun à ces deux méthodes est la formation c'est-à-dire l'apprentissage des intellectuels des pays en voie de développement dans les pays les plus développés. Dès lors, en prenant en compte ces deux faits, l'Afrique qui veut se développer rapidement doit certes continuer sur la voie du transfert technologique, mais également apprendre d'elle-même à dupliquer ce qu'elle apprend des pays développés sans contrefaçon et de façon légale pour aller plus vite vers son essor. Dès l'instant où l'espionnage technologique fait appel à la fraude et à la contrefaçon, cette méthode n'est pas recommandable, mais l'Afrique peut se servir de l'un de ses atouts majeurs qui consiste à répliquer et à essayer de faire elle-même ce qu'elle a appris en évitant d'attendre que tout soit fait par l'autre pour elle. L'Afrique est longtemps restée dans cette habitude d'attendre de l'autre ce qui freine son développement. Il est donc temps qu'elle s'engage sur la voie de l'application de tout ce qu'elle a appris pendant des décennies des pays industrialisés pour espérer atteindre dans un futur proche leur niveau de développement.

VII.3.8 - La bonne gestion des revenus miniers et pétroliers africains pour la croissance économique, le développement des infrastructures et le bien-être des populations africaines

Comme je n'ai cessé de le dire dans cet ouvrage, l'Afrique est l'un des continents les plus riches de la planète. Tous les chapitres de ce livre ont consisté à le démontrer. Cependant, il est important que ses richesses minières et pétrolières soient palpables au plan économique et social, c'est-à-dire visibles dans le quotidien de ses populations. C'est la raison pour laquelle, je répète encore une fois que pour atteindre ces objectifs, il faut que les nombreux milliards perçus chaque année à travers les redevances minières, les taxes ou les impôts par les États producteurs africains auprès des entreprises minières et pétrolières et les multinationales soient préalablement bien gérés par les gouvernants africains. Il faut que les États producteurs africains fassent d'abord preuve d'une bonne gestion de ces rentes, car ce sont les bases financières sur lesquelles l'Afrique devra fonder son essor comme l'ont fait les Emirats Arabes Unis que j'ai mentionnés précédemment. Tout cela pour répondre à la question posée au début de chapitre à savoir : un développement de l'Afrique est-il possible à partir de l'exploitation de ses ressources minières et pétrolières ?

Comme moi, vous pouvez aussi répondre par l'affirmative en prenant en compte toutes les preuves tangibles disséminées dans toutes les parties de cet ouvrage.

Toutes les vérités dites dans ce livre et tous les faits qui y ont été évoqués n'avaient pour seul but que de montrer que l'Afrique mérite mieux en matière de développement économique et infrastructurel et de progrès social. Si pendant toutes ces décennies, l'Afrique n'a pas atteint les objectifs de développement qu'elle s'est fixés au moment des indépendances des années 1960 et n'a pas encore atteint son plein essor, c'est bien parce que certains de ses fils s'adonnent à des détournements de deniers publics au mépris des populations et de leur bien-être. Si les responsabilités doivent être situées aujourd'hui, bien avant d'accuser les entreprises exploitantes ou les multinationales, qui ne sont pas toujours innocentes, ou même d'indexer certains pays développés qui usent parfois de leurs forces comme des moyens de pressions économiques et politiques sur des dirigeants africains en faveur de leurs entreprises, il faut tout de même reconnaître que les premiers responsables de cette mésaventure et de ce paradoxe africain sont les Africains eux-mêmes. La mauvaise gestion des deniers publics dans la plupart des pays africains producteurs par les Africains eux-mêmes est la première cause du retard de l'Afrique en termes de développement économique, social et infrastructurel et de la misère des populations africaines qui manquent de tout et même du minimum vital.

Il est anormal et paradoxal qu'avec autant de richesses minières et pétrolières l'Afrique soit toujours pauvre et quémande l'aumône auprès des institutions financières internationales pour vivre au quotidien et répondre à des problèmes ponctuels alors qu'elle aurait pu les surmonter en comptant sur ses propres ressources naturelles et les rentes financières qui en découlent si ces dernières étaient bien gérées et mieux réparties. Les élites africaines doivent cesser d'handicaper leurs pays respectifs et leurs populations en s'appropriant frauduleusement les deniers publics, car en le faisant, ils privent des millions d'Africains de centres de santé, d'écoles, d'universités, de routes, d'usines et d'emplois susceptibles de les sortir de la pauvreté et de la misère.

Les ressources financières des pays africains doivent contribuer effectivement et équitablement à la croissance économique, au développement des infrastructures et au bien-être des populations africaines. Il est temps que ce rêve attendu depuis tant d'années devienne une réalité dans les pays producteurs africains. C'est l'une des raisons majeures pour lesquelles j'ai tenu à écrire cet ouvrage.

Pour clore mes propos, ma prière est que ce livre soit l'ultime message qui appelle les Africains à la prise de conscience et au changement de mentalité et qui les incite et les exhorte à la bonne gestion des revenus de l'exploitation de leurs matières premières minérales et pétrolières, car ces dernières sont les fondements du développement de l'Afrique.

CONCLUSION

L'Afrique est l'ultime réserve pétrolière du monde face à la transition énergétique qui avance à grands pas depuis ces deux dernières décennies. Le monde s'en est rendu compte et l'intégralité des chapitres de ce livre ont consisté à démontrer cette vérité et à établir définitivement que le potentiel pétrolier et énergétique de l'Afrique est l'un des plus importants de la Terre.

Du golfe de Guinée au Sahel en passant par le Sahara, la Corne de l'Afrique, le golfe d'Aden, la mer Rouge, la mer Méditerranée, le delta du Niger, le delta du Nil, le canal de Suez, le détroit de Gibraltar, le Darfour, la région des Grands Lacs, le canal du Mozambique et le Sud de l'Afrique à travers le désert du Kalahari, les régions pétrolières, gazières, uranifères et charbonnières de l'Afrique sont nombreuses et toujours peu explorées bien que ses ressources minières soient exploitées depuis plus d'un demi-siècle. Cela veut dire clairement que l'Afrique fait partie des continents qui détiennent les réserves d'énergies non renouvelables (pétrole, gaz, uranium, charbon) les plus prometteuses de notre planète.

De surcroît, au moment où la transition énergétique qui prône l'utilisation d'énergie propre c'est-à-dire sans produire de pollution, est encouragée dans tous les pays du monde, l'Afrique se positionne également comme une alternative crédible pour le développement de ces nouvelles formes d'énergie renouvelables à cause des forts rayons solaires reçus quotidiennement par ses déserts (Sahara et Kalahari) et son Sahel chauds et secs et ses territoires tropicaux localisés au niveau de l'équateur.

Dans cet ouvrage, il a été aussi prouvé qu'en dépit de toute sa richesse en matières premières minérales stratégiques et énergétiques, paradoxalement, l'Afrique demeure sous-développée et ses populations restent majoritairement toujours pauvres. L'Afrique ne parvient pas à atteindre ses objectifs de développement à partir des revenus de l'exploitation de ses matières premières minérales soit parce qu'elle ne les transforme pas pour redynamiser son secteur industriel soit à cause de la corruption qui anime ses élites dirigeantes, soit en raison des groupes de pressions internationaux et des multinationales qui s'approprient leurs ressources à des prix dérisoires et aux moyens de conflits et de guerres civiles, ethniques, religieuses ou politiques provoquées ou motivées. En témoignent ses grands retards en infrastructures économiques (routes, structures bancaires), sociales (écoles, universités, centres de santé…) et même en démocratie (guerres, conflits…).

Cependant, depuis cette dernière décennie, le monde connaît de grands bouleversements et d'impressionnantes transitions démocratiques, géopolitiques, démographiques, numériques, économiques, monétaires, bancaires, sociales, sanitaires, environnementales et écologiques qui font que le monde d'hier n'est plus celui d'aujourd'hui. Et heureusement, ces changements emportent également l'Afrique dans leur course à un tel point que les mentalités des populations africaines s'éveillent et sont de plus en plus exigeantes envers leurs élites auxquelles elles demandent plus de transparence dans la gestion des deniers publics et plus d'actions économiques et sociales en leur faveur. Ainsi, grâce à cette prise de conscience, l'Afrique se repositionne sûrement sur la voie du développement et devient une pièce centrale du monde de demain notamment sur le plan énergétique en comptant non seulement sur ses importantes ressources énergétiques, mais surtout sur la force de ses diverses ressources humaines qu'elle a longtemps reléguée au second plan. C'est d'ailleurs ce que rappelle cette belle citation qui dit ceci :

« Un État n'est pas riche uniquement de ses ressources naturelles, mais aussi et surtout de ses hommes. »

Cet adage veut simplement dire que ce qui fait la richesse d'un pays, ce n'est pas uniquement ses ressources naturelles, mais c'est surtout la consistance et l'importance de ses ressources humaines, c'est-à-dire la valeur ajoutée de ses cadres compétents et intègres dans leurs fonctions. Autant le peuple est instruit et alphabétisé, autant le pays ou le continent qu'il peuple sera développé. C'est la force des grandes nations et des pays les plus développés du monde. Cette vérité a également été mentionnée dans mon précédent livre « ***L'Afrique, un continent aux ressources minières exceptionnelles*** » parce que les ressources humaines sont bien la base du développement de tous les pays du monde.

Si l'Afrique veut profiter de son potentiel minier et pétrolier exceptionnel et sans pareil dans le monde, il faut que ses élites dirigeantes soient justes, honnêtes, de bonne moralité et immunisées contre toutes les velléités de corruption et de compromissions pour ne servir qu'aux intérêts des populations et au développement des pays qu'ils administrent. Ce développement devra se faire en appliquant les règles de bonne gouvernance en matière de gestion des rentes financières issues de l'exploitation des matières premières minérales.

L'Afrique a toutes les chances de réussir sa transformation ; c'est pourquoi pour conclure mes propos, j'insiste et je confirme la thèse que j'ai développée tout au long de cet ouvrage en disant ceci :

« ***L'Afrique est l'ultime réserve pétrolière du monde face à la transition énergétique.*** »

BIBLIOGRAPHIE

AMBASSADE DE FRANCE AU QATAR, Service économique de Doha, Direction générale du Trésor de France (avril 2019), « Le secteur des hydrocarbures au Qatar », pp. 1-2.

ANGELIER J.P (2008), L'évolution des relations contractuelles dans le domaine pétrolier. Liaison énergie francophonie, 2008, pp.23-26.

ATANGANA V. S. (2009), Extraction pétrolière et protection de l'environnement dans le golfe de Guinée, Mémoire de Master Droit International et comparé de l'Environnement, Université de Limoges (France), 6p.

AUGE Benjamin (2012), « Produire du pétrole en zone de conflit », *Thèse de doctorat, Université Paris 8*, 2012.

AUGE Benjamin & IFRI (Institut Français des Relations Internationales) (2015), « Pétrole et gaz en Afrique de l'Est : Quel enjeu et quel périmètre ? », *Thèse de doctorat, Université Paris 8*, 2015, pp. 1-27.

AUGE Benjamin & IFRI (Institut Français des Relations Internationales) (2018), « L'Égypte, nouvelle plateforme gazière en Méditerranée orientale », septembre 2018, pp. 1-34.

BLAREZ Emmanuel (1986), La marge continentale de Côte d'Ivoire – Ghana. Structure et évolution d'une marge continentale. Thèse de doctorat, Université Pierre Marie Curie (France), 188p.

BLAREZ Emmanuel et MASCLE J. (1986), Les marges continentales transformantes ouest-africaines. Guinée- Sierra Léone, Côte d'Ivoire – Ghana. Campagne EQUAMARGE. Campagnes océanographiques françaises, N°3, IFREMER, 267p.

BLAREZ Emmanuel et MASCLE J. (1988), Shallow structure and evolution of the Ivory Coast and Ghana Transform Margin. Marin. Pétr. Géol., N°5, pp54-64.

MASCLE J. et BLAREZ Emmanuel (1986), Evidence for transform margin evolution from Ivory coast-Ghana Continental margin. Nature, vol. 32, pp378-381.

CHRISTOPHER J. & al, (octobre 2009), An estimate of recoverable Heavy Oil Resources of the Orinoco Oil Belt, Venezuela, USGS, 4p.

DECKART K., BERTRAND H., LIEGEOIS J-P., (2005), Geochemestry and Sr, Nd, Pb isotopic composition of the Central Atlantic Magmatic Province (CAMP) in Guyana and Guinea. Lithos 82, 289 - 314.

KROONENBERG Salomon B. et DE ROEVER Edmond W.F. (2009), Geological evolution of the Amazonian Craton ; Part I : Tectonic processes as driving mechanisms for palaeogeographical and paleoenvironmental evolution in Amazonia, Research Gate, pp 1-23.

DESHAIES Michel & IdeAS (Automne 2016 & Hiver 2017), Mines et environnement dans les Amériques : les paradoxes de l'exploitation minière, IdeAS, 20p.

DEVILLE Eric (juin 2015), Tectonics and sedimentation interactions in the east Caribbean subduction zone : An overview from the Orinoco delta and the Barbados accretionary prism. Elsevier, Marine and Petroleum Geology, June 2015, Volume 64, Page 76-103.

DIRECTION DE LA DETTE PUBLIQUE DU TRÉSOR PUBLIC DE LA COTE D'IVOIRE (5 juillet 2018), Rapport sur la dette publique à fin juin 2018, 5 juillet 2008, 4p

EMERGENCE ECONOMIQUE (mai 2019), Investir en Côte d'Ivoire : La cartographie du risque. Le rapport de l'agence de notation Bloomfield Investment Corporation, parution N°38, pp. 3-11.

FALL Moustapha Cisse (2011), « Exploitation du pétrole et rébellions dans le delta du Niger », *Les Cahiers d'Outre-Mer*, 255 | 2011, 443-444.

GIBBS A. K. et BARRON C. N. (1983), The Guiana Shield reviewed, Episodes June, 7-14.

GIBBS A. K. et BARRON C. N. (1993), Geology of The Guiana Shield. Oxford University Press, 246 pp.

GUTENBERG B. (1959), *Physics of the Earth's Interiors*, New York et Londres , Academic Press, p.216.

JEFF (2008), Géologie régionale - Western Cape, Géologie et Géo-tourisme, 28 février 2008, pp 1-4, 10 p.

JACQUES GUY (2015), Les Saharas cachés : Une méharée imaginaire, Société des Ecrivains, 5 janvier 2015, pp 111-122, 296 p.

LEJAL-NICOL Annie (juin 1974), Contribution à l'étude de la flore paléozoïque à Lycophytes de Libye et des bassins du Djado et de Fort-Polignac (Illizi), Thèse de Doctorat, 465 p.

KOFFI Komenan (avril 2012), Atelier régional de la CEDEAO sur la petite hydroélectricité, 28 p.

KOUAME Loukou Nicolas, DJROH Simon Pierre, KOUADIO Fossou Jean Luc, COULIBALY Laciné et SOMBO Boko Célestin (2018), Mise en évidence d'un autre style structural de la marge continentale de la Côte d'Ivoire à partir de la sismique réflexion : Compression et Magmatisme, International Journal of Ingineering Science Invention (IJESI), volume 7, Issue 10, Version III, octobre 2018, pp 19-27.

MARTIN-AMOUROUX Jean-Marie (2017), Quel avenir pour le charbon minéral en Afrique ?, Afrique contemporaine 2017/1-2 (N°261-262), 185-199 p.

MATTHIEU Thierry, Introduction à la géographie du pétrole Sud-américain, 16 p.

MILESI J. P. et al (1995), Le bilan de l'inventaire minier, p12.

MILESI J. P., EGAL E., LEDRU P., VERNHET Y., THIEBLEMONT D., COCHERIE A. et al (1995), Les minéralisations du Nord de la Guyane française dans leur cadre géologique. Chronique de la recherche minière, France, 518, 5-18.

NIKIEMA S., (1992), Evolution tectonique et magmatique du Protérozoïque Inférieur du sillon de Djibo (Burkina Faso) au sein du craton Ouest Africain, Thèse de Doctorat, 8 p.

NONJON Alain (octobre 2011), Afrique : Sud-Soudan, un miroir ; N°139 d'espace Prépas.

SAPIN François & al. (2012), Counter-regional normal faults in shale-dominated deltas : Origin, mechanism and evolution. Elsevier, Marine and Petroleum Geology, Volume 37, Issue 1, Novembre 2012, pp 121 - 128.

SAPIN François & al. (2016), Post-rift subsidence of the French guiana hyper-oblique margin : from rift-inherited subsidence to Amazon deposition effect. Geology Society, London, Special publications, 431, 125-144, 12 february 2016.

OBSERVATION MÉDITERRANÉENNE DE L'ÉNERGIE (OME) (mai 2014), La production et les échanges de pétrole, de gaz naturel et d'électricité : situation actuelle et perspectives dans les PSEM et les pays du golfe, 110 p.

SECRÉTARIAT D'ÉTAT AUPRÈS DU PREMIER MINISTRE, Chargé du Budget et du Portefeuille de l'État (décembre 2018), Loi de finances portant budget de l'État pour l'année 2019, 809 p.

U.S ENERGY INFORMATION ADMINISTRATION (novembre 2014) & ÉMERGENCE ÉCONOMIQUE (mai 2019), World Oil Transit Chokepoints, 30 p.

SECOND Louis (1979), La Sainte Bible, Nouvelle édition de Genève, 1979, Société biblique de Genève, p 996 (Marc 3 : 24).

SECOND Louis (1979), La Sainte Bible, Nouvelle édition de Genève, 1979, Société biblique de Genève, p 1245 (Apocalypse 13 : 16-18).

SECOND Louis (1979), La Sainte Bible, Nouvelle édition de Genève, 1979, Société biblique de Genève, p 1041 (Luc 14 : 28-32).

SECOND Louis (1979), La Sainte Bible, Nouvelle édition de Genève, 1979, Société biblique de Genève, p 56 (Exode 2 :3).

SECRÉTARIAT INTERNATIONAL DE L'ITIE (2019), *La Norme ITIE, la norme mondiale pour la bonne gestion des ressources pétrolières, gazières et minières*, 17 juin 2019.

SERENI J.P. (2013), l'Atlas 2013 du Monde diplomatique.

WEGENER Alferd (1915), *La Genèse des continents et des Océans*. Traduction d'après la dernière édition allemande par A. Lerner, Paris : Nizet et Bastard, 1937 ; réédition Paris : Christian Bourgeois, 1990.

TABLEAUX

Tableau 1: Evolution et part de la population africaine à l'échelle mondiale (Wikipédia, 2018 modifié)

https://fr.wikipedia.org/wiki/D%C3%A9mographie_de_l%27Afrique

Tableau 2 : Prévision de croissance économique de l'Afrique et du monde de 2017 à 2019 (Perspectives économiques mondiales de la Banque Mondiale, 2019 ; Perspectives économiques 2019 de la Banque Africaine de Développement)

https://www.lemonde.fr/afrique/article/2019/01/17/en-afrique-la-forte-croissance-economique-peine-a-reduire-le-chomage-et-la-pauvrete_5410643_3212.html

https://www.banquemondiale.org/fr/news/press-release/2017/04/19/economic-growth-in-africa-is-on-the-upswing-following-a-sharp-slowdown

https://www.agenceecofin.com/economie/3101-73378-en-2019-la-croissance-africaine-a-atteint-3-4-grace-a-la-hausse-des-exportations-et-des-depenses-dinvestissement-bad

Tableau 3: Top 10 des pays africains aux plus fortes prévisions de croissance économique en 2019 (Perspectives économiques mondiales de la Banque Mondiale, 2019)

https://www.jeuneafrique.com/701443/economie/selon-la-banque-mondiale-leconomie-subsaharienne-croit-plus-vite-que-celle-du-reste-du-monde/?utm_source=Facebook&utm_medium=JeuneAfrique&utm_campaign=PostFB_09012019&fbclid=IwAR0FpRQ7Y2XxO69wS4FMP5BRzL2E9fk6Ue_hzkS2AI-8A-PS1IyboEuzxX0

Tableau 4: Les 15 pays les plus riches d'Afrique en 2018 selon le produit intérieur brut (Banque Mondiale et Agence de Presse Régionale, 25 mai 2018)

https://apr-news.fr/fr/actualites/classement-des-pays-africains-par-pib-en-2018

Tableau 5: Tableau comparatif des gisements et du pourcentage du Birimien par pays (ministère des Mines et de la Géologie de Côte d'Ivoire)

Tableau 6: Pays bénéficiant de l'initiative Pays Pauvre Très Endetté (PPTE) en 2014 (Wikipedia, 16 Août 2018)

https://fr.wikipedia.org/wiki/Initiative_pays_pauvres_tr%C3%A8s_endett%C3%A9s

Tableau 7 : Statistiques du coronavirus au 31/03/2020 dans certains pays du monde (www.linternaute.com, La rédaction, 31 mars 2020)

https://www.linternaute.com/actualite/guide-vie-quotidienne/2486227-coronavirus-en-italie-chine-espagne-portugal-le-point-par-pays-et-carte-mondiale-du-virus/

Tableau 8: Tableau comparatif des grands fleuves de la Terre (Wikipedia, 8 décembre 2019)

https://fr.wikipedia.org/wiki/Congo_(fleuve)

Tableau 9: Production et réserves prouvées de pétrole en Amérique du Sud en 2013 (OPEP 2013, Oil and Gas Journal 2012, BP 2013)

http://www.cetri.be/Tour-d-horizon-de-l-exploitation

Tableau 10: Classement des pays africains producteurs de pétrole en 2015 (May Mouissi, 2016)

http://www.mays-mouissi.com/2016/12/20/afrique-classement-pays-producteurs-de-petrole/

Tableau 11: Comparaison des différentes réserves de pétrole selon diverses sources en millions de tonnes (Mt) de pétrole (Observatoire Méditerranéen de l'Energie, mai 2014)

http://aei.pitt.edu/51460/1/B0488-SP_KS.pdf

Tableau 12: Partage de la production pétrolière selon le régime des contrats de partage de production

Tableau 13: Contribution des sociétés pétrolières dans les recettes du Gabon en 2015 (Mays Moussi, juin 2016)

https://www.mays-mouissi.com/2016/06/06/gabon-combien-societes-petrolieres-reversent-a-letat/

FIGURES

Figure 1 : Carte de l'Afrique (L'Afrique, un continent aux ressources minières exceptionnelles, L'Harmattan, avril 2018, p28)

Figure 2 : Les cinq pays les plus riches d'Afrique en 2017 selon le produit intérieur brut (Banque Africaine de Développement et document Canal+ Afrique, juillet 2018)
https://web.facebook.com/canalplusafrique/videos/1883482515045352

Figure 3 : Les cinq pays d'Afrique aux plus fortes croissances économiques en 2018 selon le produit intérieur brut (Banque Africaine de Développement et document Canal+ Afrique, juillet 2018)
https://web.facebook.com/canalplusafrique/videos/1883482515045352

Figure 4 : Gisements mis en évidence dans le Birimien en Côte d'Ivoire, au Ghana et en Afrique de l'Ouest (ministère des Mines et de la Géologie de Côte d'Ivoire)

Figure 5 : Frontière maritime entre la Côte d'Ivoire et le Ghana avec la localisation du champ Jubilee au profit du Ghana

Figure 6 : Formation du pétrole et du gaz en fonction de la profondeur d'enfouissement et du gradient géothermique (L'Afrique, un continent aux ressources minières exceptionnelles, L'Harmattan, avril 2018, p 210)

Figure 7 : Prix des énergies en chauffage individuel (ministère de la Transition Ecologique et Solidaire, octobre 2018)

Figure 8 : Différents types de sources géologiques de gaz naturel (A : Gaz naturel associé à un réservoir de pétrole ; B : Gaz naturel conventionnel non associé ; C : Gaz de couche ou gaz de houille ; D : Gaz de réservoir ultra compact ; E : Gaz naturel non conventionnel : Gaz de Schiste ; wikipedia, Avril 2019)
https://fr.wikipedia.org/wiki/Gaz_naturel

Figure 9 : Schéma comparatif entre les gaz de réservoir compact et les autres types de gaz et exposant les différences entre les gaz naturels conventionnels et les gaz naturels non conventionnels selon les types de sources géologiques de gaz naturel (Natural Gas : Gaz naturel; Reservoir water : Réservoir d'eau; Rock oil : Huile de roche; Coal seam : Couche de charbon; Oil shale : Pétrole de schiste; Tight Gas Deposit : Gaz de réservoir compact; Gas tight reservoir rock : Roche-réservoir de gaz de réservoir compact; Shale Gas Deposit : Dépôt de gaz de schiste; Impermeable Seal Roch : Roche imperméable; Deposit of Coal Seam Gas : Dépôt de gaz de charbon; Oil well : Puits de pétrole; Natural gas trapped in rock pores : Gaz naturel piégé dans les pores de la roche ; Natural gas by pressure enlarged or created rock cracks : Gaz naturel des fissures des roches créées et élargies par la pression; Wikipedia, Novembre 2016)
https://fr.wikipedia.org/wiki/Gaz_de_r%C3%A9servoir_compact

Figure 30 : Ressources pétrolières au Mali et ses prolongements au Niger, en Mauritanie et en Algérie (Isis Petroleum Consultants, 2013)
http: //www.leblogfinance.com/2013/01/mali-un-pays-riche-en-petrole-en-gaz-et -en-mines-dor.html

Figure 31 : Bassins sédimentaires intracontinentaux ou de rift central africain avec des découvertes de gisements dans le Sahel nigérien, soudanais et dans d'autres pays d'Afrique (httpsahel-elite.com, Blog Finance, 31 janvier 2019)
https://httpsahel-elite.com/tag/petrole/page/1/

Figure 32 : Ressources minières et pétrolières du Sahara et leurs infrastructures de transport et d'exportation vers le marché mondial (Sabine CASTETS, 2019)
https://castetssabine.weebly.com/l-afrique-les-deacutefis-du-deacuteveloppement.html

Figure 33 : Le Sahara et le Sahel, des régions instables convoitées pour leurs ressources minières et pétrolières (www.lelivretscolaire.fr, 2019)
https://www.lelivrescolaire.fr/manuel/1189304/histoire-geographie-3e-2016/chapitre/1189488/le-monde-apres-1989/page/1189494/le-sahara-nouveau-territoire-dinsecurite/lecon

Figure 34 : Exploitation du pétrole et rébellions dans le delta du Niger (Moustapha Cissé FALL, www.journals.openedition.org, 2011)
https://journals.openedition.org/com/6344

http://journals.openedition.org/com/docannexe/image/6344/img-1.jpg

Figure 35 : Un désert habité et riche en ressources minières notamment le delta du Nil (www.lelivrescolaire.fr, 2016)
https://www.lelivrescolaire.fr/manuel/1163154/histoire-geographie-6e-2016/chapitre/1163409/habiter-un-espace-a-fortes-contraintes/page/1163413/habiter-le-desert-du-sahara-2-2/lecon/document/1279927

Figure 36 : Bloc pétrolier dans le parc des Virunga et le lac Edouard, à la frontière entre l'Ouganda et la République Démocratique du Congo (Le Monde Afrique)

Figure 37 : Bloc pétrolier du lac Albert à la frontière entre l'Ouganda et la République Démocratique du Congo (Tullow Oil Plc)
http: //www.tullowoil.com/index
http: //www.irenees.net/bdf_fiche-analyse-1053_fr.html

Figure 38 : Carte de la Vallée du Grand Rift Africain (www.coolgeography.co.uk, Rob Gamesby)
http://www.en-quete-d-ethiopie.com/2017/04/la-vallee-du-grand-rift.html

Figure 39 : Fragmentation de la Pangée et séparation des continents (www.vinsvignesvignerons.com)
http://www.vinsvignesvignerons.com/Geologie/Geologie/Naissance-de-la-France-Histoire-geologique-de-la-France

Figure 59 : Régions pétrolières de l'Afrique de l'Ouest, du Golfe de Guinee et de l'Afrique Centrale (www.wikipedia.org)
https://www.google.fr/imgres?imgurl=https%3A%2F%2Fupload.wikimedia.org%2Fwikipedia%2Fcommons%2Fthumb%2F2%2F2b%2FPetroleum_regions_-_West_Africa_map-fr.svg%2F220px-Petroleum_regions_-_West_Africa_map-fr.svg.png&imgrefurl=https%3A%2F%2Ffr.wikipedia.org%2Fwiki%2FR%25C3%25A9gion_p%25C3%25A9trolif%25C3%25A8re&docid=dNdddi5pd3RxvM&tbnid=qrwXiRu-nUw6xM%3A&vet=1&w=220&h=213&bih=662&biw=1366&q=gisement%20de%20petrole%20d%27afrique&ved=0ahUKEwiBqJ3HharSAhVXFMAKHT5xDgIQMwglKAkwCQ&iact=mrc&uact=8#h=213&imgrc=qrwXiRu-nUw6xM:&vet=1&w=220

Figure 60 : Installations pétrolières du delta du Niger au Nigéria (www.africa-confidential.com, 2014)
http://www.27avril.com/blog/affaires/petrole-et-gas/nigeria-un-geant-au-bord-de-limplosion-buhari-sous-pression-apres-de-nouvelles-attaques-contre-des-oleoducs

Figure 61 : Carte des champs pétroliers du bloc 17 en Angola (www.total.com , 2017)
http://www.total.com/fr/infographies/les-champs-du-bloc-17-en-angola

Figure 62 : Quelques champs pétroliers de la Guinée équatoriale (www.paixetdeveloppement.com)
https://www.google.fr/imgres?imgurl=http%3A%2F%2F16746-presscdn-0-67.pagely.netdna-cdn.com%2Fwp-content%2Fuploads%2F2015%2F10%2FOffshore-Equatorial-Guinea.png&imgrefurl=http%3A%2F%2Fwww.paixetdeveloppement.com%2Fvision.php%3Fnum%3D114&docid=AVUDgSTwjzSoEM&tbnid=4xDiXxmYKiUz8M%3A&vet=1&w=1594&h=1798&bih=662&biw=1366&q=bloc%20petrole%20guinee%20equatoriale&ved=0ahUKEwjPkLbIoa7SAhUBvBQKHcOWAEsQMwgfKAMwAw&iact=mrc&uact=8#h=1798&imgrc=4xDiXxmYKiUz8M:&vet=1&w=1594

Figure 63 : Quelques champs pétroliers du Congo-Brazzaville (www.freewheely.com, 2014)
https://www.google.fr/imgres?imgurl=http%3A%2F%2Fwww.sec.gov%2FArchives%2Fedgar%2Fdata%2F1002242%2F000131143508000008%2Fsj20f07congo.gif&imgrefurl=https%3A%2F%2Ffreewheely.com%2Ffr%2F2014%2F03%2Fpointe-noire-and-the-kouilou-an-oil-stor%2F&docid=nf_GD4BjhSxfvM&tbnid=J88_88cZprh4nM%3A&vet=10ahUKEwj5xMym_ejSAhXFXhoKHSS2BnsQMwguKA8wDw..i&w=787&h=1123&bih=662&biw=1366&q=gisement%20petrole%20congo&ved=0ahUKEwj5xMym_ejSAhXFXhoKHSS2BnsQMwguKA8wDw&iact=mrc&uact=8#h=1123&imgrc=J88_88cZprh4nM:&vet=10ahUKEwj5xMym_ejSAhXFXhoKHSS2BnsQMwguKA8wDw..i&w=787

Figure 73 : Délimitation de la frontière et de la zone maritime disputée entre la Somalie et le Kenya (www.crfimmadagascar.org, juillet 2019)
http://crfimmadagascar.org/infrastructure-critique-maritimepetrole-et-gaz/info-somalie-kenya-le-solliciteur-general-demande-le-classement-sans-suite-dune-affaire-concernant-le-conflit-maritime-en-somalie/

Figure 74 : Découverte gazière au Mozambique et en Tanzanie (Benjamin Augé, 2012)
http://ressourcesafricaines.blog.lemonde.fr/2015/04/28/afrique-de-lest-la-ruee-petrolieregaziere-en-9-questions/
https://www.ifri.org/sites/default/files/atoms/files/note_ba_ifri-ocppc_final.pdf

Figure 75 : Blocs pétroliers et projets d'oléoducs de l'Ouganda, de la Tanzanie et du Kenya (Mag' de l'Afrique de l'Est, 2016)
https://marionurban.com/2016/06/09/afrique-de-lest-ouganda-kenya-petrole/

Figure 76 : Les Comores dans le canal du Mozambique (Les Echos, décembre 2013)
https://www.lesechos.fr/2013/12/les-comores-revent-de-petrole-333729

Figure 77 : Les blocs pétroliers du Mozambique, de la Tanzanie, de la Grande Comore et leurs opérateurs (Bahari Resources, www.la1ere.Francetvinfo.fr, Juin 2018)
https://la1ere.francetvinfo.fr/reunion/archipel-comores-futur-grand-producteur-petrole-594961.html

Figure 78 : Les champs pétroliers Tsimiroro et Bemolanga en exploitation à Madagascar (www.blogs.mediapart.fr, 14 décembre 2010)
https://blogs.mediapart.fr/jade-lindgaard/blog/141210/total-et-l-or-sale-de-madagascar

Figure 79 : Principales ressources naturelles du Sahara et la délimitation du projet OCRS: Organisation Commune des Régions Sahariennes (Mahamat Hassane Boulmaye, 2015)
http://lepythonnews.over-blog.com/2015/12/sahara-libye-tchad-soudan-imbroglio-geopolitique.html

Figure 80 : Régions pétrolières de l'Afrique du Nord (www.wikipedia.org, 4 Mars 2007)
https://fr.wikipedia.org/wiki/R%C3%A9gions_p%C3%A9trolif%C3%A8res_en_Afrique#/media/Fichier:Petroleum_regions_-_north_Africa_map-fr.svg

Figure 81 : Champs de gaz naturel de l'Égypte et infrastructures pétrolières associées (www.wikipedia.org, U.S. Energy Infomation Administration, Août 214)
https://commons.wikimedia.org/wiki/File:Egypt_natural_gas_fields_and_select_infrastructure_(43123546105).png

Figure 82 : Champs de gaz naturel du golfe de Suez et du delta du Nil (www.energyegypt.net, Mars 2014)
https://energyegypt.net/image-sitemap-1.xml
https://www.google.com/imgres?imgurl=https://energyegypt.net/wp-content/uploads/2015/05/2014_09_08_gesamt-aegypten_englisch.gif&imgrefurl=https://energyegypt.net/image-sitemap-1.xml&tbnid=D6SbFns_H3Px_M&vet=1&docid=Z8AAoRXOdmEFzM&w=1000&h=760&itg=1&q=zohr&hl=fr&source=sh/x/im

Figure 83 : Permis d'exploration Sfax Offshore avec sa concession pétrolière Ras El Besh exploitée dans le bassin pélagien par la compagnie norvégienne Panaro Energy (Panaro Energy, www.kapitalis.com, Mai 2019)
http://kapitalis.com/tunisie/2019/05/27/tunisie-forage-au-cours-du-2eme-semestre-dun-puits-dexploration-sur-le-permis-de-sfax-offshore/

Figure 84 : Bassins de gaz naturel et de pétrole de l'Algérie (U.S. Energy Information Administration, www.middleeasteye.net, Malek Bachir, Octobre 2017)
https://www.middleeasteye.net/fr/reportages/avec-le-gaz-de-schiste-lalgerie-fantasme-une-nouvelle-rente

Figure 85 : Carte des bassins sédimentaires de l'Algérie et de ses gisements de pétrole et de gaz notamment Hassi Messaoud et Hassi R'Mel (www.energy.gov.dz, ministère de l'Energie de la République populaire et démocratique de l'Algérie, 2019)
https://www.energy.gov.dz/?rubrique=hydrocarbure

Figure 86 : Carte des bassins sédimentaires de l'Algérie et d'une partie de la plate-forme Saharienne (www.energy.gov.dz, ministère de l'Energie de la République populaire et démocratique de l'Algérie, 2019)
https://www.energy.gov.dz/?rubrique=hydrocarbure

Figure 87 : Raffineries, terminaux pétroliers, oléducs, gazoducs et enjeux pétroliers et gaziers en Libye (www.lemonde.fr, Infographie Le Monde, 2018)
https://www.lemonde.fr/afrique/article/2018/07/12/reprise-des-exportations-de-petrole-dans-l-est-libyen_5330410_3212.html

Figure 88 : Installations gazières et pétrolières de la Libye avec les bassins d'hydrocarbures associés (Agence Française de Presse, 2016)
http://www.challenges.fr/monde/afrique/l-etat-islamique-peut-il-s-emparer-du-petrole-en-libye_35963

Figure 89 : Carte de la Libye situant les différents gisements du Dévonien et du Carbonifère (D. MASSA, Annie LEJAL-NICOL, juin 1972)

Figure 90 : Carte géologique de l'Afrique Nord-Ouest (LIEGEOIS et al, 2013, Guy JACQUES, 2015)
https://books.google.fr/books?id=lnqzBQAAQBAJ&dq=bassin+petrolier+libyen+de+koufra&hl=fr&source=gbs_navlinks_s

Figure 91 : Bassins sédimentaires onshores de l'Afrique de l'Ouest, de l'Afrique du Nord et de l'Afrique Centrale (www.commons.wikimedia.org, décembre 2010)
https://commons.wikimedia.org/wiki/File:West_African_Basins.svg

Figure 92 : Charte chronostratigraphique ou échelle des temps géologiques (International Commission of Stratigraphy (ICS) et al. 2016)
http://www.stratigraphy.org/icschart/chronostratchart2012french.pdf
https://ccgm.org/fr/charte-chronostratigraphique/181-echelle-chronostratigraphique-internationale.html

Figure 93 : Les conflits affectant le croissant pétrolier libyen (www.middleeasteye.net, juillet 2018)
https://www.middleeasteye.net/fr/opinion-fr/libye-les-manoeuvres-haut-risque-de-khalifa-haftar-dans-le-bassin-petrolier

Figure 94 : Le désert du Kalahari à cheval entre le Botswana, l'Afrique du Sud et la Namibie (Oxford Cartographers, www.notreafrik.com, 14 Octrobre 2014)
http://www.notreafrik.com/le-botswana-lance-une-compagnie-petroliere-nationale/

Figure 95 : Les ceintures panafricaines (JEFF, 28 février 2008)
http://jfmoyen.free.fr/IMG/jpg/TN_gondwana.jpg
http://jfmoyen.free.fr/spip.php?article220

Figure 96 : Schéma structural d'Afrique Australe (JEFF, 28 Février 2008)
http://jfmoyen.free.fr/IMG/jpg/RSA.jpg
http://jfmoyen.free.fr/spip.php?article220

Figure 97 : Les blocs pétroliers PEL 93 et PEL 94 de l'offshore de la Namibie (www.ornoirafrica.com, 22 Mars 2019)
https://ornoirafrica.com/libye-ce-quil-faut-retenir-sur-sa-production-de-petrole/?post_id=8030&comments=0&get=30&order=DESC
https://www.agenceecofin.com/exploration/2611-71517-namibie-global-petroleum-annonce-une-nouvelle-estimation-des-ressources-potentielles-sur-le-bloc-pel-0094

Figure 98 : Bloc pétrolier 11B/12B dans l'offshore profond du bassin de l'Outeniqua en l'Afrique du Sud (Trois Cube, www.petrole-et-gaz.com, septembre 2013)
http://www.petrole-et-gaz.fr/total-entre-dans-loffshore-sud-africain-1432/

Figure 99 : Carte des six provinces minières de l'Afrique du Sud montrant les bassins houillers et les mines de charbon dans les provinces du Nord-Ouest (Council for Geoscience, C. J. VORSTER, 2003, J.-B. BOURON, Géoconfluences, 2018)
http://geoconfluences.ens-lyon.fr/informations-scientifiques/dossiers-regionaux/afrique-dynamiques-regionales/corpus-documentaire/mines-energie-afrique-sud

Figure 100 : Carte des principales provinces minières de l'Afrique du Sud (Council for Geoscience, C. J. VORSTER, 2003, J.-B. BOURON, Géoconfluences, 2018, Chamber of Mines of South Africa, 2017, Agence Internationale de l'Energie (IEA), 2017)
http://geoconfluences.ens-lyon.fr/informations-scientifiques/dossiers-regionaux/afrique-dynamiques-regionales/corpus-documentaire/mines-energie-afrique-sud

Figure 101 : Carte du potentiel de développement énergétique en Afrique du Sud (www.greenbusinessguide.co.za, J.-B. BOURON, Géoconfluences, 2018)
http://geoconfluences.ens-lyon.fr/informations-scientifiques/dossiers-regionaux/afrique-dynamiques-regionales/corpus-documentaire/mines-energie-afrique-sud

Figure 102 : Gisements de charbon et infrastructures de transports du charbon au Botswana et en Afrique du Sud (Marine BENOIT, www.scienceetavenir.fr, octobre 2019)
https://www.sciencesetavenir.fr/nature-environnement/petrole-et-gaz/l-un-des-plus-grands-gisements-de-charbon-africain-s-apprete-a-partir-en-fumee-ouvrant-la-voie-a-une-exploitation-d-ampleur_138095

Figure 103 : Gisements d'uranium en Afrique (www.jeuneafrique.com, Mars 2017)
https://afriquenewsinfo.wordpress.com/2017/03/29/areva-un-naufrage-africain/

Figure 104 : Carte géologique de la Namibie montrant la ceinture de Damara séparant les cratons du Congo et du Kalahari (David A. FOSTER et Ben D. GOSCOMBE, février 2018, www.en.wikipedia.org)
https://fr.qwe.wiki/wiki/Geology_of_Namibia
https://en.wikipedia.org/wiki/File:Damara-Orogen_mit_Damara-G%c3%bcrtel,_Kaoko-G%c3%bcrtel_und_Gariep-G%c3%bcrtel.png

Figure 105 : Gisements d'uranium en Namibie et leurs exploitants (www.bannermanresources.com.au, Orano (ex Areva), juillet 2015)
https://www.centrafriqueledefi.com/pages/afrique-australe/namibie-3.html
https://www.bannermanresources.com.au/wp-content/uploads/2015/07/LOCATION.jpg

Figure 106 : Les champs pétroliers et gaziers du Qatar (MEES, Ambassade de France au Qatar, Service économique de Doha, www.tresor.economie.gouv.fr, avril 2019)
https://www.tresor.economie.gouv.fr/PagesInternationales/Pages/df21aec1-2556-4160-96af-ed25d8fb5204/files/75977630-3084-4569-8c6d-e6e9ebab32cc

Figure 107 : Les champs pétroliers et les raffineries des Emirats Arabes Unis (Nathalie, GOULET, Commission des Affaires étrangères et de la Défense de France, www.senat.fr, 4 juillet 2012)
https://www.senat.fr/rap/l11-630/l11-630_mono.html

SITES INTERNET

Certains passages de cet ouvrage ont été inspirés des sites internet ci-dessous pour faire référence et rendre hommage à leurs auteurs.

http://www.un.org/apps/newsFr/storyF.asp?NewsID=39703#.WZLKT1VJaM8

https://www.agenceecofin.com/revue-de-presse/2109-60173-libye-ils-semerent-la-desolation-et-l-appelerent-paix

https://www.lemonde.fr/europe/article/2018/07/04/de-l-accueil-au-refoulement-des-migrants-la-mue-contrainte-d-angela-merkel_5325642_3214.html

http://afrique.lepoint.fr/economie/afrique-demographie-atout-ou-bombe-a-retardement-07-08-2017-2148495_2258.php

https://theconversation.com/demographie-africaine-et-migrations-entre-alarmisme-et-deni-94765

http://www.rfi.fr/afrique/20180918-forces-faiblesses-demographie-afrique-bill-gates

https://www.lemonde.fr/afrique/article/2017/12/12/quand-m-macron-evoque-la-demographie-africaine-cela-concerne-directement-l-europe_5228517_3212.html

https://www.lesechos.fr/06/11/2017/lesechos.fr/030690890190_l-impossible-equation-demographique-de-l-afrique.htm

https://www.agenceecofin.com/la-une-de-lhebdo/1603-55274-demographie-l-afrique-pourrait-devenir-la-locomotive-economique-du-monde-si

https://www.rti.ci/info/economie/23744/une-nouvelle-centrale-electrique-bientot-construite-a-jacqueville

http://afrique.lepoint.fr/economie/ghana-economie-un-budget-2019-sans-le-fmi-21-12-2018-2281300_2258.php?utm_term=Autofeed&utm_medium=Social&utm_source=Facebook&Echobox=1545406324#xtor=CS1-275-%5BEchobox%5D

https://www.lemonde.fr/idees/article/2018/02/08/une-partie-essentielle-du-destin-de-l-europe-se-joue-avec-l-afrique-que-nous-le-voulions-ou-non_5253603_3232.html

https://www.jeuneafrique.com/701443/economie/selon-la-banque-mondiale-leconomie-subsaharienne-croit-plus-vite-que-celle-du-reste-du-monde/?utm_source=Facebook&utm_medium=JeuneAfrique&utm_campaign=Post

FB_09012019&fbclid=IwAR0FpRQ7Y2XxO69wS4FMP5BRzL2E9fk6Ue_hzkS2AI-8A-PS1IyboEuzxX0

https://fr.sputniknews.com/economie/201612211029276558-inde-gb-croissance/?fbclid=IwAR0LZixzmzdWbwd7y-xauzxC3fxjbE0apaZmxEyuEONiXa4p68ZSTUUTEQc

https://foreignpolicy.com/2016/12/20/india-overtakes-britain-as-the-worlds-sixth-largest-economy/

https://apr-news.fr/fr/actualites/classement-des-pays-africains-par-pib-en-2018

https://kantankaautomobile.com/cars/

https://www.youtube.com/watch?v=us2OJ2KAgVo

https://www.lemonde.fr/afrique/article/2018/12/12/afrique-de-l-ouest-et-si-les-investisseurs-ne-misaient-pas-que-sur-l-or_5396270_3212.html

https://afrique.latribune.fr/economie/2017-06-03/ghana-la-production-aurifere-renoue-avec-des-records-historiques-730305.html

http://afroculture.net/les-pays-producteurs-or-en-afrique/

http://afrique.lepoint.fr/economie/ghana-petrole-un-demi-milliard-de-barils-decouverts-au-large-du-pays-11-01-2019-2285051_2258.php

https://www.francetvinfo.fr/monde/afrique/economie-africaine/le-ghana-nouvelle-puissance-petroliere_3059873.html

https://www.wathi.org/debat_id/diversification-economie/wathinote-diversification-economie/la-production-dhydrocarbures-au-ghana/

http://www.rfi.fr/mfi/20120703-cote-ivoire-point-achevement-initiative-ppte

https://www.agenceecofin.com/hebdop1/2112-62842-bilan-des-principales-decouvertes-qui-ont-marque-le-secteur-petro-gazier-africain-en-2018

https://bfmbusiness.bfmtv.com/monde/pourquoi-le-ghana-ne-veut-plus-de-l-argent-du-fmi-1375215.html

https://www.jeuneafrique.com/mag/457341/economie/energie-les-ambitions-regionales-de-la-cote-divoire/

https://www.edf.fr/groupe-edf/espaces-dedies/l-energie-de-a-a-z/tout-sur-l-energie/produire-de-l-electricite/qu-est-ce-que-l-energie-thermique

https://news.abidjan.net/h/633497.html

https://www.novethic.fr/lexique/detail/mix-energetique.html

http://lecombattant.canalblog.com/archives/2016/12/16/34696336.html

http://eburneainformation.over-blog.com/2013/11/voici-ce-que-le-Président-gbagbo-disait-en-2009-à-propos-de-la-dette.html

https://www.rti.ci/info/economie/23744/une-nouvelle-centrale-electrique-bientot-construite-a-jacqueville

http://www.rfi.fr/economie/20190108-technologies-internet-5g-enjeu-revolution-economique-politique

http://www.rfi.fr/europe/20190413-suisse-fronde-contre-arrivee-5g-organise

https://lejournal.cnrs.fr/articles/le-gaz-energie-de-la-transition

https://fr.wikipedia.org/wiki/Gaz_naturel

https://lejournal.cnrs.fr/articles/le-gaz-energie-de-la-transition

https://lejournal.cnrs.fr/videos/energies-renouvelables-le-defi-du-stockage

https://fr.wikipedia.org/wiki/Gaz_de_r%C3%A9servoir_compact

https://fr.wikipedia.org/wiki/Porosit%C3%A9

https://fr.wikipedia.org/wiki/Perm%C3%A9abilit%C3%A9_(fluide)

https://www.connaissancedesenergies.org/fiche-pedagogique/gaz-et-huile-de-reservoir-compact-tight-gas-and-tight-oil

https://www.connaissancedesenergies.org/quelle-est-la-difference-entre-petrole-conventionnel-et-petrole-non-conventionnel

https://www.rtl.fr/actu/international/les-actualites-de-18h-les-etats-unis-se-preparent-a-une-guerre-contre-l-iran-7797629272

http://www.rfi.fr/afrique/20190509-le-ghana-devient-le-premier-producteur-or-continent-africain

https://www.agenceecofin.com/hebdop1/2112-62842-bilan-des-principales-decouvertes-qui-ont-marque-le-secteur-petro-gazier-africain-en-2018

https://www.agenceecofin.com/exploration/2304-56337-niger-savannah-annonce-la-decouverte-d-un-important-gisement-petrolier-dans-le-bassin-d-agadem

https://www.agenceecofin.com/production/1104-56015-bw-offshore-annonce-le-forage-avec-succes-de-son-premier-puits-sur-tortue

https://www.agenceecofin.com/gaz-naturel/1204-56068-egypte-sdx-decouvre-un-important-gisement-de-gaz-naturel-sur-south-disouq

https://www.agenceecofin.com/exploration/2404-56377-en-egypte-sdx-annonce-une-nouvelle-decouverte-de-petrole-sur-west-gharib

https://www.agenceecofin.com/gaz-naturel/2301-53698-au-maroc-sdx-energy-signe-sa-premiere-decouverte-de-gaz-naturel-de-l-annee

https://www.agenceecofin.com/gaz-naturel/2004-56329-maroc-sdx-energy-annonce-une-importante-decouverte-de-gaz-naturel-et-de-condensat

https://www.agenceecofin.com/exploration/0306-66668-angola-encore-une-decouverte-de-petrole-leger-sur-le-bloc-15/06

https://fr.wikipedia.org/wiki/G%C3%A9nocide_des_Tutsi_au_Rwanda

https://www.connaissancedesenergies.org/fiche-pedagogique/energie

https://www.connaissancedesenergies.org/fiche-pedagogique/unites-de-l-energie

https://www.climamaison.com/lexique/energie.htm

https://fr.wikipedia.org/wiki/E%3Dmc2

https://fr.wikipedia.org/wiki/Fission_nucl%C3%A9aire

https://fr.wikipedia.org/wiki/%C3%89nergie_nucl%C3%A9aire

https://fr.wikipedia.org/wiki/Source_d%27%C3%A9nergie

https://fr.wikipedia.org/wiki/%C3%89nergie_primaire#Les_formes_d%E2%80%99%C3%A9nergies_primaires

https://fr.wikipedia.org/wiki/%C3%89nergie_renouvelable

https://fr.wikipedia.org/wiki/Biochimique

https://fr.wikipedia.org/wiki/Biochimie

https://fr.wikipedia.org/wiki/Bio%C3%A9nergie

https://fr.wikipedia.org/wiki/Biomasse_(%C3%A9nergie)

https://fr.wikipedia.org/wiki/Projet_Desertec#/media/Fichier:DESERTEC-Map_large.jpg

https://www.desertec.org/

https://fr.wikipedia.org/wiki/Force_de_Coriolis

https://fr.wikipedia.org/wiki/Centrale_solaire_thermodynamique

https://afrikhepri.org/le-ghana-construit-la-plus-grande-centrale-a-energie-solaire-dafrique

http://www.africatopsuccess.com/2014/09/18/energie-solaire-la-plus-grande-centrale-dafrique-sera-ghaneenne/

https://www.afrik21.africa/ghana-la-centrale-solaire-de-gomoa-onyaadze-est-desormais-en-service/

https://fr.wikipedia.org/wiki/%C3%89nergie_hydraulique

https://fr.wikipedia.org/wiki/Hydrolienne

https://fr.wikipedia.org/wiki/%C3%89nergie_mar%C3%A9motrice

https://fr.wikipedia.org/wiki/G%C3%A9othermie

https://fr.wikipedia.org/wiki/%C3%89nergie_%C3%A9olienne

https://www.fournisseur-energie.com/plus-grande-centrale-solaire-maroc/

https://fr.wikipedia.org/wiki/Centrale_solaire_Noor

https://www.afd.fr/fr/le-plus-grand-complexe-solaire-thermodynamique-des-pays-du-sud-ouarzazate

https://www.medias24.com/MAROC/ECONOMIE/ECONOMIE/186137-La-centrale-solaire-Noor-Ouarzazate-III-a-realise-sa-premiere-synchronisation.html

https://fr.wikipedia.org/wiki/Centrale_nucl%C3%A9aire

https://fr.wikipedia.org/wiki/Centrale_%C3%A9lectrique_thermique

https://fr.wikipedia.org/wiki/G%C3%A9othermie

https://fr.wikipedia.org/wiki/Centrale_solaire_thermodynamique

https://fr.wikipedia.org/wiki/Centrale_g%C3%A9othermique

https://fr.wikipedia.org/wiki/Chaufferie

https://fr.wikipedia.org/wiki/Chaufferie

https://www.jeuneafrique.com/780416/economie/senegal-le-plus-grand-parc-eolien-dafrique-de-louest-prend-forme-a-taiba-ndiaye

https://fr.wikipedia.org/wiki/%C3%89nergie_%C3%A9olienne

https://fr.wikipedia.org/wiki/%C3%89nergie_solaire_photovolta%C3%AFque

https://fr.wikipedia.org/wiki/%C3%89nergie_hydro%C3%A9lectrique

http://www.lefigaro.fr/politique/le-scan/notre-maison-brule-quand-emmanuel-macron-s-inspire-de-jacques-chirac-20190823

https://fr.wikipedia.org/wiki/%C3%89nergie_propre

https://fr.wikipedia.org/wiki/Pollution

https://www.connaissancedesenergies.org/fiche-pedagogique/hydroelectricite

https://www.connaissancedesenergies.org/fiche-pedagogique/energie-eolienne

https://www.connaissancedesenergies.org/fiche-pedagogique/geothermie

https://www.connaissancedesenergies.org/fiche-pedagogique/biomasse

https://www.connaissancedesenergies.org/fiche-pedagogique/petrole

https://www.connaissancedesenergies.org/fiche-pedagogique/charbon

https://www.connaissancedesenergies.org/fiche-pedagogique/gaz-naturel

http://www.energiespourlafrique.org/objectifs

http://www.lefigaro.fr/sciences/2011/04/21/01008-20110421ARTFIG00704-une-initiative-pour-un-acces-a-l-energie-en-afrique.php

https://www.hch24.com/actualites/06/2014/afrique-pour-eclairer-le-continent-lusa-dotera-lafrique-des-reacteurs-nucleaires-de-poche/

http://keepschool.com/fiches-de-cours/lycee/histoire/revolution-industrielle.html

http://www.rfi.fr/afrique/20191012-france-reforme-franc-cfa-eco-monnaie?ref=fb_i

https://fr.wikipedia.org/wiki/Union_%C3%A9conomique_et_mon%C3%A9taire_ouest-africaine

https://fr.wikipedia.org/wiki/Franc_CFA_(CEMAC)

https://fr.wikipedia.org/wiki/R%C3%A9gime_de_change#R.C3.A9gime_de_change_fixe

https://www.lemonde.fr/economie/article/2019/04/25/la-robotisation-devrait-engendrer-la-disparition-de-14-des-emplois-d-ici-20-ans-selon-l-ocde_5454666_3234.html

https://www.lesechos.fr/tech-medias/intelligence-artificielle/20-millions-demplois-menaces-par-la-robotisation-1032726

http://www.leparisien.fr/high-tech/facebook-les-donnees-de-540-millions-d-utilisateurs-accessibles-au-piratage-05-04-2019-8046912.php

https://www.gazenergiedespossibles.fr/possibilites/quest-ce-que-la-transition-ecologique-la-transition-energetique

https://fr.wikipedia.org/wiki/Gazprom

https://fr.wikipedia.org/wiki/Commerce_triangulaire

https://fr.wikipedia.org/wiki/Ressource_naturelle

https://fr.wikipedia.org/wiki/G%C3%A9opolitique_du_golfe_de_Guin%C3%A9e

https://www.francetvinfo.fr/monde/afrique/nigeria/le-golfe-de-guinee-region-du-monde-la-plus-touchee-par-la-piraterie-maritime_3549399.html

https://www.connaissancedesenergies.org/le-transport-de-petrole-par-la-mer-points-de-transit-strategiques-141128

https://www.lefigaro.fr/international/2009/04/15/01003-20090415ARTFIG00021-la-saison-des-pirates-a-repris-dans-le-golfe-d-aden-.php

https://httpsahel-elite.com/tag/petrole/

https://www.lepoint.fr/afrique/troupes-etrangeres-au-sahel-le-cycle-infernal-se-poursuit-au-burkina-14-10-2019-2341122_3826.php
https://afrique.latribune.fr/entreprises/industrie/energie-environnement/2018-04-13/le-burkina-faso-bientot-producteur-de-petrole-et-d-uranium-775173.html

https://www.courrierinternational.com/revue-de-presse/terrorisme-71-soldats-tues-au-niger-la-rencontre-france-g5-sahel-reportee

https://www.facebook.com/FRANCE24.JTAfrique/videos/2540063439407105/

https://www.lepoint.fr/monde/petrole-l-iran-annonce-avoir-decouvert-un-gisement-majeur-10-11-2019-2346317_24.php#xtor=CS2-238

https://www.lefigaro.fr/international/2020/01/08/01003-20200108LIVWWW00001-iran-frappe-irak-missile-soleimani-etats-unis-donald-trump-israel-hezbollah-guerre.php

https://portail-ie.fr/analysis/921/tchad-le-petrole-et-la-tourmente

http://www.minpe-tchad.org/presentation.php?ru=8

https://fr.wikipedia.org/wiki/%C3%89conomie_du_p%C3%A9trole_au_Tchad

https://www.lesechos.fr/2000/06/tchad-le-grand-projet-petrolier-de-doba-remis-en-selle-par-la-banque-mondiale-745691

http://www.rfi.fr/fr/afrique/20150223-tchad-sud-petrole-ressource-developpement-colere-habitant-pauvrete-logone

https://www.jeuneafrique.com/mag/575875/economie/tchad-second-boom-petrolier/

http://tchadrevolution.over-blog.com/2017/10/exploitation-du-petrole-de-kanem-un-2e-malheur-frappera-le-tchad-d-ici-fin-2018.html
http://thibautribar.blogspot.com/2015/11/affaire-du-petrole-dedoba-risquerait-un.html

https://www.diploweb.com/Soudan-la-guerre-secrete-americano.html

https://www.cairn.info/revue-afrique-contemporaine-2013-2-page-119.htm

https://www.cairn.info/revue-afrique-contemporaine-2013-2-page-119.htm

https://www.cairn.info/revue-outre-Terre1-2007-3-page-215.htm

https://www.lemonde.fr/idees/article/2006/12/26/au-darfour-des-massacres-et-du-petrole-par-bernard-kouchner_849467_3232.html

https://www.lacommune.org/Parti-des-travailleurs/archives/international/Darfour/Genocide-et-petrole-i426.html

https://www.lefigaro.fr/lefigaromagazine/2007/03/16/01006-20070316ARTMAG90478-l_argent_du_petrole_est_utilise_pour_l_armement.php

https://www.letemps.ch/opinions/darfour-guerre-futur

https://www.agenceecofin.com/gestion-publique/2805-66528-la-somalie-adopte-un-code-petrolier

https://www.lemonde.fr/afrique/article/2015/04/29/8-cles-pour-comprendre-la-ruee-petroliere-et-gaziere-en-afrique-de-l-est_4625238_3212.html

https://investir.lesechos.fr/actions/actualites/la-somalie-negocie-avec-5-majors-petrolieres-de-la-reprise-de-leur-activite-918604.php

https://fr.africanews.com/2019/06/29/petrole-shell-et-exxon-mobil-envisagent-de-rentrer-en-somalie//

https://afrique.latribune.fr/economie/strategies/2019-06-29/hydrocarbures-les-majors-du-secteur-pourraient-retourner-en-somalie-821950.html

https://www.francetvinfo.fr/monde/afrique/somalie/tension-entre-la-somalie-et-le-kenya-autour-de-reserves-de-petrole-et-de-gaz_3196013.html

http://www.rfi.fr/fr/emission/20191224-petrole-somalie-seme-discorde-kenya

https://www.indexmundi.com/map/?v=97&l=fr

https://www.lemonde.fr/afrique/article/2015/04/29/8-cles-pour-comprendre-la-ruee-petroliere-et-gaziere-en-afrique-de-l-est_4625238_3212.html

https://mobile.francetvinfo.fr/monde/afrique/projet-petrolier-en-ouganda-le-groupe-total-assigne-en-refere-pour-manquement-a-son-devoir-de-vigilance_3671767.amp

https://www.bluebiz.com/fr/BizClubs/Club-Africa-News/louganda-sera-le-prochain-producteur-de-petrole-de-lafrique

http://www.rfi.fr/afrique/20190827-le-petrole-kenyan-nouveau-venu-le-marche-mondial

https://www.bluebiz.com/fr/BizClubs/Club-Africa-News/des-quantites-de-petrole-au-kenya

https://www.francetvinfo.fr/monde/afrique/kenya/le-kenya-devient-un-pays-exportateur-de-petrole_3592453.html

http://www.lefigaro.fr/flash-eco/le-kenya-exporte-ses-premiers-barils-de-petrole-20190826

https://www.bbc.com/afrique/region-49196869

https://www.enviro2b.com/2007/11/05/gdf-renforce-sa-presence-en-egypte/

https://fr.sputniknews.com/maghreb/201903271040516896-reserves-algerie-petrole-gaz-schiste/

https://docplayer.fr/54083274-Conseil-economique-et-social.html

http://aei.pitt.edu/51460/1/B0488-SP_KS.pdf

http://www.rutilance.com/beach-energy-vend-ses-actifs-d-abu-sennan-a-rockhopper-et-dit-a-dieu-a-l-egypte

https://fr.wikipedia.org/wiki/%C3%89nergie_en_%C3%89gypte

http://repository.uneca.org/bitstream/handle/10855/12437/Bib-53510.pdf?sequence=1

http://aei.pitt.edu/51460/1/B0488-SP_KS.pdf

http://www.webdo.tn/2019/04/04/tunisie-la-production-de-petrole-en-hausse-en-2019/

https://fr.wikipedia.org/wiki/%C3%89nergie_en_Tunisie

http://kapitalis.com/tunisie/2019/05/27/tunisie-forage-au-cours-du-2eme-semestre-dun-puits-dexploration-sur-le-permis-de-sfax-offshore/

https://fr.sputniknews.com/maghreb/201903271040516896-reserves-algerie-petrole-gaz-schiste/

https://fr.wikipedia.org/wiki/%C3%89nergie_en_Alg%C3%A9rie

https://fr.sputniknews.com/maghreb/201903271040516896-reserves-algerie-petrole-gaz-schiste/

https://www.middleeasteye.net/fr/reportages/avec-le-gaz-de-schiste-lalgerie-fantasme-une-nouvelle-rente

https://fr.wikipedia.org/wiki/Gisement_de_Hassi_Messaoud

https://fr.wikipedia.org/wiki/Gisement_d%27Hassi_R%27Mel

https://www.middleeasteye.net/fr/reportages/avec-le-gaz-de-schiste-lalgerie-fantasme-une-nouvelle-rente

https://fr.sputniknews.com/maghreb/201903271040516896-reserves-algerie-petrole-gaz-schiste/

https://fr.wikipedia.org/wiki/%C3%89nergie_en_Alg%C3%A9rie

https://fr.wikipedia.org/wiki/Gisement_de_Timimoun

https://www.algerie-eco.com/2017/12/16/ouyahia-inaugure-complexe-gazier-reggane-nord/

http://magazineogb.com/index.php/le-magazine/a/488-hydrocarbures-la-nouvelle-province-gaziere-du-sud-ouest

https://www.elwatan.com/archives/actualites/la-production-a-in-salah-sest-poursuivie-normalement-23-01-2013

https://fr.wikipedia.org/wiki/In_Salah

https://www.energy.gov.dz/?rubrique=hydrocarbure

https://www.middleeasteye.net/fr/reportages/un-site-gazier-dalgerie-attaque-la-roquette

https://www.liberte-algerie.com/actualite/procedure-darbitrage-international-contre-total-252211

https://www.energyservicesexperts.com/fr/2020/02/06/une-delegation-du-geant-americain-exxonmobil-a-visite-discretement-lalgerie-pour-observer-un-important-gisement-de-gaz-au-sud/

https://www.jeuneafrique.com/225074/economie/l-alg-rie-face-au-gaz-de-schisme/

https://mondafrique.com/Lune-de-miel-entre-sonatrach-total/

https://www.lesrequins.org/actu/article/gaz-de-schiste-en-algerie-le

http://www.aps.dz/economie/89936-la-decouverte-de-gaz-a-tindouf-une-phase-importante-pour-l-economie-nationale

http://magazineogb.com/index.php/le-magazine/a/556-exploration-d-hydrocarbures-les-promesses-du-bassin-de-tindouf

https://www.algerie-eco.com/2019/05/22/sonatrach-nouvelle-decouverte-de-gaz-a-tindouf/

https://www.jeuneafrique.com/887103/politique/libye-la-production-de-brut-chute-de-75-en-raison-du-blocage-des-terminaux-petroliers/

https://www.lefigaro.fr/flash-eco/libye-arret-de-la-production-dans-un-champ-petrolier-en-raison-de-combats-compagnie-20191127

https://www.lepoint.fr/economie/libye-petrole-des-recettes-en-hausse-06-01-2018-2184432_28.php

https://www.bbc.com/afrique/region-51395375

http://www.rfi.fr/fr/afrique/20200118-libye-p%C3%A9trole-national-oil-corporation-noc-haftal-sarraj-terminal-zoue%C3%AFtina

https://www.lemonde.fr/afrique/article/2016/09/26/en-libye-l-incessante-bataille-du-petrole_5003585_3212.html

https://www.middleeasteye.net/fr/opinion-fr/libye-les-manoeuvres-haut-risque-de-khalifa-haftar-dans-le-bassin-petrolier
https://www.courrierinternational.com/article/2013/11/28/l-or-noir-otage-des-milices

https://fr.wikipedia.org/wiki/Bassin_de_Taoudeni#/media/Fichier:West_African_Basins.svg

https://www.le-gaz.fr/afrique/09062015,decouverte-d-un-gisement-gazier-au-large-de-la-libye,139.html

https://www.lemonde.fr/planete/article/2020/03/05/pendant-huit-mois-la-foret-australienne-a-brule_6031922_3244.html

https://www.la-croix.com/Sciences-et-ethique/Sciences-et-ethique/feu-long-retour-vie-nature-Australie-2020-02-03-1201076009

http://www.leparisien.fr/societe/invasion-de-criquets-on-peut-craindre-une-crise-humanitaire-majeure-en-afrique-de-l-est-09-02-2020-8256015.php

https://www.sudouest.fr/2020/03/10/peste-cholera-grippe-espagnole-ces-10-grandes-pandemies-qui-ont-marque-l-histoire-7299226-10861.php

https://fr.wikipedia.org/wiki/Liste_des_%C3%A9pid%C3%A9mies_de_peste

https://www.lemonde.fr/les-decodeurs/article/2020/03/25/non-une-epidemie-mortelle-ne-nettoie-pas-la-Terre-tous-les-cent-ans_6034414_4355770.html

https://www.linternaute.com/actualite/guide-vie-quotidienne/2486227-coronavirus-en-italie-chine-espagne-portugal-le-point-par-pays-et-carte-mondiale-du-virus/

https://sante.journaldesfemmes.fr/maladies/2605417-coronavirus-france-monde-chine-bilan-direct-italie-usa-mort-carte-conseils-courbe-departement-ehpad-masques-million/

https://www.mediterranee-infection.com/

http://www.rfi.fr/fr/ticker/plus-d-million-cas-coronavirus-officiellement-recens%C3%A9s-le-monde?ref=fb_i

http://www.rfi.fr/fr/france/20200403-bruno-le-maire-le-redressement-sera-long-difficile-couteux?fbclid=IwAR13zH40FpNOpe4nxnhYZYyXzOinGM5lKBQupBOvmF0O3MmXb6nVT9rKCtg&ref=fb_i

https://www.facebook.com/RFI/videos/vb.67334499441/699387820830533/?type=2&theater

https://www.lemonde.fr/idees/article/2020/03/28/c-est-peut-etre-un-virus-qui-fera-la-revolution-monetaire-que-nous-n-avons-pas-faite_6034750_3232.html?utm_term=Autofeed&utm_medium=Social&utm_source=Facebook#Echobox=1585489533

https://www.francetvinfo.fr/sante/maladie/coronavirus/coronavirus-la-chine-revise-son-bilan-a-la-hausse-avec-1-290-morts-supplementaires-a-wuhan_3920609.html

https://www.lemonde.fr/idees/article/2020/03/28/c-est-peut-etre-un-virus-qui-fera-la-revolution-monetaire-que-nous-n-avons-pas-faite_6034750_3232.html?utm_term=Autofeed&utm_medium=Social&utm_source=Facebook#Echobox=1585489533

https://www.ladepeche.fr/2020/04/17/le-coronavirus-vient-il-du-laboratoire-p4-de-wuhan-les-etats-unis-enquetent,8851202.php

https://www.jeuneafrique.com/924087/societe/nombre-de-lits-de-reanimation-et-de-respirateurs-ou-en-est-lafrique/

http://www.rfi.fr/fr/am%C3%A9riques/20200423-les-entreprises-p%C3%A9trole-schiste-%C3%A0-la-peine-%C3%A9tats-unis

https://www.ouest-france.fr/sante/virus/coronavirus/coronavirus-la-pandemie-de-covid-19-fait-elle-plus-de-morts-que-la-grippe-saisonniere-6814546

https://www.journaldunet.fr/patrimoine/guide-des-finances-personnelles/1209268-classement-pib/

https://www.bfmtv.com/mediaplayer/video/coronavirus-il-faut-eviter-qu-apres-la-crise-l-on-ne-soit-victime-d-amnesie-et-que-tout-reparte-comme-avant-insiste-jean-yves-le-drian-1236938.html

https://www.lemonde.fr/pixels/article/2020/04/17/orange-a-concu-un-prototype-d-application-de-tracage-contre-le-covid-19_6036973_4408996.html?utm_medium=Social&utm_source=Facebook#Echobox=1587146934

https://www.cnews.fr/monde/2020-04-08/un-trou-dans-la-couche-dozone-sest-ouvert-au-dessus-de-larctique-945080

https://www.facebook.com/382275288876001/posts/932014517235406/

https://www.facebook.com/153632746935/posts/10157757624121936/

https://www.facebook.com/116111498853031/posts/3379054858775329/

https://news.un.org/fr/story/2020/04/1065542

https://www.lemonde.fr/idees/article/2020/03/28/c-est-peut-etre-un-virus-qui-fera-la-revolution-monetaire-que-nous-n-avons-pas-faite_6034750_3232.html?utm_term=Autofeed&utm_medium=Social&utm_source=Facebook#Echobox=1585489533

https://www.facebook.com/1536715766560953/posts/2845773022321881/

https://www.lepoint.fr/economie/petrole-pourquoi-le-prix-du-baril-est-tombe-sous-le-zero-dollar-21-04-2020-2372395_28.php#

http://www.rfi.fr/fr/am%C3%A9riques/20200423-les-entreprises-p%C3%A9trole-schiste-%C3%A0-la-peine-%C3%A9tats-unis

https://www.lefigaro.fr/conjoncture/le-deficit-budgetaire-moins-eleve-que-prevu-en-2019-20200115

https://www.insee.fr/fr/statistiques/4470888

https://www.lefigaro.fr/vox/monde/une-annulation-des-dettes-ne-changera-rien-aux-difficultes-de-l-afrique-20200417

https://www.jeuneafrique.com/930853/economie/tribune-suspension-de-la-dette-de-lafrique-un-bon-debut-du-g20-mais-il-faut-faire-plus/

https://lanouvelletribune.info/2020/04/moratoire-sur-la-dette-africaine-je-vois-difficilement-comment-on-peut-etre-contre-t-thiam/

https://www.atlantico.fr/decryptage/3589250/retour-de-l-inflation-ou-deflation--voila-ce-qui-nous-menace-le-plus-aujourd-hui-francois-xavier-oliveau-bertrand-rothe

https://www.lesechos.fr/2013/12/les-comores-revent-de-petrole-333729

https://la1ere.francetvinfo.fr/reunion/archipel-comores-futur-grand-producteur-petrole-594961.html

http://www.comores-infos.net/les-comores-sont-susceptibles-de-sortie-de-leur-pauvrete-avec-la-decouverte-dimportantes-reserves-dhydrocarbures/

https://fr.wikipedia.org/wiki/Madagascar_Oil

https://fr.euronews.com/2017/12/07/les-opportunites-petrolieres-a-madagascar

https://fr.euronews.com/2016/09/15/l-or-noir-de-madagascar

http://www.midi-madagasikara.mg/economie/2019/12/16/petrole-en-amont-un-secteur-qui-pourrait-etre-determinant-pour-lavenir-de-madagascar/

https://blogs.mediapart.fr/jade-lindgaard/blog/141210/total-et-l-or-sale-de-madagascar

https://www.linfo.re/ocean-indien/madagascar/690346-petrole-et-gaz-madagascar-deuxieme-pays-d-afrique-pour-les-opportunites-d-investissement

https://www.fratmat.info/article/62867/%C3%89tranger/madagascar-le-pays-sortira-ses-premiers-barils-de-petrole-cette-annee

https://www.fratmat.info/article/62867/%C3%89tranger/madagascar-le-pays-sortira-ses-premiers-barils-de-petrole-cette-annee

https://www.lemondedelenergie.com/la-namibie-futur-eldorado-petrolier/2011/07/08/

https://www.lemondedelenergie.com/hrt-decouvre-un-gisement-de-petrole-au-large-de-la-namibie/2013/05/23/

https://fr.wikipedia.org/wiki/Liste_des_pays_par_r%C3%A9serves_de_p%C3%A9trole_prouv%C3%A9es

http://jfmoyen.free.fr/spip.php?article220

https://www.dw.com/fr/%C3%A0-qui-profitent-les-ressources-naturelles/a-16509892

http://www.notreafrik.com/le-botswana-lance-une-compagnie-petroliere-nationale/

http://www.petrole-et-gaz.fr/total-entre-dans-loffshore-sud-africain-1432/

https://ornoirafrica.com/libye-ce-quil-faut-retenir-sur-sa-production-de-petrole/?post_id=8030&comments=0&get=30&order=DESC

https://www.agenceecofin.com/exploration/2611-71517-namibie-global-petroleum-annonce-une-nouvelle-estimation-des-ressources-potentielles-sur-le-bloc-pel-0094

https://www.agenceecofin.com/exploration/2009-60129-namibie-global-petroleum-obtient-une-nouvelle-licence-d-exploration-petroliere-au-large

https://www.agenceecofin.com/compagnies/1901-53654-namibie-global-petroleum-va-demarrer-un-processus-d-amodiation-sur-la-licence-pel-0029

https://fr.wikipedia.org/wiki/Pannotia

https://fr.wikipedia.org/wiki/Orogen%C3%A8se_panafricaine

https://fr.wikipedia.org/wiki/N%C3%A9oprot%C3%A9rozo%C3%AFque

https://www.francetvinfo.fr/monde/afrique/economie-africaine/lafrique-du-sud-pourrait-elle-devenir-un-grand-du-petrole-en-afrique_3179297.html

https://www.sciencesetavenir.fr/nature-environnement/petrole-et-gaz/l-un-des-plus-grands-gisements-de-charbon-africain-s-apprete-a-partir-en-fumee-ouvrant-la-voie-a-une-exploitation-d-ampleur_138095

https://www.jeuneafrique.com/mag/445907/economie/petrole-et-gaz-le-senegal-futur-eldorado/

https://www.sciencesetavenir.fr/nature-environnement/petrole-et-gaz/l-un-des-plus-grands-gisements-de-charbon-africain-s-apprete-a-partir-en-fumee-ouvrant-la-voie-a-une-exploitation-d-ampleur_138095

https://www.jeuneafrique.com/mag/844496/economie/gisement-de-gaz-au-large-du-senegal-et-de-la-mauritanie-bp-sera-pret-a-demarrer-lexploitation-en-2022/
https://en.wikipedia.org/wiki/File:Damara-Orogen_mit_Damara-G%c3%bcrtel,_Kaoko-G%c3%bcrtel_und_Gariep-G%c3%bcrtel.png

https://fr.qwe.wiki/wiki/Geology_of_Namibia

https://afriquenewsinfo.wordpress.com/2017/03/29/areva-un-naufrage-africain/

https://www.bannermanresources.com.au/wp-content/uploads/2015/07/LOCATION.jpg

https://www.centrafriqueledefi.com/pages/afrique-australe/namibie-3.html

http://www.pangeaminerals.org/2011/12/22/namibia-2011-part02/

https://www.encyclopedie-energie.org/uranium-un-marche-paradoxal/

https://www.africaintelligence.fr/industrie-miniere_strategies-etat/2019/12/24/windhoek-renove-le-rail-de-l-uranium,108387225-art

https://www.orano.group/fr/orano-dans-le-monde/namibie

https://www.futura-sciences.com/planete/dossiers/geologie-uranium-monde-802/page/7/

https://www.cairn.info/revue-afrique-contemporaine-2017-1-page-185.htm#

http://geoconfluences.ens-lyon.fr/informations-scientifiques/dossiers-regionaux/afrique-dynamiques-regionales/corpus-documentaire/mines-energie-afrique-sud

https://fr.wikipedia.org/wiki/Mine_d%27uranium_de_Trekkopje

https://fr.wikipedia.org/wiki/Mine_de_Langer_Heinrich

https://fr.wikipedia.org/wiki/Mine_d%27uranium_de_Husab

https://www.nuklearforum.ch/fr/actualites/e-bulletin/namibie-decouverte-du-sixieme-plus-important-gisement-duranium-au-monde

https://www.agenceecofin.com/mines/2204-75964-comment-la-namibie-peut-sortir-de-la-recession-economique-grace-a-son-sous-sol

https://www.africaintelligence.fr/industrie-miniere_strategies-etat/2019/12/24/windhoek-renove-le-rail-de-l-uranium,108387225-art

https://fr.wikipedia.org/wiki/Yellowcake

https://fr.wikipedia.org/wiki/%C3%89conomie_des_%C3%89mirats_arabes_unis

https://fr.wikipedia.org/wiki/R%C3%A9serves_de_p%C3%A9trole_aux_%C3%89mirats_arabes_unis#:~:text=Parmi%20les%20%C3%A9mirats%2C%20Abu%20Dhabi,(240%20%C3%97%2010%E2%81%B6%20m%C2%B3).

https://www.lesechos.fr/2017/06/comment-le-petit-qatar-est-devenu-si-riche-si-rapidement-172941

https://www.tresor.economie.gouv.fr/PagesInternationales/Pages/df21aec1-2556-4160-96af-ed25d8fb5204/files/75977630-3084-4569-8c6d-e6e9ebab32cc

https://www.senat.fr/rap/l11-630/l11-630_mono.html

https://fr.wikipedia.org/wiki/%C3%89conomie_du_Qatar

https://eiti.org/files/documents/eiti_standard2019_a4_fr.pdf

https://eiti.org/fr/document/norme-itie-2019

Structures éditoriales du groupe L'Harmattan

L'Harmattan Italie
Via degli Artisti, 15
10124 Torino
harmattan.italia@gmail.com

L'Harmattan Hongrie
Kossuth l. u. 14-16.
1053 Budapest
harmattan@harmattan.hu

L'Harmattan Sénégal
10 VDN en face Mermoz
BP 45034 Dakar-Fann
senharmattan@gmail.com

L'Harmattan Cameroun
TSINGA/FECAFOOT
BP 11486 Yaoundé
inkoukam@gmail.com

L'Harmattan Burkina Faso
Achille Somé – tengnule@hotmail.fr

L'Harmattan Guinée
Almamya, rue KA 028 OKB Agency
BP 3470 Conakry
harmattanguinee@yahoo.fr

L'Harmattan RDC
185, avenue Nyangwe
Commune de Lingwala – Kinshasa
matangilamusadila@yahoo.fr

L'Harmattan Congo
67, boulevard Denis-Sassou-N'Guesso
BP 2874 Brazzaville
harmattan.congo@yahoo.fr

L'Harmattan Mali
ACI 2000 - Immeuble Mgr Jean Marie Cisse
Bureau 10
BP 145 Bamako-Mali
mali@harmattan.fr

L'Harmattan Togo
Djidjole – Lomé
Maison Amela
face EPP BATOME
ddamela@aol.com

L'Harmattan Côte d'Ivoire
Résidence Karl – Cité des Arts
Abidjan-Cocody
03 BP 1588 Abidjan
espace_harmattan.ci@hotmail.fr

Nos librairies en France

Librairie internationale
16, rue des Écoles
75005 Paris
librairie.internationale@harmattan.fr
01 40 46 79 11
www.librairieharmattan.com

Librairie des savoirs
21, rue des Écoles
75005 Paris
librairie.sh@harmattan.fr
01 46 34 13 71
www.librairieharmattansh.com

Librairie Le Lucernaire
53, rue Notre-Dame-des-Champs
75006 Paris
librairie@lucernaire.fr
01 42 22 67 13

www.ingramcontent.com/pod-product-compliance
Lightning Source LLC
LaVergne TN
LVHW010630051026
849532LV00001B/18
9782343219578